公司简介

成都川路塑胶集团创建于1986年，是一家专业生产新型化学建材的品牌企业，1988年，率先研发生产白色PVC排水管材管件，是国内研发生产管道及管件产品较早的企业之一。川路人以责任为己任，专注产品本身，始终坚持一个品牌，一个标准服务于市场。

公司秉承“有责任•更信任”的企业理念，不断创新，追求卓越，坚持诚信为本，携手共赢，以质取胜，奉献社会。

川路塑胶集团在全国拥有分公司、总经销、特约经销800余家和112个产品配送中心，组成了较完善的营销与服务网络，并与万科、中海、保利等品牌地产达成战略合作。“川路管材”“川路型材”等系列产品广泛应用于国内(外)城市化建设的建筑给(排)水、建筑门窗、电器穿线、电网改造、市政建设、农网改造、石油化工、新农村建设等众多领域。主要工程包括：毛主席纪念堂改造、小平故里、钓鱼台国宾馆、西班牙、加拿大驻北京使馆改造、布达拉宫改造、四位机库、二滩水电站、北京2008奥运主体育馆、上海世博园、博鳌亚洲论坛会址、北京科技大学、万科中心（总部）、喀麦隆议会大厦、塞班国际五星级酒店、巴哈马国家体育馆、非洲索科马糖联甘蔗农场喷灌给水工程等。

川路塑胶集团以国家重大需求为导向，坚持以科学发展与自主创新为主要任务，投身于低碳、节能、环保的绿色建材行业，致力于为人们提供自然、健康的饮用水与温馨、舒适的生活空间。

参与制定，并严格执行国家标准

全面参与制定并起草

《建筑排水用硬聚氯乙烯（PVC-U)管材》GB/T 5836.1—2018　《建筑排水PVC-U管件》GB/T 5836.2—2018
《给水用硬聚氯乙烯（PVC-U）管材》GB/T 10002.1—2006　《冷热水用聚丙烯（PP）管道系统》GB/T18742.2—2017

自主创新,致力于技术研发

为用户提供自然、健康的饮用水

1988年，率先生产白色PVC-U排水产品, 在无国标的情况下采用英标(BS)
1996年，率先生产PVC-U电工套管系列
1999年，研发生产PP-R冷热水管道系列
2007年，川路成为博士后科研工作站
2012年，研发生产PB给水管道系列
2013年，研发生产PE-RT冷热水管道系列
2014年，研发生产特殊单立管系统
2016年，研发生产HDPE双壁波纹管
2020年，研发生产防疫水封集合器
2021年，研发生产新风管道系统

四大原则　品质保障

坚持一个品牌
川路品牌

坚持统一原料
优质原料

坚持一个标准
国家标准

坚持统一生产
同一产地

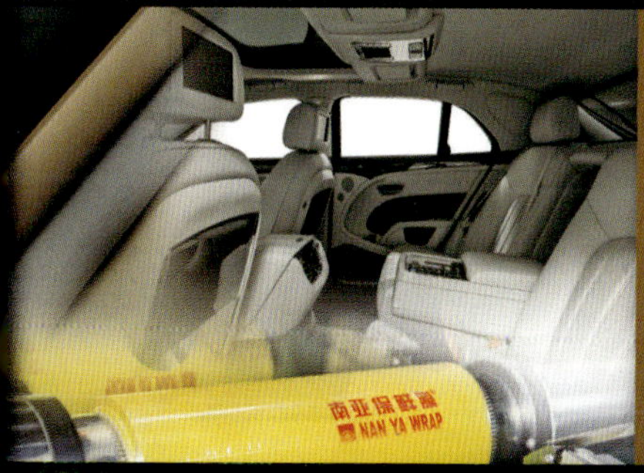

南亚塑胶工业（南通）有限公司
主要生产PVC 人造革
PU 合成革制品及树脂相关环保产品

南亚共和塑胶（南通）有限公司
主要生产建材胶布製品

南亚电气（南通）有限公司
主要生产高低压输配电设备

南亚南通厂区秉持企业对安全、卫生、环保的承诺，持续推动节能降耗、以符合国家法规及政策

FCS
出色
Colorful
稳定
Stable
多样
Diverse
FCS
FB-280R
实现您多色、多材质的产品构想
We realize your multi-colored &
multi-component products.
为梦想增色
COLOR YOUR DREAMS
FB SERIES
多组分注塑机
Multi-Component
Injection Molding Machine
富强鑫集团 FCS Group
中国台湾富强鑫
+886 6 5950688
fcsco@fcs.com.tw
中国东莞富强鑫
+86 769 83313753
cdg@fcs.com.tw
中国宁波富强鑫
+86 574 56138688
cnb@fcs.com.tw
印度富强鑫
+91 99 74107787
fcsindia@fcs.com.tw
www.fcs.com.tw

广东省塑胶行业协会

2019年8月30日广东省塑胶行业协会“大爱乡情，思源回报”扶贫公益活动正式启动，此次大型公益活动受到了当地政府的重视。涟源市人民政府副市长李冰玉同志，涟源市人民政府副市长、市扶贫办主任易专同志全程陪同，涟源电视台、报社等媒体记者纷纷来现场采访报道。参与本次活动奉献爱心的会亲企业及个人共51家/人，帮扶慰问由涟源市政府提供纳入了低保、五保政策的200户贫困家庭，为每户提供白面10斤，现金900元；前往金石镇双合村低保贫困户曾建新老人家赠送慰问金5000元，共价值人民币20万余元。此次活动以百姓喜闻乐见的方式将“精准扶贫”送到群众手中，进一步推进了精准扶贫工作，激发出老乡们决胜脱贫攻坚的决心和信心。活动取得了“百姓受益，社会好评”的良好效应。

广东省塑胶行业协会以中国·常平“塑料新材料之都”的名义，带领协会高新企业代表：东莞市俊坤科技有限公司、东莞市亨嘉橡塑科技有限公司、东莞市国科新材料科技有限公司、广东龙道新材料有限公司综合组团参加CHINAPLAS 2019国际橡塑展。

塑料改性与加工高性能化技术研修班

2019创新改性塑料及色母粒技术研讨会

地址：广东省东莞市常平国际塑胶大厦4楼
电话：0769- 81083188

第三十五届中国国际塑料橡胶工业展览会
ufi Approved Event
Chinaplas® 2022
国际橡塑展
Chinaplas
国际橡塑展
新时代·
新动力·
永续创新
上海
虹桥
国家会展中心
20
22
4·25
/
4·28
CHINAPLAS 国际橡塑展
香港 (852) 2811 8897 | 深圳 (86-755) 8232 6251 | 上海 (86-21) 5187 9766
Chinaplas.PR@adsale.com.hk | www.adsale.com.hk
www.中国橡塑展.com
www.ChinaplasOnline.com
主办单位
ADSALE 雅式
ufi Member
协办单位
Messe Düsseldorf China
赞助单位
EUROMAP
European Plastics and Rubber Machinery
大会指定刊物及网上媒体
雅式橡塑网
Adsale Plastics Network
CPRJ 中国塑料橡胶
China Plastic & Rubber Journal
AdsaleCPRJ.com

图书在版编目（CIP）数据

中国塑料工业年鉴. 2021 / 中国塑料加工工业协会主编. —北京：中国轻工业出版社，2021. 12
ISBN 978-7-5184-3764-1

Ⅰ. ①中… Ⅱ. ①中… Ⅲ. ①塑料工业—中国—2021—年鉴 Ⅳ. ①F426. 7-54

中国版本图书馆 CIP 数据核字（2021）第 245477 号

责任编辑：徐　琪　李　红　　责任终审：劳国强　　封面设计：锋尚设计
策划编辑：徐　琪　　　　　　责任校对：宋绿叶　　责任监印：张　可

出版发行：中国轻工业出版社（北京东长安街 6 号，邮编：100740）
印　　刷：三河万龙印装有限公司
经　　销：各地新华书店
版　　次：2021 年 12 月第 1 版第 1 次印刷
开　　本：787×1092　1/16　印张：24. 25
字　　数：600 千字
书　　号：ISBN 978-7-5184-3764-1　定价：420. 00 元
邮购电话：010-65241695
发行电话：010-85119835　传真：85113293
网　　址：http：//www. chlip. com. cn
Email：club@ chlip. com. cn
如发现图书残缺请与我社邮购联系调换
210569K6X101HBW

《中国塑料工业年鉴》（2021）编委会名单

张建均　永高股份有限公司　董事长/中国塑协塑料管道专业委员会　主任
梁　斌　浙江精诚模具机械有限公司　董事长
张利敏　三友控股集团有限公司　董事长
郑元和　长虹塑料集团有限公司　董事长/中国塑协塑料配线器材专业委员会主任
林　为　泉州三盛橡塑发泡鞋材有限公司　董事长
刘路兴　山东省塑料协会　会长/研究员
马之清　山东清源集团有限公司　董事长
李振平　山东蓝帆塑胶股份有限公司　董事长/中国塑协塑料助剂专业委员会主任
刘方毅　山东英科环保再生资源股份有限公司　董事长
张先炳　武汉华丽环保科技有限公司　董事长
符　岸　广东省塑料工业协会　会长
李南京　金发科技股份有限公司　总经理
马镇鑫　广东金明精机股份有限公司　董事长
宋旭彬　广东海兴塑胶有限公司　总经理/中国塑协塑料家居用品专业委员会主任
吴劲松　中国塑协塑木制品专业委员会　主任
段同生　河南省塑料协会会长
左满伦　广东联塑科技实业有限公司　总裁
柯　明　佛山佛塑科技集团股份有限公司　总裁
林云青　康泰塑胶科技集团有限公司　总裁
李忠烈　四川省犍为罗城忠烈塑料有限责任公司　董事长
宋晓玲　新疆天业（集团）有限公司　董事长
陈　宇　北京华腾新材料股份有限公司　董事长兼总经理
徐志强　上海靓敏薄膜科技发展有限公司　董事长
丁良玉　浙江中财管道科技股份有限公司　总经理
佘桂锡　汕头海湾物资有限公司　董事长/汕头市塑胶商会　会长
林丰钦　南亚塑胶工业股份有限公司　资深副总经理
于　建　清华大学化工系高分子研究所　教授/中国塑协改性塑料专业委员会主任
杨卫民　长江学者/中国塑协专家委员会　主任

副 主 编 姜宛君

编　　者（以姓氏笔画为序）

刁晓倩　于　建　马宏伟　王小红　王世成　王占杰
王春芳　王展伟　王　晶　王慧凯　田　岩　田　辉
吕　方　朱文玮　朱金柏　刘汉龙　刘均科　杨桂兰
岑叙生　汪建萍　沈友良　张仲婉　张培超　陈　生
陈清清　范艳菊　罗子木　季德虎　周家华　周鸿勋
周肇枢　郑天禄　郑方莉　赵克武　赵国伟　赵明佑
赵　艳　查　燕　段同生　侯冠一　侯培民　施珣若
翁云宣　郭　晶　唐　维　韩简吉　谢鹏程　窦俊岭
谭钢林

中国塑料加工工业协会
中国塑协农用薄膜专业委员会
中国塑协改性塑料专业委员会
中国塑协中空制品专业委员会
中国塑协人造革合成革专业委员会秘书处
中国塑协异型材及门窗制品专业委员会
中国塑协复合膜制品专业委员会
中国塑协聚氨酯制品专业委员会
中国塑协 BOPP 专业委员会
中国塑协 BOPET 专业委员会
中国塑协泡沫塑料 EPS 专业委员会
中国塑协硬质 PVC 发泡制品专业委员会
中国塑协滚塑专业委员会
中国塑协塑料节水器材专业委员会
中国塑协塑木制品专业委员会
中国塑协塑料助剂专业委员会秘书处
中国塑协流延薄膜专业委员会
中国塑协镀铝膜专业委员会
中国塑协塑料家居用品专业委员会秘书处
中国塑协聚苯乙烯挤出发泡板材专业委员会
中国塑协热塑性弹性体专业委员会

中国塑协线缆材料专业委员会

中国塑协塑料鞋专业委员会

中国塑协阻燃材料及应用专业委员会

中国塑料机械工业协会

新疆维吾尔自治区塑料协会

出版说明

《中国塑料工业年鉴》自2001年创刊，至今已出版了19卷。因其内容翔实、资料完整、数据权威等特点，已成为塑料行业从业者了解行业、研究行业的权威工具书，同时也是国家各级领导机构、企事业单位、研究所、高等院校查阅资料、了解信息、指导工作的重要参考书，具有很高的应用和收藏价值。

《中国塑料工业年鉴2021》为第20卷，与前19卷在时间和内容上保持连续性，设有“专论”“政策法规”“综述”“各地区塑料工业情况”“主要制品行业情况”“塑料标准”等栏目，全面客观地记录了2020年中国塑料工业坚持新发展理念，积极应对风险挑战，以供给侧结构性改革为主线，以科技创新为动力，实现持续稳步增长的重大事件和丰硕成果。

《中国塑料工业年鉴2021》由中国塑料加工工业协会主编，中国轻工业出版社有限公司出版发行。中国塑料加工工业协会各分支机构、中国石油和化学工业联合会、中国塑料机械工业协会、中国氯碱工业协会、山西省化工研究所（有限公司）和各省、市、自治区塑料行业协会等单位领导与专家给予大力支持。

《中国塑料工业年鉴》编委会向所有关心、支持和参与撰稿、组织、筹划及宣传工作的领导、专家、作者和朋友们表示衷心的感谢！诚请广大读者对《中国塑料工业年鉴2021》编写、出版中的不足之处给予批评、指正！

《中国塑料工业年鉴》编辑委员会

2021年8月

目　录

专　论

政策与法规

综　述

各地区塑料工业

主要制品行业

会展

塑料标准化

专 论

提振信心 强化科技创新 推动塑料工业可持续发展

——在2020中国塑料行业科技大会上的讲话

中国轻工业联合会党委副书记 王世成

2020年11月3日

各位同事、各位代表：

大家上午好！

作为塑业人和老战友，非常高兴来到南京参加“2020中国塑料行业科技大会”。首先，我代表中国轻工业联合会和崇和会长，向大会的成功召开表示热烈的祝贺！向出席大会的各位院士、专家、企业家和各位来宾表示崇高敬意！向一直以来关心、支持塑料加工业发展的有关部门、专业院校、科研机构和社会各界表示衷心的感谢！

第二届科技大会的召开，喜逢党的十九届五中全会胜利闭幕，正值我国实现第一个百年奋斗目标，全面建成小康社会和“十三五”规划圆满收官，开启向第二个百年奋斗目标进军的重要历史节点，将为塑料行业的科技创新留下时代的印记和特征，相信本次会议借五中全会精神学习贯彻的东风，将为谋划和助推行业企业绿色循环可持续发展，为向强国跃升凝智聚力。

借此，我谈几点意见和建议：

一、研判趋势，坚持发展定力

大家知道，塑料工业是我国工业体系重要组成部分，主营业务收入分别占全国工业和轻工业的2%和10%左右。新材料产业、新兴制造业、基础性产业、重要民生产业的定位令业界欣慰，要做足文章。

今年以来，塑料行业守望相助，全力抗击疫情复工达产，做出了突出贡献，积极支援“两山”等医院建设，共捐赠款物1.1亿元。1~8月主营下降5.09%，低于全国工业平均水平；而利润增长17.06%，高于全国工业21.46个百分点；出口同比增长5.41%，高于全国工业9.51个百分点，全年研判可以基本恢复到正常水平、稳定向好，期待行业企业进一步提振信心，在双循环新发展格局中，抓住新机遇做出新业绩。

我们塑业人，要长于从市场走向研判趋势，要看到在新冠疫情和地缘政治影响下，世界石油市场经历了前所未有的剧烈变化，国际原油期货价格近日明显走低，跌至五个月以来的最低点，油价总体在35+美元/桶上下波动。对于塑料加工行业，由于通常原材料成本占比超过70%，油价下降有助于提高改性塑料等材料和塑料制品的盈利能力，也使塑料制品总体市场竞争能力由此提升，而对于再生材料等领域则会加大负面影响。此时行业应更加警惕的是，经济形势和产油国有明显的不确定性，而我国原油对外依存度高达72%，高端聚烯烃、专用树脂、特种工程塑料、高端膜材料等国内市场长期处于供给不足，有的品类自给率仅44%~61%，随时可能引起需求侧的下降，出口的困难可能加大。

要善于从下游需求研判趋势，新型城镇化、美丽乡村建设和新基建、国家重大工程项目和农业产业化、房地产市场、汽车轻型化、智能交通智能能源、公共卫生体系建设等将为行业创造出更多的国内市场和经济效益。数据显示，房地产开发投资同比增长4.6%，商品房销售额前八个月增长1.6%，面积降幅收窄2.5个百分点，将会拉动塑料管道、门窗、板片材的需求增量等。高分子材料和产品将展现巨大需求空间，应密切关注乘势而上。

更要重视问题导向研判趋势，行业发展仍存在不少短板，如：技术创新能力仍薄弱，研发投入不足；科技成果转化率偏低；产品结构不尽合理；原材料、助剂及高端加工装备、智能化水平制约行业发展；应对全球产业链供应链的不确定性、应对东南亚国家同质化竞争加剧、应对反倾销调查密度增加、出口难度加大等现象的闯关能力亟待重点加强。

在以上机遇和挑战面前，行业企业科技创新的紧迫感要比过去任何时候都显得更重要。我们应准确识变、科学应变、主动求变，坚持发展定力，努力在危机中育新机，于变局中开新局。

二、咬定青山，坚持创新方向

“十三五”时期，塑料加工业结构升级加快，效益稳步提升，规模持续扩大，中高端比重增加，创新成果可喜可赞，核心技术实现了新突破。此间提出并得到业界广泛认同的“三化一微”+智能化的发展方向，我们应始终坚持这一大趋势、路线图和着力点，坚持功能化是塑料加工业作为国民经济基础产业的重要标志；轻量化是推动塑料加工业革命性发展的重要技术；生态化将形成塑料加工业环境、效益和可持续发展的重要优势；微成型技术则是塑料加工业精密智能装备、模具和先进成型工艺的重要体现；智能化将是推动塑料加工业技术变革和业态、模式优化升级的重要抓手，“十四五”期间要继续牢牢咬住，务必坚持不懈、久久为功。

当前行业在院士、专家和企业家的参与支持下，统筹各专业委员会成立的以院士牵头的“PVC高值化利用工作组”“废弃塑料回收及高值化利用项目及工作组”“海洋废塑料垃圾污染治理项目及工作组”等专项技术创新研究团队，分别开展的PVC功能化提升，再生塑料的高值化利用，以及海洋垃圾的治理等研发工作，已取得积极进展，接下来应举行业之力，努力形成突破。

要更加聚焦国家战略和国际重大需求，从基础出发，在前沿技术、共性技术、关键技术，特别是卡脖子技术上协同发力。在农业方面以提高农作物产量为着眼点，推动多通道塑料分光膜片、非聚烯烃超长效农用棚膜、可生物降解地膜的发展；生物医药及高性能医疗器械方面，要推动医用血液净化核心材料、新型抗菌材料研发；新能源方面要加大光伏发电用N型单晶光伏发电双面组件用聚酯薄膜、风电和车船用高强度发泡材料、高性能锂电池隔膜的研发力度；电子、光学材料方面，大力推动光学聚酯薄膜预涂层折射率控制技术、大尺寸显示器用PMMA偏光片、光学聚酯薄膜用特种树脂等研发；快递、网购包装方面，要突破高性能微纳层叠膜/片制备技术、高分子合金包装膜以及可生物降解塑料制品的原料生产技术；做好生物基塑料制品、高性能高分子功能微型器件、石墨烯材料等战略前沿材料的提前布局和研制。同时要加快绿色、节能、高效新型加工成型工艺的开发，推行清洁生产和节能减排，充分体现废旧塑料污染治理“可循环，易回收，可降解”的目标要求，通过复合、改性等技术提升材料性能，对标高标准，提高产品功能性，推动绿色环保发展。

三、整合资源，坚持协同推动

要积极践行总书记强调的“围绕产业链部署创新链、围绕创新链布局产业链”的重要精神，进一步发挥协会对行业创新的统筹协调作用，调动40个分支机构和地方行业组织的积极性和主动性，务实组织、有效发挥好政产学研金用和产业链上下游协同创新，这是实现研发创新目标的重要手段和保证。

一是注意远近结合。要认真贯彻中央规划建议精神，结合“塑料行业‘十四五’规划指导意见”分解梳理近期和中远期技术突破重点；梳理关键共性、前沿技术、重点推广、清洁生产、技术装备等项目；要将塑料改性作为加工业提质增效的重要着力点，积极发挥其高性能、低成本、性价比、适应消费升级的技术特点和市场效应。

二是注意赶超结合。塑料行业在《轻工业“十四五”高质量发展指导意见》中列在实现轻工强国的冲击型层面，要从目标、举措上强化顶层设计，坚持国际对标，深化标准化工作和“三品”行动，不断提高创新能力；要充分发挥院士、专家和科研机构对行业科研创新的领衔作用；激发企业主体的创新内生动力；强调技术的原创引领与攻关平台建设；注重对功能化、生态化的内涵延伸；强化塑料加工业品种的适应性、品质的高端化、品牌的影响力。

三是注意研用结合。在重视引领性技术研发的同时，要重视应用技术的推广，切实考虑企业的需求牵引，要注重科技成果的转化效率与效果，关注企业的创新要求，帮助企业减少原材料在生产成本中的比重，提高利润率。借助每两年一次、交叉召开的“产业链高峰论坛”和“行业科技大会”推动研用结合，使成果推广转让形成长效机制。

四是注意上下结合。抗疫复工期间，轻工联合会与石化联合会做了产业链对接，专门请塑料协会对原材料工业提出了加工业的需求与要求，引起了石化行业的高度重视，要做好跟踪对接。目前，塑协科技咨询委早有农业部农技推广专家助力，又吸纳汽车领域专家加盟，还特别注意与轻工下游行业密切融合，9月份商请联合会经济合作部组织家电、玩具、文体等17家协会以南京展为背景，座谈商议产业链合作问题，效果不错，进一步加强了产业链的互动合作。

五是注意干说结合。既要撸起袖子加油干，也要实事求是多宣传，要宣传塑料行业的产业定位、地位和作用；要借鉴一次性发泡塑料新闻发布会的成功经验，针对社会反映和消费者诉求，注意及时应对、科学引导、正面说教、正名行业，可适时商请专家院士发声、同时要加强调研，针对性及时反映企业诉求，及时提出政策建议，努力营造行业发展的良好环境。

同志们，朋友们！带着浓浓的塑业情感和人文情怀，我深感塑料行业的发展前景可期、任重道远。衷心希望塑料加工行业的同事们，在习近平新时代中国特色社会主义思想的指引下，不忘初心，砥砺奋进，持之以恒，协同推进科技创新，为塑料工业的可持续发展和强国建设做出新的更大的贡献！

塑料加工业“十四五”发展规划指导意见

中国塑料加工工业协会

2021 年 6 月

前言

塑料加工业是以塑料加工成型为核心，集合成树脂、助剂、改性塑料、再生塑料、塑料机械与模具、智能系统等产业为一体的新兴制造业，是高端高分子新材料产业的重要组成部分，既是我国现代工业体系中的先进制造产业，也是民生产业。

我国塑料工业起步于新中国成立之初，发展于改革开放，目前已建成门类齐全、独立完整的制造业体系，在国民经济中占有重要地位。我国已是塑料制品生产、消费和出口大国。

“十四五”是我国全面建成小康社会实现第一个百年奋斗目标之后，向第二个百年奋斗目标进军的第一个五年。在这个新发展阶段，塑料加工业将深入贯彻落实新发展理念，坚持创新驱动不动摇，继续深化供给侧结构性改革，促进产业结构趋向合理，以更高水平参与服务国内、国际双循环，努力赶超国际先进水平，加快由大变强步伐，引领推动中国塑料加工业在高质量发展道路上行稳致远。

《中国塑料加工业“十四五”发展规划指导意见》（规划期为 2021～2025 年），作为未来五年我国塑料加工业发展的指导性文件和实现塑料制造强国目标的行动纲领。

一、塑料加工业“十三五”取得的主要成绩与存在的主要问题

“十三五”是塑料加工业从结构调整转型升级向高质量发展阶段迈进的重要时期，科技创新持续推进行业发展能力增强，应用领域进一步拓展，经济效益稳步提升，“三化一微”+智能化技术发展方向持续深化，科技创新持续推进，新业态新模式共存，大数据信息化积极推进。

（一）取得的主要成绩

1. 行业能力进一步加强

据国家统计局数据，2020 年我国塑料加工业汇总统计企业累计完成产量 7603.22 万吨，规模以上企业营业收入 18890.13 亿元，利润总额 1215.15 亿元。“十三五”期间，塑料制品产量、营业收入、利润总额增长，规模以上企业数量逐年增加，行业规模进一步扩大。我国塑料生产、消费、出口世界第一大国的地位进一步巩固。

表 1　塑料制品产量、营业收入、利润总额同比增长率情况

指标＼时间	2016 年	2017 年	2018 年	2019 年	2020 年
产量增长率/%	2.66	3.44	1.1	3.91	-6.45
营业收入增长率/%	6.2	6.74	5.04	2.77	-1.4
利润增长率/%	7.32	4.81	3.28	12.68	18.39
规模以上企业/个	15054	15350	15571	15835	16592

2. 产品质量水平整体提高

大力实施三品战略，加快产品转型升级，淘汰落后产能等措施，促进行业向高端化、品牌化、绿色化转型。塑料制品技术含量和品质提升，高端产品市场需求增长。企业更加注重品牌建设，积极开展标准化工作，加强国标、行标制修订工作同时，积极推进团标体系建设，服务行业技术高值化发展。塑料加工行业内规模较大、总体质量较好的龙

头企业发展步伐加快，数量增加，占比提升。

3. 科技创新能力持续增强

至“十三五”末，建成国家重点实验室5个，国家工程实验室8个，国家工程（技术）研究中心5个，国家级企业技术中心48个，国家技术创新示范企业9个。建成轻工行业重点实验室15个、中国轻工业工程技术中心5个，中国轻工业工业设计中心5个，特色区域和产业集群17个，塑料加工发明专利75652项。国内开设高分子材料科学与工程相关专业的高校200多家，均与企业开展创新协作。企业建立院士工作站近30个。科技创新为行业积极拓展新的应用领域，创造新的需求和新的经济增长点奠定了基础。

4. 绿色生态化发展取得明显成效

行业稳步推进绿色可持续发展。积极应对废旧塑料污染，推动可循环、易回收、可降解产品和技术，推动降解塑料替代部分一次性塑料，加快推进塑料减量化、资源化，加强塑料回收及高值化利用。积极推进环保型助剂应用，推进节能减排、VOC排放治理工作，积极开展ODS、HBCD等物质淘汰工作及产品替代技术研究，加强清洁生产，提高绿色制造比重，推进塑料行业绿色低碳发展。

5. 国际市场竞争力提升

“十三五”期间塑料制品出口稳步增长，扩大了国际市场份额。2020年塑料制品累计出口额852.7亿美元，同比增长19.6%。

表2　　塑料制品出口额增长率

指标＼时间	2016年	2017年	2018年	2019年	2020年
出口额增长率/%（亿美元）	-5.17	8.62	10.67	7.94	19.6

（二）存在的主要问题

“十三五”期间塑料加工业的发展取得较大成绩，但还面临诸多发展困难与问题，存在一些不充分、不平衡的问题。

1. 行业集中度不高

塑料加工业整体集中度不够。如2020年规模以上企业达16592家，营业收入为18890.13亿元，平均营业收入为1.14亿元。另有十多万家规模以下企业，在技术进步、新产品研发方面缺乏实力，在运营和管理上缺乏人才和资金，综合能力不足，难以高质量发展。

2. 创新机制不畅

行业中小企业多，研发投入普遍不足。企业依靠自身力量的研究成果和新产品不多，具有自主知识产权的塑料制品少。有的企业把技术进步依托在购买和引进上，长期未能立足于自主研发。创新环境不宽松，创新机制不畅，创新成果转化慢，高端科技人才短缺，行业整体创新能力相对较弱。

3. 总体装备水平与先进国家仍有差距

技术改造步伐加快，不断更新先进设备，大大提升了行业的整体装备水平，但国产加工装备、模具与先进国家在精度、稳定、效能等方面尚有差距，跟不上发展需求，仍然存在装备水平偏低、工艺技术相对落后的问题。

4. 产业结构不尽合理

产业结构调整得到加强，但低端产品结构性过剩问题仍突出，低端产品价格战压缩了利润空间，高技术含量产品不多且不能满足需求，相当多先进技术产品仍需进口。

5. 出口难度和风险加大

我国塑料制品具有国际市场竞争优势，在国际市场占有较高份额，但由于国际贸易保护主义抬头，技术壁垒和贸易摩擦呈现出常态化特征，出口型企业产品出口难度和风险加大。

二、塑料加工业“十四五”面临的机遇与挑战

“十四五”世界百年未有之大变局深度演化，与我国社会主义现代化建设新征程相互交融，中国特色社会主义进入新时代，高质量发展成为经济社会发展的主基调。塑料行业的外部环境和内部条件发生深刻变化，机遇与挑战并存。

（一）机遇

1. 科技革命和产业变革将推动塑料加工业加快转型发展

新一轮科技革命和产业变革深入发展，与我国制造业转型升级形成历史性交汇。5G通信技术、物联网、大数据、高档数控机床、工业机器人、智能仪器仪表等新一代技术装备的应用，将推动塑料加工业制造技术快速、跨越式发展。同时，网络协同制造、个性化定制、共享制造等新业态、新模式会不断涌现。“十四五”期间，塑料加工业先进生产力必定依托于科技创新，与塑料行业相关的新产业、新业态、新技术和新模式会不断涌现，为行业进一步跨界融合、生态化、人工智能、网络化信息技术创新发展带来新机遇。

2. 新发展格局将促进产品与产业结构趋向合理

新型工业化、信息化、城镇化、农业现代化进程的加快，对国内市场会起到需求增长拉动和深化作用，技术创新能力的提升和制度管理创新将会促进塑料相关产业链提质，同时也会不断提升国内塑料产业在国际循环中的优势。

3. 超大规模市场优势将拓展塑料加工行业应用领域

新型基础设施建设、新型城镇化建设和重大项目等举国之力的超大规模市场需求优势，拥有广阔发展空间，与塑料加工业密切相关，应会促进塑料制品需求增长。此外，雄安新区、海南自贸区、粤港澳大湾区建设以及长江经济带发展等区域建设也将带动相关地区塑料产业发展，为塑料加工业提供了更加广阔的市场空间。

4. 提质升级的消费市场将促进塑料行业进步

消费对经济增长的拉动作用正进一步强化，消费市场升级呈现新的趋势。消费结构向发展型升级，优质产品需求旺盛，同时随着我国由“制造大国”进入“消费大国”，消费者对高品质制品的需求激增，将助力塑料制品行业向高品质提升。

5. 高标准市场体系建设将推动自主创新进一步发展

国家高标准市场体系建立的进一步加强，将会深化行业供给侧结构性改革，推动引领创造新需求能力的提升，促进自主创新在新形势下的进一步发展。通过加大自主研发投入、专利保护等，提升企业自主创新能力，提升自主品牌影响力和竞争力。

（二）挑战

原材料价格的剧烈波动、严格并持续性的环保要求、加强废旧塑料污染治理工作等塑料加工业面临的新老问题，给行业持续发展和转型升级带来挑战。在经济新常态下，塑料加工业“十四五”要实现高端化，任务艰巨，面临严峻挑战。一是新一轮科技革命和产业变革浪潮的冲击。二是进入新常态后，塑料加工业面临转变发展方式、优化调整结构、加快产业升级等繁重任务的挑战。因此，“十四五”是实施创新驱动发展的关键时期，进一步发展难度将明显加大。

1. 面临国际规则、投资贸易和格局变动的挑战

国际力量对比发生深刻变化，世界经济格局面临重构，国际上单边主义、贸易保护主义和国际贸易摩擦加剧，国际市场竞争加剧。塑料加工业与东南亚相关产业相似度较高，出口商品对当地产品冲击较大，导致贸易摩擦加剧，针对我国塑料加工业的贸易救济调查也在增加。

2. 面临技术壁垒和竞争加剧的挑战

发达国家对华技术封锁将常态化乃至持续加码，“卡脖子”技术突破难度显著增加，开放创新的路径日趋复杂化。塑料加工业一些关键核心技术受制于人，部分关键设备、元器件、零部件、原材料依赖进口。

3. 面临创新能力与创新成果转化不足的挑战

行业企业围绕中高端产业的建设和人才等高端要素的竞争愈演愈烈，产业升级困难增加。科技创新与企业、产业、金融等联动发展的创新体制、机制不完善，产学研用协同创新不到位，科技创新产出效能不高，科研成果产业化效率低。

4. 面临由于塑料废弃物管理不到位带来环保压力的挑战

由于随意丢弃和管理不到位，造成塑料污染问题。随着一次性塑料制品污染治理进入国家层面，期望运用多种措施达到治理效果。

三、“十四五”指导思想、基本原则和发展目标

（一）指导思想

以习近平新时代中国特色社会主义思想为指导，全面贯彻党的十九大和十九届二中、三中、四中、五中全会精神，坚持新发展理念和中央决策部署，正确认识和把握“重要战略机遇期”的新内涵，坚持稳中求进工作总基调；把握国内大循环为主体、国内国际双循环相互促进的新发展格局；以满足人民对美好生活的期盼为出发点，以供给侧结构性改革为主线，同时注重需求侧改革，以科技创新、“三品”战略、智能绿色、产业集群、国际合作、深化改革等为抓手，推动行业实现高质量发展，由中国速度向中国质量转变，推动我国由塑料制品生产大国向强国转变。

（二）坚持原则

1. 坚持满足国家重大需求和人民日益增长的美好生活需要

牢牢把握高质量发展要求，坚持质量第一、效益优先，全面落实新发展理念，提质增效，促进经济转型升级。

2. 坚持“功能化、轻量化、精密化、生态化、智能化”技术进步方向

发挥行业优势，集中力量实现突破。

3. 坚持体制机制创新

加快核心、重大、关键技术的攻关，解决“卡

脖子”的技术问题，提高中高端产品的供给能力，逐步实现进口替代，不断满足需求。

4. 坚持市场导向和政府引导作用原则

按照经济社会发展和消费者物质精神需求，充分发挥市场在资源配置中的决定性作用，按市场规则、市场价格、市场竞争配置资源，实现效益最大化和效率最优化，同时发挥政府的引导和推动作用。

5. 坚持高标准引领

推进国标、行标、团标等相关标准的制修订工作，推动标准化工作进程，促进行业标准的进步与发展，不断提高行业国际影响力和竞争力。

6. 坚持生态化发展

贯彻落实“绿水青山就是金山银山”的发展理念，在节能减排、清洁生产、资源循环利用、污染综合治理、灾害防控等方面要取得新的进展。

（三）发展目标

1. 规模发展目标

保持塑料制品产量、营业收入、利润总额及出口额稳定增长，形成一批具有较强竞争力的跨国公司和产业集群，在全球产业分工和价值链中的地位明显提升，结构调整和产业升级取得显著成效，加快构建现代工业体系，基本实现我国由塑料制造大国向强国的历史性转变。

2. 技术创新目标

促进重点企业进一步增加研发经费投入。整合行业优势资源，到 2025 年，实现新增 10 个以上中国轻工业重点实验室、工程技术研究中心、工程设计中心等创新平台，新增国家级重点实验室和国家级企业技术中心 5 个以上，新产品贡献率超过 40%。

到 2025 年，塑料加工业主要产品及配件能够满足国民经济和社会发展尤其是高端领域的需求，部分产品和技术达到世界领先水平；建立达到国际先进水平的行业产品标准体系；行业创新能力显著增强，全员劳动生产率明显提高，“两化”融合迈上新台阶。

3. 绿色发展目标

推进节能减排及清洁生产技术应用，推进新能源利用，采用环保新材料、新工艺及新技术降低能耗，重点行业单位工业增加值能耗、物耗及污染物排放达到世界先进水平，为碳峰值、碳中和目标的早日实现打好基础。大力研发推广可循环、易回收、可降解替代产品和技术，实现经济、环境、社会效益协调发展。

四、重点任务

“十四五”期间，塑料加工行业要贯彻创新、协调、绿色、开放、共享的新发展理念，围绕“五化”方面着力，为塑料加工业实现高质量发展提供支撑，为构建新发展格局做贡献。

（一）强化创新体系建设

坚持创新驱动，加强基础性、应用及共性技术研究。激发企业创新主体内生动力，发挥大学科研院所支撑作用，发挥国家级协会优势，推动构建政产学研金用集成创新、产业链协同创新、创新的供给侧与需求侧精准对接，实现高效创新。加大科研投入，推动高新技术利用，集中力量在核心、重大、关键技术攻关，解决“卡脖子”技术问题等领域实现突破；通过科技创新和技术进步弥补关键技术不足的短板，解决发展不平衡问题，促进产业升级，实现由大向强的转变。

（二）推动产业链协同发展

围绕产业链部署创新链，围绕创新链布局产业链，进一步挖掘行业潜力，提升产业链整体水平。发挥优秀骨干企业带动作用，促进塑料原料、助剂的高质化和装备、模具的精细化、高效化，做好应用领域的服务，促进全产业链工艺技术管理精益化，实现创新链、产业链、供应链协同创新。

（三）推进行业结构调整和提质增效

培养新的增长点，做好淘汰、转型、提升、转移工作，逐步化解过剩低质低效产能，加快推动技术改造，推动塑料加工业向中高端迈进；促进行业协调发展，实现产业结构趋向合理。

对标先进，着力增品种、提品质、创品牌，提升高端有效供给，创造需求，引领消费。培育和弘扬精益管理、精品制造的工匠精神，树立质量为先、信誉至上的经营理念，助力中国制造向中国创造转变。

（四）坚持“五化”技术进步方向

坚持“功能化、轻量化、精密化、生态化、智能化”技术进步方向。**功能化：**大力开发用于航空、航天、国防军工及汽车、高铁、家电、通信、现代农业及日常生活及节能环保、新能源、高端装备制造业等领域所需要的具有高强、高韧、高阻隔、高透明、耐高温、阻燃、耐磨、耐腐蚀、导电、绝缘、导热等性能的薄膜、容器、零配件、日用品、工程塑料等塑料制品。**轻量化：**大力开发塑料制品在满足所需功能前提下的减重新技术。**精密**

化：大力开发具有特殊细微结构的用于精密设备、仪器，以及人体的高端微型塑料制品及精密注塑成型工艺、装备、模具等加工技术。**生态化**：加大先进节能环保技术、工艺和装备的研发、推广力度，加快塑料加工业绿色生态化改造升级；强化产品全生命周期管理，努力构建高效、清洁、低碳、循环的绿色生态化制造体系；推动可循环、易回收、可降解新技术新产品的开发应用，提高塑料废弃物资源化利用水平；积极推动相关国际公约的履约工作，推动 ODS 第二阶段替代工作，推进 HBCD 的禁止工作。**智能化**：以智能制造为主攻方向推动产业技术变革和优化升级，推进互联网、大数据、人工智能同塑料加工业深度融合，鼓励企业加强智能化建设，推动行业智能化共享平台建立，加强行业互联网基础设施建设，提高工业互联网应用水平，带动发展网络协同制造、大规模、个性化定制等新业态新模式，促进行业整体发展。

（五）促进集约化发展

加强特色区域和产业集群建设，增强行业集聚度优势，推动塑料产业集聚发展，打造区域品牌。鼓励企业做大做强，支持行业龙头企业、科技型示范企业发展，加快资源的整合，引导企业战略合作和优势重组，放大产业的集聚效应和规模效应；扶持培育一批具有较强国际竞争力的企业，通过自主创新，不断缩小与发达国家塑料加工业的整体差距。引导行业内涵发展、理性发展，防范过度扩张引起的恶性竞争。

（六）完善标准体系建设

对标国际先进标准，推动国内一流、国际领先的团体标准、行业标准、国家标准制修订；强化标准的引领和支撑作用，做好产品标准及环保节能、安全指标、行业规范等相关标准的协调发展；协调、鼓励和支持企业、科研院所参与国际标准制定，加快我国塑料标准国际化进程；发挥企业在标准制定中的重要作用，协同推进产品研发与标准制定；加强满足创新需要的团体标准工作，增强标准创新能力；做好标准的宣传贯彻，大力推动标准实施；加大产品认证体系标准化建设。

（七）建立多层次人才培养体系

组织实施制造业人才培养计划，加大专业技术人才、经营管理人才和技能人才的培养力度，完善从研发、转化、生产到管理的人才培养体系。以提高现代经营管理水平和企业竞争力为核心，培养造就一批优秀企业家和高水平经营管理人才；以高层次创新型人才为重点，在高等学校建设一批工程创新训练中心，打造高素质专业技术人才队伍；强化职业教育和技能培训，形成一支门类齐全、技艺精湛的技术技能人才队伍；加大制造业引智力度，引进领军人才和紧缺人才。

（八）提高国际化发展水平

以国内、国际双循环为指导思想，统筹两种资源、两个市场，拓展新的开放领域和空间，提升国际合作的水平和层次，引领重点龙头企业参与国际产业分工，提高国际竞争力；支持协助企业开拓国际市场，参与海外项目投标，拓展“走出去”发展空间。推动产业合作由加工制造环节为主向合作研发、联合设计、市场营销、品牌培育等高端环节延伸，提高国际合作水平；创新加工贸易模式，延长加工贸易国内增值链条，推动加工贸易转型升级。

五、发展建议

（一）强化顶层设计

推动将塑料行业纳入国家产业政策重点支持行业；推动国家通过金融、税收、财政补贴、出口退税、专项发展资金、创投风投基金和政府采购等政策措施，加强对塑料行业的政策和资金支持。积极支持、参与国家和地方相关产业政策、法律法规、行业规划制定，为行业可持续发展提供优质服务。

（二）引导创新发展

充分发挥好院士和专家团队的作用，推动政产学研金用深度融合，推进科技成果转化，引导组建科技创新工作组；聚焦塑料加工前沿技术和共性关键技术研发与成果转化，推动行业技术进步；实施科技人才发展战略，通过研究资助、信息化建设、在职培训与教育等措施不断提高行业人员技术素养，形成一批具有国际先进水平的创新人才团队；支持塑料加工技术创新公共服务科研平台建设，加强重点实验室、工程（技术）研究中心、企业技术中心、检测中心的建设，不断提高行业企业创新研发水平。

探索把握国家更高水平开放、信息化发展成果和新业态发展模式为企业经营管理带来的机遇，不断提高企业经营管理效率。

（三）加强诚信建设

配合实施高标准市场体系建设行动，在塑料加工行业营造诚实守信的市场环境，积极打造塑料行业良好市场营商氛围，推动行业质量、卫生、安全、环境等方面体系建设，促进行业有序健康发展。

（四）发挥金融工具助力作用

金融工具对于促进行业资本积累、生产率提高和经营风险规避、资源有效整合等有着重要意义。要用好金融工具助力行业发展，鼓励企业利用银行贷款、优秀企业发行股票和债券等方式助力运营，利用期货、期权、远期合约、期货合约、期权合约和互换合约等金融衍生工具在资金的筹集管理、项目的投资管理、资金结算管理、投资套利中发挥作用。

（五）推动绿色生态化发展

推动塑料回收再生利用发展，加强可回收材料高值化应用技术；引导、研发、推广可循环、易回收、可降解新技术新产品；支持节能减排先进技术的示范与推广应用，加强部分产品生产中的挥发性有机污染（VOC）排放治理，科学、务实研究行业二氧化碳排放达峰目标及工作方案，实现经济、社会、生态环境协调发展。

塑料加工业“十四五”科技创新指导意见

中国塑料加工工业协会

2021年6月

塑料加工业是以塑料加工成型为核心，集合成树脂、助剂、改性塑料、再生塑料、塑料机械与模具、智能系统等产业为一体的新兴制造业，是高端高分子新材料产业的重要组成部分，既是我国现代工业体系中的先进制造产业，也是民生产业。

中国塑料加工业从“十一五”开始跨入世界塑料大国行列，经过“十二五”“十三五”的结构调整和创新驱动发展取得显著成绩。“十四五”时期是我国全面建成小康社会、实现第一个百年奋斗目标之后，乘势而上开启全面建设社会主义现代化国家新征程、向第二个百年奋斗目标进军的第一个五年，也是塑料加工业进入高质量发展阶段，向世界强国迈进的关键时期，是技术进步的重要战略机遇期。

为落实《中华人民共和国国民经济和社会发展第十四个五年规划和2035年远景目标纲要》，着眼长远、把握大势，加强统筹规划和行业技术引领，继续推动塑料加工业在新形势、新情况下由大向强发展，在《塑料加工业“十四五”发展规划指导意见》基础上，编制《塑料加工业“十四五”科技创新指导意见》。

一、塑料加工业“十三五”技术进步回顾

（一）创新能力持续增强

“十三五”时期，塑料加工业坚持以供给侧结构性改革为主线向高质量发展迈进，坚持创新驱动发展战略，以功能化、轻量化、生态化和微成型（简称“三化一微”）+智能化为技术方向，凝聚行业力量，积极开展科技创新年、专家院士行等活动，致力创新体系建设，努力搭建创新平台，以企业为主体、市场为导向、政产学研金用集成创新体系建设和创新能力持续加强。

至“十三五”末，行业建成国家重点实验室5个，国家工程实验室8个，国家工程（技术）研究中心5个，国家级企业技术中心48个，国家技术创新示范企业9个。建成轻工行业重点实验室15个，中国轻工业工程技术中心5个，中国轻工业工业设计中心5个，特色区域和产业集群17个，塑料加工发明专利超过7.5万项。国内开设高分子材料科学与工程相关专业的高校200多所。企业-高校联合实验室、创新基地、研究中心及政产学研用协调开发新产品数量稳步增长，具有国际竞争力的创新联合体发挥积极作用，成果转化效果显著。

（二）科技创新步伐加快

“十三五”期间，我国塑料加工业集聚行业优势资源，推动创新开展，新材料、新工艺、新产品研发和产业化应用步伐加快，原创性、独创性技术竞相涌现，中国制造向中国创造转变。荣获国家科技进步奖3项，中国专利优秀奖45项，中国轻工业联合会科技发明和科技进步一等奖18项，省部级科技奖百余项。

基于拉伸流变塑料挤出技术制备的高强度可机械回收地膜、熔体微分电纺纳米纤维绿色制造、水性与无溶剂合成革、聚合物管材旋转挤出等原创性技术居国际领先水平，废旧塑料回收高效处理及高值化再利用、大型厚壁复杂结构塑料件成型等独创性技术跨入世界先进水平行列，高回弹鞋材用聚氨

酯微发泡珠粒产业化和双轴取向聚氯乙烯（PVC-O）管产业化、触摸屏用折射率匹配（IM）硬化膜、厚度50mm以上的氯化聚氯乙烯（CPVC）板材等产业化技术对标国际先进水平，填补国内空白。

（三）绿色发展深入推进

行业坚持绿色低碳发展，大力推进清洁生产，应用节能减排、环保新技术，推行绿色工厂、绿色园区、绿色供应链认证。

采用拉伸流变、锥形同向双螺杆等高效节能塑料加工成型技术，集红外与热传导于一体的双效加热、变频电磁加热等节能技术，清洁新能源替代传统能源等一系列低碳、节能技术，降低了塑料加工能耗。普遍安装的在线挥发性有机化合物（VOC）检测、收集治理装置，智能密闭混配计量系统，有效减少了生产现场的VOC及粉尘。水性及无溶剂技术在复合包装产业、合成革产业得到突破与推广，N，N-二甲基甲酰胺（DMF）溶剂替代技术的应用使合成革产业DMF年用量减少28%以上。聚氨酯泡沫塑料、聚苯乙烯挤出板（XPS）等产业淘汰含氢氯氟烃（HCFCs）发泡剂约19065吨，相当于减排温室气体2562.4万吨。PVC硬制品基本完成铅盐稳定剂的环保替代，食品相关软制品全部使用环保增塑剂。

认真贯彻落实国家“关于进一步加强塑料污染治理的意见”的精神，推动废旧塑料污染治理工作，着力推动可循环、易回收、可降解技术，加强废旧塑料回收及高值化利用，推动降解塑料在部分一次性塑料制品的应用。以一次性餐饮具、塑料袋等包装材料和农用地膜为主要方向，开发出多种生物基材料、可降解产品，进行了大面积生物降解地膜农田试验和示范应用。

（四）标准化工作提质加速

“十三五”期间，为行业服务的三个标准化技术委员会（SAC/TC48、SAC/TC380、TC397/SC6）发布塑料制品标准228项（国家标准120项、行业标准108项），获批立项国家标准142项，行业标准89项，归口现行有效标准500多项，标准制、修订数量增加，标准体系不断完善，标准水平不断提升。中国塑协团体标准化技术委员会在2018年成立以来，大力开展标准化工作，立项、发布了一批具有较高水平的团体标准，提高了标准制定效率，在推动行业技术进步和提升质量水平上发挥了积极作用。形成基础标准、方法标准、产品标准及工程标准、节能标准、安全标准等分类清晰，国家标准、行业标准、地方标准、团体标准互为补充的局面，以满足行业科技发展需求。

（五）结构调整成效显著

行业以供给侧结构性改革为主线，提高供给侧的质量和效率，“三品”战略的实施，提升了质量品牌影响力，技术改造与智能化水平的持续提高推进了产业升级，增强了发展后劲。

积极开发新产品，进行产品全生命周期管理，追溯体系建设和国际对标，提高产品质量和品牌信誉度，产品质量和品牌影响力持续提升。五层共挤生产线用于宽幅农用棚膜生产，水性湿法贝斯生产线用于合成革生产，玻纤增强复合塑料管材装备等生产工艺、装备等技术改造，增加了产品品种和功能，改进了生产工艺和环境。机械手、机器人及物联网智能技术的应用提高了生产效率和产品质量，降低了生产能耗、劳动强度，促进了产业升级。优化结构、提高品质，增加了市场竞争力，带动行业整体效益提升。

2020年新冠肺炎疫情暴发后，行业迅速开发并产业化用于抗疫救生的3D打印护目镜、聚酯（PET）及聚碳酸酯（PC）功能化防护面罩，聚乙烯（PE）、聚丙烯（PP）无纺布、聚丙烯（PP）熔喷布制医用口罩及防护服、可清洗重复使用的低阻力PP微纳纤维滤膜、聚四氟乙烯（PTFE）微孔复合膜等防护新产品和新技术，以及消杀液容器、塑料管道和门窗、防水材料、无菌及食品包装等常规塑料制品，为战胜疫情提供了有力支持。

二、塑料加工业“十四五”科技创新面临的形势与发展趋势

“十三五”期间塑料加工业技术创新虽然取得较大成绩，但仍存在创新体制机制不畅，自主创新体系和能力不足，资源分散，成果转化慢，部分原辅材料、智能化装备及零部件技术水平与先进国家存在差距等问题。

“十四五”时期，我国发展仍处于重要战略机遇期，但机遇和挑战都有新的发展变化。当今世界正经历百年未有之大变局，新一轮科技革命和产业变革深入发展，国际科技交流与合作不稳定性不确定性增加，新冠肺炎疫情影响广泛深远，发展环境日趋严峻，我国将构建以国内大循环为主体、国内国际双循环相互促进的新发展格局。塑料加工行业科技创新机遇与挑战并存。

（一）面临挑战

“十四五”期间，是塑料加工行业从大国向强国迈进的关键时期，科技创新难度将明显加大，要实现高质量发展，任务艰巨，面临严峻挑战。

1. 科技竞争日趋激烈的挑战

发达国家继续实施再工业化战略，凭借人才和技术优势强化中高端领域，使发展中国家科技优势进一步被减弱。国际上单边主义、贸易保护主义抬头，贸易规则重构，加上新冠肺炎疫情对全球经济的冲击，我国塑料加工产业科技创新的难度将会进一步加大。

2. 部分关键核心技术受到制约的挑战

行业部分高端原材料、关键设备、零部件依赖进口，一些发达国家对核心技术的垄断，使技术突破难度显著增加，开放创新的实现路径日趋复杂化。

3. 行业创新需求度高而能力不足的挑战

作为世界塑料生产大国，行业对新材料、新技术、新成果的产业化需求量大，相关创新成果尽管逐年增多，但体制机制、公共服务平台、产学研用融合不足，导致创新成果产业化转化不能完全满足行业需求，核心关键共性技术的自给能力不足。

4. 科技创新推进塑料废弃物污染治理工作的挑战

由于人们随意丢弃的不良习惯和管理不到位，造成部分包装、餐饮具、酒店用品、农膜等一次性塑料制品给行业带来环保和舆论压力的挑战，亟须可循环、易回收、可降解等科技创新技术。

5. 行业之间科技创新融合不足的挑战

塑料制品分散、分属多个不同行业，而建材、电子、家电、汽车等需求侧对塑料新技术产品的要求信息反馈沟通不畅，使塑料加工产业链整体的创新能力整合不够。

（二）发展机遇

1. 科技革命和产业变革推动塑料加工业加快转型升级

新一轮科技革命和产业变革深入进行，新一代数字技术智能制造的广泛突破性应用与渗透融合，将推动塑料加工业的生产关系、制造模式发生深刻变化并实现跨越式发展。

2. 消费市场升级促进塑料加工业技术进步

随着我国由“制造大国”进入“消费大国”，消费者对高品质制品的需求激增，会助推塑料制品行业向高品质、高质量发展。国家大力发展新材料、生物技术、新能源、新一代信息技术、新能源汽车、节能减排、装备等战略性新兴产业，对塑料加工业也提出了新的更高要求。此外，受疫情影响，涉及生命健康等防疫防护塑料新材料及制品也为我国塑料加工业细分和丰富市场带来了发展机遇。新材料新技术发展战略规划实施，将推进塑料新材料更为广阔的应用，带来高端化市场拓展的机遇。

3. 高标准市场体系建设将推动自主创新进一步发展

“十四五”时期，国家高标准市场体系建立的进一步加强，将会深化行业供给侧结构性改革，推动引领创造新需求能力的提升，促进自主创新在新形势下的进一步发展。通过加大自主研发投入、专利保护等，提升企业自主创新能力，提升自主品牌影响力和竞争力。

（三）创新方向

“十三五”时期，“三化一微+智能化”的技术方向在引导行业发展、促进产业结构转型、推进行业节能减排和技术进步方面发挥了重要作用。“十四五”时期应进一步延伸，“功能化、轻量化、精密化、生态化、智能化”（简称“五化”）为塑料加工行业的技术创新发展方向。

1）**功能化**是指通过工艺改进、材料改性、结构设计、材料复合等塑料加工科技创新手段，赋予塑料及其制品各种功能并提高其性能水平，是产品高性能化、高质化、高值化的重要方向，是塑料加工业迈向中高端、支撑新材料战略的重要抓手。

2）**轻量化**是指通过发泡、提高拉伸倍数、拉伸形变塑化、动态成型等加工工艺技术，提高单位产品的性能指标，实现塑料制品的减重、减薄、减少材料用量和加工能耗。在飞机、汽车和轨道交通等领域轻量化越来越受关注的今天，轻质高强材料加工成型技术是实现轻量化、实现资源与能源的减量与低碳节约的有效途径。

3）**精密化**是包含制品重量毫克级、微纳米尺度微成型在内的新材料制造科学的前沿技术，通过细微结构尺寸效应赋予塑料材料功能特性，在光电通信、影像传输、信息储备、医疗、高端复杂结构零件等方面有广泛应用，是塑料加工业高性能装备、高精度模具和先进成型工艺的集中体现。

4）**生态化**是着眼于塑料产品的环境友好全生命周期，强调塑料制品生产过程的低碳与绿色环保、使用过程的低能耗与长寿命、废弃后不破坏生态环境并可再利用，是促进塑料加工业向环保、高效、可持续发展的必然方向。

5）**智能化**是通过自动化与信息化的深度融合，物联网和信息物理系统（CPS）技术的运用，在线检测技术以及大数据分析和价值挖掘，实现制造资源的最佳配置，使传统大规模、集中式、同质化的生产模式转型升级为小批量、分散化、个性化的自动化定制生产，是推动塑料加工业生产关系和制造模式的深刻变革，促进行业高质量发展的重要手段之一。

三、基本原则、主要目标和重点任务

（一）基本原则

坚持创新、协调、绿色、开放、共享的新发展理念，构建新发展格局，切实转变发展方式，推动质量变革、效率变革、动力变革，实现行业更高质量、更有效率、更可持续、更安全的发展。

1. 坚持满足国家重大需求和人民美好生活需求

坚持满足国家战略需求、重大需求和人民日益增长的美好生活需求，牢牢把握高质量发展要求，围绕产业链布局创新链，围绕创新链打造产业链，坚持质量第一、效益优先，全面落实新发展理念，促进经济转型升级、提质增效。

2. 坚持“五化”技术进步方向

继续深化“功能化、轻量化、精密化、生态化、智能化”技术工作开展，发挥行业优势，集中力量实现突破。

3. 坚持体制机制创新

把创新发展作为推动高质量发展的战略支撑点，完善以企业为主体，市场为导向，产学研深度融合的技术创新体系。加快核心、重大、关键技术的攻关，替代进口，解决“卡脖子”的技术问题，提高中高端产品的供给能力，不断满足人民高品质生活需求。

4. 坚持质量标准基础保障

完善标准体系，强化标准对行业的引领作用。推进国标、行标、团标等相关标准的制修订工作，推动标准化工作进程，积极参与国际标准制定，促进行业标准的进步与发展，不断增强国际影响力和竞争力。

5. 坚持绿色低碳发展

在节能减排、低碳环保、资源循环利用、污染综合治理、非环保助剂淘汰和替代、灾害防控等方面取得新的进展，为塑料可持续发展赋能，为碳达峰、碳中和目标的早日实现打好基础。

（二）主要目标

1. 科技创新取得新突破

重点企业研发经费（R&D）的投入占收入比重不低于3.2%。每年组织轻工业科技成果鉴定，推荐参评省部级科技奖项20项。整合行业优势资源，到2025年，新增中国轻工业重点实验室、工程技术中心、工业设计中心等创新平台10个以上，新增国家级重点实验室和企业技术中心5个以上，新产品贡献率超过40%。

2. 品牌标准取得新提升

持续推动“三品”战略实施，每年发布升级与创新消费品。制定自主与国际知名品牌培育计划。建立行业高水平产品标准体系，每年新制定发布一批对标国际先进水平的国标、行标、团标。

3. 绿色发展取得新进步

制定塑料加工行业绿色发展纲要，倡导塑料全生命周期管理，促进塑料全产业链的绿色生态化可循环可持续发展，推动开展碳达峰、碳中和相关工作。推进节能减排及低碳、清洁生产新技术应用，推进新能源利用，采用环保新材料、新工艺及新技术降低能耗和VOC排放，重点产业单位工业增加值能耗、物耗及污染物排放达到世界先进水平。推进六溴环十二烷（HBCD）阻燃剂、氢氯氟烃发泡剂、聚氯乙烯（PVC）稳定剂、增塑剂等助剂的环保替代，推进生物基塑料功能化改性与加工技术水平提升。大力研发推广可循环、易回收、可降解新技术、新产品，符合国家相关政策要求，实现经济和环境、社会效益协调发展。

4. 产业转型升级取得新进展

行业产品结构调整瞄准产业链前沿和价值链高端，实现技术和产品的安全升级；中、高档产品比例及产品的质量显著提高，部分产品达到国际先进水平。行业各子产业龙头企业实现两化融合智能化生产。争取到2025年，部分关键核心技术实现重大突破，塑料加工业主要产品及配件满足高端领域的需求，部分产品和技术达到世界领先水平。

（三）重点任务

以科技赋能推动技术进步和产业升级，提升塑料加工业在全球价值链的位置，实现高质量发展。

以创新驱动发展，加强以企业为主体，高校研究院所等创新资源集聚的科技创新平台建设，以“功能化、轻量化、精密化、智能化、生态化”为技术方向，围绕产业链布局创新链、围绕创新链构建产业链，统筹创新资源，构建政产学研金用集成创新、产业链协同创新的新体系，通过技术进步全面推进产业转型升级和数字化转变。

以“科技创新型、资源节约型、环境友好型”为产业方向，大力实施“高效、安全、循环、生态”发展战略，推动塑料加工业健康和可持续发展。

以“高端化、个性化”为市场导向，推动新型生产模式和新型业态快速成长。

牢牢把握“由大到强”目标，大力实施进口替代，加快原始创新和集成创新步伐，缩小与国际先进水平差距。

1. 完善创新体系建设

坚持创新驱动发展，完善、强化塑料加工业技术创新体系和产业共性技术研发平台建设，提高行业自主创新能力和核心竞争力。

整合优势资源，完善共性关键技术研发体系。组织发挥高校院所、专家团队在科技创新中的支撑作用，激发企业在科技创新中的主体内生动力，支持领军企业创建创新联合体，重点支持国家和省部级认定的企业技术中心、重点实验室、工程技术中心、工业设计中心、创新中心建设，支持科研力量优化配置和资源共享，引导创新要素向企业集聚，加快科技成果转化，推动以企业为主体、市场为导向、政产学研金用集成创新，产业链协同创新、创新的供给侧与需求侧精准对接，实现高效创新。

围绕产业升级，以培育自主创新能力和竞争能力为重点，形成一批具有国际先进水平的创新人才团队。依托重大科技专项、重点项目、产学研联合等建成一批高科技人才培养基地。

2. 推动产业链协同创新

在国际上单边主义、保护主义抬头和国际贸易摩擦加剧的当今，产业链供应链安全稳定是构建新发展格局的基础。针对塑料加工业许多关键原材料、关键设备、元器件、零部件依赖进口，核心技术受到制约的情况，增强产业链配套协作能力，围绕塑料加工产业链部署创新链、围绕创新链布局产业链，联合上下游，精准对接，畅通产业链并提升产业链整体水平尤为重要。积极促进塑料产业链上下游的协同创新发展，促进塑料关键原料、助剂的国产化和装备、模具、零配件的精细化、高质化，开发高端化、专用化塑料加工装备，加快重点塑料加工装备研发，提高行业自主化水平。通过打通堵点，补齐短板，贯通整个产业链，形成需求牵引供给、供给创造需求，实现创新链、产业链、供应链协同创新。

3. 突破关键共性技术

加强顶层设计，坚持战略性需求导向，在摸清产业薄弱环节、行业需求的基础上，根据塑料加工业“功能化、轻量化、精密化、生态化、智能化”的发展趋势，紧紧跟踪当代科技最新发展动态和前沿科技，面向国际前沿、面向国民经济主战场、面向国家重大需求、面向人民健康，面向国际贸易摩擦、重大公共卫生事件、自然灾害等突发事件的影响，制定、实施行动方案，确定科技创新方向和重点，建立和完善行业的快速响应机制和支持国家的战略储备技术，举行业之力，组织产学研协同创新。

集中力量开展制约行业发展的基础性和关键共性技术研究与攻关，重视基础研究和应用技术研究，通过增强原始创新，解决关键基础材料、基础零部件、基础工艺，探索技术产业化新模式，在核心、重大、关键技术攻关，替代进口，解决“卡脖子”技术问题等方面实现突破，通过科技创新和技术进步弥补关键技术不足的短板，解决发展不平衡问题，促进产业升级，实现由大向强的转变。

4. 推进产业链供应链现代化

推动行业迈上中高端发展之路。大力推广高技术含量、高附加值产品的普及，调整产品结构，提高中、高档产品比例，推动塑料加工业向中高端迈进。着力增品种、提品质、创品牌。深化质量提升行动，加强品牌培育和宣传，提升品牌竞争力、美誉度和知名度，推进品牌国际化，实现高质量发展。加快实施技术改造，推动新材料、新工艺的应用和新技术、新设备的引进，淘汰落后技术工艺、设备，实现产业转型升级。

5. 强化标准支撑作用

关注市场和企业需求，关注社会热点，完善塑料加工标准体系，强化标准的引领和支撑作用。鼓励行业在产品、环保节能、行业规范、履行社会责任等方面对标国际先进标准，制修订国际领先的团体标准、行业标准、国家标准，鼓励和支持企业、科研院所参与国际标准制定，提升国际标准的话语权。发挥企业在标准制定中的重要作用，协同推进产品研发与标准制定。发挥团标优势，满足创新需要，增强标准创新能力。做好标准的宣传贯彻，大力推动标准实施，加大产品认证体系标准化建设。

6. 促进绿色可持续发展

加大塑料加工业节能降耗、减排低碳技术工作力度，推行绿色、节能、低碳、高效生产工艺，推动行业绿色制造改造升级，为碳达峰和碳中和目标尽早实现做出贡献。全行业普及治理挥发性有机化合物排放，复合膜、合成革等产业推广水性、无溶剂生产工艺。行业各产业制定能耗标准、绿色工厂评价标准，规范行业行为并鼓励实施。

积极推动塑料回收循环再利用体系的完善规范，积极引导、研发、推广可循环、易回收、可降解新技术新产品，推进塑料制品的资源化、减量化、综合利用，实现节能减排、清洁生产、节约成本，提高企业经济效益和市场竞争力。

7. 加快数字转型，提高智能化水平

持续推进智能制造，推进智能制造试点示范。推进“两化”融合，推动行业向数字化、网络化、智能化发展。

以智能制造为主攻方向推动产业技术变革和优化升级，推进互联网、大数据、人工智能同塑料加工业深度融合。一要逐步完善和筑牢数字化基础、资源管理系统和制造执行系统等，保证数据准确可靠；二是全面推进工业互联网应用，加快网络化建设；三是积极进行大数据和云计算等建设，搭建智能化平台。在企业智能化建设提高竞争能力基础上，推动行业智能化共享平台建立，加强行业互联网基础设施建设，打造“数字产业化，产业数字化”的智能工厂，提高工业互联网应用水平，带动发展网络协同制造、大规模、个性化定制等新业态新模式，促进行业整体发展。

8. 加强军民融合

落实军民融合国家战略，服务于国防和军队现代化，服务于国家安全。鼓励塑料加工行业发展军民两用高新技术，倡导军民联合技术开发、军民结合，提高军品民品兼容程度；推进、拓展塑料制品在国防和军队中的应用领域，鼓励更多的企业进入军品认证体系，生产、提供军用产品，为国防和军队现代化提供高质、高值、丰富的塑料制品。

四、保障措施

（一）争取政策支持创新

开展专项研究，积极沟通国家有关部门和地方政府，争取增加对塑料加工业的更多政策引导和资金支持。

（1）通过国家科技重点研发计划、消费品品质提升计划和技术改造、强基工程、中小企业创新基金等专项工程及示范项目，支持塑料加工业新材料、新产品、新技术、新装备、高质化回收利用等项目研发升级及产业化。

（2）支持塑料加工技术创新公共服务平台、重点实验室、工程（技术）研究中心、企业技术中心、检测中心等建设。加强科技型示范企业、示范区域的建设并给予政策支持，促进高校院所的科研成果更快地转化为先进生产力。

（3）加大对塑料加工前沿技术和共性关键技术研发与产业化的支持力度，推动行业技术进步。支持节能减排先进技术的示范与推广应用、具有自主知识产权的塑料加工装备首台（套）示范和产业化。支持重点行业的升级改造，提高企业智能制造和绿色制造水平。

（4）加强专项支持。加强在国家战略需求层面对行业发展有重大影响的专项支持力度。如专款支持塑料加工行业落实国家“关于进一步加强塑料污染治理的意见”工作。支持对行业组织研发、生产可循环、易回收、可降解的一次性塑料制品和第三方认证、市场监管，塑料污染治理实现可持续发展相关工作、活动。

（二）创新方法机制推动创新

（1）充分发挥院士和专家团队的作用，推动产学研用深度融合，推进科技成果转化，引导组建科技创新工作组。

（2）高度重视技术、产品、装备的原始性创新和知识产权保护，充分重视和发挥科技人才的作用，聚焦塑料加工前沿技术和共性关键技术研发与成果转化，推动行业技术进步。

（3）引导企业加大科技投入，加强技术创新能力建设，强化重点企业的科技引领作用，推进企业创新发展，特别是对有自主知识产权产品、有创新开发能力和实用新型专利产品的企业给予重点扶持，鼓励、帮助行业龙头和重点企业通过资本运作组建企业集团或产业技术创新联盟，推动自主创新。

（三）加大正面宣传倡导创新

加强对塑料及塑料制品的正面宣传，组织行业专家、企业，开展以科普文章、讲座、影视专题片及小视频等多种形式，宣传塑料的优越性，宣传塑料在经济建设和社会生活、社会进步中的作用，讲解塑料的正确使用知识，引导社会、媒体正确看待、使用塑料，共同做好废旧塑料的回收、高值化再利用工作。

（四）培养人才鼓励创新

实施行业科技人才发展战略。建立企业、高

校、研究院所联合机制，建立、完善塑料加工行业专业人才培养基地。开展好高校、企业和行业协会合作职业教育工程，培养高层次技术人才和高级技能型人才；围绕产业升级，以培育自主创新能力和竞争能力为重点，形成一批具有国际先进水平的创新人才团队。

（五）发挥优势资源加快创新

行业协会应充分发挥熟悉行业、贴近企业，联系政府和企业的桥梁纽带作用，在涉及相关产业布局、产业政策、科技政策等政策的研究与制修订方面发挥作用，做好前瞻性、安全性重大问题的研究，加强对行业技术创新的顶层设计和整体规划，积极组织对行业科技发展目标、方向，产业布局、行业准入、风险评估、安全预警等行业重大问题，以及行业重大科技需求的调查研究与问题差距分析，抓住机遇，整合、发挥各方面力量，有效组织以企业为主体，政产学研金用的行业内外、上下游的科技力量，攻关突破关键技术、“卡脖子”技术问题，推进行业技术进步。引导、鼓励并帮助企业尊重、保护知识产权。积极参与国家和地方产业政策、法律法规、行业规划及标准、规范的制定，反映企业诉求。及时向企业传递相关政策、信息。坚持正确舆论导向，维护行业权益，为行业技术进步和健康发展提供优质服务。

附件：“十四五”期间部分重点产品发展方向

一、原材料及制品

1. 树脂

可辐照改性聚酰胺（PA）、聚碳酸酯（PC）专用树脂，高韧性管道用β晶型无规共聚聚丙烯（β-PPR）树脂，双向拉伸聚乙烯、双向拉伸聚乳酸树脂专用料，光学聚酯薄膜用特种树脂，新型显示器用多层陶瓷电容器离型膜、超洁净膜专用聚酯树脂，共挤及双拉薄膜、汽车管路及发动机、照明、电子电器等工程塑料用高阻隔、高强度聚酰胺专用树脂，超低分子量尼龙6树脂，滚塑用已烯-辛烯共聚聚乙烯、茂金属聚乙烯、三元共聚聚丙烯、聚酰胺（PA）、聚碳酸酯（PC）树脂，塑料鞋用乙烯醋酸乙烯共聚物（EVA）树脂，液晶高分子聚合物（LCP）薄膜专用树脂，高生物基含量、可降解聚酯，物理发泡聚丙烯（PP）及生物降解珠粒。

2. 改性塑料

（1）阻燃塑料：多功能阻燃材料，无卤阻燃涂层、阻燃聚丙烯及聚酯发泡材料，阻燃防爆轻量化材料，阻燃弹性体材料。

（2）工程塑料：耐高温、耐黄变用工程塑料，耐挠曲、抗静电工程塑料，高阻燃、高耐热、高流动工程塑料，耐磨、高刚性、高尺寸稳定性工程塑料，太阳能光伏、风能用工程塑料，汽车发动机及发动机周边/零部件用聚酰胺材料，汽车管路系统用耐温聚酰胺材料，齿轮、滑块用聚甲醛，电动车新国标阻燃聚丙烯材料，家电、车用等应用领域回收塑料的改性和高附加值应用，现代通信用低介电聚苯硫醚（PPS）等材料，超低介电损耗液晶高分子聚合物基站天线振子材料，不同介电性能液晶高分子聚合物高速连接器材料，LED支架用耐高温聚酰胺材料，聚酰亚胺（PI）功能性材料，高强度、高耐热等高性能生物基塑料，新型无卤阻燃可降解生物基复合材料。

（3）其他：高性能碳纤维复合材料，高强度、高模量、耐高温等先进树脂基复合材料，共混改性高分子合金材料，医用抗菌、血液净化装置等用高分子材料，形状记忆、导热、导电、阻燃等功能性3D打印专用料，高模量聚丙烯专用料，聚酯薄膜在线涂覆水性功能材料，耐氯聚乙烯管材专用料，氯化聚氯乙烯（CPVC）管材专用料，接枝改性聚氯乙烯材料，滚塑用功能性粉末专用料，注射成型塑木复合、共挤塑木面层等专用料，双向拉伸聚乙烯、聚丙烯薄膜用热封料，高光免喷涂塑料，仿大理石、金属感外观等制品用再生料功能母粒，功能性聚酯母粒，无机纳微粒子改性的聚酯薄膜专用母粒、高光免喷涂材料，无水硫酸钙等非金属尾矿资源的高值化利用。

3. 塑料助剂

（1）稳定剂：耐迁移、低碱性、耐农药的新型受阻胺光稳定剂，聚氯乙烯（PVC）制品用无毒、环保、多功能稳定剂（符合生态环保部已发布的《优先控制化学品名录》要求，不含镉、铅、钡以及壬基酚等化学品）。

（2）塑料复合用聚氨酯胶粘剂：高延展性、阻隔性、室温快速固化、无溶剂型、双组分聚氨酯黏合剂。

（3）阻燃剂：高分子聚合型阻燃剂、无卤磷酸盐和有机次磷酸盐类阻燃剂、磷杂菲和哌嗪类阻燃剂、有机磷酸酯类阻燃剂。

（4）增塑剂：非邻苯类生物质、环保。

（5）成核剂：高效，缩短成型周期，提高热变形温度。

（6）其他：农用棚膜用水性纳米涂覆型流滴剂，生物基材料用稀土功能助剂，抗迁移抗菌剂、无毒发泡剂、双向拉伸聚丙烯薄膜用消光助剂、多品种聚酯合成用催化剂等先进功能助剂。

4. 塑料薄膜制造

（1）农用棚膜：涂覆型长效流滴消雾、超长耐候、防尘、防苔藓、光波定向优化精准调控、散光等功能与寿命同步的聚烯烃或非聚烯烃（PET、PA、氟材等）吹塑与非吹塑成型的超长效农用大棚膜。

（2）农用地膜：长诱导期可控全生物降解地膜，高强度高耐候易回收地膜，特殊功能地膜。

（3）包装膜：高阻隔可回收复合膜、袋，可回收的单材化包装膜，高分子合金薄膜，无铝耐激光烧结抗腐蚀包装膜，局部涂覆热封材料封合膜，抑菌食品包装膜，镀氧化铝 AlO_x 高阻隔膜，功能性包装用聚酯薄膜，包装用生物可降解薄膜、袋，柔版印刷、水墨印刷复合膜、袋。

（4）双向拉伸薄膜：全生物降解的双向拉伸聚乳酸薄膜，功能性双向拉伸聚丙烯薄膜，高阻隔、抗菌、可直线撕裂等特殊便利、功能性双向拉伸尼龙薄膜（BOPA），单一材质、可循环、易回收、环保的双向拉伸聚乙烯薄膜，柔性显示用聚酯薄膜，替代三醋酸纤维素的偏光片结构用、触摸屏用、光学离型用薄型、高端光学级聚酯基膜（偏光片保护膜基膜、偏光片离型膜基膜、OCA 离型膜基膜、窗贴膜基膜，防爆膜基膜），高耐候、N 型单晶双面发电用透明光伏背板基膜，预涂层折射率控制、双面组件用光学聚酯薄膜，薄型反射膜，高阻隔聚酯薄膜，片式多层陶瓷电容器用聚酯离型膜基膜，复合膜（DOP/MOP/POP）基膜、聚萘二甲酸乙二醇酯（PEN）薄膜，耐高温电器绝缘用、农业用、高清晰、防雾、抗病毒防护用聚酯薄膜等。

（5）流延薄膜：多层共挤复合 PE、超高分子量聚乙烯（UHMWPE）、超薄膜等流延薄膜，户外广告亚光冷裱膜，光伏背板用聚偏氟乙烯（PVDF）、封装用 EVA、聚乙烯醇（PVA）流延薄膜。

（6）电池薄膜：动力电池专用抗水解、抗老化阻燃膜，超薄、耐高温隔膜，锂电池封装用 BOPA 薄膜，多用途涂覆隔膜材料。

（7）其他薄膜：涂层与内添加电磁屏蔽、阻燃等功能薄膜，高性能、阻燃、抗菌、耐热等高物性功能热塑性弹性体薄膜，LCP、PI 等高强、耐温、高透明薄膜，PVA 光学膜，高阻隔可回收利用的多材质复合包装复合膜、袋，交叉复合。

5. 塑料板、管、型材制品

（1）塑料异型材：耐火系统窗，无铅环保异型材，超低能耗（节能率≥88%）多腔室型材，合金树脂型材，高性能共挤塑木型材。塑钢电缆桥架，耐高温防火型合成树脂瓦，高分子塑钢板桩。

（2）塑料板片材：结晶型 PET（CPET）耐高温加热餐盘，厚度 60 毫米以上高透明、高强度 PET、PVC 厚板，CPVC 及硬质/无机材料复合等板材，2.4 米以上宽幅超高分子量 PE 板材，高性能废旧塑料共混合金片材，高性能聚碳酸酯片材，折叠六边形蜂窝板。

（3）塑料管道：大口径挤出及缠绕塑料复合管、海洋用塑料复合管、油井装置用塑料及复合管、玻纤增强聚乙烯复合管、双轴取向聚氯乙烯（PVC-O）管、氯化聚氯乙烯（PVC-C）管、高模量聚丙烯管、核电领域用塑料管等管道系统。

6. 塑料丝、绳及编织品

功能化抗紫外线、高强度、防静电导电集装袋，食品包装塑料编织袋，人造草坪丝，特种土工布，高档篷布；高强耐风浪深海养殖用网、高性能易回收农业用绳网、建筑用盖土抑尘网、军事及急救用网及可生物降解的上述绳网，PET 双向拉伸网。

7. 塑料泡沫制品

物理发泡制品：运动鞋材、5G 天线、新能源电池、保温及航空航天等用的超临界二氧化碳发泡聚丙烯（EPP）珠粒和制品、热塑性聚氨酯弹性体（ETPU）珠粒和制品，超临界二氧化碳模压发泡聚丙烯（MPP）、聚酯弹性体（MTPEE）、聚酰胺弹性体（MPEBA）、聚偏氟乙烯（MPVDF）、聚乳酸（MPLA）板片材，超临界二氧化碳挤出发泡聚丙烯（XPP）、聚乳酸（XPLA）、聚对苯二甲酸己二酸丁二酯（XPBAT）片材，无 HBCD、无氟氯烃阻燃石墨挤塑板、高强度挤塑板（XPS），低 VOC、无 HBCD、阻燃环保型的发泡聚苯乙烯（EPS）、非二氯甲烷发泡的软泡制品，阻燃聚对苯二甲酸乙二醇酯（PET）发泡板材，难燃耐候型聚苯醚（PPO）发泡材料，阻燃高温聚醚酰亚胺（PEI）泡沫材料，耐磨耐候聚酰胺（PA）发泡材料等。

化学发泡产品：耐热、抑烟、抗菌 PVC 硬质发泡制品，可回收再生利用的阻燃硬泡聚氨酯制品（PU）等。

8. 人造革合成革制品

（1）人造革：卫生安全型多功能人造革和合成革，多层复合高弹地板革，热塑性聚烯烃（TPO）类和热塑性聚氨酯（TPU）弹性体制备功能性人造革，时尚轻薄涂层仿皮产品、新型防护面料产品等。

（2）合成革：水性合成革，无溶剂合成革，水性超纤革，功能型壁布革，生物质、植物基、水溶开纤材料制备的合成革，再生革基布、再生纤维制备的合成革。

9. 塑料包装箱及容器制品

（1）中空吹塑制品：化学品用超洁净、抗静电及军工用、医用包装容器，液化石油气和氢燃料电池用吹塑发泡及复合材料压力容器，再生树脂料吹塑中空容器。

（2）滚塑制品：承压容器，海洋和内河浮标、航标，50 米^3 以上钢衬危化品运输容器，10 米以上游艇、游乐船艇、清洁机械（洗地机、清洗车），储氢罐，地埋式大型垃圾桶，冷链物流箱等滚塑制品。

10. 日用塑料制品

（1）降解塑料：聚对苯二甲酸-己二酸丁二酯（PBAT）、聚丁二酸丁二酯（PBS）、聚羟基烷酸酯（PHA）、聚乳酸（PLA）、二氧化碳共聚物树脂等可生物降解聚酯材料制品，生物降解吸管及餐饮具，可控降解生物降解树脂及其包装、一次性塑料制品、食品包装、农用薄膜、发泡制品。

（2）塑料鞋：植物基、生物基、硅胶、热塑性弹性体、纳米材质功能性塑料鞋，卫生安全、多功能、高物性、时尚塑料鞋，可降解鞋类制品，具有防滑/阻燃/防油/超轻等性能的鞋底材料。

（3）生物基材料制品：生物基聚乙烯（Bio-PE）、生物基聚酯（Bio-Polyester）、生物基聚酰胺（Bio-PA）及其制品。

11. 塑料零件及其他塑料制品

（1）工程塑料制品：通信、航空航天、汽车、高铁、海洋、电子电器、能源设施等领域高强高模量工程塑料、特种工程塑料、复合材料的制品。

（2）注塑制品：医疗、电子、家电、交通等微纳、高精密制品注塑成型制品，复杂形状的塑木制件注塑。

（3）塑木制品：阻燃抑烟、防霉抗菌等功能性及秸秆、再生塑木产品，高性能注射成型塑木制品。

（4）医用塑料制品：心外科微创手术器械，ECMO 配套产品，氧合、透析等用的纤维膜，医疗植入物和药物传输系统用生物质塑料，便携式可穿戴器械等产品，生物降解高透明医用器具包装材料，用于软组织再生的人造血管和补片，用于血管、心脏、普通外科和整形外科的手术缝合材料，整容手术的填充材料，手术及防护用聚四氟乙烯面料。

（5）氟塑料制品：全氟辛酸（PFOA）替代品应用研究，通信用聚四氟乙烯（PTFE）柔性材料、满足超净化等级过滤需求的低阻节能滤料、聚四氟乙烯中空纤维膜材及组件、超级电容器用 PTFE 电极材料、高导热氟塑料管材、聚三氟氯乙烯（PCTFE）薄膜、环保型聚四氟乙烯表面连续化处理及粘接技术、新能源电池用氟材料及其制品。

（6）热塑弹性体：医疗/防疫用途的四苯基乙烯（TPE）制品，替代海绵的超柔软 TPE 制品，TPE 功能性薄膜，TPE 软管，无溶剂水性 TPE，TPE 厨房用具，TPE 妇幼用品，无卤阻燃弹性体，多相多组分交联超耐磨 TPE。超轻高回弹 ETPU，POE，高回弹柔软 OBCs，TPAE 弹性体、TPEE 弹性体、TPV 弹性体、TPO 热塑性弹性体、TPS 类热塑性弹性体，高端鞋材用尼龙弹性体，高性能、阻燃、抗菌等食品、消防、医疗、体育、通信、新能源、交通等新兴战略产业用高物性功能热塑性弹性体。

二、塑料加工

1. 吹塑成型

大型薄膜吹塑自动化生产线，PVDC 薄膜吹膜生产模头自动调节，吹膜装备的柔性单轴取向（MDO）单元及整机技术，电子化学品用超洁净桶、液化石油气和氢燃料电池用复合压力容器专用吹塑生产线。

2. 注塑成型

大型电液复合注塑成型装备，长纤维直接注塑成型机，热塑性反应注塑成型机，预浸发泡注塑成型机，转盘对置式多组分注塑机，回收塑料高值化利用成套注塑成型装备，纯电动精密成型设备，注塑模具内智能传感器，大型两板注塑机，高端、特种、细分领域用全电动、多组分注塑机，高精度时序控制热流道注塑成型。

3. 挤出成型

PVC一步法（发泡）多层地板挤出贴合生产线，大挤出量、宽幅多层、高速PVC板材/片材生产线，宽幅UHMWPE板材连续挤出及单向拉伸生产线，芯层发泡表层硬质共挤压生产线，节能高效精密型材挤出机成套设备，精密连续共挤出模具技术，UHMWPE管材高速成型装备。

4. 薄膜成型

挤出流延法人造革生产线，大幅宽、高速湿法、干法流延生产线。

双向拉伸聚酰亚胺（BOPI）、聚醚醚酮（PEEK）、LCP、PPS薄膜等高性能工程塑料、特种工程塑料薄膜成型技术，磁驱动同步双向拉伸设备，高速宽幅BOPP生产线。

双向拉伸薄膜高精密在线涂布设备，可调机械式同步拉伸技术，层叠多层共挤技术，厚膜双向拉伸生产线（厚度100~400微米），超薄型膜双向拉伸生产线（厚度2微米），聚酯薄膜生产线备品备件国产化技术，聚酯薄膜生产个性化需求设备和装置的改造技术，聚酯薄膜在线涂布技术，高生物基含量可降解聚酯的应用技术。

高性能锂电池隔膜生产设备，小直径、中高速、低能耗农膜机组，高精度、自动化、智能化、大型化五层共挤棚膜机组，厚度小于200纳米（宽/厚比≥106）超薄膜加工装备。

5. 压延成型

宽幅聚氯乙烯人造革涂覆机、高速七辊压延机，高物性多层复合高弹地板革生产线。

6. 滚塑成型

滚塑用5米^{3}以上大型铝制模具，20米^{3}以上异型铁制模具；大型、多工位、自动化滚塑成型装备，高效节能烘箱式滚塑成型装备，高效多层滚塑成型设备，500kg/h以上大型磨粉机，滚塑电磁加热、双充气结构、模内无线测温仪、燃烧机二次燃烧等装备。

7. 其他成型

3D打印、复印技术为主的塑料增材智能化制造装备，热塑性聚合物的低压及超临界流体发泡装备。

8. 合成革制造

水性湿法贝斯及无溶剂聚氨酯合成革生产线，水性、无溶剂聚氨酯合成革涂覆压花着色及表面处理成套设备。

9. 塑料编织

双向拉伸网、立体结构网、交叉膜片的设备与技术，方底阀口制袋机组。

三、塑料加工节能环保技术

注塑设备石墨烯镀层快速热循环技术，无废气排放的XPS回收造粒系统，再生树脂回收利用分离装置，用于沉积高分子树脂构件的蒸汽清洗设备，DMF高效回收设备、增塑剂高收率净化回收装置，尾气热回收式热力焚烧系统装置，以电代煤供热系统技术，聚酯薄膜生产横向拉伸（TDO）低聚物清除和热能综合利用技术，窗贴膜制备技术，过滤碟片蒸汽清洗技术，薄膜电晕臭氧分解技术，柔版印刷复合、凹版印刷复合溶剂回收再利用技术，无VOCs的印刷包装膜的生产技术，多材质复合包装膜袋的回收与高质利用技术，塑料废弃物分离、高附加值再利用与低成本生产技术，聚合物解聚制备高品质低聚物和单体技术。

四、塑料加工智能制造

塑料制品数字化、人工智能化工厂。塑料加工互联网平台。在线生产监控监测装置，塑料智慧管网建设，人造革合成革自动供料与自动配色及封闭式智能装置，人造革合成革产品纹路色泽识别技术系统，高物性多层复合人造革铺地材料智能制造装备，塑料鞋软件设计与智能化生产工艺集成技术，时尚塑料鞋母料基材与成型组合智能一体机，塑料鞋设计软件开发与生产线工装集成技术，激光智能个性化设计与生产装备集成技术，塑编集装袋后加工缝纫自动化设备，热塑性弹性体智能合成装置、食品级卫生级在线生产监控监测系统，全自动TPE共混生产工艺及设备，挤出机电机变频控制等节能技术，带嘴液体自立包装袋包装、灌装一体自动化技术，DMF与DOP低温高效回收装置，智能化打泡机组、真空吸纹机组、激光表面处理机，塑料测试、加工模拟用大型计算机工作站及其专用软件、配套仪器，注塑过程智能控制、注塑模具内智能传感器技术、工艺自适应优化控制等注塑智能化技术装备，精密注塑、共挤出、吹塑、流延、压延等模具和模腔智能化生产，3D打印智能化制造云平台，直径1毫米以下医疗、电子、能源领域用塑料管智能化挤出装备，高精度耐高温幅宽2米以上光学薄膜智能化产业化装置。

坚持创新　优化结构　引领推动中国塑业高质量发展

——中国塑料加工工业协会七届六次理事会工作报告

中国塑料加工工业协会理事长　朱文玮

2021年4月12日

各位理事、各位代表：

大家好！

今天，我们相聚深圳，召开中国塑料加工工业协会七届六次理事会，首先向出席本次会议的理事、代表和长期以来支持行业发展和协会工作的各界朋友表示诚挚的谢意！本次会议的主题是贯彻落实十九届五中全会精神，回顾总结2020年度行业发展情况及协会工作，研判当前行业经济形势，谋划“十四五”行业高质量发展。下面，我作理事会工作报告，请予审议。

一、2020年主要工作回顾

2020年是“十三五”收官和“十四五”发展规划之年，是极其不平凡的一年。面对新冠疫情、世界经济深度衰退等多重严重冲击。在党中央带领下，疫情防控取得重大战略成果，经济社会发展工作稳步推进，中国是全球主要经济体中唯一实现经济正增长的国家。2020年全国塑料制品行业汇总统计企业累计完成产量7603.22万吨，同比增长-6.45%；规上企业16592家，比上年增加757家；规上企业营业收入18890.13亿元，同比增长-1.4%；实现利润1215.15亿元，同比增长18.39%；营业收入利润率为6.43%，同比增长0.9%；出口额852.7亿美元，同比增长19.6%。塑料制品产量与营业收入环比降幅逐月收窄，利润和出口额同比大幅增长。

2020年，中国塑协七届理事会及各位理事主动作为，团结带领广大会员单位，研判形势，化危为机，全力投身抗疫，积极复工复产达产。坚持为会员、行业、社会、政府服务宗旨，从行业稳定发展大局出发，精心谋划，以抗击疫情、复工复产达产及六稳、六保为工作重点，不断深化服务，强化行业自律和自身建设，各项工作取得积极成效。

（一）和衷共济，为疫情防控和社会经济平稳运行做贡献

2020年初，突如其来的新冠疫情，给经济社会造成前所未有的冲击，全球按下暂停键。中国塑协坚决贯彻落实党中央、国务院决策部署和国资委党委、民政部、中轻联有关要求，迅速反应，立即行动。

1. 共克时艰，奋力抗击疫情

按照党中央部署，依法有序防控疫情，奉献爱心。中国塑协积极作为，第一时间发出《关于做好新冠肺炎疫情防控相关工作的通知》，号召会员单位和全行业积极捐款捐物，支援湖北武汉等疫情严重地区，共同努力防控疫情蔓延。通知发出后，得到广大会员单位的积极响应和支持，全行业和衷共济，奋力抗击疫情，昼夜兼程，研发攻关，组织生产口罩、防护服、手套、防护镜等防疫急需制品和材料，生产保障人民生活重要物资和材料，驰援火神山、雷神山等一大批医院设施建设，为抗击疫情贡献力量。同时组织协会秘书处、分支机构和行业开展捐赠工作。广大会员企业积极捐款捐物，据不完全统计，行业捐赠超3亿元人民币。中国塑协在全国率先为疫情严重的湖北武汉等地会员企业减免会费、展会和培训等费用。一批企业和个人受到党和政府与及中国塑协的表彰，充分彰显了行业力量和爱心奉献精神。

2. 使命担当，多措并举复工复产

2020年2月24日，中国塑协第一时间发起《抗击疫情保经济平稳运行倡议书》，协会理事会团结带领会员企业，守望相助，坚持“两手抓”，一手抓疫情防控，一手抓复工复产达产，做了大量务实有效的工作。一是开展“抗击疫情”“复工复产”等专题宣传活动，及时整理并在微信公众号、网站等平台发布行业企业捐款捐物、复工复产等先进事迹；二是科学指导企业防控疫情，制定《中国塑料行业疫情防控指南》；三是整理国家及地方政府应对疫情各项鼓励支持政策汇编，发给行业企业，宣传解读国家政策，把握行业发展动向；四是调研行业情况，形成较高质量调研报告，受到上级好评，借助渠道优势及时有效反映行业、企业诉求；五是积极同中轻联、石化联合会及洗涤等十多

个协会开展行业间对接，助力畅通产业链、供应链，打通堵点、断点；六是邀请国家著名经济学家作《疫情对经济影响及对策建议》的专题报告，提振发展信心，研判经济形势，帮助企业共渡难关；七是举办塑料行业“后疫情时期”发展（视频）研讨会，把脉疫后行业趋势，提振发展信心，给出方法措施和建议，加快复工复产达产，为畅通劳务链、产业链、供应链、资金链，为经济循环恢复正常状态赋能。

在难以忘怀的抗疫中，广大会员单位和企业响应协会倡议，在各级党委政府领导下，艰苦奋斗，责任担当，贡献力量，令人感动，令人尊重。我们为各位企业家和塑业人点赞喝彩。

（二）坚持创新驱动，推进行业可持续发展

中国塑协以实施创新驱动战略为核心，以落实行业规划为统领，坚持“三化一微”+智能化技术进步方向，实施“三品”战略，开展专项研究和标准化工作，着力强长项、补短板、优结构，着力创新链与产业链融合，促进产业链转型升级，引领推进塑料行业高质量发展。

1. 坚持行业规划与落实，引领发展

2020年是“十三五”收官和启动“十四五”规划的关键之年。在强化创新的基础上，协会组织行业持续落实《塑料加工业“十三五”发展规划指导意见》和《塑料加工业技术进步“十三五”发展指导意见》，完成《塑料加工业“十四五”发展规划指导意见》《塑料加工业“十四五”科技创新指导意见》的初步编制工作。

2. 坚定方向，集聚优势，创新发展

中国塑协坚持“三化一微”+智能化技术进步方向，注重创新工作的体制机制建设，推动政产学研金用集成创新，开展“三化一微”+智能化创新工作组载体活动，如成立了“废弃塑料回收及高值化利用工作组”“PVC产业链转型升级工作组”“海洋废塑料垃圾、微塑料污染治理工作组”等创新工作组，克服疫情影响，积极开展相关工作。从而有效发挥科技咨询委、专家委员会及行业院士、专家引领推动协同创新的作用，促进大学大所、专家院士与行业发展和协会工作深度融合。

3. 聚焦重点，把握关键，助力产业链协同发展

坚持科技创新引领，组织开展行业科技前沿、关键共性技术、国家重点项目等专项研究。2020年组织行业申报工信部“十四五”重大项目，完成在工信部立项的“2019年工业节能与绿色标准化研究项目”，申报科技部“十四五”的“应急防护材料”项目，向发改委提交“中国塑料行业关于开展塑料污染治理推进情况调研报告”，落实国家绿色标准全覆盖要求，组织行业申报工信部相关绿色工厂评价行业标准。

（三）践行宗旨，务实有序搞好服务

协会铭记服务宗旨，强化自身建设，认真落实年初确定的六大类28+1项重点工作，着力四个服务的实效性，做了大量务实有效工作。

1. 服务会员

注重会员服务，组织秘书处和分支机构把服务会员作为协会工作重中之重。在科技创新、环保治理、政策诉求上精准对接，在国家部委制定相关政策、法规等文件中提出意见和建议，帮助会员单位解决实际问题，维护行业和企业合法权益。帮助企业向有关部门反映环保政策执行中对塑料加工行业标准不当的问题，并对部委制定相关科技创新、有序复产、环保政策及法规等提出意见建议。针对《邮件快件绿色包装规范》（征求意见稿）、《污染影响类建设项目综合重大变动清单》《重污染天气重点行业应急减排措施》《2020年挥发性有机物治理攻坚方案》（征求意见稿）、《建设项目环境影响评价分类管理名录》（2020年版，征求意见稿）、《优先控制化学品名录（第二批）（征求意见稿）》《生态环境部建设项目环境影响报告书（表）审批程序规定（征求意见稿）》《消耗臭氧层物质和氢氟碳化物管理条例（修订草案征求意见稿）》《鼓励进口技术和产品目录（征求意见稿）》《关于推动制造业产业转移的指导意见（征求意见稿）》等政策制定中的不尽科学部分，提出了意见和建议。承接PVC产业规划咨询项目，形成7万多字的《PVC树脂及下游加工产品建议报告》，有针对性地帮助指导企业发展。

开展调研活动，及时了解会员情况，就行业现状、企业需求、复工复产等与会员单位沟通交流。密切关注行业政策，积极沟通，提出建议，务实解决行业发展问题。

组织秘书处和分支机构主动了解和反映行业企业诉求，针对性开展上下游行业企业间交流，促成疫情期间国家为农膜等产品开通运输绿色通道，缓解因新冠肺炎疫情影响，导致的上下游企业沟通阻滞等问题。

加强信息宣传平台建设和宣传力度，及时传递政策及行业相关信息，发挥网络媒体作用，展示企

业风采。对会员进行梳理，积极发展新会员，开展多种方式的服务活动。

组织专家参与企业科技项目咨询，开展中国塑料加工行业所在领域产业现状调查，提出行业关键、“卡脖子”技术；帮助企业科技项目鉴定材料编写申报等。搭建企业和校企、研企交流合作桥梁，发挥专家队伍引领服务行业的积极作用。

2. 服务行业

贯彻落实国家加强塑料污染治理的意见，积极开展塑料污染全生命周期评价管理和全链条各环节联动治理系列活动，与中国轻工业联合会、中国石油和化学工业联合会、中国包装联合会发出“关于共同做好塑料可持续发展的联合倡议书”；与相关单位共同制定、发布可降解塑料标准、标志、标识；参加北京质监局关于禁限塑料袋座谈会，提出意见建议；协助地方机构开展落实相关政策工作。加强标准化制定、品牌提升、行业自律、诚信建设、信用评级等工作，积极组织行业企业参与国际、国标和行标的制修订工作，举办“话说塑料”大讲堂，推进塑料科技科普宣传教育，为行业发声，为塑料传递正能量。

3. 服务社会

协会参与国际及亚洲国家组织的海洋垃圾污染防治相关对话等工作会议，与东盟商务理事会密切合作，参与“中国—东盟投资合作会议”“中国与东盟互为第一大贸易伙伴的产业合作”视频会议、“中国（福建）—东盟经贸合作推荐会议”“中国（烟台）—东盟贸易投资对接会议”“携手菲律宾共寻发展新商机”“关于共同做好塑料可持续发展的联合倡议书”等多项活动，在促进与国际和东盟经贸合作中发挥积极作用，获得“东盟抗疫中经济合作商协会贡献奖”称号。

协会持续推进行业自律和诚信建设工作。完成二批共计 41 家初评，18 家年度复审的塑料行业企业信用等级评价，涉及塑料管道、人造革合成革、塑料家居用品、塑料节水器材、BOPET、农用薄膜、异型材及门窗制品、硬质 PVC 发泡制品等 7 个产业领域。

一批子行业分别制修订《行业自律公约》，建立质量保障体系，开展产品质量认证工作，提出和签署《行业创新和谐发展倡议》，促进产品品质提升和行业健康发展。

为贫困地区捐款捐物，奉献爱心，支持扶贫攻坚，履行行业组织社会责任。协会以及 EPS、XPS、人造革合成革、管道、助剂、板片材、PVC 发泡制品、中空等 8 个专委会为河北贫困地区孩子捐款及捐赠生活、书包文具等用品，积极参加中国轻工业联合会组织的河北重点贫困县承德围场县的捐赠活动。

4. 服务政府

协会积极与政府对接，承接政府购买服务项目工作，持续做好 HCFCs 淘汰等工作。参与承接环保部《排污单位自行监测技术指南 橡胶和塑料制品》《排污许可证申请与核发技术规范 橡胶和塑料制品工业》标准制定项目。配合生态环境部对外合作与交流中心，做好聚氨酯泡沫行业 HCFC-141b 淘汰计划第二阶段执行及协助打击非法发泡剂等环保相关工作。

（四）搭建平台，促进产业链供应链创新链协同发展

1. 成功举办 2020 中国国际塑料展

在疫情常态化的背景下，中国塑协给行业交上了一份完美的答卷。在极端困难的情况下，协会服务行业初心不变，服务发展信心不动摇，多措并举如期安全举办“2020 中国国际塑料展”。本届展会质量高、专业强、规模大、人气旺。总面积近 5 万平方米，比上届增长 50%，参展商达 900 余家。38 个分支机构共招展 1436 个，家居用品、管道、专家委员会、塑编、降解塑料、农膜、BOPET、复合膜制品、塑料鞋、人造革合成革、BOPP 膜、流延薄膜、EPS、XPS、中空、镀铝膜、培训等 18 个专委会完成计划目标，其中管道、降解塑料、XPS、EPS、镀铝、流延等 6 个专委会超额完成招展计划目标。装备、原料、助剂、制品等展商在现场均有成交，现场成交额和合作意向额约为 35 亿元。本届展会专业观众和买家共计 67582 人次，为今后展会工作奠定了基础。展会同期举办的“第二届中国塑料行业科技大会”，多位国家部委领导和院士专家做权威发布，协会及分支机构共举办 41 个分会场和系列活动，有 300 多位专家做专题报告，内容丰富全面，有质量、有特色，参会万人以上，为展商带来众多优质专业观众和买家，堪称有品质、有人气的塑料行业盛会，受到业界广泛好评。

2. 促进产业链上下游精准对接

注重平台建设、开展产业集群及相关协会的交流合作，积极举办关键共性技术研讨与交流活动，向行业推广新材料、新技术、新装备、新产品，促进塑料产业链协同发展。

各分支机构组织召开技术创新和产品应用研讨会、技术与市场对接会，搭建企业交流合作平台。

各分支机构加强与应用领域的有效对接，引导会员企业参加线上交易会，开展线上直播，网络面对面交流，展现风采。帮助企业完成产品需求对接、产品合作开发、市场调研信息服务，达成了多项大额合作协议。

分支机构发挥行业资源优势，推动协同创新，促进转型升级和供给侧结构性改革，服务企业技术研发、经营咨询、人才引进和培训，为会员牵线搭桥，畅通产业链、供应链、创新链。

3. 加强标准化建设工作

中国塑协及各分支机构积极组织行业企业对标国际标准，参与国际、国标和行标的制修订工作，发挥团体标准的创新和引领作用，服务引领我国塑料行业提质增效。

中国塑协是全国塑料制品标准化委员会（TC48）的主任单位，积极参与、支持标委会秘书处工作，完成换届工作。做好相关标准化技术委员会的沟通、协调与服务，强化标准在行业发展中的服务引领和支撑作用。

加强中国塑协团体标准的制定宣贯和管理工作，公布实施了《埋地排水用高抗冲聚氯乙烯（PVC - M）增强双壁波纹管材》《熔喷布用聚丙烯（PP）专用料》《塑木制品企业安全生产技术规程》等3项团体标准，完成《棉花用易回收聚乙烯超高强度地膜》等六批共计15项团标立项，《汽车动力锂电池隔膜》等5项团体标准完成征求意见和专家审查。标准范围涵盖制品、方法、生产、排放等多个方面，为行业解决生产、经营问题奠定基础。

农膜、改性塑料、中空、人造革合成革、复合膜、塑编、EPS、PVC发泡、滚塑、降解塑料、塑木、流延薄膜、镀铝膜、配线、XPS、塑料鞋、线缆材、电池薄膜、人造革、板片材、复合膜、阻燃材料及应用、工程塑料、医用塑料、塑料节水等分支机构组织、参加相关国标、行标、团标的研究、制定、审查等工作，推进标准及体系建设。

4. 进一步加强行业自律工作

中国塑协通过多种方式，持续做好规范企业经营行为、维护市场秩序的行业自律工作，并作为履行协会职能的重要工作来抓，不断增强行业诚信意识，营造依法守规、诚信自律行业秩序。

（五）规范运行，争创一流协会

1. 加强协会自身建设

加强支部两化建设和党员管理。深入学习贯彻党的十九届二中、三中、四中、五中全会及习近平总书记重要讲话精神，强化政治理论学习，坚定政治信仰，加强政治建设，提高政治领悟力、政治判断力、政治执行力。结合协会重点工作学习，促进党建与业务融合，提升政治和业务能力，修炼“硬功夫”。党支部按期开展“三会一课”，开好2020年度民主生活会、组织生活会，开展争创“共产党员先锋岗”和争做“合格协会工作者”活动，做好协会党支部标准化、规范化建设等工作，圆满通过“两化”初始状况现场评价和年度评价，在20家参评单位中名列第一，被评为标准化、规范化建设“标杆”党支部。

加强制度建设，夯实协会管理基础。修改完善相关制度。制定14项工作制度，31项管理制度，12项财务制度。完成了民政部5A评估工作。通过民政部2020年年检审核。

加强目标管理，聚焦重点工作。按照《中国塑协秘书处重点工作目标绩效考核办法》和《中国塑料加工工业协会分支机构重点工作目标考核办法》，完成秘书处和分支机构年度目标考核，进一步强化围绕中心、服务大局开展工作意识，强化协会秘书处与分支机构能力建设，促进协会依法有序规范运作。

2. 加强分支机构服务与管理

2020年顺利完成复合膜制品、塑料再生利用、人造革合成革、多功能母料等4个分支机构的换届工作。指导医用塑料和密胺制品专委会换届的前期准备工作。

依据章程和标准积极发展会员，壮大协会力量。2020年新增会员172家，批准新理事申请3家，协会共有会员4567家。

3. 加强行业宣传，赋能塑业发展

协会注重官网和微信公众号、《中国塑协通讯》、《中国塑料工业年鉴》以及各分支机构网站、微信公众号、内刊等宣传平台建设，积极开展行业和协会活动宣传引导，尤其是疫情期间，对捐款捐物、驰援抗疫设施建设、复工复产等先进事迹和“2020中国国际塑料展”相关报道，密度大，受众多，影响广，提升了行业和协会的传播力、影响力、凝聚力和公信力。完成了《中国塑料工业年鉴（2020）》《中国工业史·轻工业卷·塑料篇》编制工作，《中国塑料加工业发展史》编写有序进行。

4. 创新网络平台，提升办公信息化水平

为规范协会管理，提高办公工作效率，实现协会官网改版升级和OA办公系统、会员系统、会展系统等管理功能升级，规范协会管理，提高办事效率。

一年来，协会工作有序开展。行业经济运行指标在2、3月份探底后回升，降幅逐月收窄，盈利水平大幅提升，全年经济恢复实现预期，但还面临诸多发展困难，存在不充分不平衡的问题。

一是行业稳增长的基础不牢。2020年初，新冠疫情暴发，复工复产遇到困难，产业链、供应链出现堵点、断点，随后全球疫情扩散蔓延，受其影响，市场有效需求仍显疲弱，消费升级面临挑战，出口增长的可持续性还需观察；产业链、供应链、物流存在风险；原料成本居高不下，行业的盈利能力，甚至生存与发展都受到极大影响。行业虽然整体稳中转好，但恢复性增长基础不牢。

二是行业集中度不高。全国塑料制品行业规模以上企业16592家，行业分散，大而不强，在运营和管理上缺乏人才和资金，综合能力不强，难以规模化、集约化发展。

三是技术创新能力不强。技术创新与新产品研发缺乏人才和资金，研发投入不足。研发成功的新技术、新工艺、新制品不足，具有自主知识产权的塑料制品少，创新体制机制不畅，科技成果转化率低，自主研发能力弱，企业高端科技人才更少，行业整体创新能力不强。

四是产品产业结构不够合理。塑料行业产能扩张过快的趋势没能明显改善。低端产能结构性和阶段性过剩矛盾仍较突出，高技术含量、高附加值的产品供给不足，有些高端产品和材料还需进口，一些关键技术受制于人。

五是出口国际影响大。受疫情冲击，物流成本加大、国际贸易保护、原料价格上涨、人民币升值等因素影响，国外经销商、合作企业毁约或者不愿承接出口订单情况，时有发生。

同时，协会工作视野和格局与深刻变革形势还不适应；能力与社会组织改革和发展的要求还不适应；协会工作及服务能力与行业发展和广大会员的要求仍有差距，服务效能有待提升。这些差距同作为全球塑料工业第一大国的行业组织及人民对美好生活需求和高质量发展的要求不相匹配。

上述问题，我们要客观面对，认真加以解决。

过去的一年，面对多种风险困难和挑战，中国塑料行业使命担当，攻坚克难，创新奉献，办了许多实事大事，实现了全年预期目标。每位理事都有贡献，每个人都了不起，应该记入中国塑料史册。在此，我代表中国塑协，向各位理事、代表、广大会员和社会各界对中国塑业发展及协会工作的参与支持和贡献表示衷心的感谢！

二、塑料加工业“十三五”时期取得的成绩和“十四五”时期主要目标任务

“十三五”时期是塑料工业调结构转方式，向高质量发展阶段迈进的重要时期，科技创新步伐加快，结构调整成效显著，发展能力持续增强，应用领域进一步拓展，“三化一微”+智能化工作持续深化，新领域、新业态、新模式积极拓展，绿色生态化建设深入推进，经济效益稳步提升。行业规模进一步扩大，塑料生产、消费、出口世界第一大国的地位进一步巩固。

“十四五”时期是开启全面建设社会主义现代化国家新征程的第一个五年。我国发展仍然处于重要战略机遇期，但机遇和挑战都有新的发展变化。要准确把握新发展阶段，深入贯彻新发展理念，加快构建新发展格局，推动高质量发展，为实现塑料制造现代化开好局起好步。

中国塑料加工工业协会将以习近平新时代中国特色社会主义思想为指导，全面贯彻党的十九大和十九届二中、三中、四中、五中全会精神，编制《塑料加工业“十四五”发展规划指导意见》和《塑料加工业“十四五”科技创新指导意见》，作为未来五年我国塑料加工业发展的指导性文件和实现塑料制造现代化国家目标的行动纲领。主要任务概述如下：

一是强化创新体系建设。坚持创新驱动，加强基础性和共性技术研究。推动构建政产学研金用集成创新、产业链协同创新、创新的供给侧与需求侧精准对接，实现高效创新的体制机制。激发企业创新主体内生动力，加大科研投入，发挥行业优势，集中力量在核心、重大、关键技术攻关，在解决“卡脖子”技术和领域实现突破；通过科技创新和技术进步，解决发展不平衡和关键、高端技术产品依赖进口、受制于人等问题。

二是推动产业链协同发展。畅通产业链、供应链，围绕产业链布局创新链、围绕创新链布局产业链，提升产业链整体水平，倡导全产业链工艺技术管理精益化，促进创新链、产业链、供应链、资金

链协同创新，凝聚行业优势资源，创造新需求，引领新消费。

三是推进行业优化结构和提质增效。培养新的增长点，逐步形成高、中、低档比例合理的产品结构与投资结构，促进大企业与中小企业协调发展，实现产业和投资结构趋向合理。着力增品种、提品质、创品牌，弘扬精益管理、精品制造的匠心精神，营造全行业注重品质的氛围，引领消费升级趋势，助力中国制造向中国创造转变，促进产业链高级化，产业基础现代化。

四是坚持“五化”科技创新方向。“五化”即功能化、轻量化、精密化、生态化、智能化。功能化：大力开发用于航空、航天、国防军工及汽车、高铁、家电、通信、现代农业及日常生活及节能降耗、低碳环保、新能源、高端装备制造业等领域所需要的具有高强、高韧、高阻隔、高透明、耐高温、阻燃、耐磨、耐腐蚀、导电、绝缘、导热等多功能及个性化性能需求的塑料制品，促进高质化、高值化。轻量化：大力开发塑料制品在满足所需功能前提下的减重、减量、节约资源、环保低碳新技术。精密化：大力开发具有特殊细微结构的用于精密设备、仪器、甚至人体的高端微型塑料制品及精密注塑成型工艺、装备、模具等加工技术。生态化：加大先进节能减排、环保低碳及清洁生产技术、工艺和装备的研发推广力度，加快塑料加工业绿色生态化建设；强化产品全生命周期评价管理和生产、应用、回收利用等各环节联动治理；推动可循环、易回收、可降解新技术新产品的开发推广应用，提高塑料废弃物资源化利用水平；积极推动相关国际公约的履约工作。智能化：以智能制造为主攻方向，推动产业技术变革和优化升级，推进互联网、大数据、人工智能同塑料加工业深度融合，鼓励企业加强智能化建设提高竞争能力。

五是推动集约化发展。加强特色产业区域和产业集群建设，打造区域品牌。鼓励支持产业转移和承接，促进产业新旧动能转换，支持行业龙头企业、科技型示范企业发展；扶持培育一批具有较强国际竞争力的企业，培育一批专精新特、小巨人、隐形冠军企业，缩小与发达国家塑料工业的整体差距，促进特色集约有序发展。

六是进一步完善标准体系。对标国际先进标准，推动国内一流国际领先的团标、行标、国标制修订，强化标准的服务引领和支撑作用，加快标准国际化进程；发挥企业在标准制定中的重要作用，严格按照标准组织生产加工，协同推进产品研发与标准制定，加强满足创新需要的团标工作，做好宣传贯彻，加大产品认证体系标准化建设。营造诚实守信的市场环境，积极打造塑料行业良好营商市场氛围，推动行业质量、卫生、安全、环境等方面体系建设。

七是建立多层次人才培养体系。加大专业技术人才、经营管理人才和技能人才的培养力度，培养造就一批优秀企业家和高素质经营管理人才，在高等学校建设一批工程创新训练中心或基地，打造高素质专业技术人才队伍，强化职业教育和技能培训，加大制造业引智力度。

八是提高国际化发展水平。积极参与构建新发展格局，深耕国内市场，优化产品和投资结构，提升供给与消费水平，提升国际合作水平和层次，支持优势骨干企业参与国际产业分工；鼓励参与“一带一路”建设，拓展“走出去”发展空间；推动产业合作由加工制造环节为主，向合作研发、联合设计、市场营销、品牌培育等高端环节延伸；创新加工贸易与服务模式。

展望未来，我们充满信心和力量，同心协力，攻坚克难，努力完成“十四五”规划目标任务，续写中国塑业高质量发展新华章！

三、2021 年重点工作安排

2021 年是中国共产党成立 100 周年，是“十四五”开局之年，站在“两个一百年”历史交汇点上，我们要以习近平新时代中国特色社会主义思想为指导，立足新发展阶段，贯彻新发展理念，为构建新发展格局做贡献，围绕协会制定的 6 个方面 21 项重点工作，以供给侧结构性改革为主线，注重需求侧管理，坚持创新，优化结构，引领推动中国塑业高质量发展。

（一）搞好顶层设计，坚持创新引领

1. 做好塑料行业“十四五”发展规划指导意见和科技创新指导意见编制与宣贯工作。把服务行业高质量发展作为核心任务。对照国家“十四五”规划目标重点和要求，编制好指导未来五年发展的纲领性文件，要围绕纲领做足文章，有步骤有组织地做好两个规划的宣传贯彻工作。

2. 明确“五化”创新方向，集中力量办大事。在“十三五”的“三化一微”+智能化基础上，进一步延伸，提出功能化、轻量化、精密化、生态化、智能化，即“五化”的科技创新方向，瞄准国家科技创新重点，融合体制创新，聚焦关键共性、

核心及“卡脖子”技术攻关破题。深化探索体制机制创新，集中行业院士、专家、企业家等优势，激发企业创新主体内生动力，以专家院士行、创新工作组等方式持续开展创新工作，深化“三品”行动，夯实标准基础，构建标准体系，强长项，补短板，优结构，以更高水平服务构建新发展格局。

3. 坚持绿色低碳生态化可持续发展。启动塑料加工业绿色发展纲要编制工作，推进节能减排、低碳环保、清洁生产，持续开展环保淘汰和替代工作。倡导塑料污染全生命周期评价管理和各环节联动治理，促进塑料全产业链的绿色生态循环可持续发展。比如：围绕绿色节能减排、环保低碳深入开展专家院士行、“三品”行动、标准化、生态化、可循环、易回收、可降解新技术、新产品研发推广应用等工作。宣传贯彻落实国家关于加强塑料污染治理相关文件精神，组织开展废旧塑料污染治理系列活动。凝聚行业力量，办好“话说塑料”大讲堂，开展科学使用塑料、正确理解废旧塑料污染治理的科技与科普工作，为塑料可持续发展赋能。

（二）搭建服务平台，助力行业健康可持续发展

1. 办好第三届产业链高峰论坛及2021中国塑料可持续发展展览会

民政部对行业协会评价标准，明确要求要有自办展会，服务职能要求开展技术创新、市场拓展、合作交流，展会是很好的平台，协会举办有规模、有质量、有凝聚力的展与会，这是行业发展的客观要求，也是必然选择，非常有意义。在疫情常态化下，办好第三届产业链高峰论坛及2021中国塑料可持续发展展览会，一是打开一扇窗，为行业了解疫后新发展变化，把握逐步形成以国内循环为主体，国内国际双循环相互促进的新发展格局；展示、发布、交流塑料具备的绿色环保、节能低碳、可循环利用等优异性，落实国家部委关于进一步加强塑料污染治理的系列政策要求，推广可循环、易回收、可降解的新产品、新技术，给展商观众带来更多交流合作、互利共赢的新机遇。二是要按照“办好品牌展会”的目标要求，坚持三有三落实，抓住当前我国疫情防控取得重大战略成果，经济社会发展呈现稳定转好态势的窗口期，齐心协力做好招展、办会和专业观众组织等相关工作。三是搭建产业链创新对接合作平台，加强国际国内同行和产业链的交流合作，发现新市场，抓住新商机，促进行业企业加快转型升级，推动产业链上下游协同发展。

2. 做好2022中国国际塑料展、科技大会及系列分会等活动筹备工作

认真贯彻三有三落实，办好中国国际塑料展和第四届中国塑料科技大会，在服务畅通产业链、供应链、创新链上下功夫。要做好展会的筹备工作。各分支机构要按照举办展会的目标要求，全力落实招展工作，要按照《2022中国国际塑料展工作方案》，抓住工作细节，千方百计落实招展工作和专业观众及买家计划，落实会议和活动方案，搞好展商宣传和服务。

3. 强化体系建设，优化结构

加强现代产业体系、科技创新体系和联动发展体系建设，助力优势产业培育，产业新旧动能转换，产业转移与承接，产业集群形成特色和集聚效应。培育骨干优势企业，专精新特企业，小巨人及隐形冠军企业。促进产业链高级化，产业基础现代化。加强国际国内交流合作，密切与欧盟、东南亚、日本、韩国及台湾地区同业协会沟通联系。发挥协会的资源优势和桥梁作用，强化标准化工作，支撑高品质发展，组织行业企业积极参与国标、行标的制修订工作。对标先进标准，做好国际标准研究和参与工作。

（三）强化团队建设，促进行业健康永续发展

1. 加强党建引领。深入贯彻党的第十九届五中全会会议精神，认真开展党史学习教育，深入学习贯彻习近平总书记在党史学习教育动员大会上重要讲话精神，做到学党史、悟思想、办实事、开新局。坚持以党的政治建设为统领，不断强化“四个意识”，坚定“四个自信”，坚决做到“两个维护”，继续加强党支部组织建设、能力建设和队伍建设，持续做好党支部标准化、规范化建设工作；切实发挥党支部的战斗堡垒和政治核心作用；做好党员的培养工作，为党支部培养后备力量；认真搞好争创共产党员先锋岗、争做合格协会工作者活动；继续开展好党、工和团的活动，发挥其在协会工作中的积极作用；认真做好民主评议党员和民主生活会工作。

2. 搞好队伍建设。加强协会团队、制度、环境、能力和实力建设。做好秘书处和分支机构重点工作目标绩效考核；规范管理，提高工作能效；做好秘书处和分支机构工作人员的相关培训工作，提高业务知识和工作水平，提升履职能力；倾力打造政治可靠、年轻化、专业化、职业化服务型团队。

3. 做好四个有效服务。协会及秘书处和分支机构要坚持服务宗旨，务实开展四个服务。做好行业调研、政策解读、反映诉求、承接服务、申报推荐、培育共建、诚信自律、统计分析、网络平台、编撰出版、宣传报道、年鉴通信、职业培训等项工作。

4. 在疫情常态化下，持续积极开展工作。一要深入行业企业调研。密切联系会员单位，加强沟通，密切和企业家对话。了解企业情况，反映行业诉求。二要运用网络办公，线上开会新载体开展工作，熟练运用线上和线下结合的方式为行业企业服务，赢得更多企业的参与和支持，落实全年重点任务。三要在疫情常态化下，认真做好防护工作，保证自身健康安全。

各位理事：2021 年是“十四五”发展和建设社会主义现代化国家开局之年，我们要同心协力，奋发有为，咬定全年工作目标不动摇，引领创新，优化结构，为满足国家重大需求和人民美好生活需求，推动中国塑业在高质量发展的道路上行稳致远，以优异的成绩迎接建党 100 周年华诞。

以上报告，请审议。

中国塑料加工业 2020 年度发展报告

中国塑料加工工业协会

2020 年是极不平凡的一年，面对严峻复杂的国际形势和突如其来的新冠肺炎疫情，我国塑料加工行业坚守初心、担当使命、攻坚克难、创新奉献。行业各项经济运行指标在 2、3 月份探底后回升，降幅逐月收窄，盈利水平大幅提升，全年经济恢复实现预期。

一、经济运行稳中转好

（一）产量

2020 年，全国塑料制品行业，据国家统计局数据，累计完成产量 7603.22 万吨，同比增长-6.45%。

1. 塑料制品分类情况分析

从塑料制品分类情况看，产量最高的塑料制品是塑料薄膜，为 1502.95 万吨，占总量 19.77%，同比增长-6.37%；同比增长率最高的泡沫塑料制品，产量为 256.57 万吨，增长率为 0.54%，也是唯一一类正增长的塑料制品，详见表 1、图 1 及图 2。

表 1　2020 年塑料制品子行业产量、增长率、占比情况

塑料制品类别	产量/万吨	占比/%	同比增长率/%
塑料制品总量	7603.22	100.00	-6.45
塑料薄膜	1502.95	19.77	-6.37
塑料薄膜中的农用薄膜	77.39	1.02	-3.59
泡沫塑料制品	256.57	3.37	0.54
人造革合成革	323.07	4.25	-3.03
日用塑料	651.09	8.56	-2.74
其他塑料制品	4869.53	64.05	-7.49

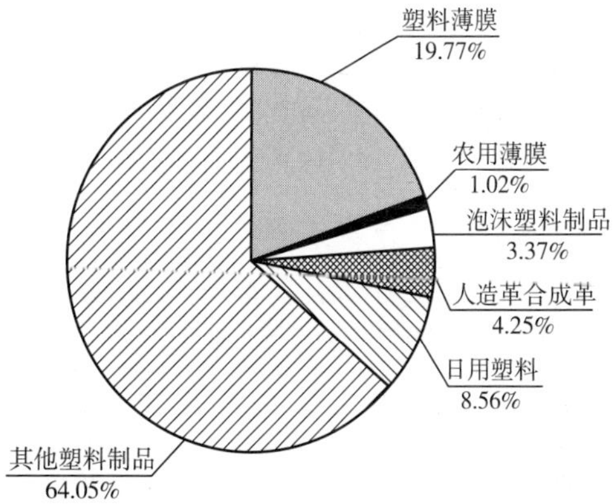

图 1　2020 年全国塑料制品分品种产量比重

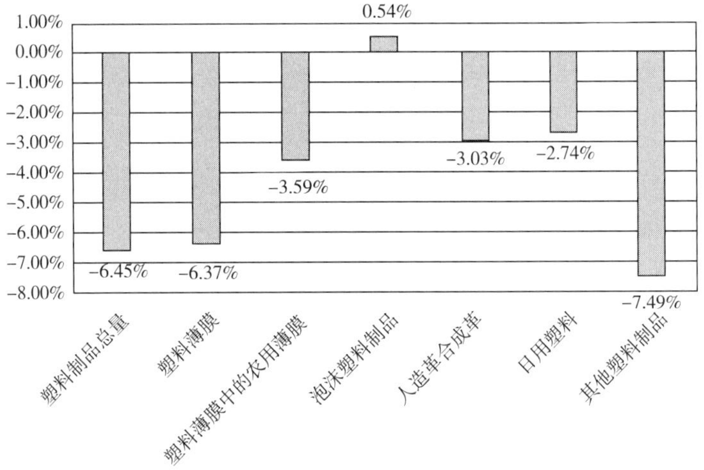

图 2　2020 年塑料制品分品种产量增长率情况

2. 塑料制品分布情况分析

从塑料制品分布情况看，塑料制品生产主要集中在浙江省、广东省、江苏省、福建省、安徽省、四川省、湖北省、湖南省、山东省、重庆市等地区。其中：浙江省产量最高，为 1280. 17 万吨，占 16. 84%，其次是广东省，为 1274. 91 万吨，占 16. 77%；增长率最高山东省，完成累计产量 329. 72 万吨，同比增长 3. 44%，其次是重庆市，完成累计产量 250. 4 万吨（占 3. 29%），同比增长 3. 03%；同比增长率最低的是湖北省，完成累计产量 431. 01 万吨，同比增长-16. 56%。

全国十大省份塑料制品总产量为 6068. 35 万吨，占全国比例为 79. 81%，比上年下降 1. 74%，详见表 2、图 3 及图 4。

表 2　2020 年主要地区产量增减率及占比情况

地区	2020 年/万吨	同比增长率/%	占比/%
全国	7603. 22	-6. 45	100. 00
浙江省	1280. 17	0. 88	16. 84
广东省	1274. 91	-7. 52	16. 77
江苏省	638. 66	-1. 05	8. 40
福建省	546. 92	-0. 59	7. 19
安徽省	520. 99	-21. 98	6. 85

续表

地区	2020 年/万吨	同比增长率/%	占比/%
湖北省	431. 01	-16. 56	5. 67
四川省	446. 82	1. 23	5. 88
湖南省	348. 75	-14. 37	4. 59
山东省	329. 72	3. 44	4. 34
重庆市	250. 40	3. 03	3. 29
其他	1534. 87	-9. 13	20. 19

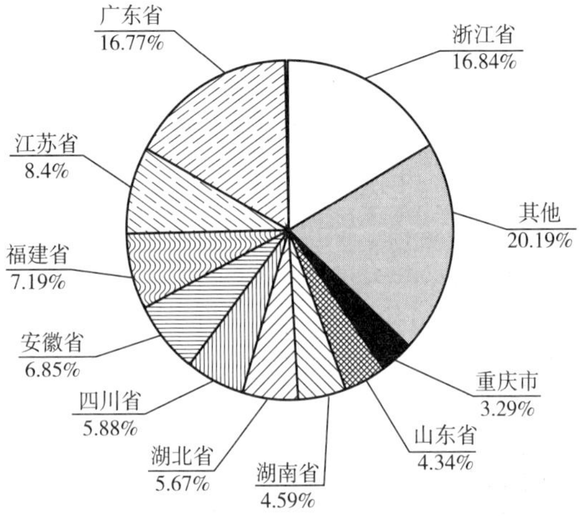

图 3　2020 年产量地区占比情况

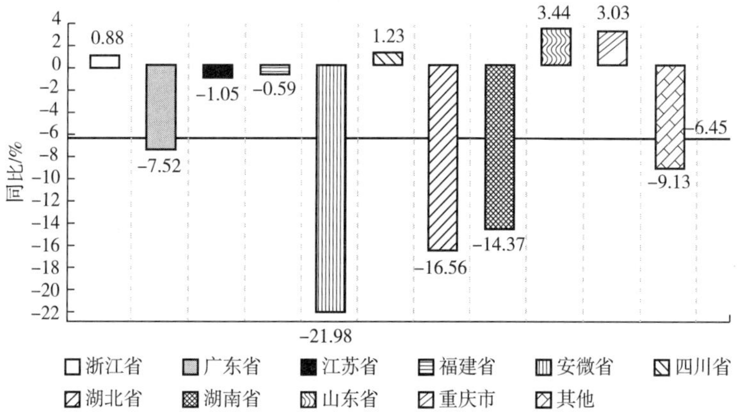

图 4 2020 年产量地区同比情况

3. 塑料制品区域布局分析

从塑料制品区域布局情况看，2020 年，东部十省市塑料制品产量 4610.73 万吨，同比增长 -0.19%，占比 60.65%，比 2019 年提高 3.06 个百分点。中部六省由于湖北省受疫情影响严重，产量有较大幅度下降，塑料制品产量 1641.49 万吨，同比增长 -22.54%，占比 21.59%，比 2019 年降低 5.35 个百分点。西部十二省区塑料制品产量 1218.67 万吨，同比增长 5.47%，占比 16.03%，比 2019 年提高 2.37 个百分点，详见表 3 至表 6。

表 3 东部地区产量和占比情况

地区	累计产量/万吨	同比增长率/%	占比/%
北 京	20.59	-12.56	0.27
天 津	101.87	-3.53	1.34
河 北	216.06	12.59	2.84
上 海	199.64	-6.31	2.63
江 苏	638.66	-1.05	8.40
浙 江	1280.17	0.88	16.84
福 建	546.92	-0.59	7.19
山 东	329.72	3.44	4.34
广 东	1274.91	-7.52	16.77
海 南	2.19	-8.66	0.03
合计	4610.73	-0.19	60.65

表 4 中部地区产量和占比情况

地区	累计产量/万吨	同比增长率/%	占比/%
山 西	22.38	14.46	0.29
安 徽	520.99	-21.98	6.85
江 西	115.47	-15.65	1.52
河 南	202.89	-45.34	2.67
湖 北	431.01	-16.56	5.67
湖 南	348.75	-14.37	4.59
合计	1641.49	-22.54	21.59

表 5 西部地区产量和占比情况

地区	累计产量/万吨	同比增长率/%	占比/%
内蒙古	5.08	-1.20	0.07
广 西	172.64	79.44	2.27
重 庆	250.40	3.03	3.29
四 川	446.82	1.23	5.88
贵 州	76.40	-11.32	1.00
云 南	62.79	3.55	0.83
西 藏	2.12	30.95	0.03
陕 西	87.26	-22.24	1.15
甘 肃	19.18	16.03	0.25

续表

地区	累计产量/万吨	同比增长率/%	占比/%
青　海	0.85	-11.63	0.01
宁　夏	11.28	-7.08	0.15
新　疆	83.85	5.57	1.10
合计	1218.67	5.47	16.03

表6　东北地区产量和占比情况

地区	累计产量/万吨	同比增长率/%	占比/%
辽　宁	78.06	-25.11	1.03
吉　林	32.37	4.50	0.43
黑龙江	21.89	17.02	0.29
合计	132.32	-14.03	1.75

（1）我国塑料薄膜主要产区在东部省份，占比前六位的东部省份占总量的74.69%，安徽省、四川省、重庆市增长较快。

（2）山东省、云南省是我国农用薄膜的主要产区，甘肃省农用薄膜产量有较大增长，排名跃居第三位，陕西省农用薄膜产量大幅下降。

（3）广东省是我国泡沫塑料制品产量最大省份，山东省、四川省、江苏省、湖南省的泡沫塑料制品产量增长较快，陕西省泡沫塑料制品产量降幅较大。

（4）人造革合成革生产较为集中，安徽、福建、浙江是生产大省，合计占比为67.82%，安徽省和江西省增长较快，安徽省产量跃居全国第一，江西省进入前十。

（5）广东省、浙江省是我国日用塑料制品主要产区，湖北省因疫情影响产量降幅较大，但仍居第三位，河北省、河南省增长较快。

（6）其他塑料制品的最大产区是浙江省、广东省，安徽省、湖南省降幅较大，详见表7至表12。

表7　2020年塑料薄膜全国和十大生产省区市产量和占比情况

地区	产量/吨	同比/%	占比/%
全　国	15029508.29	-6.37	100.00
浙　江	3266164.48	1.77	21.73
广　东	2423413.91	-2.27	16.12
江　苏	2390026.59	4.04	15.90
福　建	1669341.73	6.36	11.11
山　东	852499.23	3.75	5.67
上　海	624574.16	-3.75	4.16
四　川	600024.93	15.76	3.99
安　徽	584265.68	22.64	3.89
重　庆	440062.74	15.20	2.93
湖　北	425570.74	-7.06	2.83

表8　2020年农用薄膜全国和十大生产省区市产量和占比情况

地区	产量/吨	同比/%	占比/%
全　国	773870.91	-3.59	100.00
山　东	122116.63	-4.24	15.78
云　南	116018.30	23.23	14.99
甘　肃	92483.67	19.54	11.95
广　东	71251.73	-2.25	9.21
四　川	71300.30	1.28	9.21
新　疆	49075.58	-5.85	6.34
河　南	37266.33	-8.61	4.82
上　海	29761.00	1.97	3.85
陕　西	27934.64	-43.79	3.61
重　庆	24875.00	-9.33	3.21

表9　2020年泡沫塑料全国和十大生产省区市产量和占比情况

地区	产量/吨	同比/%	占比/%
全　国	2565740.49	0.54	100.00
广　东	643078.86	-1.18	25.06
浙　江	325586.46	1.41	12.69
江　苏	205005.91	18.66	7.99

续表

地区	产量/吨	同比/%	占比/%
四　川	168120.87	21.19	6.55
山　东	139760.53	52.95	5.45
安　徽	106588.84	3.94	4.15
重　庆	103253	-1.56	4.02
湖　南	102959.88	16.66	4.01
天　津	100460.71	8.77	3.92
陕　西	93975.73	-42.59	3.66

表 10　2020 年人造革合成革全国和十大生产省区市产量和占比情况

地区	产量/吨	同比/%	占比/%
全　国	3230736.15	-3.03	100.00
安　徽	970545.78	51.08	30.04
福　建	704762.18	-20.05	21.81
浙　江	516046.17	-15.89	15.97
广　东	254898.14	-16.31	7.89
湖　南	222763.02	12.46	6.9
河　北	94879.55	-41.57	2.94
上　海	47386.04	-20.45	1.47
江　西	42385.38	39.52	1.31
山　东	21012	-4.64	0.65
河　南	18257.58	-2.73	0.57

表 11　2020 年日用塑料全国和十大生产省区市产量和占比情况

地区	产量/吨	同比/%	占比/%
全　国	6510864.32	-2.74	100.00
广　东	2150164.04	-4.84	33.02
浙　江	1116692.22	0.06	17.15
湖　北	549315.69	-21.49	8.44
福　建	505843.16	7.97	7.77
江　苏	378597.77	-8.45	5.81

续表

地区	产量/吨	同比/%	占比/%
四　川	366343.2	11.48	5.63
山　东	174748.47	13.46	2.68
河　北	173592.46	45.72	2.67
湖　南	172907.54	2.38	2.66
河　南	167056.04	23.51	2.57

表 12　2020 年其他塑料全国和十大生产省区市产量和占比情况

地区	产量/吨	同比/%	占比/%
全　国	48695327.09	-7.49	100.00
浙　江	7577243.98	1.99	15.56
广　东	7277522.99	-10.06	14.95
安　徽	3395997.43	-36.02	6.97
四　川	3324089.49	-2.9	6.83
湖　北	3265289.01	-16.03	6.71
江　苏	3122108.41	-3.02	6.41
湖　南	2913527.39	-17.25	5.98
福　建	2476216.14	0.6	5.09
山　东	2109170.03	0.51	4.33
重　庆	1908248.4	0.76	3.92

（二）效益

1. 营业收入小幅下跌

2020 年，全国塑料制品行业规模以上企业 16592 家，比上年增加 757 家；完成累计营业收入 18890.13 亿元，同比增长-1.40%，高于全国轻工全行业-1.65%的平均水平，低于全国工业同比增长 0.8%的平均水平。营业收入占轻工行业总量的 9.70%，占全国规模以上工业企业营业收入的 1.78%。

其中，营业收入最高的是塑料零件及其他塑料制品，为 5987.38 亿元，占 31.7%；其次是塑料板、管、型材，为 3617.9 亿元，占 19.15%。增长率最高的是塑料零件及其他塑料制品，为 0.72%，也是唯一呈正增长的类别。其次是日用塑料制品、塑料薄膜和泡沫塑料，同比增长率分别为-0.35%、-0.55%和-0.68%，增长率最低的是塑料人造革合成革，同比增长-17.02%。详见表13、图5及图6。

表13　2020年全国塑料行业累计主营业务收入子行业同比增长情况

子行业	营业收入/亿元	同比增长率/%	占比/%
塑料	18890.13	-1.40	100.00
塑料零件及其他塑料制品制造	5987.38	0.72	31.70
塑料板、管、型材的制造	3617.90	-1.36	19.15
塑料薄膜制造	2754.35	-0.55	14.58
日用塑料制品制造	1804.44	-0.35	9.55
塑料包装箱及容器制造	1584.62	-2.49	8.39
塑料丝、绳及编织品的制造	1548.28	-2.49	8.20
泡沫塑料制造	771.83	-0.68	4.09
塑料人造革合成革制造	724.13	-17.02	3.83
人造草坪制造	97.18	-6.44	0.51

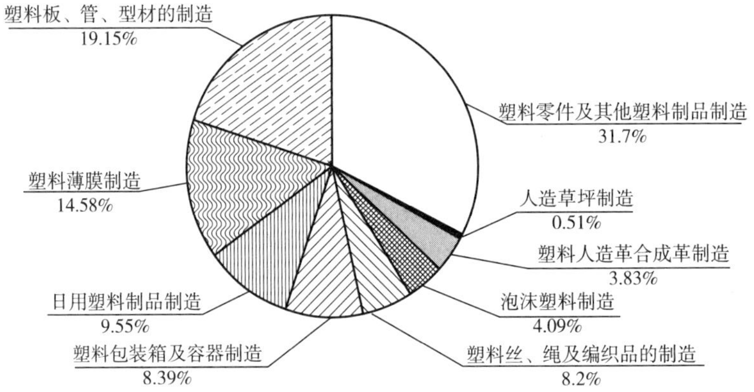

图5　2020年全国塑料行业累计主营业务收入子行业占比情况

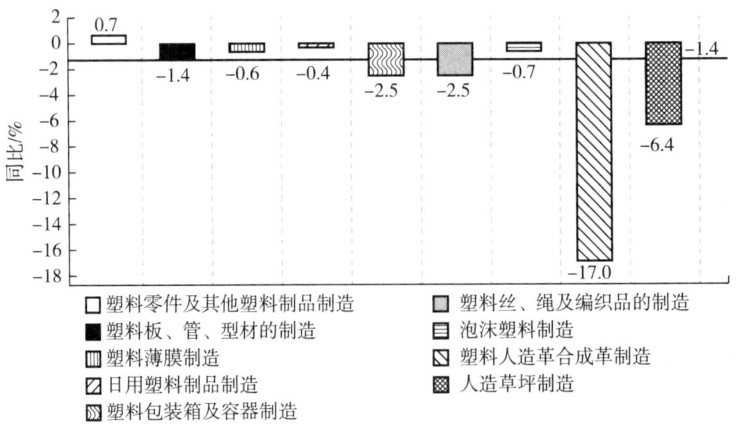

图6　2020年全国塑料行业累计主营业务收入子行业同比情况

2. 利润总额大幅增长

2020年，全国塑料行业完成累计利润总额1215.15亿元，同比增长18.39%，大幅高于轻工行业3.58%和全国工业4.1%的平均水平。利润总额占轻工行业9.11%，占全国规模以上工业企业1.88%。其中，利润总额最高的是塑料零件及其他塑料制品，为398.27亿元，占32.78%，其次是塑料板、管、型材，为263.44亿元，占21.68%；增长率最高的是塑料薄膜，利润总额为174.51亿元，同比增长78.17%，其次是日用塑料制品，利润总额为123亿元，同比增长22.23%；增长率最低的是人造革合成革，利润总额为4.36亿元，同比增长-19.43%，其次是塑料人造革、合成革，利润总额为22.91亿元，同比增长-18.43%。详见表14、图7及图8。

表14　2020年塑料制品行业利润总额增长及占比情况

子行业	利润总额/亿元	同比增长率/%	占比/%
塑料	1215.15	18.39	100.00
塑料零件及其他塑料制品制造	398.27	18.93	32.78
塑料板、管、型材的制造	263.44	9.10	21.68
塑料薄膜制造	174.51	78.17	14.36
日用塑料制品制造	123.00	22.23	10.12
塑料包装箱及容器制造	98.86	2.41	8.14
塑料丝、绳及编织品的制造	84.69	1.69	6.97
泡沫塑料制造	46.00	14.98	3.79
塑料人造革合成革制造	22.91	-18.43	1.89
人造草坪制造	3.49	-2.10	0.29

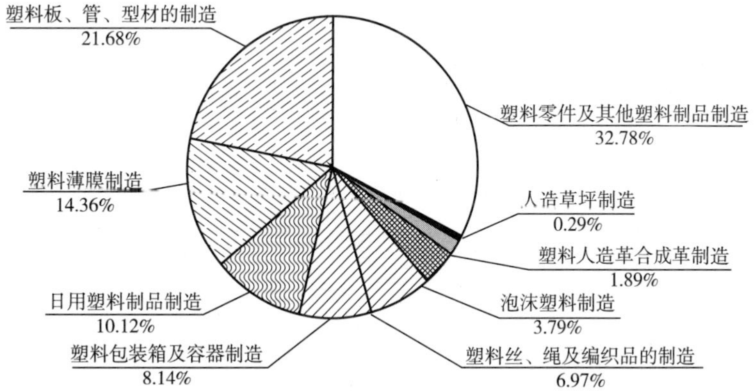

图7　2020年全国塑料行业累计利润总额子行业占比情况

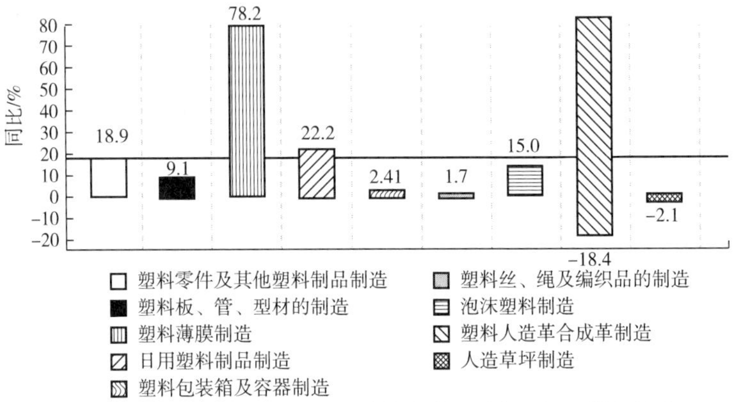

图 8　2020 年全国塑料行业累计利润总额子行业同比增长情况

3. 营业收入利润率提高

2020 年，全国塑料行业累计主营业务收入利润率为 6.43%，同比增长 1.08%，略低于全国轻工行业 6.85%的平均水平，略高于全国工业 6.08%的平均水平。其中利润率最高的是塑料板、管、型材，为 7.28%，其次是日用塑料制品，利润率为 6.82%；营业收入利润率最低的是塑料人造革合成革，仅为 3.16%。详见表 15、图 9。

表 15　　2020 年各子行业营业收入利润率情况

指标名称	汇总企业个数/个	营业收入利润率/%	同比增长率/%
塑料制品业	16592	6.43	0.9
塑料薄膜制造	2110	6.34	1.45
塑料板、管、型材的制造	2939	7.28	1.05
塑料丝、绳及编织品的制造	1556	5.47	0.20
泡沫塑料制造	917	5.96	0.35
塑料人造革合成革制造	441	3.16	−0.15
塑料包装箱及容器制造	1624	6.24	0.24
日用塑料制品制造	1811	6.82	1.18
人造草坪制造	90	3.59	−0.40
塑料零件及其他塑料制品制造	5104	6.65	1.04

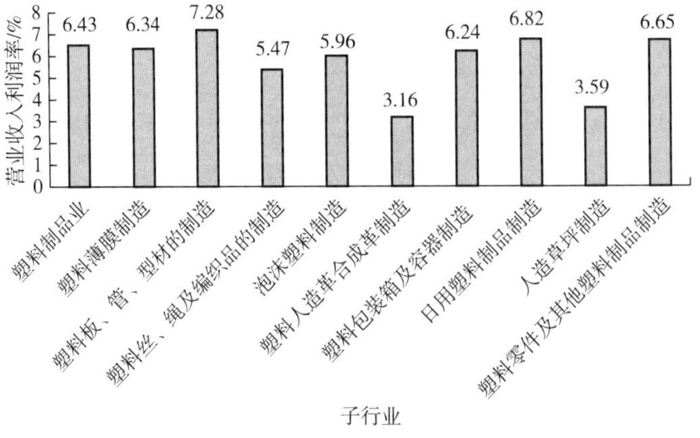

图 9　2020 年各子行业营业收入利润率情况

（三）出口大幅增长

据海关总署出口统计数据显示，2020 年塑料制品出口额 852.7 亿美元，同比增长 19.6%。

（四）经济指标逐月提高

2020 年，我国塑料加工业各项经济指标均逐月提高。2、3 月份因受疫情影响，生产处于低位，随后各项指标迅速恢复，6 月份前后达到较高水平，之后缓慢上升，与我国经济恢复过程同步，显示行业抗击疫情恢复生产成效显著。详见图 10。

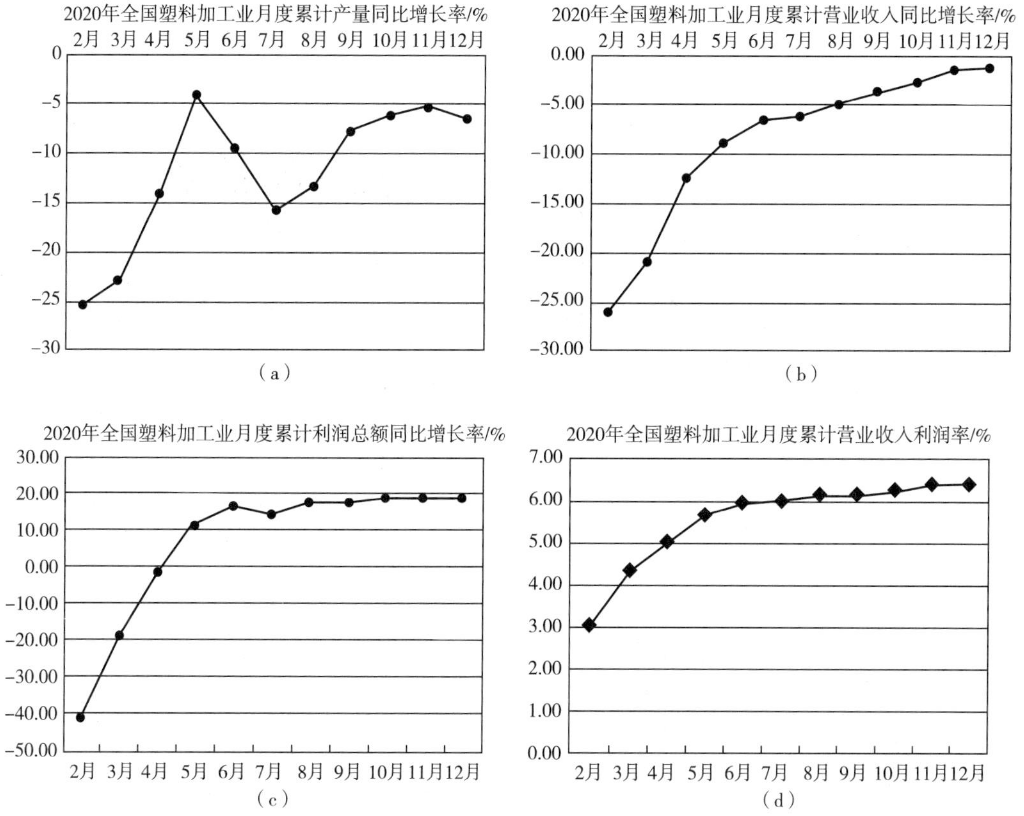

图 10　2020 年全国塑料加工业月度经济数据

二、行业攻坚克难，开拓创新

1. 全力投入抗疫，复工复产卓有成效

2020 年初，新冠肺炎疫情在全国多地暴发。中国塑协贯彻党中央、国务院决策部署，第一时间发出倡议，行业上下联动，在各级党委的领导下，为保障口罩、材料等防疫物资和生活必需品供给，支持火神山、雷神山等集中救治医院建设等方面做出了艰苦努力，做出积极贡献。第一时间号召组织行业为疫区捐款捐物，减免湖北省会员企业会费和培训等活动收费；第一时间有序推动复工复产达产；在抗疫最艰难的时候，组织行业骨干企业召开塑料行业“后疫情”发展视频研讨会，坚定行业发展信心；发出抗疫指南，宣传国家“六稳”“六保”政策信息，开展疫情对行业影响调研，并形成调研报告，借助渠道优势，向国家反映，得到上级的重视、肯定、支持和复函反馈，有序推动行业运行回稳转好。行业企业响应号召，守望相助，积极捐钱捐物，迅速组织生产疫情紧缺物资，积极援助定点医院建设，在做好疫情防控前提下，积极复工复产。一批企业受到国务院及省部级政府表彰。全行业付出艰苦卓绝的努力，有力地支持国家抗疫工作和经济恢复，展现中国塑业人甘于奉献和责任担当，值得载入塑业史册。

2. 创新为发展注入新动能

持续开展“三品”行动。疫情暴发后，塑料制品进出口受阻，部分产品国内市场需求不足，国内市场竞争更加激烈，行业企业持续开展增品种、提品质、创品牌活动，促进行业健康有序发展。

上下游联动，畅通产业链。2020年，受疫情影响，全球经济衰退，国内市场受到影响，产业链、供应链出现断点和风险。中国塑协积极开展协会间交流，畅通上下游产业需求；举办各子行业年会，推动创新和技术市场对接。行业以供给侧结构性改革为主线，围绕调结构转方式，坚持科技创新，解决防疫急需口罩等物品问题，化解供应紧缺矛盾。

创新意识整体增强，创新活动蓬勃开展。行业坚持“三化一微”+智能化技术发展方向，创新工作组活动踊跃。行业集中优势开展关键共性技术攻关破题、技术产品研发，专家、企业家、科研人员在产学研用集成创新上积极探索，收获明显成效。创新成果转化落地提速，高科技、高附加值产品占比加大。创新助力供给侧结构性改革，需求牵动供给，创新引领消费。支援抗疫，适应市场需要的新产品不断推出，企业效益大幅提升。

标准化工作积极推进。在做好国标、行标同时，团体标准化工作取得质的突破，一批行业团体标准公布，有力推动、支撑和满足市场规范化发展需求。

3. 绿色生态化发展有力推进

行业积极推进节能减排和绿色低碳发展，取得明显成效。聚氨酯泡沫行业、XPS、EPS等行业推进ODS淘汰、HBCD替代等工作，取得阶段性进展；人造革行业积极应用水性与无溶剂等环保材料生产生态绿色合成革；复合膜行业注重源头削减、过程控制、末端治理。BOPP等行业积极推进轻量化和循环利用。行业认真贯彻《关于进一步加强塑料污染治理的意见》等政策要求，积极推广可循环、易回收、可降解替代产品和技术。中国塑协推出《话说塑料》大讲堂，请科学家和知名专家采取科普方式，向行业和社会各界权威发布，让公众正确认识和使用塑料，推动我国塑料行业绿色健康可持续发展；编制《塑料加工业“十四五”发展规划指导意见》，倡导低碳理念，助推节能减排，为我国“碳达峰、碳中和”目标做贡献。

4. 2020中国国际塑料展系列活动促进行业交流合作

因疫情影响，在众多展会纷纷停办时，中国塑料加工工业协会服务行业企业初心不改，抓住疫情安全窗口期，在南京如期、安全、高质举办2020中国国际塑料展和中国塑料行业科技大会及系列会议。在广大展商、业界同人及相关单位的支持与共同努力下，取得圆满成功。展出面积、展商展位数量、观众数量、现场成交额、专业会议数量均超过历史最好水平，是2020年我国规格最高、规模最大、专业性最强、影响力最大的塑料工业展。展会系列活动为行业观察疫后新变化打开了一扇窗，为畅通产业链供应链和创新链做了积极的努力，激发了市场活力，提振了行业发展信心。

三、存在的问题

1. 疫情影响行业运营

2020年初，国内新冠疫情暴发，春节后复工复产遇到困难，产业链、供应链出现堵点、断点，随后全球疫情扩散蔓延，受其影响，市场有效需求仍显疲弱，消费升级面临挑战，出口增长的可持续性还需观察；产业链、供应链、物流存在风险，企业运行成本加大，行业运营和发展遇到困难。行业虽然整体稳中转好，但恢复性增长基础不牢。

2. 小微企业经营相对困难

2020年，行业处在疫后恢复期，企业生产经营面临压力增大，市场需求不旺，综合成本上涨等，工业生产者的出厂价格指数（PPI）连续10个月下降，小微企业普遍反映市场需求偏弱，很多订单向着头部企业聚集，维持小微企业的活跃度仍需要付出更大的努力。

3. 原材料供应与价格波动给部分企业及子行业带来不利影响

由于疫情影响，出现了堵点、断点，国内高端特种牌号原料供给不足，原料市场价格波动等影响。如：2020年3月底PVC树脂价格达到最低点的5000元/吨，10月初PVC树脂价格迅速升到7000元/吨，12月初PVC树脂出厂价突破8500元/吨，有企业到厂价格超过9000元/吨。2020年PE市场走势呈前低后高格局，上半年低价频出，下半年连续攀升，聚乙烯现货三大品种全年均有上涨。2020年国内聚丙烯大部分牌号产品年涨幅约为10%。PLA至8月底涨了近50%。2020年12月初，PBAT为2.3万元/吨，2021年1月初涨至2.6万元/吨，涨幅达13%。原材料价格大幅上涨给制品行业造成直接影响，在制品市场容量无太大变化，制品价格相对稳定条件下，企业利润越来越小，经营风险加大。长此以往，必将加大全产业链安全风险。

4. 产品产业结构不够合理

塑料行业结构调整得到加强，但产能扩张过快的趋势并没有得到明显改善。低端产品产能结构性和阶段性过剩矛盾仍较突出；低端产品依靠价格竞争，压缩了利润空间，一些低质、劣质产品扰乱正常市场秩序。简单、初级产品、通用技术产品多，而高技术含量、高附加值的产品供应不足，有些还需要进口。

5. 技术创新能力弱

全国塑料制品行业规模以上企业16592家，另有十多万家规模以下企业。多数企业在技术创新与新产品研发、运营与管理上缺乏人才和资金，综合能力不足。行业中小企业多，普遍研发投入不足。研究成功的工艺或研制出的新制品不足，具有自主知识产权的塑料制品少，创新体制机制不畅，总体科技成果转化率低。

6. 出口受疫情及贸易摩擦影响

由于新冠疫情在全球蔓延，我国塑料制品出口受到较大影响。出口北美制品关税高，如美国25%~30.8%的关税，海运费上涨为往年的2~3倍，人民币升值等不利因素。此外，行业面临国际贸易保护主义抬头，一些国家对我国塑料制品反倾销调查密度增加，贸易纠纷案件数量多，形式多样，产品出口难度和风险加大。

四、发展建议

1. 坚持做好防控疫情工作

目前全球疫情扩散蔓延态势还在继续，疫情走势仍存在高度不确定性。一些国家和地区新增病例持续居高不下，全球病毒传播的规律尚未完全掌握，疫苗大规模的使用特效药研发尚需时间，病毒变异的可能性不能排除。在此背景下，防疫工作丝毫不能放松。行业要适应在常态化疫情防控中谋划开展工作，防止思想松懈和麻痹大意。

2. 深耕国内市场，拓展国际市场

当前全球疫情发展仍存不确定性，世界经济论坛预测“疫情五年内仍将拖累全球经济”。随着疫苗的成功注射，2021年下半年开始疫情有望被控制，经济社会生活将逐步恢复正常。行业要抓住这个时机，坚持稳中求进，深耕国内市场，积极拓展国际市场，促进发展质量、结构、规模、速度、效益、安全相统一。

3. 坚持创新驱动

坚持科技创新，加强产业链协同创新，研发新材料，提高产品性能。立足服务国家战略和重大需求，服务人民美好生活需要，服务行业实际需求；集中行业优势资源，在攻关“卡脖子”的核心技术、关键核心技术和补短板、强弱项、优结构上下功夫；关注国家重点实验室、制造业新兴战略转型升级、战略性新兴集群工程和重点工程重点项目建设。关注国家实施扩大内需战略的契机，扭住供给侧结构性改革，注重需求侧管理，加大供给创新，创造需求引领新消费。

4. 深入实施“三品”战略

行业企业要深化“三品”行动，提品质、增品种、创品牌，形成行业注重品质、品牌和精益管理、精品制造的氛围，优化产品结构，产能结构，企业组织结构。加强标准化工作，强化标准体系建设，积极推动国标、行标、团标制修订工作。

5. 坚持绿色可持续发展

落实绿色、环保、低碳等可持续发展目标，继续推进节能减排、环保替代、VOC排放治理工作，推进绿色环保发泡剂和阻燃剂替代等工作。加快推进废塑料减量化、资源化，逐步完善相关领域技术标准体系。贯彻落实《关于进一步加强塑料污染治理的意见》政策要求，持续推广可循环、易回收、可降解替代产品和技术，提升废塑料减量化、资源化利用水平，引导废塑料综合利用行业规范发展。

6. 积极参与行业活动，促进技术市场交流合作

2021年，中国塑协将举办2021中国塑料可持续发展展览会、产业链高峰论坛等系列活动，展示塑料节能、低碳环保材料和制品的优异性，宣传和推广可循环、易回收、可降解的新技术、新产品，为行业搭建技术创新和市场对接的平台。行业企业要积极参与，合力畅通产业链、供应链、创新链，共谋国内国际技术与市场交流合作新机遇，促进行业可持续发展，为中国塑业高质量发展奠定基础。

政策与法规

国家发展改革委　生态环境部 关于进一步加强塑料污染治理的意见

发改环资〔2020〕80号

各省、自治区、直辖市人民政府，国务院各部委、各直属机构：

塑料在生产生活中应用广泛，是重要的基础材料。不规范生产、使用塑料制品和回收处置塑料废弃物，会造成能源资源浪费和环境污染，加大资源环境压力。积极应对塑料污染，事关人民群众健康，事关我国生态文明建设和高质量发展。为贯彻落实党中央、国务院决策部署，进一步加强塑料污染治理，建立健全塑料制品长效管理机制，经国务院同意，现提出如下意见。

一、总体要求

（一）指导思想。以习近平新时代中国特色社会主义思想为指导，全面贯彻党的十九大和十九届二中、三中、四中全会精神，坚持以人民为中心，牢固树立新发展理念，有序禁止、限制部分塑料制品的生产、销售和使用，积极推广替代产品，规范塑料废弃物回收利用，建立健全塑料制品生产、流通、使用、回收处置等环节的管理制度，有力有序有效治理塑料污染，努力建设美丽中国。

（二）基本原则。突出重点，有序推进。强化源头治理，抓住塑料制品生产使用的重点领域和重要环节，针对社会反映强烈的突出问题，分类提出管理要求；综合考虑各地区、各领域实际情况，合理确定实施路径，积极稳妥推进塑料污染治理工作。

创新引领，科技支撑。以可循环、易回收、可降解为导向，研发推广性能达标、绿色环保、经济适用的塑料制品及替代产品，培育有利于规范回收和循环利用、减少塑料污染的新业态新模式。

多元参与，社会共治。发挥企业主体责任，强化政府监督管理，加强政策引导，凝聚社会共识，形成政府、企业、行业组织、社会公众共同参与的多元共治体系。

（三）主要目标。到2020年，率先在部分地区、部分领域禁止、限制部分塑料制品的生产、销售和使用。到2022年，一次性塑料制品消费量明显减少，替代产品得到推广，塑料废弃物资源化能源化利用比例大幅提升；在塑料污染问题突出领域和电商、快递、外卖等新兴领域，形成一批可复制、可推广的塑料减量和绿色物流模式。到2025年，塑料制品生产、流通、消费和回收处置等环节的管理制度基本建立，多元共治体系基本形成，替代产品开发应用水平进一步提升，重点城市塑料垃圾填埋量大幅降低，塑料污染得到有效控制。

二、禁止、限制部分塑料制品的生产、销售和使用

（四）禁止生产、销售的塑料制品。禁止生产和销售厚度小于0.025毫米的超薄塑料购物袋、厚度小于0.01毫米的聚乙烯农用地膜。禁止以医疗废物为原料制造塑料制品。全面禁止废塑料进口。到2020年底，禁止生产和销售一次性发泡塑料餐具、一次性塑料棉签；禁止生产含塑料微珠的日化产品。到2022年底，禁止销售含塑料微珠的日化产品。

（五）禁止、限制使用的塑料制品。

1. 不可降解塑料袋。到2020年底，直辖市、省会城市、计划单列市城市建成区的商场、超市、药店、书店等场所以及餐饮打包外卖服务和各类展会活动，禁止使用不可降解塑料袋，集贸市场规范和限制使用不可降解塑料袋；到2022年底，实施范围扩大至全部地级以上城市建成区和沿海地区县城建成区。到2025年底，上述区域的集贸市场禁止使用不可降解塑料袋。鼓励有条件的地方，在城乡结合部、乡镇和农村地区集市等场所停止使用不可降解塑料袋。

2. 一次性塑料餐具。到2020年底，全国范围餐饮行业禁止使用不可降解一次性塑料吸管；地级以上城市建成区、景区景点的餐饮堂食服务，禁止使用不可降解一次性塑料餐具。到2022年底，县城建成区、景区景点餐饮堂食服务，禁止使用不可降解一次性塑料餐具。到2025年，地级以上城市餐饮外卖领域不可降解一次性塑料餐具消耗强度下降30%。

3. 宾馆、酒店一次性塑料用品。到2022年底，全国范围星级宾馆、酒店等场所不再主动提供一次性塑料用品，可通过设置自助购买机、提供续充型

洗洁剂等方式提供相关服务；到2025年底，实施范围扩大至所有宾馆、酒店、民宿。

4. 快递塑料包装。到2022年底，北京、上海、江苏、浙江、福建、广东等省市的邮政快递网点，先行禁止使用不可降解的塑料包装袋、一次性塑料编织袋等，降低不可降解的塑料胶带使用量。到2025年底，全国范围邮政快递网点禁止使用不可降解的塑料包装袋、塑料胶带、一次性塑料编织袋等。

三、推广应用替代产品和模式

（六）推广应用替代产品。在商场、超市、药店、书店等场所，推广使用环保布袋、纸袋等非塑制品和可降解购物袋，鼓励设置自助式、智慧化投放装置，方便群众生活。推广使用生鲜产品可降解包装膜（袋）。建立集贸市场购物袋集中购销制。在餐饮外卖领域推广使用符合性能和食品安全要求的秸秆覆膜餐盒等生物基产品、可降解塑料袋等替代产品。在重点覆膜区域，结合农艺措施规模化推广可降解地膜。

（七）培育优化新业态新模式。强化企业绿色管理责任，推行绿色供应链。电商、外卖等平台企业要加强入驻商户管理，制定一次性塑料制品减量替代实施方案，并向社会发布执行情况。以连锁商超、大型集贸市场、物流仓储、电商快递等为重点，推动企业通过设备租赁、融资租赁等方式，积极推广可循环、可折叠包装产品和物流配送器具。鼓励企业采用股权合作、共同注资等方式，建设可循环包装跨平台运营体系。鼓励企业使用商品和物流一体化包装，建立可循环物流配送器具回收体系。

（八）增加绿色产品供给。塑料制品生产企业要严格执行有关法律法规，生产符合相关标准的塑料制品，不得违规添加对人体、环境有害的化学添加剂。推行绿色设计，提升塑料制品的安全性和回收利用性能。积极采用新型绿色环保功能材料，增加使用符合质量控制标准和用途管制要求的再生塑料，加强可循环、易回收、可降解替代材料和产品研发，降低应用成本，有效增加绿色产品供给。

四、规范塑料废弃物回收利用和处置

（九）加强塑料废弃物回收和清运。结合实施垃圾分类，加大塑料废弃物等可回收物分类收集和处理力度，禁止随意堆放、倾倒造成塑料垃圾污染。在写字楼、机场、车站、港口码头等塑料废弃物产生量大的场所，要增加投放设施，提高清运频次。推动电商外卖平台、环卫部门、回收企业等开展多方合作，在重点区域投放快递包装、外卖餐盒等回收设施。建立健全废旧农膜回收体系；规范废旧渔网渔具回收处置。

（十）推进资源化能源化利用。推动塑料废弃物资源化利用的规范化、集中化和产业化，相关项目要向资源循环利用基地等园区集聚，提高塑料废弃物资源化利用水平。分拣成本高、不宜资源化利用的塑料废弃物要推进能源化利用，加强垃圾焚烧发电等企业的运行管理，确保各类污染物稳定达标排放，并最大限度降低塑料垃圾直接填埋量。

（十一）开展塑料垃圾专项清理。加快生活垃圾非正规堆放点、倾倒点排查整治工作，重点解决城乡结合部、环境敏感区、道路和江河沿线、坑塘沟渠等处生活垃圾随意倾倒堆放导致的塑料污染问题。开展江河湖泊、港湾塑料垃圾清理和清洁海滩行动。推进农田残留地膜、农药化肥塑料包装等清理整治工作，逐步降低农田残留地膜量。

五、完善支撑保障体系

（十二）建立健全法规制度和标准。推进相关法律法规修订，将塑料污染防治纳入相关法律法规要求。适时更新发布塑料制品禁限目录。制定塑料制品绿色设计导则。完善再生塑料质量控制标准，规范再生塑料用途。制修订可降解材料与产品的标准标识。建立健全电商、快递、外卖等新兴领域企业绿色管理和评价标准。研究对包装问题突出的商品开展包装适宜度分级评价，提出差别化管理措施。将一次性塑料制品管控要求纳入旅游景区和星级宾馆、酒店评定评级标准。完善塑料废弃物资源化能源化利用的环境保护相关标准。探索建立塑料原材料与制成品的生产、销售信息披露制度。探索实施企业法人守信承诺和失信惩戒，将违规生产、销售、使用塑料制品等行为列入失信记录。

（十三）完善相关支持政策。加大对绿色包装研发生产、绿色物流和配送体系建设、专业化智能化回收设施投放运营等重点项目的支持力度。落实好相关财税政策，加大对符合标准绿色产品的政府采购力度。开展新型绿色供应链建设、新产品新模式推广和废旧农膜回收利用等试点示范。各地要支持专业化回收设施投放，消除设施进居民社区、地铁站、车站和写字楼等公共场所的管理障碍。鼓励各地采取经济手段，促进一次性塑料制品减量、替代。公共机构要带头停止使用不可降解一次性塑料制品。

（十四）强化科技支撑。开展不同类型塑料制品全生命周期环境风险研究评价。加强江河湖海塑料垃圾及微塑料污染机理、监测、防治技术和政策等研究，开展生态环境影响与人体健康风险评估。加大可循环、可降解材料关键核心技术攻关和成果转化，提升替代材料和产品性能。以降解安全可控性、规模化应用经济性等为重点，开展可降解地膜等技术验证和产品遴选。

（十五）严格执法监督。加强日常管理和监督检查，严格落实禁止、限制生产、销售和使用部分塑料制品的政策措施。严厉打击违规生产销售国家明令禁止的塑料制品，严格查处虚标、伪标等行为。推行生态环境保护综合执法，加强塑料废弃物回收、利用、处置等环节的环境监管，依法查处违法排污等行为，持续推进废塑料加工利用行业整治。行业管理部门日常监管中发现有关塑料环境污染和生态破坏行为的，应当及时将相关线索移交生态环境保护综合执法队伍，由其依法立案查处。对实施不力的责任主体，依法依规予以查处，并通过公开曝光、约谈等方式督促整改。

六、强化组织实施

（十六）加强组织领导。各地区、各有关部门要高度重视塑料污染治理工作，精心组织安排，切实抓好落实。国家发展改革委、生态环境部会同有关部门建立专项工作机制，统筹指导协调相关工作，及时总结分析工作进展，重大情况和问题向党中央、国务院报告。生态环境部会同有关部门开展联合专项行动，加强对塑料污染治理落实情况的督促检查，重点问题纳入中央生态环境保护督察，强化考核和问责。各级地方人民政府要结合本地实际，制定具体实施办法，实化细化政策措施。

（十七）强化宣传引导。加大对塑料污染治理的宣传力度，引导公众减少使用一次性塑料制品，参与垃圾分类，抵制过度包装。利用报纸、广播电视、新媒体等渠道深入宣传塑料污染治理的工作成效和典型做法。引导行业协会、商业团体、公益组织有序开展专业研讨、志愿活动等，广泛凝聚共识，营造全社会共同参与的良好氛围。

国家发展改革委

生态环境部

2020 年 1 月 16 日

关于扎实推进塑料污染治理工作的通知

发改环资〔2020〕1146 号

各省、自治区、直辖市发展改革委、生态环境厅（局）、工业和信息化主管部门、住房城乡建设厅（城市管理委、城市管理局、绿化市容局）、农业农村（农牧）厅（局、委）、商务厅（局、委）、文化和旅游厅（局）、市场监管局（委、厅）、供销合作社：

《关于进一步加强塑料污染治理的意见》（发改环资〔2020〕80 号，以下简称《意见》）印发以来，各地、各部门积极推动落实，整体工作平稳开局，但各地各领域工作进度还不平衡。为统筹做好疫情防控和塑料污染治理工作，确保如期完成 2020 年底塑料污染治理各项阶段性目标任务，现将有关要求通知如下：

一、落实属地管理责任

各地要提高政治站位，进一步增强做好塑料污染治理工作的紧迫感和责任感，加大工作落实力度。8 月中旬前出台省级实施方案，细化分解任务，层层压实责任；督促省会城市、计划单列市、地级以上城市等结合本地实际，重点围绕 2020 年底阶段性目标，分析评估各领域重点难点问题，研究提出可操作、有实效的具体推进措施，确保如期完成目标任务。

二、狠抓重点领域推进落实

（一）加强对禁止生产销售塑料制品的监督检查。各地市场监管部门要开展塑料制品质量监督检查，依法查处生产、销售厚度小于 0.025 毫米的超薄塑料购物袋和厚度小于 0.01 毫米的聚乙烯农用地膜等行为；按照《意见》规定的禁限期限，对纳入淘汰类产品目录的一次性发泡塑料餐具、一次性塑料棉签、含塑料微珠日化产品等开展执法工作。各地工业和信息化部门要会同相关部门按照当地政府部署要求，组织对辖区内涉及生产淘汰类塑料制品的企业进行产能摸排，引导相关企业及时做好生产调整等工作。

（二）加强对零售餐饮等领域禁限塑的监督管理。各地商务等部门要按照《固体废物污染环境防治法》要求，结合当地政府工作安排，加强对商品零售场所、外卖服务、各类展会活动等停止使用不可降解塑料袋等的监督管理。各地商务、市场监管部门要按照当地政府部署要求，推动集贸市场建立购物袋集中购销制度，进一步规范集贸市场塑料购物袋的销售和使用。各地文化和旅游等部门要按照当地政府部署要求，加强景区景点餐饮服务禁限塑的监督管理。各地要结合实际，明确餐饮行业禁限塑的具体监管部门并加强监督管理，引导督促相关企业做好产品替代并按照《意见》规定期限停止使用一次性塑料吸管和一次性塑料餐具。

（三）推进农膜治理。各地农业农村部门要加强与供销合作社协作，组织开展以旧换新、经营主体上交、专业化组织回收等，推进农膜生产者责任延伸制度试点，推进农膜回收示范县建设，健全废旧农膜回收利用体系。各地农业农村部门要会同相关部门对市场销售的农膜加强抽检抽查，将厚度小于0.01毫米的聚乙烯农用地膜、违规用于农田覆盖的包装类塑料薄膜等纳入农资打假行动。

（四）规范塑料废弃物收集和处置。各地住房城乡建设部门要结合实施生活垃圾分类，加大塑料废弃物分类收集和处理力度，推动将分拣成本高、不宜资源化利用的低值塑料废弃物进入生活垃圾焚烧发电厂进行能源化利用，减少塑料垃圾的填埋量。

（五）开展塑料垃圾专项清理。各地住房城乡建设部门要会同相关部门按时完成已排查出的规模较大的生活垃圾非正规堆放点整治任务。各地农业农村部门要组织开展农田残留地膜清理整治。沿海地区生态环境部门要牵头组织开展清洁海滩等行动。

三、强化日常监管和专项检查

（一）实施生态环境保护综合执法。各地生态环境、工业和信息化、住房城乡建设、商务、文化和旅游等部门，要按照《固体废物污染环境防治法》《关于深化生态环境保护综合行政执法改革的指导意见》《行政主管部门移送适用行政拘留环境违法案件暂行办法》等法律政策要求，做好日常监管；各行业主管部门要及时将涉塑料环境污染和生态破坏行为的线索移交生态环境保护综合执法队伍，由其依法立案查处。

（二）开展联合专项行动。8月底前，各地要对照本通知要求，启动商场超市、集贸市场、餐饮行业等重点领域禁限塑推进情况专项执法检查。年底前，生态环境部、发展改革委将会同各相关部门开展塑料污染治理督促检查联合专项行动，对各地实施方案制定、工作推进和监督执法情况进行部委联合督查，联合专项行动方案另行印发；视情将联合专项行动发现的塑料污染治理相关突出问题纳入中央生态环境保护督察范畴，强化督查问责。

四、加强宣传引导

各地、各部门要加强塑料污染治理宣传引导，通过政策图解、短视频等多种形式深入介绍各领域推进的时间表和路线图，组织相关媒体投放公益广告、宣传片等，进一步增加公众对塑料污染治理工作的认同和支持，扩大公众参与的积极性。及时总结、宣传、交流塑料污染治理的好经验、好做法。组织相关行业、企业发布联合倡议，进一步凝聚社会共识，营造全社会共同参与的良好氛围。同时，坚持问题导向，加大曝光力度，开展建设性舆论监督工作。

塑料污染治理专项工作机制将加强统筹指导和协同配合，形成工作合力，持续开展督促检查，对制定实施方案不及时、重点工作不落实的地方进行通报。

国家发展改革委
生态环境部
工业和信息化部
住房城乡建设部
农业农村部
商务部
文化和旅游部
市场监管总局
供销合作总社
2020年7月10日

附件：相关塑料制品禁限管理细化标准（2020年版）

按照《关于进一步加强塑料污染治理的意见》相关规定，分地区、分领域、分阶段对部分塑料制品实行禁限管理。为便于实际操作，对2020年底涉及禁限的部分品类，设定细化标准如下：

一、厚度小于0.025毫米的超薄塑料购物袋

用于盛装及携提物品且厚度小于0.025毫米的超薄塑料购物袋；适用范围参照GB/T21661《塑料

购物袋》标准。

二、厚度小于0.01毫米的聚乙烯农用地膜

以聚乙烯为主要原料制成且厚度小于0.01毫米的不可降解农用地面覆盖薄膜；适用范围和地膜厚度、力学性能指标参照GB13735《聚乙烯吹塑农用地面覆盖薄膜》标准。

三、一次性发泡塑料餐具

用泡沫塑料制成的一次性塑料餐具。

四、一次性塑料棉签

以塑料棒为基材制造的一次性棉签，不包括相关医疗器械。

五、含塑料微珠的日化产品

为起到磨砂、去角质、清洁等作用，有意添加粒径小于5毫米的固体塑料颗粒的淋洗类化妆品（如沐浴剂、洁面乳、磨砂膏、洗发水等）和牙膏、牙粉。

六、以医疗废物为原料制造塑料制品

禁止以纳入《医疗废物管理条例》《医疗废物分类目录》等管理的医疗废物为原料生产塑料制品。

七、不可降解塑料袋

商场、超市、药店、书店、餐饮打包外卖服务、展会活动等用于盛装及携提物品的不可降解塑料购物袋，不包括基于卫生及食品安全目的，用于盛装散装生鲜食品、熟食、面食等商品的塑料预包装袋、连卷袋、保鲜袋等。

八、一次性塑料餐具

餐饮堂食服务中使用的一次性不可降解塑料刀、叉、勺，不包括预包装食品使用的一次性塑料餐具。

九、一次性塑料吸管

餐饮服务中用于吸饮液态食品的一次性不可降解塑料吸管，不包括牛奶、饮料等食品外包装上自带的塑料吸管。

十、细化标准将根据实际执行情况进行动态更新调整。在应对自然灾害、事故灾害、公共卫生事件和社会安全事件等重大突发公共事件期间，用于特定区域应急保障、物资配送、餐饮服务等的一次性塑料制品免于禁限使用。

国务院办公厅转发国家发展改革委等部门关于加快推进快递包装绿色转型意见的通知

国办函〔2020〕115号

各省、自治区、直辖市人民政府，国务院各部委、各直属机构：

国家发展改革委、国家邮政局、工业和信息化部、司法部、生态环境部、住房城乡建设部、商务部、市场监管总局《关于加快推进快递包装绿色转型的意见》已经国务院同意，现转发给你们，请认真贯彻落实。

国务院办公厅

2020年11月30日

（此件公开发布）

关于加快推进快递包装绿色转型的意见

国家发展改革委、国家邮政局、工业和信息化部、司法部、

生态环境部、住房城乡建设部、商务部、市场监管总局

为贯彻落实党中央、国务院决策部署，进一步加强快递包装治理，推进快递包装绿色转型，现提出以下意见。

一、总体要求

（一）指导思想。以习近平新时代中国特色社会主义思想为指导，全面贯彻党的十九大和十九届二中、三中、四中、五中全会精神，深入践行习近

平生态文明思想，认真落实党中央、国务院决策部署，坚持以人民为中心，落实新发展理念，强化快递包装绿色治理，加强电商和快递规范管理，增加绿色产品供给，培育循环包装新型模式，加快建立与绿色理念相适应的法律、标准和政策体系，推进快递包装“绿色革命”。

（二）基本原则。

——坚持绿色发展。以绿色理念推动电商和快递行业高质量发展，建立健全市场主体激励约束机制，打造统一规范、竞争有序、监管有力的营商环境，推进快递包装管理制度和治理体系现代化。

——坚持创新引领。以技术创新和模式创新驱动快递包装绿色转型，开发应用新技术、新产品，培育发展快递包装新业态。以标准化和规范化为主线，优化快递包装产品供给结构，推动产业链、供应链转型升级。

——坚持协同共治。压实企业主体责任，强化政府监督管理，加强政策引导，形成法律、标准、政策相互协调，产业链、供应链前后贯通，政府监管、行业自律、社会参与三位一体的快递包装协同治理体系。

（三）主要目标。到2022年，快递包装领域法律法规体系进一步健全，基本形成快递包装治理的激励约束机制；制定实施快递包装材料无害化强制性国家标准，全面建立统一规范、约束有力的快递绿色包装标准体系；电商和快递规范管理普遍推行，电商快件不再二次包装比例达到85%，可循环快递包装应用规模达700万个，快递包装标准化、绿色化、循环化水平明显提升。到2025年，快递包装领域全面建立与绿色理念相适应的法律、标准和政策体系，形成贯穿快递包装生产、使用、回收、处置全链条的治理长效机制；电商快件基本实现不再二次包装，可循环快递包装应用规模达1000万个，包装减量和绿色循环的新模式、新业态发展取得重大进展，快递包装基本实现绿色转型。

二、完善快递包装法律法规和标准体系

（四）健全法律法规体系。推动电子商务、邮政快递等行业管理法律法规与固体废物污染环境防治法有效衔接，进一步明确市场主体法律责任和政府监管责任，加快形成有利于完善快递包装治理的法律法规体系。研究修订《快递暂行条例》，细化快递包装生产、使用、回收、处置各环节管理要求。制定《邮件快件包装管理办法》，进一步健全快递包装治理的监管手段和具体措施。（商务部、交通运输部、国家邮政局、生态环境部、司法部按职责分工负责）

（五）加强标准化工作顶层设计。建立快递绿色包装标准化联合工作组，统一指导快递包装标准制定工作。制定覆盖产品、评价、管理和安全各类别以及设计、生产、销售、使用、回收和循环利用各环节的标准体系框架图。统一快递绿色包装、循环包装的核心关键指标要求，解决部分标准引用层次复杂、关键指标不清晰、内容互不衔接等问题。清理一批与行业发展和管理要求不相符的现行标准。强化标准实施效果评估，形成动态反馈、及时修订机制。（市场监管总局牵头，国家发展改革委、工业和信息化部、生态环境部、商务部、国家邮政局等部门参与）

（六）升级完善快递包装标准。抓紧制定快递包装材料无害化相关强制性国家标准，提高标准约束力。建立健全可循环快递包装、产品与快递一体化包装、合格包装采购管理、绿色包装认证等重点领域标准。研究制定可降解材料与包装产品标识标准，进一步完善可降解快递包装标准，加快实施快递包装绿色产品认证和可降解包装产品标识制度。开辟绿色通道，提高标准制修订效率。（市场监管总局牵头，工业和信息化部、生态环境部、商务部、国家邮政局等部门参与）

三、强化快递包装绿色治理

（七）推进快递包装材料源头减量。加强快递领域塑料污染治理，推动重点地区逐步停止使用不可降解的塑料包装袋、一次性塑料编织袋，减少使用不可降解塑料胶带。推动全国快递业务实现电子运单全覆盖，大幅提升循环中转袋（箱）、标准化托盘、集装单元器具的应用比例。推广使用低克重高强度快递包装纸箱、免胶纸箱。鼓励通过包装结构优化减少填充物使用。（国家邮政局和各地方人民政府按职责分工负责）

（八）提升快递包装产品规范化水平。统一规定快递封套、纸箱、包装袋等的规格尺寸、物理和安全环保性能，推动快递包装产品实现标准化、系列化和模组化，提高与寄递物的匹配度，防止大箱小用，减少随意包装。全面禁止电商和快递企业使用重金属含量、溶剂残留等超标的劣质包装袋，禁止使用有毒有害材料制成的填充物；违规生产、使用问题突出地区人民政府要对有毒有害的劣质快递包装生产企业、违规使用的电商和快递企业开展专

项整治。（国家邮政局、商务部、市场监管总局和各地方人民政府按职责分工负责）

（九）减少电商快件二次包装。加强电商和快递企业与商品生产企业的上下游协同，设计并应用满足快递物流配送需求的电商商品包装。选择一批商品品类，推广电商快件原装直发，推进产品与快递包装一体化，减少电商商品在寄递环节的二次包装。（商务部、国家邮政局、工业和信息化部按职责分工负责）

四、加强电商和快递规范管理

（十）严格快递操作规范。完善快递行业末端网点分拣、投递工作流程和封装操作规范。推动快递企业完善内部规章制度，建立快递包装治理工作体系和管理台账，将快递包装有关规范纳入从业人员上岗培训，提升快递员业务技能。支持快递企业推行智能化、集约化作业方式。将不规范分拣、投递、包装操作等行为纳入快递行业抽查事项目录，推动解决被动式过度包装问题，畅通公众投诉举报通道，规范快件投递“最后一公里”。（国家邮政局负责）

（十一）完善快递收寄管理。推动快递企业将包装减量化、绿色化等要求纳入收件服务协议，加强对电商等协议用户的引导。推动快递企业进一步规范散收件交付管理，引导用户使用合格包装产品。鼓励电商和快递企业在网络零售和快件收寄中为消费者提供绿色包装产品，并通过积分激励等方式引导消费者使用。（国家邮政局、商务部按职责分工负责）

（十二）推行绿色供应链管理。推动相关企业建立快递包装产品合格供应商制度，鼓励包装生产、电商、快递等企业形成产业联盟，扩大合格供应商包装产品采购和使用比例。快递企业总部要加强对分支机构、加盟企业的管理，建立针对分支机构、加盟企业采购和使用包装产品的引导和约束机制。（国家邮政局、商务部、工业和信息化部按职责分工负责）

五、推进可循环快递包装应用

（十三）推广可循环包装产品。在电商和快递业务中，结合相关应用场景和商品种类，组织开展公开征集、设计大赛等遴选推广一批快递包装减量和循环利用的新技术、新产品。鼓励在同城生鲜配送、连锁商超散货物流中推广应用可循环可折叠快递包装、可循环配送箱、可复用冷藏式快递箱，减少一次性塑料泡沫箱等的使用。（国家邮政局、商务部、国家发展改革委和各地方人民政府按职责分工负责）

（十四）培育可循环快递包装新模式。鼓励电商平台选择部分商品种类，设立可循环包装商品专区；支持快递企业和第三方机构通过信用质押、超期扣款、回投返款等多种模式，扩大可循环快递包装的使用范围。鼓励电商和快递企业与商业机构、便利店、物业服务企业等合作设立可循环快递包装协议回收点，投放可循环快递包装的回收设施，丰富回收方式和渠道。推行可循环快递包装统一编码和规格标准化，建立健全上下游衔接、平台间互认的运管体系，有效降低运营成本。鼓励通过股权合作、第三方运营等方式，开展可循环快递包装投放和回收设施共建联营。（国家邮政局、商务部、国家发展改革委、市场监管总局和各地方人民政府按职责分工负责）

（十五）加强可循环快递包装基础设施建设。各城市人民政府要结合智慧城市、智慧社区建设，在社区、高校、商务中心等场所，规划建设一批快递共配终端和可循环快递包装回收设施；在城市更新和存量住房改造提升、城镇老旧小区改造时，支持快递共配终端和可循环快递包装回收设施建设；破解相关设施进社区和公共场所的政策障碍，实行保障设施用地、减免设施场地占用费等支持政策。选择一批有条件的城市开展可循环快递包装规模化应用试点示范。（国家发展改革委、教育部、商务部、国家邮政局、住房城乡建设部和各城市人民政府按职责分工负责）

六、规范快递包装废弃物回收和处置

（十六）加强快递包装回收。鼓励在校园、社区等场所的快递网点开展快递包装纸箱集中回收，适度提升复用比例。推进快递包装材料和产品绿色设计，鼓励同类别产品包装使用单一材质材料，减少使用难以分类回收的材料和包装设计，提升快递包装可回收性能。鼓励发展“互联网+回收”新业态，推进快递包装废弃物中可回收物的规范化、洁净化回收。（国家邮政局、教育部、工业和信息化部、商务部和各地方人民政府按职责分工负责）

（十七）规范快递包装废弃物分类投放和清运处置。推动已实施生活垃圾分类的城市在住宅小区、商业和办公场所合理设置分类收集设施，规范居民分类投放行为，保障快递包装废弃物及时得到清运。推进快递包装废弃物分类处置，提高资源化能源化利用比例，加强垃圾焚烧发电企业运行管

理，确保污染物稳定达标排放。降低快递包装废弃物的填埋比例。（住房城乡建设部、生态环境部和各地方人民政府按职责分工负责）

七、完善支撑保障体系

（十八）加强监督执法。加大快递包装治理的监督执法力度，开展“双随机、一公开”检查和定期摸底调查，强化刚性约束。将快递包装相关标准实施情况纳入电商和快递行业管理。对违反相关法律法规和强制性国家标准的行为，依法依规进行查处。（国家邮政局、商务部、市场监管总局、生态环境部等部门和各地方人民政府按职责分工负责）

（十九）完善综合性支持政策。对绿色快递物流和配送体系建设、专业化智能化回收设施建设等项目，中央预算内投资予以适当支持。研究将绿色、可循环快递包装生产和规模化应用企业列入绿色信贷支持范围，在债券发行等方面予以支持。落实快递绿色包装政府采购需求标准，发挥政府采购引导作用。落实现有税收政策。中央财政通过现有部门预算资金支持开展快递包装生产、使用和回收处置统计监测分析平台、执法和监管能力建设。（国家发展改革委、财政部、住房城乡建设部、商务部、人民银行、税务总局、银保监会、证监会、国家邮政局等部门按职责分工负责）

（二十）强化科技支撑。开发智能打包、胶带与纸箱分离等新技术，加快绿色环保、功能包装材料研发应用。开发应用快递包装操作和分拣配送自动化、信息化、智能化设施，提升快递行业集约化管理水平。加强产学研衔接，加大快递绿色包装技术攻关和成果转化力度。（科技部牵头，各有关部门参与）

八、强化组织实施

（二十一）加强部门协同。各有关部门要加强协同配合和政策衔接，形成齐抓共管的工作合力，及时总结推广快递包装绿色转型的有效管理措施、商业模式和制度成果，协调解决实施中的问题，重大情况及时按程序向国务院请示报告。（各部门按职责分工负责）

（二十二）落实地方责任。各地要提高政治站位，进一步增强做好快递包装绿色转型工作的责任感和紧迫感。各省级人民政府要加强对本地区快递包装治理工作的统筹指导，细化任务措施，有力有序推进快递包装绿色转型。各城市人民政府要结合本地实际，加强日常管理，抓好组织落实。开展可循环快递包装规模化应用试点示范的各试点城市人民政府要组织编制试点实施方案，建立健全工作机制，及时总结可复制、可推广的制度和模式。（各地方人民政府负责）

（二十三）加强宣传引导。通过报纸、广播电视、新媒体等渠道，大力宣传快递包装绿色转型的典型做法和工作成效，营造良好社会氛围。充分发挥消费者、新闻媒体、行业协会等的监督作用，广泛凝聚社会共识，构建人人有责、人人尽责的快递包装社会治理体系。（各有关部门按职责分工负责）

关于全面禁止进口固体废物有关事项的公告

《中华人民共和国固体废物污染环境防治法》于 2020 年 4 月 29 日，已由第十三届全国人民代表大会常务委员会第十七次会议修订通过，自 2020 年 9 月 1 日起施行。为贯彻落实《中华人民共和国固体废物污染环境防治法》有关固体废物进口管理的修订内容，做好相关衔接工作，现将有关事项公告如下。

一、禁止以任何方式进口固体废物。禁止我国境外的固体废物进境倾倒、堆放、处置。

二、生态环境部停止受理和审批限制进口类可用作原料的固体废物进口许可证的申请；2020 年已发放的限制进口类可用作原料的固体废物进口许可证，应当在证书载明的 2020 年有效期内使用，逾期自行失效。

三、海关特殊监管区域和保税监管场所（包括保税区、综合保税区等海关特殊监管区域和保税物流中心（A/B 型）、保税仓库等保税监管场所）内单位产生的未复运出境的固体废物，按照国内固体废物相关规定进行管理。需出区进行贮存、利用或者处置的，应向所在地海关特殊监管区域和保税监管场所地方政府行政管理部门办理相关手续，海关不再验核相关批件。

四、海关特殊监管区域和保税监管场所外开展保税维修和再制造业务单位生产作业过程中产生的未复运出境的固体废物，参照第三款规定执行。

本公告自 2021 年 1 月 1 日起施行。原环境保护部、海关总署、原质检总局办公厅《关于加强固体废物进口管理和执法信息共享的通知》（环办〔2011〕141号），原环境保护部、发展改革委、商务部、海关总署、原质检总局2015年第69号公告，原环境保护部、商务部、发展改革委、海关总署、原质检总局2017年第39号公告，生态环境部、商务部、发展改革委、海关总署2018年第6号公告，生态环境部、商务部、发展改革委、海关总署2018年第68号公告同时废止。

特此公告。

生态环境部

商务部

发展改革委

海关总署

2020年11月24日

抄送：各省、自治区、直辖市生态环境厅（局）、商务主管部门、发展改革委，海关总署广东分署、各直属海关，新疆生产建设兵团生态环境局、商务局、发展改革委，生态环境部固体废物与化学品管理技术中心。

生态环境部办公厅2020年11月25日印发

关于印发《2020年挥发性有机物治理攻坚方案》的通知

各省、自治区、直辖市生态环境厅（局），新疆生产建设兵团生态环境局：

为贯彻落实《打赢蓝天保卫战三年行动计划》（国发〔2018〕22号）有关要求，确保完成“十三五”环境空气质量改善目标任务，我部在充分调研基础上制定了《2020年挥发性有机物治理攻坚方案》（以下简称《方案》），现印发给你们，请遵照执行。

各级生态环境部门要高度重视，把挥发性有机物（VOCs）治理攻坚作为打赢蓝天保卫战收官的重要任务，统筹疫情防控、经济社会平稳健康发展，扎实做好“六稳”工作，落实“六保”任务，坚持精准治污、科学治污、依法治污，切实做到问题精准、时间精准、区位精准、对象精准、措施精准，抓好《方案》各项任务措施落实。要加强组织实施，监测、执法、人员、资金保障等重点向VOCs治理攻坚行动倾斜，加强与相关部门、行业协会等协调配合，形成工作合力。京津冀及周边地区、长三角地区、汾渭平原、苏皖鲁豫交界地区及其他O_3污染防治任务重的地区相关省（市）生态环境厅（局）要督促相关城市加大工作力度，力争实现6~9月优良天数提高目标，为完成“十三五”优良天数比率约束性指标打下坚实基础。

联系人：生态环境部大气环境司 许硕

电话：（010）65645572

邮箱：dqsgdy@mee.gov.cn

生态环境部

2020年6月23日

（此件社会公开）

2020年挥发性有机物治理攻坚方案

打赢蓝天保卫战，事关满足人民日益增长的美好生活需要，事关全面建成小康社会，事关经济高质量发展和美丽中国建设，2020年是打赢蓝天保卫战的决胜之年，各地要按照党中央、国务院决策部署，坚定不移贯彻新发展理念，坚持方向不变、力度不减，扎实推进大气污染防治各项任务。当前阶段，我国面临细颗粒物（PM2.5）污染形势依然严峻和O_3（臭氧）污染日益凸显的双重压力，特别是在夏季，O_3已成为导致部分城市空气质量超标的首要因子，京津冀及周边地区、长三角地区、汾渭平原等重点区域（以下简称重点区域）、苏皖鲁豫交界地区等区域（见附件1）尤为突出，6~9月O_3超标天数约占全国70%。VOCs是形成O_3的重要前体物，主要存在于企业原辅材料或产品中，大部分易燃易爆，部分属于有毒有害物质，加强VOCs治理是现阶段控制O_3污染的有效途径，也是帮助企业实现节约资源、提高效益、减少安全隐患的有力手段。为确保完成“十三五”环境空气质量改善目标任务，有效降低O_3污染，保障人民群众身体健康，在全国开展夏季（6~9月）VOCs治理攻坚行动。

工作思路：以习近平生态文明思想为指导，统筹疫情防控、经济社会平稳健康发展和打赢蓝天保卫战重点任务，扎实做好“六稳”工作，落实“六保”任务，落实精准治污、科学治污、依法治污，做到问题精准、时间精准、区位精准、对象精准、措施精准，全面加强VOCs综合治理，推进产业转型升级和经济高质量发展。坚持长期治理和短期攻坚相衔接，深入实施《“十三五”挥发性有机物污染防治工作方案》《重点行业挥发性有机物综合治理方案》，严格落实无组织排放控制等新标准要求，突出抓好企业排查整治和运行管理；坚持精准施策和科学管控相结合，以石化、化工、工业涂装、包装印刷和油品储运销等为重点领域，以工业园区、企业集群和重点企业为重点管控对象，全面加强对光化学反应活性强的VOCs物质控制；坚持达标监管和帮扶指导相统一，加强技术服务和政策解读，强化源头、过程、末端全流程控制，引导企业自觉守法、减污增效；坚持资源节约和风险防控相协同，大力推动低（无）VOCs原辅材料生产和替代，全面加强无组织排放管控，强化精细化管理，提高企业综合效益。

工作目标：通过攻坚行动，VOCs治理能力显著提升，VOCs排放量明显下降，夏季O_3污染得到一定程度遏制，重点区域、苏皖鲁豫交界地区及其他O_3污染防治任务重的地区城市6~9月优良天数平均同比增加约11天，推动“十三五”规划确定的各省（区、市）优良天数比率约束性指标全面完成。

一、大力推进源头替代，有效减少VOCs产生

严格落实国家和地方产品VOCs含量限值标准。2020年7月1日起，船舶涂料和地坪涂料生产、销售和使用应满足新颁布实施的国家产品有害物质限量标准要求。京津冀地区建筑类涂料和胶粘剂产品须满足《建筑类涂料与胶粘剂挥发性有机化合物含量限值标准》要求。督促生产企业提前做好油墨、胶粘剂、清洗剂及木器、车辆、建筑用外墙、工业防护涂料等有害物质限量标准实施准备工作，在标准正式生效前有序完成切换，有条件的地区根据环境空气质量改善需要提前实施。

大力推进低（无）VOCs含量原辅材料替代。将全面使用符合国家要求的低VOCs含量原辅材料的企业纳入正面清单和政府绿色采购清单。企业应建立原辅材料台账，记录VOCs原辅材料名称、成分、VOCs含量、采购量、使用量、库存量、回收方式、回收量等信息，并保存相关证明材料。采用符合国家有关低VOCs含量产品规定的涂料、油墨、胶粘剂等，排放浓度稳定达标且排放速率满足相关规定的，相应生产工序可不要求建设末端治理设施。使用的原辅材料VOCs含量（质量比）均低于10%的工序，可不要求采取无组织排放收集和处理措施。推进政府绿色采购，要求家具、印刷等政府定点招标采购企业优先使用低挥发性原辅材料，鼓励汽车维修等政府定点招标采购企业使用低挥发性原辅材料；将低VOCs含量产品纳入政府采购名录，并在政府投资项目中优先使用；引导将使用低VOCs含量涂料、胶粘剂等纳入政府采购装修合同环保条款。

二、全面落实标准要求，强化无组织排放控制

2020年7月1日起，全面执行《挥发性有机物无组织排放控制标准》，重点区域应落实无组织排放特别控制要求。各地要加大标准生效时间、涉及行业及控制要求等宣贯力度，通过现场指导、组织培训、新媒体信息推送、发放明白纸等多种方式，督促指导企业对照标准要求开展含VOCs物料（包括含VOCs原辅材料、含VOCs产品、含VOCs废料以及有机聚合物材料等）储存、转移和输送、设备与管线组件泄漏、敞开液面逸散以及工艺过程等无组织排放环节排查整治，对达不到要求的加快整改。指导企业制定VOCs无组织排放控制规程，细化到具体工序和生产环节，以及启停机、检维修作业等，落实到具体责任人；健全内部考核制度，严格按照操作规程生产。

企业在无组织排放排查整治过程中，在保证安全的前提下，加强含VOCs物料全方位、全链条、全环节密闭管理。储存环节应采用密闭容器、包装袋，高效密封储罐，封闭式储库、料仓等。装卸、转移和输送环节应采用密闭管道或密闭容器、罐车等。生产和使用环节应采用密闭设备，或在密闭空间中操作并有效收集废气，或进行局部气体收集；非取用状态时容器应密闭。处置环节应将盛装过VOCs物料的包装容器、含VOCs废料（渣、液）、废吸附剂等通过加盖、封装等方式密闭，妥善存放，不得随意丢弃，7月15日前集中清运一次，交有资质的单位处置；处置单位在贮存、清洗、破碎等环节应按要求对VOCs无组织排放废气进行收集、处理。高VOCs含量废水的集输、储存和处理环节，应加盖密闭。企业中载有气态、液态VOCs物料的设备与管线组件密封点大于等于2000个的，应全面梳理建立台账，6~9月完成一轮泄漏检测与修复（LDAR）工作，及时修复泄漏源；石油炼制、石油化工、合成树脂企业严格按照排放标准要求开展LDAR工作，加强备用泵、在用泵、调节阀、搅拌器、开口管线等检测工作，强化质量控制；要将VOCs治理设施和储罐的密封点纳入检测计划中。

引导石化、化工、煤化工、制药、农药等行业企业合理安排停检修计划，在确保安全的前提下，尽可能不在7~9月期间安排全厂开停车、装置整体停工检修和储罐清洗作业等，减少非正常工况VOCs排放；确实不能调整的，要加强启停机期间以及清洗、退料、吹扫、放空、晾干等环节VOCs排放管控，确保满足标准要求。7月15日前，各省份将石化、化工、煤化工、制药、农药等行业企业2020年检修计划及调整情况报送生态环境部。引导各地合理安排大中型装修、外立面改造、道路画线、沥青铺设等市政工程施工计划，尽量错开7~9月；对确需施工的，实施精细化管控，当预测到将出现长时间高温低湿气象条件时，调整作业计划，避开相应时段。企业生产设施防腐防水防锈涂装应避开夏季或采用低VOCs含量涂料。

三、聚焦治污设施“三率”，提升综合治理效率

组织企业对现有VOCs废气收集率、治理设施同步运行率和去除率开展自查，重点关注单一采用光氧化、光催化、低温等离子、一次性活性炭吸附、喷淋吸收等工艺的治理设施，7月15日前完成。对达不到要求的VOCs收集、治理设施进行更换或升级改造，确保实现达标排放。除恶臭异味治理外，一般不采用低温等离子、光催化、光氧化等技术。行业排放标准中规定特别排放限值和控制要求的，应按相关规定执行；未制定行业标准的应执行大气污染物综合排放标准和挥发性有机物无组织排放控制标准；已制定更严格地方排放标准的，按地方标准执行。

按照“应收尽收”的原则提升废气收集率。推动取消废气排放系统旁路，因安全生产等原因必须保留的，应将保留旁路清单报当地生态环境部门，旁路在非紧急情况下保持关闭，并通过铅封、安装自动监控设施、流量计等方式加强监管，开启后应及时向当地生态环境部门报告，做好台账记录。将无组织排放转变为有组织排放进行控制，优先采用密闭设备、在密闭空间中操作或采用全密闭集气罩收集方式；对于采用局部集气罩的，应根据废气排放特点合理选择收集点位，距集气罩开口面最远处的VOCs无组织排放位置，控制风速不低于0.3米/秒，达不到要求的通过更换大功率风机、增设烟道风机、增加垂帘等方式及时改造；加强生产车间密闭管理，在符合安全生产、职业卫生相关规定前提下，采用自动卷帘门、密闭性好的塑钢门窗等，在非必要时保持关闭。按照与生产设备“同启同停”的原则提升治理设施运行率。根据处理工艺要求，在处理设施达到正常运行条件后方可启动生产设备，在生产设备停止、残留VOCs废气收集处理完毕后，方可停运处理设施。VOCs废气处理系统发生故障或检修时，对应生产工艺设备应停止运行，待检修完毕后同步投入使用；因安全等因素生产工艺设备不能停止或不能及时停止运行的，应设置废气应急处理设施或采取其他替代措施。按照“适宜高效”的原则提高治理设施去除率，不得稀释排放。企业新建治污设施或对现有治污设施实施改造，应依据排放废气特征、VOCs组分及浓度、生产工况等，合理选择治理技术，对治理难度大、单一治理工艺难以稳定达标的，要采用多种技术的组合工艺。采用活性炭吸附技术的，应选择碘值不低于800毫克/克的活性炭，并按设计要求足量添加、及时更换；各地要督促行政区域内采用一次性活性炭吸附技术的企业按期更换活性炭，对于长期未进行更换的，于7月底前全部更换一次，并将废旧活性炭交有资质的单位处理处置，记录更换时间和使用量。

四、深化园区和集群整治，促进产业绿色发展

7月15日前，各城市根据本地产业结构特征、VOCs排放来源等，重点针对烯烃、芳香烃、醛类等O_3生成潜势大的VOCs物种，确定本地VOCs控制重点行业，组织完成涉VOCs工业园区、企业集群、重点管控企业排查，明确VOCs主要产生环节，逐一建立管理台账。同一乡镇及毗邻乡镇交界处同行业企业超过10家的认定为企业集群，VOCs年产生量大于10吨的企业认定为重点管控企业。各地要重点排查以石化、化工、制药、农药、电子、包装印刷、家具制造、汽车制造、船舶修造等行业为主导的工业园区；重点排查以制药、农药、涂料、油墨、胶粘剂、染料、日用化工、化学助剂、合成革、橡胶轮胎制造、有机化学原料制造等化工行业，使用溶剂型涂料、油墨、胶粘剂和其他有机溶剂的家具、零部件制造、钢结构、铝型材、铸造、彩涂板、电子元器件、汽修、包装印刷、人造板、皮革制品、制鞋等行业为主导的企业集群。

对存在突出问题的工业园区、企业集群、重点管控企业制定整改方案，做到措施精准、时限明确、责任到人。工业园区要加强资源共享，实施集中治理和统一管理，开展园区监测评估，建立环境信息共享平台。有条件的石化、化工类工业园区要分析企业 VOCs 组分构成，识别特征物质，推动建立健全监测预警监控体系，开展走航监测、网格化监测以及溯源分析等工作，完善园区统一的 LDAR 管理系统，纳入园区环保监控管理平台。重点区域及苏皖鲁豫交界地区城市要全力抓好重点企业集群治理，形成示范带动效应，结合本地产业情况，进一步完善企业集群清单，抓好综合整治工作。各企业集群要统一整治标准，统一整改时限，标杆建设一批、改造提升一批、优化整合一批、淘汰退出一批。家具、彩涂板、皮革制品、制鞋、包装印刷等以小企业为主的集群重点推动源头替代，汽修、人造板等企业集群重点推动优化整合，对不符合产业政策、整改达标无望的企业依法关停取缔。推进工业园区和企业集群建设涉 VOCs“绿岛”项目，统筹规划建设一批集中涂装中心、活性炭集中处理中心、溶剂回收中心等，实现 VOCs 集中高效处理。对排放量大，排放物质以烯烃、芳香烃、醛类等为主的企业制定“一企一策”治理方案。

五、强化油品储运销监管，实现减污降耗增效

加大汽油、石脑油、煤油以及原油等油品储运销全过程 VOCs 排放控制，在保障安全的前提下，重点推进储油库、油罐车、加油站油气回收治理，加大油气排放监管力度，并要求企业建立日查、自检、年检和维保制度。储油库应采用底部装油方式，装油时产生的油气应进行密闭收集和回收处理，处理装置出入口应安装气体流量传感器。7 月 15 日前，对储油库油气密闭收集系统进行一次检测，任何泄漏点排放的油气体积分数浓度不应超过 0.05%。运输汽油的油罐汽车应具备底部装卸油系统和油气回收系统，装油时能够将汽车油罐内排出的油气密闭输入储油库回收系统，往返运输过程中能够保证汽油和油气不泄漏，卸油时能够将产生的油气回收到汽车的油罐内，除必要应急维修外，不应因操作、维修和管理等方面的原因发生油气泄漏；运输汽油的铁路罐车要采取相应措施，减少装油、卸油和运输过程的油气排放。加油站卸油、储油和加油时排放的油气，应采用以密闭收集为基础的油气回收方法进行控制，卸油应采用浸没式，埋地油罐应采用电子式液位计进行液位测量，除必要的维修外不得进行人工量油，加油产生的油气应采用真空辅助方式密闭收集，加油站正常运行时，地下罐应急排空管手动阀门在非必要时应关闭并铅封，应急开启后应及时报告当地生态环境部门，做好台账记录。6~9 月，各地组织开展一轮储油库、汽油油罐车、加油站油气回收专项检查和整改工作。

重点区域、苏皖鲁豫交界地区及其他 O_3 污染防治任务重的地区城市鼓励采用更严格的汽油蒸气压控制要求，6~9 月对车用汽油实施 42~62 千帕的夏季蒸气压要求，全面降低汽油蒸发排放；鼓励采取措施引导车主避开中午高温时段加油，引导油库和加油站夜间装、卸油。

六、坚持帮扶执法结合，有效提高监管效能

整合执法、监测、行业专家等力量组建专门队伍，结合排查工作，做好指导帮扶和执法监督，开展“送政策、送技术、送服务”等活动。向企业宣传 VOCs 治理相关法律法规、政策标准，引导企业自觉守法，树立减排 VOCs 就是增效的理念。

各地对照相关标准要求，对本地区涉 VOCs 排放工业园区、企业集群、重点管控企业进行指导帮扶，重点区域及苏皖鲁豫交界地区城市实现全覆盖。对排放稳定达标、运行管理规范、环境绩效水平高的企业，纳入监督执法正面清单。做好制药、涂料、油墨、胶粘剂等行业排放标准以及 VOCs 无组织排放控制标准 7 月 1 日全面实施的准备工作，帮扶指导企业加快实施达标排放改造，对于整改进度滞后的企业，要定期通过现场指导、电话、微信、短信等方式进行提醒，确保达到标准要求。

7 月 1 日后，按照“双随机、一公开”模式，开展执法行动，对不能稳定达标排放、不满足无组织控制要求的企业，依法依规予以处罚。将实施停产检修的石化、化工、煤化工、制药、农药等行业企业纳入执法监管范围，重点检查启停机期间以及清洗、退料、吹扫、放空、晾晒等环节是否符合排放标准要求。按照《关于进一步规范适用环境行政处罚自由裁量权的指导意见》要求，规范行政处罚自由裁量权的适用和监督，做到合理合法、公平公正。重点查处违法情节及后果严重、屡查屡犯的，典型案例公开曝光。查处问题范围主要包括违反法律法规标准的 10 种行为：以敞开、泄漏等与环境空气直接接触的形式储存、转移、输送、处置含 VOCs 物料；化工等行业使用敞口式、明流式生产设备；在不操作时开启 VOCs 物料反应装置进出料口、检修口、观察孔等；敞开式喷涂、晾（风）干等生产作业（大型工件除外）；设备与管线组件密封点发生渗液、滴液等明显泄漏；有机废气输送管道出现破损、异味、漏风等可察觉泄漏；高浓度有机废水集输、储存和处理过程与环境空气直接接触；生产工序和使用环节的有机废气不经过收集处理直接排放；擅自停运或不正常运行废气收集、处理设施及 VOCs 自动监控设施；石化、化工、有机化学原料制造、农药制造、肥料制造、炼焦、人造板、家具制造等行业中应取得排污许可证的企业无证排污。

开展监测执法联动，7 月 15 日前，对已安装的 VOCs 在线监测设备进行校准，对重点管控企业和采用简易治理工艺的企业开展抽测。各地应进一步提高执法装备水平，各级生态环境部门应配备便携式大气污染物快速检测仪、VOCs 泄漏检测仪、微风风速仪、油气回收三项检测仪等。大力推进智能监控和大数据监控，充分运用执法 APP、自动监控、卫星遥感、无人机、电力数据、VOCs 走航监测等高效监侦手段，提升执法能力和效率。运用已有的监测预警系统，动态监控工业园区、企业集群及重点管控企业 VOCs 排放情况，及时发现问题并实施整改，切实降低园区及周边 VOCs 浓度。

生态环境部组织开展强化监督帮扶。组织专家团队深入重点区域、苏皖鲁豫交界地区以及其他 O_3 污染防治任务重的地区，查找问题、把脉会诊，针对共性问题、突出问题等提出工作建议，指导地方优化 VOCs 治理方案，推动各项任务措施取得实效；针对地方和企业反映的技术困难和政策问题，组织开展技术帮扶和政策解读，切实帮助解决 VOCs 综合治理工作中的具体困难和实际问题，支持企业复工复产。紧盯工业园区、企业集群和重点管控企业，全面监督 VOCs 无组织和有组织达标排放情况，对发现的问题实行“拉条挂账”式跟踪管理，督促地方建立问题台账，制定整改方案，督促整改到位。

七、完善监测监控体系，提高精准治理水平

加快完善环境空气 VOCs 监测网。加强大气 VOCs 组分观测，完善光化学监测网建设，提高数据质量，建立数据共享机制。已开展 VOCs 监测的城市，要进一步规范采样和监测方法，加强设备运维和数据质控，确保数据真实、准确、可靠。尚未开展 VOCs 监测的城市，要参照《2020 年国家生态环境监测方案》《关于加强挥发性有机物监测工作的通知》，抓紧加强能力建设，开展相关监测工作。VOCs 排放量较大、O_3 污染较重的城市，应优先开展 VOCs 自动监测，并实现与中国环境监测总站数据直联；开展手工监测的城市，按照中国环境监测总站统一安排的日期开展手工采样，O_3 污染过程要加密监测频次，探索主要 VOCs 物质浓度变化及传输规律。6~9 月，重点区域、苏皖鲁豫交界地区及其他 O_3 污染防治任务重的地区城市组织对排查出的工业园区、企业集群和典型企业的厂界或园区环境开展 VOCs 苏玛罐采样监测，数据统一报送中国环境监测总站，并向社会公布。中国环境监测总站要加强数据汇总和综合分析，编制重点工业园区、企业集群和企业环境 VOCs 苏玛罐采样监测报告。生态环境部组织重点区域各省（市）对重点工业园区和企业集群开展走航监测，排查突出问题，评估整治效果。7 月 15 日前，中国环境监测总站完成重点区域、苏皖鲁豫交界地区及其他 O_3 污染防治任务重的地区国控环境空气质量站点 O_3 量值溯源和 VOCs 监测质控抽查工作。鼓励各地开展 VOCs 来源解析，确定影响 O_3 生成的主要 VOCs 物种和排放行业，提高精准治污水平。

加强污染源 VOCs 监测监控。重点区域要对石化、化工、包装印刷、工业涂装等行业 VOCs 自动监控设施建设和运行情况开展排查，达不到《固定污染源废气中非甲烷总烃排放连续监测技术指南（试行）》规范要求的及时整改。其他地区要加快 VOCs 重点排污单位自动监控设施建设，并与当地生态环境部门联网，苏皖鲁豫交界地区 9 月底前基本完成，全国 12 月底前基本完成。鼓励各地按照《挥发性有机物无组织排放控制标准》附录 A 要求，开展重点管控企业厂区内无组织排放监测，监控企业综合控制效果。鼓励各地对纳入重点排污单位名录的企业安装用电监控系统、视频监控设施等。加快推进储油库、加油站油气回收装置自动监控设施建设。加强对企业自行监测及第三方检测机构的监督管理，提高企业自行监测数据质量，公开一批监测数据质量差甚至篡改、伪造监测数据的机构和人员名单。

八、加大政策支持力度，提升企业治理积极性

加大财政支持力度，中央大气污染防治专项资金、各省份环保专项资金重点向 VOCs 治理倾斜，优先将 VOCs 治理工程、低（无）VOCs 含量原辅材料替代、工业园区和企业集群综合整治、监测监控能力建设等项目纳入项目储备库。实施差别化管理，对纳入监督执法正面清单的企业减少现场检查频次，做到无事不扰。综合考虑生产工艺、原辅材料使用、无组织排放控制、污染治理设施运行效果等，树立标杆企业，在政府绿色采购、企业信贷融资等方面给予支持。鼓励企业、集群或园区主动开展自愿减排工作，与政府签订 VOCs 减排协议，主动承诺遵守更严格的 VOCs 排放要求，实施更全面的 VOCs 治理任务。

对 VOCs 浓度高的工业园区、企业集群以及治理进展缓慢、群众投诉强烈、问题突出的企业，加密监督频次，严格依法处罚。将超标问题突出、存在弄虚作假等违法行为的企业，向社会公布，并记入社会诚信档案，纳入全国信用信息共享平台。

中国石油、中国石化、中国海油、中化集团等中央企业要主动承担社会责任，切实发挥模范带头和引领示范作用，加大资金投入，强化运行管理，创建一批行业标杆企业。制定细化落实方案，将改造任务分解落实到各企业，于 7 月底前完成，并报送生态环境部。充分发挥石化联合会、轻工联合会、制药、汽车、船舶、工程机械、钢结构、印刷等行业协会组织协调、技术支持、政策宣贯等作用，加强行业自律，引导树立行业标杆，助推行业健康发展。7 月底前，每个行业可推选出 5～10 家标杆企业，由协会主动向社会公开，接受社会监督，增强企业治理 VOCs 的责任感和荣誉感。鼓励行业协会等搭建企业 VOCs 治理交流平台，促进成熟先进技术推广应用。

九、加强宣传教育引导，营造全民共治良好氛围

完善信息公开制度，向社会公开 VOCs 重点排污单位名单。督促企业主动公开污染物排放、治污设施建设及运行情况等环境信息。各地要积极跟踪相关舆情动态，及时回应社会关切，积极开展多种形式的宣传教育，普及 O_3 污染防治、VOCs 综合治理的科学知识、政策法规，对治理成效突出的地方和企业，组织新闻媒体加强宣传报道。加大培训力度，各地组织开展 VOCs 治理政策、标准、技术专题培训，引导企业进一步树立加强管理就是减少成本、减少 VOCs 排放就是增加企业利润的理念；组织各级环境执法人员开展 VOCs 治理监督执法专题培训，提高执法能力。

加大环保宣传力度，倡导文明、节约、绿色的消费方式和生活习惯，鼓励、引导公众主动参与 VOCs 减排。完善公众监督、举报反馈机制，充分发挥“12369”环保举报热线作用，鼓励设立有奖举报基金，对举报 VOCs 偷排漏排、治理设施不运行、超标排放等违法行为属实的给予奖励。

十、切实加强组织领导，严格实施考核督察

各地要进一步把思想认识行动统一到党中央、国务院决策部署上来，切实加强组织领导，坚持目标导向、问题导向，把夏季 VOCs 攻坚行动放在重要位置，作为打赢蓝天保卫战的关键举措。各地生态环境部门要加强组织实施，监测、执法、人员、资金保障等重点向 VOCs 治理攻坚行动倾斜，加强与相关部门、行业协会等协调配合，形成工作合力。企业是污染治理的责任主体，要切实履行社会责任，落实项目和资金，确保工程按期建成并稳定运行。

生态环境部每月对重点区域、苏皖鲁豫交界地区和其他 O_3 污染防治任务重的地区城市空气质量改善情况进行通报，对空气质量改善滞后或重点任务进展缓慢的城市进行预警。重点区域及苏皖鲁豫交界地区城市 2020 年 6～9 月优良天数提高目标为预期性目标，统筹纳入 2020 年优良天数比率约束性指标完成情况考核。综合运用强化监督帮扶等监管机制，压实工作责任，对 2020 年优良天数比率约束性指标进展缓慢、问题特别严重的地区视情开展点穴式、机动式专项督察。

抄送：北京、天津、河北、山西、上海、江苏、浙江、安徽、山东、河南、陕西省（市）人民政府办公厅，石家庄、唐山、廊坊、保定、沧州、衡水、邢台、邯郸、太原、吕梁、阳泉、晋中、长治、晋城、临汾、运城、南京、无锡、徐州、常州、苏州、南通、连云港、淮安、盐城、扬州、镇江、泰州、宿迁、杭州、宁波、温州、湖州、嘉兴、绍兴、金华、衢州、舟山、台州、丽水、合肥、淮北、亳州、宿州、蚌埠、阜阳、淮南、滁州、六安、马鞍山、芜湖、宣城、铜陵、池州、安庆、黄山、济南、青岛、淄博、枣庄、东营、潍坊、济宁、泰安、日照、临沂、德州、聊城、滨州、菏泽、郑州、开封、洛阳、平顶山、安阳、鹤壁、新乡、焦作、濮阳、许昌、漯河、三门峡、南阳、商丘、信阳、周口、驻马店、西安、铜川、宝鸡、咸阳、渭南市人民政府，中国环境监测总站。

生态环境部办公厅 2020 年 6 月 23 日印发

农用薄膜管理办法

第4号

《农用薄膜管理办法》已于2020年4月24日经农业农村部第7次部常务会议通过，并经工业和信息化部、生态环境部、市场监管总局同意，现予公布，自2020年9月1日起施行。

农业农村部部长　韩长赋
工业和信息化部部长　苗　圩
生态环境部部长　黄润秋
市场监管总局局长　肖亚庆
2020年7月3日

农用薄膜管理办法

第一章　总则

第一条　为了防治农用薄膜污染，加强农用薄膜监督管理，保护和改善农业生态环境，根据《中华人民共和国土壤污染防治法》等法律、行政法规，制定本办法。

第二条　本办法所称农用薄膜，是指用于农业生产的地面覆盖薄膜和棚膜。

第三条　农用薄膜的生产、销售、使用、回收、再利用及其监督管理适用本办法。

第四条　地方各级人民政府依法对本行政区域农用薄膜污染防治负责，组织、协调、督促有关部门依法履行农用薄膜污染防治监督管理职责。

第五条　县级以上人民政府农业农村主管部门负责农用薄膜使用、回收监督管理工作，指导农用薄膜回收利用体系建设。

县级以上人民政府工业和信息化主管部门负责农用薄膜生产指导工作。

县级以上人民政府市场监管部门负责农用薄膜产品质量监督管理工作。

县级以上生态环境主管部门负责农用薄膜回收、再利用过程环境污染防治的监督管理工作。

第六条　禁止生产、销售、使用国家明令禁止或者不符合强制性国家标准的农用薄膜。鼓励和支持生产、使用全生物降解农用薄膜。

第二章　生产、销售和使用

第七条　农用薄膜生产者应当落实国家关于农用薄膜行业规范的要求，执行农用薄膜相关标准，确保产品质量。

第八条　农用薄膜生产者应当在每卷地膜、每延米棚膜上添加可辨识的企业标识，便于产品追溯和市场监管。

第九条　农用薄膜生产者应当依法建立农用薄膜出厂销售记录制度，如实记录农用薄膜的名称、规格、数量、生产日期和批号、产品质量检验信息、购货人名称及其联系方式、销售日期等内容。出厂销售记录应当至少保存两年。

第十条　出厂销售的农用薄膜产品应当依法附具产品质量检验合格证，标明推荐使用时间等内容。

农用薄膜应当在合格证明显位置标注“使用后请回收利用，减少环境污染”中文字样。全生物降解农用薄膜应当在合格证明显位置标注“全生物降解薄膜，注意使用条件”中文字样。

第十一条　农用薄膜销售者应当查验农用薄膜产品的包装、标签、质量检验合格证，不得采购和销售未达到强制性国家标准的农用薄膜，不得将非农用薄膜销售给农用薄膜使用者。

农用薄膜销售者应当依法建立销售台账，如实记录销售农用薄膜的名称、规格、数量、生产者、生产日期和供货人名称及其联系方式、进货日期等内容。销售台账应当至少保存两年。

第十二条　农用薄膜使用者应当按照产品标签标注的期限使用农用薄膜。农业生产企业、农民专业合作社等使用者应当依法建立农用薄膜使用记录，如实记录使用时间、地点、对象以及农用薄膜名称、用量、生产者、销售者等内容。农用薄膜使用记录应当至少保存两年。

第十三条　县级以上人民政府农业农村主管部门应当采取措施，加强农用薄膜使用控制，开展农用薄膜适宜性覆盖评价，为农用薄膜使用者提供技术指导和服务，鼓励农用薄膜覆盖替代技术和产品的研发与示范推广，提高农用薄膜科学使用水平。

第三章　回收和再利用

第十四条　农用薄膜回收实行政府扶持、多方参与的原则，各地要采取措施，鼓励、支持单位和个人回收农用薄膜。

第十五条　农用薄膜使用者应当在使用期限到期前捡拾田间的非全生物降解农用薄膜废弃物，交至回收网点或回收工作者，不得随意弃置、掩埋或者焚烧。

第十六条　农用薄膜生产者、销售者、回收网点、废旧农用薄膜回收再利用企业或其他组织等应当开展合作，采取多种方式，建立健全农用薄膜回收利用体系，推动废旧农用薄膜回收、处理和再利用。

第十七条　农用薄膜回收网点和回收再利用企业应当依法建立回收台账，如实记录废旧农用薄膜的重量、体积、杂质、缴膜人名称及其联系方式、回收时间等内容。回收台账应当至少保存两年。

第十八条　鼓励研发、推广农用薄膜回收技术与机械，开展废旧农用薄膜再利用。

第十九条　支持废旧农用薄膜再利用企业按照规定享受用地、用电、用水、信贷、税收等优惠政策，扶持从事废旧农用薄膜再利用的社会化服务组织和企业。

第二十条　农用薄膜回收再利用企业应当依法做好回收再利用厂区和周边环境的环境保护工作，避免二次污染。

第四章　监督检查

第二十一条　建立农用薄膜残留监测制度，县级以上地方人民政府农业农村主管部门应当定期开展本行政区域的农用薄膜残留监测。

第二十二条　建立农用薄膜市场监管制度，县级以上地方人民政府市场监管部门应当定期开展本行政区域的农用薄膜质量监督检查。

第二十三条　生产、销售农用薄膜不符合强制性国家标准的，依照《中华人民共和国产品质量法》等法律、行政法规的规定查处，依法依规记入信用记录并予以公示。

政府招标采购的农用薄膜应当符合强制性国家标准，依法限制失信企业参与政府招标采购。

第二十四条　农用薄膜生产者、销售者、使用者未按照规定回收农用薄膜的，依照《中华人民共和国土壤污染防治法》第八十八条规定处罚。

第五章　附则

第二十五条　本办法自 2020 年 9 月 1 日起施行。

关于落实中国轻工业联合会《可降解塑料制品的分类与标识规范指南》的通知

各有关单位：

为推动落实《关于进一步加强塑料污染治理的意见》，进一步加强塑料污染治理，建立健全长效管理制度，完善可降解塑料的标识制度，在国家有关部委的指导下，中国轻工业联合会制定并发布了《可降解塑料制品的分类与标识规范指南》（中轻联综合［2020］284 号文）。

请有关产品生产企业、销售企业、零售超市与餐饮企业等使用单位及相关单位，积极按照《可降解塑料制品的分类与标识规范指南》进行产品标识、采购，加强标识管理，认真贯彻落实国家治理塑料污染的各项政策和措施，为推动生态文明建设和高质量发展做出应有的贡献。

附件 1：中轻联综合［2020］284 号文

附件 2：《可降解塑料制品的分类与标识规范指南》

中国塑料加工工业协会降解塑料专业委员会

（代章）

2020 年 9 月 8 日

附件 1：

中国轻工业联合会文件

中轻联综合〔2020〕284 号

关于印发《可降解塑料制品的分类与标识规范指南》的通知

各有关单位

为推动落实《关于进一步加强塑料污染治理的意见》，进一步加强塑料污染治理，建立健全塑料制品长效管理机制，完善可降解塑料的标识制度，在国家有关部委的指导下，中国轻工业联合会组织制定了《可降解塑料制品的分类与标识规范指南》，现予以发布。

请可降解塑料产品生产企业、销售企业、使用单位认真贯彻落实国家治理塑料污染的各项政策和措施，积极采用《指南》，加强标识管理，为推动生态文明建设和高质量发展做出应有的贡献。

附件：《可降解塑料制品的分类与标识规范指南》

中国轻工业联合会

2020 年 9 月 8 日

1

附件 2：

可降解塑料制品的分类与标识规范指南（试行）

为推动落实《关于进一步加强塑料污染治理的意见》，进一步加强塑料污染治理，建立健全塑料制品长效管理机制，完善可降解塑料的标识制度，特制定本指南。

一、范围

指南规定了可降解塑料的分类和标识规范，适用于可降解塑料及制品的生产、流通中的标识管理。

二、产品定义和分类

1. 定义

（1）可降解塑料定义

本指南所指的可降解塑料，是指在自然界如土壤、沙土、淡水环境、海水环境、特定条件如堆肥化条件或厌氧消化条件中，由自然界存在的微生物作用引起降解，并最终完全降解变成二氧化碳（CO_2）或/和甲烷（CH_4）、水（H_2O）及其所含元素的矿化无机盐以及新的生物质（如微生物死体等）的塑料。

（2）生物降解率定义

在试验材料需氧生物降解过程中，材料中的有机碳会被分解成二氧化碳，在试验中连续监测、定期测量累计产生的二氧化碳量，试验中实际产生的二氧化碳量与该材料可以产生的二氧化碳的理论量的百分比，即为生物降解率。

2. 降解性能要求

可降解塑料其生物降解率应≥90%，且其重金属及特定元素按含量应符合表 1 要求。

规定的重金属及特定元素含量应符合表 1 要求。

表 1　重金属及特定元素含量

重金属	限量/（毫克/千克）
砷（As）	≤5
镉（Cd）	≤0.5
钴（Co）	≤38
铬（Cr）	≤50
铜（Cu）	≤50
镍（Ni）	≤25
钼（Mo）	≤1
铅（Pb）	≤50
硒（Se）	≤0.75
锌（Zn）	≤150
汞（Hg）	≤0.5
氟（F）	≤100

3. 降解塑料分类

由于可降解塑料在土壤、堆肥、海洋、淡水（河、江、湖）等环境中会有不同降解行为，根据不同的环境条件，可降解塑料共分为：可土壤降解塑料、可堆肥化降解（包括传统堆肥与可庭院堆肥）塑料、海洋环境降解塑料、淡水环境降解塑料、污泥厌氧消化降解塑料、高固态厌氧消化降解塑料。

三、降解性能检测方法

可降解塑料的可降解性能检验方法按照降解环境条件进行划分，具体见表 2。

表 2　不同可降解塑料的降解性能测试标准

降解塑料类型	依据标准号	标准名称
淡水环境降解	GB/T 19276.1	水性培养液中材料最终需氧生物分解能力的测定　采用测定密闭呼吸计中需氧量的方法
	GB/T 19276.2	水性培养液中材料最终需氧生物分解能力的测定　采用测定释放的二氧化碳的方法
	GB/T 32106	塑料　在水性培养液中最终厌氧生物分解能力的测定　通过测量生物气体产物的方法

续表

降解塑料类型		依据标准号	标准名称
可堆肥化降解	可工业化堆肥	GB/T 19277.1	受控堆肥条件下材料最终需氧生物分解能力的测定　采用测定释放的二氧化碳的方法　第1部分：通用方法
		GB/T 19277.2	受控堆肥条件下材料最终需氧生物分解能力的测定　采用测定释放的二氧化碳的方法　第2部分：用重量分析法测定实验室条件下二氧化碳的释放量
		GB/T 19811	在定义堆肥化中试条件下　塑料材料崩解程度的测定
		GB/T 28206	可堆肥塑料技术要求
	可庭院堆肥	AS5810—2010	可庭院堆肥塑料技术规范
可土壤降解		GB/T 22047	土壤中塑料材料最终需氧生物分解能力的测定　采用测定密闭呼吸计中需氧量或测定释放的二氧化碳的方法
海洋环境降解		ISO 18830	塑料　海水沉沙界面非漂浮塑料材料最终需氧生物分解能力的测定　通过测定密闭呼吸计内耗氧量的方法
		SO 19679	塑料　海水沉沙界面非漂浮塑料材料最终需氧生物分解能力的测定　通过测定释放二氧化碳的方法
		ISO 22404	塑料　暴露于海洋沉积物中非漂浮材料最终需氧生物分解能力的测定　通过分析释放的二氧化碳的方法
污泥厌氧消化降解		GB/T 38737	塑料　受控污泥消化系统中材料最终厌氧生物分解率测定　采用测量释放生物气体的方法
高固态厌氧消化降解		GB/T 33797	塑料　在高固体分堆肥条件下最终厌氧生物分解能力的测定　采用分析测定释放生物气体的方法

四、标识及要求

可降解塑料标识分为文字标识和图形标识。

1. 文字标识应包括：产品类型（树脂、母料、专用料、膜、片材、盒、杯）、依据产品标准或降解测试方法标准、产品名称（降解环境条件+具体产品名称）、产品规格（长、宽、厚、重量）、材质等。

2. 图形标识

（1）标识的图样形式

可降解塑料标识，如图1所示。

示例 1

>PBAT<
可土壤降解　可堆肥化降解　海洋环境降解
淡水环境降解　污泥厌氧消化　高固态厌氧消化

示例 2

>PLA<
可堆肥化降解　高固态厌氧消化

示例 3

>PBAT60+PLA40<
可土壤降解　可堆肥化降解
污泥厌氧消化　高固态厌氧消化

图 1　可降解塑料标识

（2）标识含义

该标识为带箭头循环圈、双“j”（降解拼音首字母）、材质缩写（如 PBAT、PLA、PBS 等）、六种降解环境名称、国家标准及产品名称组合而成的绿色笑脸图案，其含义是通过可降解塑料的使用，最终实现相应条件下完全降解而不污染环境的目的。带箭头循环圈体现了可降解塑料同样可以循环、回收再利用，即使被泄露到环境中可以完全降解而被环境所消纳。jj 拟人形，采用左小右大的结构布局，体现了由小及老、人人爱护环境的设计理念。

（3）标识的规格

标识的适宜规格应根据产品的尺寸来确定，如果需要缩小或扩大标识，应遵守标识给出的比例同等缩小或扩大。可降解塑料标识的样式规范见附录 A。

3. 标注要求

标识宜标注在产品本体，如底部、外侧等明显部位；受功能、外观设计等影响无法在明显部位标注的，则应标注在产品外包装上。同时，产品说明书中必须予以注明。

标识颜色以指南给出绿颜色（R73 G106 B1）为主；在产品不方便使用指南颜色时，可根据产品选择合适颜色（黑白为主），或者产品本色。

标识的标注可采用模塑、印刷、压花、烙印或其他清晰且无法拭除的标记方法进行。

标识应清晰可见，不易磨损，且不应损害产品的使用性能。

附录 A

（规范性附录）

可降解塑料标识样式和规范

可降解塑料标识图样及尺寸见图 A.1，其中 A 为文字和图案圆心，用以确定整个标识内容的位置和大小。标识的尺寸、坐标、中英文字体和颜色如图 A.1 所示。

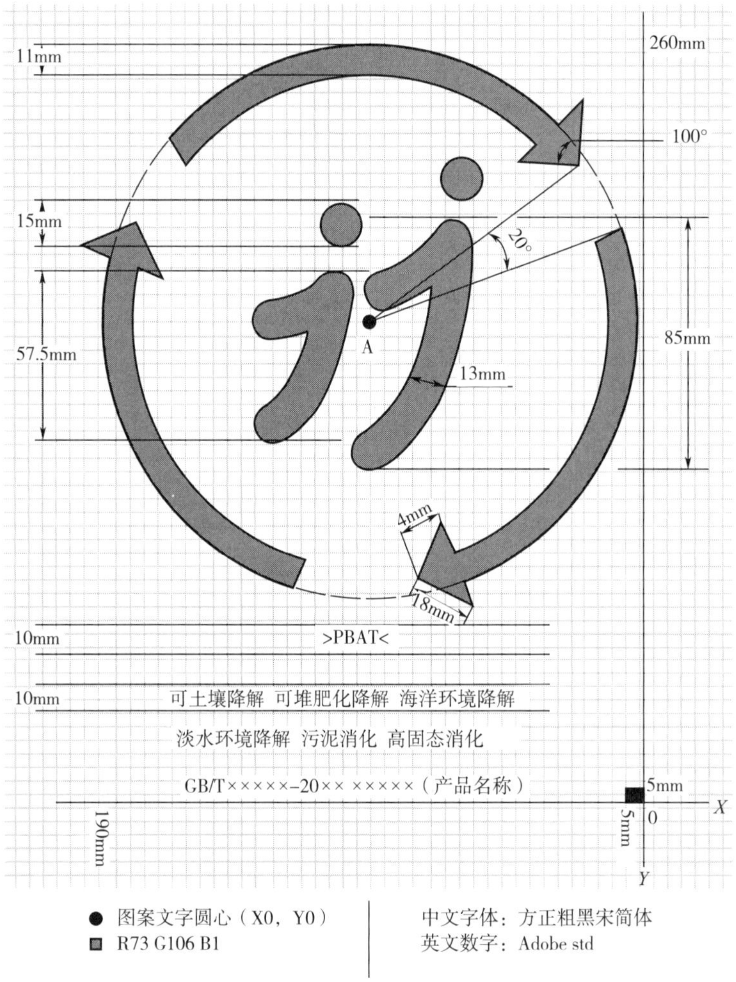

图 A.1 可降解塑料标识图样（以 PBAT 为例）及尺寸

北京市发展和改革委员会 北京市生态环境局关于印发北京市塑料污染治理行动计划（2020～2025 年）的通知

京发改规〔2020〕8 号

各有关单位：

《北京市塑料污染治理行动计划（2020～2025年）》已经市委深改委第十四次会议审议通过，现予以印发，请遵照执行。

特此通知。

北京市发展和改革委员会

北京市生态环境局

2020 年 12 月 18 日

北京市塑料污染治理行动计划（2020～2025 年）

为进一步加强本市塑料污染治理，根据《中华人民共和国固体废物污染环境防治法》《国家发展改革委、生态环境部〈关于进一步加强塑料污染治理的意见〉》（发改环资〔2020〕80号）、《北京市生活垃圾管理条例》等法规文件，制定本行动计划。

工作思路：以习近平新时代中国特色社会主义思想为指导，全面深入学习贯彻党的十九大和十九届二中、三中、四中、五中全会精神，认真贯彻习近平总书记对北京重要讲话精神，牢固树立新发展理念，把加强塑料污染治理作为推动全市绿色发展的重要任务，坚持依法治理、标准引领，坚持突出重点、分类施策，坚持科技支撑、创新驱动，坚持多元参与、协同共治。着力抓好“一控、一减、两促进、三个一批”。“一控”即严控塑料废弃物向环境泄露。“一减”即着力推动减少不可降解一次性塑料制品使用。“两促进”即积极促进替代技术和替代产品供给、积极促进塑料废弃物分类回收和循环利用。“三个一批”即禁止限制一批难回收、易泄露的一次性塑料制品生产、销售和使用；循环推广一批新型包装和物流载具，建立健全高效回收体系；协同治理一批塑料污染突出的重点场所和沿线，建立塑料污染治理制度体系。循序渐进，久久为功，不断推动本市塑料污染治理工作迈上新台阶。

行动目标：到2022年，本市塑料污染治理政策标准体系初步建立，重点领域塑料污染治理措施全面实施，一次性塑料制品消费量明显减少，替代产品得到推广，充分发挥北京2022年冬奥会和冬残奥会示范引领作用；到2023年，全市重点场所、重点沿线塑料污染基本消除，重点用塑单位报告等基础性制度基本建立；到2025年，塑料污染治理制度全面建立，科技支撑体系更加完善，低塑生活的良好社会风尚基本形成，努力成为国际超大型城市塑料污染治理典范。

一、发挥北京冬奥会在塑料污染治理方面的示范

以举办北京2022年冬奥会和冬残奥会（以下简称“北京冬奥会”）为契机，全面贯彻“绿色、共享、开放、廉洁”的办奥理念，制定并组织实施北京冬奥会落实《关于进一步加强塑料污染治理的意见》的工作方案，进一步细化完善塑料污染治理的具体措施。在北京冬奥组委管理的竞赛场馆、非竞赛场馆、签约酒店、服务场所/流线，以及相关业务领域、办赛环节严格落实国家有关要求，在此基础上以不影响赛会举办，不过度影响公众观赛为前提，尽可能地减少其他不可降解一次性塑料制品使用，加快推进新理念、新技术、新产品在北京冬奥会场景应用，为本市塑料污染治理工作做出示范。

广泛传播北京冬奥会治塑理念，推广复制成熟经验、技术和产品，引领本市塑料污染治理工作向国际最高标准看齐，带动提升本市塑料污染治理工作水平。

责任单位：北京冬奥组委

完成时限：2022年底

二、禁止部分塑料制品的生产、销售

严格落实国家有关要求，全市范围内禁止生产和销售厚度小于0.025毫米的超薄塑料购物袋、厚度小于0.01毫米的聚乙烯农用地膜；到2020年底，禁止生产和销售一次性发泡塑料餐具、一次性塑料棉签，禁止生产含塑料微珠的日化产品；到2022年底，禁止销售含塑料微珠的日化产品。市级有关部门要加大监督执法力度，确保相关措施有效实施。

责任单位：市市场监管局、市经济和信息化局、市药监局

完成时限：2020年底、2022年底

三、推动六大重点行业塑料污染治理

聚焦餐饮、外卖平台、批发零售、电商快递、住宿会展、农业生产等六大重点行业强化减塑力度，严控一次性塑料制品向自然环境泄露。

（一）餐饮业

到2020年底，全市餐饮行业禁止使用不可降解一次性塑料吸管；本市建成区外卖（含堂食打包）服务禁止使用不可降解塑料袋；本市建成区、景区景点堂食服务禁止使用不可降解一次性塑料餐具，鼓励餐饮堂食服务采用可清洗消毒、重复使用的餐具。到2021年6月底，全市餐饮行业禁止使用不可降解一次性塑料咖啡搅拌棒。

责任单位：市市场监管局、市商务局

完成时限：2020年底、2021年6月底

鼓励餐饮企业使用符合性能和食品安全要求的秸秆覆膜餐盒替代一次性塑料餐盒，使用符合相关卫生、安全标准的直饮杯、可重复使用的吸管等替代一次性塑料吸管，使用可重复利用的购物袋替代不可降解塑料袋，减少一次性塑料制品使用量。鼓励餐饮企业使用循环包装箱（盒）购置食材。

责任单位：市商务局、市文化和旅游局

完成时限：持续推进

（二）外卖平台

鼓励外卖平台在点单环节设置“无需餐具”等选项，并给予积分等形式的奖励。鼓励外卖平台加大宣传力度，树立主动减少一次性塑料餐盒（具）使用量餐饮企业履行生态环保责任的良好形象，并通过发放平台“专属绿色优惠券”等措施引导消费者选择。

责任单位：市商务局

完成时限：2021 年底

（三）批发与零售

到 2020 年底，本市建成区的商场、超市、药店、书店等零售业门店（含门店或电商提供的零售配送服务）禁止使用不可降解塑料袋，集贸市场规范和限制使用不可降解塑料袋。到 2023 年底，本市建成区集贸市场塑料购物袋全面实现集中购销，鼓励城市副中心、生态涵养区率先在镇乡和农村集市停止使用不可降解塑料袋。到 2025 年底，本市建成区集贸市场禁止使用不可降解塑料袋。

责任单位：市市场监管局、市商务局，通州区、门头沟区、平谷区、怀柔区、密云区、延庆区、昌平区、房山区政府

完成时限：2020 年底、2023 年底、2025 年底

鼓励探索逐步实施对塑料连卷袋明码标价并在商品价外单独收取塑料连卷袋价款，引导消费者减少塑料连卷袋使用量。商场、超市、药店、书店等零售场所简化商品包装，通过在显著位置摆放、加强标识与宣传等方式鼓励消费者优先选购再生产品、绿色产品，倡导绿色消费。鼓励引导消费者使用环保布袋、纸袋等各类可重复利用包装材料，鼓励零售企业设置自助式、智慧化可重复利用购物袋售卖装置，方便群众生活。鼓励超市、集贸市场探索提供购物筐、购物车租赁服务，引导消费者减少塑料购物袋使用。鼓励大型超市创新物流模式，使用可折叠、可循环的包装产品和物流配送器具替代一次性塑料包装物。

责任单位：市商务局

完成时限：持续推进

（四）快递业（含电商自营快递）

到 2020 年底，全市快递网点“瘦身胶带”封装比例达到 90%、循环中转袋使用率达到 95%以上。到 2022 年底，全市快递网点禁止使用不可降解塑料包装袋、一次性塑料编织袋等，循环中转袋基本实现全覆盖。到 2025 年底，全市快递网点禁止使用不可降解塑料胶带。

责任单位：市邮政管理局

完成时限：2020 年底、2022 年底、2025 年底

鼓励电商、快递企业优化创新技术、产品和管理模式，减少胶带缠绕、填充物使用及过度包装等问题。鼓励电商、快递等领域企业创新物流模式，使用可折叠、可循环的包装产品和物流配送器具替代一次性塑料包装物。鼓励企业采用股权合作、共同注资等方式建设可循环包装跨平台运营体系。推动生产企业与电商合作实施商品物流一体化包装，避免二次包装。鼓励快递企业自主回收废弃包装物，多方共建公共回收平台。

责任单位：市商务局、市邮政管理局、市科委

完成时限：持续推进

（五）住宿会展业

全市宾馆按照《北京市宾馆不得主动提供的一次性用品目录》要求，不得主动提供六类一次性用品，鼓励通过设置自助购买机、提供续充型洗洁剂等方式提供相关服务。到 2025 年底，根据实施情况逐步扩大目录范围，并将实施范围扩大至乡村民宿。

责任单位：市文化和旅游局、市城管执法局

完成时限：2025 年底

到 2020 年底，本市建成区举办的各类展览、展会活动禁止使用不可降解塑料袋。鼓励各类展览、展会举办方绿色办展，使用可重复使用的布袋、纸袋等替代不可降解塑料袋。

责任单位：市商务局、市贸促会、市市场监管局

完成时限：2020 年底、持续推进

（六）农业生产

根据《关于加快推进农用地膜污染防治的意见》《农用薄膜管理办法》要求，在全市农村地区推广使用 0.014 毫米（含）以上地膜，开展全生物降解地膜试验示范和农膜残留检测；采取以旧换新、经营主体上交、专业组织回收等方式，推进废旧农膜和农药、肥料包装废弃物回收处置工作，妥善处理废弃育苗盘和节水灌溉材料等农业塑料废弃物；加大对农业投入品中塑料制品的监督管理力度。到 2022 年底，基本建立政府支持、市场主导的废旧农膜和农药、肥料包装废弃物回收处置体系，农膜回收率达到 90%以上。

责任单位：市农业农村局、市园林绿化局、市供销合作总社

完成时限：2022 年底

四、加强重点场所重点沿线塑料污染治理

聚焦体育场馆、旅游景区、文化设施、交通场站等四类重点场所，河道、公路、铁路、背街小巷等四类重点沿线，协同推动塑料污染治理。

（一）重点场所

以全面推进生活垃圾分类为契机，在体育场馆、旅游景区、文化设施、交通场站等四类重点场所结合各自塑料废弃物的产生特点试点开展外卖餐盒和塑料包装袋、塑料饮料瓶等塑料废弃物单独回收工作，探索适宜的回收模式，逐步提高重点场所塑料废弃物的回收质量和比例。

责任单位：市城市管理委、市体育局、市文化和旅游局、市交通委

完成时限：持续推进

（二）河道及其沿线

结合本市新一轮推进河长制工作方案制定，将治理塑料污染纳入加强河湖水环境综合整治范畴，作为“清河岸、清河面、清河底”重要任务。在临近水源保护区、居民集中区等重点河段沿线持续开展白色污染治理。强化河道沿线地区的生活垃圾分类收集机制，从源头防止塑料废弃物污染水体。

责任单位：市水务局、市城市管理委、市农业农村局、市生态环境局、市城管执法局

完成时限：持续推进

（三）公路沿线

结合公路沿线环境综合整治工作，将塑料污染治理纳入治理环境秩序的范畴，重点针对高速公路、城市主干道等重点路段沿线开展塑料污染治理，建立完善长效机制。

责任单位：市交通委、市城市管理委

完成时限：持续推进

（四）铁路沿线

完善《关于铁路沿线环境管理建立“双段长”制的工作方案》，将铁路沿线护网或围墙内外的塑料污染治理作为铁路段长和地方段长的“双段长”重要工作职责，与清理堆放垃圾、白色污染等环境综合整治相结合，加强日常巡查与问题的协调处置，提升铁路沿线环境景观水平，消除塑料污染。

责任单位：市城市管理委、中国铁路北京局集团有限公司

完成时限：持续推进

（五）背街小巷

完善《关于在全市推行街巷长制的指导意见》，聚焦中心城区、新城和城乡结合部等重点地区背街小巷，与落实《背街小巷环境精细化整治提升三年（2020-2022 年）行动方案》相结合，将塑料污染治理纳入“门前三包”责任制、生活垃圾分类等相关工作。充分发挥各级街巷长作为政府与市民之间的桥梁纽带作用，落实街巷长监督督促、宣传动员、协调处置职责，有效治理背街小巷塑料污染，助力整治提升街巷环境。

责任单位：市城市管理委、首都文明办

完成时限：持续推进

五、开展减塑生活创建

深入落实《绿色生活创建行动总体方案》（发改环资〔2019〕1696 号）要求，以节约型机关、绿色学校、绿色社区、绿色家庭等创建行动为契机，将相关治理要求纳入创建评价指标体系，发挥典范引领作用，示范带动全社会参与塑料污染治理。

（一）节约型党政机关创建

全市各级党政机关充分发挥带头示范作用，率先实施更加严格的塑料制品禁限、替代措施，加大对节能、节水、环保绿色产品以及循环再生办公用品的政府采购力度，减少一次性中性笔等塑料办公用品使用。机关单位食堂禁止提供不可降解一次性塑料餐具、杯子，各类会议不得主动提供塑料瓶装饮用水和一次性塑料杯，鼓励参会人员自带饮水杯。将塑料污染治理相关内容纳入《北京市节约型机关创建行动方案》提出的节约型机关创建考核指标。

责任单位：市机关事务局

完成时限：持续推进

（二）绿色学校创建

将塑料污染治理相关内容纳入本市绿色学校创建的具体方案和指标要求，结合课堂教学及讲座、实践活动将塑料污染的危害、塑料污染防治等内容纳入课程，提高学生环保意识。以绿色学校创建为契机，引导环保、再生等绿色产品采购，减少学校食堂不可降解塑料袋和不可降解一次性塑料餐具、餐盒的使用；结合实际情况，在运动场馆、食堂等产生塑料垃圾较多的区域，设置单独的塑料瓶及其他塑料废弃物回收设施；落实国家有关要求，减少塑料书皮等非必要塑料制品使用。

责任单位：市教委

完成时限：持续推进

（三）绿色社区创建

将塑料污染治理相关内容纳入本市绿色社区创

建具体指标要求。将选择绿色生活方式、倡导绿色消费、减少一次性塑料制品使用等内容纳入社区绿色生活行为公约，鼓励社会组织参与居民行为引导，促进居民形成减塑生活方式。开展绿色生活主题活动，宣传塑料污染治理相关内容。与新时代爱国卫生运动相结合，把塑料废弃物清理作为组织开展社区清洁行动和重点场所环境提升行动的重点任务。

责任单位：市住房城乡建设委、市民政局、市卫生健康委

完成时限：持续推进

（四）绿色家庭创建

深入落实全国妇联等部门印发的《绿色家庭创建行动方案》，结合《城镇绿色家庭创建标准》和《农村绿色家庭创建标准》，将减少一次性塑料制品使用等内容纳入本市创建标准。将塑料污染治理工作与寻找“首都最美家庭”活动相结合，将简约生活绿色消费纳入选树“最美家庭”要求，倡导全市家庭减少使用一次性塑料制品，引导市民从家庭层面减少塑料污染的产生。

责任单位：市妇联

完成时限：持续推进

六、形成良好社会风尚

深入贯彻落实相关法律法规，引导市民形成文明健康的生活习惯，践行行为减塑，形成良好社会风尚。

（一）倡导全民文明健康生活

贯彻《北京市文明行为促进条例》和《北京市控制吸烟条例》，培养市民良好的公共卫生习惯，减少乱丢塑料袋、烟头等废弃物的不文明行为，开展控烟公益宣传，将丢弃烟头的环境危害作为烟草危害宣传的内容之一。将塑料污染治理与开展健康北京行动相结合，倡导市民主动减少一次性塑料制品使用。

责任单位：首都文明办、市卫生健康委、市城管执法局、市生态环境局

完成时限：持续推进

（二）加强媒体宣传舆论监督

充分利用广播电视、新媒体等渠道，加大对塑料污染知识和治理工作的宣传力度，引导公众减少使用一次性塑料制品，抵制商品过度包装，重复使用布袋、纸袋替代塑料袋，将参与塑料污染治理纳入北京市民公共行为文明调查指数，跟踪评价。充分发挥舆论监督作用，深入宣传塑料污染治理典型案例，形成部门齐抓共管、社会多元共治的良好局面。

责任单位：市委宣传部

完成时限：持续推进

七、建立重点用塑单位报告制度

深入贯彻落实《中华人民共和国固体废物污染环境防治法》，结合本市实际，建立重点用塑单位一次性塑料制品使用和回收状况报告制度（具体办法另行制定）。报告制度基本框架是：

（一）报告范围

先期在市级党政机关、连锁超市、邮政快递、餐饮外卖、电子商务平台等领域试点建立重点用塑单位一次性塑料制品使用情况报告制度。市级相关行业主管部门结合行业发展特点，研究确定重点用塑单位名单并向社会公布。后续根据试点情况，逐步完善报告范围。

（二）报告内容

重点用塑单位每年应定期向市级行业主管部门提交本单位《年度一次性塑料制品使用和处置情况报告》（以下简称《年度报告》），包括一次性塑料制品的使用、回收处理情况，一次性塑料制品减量、替代方案制定实施情况等内容。电商、外卖等平台企业要将一次性塑料制品减量替代方案执行情况向社会发布。

（三）报告审核

市级循环经济发展综合管理部门（市发展改革委）、生态环境主管部门（市生态环境局）会同相关行业主管部门统一标准、统一要求，对《年度报告》的真实性及重点用塑单位塑料污染治理工作成效进行审核，审核结果向社会公开。

市级相关行业主管部门对不履行报告责任的重点用塑单位依法进行处罚。

责任单位：市发展改革委、市生态环境局、市机关事务局、市商务局、市邮政管理局、市市场监管局

完成时限：2022 年底

八、全面强化科技支撑

充分发挥北京科技资源丰富的优势，聚焦重点领域和关键环节，强化塑料污染治理的科技支撑。

（一）加强塑料领域科技研发

聚焦可循环可降解关键核心技术材料、塑料废弃物及微塑料污染防治技术、塑料制品及替代材料全生命周期环境影响研究评价、塑料包装全程可追溯回收体系等关键领域重点突破，支持相关创新成

果在本市落地转化，引领全国塑料污染治理技术创新。

责任单位：市科委、市生态环境局

完成时限：持续推进

（二）加强塑料污染治理技术推广

将塑料污染治理技术产品、绿色包装解决方案等纳入本市年度节能技术（产品）及示范案例的征集工作，积极推荐优秀创新成果列入国家绿色技术（产品）目录。在北京冬奥会、城市副中心、大兴国际机场、“回天”地区等绿色技术综合应用示范区，为优秀技术提供应用场景，加大技术产品推广力度。

责任单位：市发展改革委、市科委

完成时限：持续推进

（三）建立完善塑料污染治理标准体系

组织本市餐饮、外卖平台、批发零售、电商快递、住宿会展、农业生产等重点用塑行业开展包装、产品、服务等标准需求研究，鼓励相关行业协会和企业参与制定企业标准、团体标准、地方标准，将不可降解一次性塑料减量、替代相关理念和要求纳入标准，逐步建立完善严于国家的标准体系。探索建立领跑者制度，树立重点行业一次性塑料制品使用强度标杆，促进重点用塑单位减少一次性塑料制品使用量、提高回收利用效率。

责任单位：市商务局、市邮政管理局、市文化和旅游局、市农业农村局、市市场监管局

完成时限：持续推进

九、加强塑料污染治理领域监督执法

加大生态环境保护综合执法力度，对存在塑料环境污染和生态破坏行为的企业和对塑料污染治理工作实施不力的责任主体依法依规进行查处，并通过公开曝光、约谈等方式督促整改。加强对生活垃圾焚烧发电企业的运行管理，确保生活垃圾焚烧设施运行稳定、污染物达标排放，保障塑料废弃物的能源化利用高效、环保。

充分发挥 12345 等热线平台的监督作用，认真核实群众提供线索，对存在违反相关规定生产、销售、使用超薄塑料购物袋、不可降解塑料袋等行为的企业依法进行处罚。探索实施企业法人守信承诺和失信惩戒，将违规生产、销售、使用塑料制品等行为列入失信记录。

责任单位：市生态环境局、市城市管理委、市城管执法局、市市场监管局、市经济和信息化局

完成时限：持续推进

十、加强组织推动

塑料污染治理是一项系统性强、涉及面广的重大任务，要加强组织领导。建立本市加强塑料污染治理联席会议制度，统筹协调、把握进度、及时总结，遇重大问题及时向市委、市政府报告；将体育场馆、旅游景区、文化设施、交通场站等四类重点场所和河道、公路、铁路、背街小巷等四类重点沿线塑料污染治理落实情况纳入首都环境建设管理考核评价。各区政府、北京经济技术开发区管委会要结合本地实际采取相关工作措施，确保区域内塑料污染治理各项要求落实。

责任单位：市级各相关部门，各区政府、北京经济技术开发区管委会

完成时限：持续推进

将塑料污染治理工作落实情况作为例行督察内容纳入本市生态环境保护督察计划，按照《北京市贯彻〈中央生态环境保护督察工作规定〉实施办法》有关规定，强化督察问责，推进塑料污染治理工作落实。

责任单位：市生态环境局

完成时限：持续推进

与专业研究、咨询机构深入协作，开展全市塑料污染现状监测与变化趋势跟踪，加强政策实施效果跟踪评估和国际经验借鉴，对标国际先进水平持续完善政策措施。

责任单位：市发展改革委、市生态环境局

完成时限：持续推进

注释：

1. 含塑料微珠的日化产品

根据《关于扎实推进塑料污染治理工作的通知》（发改环资〔2020〕1146 号），含塑料微珠的日化产品是指有意添加粒径小于 5 毫米的固体塑料颗粒的淋洗类化妆品（如沐浴剂、洁面乳、磨砂膏、洗发水等）和牙膏、牙粉。

2. 不可降解塑料袋

根据《关于扎实推进塑料污染治理工作的通知》（发改环资〔2020〕1146 号），不可降解塑料袋是指商场、超市、药店、书店、餐饮打包外卖服务、展会活动等用于盛装及携提物品的不可降解塑料购物袋，不包括基于卫生及食品安全目的，用于盛装散装生鲜食品、熟食、面食等商品的塑料预包装袋、连卷袋、保鲜袋等。

3. 不可降解一次性塑料餐具

根据《关于扎实推进塑料污染治理工作的通

知》（发改环资〔2020〕1146 号），不可降解一次性塑料餐具是指餐饮堂食服务中使用的不可降解一次性塑料刀、叉、勺，不包括预包装食品使用的一次性塑料餐具。

4. 建成区

根据本市城市建设发展情况，结合塑料污染治理工作需要，本市建成区范围包括五环以内区域，郊区新城划为街道管理的区域，首都国际机场、大兴国际机场区域，以及各区根据塑料污染治理工作实际需要划定的区域。建成区范围根据本市城市建设情况适时调整。

5. 塑料连卷袋

塑料连卷袋是指按照国家《日用塑料袋》（GB/T 24984-2010）标准生产，以树脂为主要原料的薄膜经热合或黏合等工艺制成的连卷袋（也称撕裂袋或点断袋）、平口塑料袋等，主要用于盛装生鲜蔬果、散装食品等，不包含塑料购物袋。

6. 瘦身胶带

根据市场监管总局等八部门发布的《关于加强快递绿色包装标准化工作的指导意见》（国市监标技〔2020〕126 号）和《快递封装用品》（GB/T 16606）等国家标准，以及相关行业主管部门文件要求，"瘦身胶带"是指宽度小于 45 毫米的胶带。

7. 一次性塑料用品（宾馆用）

即以塑料为主要材料制成的《北京市宾馆不得主动提供的一次性用品目录》（京管发〔2020〕11 号）中提出的六类用品，包括牙刷、梳子、浴擦、剃须刀、指甲锉、鞋擦等。

8. 四类重点场所

体育场馆：即纳入市体育局公示的全市公共体育场馆和全民健身专项活动场地名单的体育场馆、场地，包括综合运动场馆、专项球类场馆、游泳健身馆等。

旅游景区：即纳入市文化和旅游局公示的等级景区名录的全部 1A 到 5A 级旅游景区。

文化设施：即纳入市文化和旅游局公示的公共图书馆、艺术表演场所、文化馆和文化中心等文化场所。

交通场站：指本市范围内的飞机场、火车站、地铁站、公交站等公共交通场站。

9. 一次性中性笔

一次性中性笔是一次性中性墨水圆珠笔的简称，其笔芯、笔杆等大多由塑料制成。

2021 年塑料及其制品海关进出口税率

商品编码	附加编号	商品名称	进口税率		出口税率	增值税	消费税	计量单位	监管条件
			优惠	普通					
39011000	01	初级形状比重<0.94 的聚乙烯	6.5	45.0	0.0	13.0	0.0	千克	A
39011000	90	初级形状比重<0.94 的聚乙烯	6.5	45.0	0.0	13.0	0.0	千克	A
39012000	01	初级形状比重≥0.94 的聚乙烯	6.5	45.0	0.0	13.0	0.0	千克	A
39012000	90	初级形状比重≥0.94 的聚乙烯	6.5	45.0	0.0	13.0	0.0	千克	A
39013000		初级形状乙烯-乙酸乙烯酯共聚物	6.5	45.0	0.0	13.0	0.0	千克	A
39019010		乙烯-丙烯共聚物（乙丙橡胶）	6.5	45.0	0.0	13.0	0.0	千克	A
39019020		线型低密度聚乙烯	6.5	45.0	0.0	13.0	0.0	千克	A
39019090		其他初级形状的乙烯聚合物	6.5	45.0	0.0	13.0	0.0	千克	A

续表

商品编码	附加编号	商品名称	进口税率		出口税率	增值税	消费税	计量单位	监管条件
			优惠	普通					
39021000	10	电工级初级形状聚丙烯树脂	6.5	45.0	0.0	13.0	0.0	千克	A
39021000	90	其他初级形状的聚丙烯	6.5	45.0	0.0	13.0	0.0	千克	A
39022000		初级形状的聚异丁烯	6.5	45.0	0.0	13.0	0.0	千克	AB
39023010		乙烯-丙烯共聚物（乙丙橡胶）	6.5	45.0	0.0	13.0	0.0	千克	
39023090		其他初级形状的丙烯共聚物	6.5	45.0	0.0	13.0	0.0	千克	
39029000	10	端羧基聚丁二烯，CTPB	6.5	45.0	0.0	13.0	0.0	千克	3
39029000	20	端羟基聚丁二烯，HTPB	6.5	45.0	0.0	13.0	0.0	千克	3
39029000	90	其他初级形状的烯烃聚合物	6.5	45.0	0.0	13.0	0.0	千克	
39031100		初级形状的可发性聚苯乙烯	6.5	45.0	0.0	13.0	0.0	千克	A
39031900		初级形状的其他聚苯乙烯	6.5	45.0	0.0	13.0	0.0	千克	A
39032000		初级形状苯乙烯-丙烯腈共聚物	12.0	45.0	0.0	13.0	0.0	千克	
39033000		丙烯腈-丁二烯-苯乙烯共聚物	6.5	45.0	0.0	13.0	0.0	千克	A
39039000		初级形状的其他苯乙烯聚合物	6.5	45.0	0.0	13.0	0.0	千克	
39041010		聚氯乙烯糊树脂	6.5	45.0	0.0	13.0	0.0	千克	A
39041090	01	聚氯乙烯纯粉	6.5	45.0	0.0	13.0	0.0	千克	A
39041090	90	其他初级形状的纯聚氯乙烯	6.5	45.0	0.0	13.0	0.0	千克	A
39042100		初级形状未塑化的聚氯乙烯	6.5	45.0	0.0	13.0	0.0	千克	
39042200		初级形状已塑化的聚氯乙烯	6.5	45.0	0.0	13.0	0.0	千克	
39043000		氯乙烯-乙酸乙烯酯共聚物	9.0	45.0	0.0	13.0	0.0	千克	
39044000		初级形状的其他氯乙烯共聚物	12.0	45.0	0.0	13.0	0.0	千克	
39045000		初级形状的偏二氯乙烯聚合物	6.5	45.0	0.0	13.0	0.0	千克	
39046100		初级形状的聚四氟乙烯	10.0	45.0	0.0	13.0	0.0	千克	
39046900		初级形状的其他氟聚合物	6.5	45.0	0.0	13.0	0.0	千克	
39049000		初级形状的其他卤化烯烃聚合物	10.0	45.0	0.0	13.0	0.0	千克	

续表

商品编码	附加编号	商品名称	进口税率		出口税率	增值税	消费税	计量单位	监管条件
			优惠	普通					
39051200		聚乙酸乙烯酯的水分散体	10.0	45.0	0.0	13.0	0.0	千克	
39051900		其他初级形状聚乙酸乙烯酯	10.0	45.0	0.0	13.0	0.0	千克	
39052100		乙酸乙烯酯共聚物的水分散体	10.0	45.0	0.0	13.0	0.0	千克	
39052900		其他初级形状的乙酸乙烯酯共聚物	10.0	45.0	0.0	13.0	0.0	千克	
39053000		初级形状的聚乙烯醇	14.0	45.0	0.0	13.0	0.0	千克	AB
39059100		其他乙烯酯或乙烯基的共聚物	10.0	45.0	0.0	13.0	0.0	千克	
39059900		其他乙烯酯或乙烯基的聚合物	10.0	45.0	0.0	13.0	0.0	千克	
39061000		初级形状的聚甲基丙烯酸甲酯	6.5	45.0	0.0	13.0	0.0	千克	
39069010		聚丙烯酰胺	6.5	45.0	0.0	13.0	0.0	千克	AB
39069090	01	聚丙烯酸钠	6.5	45.0	0.0	13.0	0.0	千克	
39069090	90	其他初级形状的丙烯酸聚合物	6.5	45.0	0.0	13.0	0.0	千克	
39071010		初级形状的聚甲醛	6.5	45.0	0.0	13.0	0.0	千克	
39071090		其他初级形状的聚缩醛	6.5	45.0	0.0	13.0	0.0	千克	
39072010		聚四亚甲基醚二醇	6.5	45.0	0.0	13.0	0.0	千克	
39072090		初级形状的其他聚醚	6.5	45.0	0.0	13.0	0.0	千克	
39073000	01	初级形状溴质量≥18%或进口CIF价	6.5	45.0	0.0	13.0	0.0	千克	
39073000	90	初级形状的环氧树脂	6.5	45.0	0.0	13.0	0.0	千克	
39074000		初级形状的聚碳酸酯	6.5	45.0	0.0	13.0	0.0	千克	
39075000		初级形状的醇酸树脂	10.0	45.0	0.0	13.0	0.0	千克	
39076011		高黏度聚对苯二甲酸乙二酯切片	6.5	45.0	0.0	13.0	0.0	千克	A
39076019		其他聚对苯二甲酸乙二酯切片	6.5	45.0	0.0	13.0	0.0	千克	A
39076090		其他初级形状聚对苯二甲酸乙二酯	6.5	45.0	0.0	13.0	0.0	千克	A

续表

商品编码	附加编号	商品名称	进口税率		出口税率	增值税	消费税	计量单位	监管条件
			优惠	普通					
39077000		初级形状的聚乳酸	6.5	45.0	0.0	13.0	0.0	千克	
39079100		初级形状的不饱和聚酯	6.5	45.0	0.0	13.0	0.0	千克	
39079910	01	未经增强或改性的初级形状PBT树	6.5	45.0	0.0	13.0	0.0	千克	
39079910	90	其他聚对苯二甲酸丁二酯	6.5	45.0	0.0	13.0	0.0	千克	
39079990		初级形状的其他聚酯	6.5	45.0	0.0	13.0	0.0	千克	AB
39081011		聚酰胺-6，6切片	6.5	45.0	0.0	13.0	0.0	千克	
39081019	10	尼龙11、尼龙12切片	6.5	45.0	0.0	13.0	0.0	千克	
39081019	90	聚酰胺-6切片等	6.5	45.0	0.0	13.0	0.0	千克	
39081090		其他初级形状的聚酰胺-6，6等	6.5	45.0	0.0	13.0	0.0	千克	
39089000		初级形状的其他聚酰胺	10.0	45.0	0.0	13.0	0.0	千克	
39089010		芳香族聚酰胺及其共聚物	10.0	45.0	0.0	13.0	0.0	千克	
39089020		半芳香族聚酰胺及其共聚物	10.0	45.0	0.0	13.0	0.0	千克	
39089090		其他聚酰胺	10.0	45.0	0.0	13.0	0.0	千克	
39091000		初级形状的尿素树脂及硫尿树脂	6.5	45.0	0.0	13.0	0.0	千克	
39092000		初级形状的蜜胺树脂	6.5	45.0	0.0	13.0	0.0	千克	
39093010		聚（亚甲基苯基异氰酸酯）(聚合MDI)	6.5	35.0	0.0	13.0	0.0	千克	
39093090		其他初级形状的氨基树脂	6.5	45.0	0.0	13.0	0.0	千克	
39094000		初级形状的酚醛树脂	6.5	45.0	0.0	13.0	0.0	千克	
39095000		初级形状的聚氨基甲酸酯	6.5	45.0	0.0	13.0	0.0	千克	
39100000		初级形状的聚硅氧烷	6.5	45.0	0.0	13.0	0.0	千克	
39111000		初级形状的石油树脂等	6.5	45.0	0.0	13.0	0.0	千克	
39119000	01	芳基酸与芳基胺预缩聚物	6.5	45.0	0.0	13.0	0.0	千克	
39119000	03	改性三羟乙基脲酸酯类预缩聚物	6.5	45.0	0.0	13.0	0.0	千克	
39119000	04	聚苯硫醚	6.5	45.0	0.0	13.0	0.0	千克	
39119000	05	偏苯三酸酐和异氰酸预缩聚物	6.5	45.0	0.0	13.0	0.0	千克	

续表

商品编码	附加编号	商品名称	进口税率		出口税率	增值税	消费税	计量单位	监管条件
			优惠	普通					
39119000	90	其他初级形状的多硫化物、聚砜等	6.5	45.0	0.0	13.0	0.0	千克	
39121100	01	未塑化二醋酸纤维素等	6.5	40.0	0.0	13.0	0.0	千克	
39121100	90	初级形状的未塑化醋酸纤维素	6.5	40.0	0.0	13.0	0.0	千克	
39121200		初级形状的已塑化醋酸纤维素	6.5	40.0	0.0	13.0	0.0	千克	
39122000		初级形状的硝酸纤维素	6.5	45.0	0.0	13.0	0.0	千克	
39123100		初级形状的羧甲基纤维素及其盐	6.5	45.0	0.0	13.0	0.0	千克	
39123900		初级形状的其他纤维素醚	6.5	45.0	0.0	13.0	0.0	千克	
39129000		初级形状的其他未列名的纤维素	6.5	45.0	0.0	13.0	0.0	千克	
39131000		初级形状的藻酸及盐和酯	10.0	45.0	0.0	13.0	0.0	千克	AB
39139000		初级形状的其他未列名天然聚合物	6.5	50.0	0.0	13.0	0.0	千克	
39140000		初级形状的离子交换剂	6.5	45.0	0.0	13.0	0.0	千克	
39151000		乙烯聚合物的废碎料及下脚料	6.5	50.0	0.0	13.0	0.0	千克	AP
39152000		苯乙烯聚合物的废碎料及下脚料	6.5	50.0	0.0	13.0	0.0	千克	AP
39153000		氯乙烯聚合物的废碎料及下脚料	6.5	50.0	0.0	13.0	0.0	千克	AP
39159010		聚对苯二甲酸乙二酯废碎料及下脚	6.5	50.0	0.0	13.0	0.0	千克	AP
39159090		其他塑料的废碎料及下脚料	6.5	50.0	0.0	13.0	0.0	千克	AP
39161000		乙烯聚合物制单丝，条，杆及型材	10.0	45.0	0.0	13.0	0.0	千克	
39162000		氯乙烯聚合物制单丝，条，杆及型材	10.0	45.0	0.0	13.0	0.0	千克	
39169010		聚酰胺制的单丝，条，杆及型材	10.0	45.0	0.0	13.0	0.0	千克	
39169090		其他塑料制单丝，条，杆及型材	10.0	45.0	0.0	13.0	0.0	千克	

续表

商品编码	附加编号	商品名称	进口税率		出口税率	增值税	消费税	计量单位	监管条件
			优惠	普通					
39171000		硬化蛋白或纤维素材料制人造肠衣	10.0	50.0	0.0	13.0	0.0	千克	A
39172100		乙烯聚合物制的硬管	10.0	45.0	0.0	13.0	0.0	千克	
39172200		丙烯聚合物制的硬管	10.0	45.0	0.0	13.0	0.0	千克	
39172300		氯乙烯聚合物制的硬管	10.0	45.0	0.0	13.0	0.0	千克	
39172900		其他塑料制的硬管	10.0	45.0	0.0	13.0	0.0	千克	
39173100		塑料制的软管	10.0	45.0	0.0	13.0	0.0	千克	
39173200		其他未装有附件的塑料制管子	6.5	45.0	0.0	13.0	0.0	千克	
39173300		其他装有附件的塑料管子	6.5	45.0	0.0	13.0	0.0	千克	
39173900		塑料制的其他管子	6.5	45.0	0.0	13.0	0.0	千克	
39174000		塑料制的管子附件	10.0	45.0	0.0	13.0	0.0	千克	
39181010		氯乙烯聚合物制糊墙品	10.0	45.0	0.0	13.0	0.0	千克	
39181090		氯乙烯聚合物制的铺地制品	10.0	45.0	0.0	13.0	0.0	千克	
39189010		其他塑料制的糊墙品	10.0	45.0	0.0	13.0	0.0	千克	
39189090		其他塑料制的铺地制品	10.0	45.0	0.0	13.0	0.0	千克	
39191010		丙烯酸树脂类为主的自粘塑料板等	6.5	45.0	0.0	13.0	0.0	千克	
39191091		宽度≤20cm的胶囊型反光膜	6.5	45.0	0.0	13.0	0.0	千克	
39191099		其他宽度≤20cm的自粘塑料板片等	6.5	45.0	0.0	13.0	0.0	千克	
39199010		其他胶囊型反光膜	6.5	45.0	0.0	13.0	0.0	千克	
39199090		其他自粘塑料板，片，膜等材料	6.5	45.0	0.0	13.0	0.0	千克	
39201010		乙烯聚合物制电池隔膜	6.5	45.0	0.0	10.0	0.0	千克	
39201090	01	乙烯-四氟乙烯膜（四氟乙烯单体）	6.5	45.0	0.0	13.0	0.0	千克	
39201090	10	农用非泡沫聚乙烯薄膜	6.5	45.0	0.0	10.0	0.0	千克	
39201090	90	其他非泡沫乙烯聚合物板，片，膜	6.5	45.0	0.0	13.0	0.0	千克	
39202010		丙烯聚合物制电池隔膜	6.5	45.0	0.0	13.0	0.0	千克	

续表

商品编码	附加编号	商品名称	进口税率		出口税率	增值税	消费税	计量单位	监管条件
			优惠	普通					
39202090	10	农用非泡沫聚丙烯薄膜	6.5	45.0	0.0	10.0	0.0	千克	
39202090	90	非泡沫丙烯聚合物板，片，膜，箔	6.5	45.0	0.0	13.0	0.0	千克	
39203000		非泡沫苯乙烯聚合物板，片，膜，箔	6.5	45.0	0.0	13.0	0.0	千克	
39204300	10	农用软质聚氯乙烯薄膜	6.5	45.0	0.0	13.0	0.0	千克	
39204300	90	氯乙烯聚合物板，片，膜，箔及扁条	6.5	45.0	0.0	13.0	0.0	千克	
39204900	10	其他农用软质聚氯乙烯薄膜	6.5	45.0	0.0	13.0	0.0	千克	
39204900	90	其他氯乙烯聚合物板，片，膜，箔	6.5	45.0	0.0	13.0	0.0	千克	
39205100		聚甲基丙烯酸甲酯板片膜箔及扁条	6.5	45.0	0.0	13.0	0.0	千克	
39205900		其他丙烯酸聚合物板片膜箔及扁条	6.5	45.0	0.0	13.0	0.0	千克	
39206100		聚碳酸酯制板，片，膜，箔，扁条	6.5	45.0	0.0	13.0	0.0	千克	
39206200	01	9≤厚≤15.9微米聚酯薄膜	6.5	45.0	0.0	13.0	0.0	千克	
39206200	02	5≤厚≤8.9微米聚酯薄膜	6.5	45.0	0.0	13.0	0.0	千克	
39206200	03	16≤厚≤29.9微米聚酯薄膜	6.5	45.0	0.0	13.0	0.0	千克	
39206200	04	50≤厚≤99.9微米聚酯薄膜	6.5	45.0	0.0	13.0	0.0	千克	
39206200	09	其他聚对苯二甲酸乙二酯板片膜等	6.5	45.0	0.0	13.0	0.0	千克	
39206300		不饱和聚酯板，片，膜，箔及扁条	10.0	45.0	0.0	13.0	0.0	千克	
39206900		其他聚酯板，片，膜，箔及扁条	10.0	45.0	0.0	13.0	0.0	千克	
39207100		再生纤维素制板，片，膜，箔及扁条	6.5	45.0	0.0	13.0	0.0	千克	
39207300		醋酸纤维素制板，片，膜，箔及扁条	6.5	45.0	0.0	13.0	0.0	千克	
39207900		其他纤维素衍生物制板，片，膜箔	10.0	45.0	0.0	13.0	0.0	千克	

续表

商品编码	附加编号	商品名称	进口税率		出口税率	增值税	消费税	计量单位	监管条件
			优惠	普通					
39209100	01	聚乙烯醇缩丁醛膜	6.5	45.0	0.0	13.0	0.0	千克	
39209100	90	聚乙烯醇缩丁醛板，片，箔，扁条	6.5	45.0	0.0	13.0	0.0	千克	
39209200		聚酰胺板，片，膜，箔，扁条	10.0	45.0	0.0	13.0	0.0	千克	
39209300		氨基树脂板，片，膜，箔，扁条	6.5	45.0	0.0	13.0	0.0	千克	
39209400		酚醛树脂板，片，膜，箔，扁条	10.0	45.0	0.0	13.0	0.0	千克	
39209910		聚四氟乙烯制非泡沫塑料板，片，箔	6.5	45.0	0.0	13.0	0.0	千克	
39209990		其他非泡沫塑料板，片，膜，箔，扁条	6.5	45.0	0.0	13.0	0.0	千克	
39211100		泡沫聚苯乙烯板，片，带，箔，扁条	10.0	45.0	0.0	13.0	0.0	千克	
39211210		泡沫聚氯乙烯人造革及合成革	9.0	70.0	0.0	13.0	0.0	千克	5
39211290		泡沫聚氯乙烯板，片，带，箔，扁条	6.5	45.0	0.0	13.0	0.0	千克	5
39211310		泡沫聚氨酯制人造革及合成革	9.0	70.0	0.0	13.0	0.0	千克	5
39211390		泡沫聚氨酯板，片，带，箔，扁条	6.5	45.0	0.0	13.0	0.0	千克	5
39211400		泡沫再生纤维素板，片，膜，箔，扁条	10.0	45.0	0.0	13.0	0.0	千克	
39211910		其他泡沫塑料制人造革及合成革	9.0	45.0	0.0	13.0	0.0	千克	
39211990		其他泡沫塑料板，片，膜，箔，扁条	6.5	45.0	0.0	13.0	0.0	千克	
39219020		以聚乙烯为基本成分的板片	6.5	45.0	0.0	13.0	0.0	千克	
39219030		聚异丁烯为基本成分的板片卷材	6.5	45.0	0.0	13.0	0.0	千克	
39219090	01	离子交换膜	6.5	45.0	0.0	13.0	0.0	千克	5

续表

商品编码	附加编号	商品名称	进口税率		出口税率	增值税	消费税	计量单位	监管条件
			优惠	普通					
39219090	10	敏感物项管制结构复合材料的层压	6.5	45.0	0.0	13.0	0.0	千克	35
39219090	90	未列名塑料板，片，膜，箔，扁条	6.5	45.0	0.0	13.0	0.0	千克	5
39221000		塑料浴缸，淋浴盘，洗涤槽及盥洗盆	10.0	80.0	0.0	13.0	0.0	千克	
39222000	10	含濒危动物成分的塑料马桶座圈及盖	10.0	80.0	0.0	13.0	0.0	千克	EF
39222000	90	其他塑料马桶座圈及盖	10.0	80.0	0.0	13.0	0.0	千克	
39229000		塑料便盆，抽水箱等类似卫生洁具	10.0	80.0	0.0	13.0	0.0	千克	
39231000		塑料制盒，箱及类似品	10.0	80.0	0.0	13.0	0.0	千克	
39232100		乙烯聚合物制袋及包	10.0	80.0	0.0	13.0	0.0	千克	
39232900		其他塑料制的袋及包	10.0	80.0	0.0	13.0	0.0	千克	
39233000		塑料制坛，瓶及类似品	6.5	80.0	0.0	13.0	0.0	千克	
39234000		塑料制卷轴，纡子，筒管及类似品	10.0	35.0	0.0	13.0	0.0	千克	
39235000		塑料制塞子，盖子及类似品	10.0	80.0	0.0	13.0	0.0	千克	
39239000		供运输或包装货物用其他塑料制品	10.0	80.0	0.0	13.0	0.0	千克	
39241000		塑料制餐具及厨房用具	6.5	80.0	0.0	13.0	0.0	千克	AB
39249000		塑料制其他家庭用具及卫生或盥洗	6.5	80.0	0.0	13.0	0.0	千克	B
39251000		塑料制囤，柜，罐，桶及类似容器	6.5	80.0	0.0	13.0	0.0	千克	
39252000		塑料制门，窗及其框架，门槛	6.50	80.0	0.0	13.0	0.0	千克	
39253000		塑料制窗板，百叶窗及类似制品	6.50	80.0	0.0	13.0	0.0	千克	
39259000		其他未列名的建筑用塑料制品	6.50	80.0	0.0	13.0	0.0	千克	
39261000		办公室或学校用塑料制品	10.0	80.0	0.0	13.0	0.0	千克	

续表

商品编码	附加编号	商品名称	进口税率		出口税率	增值税	消费税	计量单位	监管条件
			优惠	普通					
39262011		聚氯乙烯制手套（包括分指手套）	6.50	90.0	0.0	13.0	0.0	双	
39262019		其他塑料制手套（包括分指手套）	6.50	90.0	0.0	13.0	0.0	双	
39262090		其他塑料制衣服及衣着附件	6.50	90.0	0.0	13.0	0.0	千克	
39263000		塑料制家具，车厢及类似品的附件	10.0	80.0	0.0	13.0	0.0	千克	
39264000		塑料制小雕塑品及其他装饰品	10.0	100.0	0.0	13.0	0.0	千克	
39269010		塑料制机器及仪器用零件	10.0	35.0	0.0	13.0	0.0	千克	
39269090	10	敏感物项管制结构复合材料的预成	10.0	80.0	0.0	13.0	0.0	千克	3
39269090	90	其他塑料制品	10.0	80.0	0.0	13.0	0.0	千克	

本类注释说明：

一、本目录所称“塑料”，是指品目39.01至39.14的材料，这些材料能够在聚合时或聚合后在外力（一般是热力和压力，必要时加入溶剂或增塑剂）作用下通过模制、浇铸挤压、滚轧或其他工序制成一定的形状，成形后除去外力，其形状仍保持不变。本目录所称“塑料”，还应包括钢纸，但不包括第十一类的纺织材料。

二、本章不包括：（一）品目27.12或34.04的蜡；（二）单独的已有化学定义的有机化合物（第二十九章）；（三）肝素及其盐（品目30.01）；（四）品目39.01至39.13所列的任何产品溶于挥发性有机溶剂的溶液（胶棉除外），但溶剂的重量必须超过溶液重量的50%（品目32.08）；品目32.12的压印箔；（五）有机表面活性剂或品目34.02的制剂；（六）再熔胶及酯胶（品目38.06）；（七）附于塑料衬背上的诊断或实验用试剂（品目38.22）；（八）第四十章规定的合成橡胶及其制品；（九）鞍具及挽具（品目42.01）；品目42.02的衣箱、提箱、手提包及其他容器；（十）第四十六章的缏条、编结品及其他制品；（十一）品目48.14的壁纸；（十二）第十一类的货品（纺织原料及纺织制品）；（十三）第十二类的物品（例如，鞋靴、帽类、雨伞、阳伞、手杖、鞭子、马鞭及其零件）；（十四）品目71.17的仿首饰；（十五）第十六类的物品（机器、机械器具或电气器具）；（十六）第十七类的航空器零件及车辆零件；（十七）第九十章的物品（例如，光学元件、眼镜架及绘图仪器）；（十八）第九十一章的物品（例如，钟壳及表壳）；（十九）第九十二章的物品（例如，乐器及其零件）；（二十）第九十四章的物品（例如，家具、灯具、照明装置、灯箱及活动房屋）；（二十一）第九十五章的物品（例如，玩具、游戏品及运动用品）；（二十二）第九十六章的物品（例如，刷子、纽扣、拉链、梳子、烟斗的嘴及柄、香烟嘴及类似品、保温瓶的零件及类似品、钢笔、活动铅笔）。

三、品目39.01至39.11仅适用于化学合成的下列货品：（一）温度在300℃时，压力转为1013毫巴后减压蒸馏出的液体合成聚烯烃以体积计小于60%的货品（品目39.01及39.02）；（二）非高度聚合的苯并呋喃——茚式树脂（品目39.11）；（三）平均至少有五个单体单元的其他合成聚合物；（四）聚硅氧烷（品目39.10）；（五）甲阶酚醛树脂（品目39.09）及其他预聚物。

四、所称“共聚物”，包括在整个聚合物中按重量计没有一种单体单元的含量在95%及以上的各种聚合物。在本章中，除条文另有规定的以外，共聚物（包括共缩聚物、共加聚物、嵌段共聚物及接枝共聚物）及聚合物混合体应按聚合物中重量最大的那种共聚单体单元所构成的聚合物归入相应品目。在本注释中，归入同一品目的聚合物的共聚单体单元应作为一种单体单元对待。如果没有任何一种共聚单体单元重量为最大，共聚物或聚合物混合体应按号列顺序归入其可归入的最末一个品目。

五、化学改性聚合物，即聚合物主链上的支链通过化学反应发生了变化的聚合物，应按未改性的聚合物的相应品目归类。本规定不适用于接枝共聚物。

六、品目 39.01 至 39.14 所称“初级形状”，只限于下列各种形状：（一）液状及糊状，包括分散体（乳浊液及悬浮液）及溶液；（二）不规则形状的块，团、粉（包括压型粉）、颗粒、粉片及类似的散装形状。

七、品目 39.15 不适用于已制成初级形状的单一热塑材料废碎料及下脚料（品目 39.01 至 39.14）。

八、品目 39.17 所称“管子”，是指通常用于输送或供给气体或液体的空心制品或半制品（例如，肋纹浇花软管、多孔管），还包括香肠用肠衣及其他扁平管。除肠衣及扁平管外，内截面如果不呈圆形、椭圆形、矩形（其长度不超过宽度的 1.5 倍）或正几何形，则不能视为管子，而应作为异型材。

九、品目 39.18 所称“塑料糊墙品”，适用于墙壁或天花板装饰用的宽度不小于 45 厘米的成卷产品，这类产品是将塑料牢固地附着在除纸张以外任何材料的衬背上，并且在塑料面起纹、压花、着色、印制图案或用其他方法装饰。

十、品目 39.20 及 39.21 所称“板、片、膜、箔、扁条”，只适用于未切割或仅切割成矩形（包括正方形）（含切割后即可供使用的），但未经进一步加工的板、片、膜、箔、扁条（第五十四章的物品除外）及正几何形块，不论是否经过印制或其他表面加工。

十一、品目 39.25 只适用于第二分章以前各品目未包括的下列物品：（一）容积超过 300 升的囤、柜（包括化粪池）、罐、桶及类似容器；（二）用于地板、墙壁、隔墙、天花板或屋顶等方面的结构件；（三）槽管及其附件；（四）门、窗及其框架和门槛；（五）阳台、栏杆、栅栏、栅门及类似品；（六）窗板、百叶窗（包括威尼斯式百叶窗）或类似品及其零件、附件；（七）商店、工棚、仓库等用的拼装式固定大型货架；（八）建筑用的特色（例如，凹槽、圆顶及鸽棚式）装饰件；（九）固定装于门窗、楼梯、墙壁或建筑物其他部位的附件及架座，例如，球形把手、拉手、挂钩、托架、毛巾架、开关板及其他护板。

子目注释：一、属于本章任一品目项下的聚合物（包括共聚物）及化学改性聚合物应按下列规则归类：（一）在同级子目中有一个“其他”子目的：1. 子目所列聚合物名称冠有“聚（多）”的（例如，聚乙烯及聚酰胺—6，6），是指列名的该种聚合物单体单元含量在整个聚合物中按重量计必须占 95% 及以上。2. 子目号 3901.30、3903.20、3903.30 及 3904.30 所列的共聚物，如果该种共聚单体单元含量在整个聚合物中按重量计占 95%及以上，即应归入上述子目。3. 化学改性聚合物如未在其他子目具体列名，应归入列明为“其他”的子目内。4. 不符合上述 3 款规定的聚合物，应按聚合物中重量最大的那种单体单元（与其他各种单一的共聚单体单元相比）所构成的聚合物归入该级其他相应子目。为此，归入同一子目的聚合物单体单元应作为一种单体单元对待。只有在同级子目中的聚合物共聚单体单元才可以进行比较。（二）在同级子目中没有“其他”子目的：1. 聚合物应按聚合物中重量最大的那种单体单元（与其他各种单一的共聚单体单元相比）所构成的聚合物归入该级相应子目。为此，归入同一子目的聚合物单体单元应作为一种单体单元对待。只有在同级子目中的聚合物共聚单体单元才可以进行比较。2. 化学改性聚合物应按相应的未改性聚合物的子目归类。聚合物混合体应按单体单元比例相等、种类相同的聚合物归入相应子目。二、子目 3920.43 所称增塑剂，包括次级增塑剂。

综　述

2020 年合成树脂行业运行情况及发展态势

“十三五”期间是我国合成树脂工业高速发展期。国内大炼油、大烯烃项目和西北煤炭深加工产业陆续规划建成投产，国内合成树脂产能快速增长，市场规模不断扩大，下游新型材料和高端技术不断突破，行业逐步转向高质量发展。2020 年新冠疫情突发，肆虐全球，全球经济受到严重冲击，贸易需求大幅下滑，全球合成树脂行业出现多年来的首次萎缩。随着国内疫情得到控制，下半年国内合成树脂行业逐步复工复产，受防疫物资拉动，合成树脂需求快速增加，价格从低谷反弹，效益明显出现好转。同时，国外合成树脂市场订单大量回流到国内，中国“全球工厂”地位更加凸显。

一、合成树脂生产

“十三五”期间，在深化供给侧结构性改革、推动经济高质量发展的引领下，石油和化工行业市场规模和质量效益稳定提升。在合成树脂领域，以大连恒力、浙江石化等为代表的大型炼化一体化项目陆续投产，以煤制烯烃为主的煤化工快速发展，我国合成树脂产能规模继续扩大。但总体来看，需求增长依然快于产能增长，我国仍然是合成树脂净进口国且进口依存度仍然较高。2020 年我国合成树脂总产能达到 8560 万吨/年。其中，聚乙烯产能达到 2341 万吨/年，相比 2019 年增加 380 万吨/年。聚丙烯产能达到 2882 万吨/年，新增产能 380 万吨/年。

（一）生产运行大幅波动

2020 年，受疫情影响合成树脂行业运行出现大幅波动，上半年生产企业普遍出现停产停工，产量出现大幅下滑，效益断崖式下降，下半年随着疫情得到控制，企业复产复工，产量效益逐步恢复。防疫及医用树脂需求呈现爆发式增长。

一是效益先降后增。据国家统计局数据，2020 年全国合成树脂行业规模以上企业 1651 家（主营业务收入 2000 万元以上），比上年减少 25 家，资产总计 12136.8 亿元，同比增长 9.4%。回顾全年运行情况，合成树脂行业运行呈现 V 字形，一季度主营业务及利润增速断崖式下降，分别为 -20.9%、-71.1%。下半年国内疫情得到控制，国外疫情失控，海外订单向国内转移，国内合成树脂行业迅速恢复，全年实现主营业务收入 9019.5 亿元，同比下降 4.0%；利润为 719.4 亿元，同比增长 20.8%（表 1）。

二是盈利能力有所提升。2020 年，合成树脂行业利润同比增长 20.8%；主营业务成本 7536.5 亿元，比上年下降 6.0%，连续两年下降；每 100 元主营收入成本为 83.5 元，比上一年降低 2.0 元；主营收入利润率为 8.0%，比上年提高 1.9 个百分点。2020 年合成树脂行业亏损面为 13.5%，比上年缩小 3.4 个百分点。总的来看，2020 年全行业盈利情况表现优异，生产企业利润大幅增加，主要受益于两方面：一是突发疫情导致对防疫物资及医用合成树脂的需求增加；二是国外疫情失控，国外合成树脂产能大幅下滑，海外订单大量转移到国内。

表 1　2016—2020 年我国合成树脂行业主要经济指标完成情况　单位：亿元，%

项目 \ 年份	2016	2017	2018	2019	2020
主营收入	7818.3	8025.5	9898.3	9742.6	9019.5
同比	-5.9	2.7	23.3	-1.6	-4.0
利润总额	453.3	650.6	687.9	589.6	719.4
同比	29.9	43.5	5.7	-14.3	20.8
资产总计	9118.8	9851.7	10854.0	11222.4	12136.8
同比	7.0	8.0	10.2	3.4	9.4

（数据来源：国家统计局、中国石油和化学工业联合会，2019 年数据有所调整，下同）

（二）产量继续保持增长

据统计，2020 年我国合成树脂产量继续保持增长，达到 10355.3 万吨，同比增长 7.0%。其中，聚乙烯（PE）1906.6 万吨，增长 8.9%；聚丙烯（PP）2625.9 万吨，增长 10.8%；聚氯乙烯（PVC）2074.0 万吨，增长 3.3%；聚苯乙烯（PS）316.5 万吨，增长 4.7%；ABS 树脂产量 400.9 万吨，增幅 1.6%。上述五大通用树脂总产量合计 7323.9 万吨，同比增长 6.8%，占比 70.7%，比上年基本持平（表 2）。

表 2　2016—2020 年我国合成树脂产量　单位：万吨,%

年份 / 产品产量	2016	2017	2018	2019	2020
合成树脂合计	8018.2	8213.6	8558.0	9574.1	10355.3
年增长率	3.9	2.4	4.2	9.3	7.0
五大通用树脂小计	5441.6	5541.2	5819.3	6795.4	7323.9
聚乙烯（PE）	1435.5	1336.3	1402.0	1744.9	1906.6
聚丙烯（PP）	1810.6	1903.5	2041.9	2348.5	2625.9
聚氯乙烯（PVC）	1689.9	1774.5	1873.9	2010.7	2074.0
聚苯乙烯（PS）	195.8	202.5	175.7	298.3	316.5
ABS 树脂	309.8	324.4	325.8	393.0	400.9

注：PE 主要包括 LDPE、HDPE、LLDPE 等，PS 包括 EPS、HIPS 和 GPPS，下同。

分地区看，合成树脂生产主要集中在江苏省、浙江省、山东省、内蒙古自治区等地区。其中：江苏省产量最高，为 1130.4 万吨，占 10.9%，其次是浙江省，为 1100.3 万吨，占 10.6%；增长率最高的前两个省份分别是安徽和辽宁，产量分别为 324.6 万吨和 542.7 万吨，同比分别增长 64.3% 和 35.2%。

产量排名前十位的省份合成树脂总产量为 7440.4 万吨，占全国比例为 71.9%（表 3）。

表 3　2020 年合成树脂产量分地区情况

单位：万吨,%

分地区	产量	同比	占比
全　国	10355.3	7.0	100.0
江　苏	1130.4	-1.3	10.9
浙　江	1100.3	-3.2	10.6
山　东	941.1	8.1	9.1
内蒙古	860.2	12.7	8.3
新　疆	725.9	13.7	7.0
广　东	709.4	8.4	6.9
陕　西	593.2	5.1	5.7
辽　宁	542.7	35.2	5.2
宁　夏	439.3	14.5	4.2
福　建	398.0	3.1	3.8

二、合成树脂消费

（一）消费稳步增长

2020 年，我国合成树脂表观消费量继续保持增长。全年表观消费量为 1.34 亿吨，比上年增长 8.4%。其中，五大通用树脂表观消费量达到 9910.7 万吨，同比增长 9.0%，占合成树脂表观消费总量的 73.8%。聚丙烯、聚乙烯表观消费量增长明显，增速分别为 13.2%和 10.2%（表 4）。

表 4 **2016—2020 年我国合成树脂表观消费量变化** 单位：万吨，%

表观消费量 \ 年份	2016	2017	2018	2019	2020
合成树脂合计	10626.5	10791.5	10934.4	12286.6	13426.4
年增长率	2.1	1.6	1.3	10.3	8.4
五大通用树脂小计	6941.8	7190.7	7791.7	9065.8	9910.7
年增长率	2.1	3.6	8.4	10.8	9.0
聚乙烯	2399.9	2491.0	2781.6	3383.3	3734.8
聚丙烯	2088.4	2191.7	2338.7	2663.3	3039.9
聚氯乙烯	1659.3	1764.5	1890.2	2026.7	2106.9
聚苯乙烯	301.3	243.7	258.9	399.1	431.3
ABS 树脂	492.9	499.8	522.3	593.5	597.9

“十三五”期间，我国合成树脂行业供需缺口呈现扩大趋势。2020 年合成树脂供需缺口达到 3071.1 万吨。其中，五大通用树脂供需缺口为 2586.8 万吨，相比 2016 年扩大了 1086.6 万吨。聚乙烯供需缺口最大，达到 1828.1 万吨，相比 2016 年扩大了 863.7 万吨。

“十四五”期间，我国合成树脂市场规模将继续稳定增长，在全球合成树脂产业链中的地位将进一步巩固。这主要得益于多重因素：一是当前我国塑料人均消费量仍远远低于发达国家，需求仍有增长空间，内循环也将有助于拉动国内消费；二是新冠疫情提升了人们的健康意识，医疗及卫生用合成树脂需求将继续保持增长；三是现代农业生产技术提升，拓宽薄膜在种植业中应用；四是新材料和高端消费用品对高端包装膜的需求会快速增长；五是国内新基建项目增多，城镇化率和新农村建设也增加了管道材料的需求。同时，国家在“十三五”期间实施“禁废令”，我国废塑料进口量快速下滑。由 2012 年最高时 889.7 万吨一路下滑到不足 0.1 万吨，相当于砍掉了废塑料回收利用行业近 1/3 的原料供给，为原生料腾出了空间。

基于环保诉求，全球限塑进程呈现加快趋势，我国在 2020 年初也发布《关于进一步加强塑料污染治理的意见》；同时，“十三五”期间需求量暴涨的快递和外卖等包装也将会受到严格监管或由可降解塑料替代。这都会对合成树脂的需求带来冲击。

总的来看，我国合成树脂市场消费潜力依然很大，产品供需仍存在较大缺口（表 5）。根据目前消费增长趋势判断，“十四五”期间我国合成树脂市场消费仍将保持平稳增长态势。

表 5 **2016—2020 年我国五大通用树脂供需缺口变化** 单位：万吨，%

供需缺口 \ 年份	2016	2017	2018	2019	2020
五大通用树脂小计	-1500.2	-1649.5	-1972.4	-2270.4	-2586.8
聚乙烯（PE）	-964.4	-1154.7	-1379.6	-1638.3	-1828.1
聚丙烯（PP）	-277.8	-288.2	-296.8	-314.7	-414.1
聚氯乙烯（PVC）	30.6	10.0	-16.3	-16.0	-33.0

续表

供需缺口 \ 年份	2016	2017	2018	2019	2020
聚苯乙烯（PS）	-105.5	-41.2	-83.2	-100.8	-114.8
ABS 树脂	-183.1	-175.4	-196.5	-200.6	-196.8

（二）消费领域广泛

合成树脂被广泛应用于包装、建筑、农业、家电及汽车等领域。2020 年，聚乙烯消费量仍保持最大，占到合成树脂表观消费总量的 27.8%，较上年提高 0.3 个百分点；聚丙烯继续居第二位，占比 22.6%，比上年提高 0.9 个百分点；聚氯乙烯居第三位，占比 15.7%，比上年下降 0.8 个百分点。这三大通用树脂消费量占整个合成树脂消费总量的 65.2%。

1. 聚乙烯

随着电子商务的快速发展、聚乙烯原生料对废旧塑料的替代及聚乙烯应用领域的不断拓宽，2020 年聚乙烯表观消费量达到 3734.8 万吨，比上年增长 10.2%，自给率 51.1%。在聚乙烯产品的消费中，高密度聚乙烯（HDPE）表观消费量为 1594.4 万吨，占比 42.7%，比上年降低 1.8 个百分点；低密度聚乙烯（LDPE）表观消费量约 774.4 万吨，占比 20.7%，比上年提高 2.1 个百分点；线性低密度聚乙烯（LLDPE）表观消费量 1366.0 万吨，占比 36.6%，比上年降低 0.3 个百分点。

HDPE 消费结构：HDP 相对于 LLDPE 与 LDPE 来说下游应用领域更为广泛，主要在吹塑、板片板材、薄膜、注塑、单丝和编制、电线电缆等领域。其中薄膜、中空、管材占比排在前列，占比分别为 26.21%、24.36%和 24.26%。薄膜料主要用于制作购物袋、包装薄膜、多层复合袋等。其次为注塑领域占比 13.3%，拉丝占比 9.43%（表 6）。

表 6 2020 年我国 HDPE 消费结构表

单位：万吨，%

产品	需求量	占比
薄膜	417.9	26.21
注塑	388.4	24.36
中空	386.8	24.26
管材	212.1	13.30

续表

产品	需求量	占比
拉丝	150.4	9.43
其他	38.9	2.44

HDPE 适用于生产各类中空容器，如食品、药品、化妆品容器以及中空托盘、周转箱、IBC 包装桶等大型中空产品。HDPE 薄膜制品中，以高强度薄膜为主，主要包括各种塑料袋、多层衬里膜、耐候膜等。HDPE 注塑制品可大量替代钢材和木材，广泛应用于各个领域，如铁路、港口、远洋运输、包装生产线等。HDPE 管材具有优良的力学性能、韧性好和耐腐蚀等优点，被广泛应用于供水系统及电线电缆等的套管领域。此外，随着人们生活水平的不断提高和消费升级，HDPE 在中空包装领域的应用也越来越广泛。

LDPE 消费结构：LDPE 下游消费主要集中于薄膜领域，占比达 67.31%。近年来由于国内对于棚膜行业的厚度、透光性及耐老化程度的标准提升，使得 LDPE 的需求量有所增加。另外，包装膜、重包膜行业随着社会的发展其需求量也在逐年提高。其次为注塑、涂覆、电线电缆领域，占比分别为 11.44%、9.42%和 6.40%。长远来看，随着外卖行业的兴起以及企业对于包装制品的改进，涂覆料领域对 LDPE 的消费占比将会继续扩大。未来涂覆领域也将成为 LDPE 消费增长的主要下游领域（表 7）。

表 7 2020 年我国 LDPE 消费结构表

单位：万吨，%

产品	需求量	占比
薄膜	521.2	67.31
注塑	88.6	11.44
涂覆	72.9	9.42

续表

产品	需求量	占比
电线电缆	49.6	6.40
其他	42.0	5.43

LLDPE消费结构：LLDPE因其具有更高的拉伸强度、抗穿透性、抗撕裂性和断裂伸长率，使其更适用于生产薄膜，需求达到947.6万吨，占比为69.4%。其次是茂金属、注塑，分别占到18.98%和5.22%。另外，在生产注塑、电缆等产品的过程中会掺和LLDPE的使用。滚塑则是用来生产儿童爬梯。

LLDPE薄膜主要应用于农业领域，但像日用包装、工业等领域也会掺入LLDPE薄膜料来生产。由于社会的发展，需求也在不断增加。未来薄膜领域依旧占据LLDPE主要需求领域。不过农膜行业存在低端农膜供过于求，而高端农膜供不应求的问题。后期，将会采用更多的高端LLDPE薄膜来生产，如茂金属。同时随着国内二胎政策的放开，儿童数量将扩增，相应游乐设施及玩具的需求增加，也是推动注塑和滚塑行业发展的动力（表8）。

表8 2020年我国LLDPE消费结构表

单位：万吨，%

产品	需求量	占比
薄膜	947.6	69.37
茂金属	259.3	18.98
注塑	71.3	5.22
滚塑	32.1	2.35
其他	55.7	4.08

2. 聚丙烯

近年来，国内下游消费结构调整加快，逐渐改变国内聚丙烯消费结构占比。2020年，中国聚丙烯下游消费结构以注塑（均聚注塑和共聚注塑）、拉丝、纤维排在前三位，占比分别为40.2%、27.7%、15.4%。传统PP消费领域拉丝、BOPP等占比呈下降趋势，2020年消费占比分别较去年下降2.6和1.8个百分点，主要是因为近几年拉丝产业扩张较严重，造成自身产能过剩，导致行业竞争激烈，而拉丝制品本身附加价值有限，制约了其规模扩张，未来产业发展空间受到一定程度的限制。

2020年聚丙烯消费领域最大的变化是在纤维行业。受新冠疫情影响，纤维类制品，尤其是涉及医疗防护物资等领域的原材料——高熔纤维，需求出现井喷式增长，纤维消费占比相比2019年提升6.9个百分点，产品价格大幅提升，行业效益为近几年最好。未来，随着新冠疫情得到控制，纤维消费增速也将逐步放缓。但全球多数国家已将卫生器材作为国家战略储备物资，国内也放开三胎政策，养老领域持续增加投资，这都对纤维消费带来利好（表9）。

表9 2020年我国聚丙烯消费结构表

单位：万吨，%

产品	需求量	占比
拉丝	843.3	27.74
均聚注塑	525.3	17.28
共聚注塑	697.4	22.94
纤维	469.1	15.43
BOPP	146.2	4.81
CPP	89.1	2.93
管材	170.5	5.61
透明料	99.1	3.26

3. 聚氯乙烯

2020年，国内聚氯乙烯消费稳中有升，表观消费量达到2106.9万吨，比上年增长4.1%。从下游消费结构来看，主要集中在管材管件、建材（型材、板材、壁纸、地板等）、薄膜包装、线缆制品，以及其他医疗制品、鞋材等产品领域。其中，管材管件、建材和薄膜包装是最主要的消费领域，分别占到36.7%、19.7%和12.0%。

随着聚氯乙烯消费市场的发展，近年来高性能PVC专用树脂供不应求。一些生产厂家推出了一系列高性能的PVC合金专用粒料和粉料，如耐冲击PVC瓶料、耐热电子电器专用料，鞋用PVC合金、医用PVC合金，耐辐射、抗静电PVC合金，纤维增强PVC合金，以及阻燃抑烟无铅-钙PVC电线电缆复合料等专用料。此外，具有特殊性能的特种PVC树脂在市场上也逐渐得到应用。如PVC糊用及掺混树脂、特种糊用PVC树脂、氯乙烯-醋酸乙烯共聚树脂、粉末涂料用PVC专用树脂、超高分子量PVC专用树脂、超高吸收PVC专用树脂、消光专用树脂、溶液聚合型共聚树脂、弹性体专用树脂等（表10）。

表10　2020年我国PVC消费结构表

单位：万吨,%

产品	需求量	占比
软/硬管材、管件	772.4	36.66
型材	415.7	19.73
薄膜、医疗包装	252.8	12
地板材料、壁纸及发泡材料	192.6	9.14
线缆包装	152.8	7.25
片材、板材及其他型材	129.6	6.15
鞋材、革类	120.1	5.7
其他	71.0	3.37

4. 聚苯乙烯

2020年，国内聚苯乙烯表观消费量为431.3万吨，比上年增长7.0%。下游消费结构主要集中在电子电器、日用品、包装容器、建筑装饰材料及其他方面。其中，电子电器占49%，主要包括冰箱、空调、电视机、电脑、小家电等上面的注塑件、挤出件及其他电器元件；日用品占20%，主要包括餐具、衣架、牙刷、文具、饮料杯等日用品；包装容器占17%，包括食品包装、医疗品、实验室、化妆品、礼品、CD录音带盒、电子产品包装等方面；建筑装饰材料占8%，包括挤塑板、灯具、广告板等材料（表11）。

表11　2020年我国聚苯乙烯消费结构表　单位：万吨,%

产品	需求量	占比
电子电器	211.3	49
日用品	86.3	20
包装容器	73.3	17
建筑装饰材料	34.5	8
其他	25.9	6

5. ABS树脂

近年来，我国ABS树脂消费总体呈现稳步增长势头。2020年表观消费量达到597.7万吨，比上年增长0.4%。由于ABS刚性好、冲击强度高、耐热、耐低温、耐化学品性、力学强度和电器性能优良，易于加工、稳定性和表面光泽好，还可以进行喷涂、电镀、焊接和粘接等二次加工，被广泛应用于家用电器、办公设备、交通运输、生活用品、玩具和建材等领域。最近几年ABS树脂消费领域格局变化不大，电子电器依旧是最主要消费市场，约占ABS总消费量的59%，办公设备约占15%，车用领域约占11%。

电子电器主要包括电冰箱、冰柜、空调、洗衣机、微波炉、音响等；办公设备主要为计算机、传真机、电话、复印机等；车用领域主要为汽车、摩托车的仪表板、车轮罩、散热器隔栅、空调器、行李箱、手柄等部件；ABS树脂的日用品消费领域主要有箱包、玩具，建材中主要为管材、装饰板等（表12）。

表12　2020年我国ABS树脂消费结构表

单位：万吨,%

产品	需求量	占比
家用电器	352.7	59.0
办公设备	89.7	15.0
交通	65.8	11.0
轻工业领域	53.8	9.0
建材及其他	35.9	6.0

（三）下游加工业生产平稳

受新冠疫情影响，全球经济衰退，消费需求下滑，塑料制品行业的产销量出现下降。据统计，2020年，我国塑料制品总量为7603.2万吨，同比下降6.4%，这是近四年来的首次下降。其中，塑料薄膜产量为1503万吨，同比下降6.4%，占塑料制品总量的19.8%，与上年大体持平；日用塑料制品产量为651.1万吨，同比下降2.7%；塑料人造革、合成革产量为323.1万吨，同比下降3.0%；泡沫塑料产量保持平稳，为256.6万吨，同比增长0.5%（表13）。

表 13　**2016—2020 年塑料制品产量增长情况**　单位：万吨,%

产品名称	2016 年	2017 年	2018 年	2019 年	2020 年
塑料制品总量	7267.5	5976.4	6042.1	8184.2	7603.2
塑料薄膜	1407.3	1169.9	1180.4	1594.6	1503.0
农用薄膜	190.8	126.1	120.0	85.2	77.4
泡沫塑料	258.4	220.4	256.8	258.2	256.6
塑料人造革、合成革	343.7	290.6	299.5	328.3	323.1
日用塑料制品	628.6	580.7	559.2	648.6	651.1

三、合成树脂进出口

2020 年，在新冠疫情导致全球经济下滑、产业链重塑、贸易受到冲击的情况下，我国合成树脂行业进出口贸易总额保持了平稳增长，为 613.9 亿美元，同比增长 1.6%，占石化全行业贸易总额的 9.7%；贸易逆差为 367.5 亿美元，同比增长 2.8%，仍然是石化行业最主要的逆差来源之一，占全行业贸易逆差的 17.4%。

（一）合成树脂进口

1. 进口基本情况

2020 年我国合成树脂进口总量 3743.6 万吨，比上年大幅增长 11.2%。合成树脂主要品种进口量总体保持增长。五大通用树脂进口量 2760.6 万吨，比上年增长 13.1%，占合成树脂进口总量的 73.7%；净进口量为 2586.8 万吨，同比增长 13.9%，占合成树脂净进口总量的 84.2%。其中，聚乙烯进口量 1853.4 万吨，同比大幅增长 11.2%，占合成树脂进口总量的 49.5%，继续保持进口量第一的地位；聚氯乙烯和聚丙烯进口量出现大幅度增长，分别为 119.0 万吨和 450.4 万吨，同比增长 36.1%和 29.0%。除五大通用树脂之外，环氧树脂进口量大幅增长，为 40.5 万吨，同比增长 40.2%。受限废令的影响，废旧塑料进口进一步下滑，几乎无进口。

2020 年，我国合成树脂进口总额 490.7 亿美元，比上年增长 2.0%。其中，聚乙烯进口总额 173.7 亿美元，同比增长 1.4%，占合成树脂进口总额的 35.4%；聚氯乙烯、环氧树脂和聚丙烯进口总额增长较快，分别同比增长 26.5%、26.4%和 16.3%。

疫情之下，我国合成树脂进口量保持增长，主要因为以下三个方面：一是我国较短时间内成功控制住疫情，企业快速复工复产，二季度以后生产运行已基本正常；二是国内经济依然保持增长，防疫器材、宅经济等需求爆发式增长，促进合成树脂的需求；三是海外塑料制品产能下降，订单大量转移到国内。总的来说，合成树脂进口量的大幅增长，一方面表明国内产能远不能满足消费需求，未来发展空间依旧很大；另一方面也表明我国在塑料产业链中的地位更加稳固和凸显（表 14）。

表 14　**2016—2020 年我国合成树脂进口量增长情况**　单位：万吨,%

进口量＼年份	2016	2017	2018	2019	2020
合成树脂总计	3182.5	3195.9	2995.5	3366.8	3743.6
年增速	-0.1	0.4	-6.3	-5.6	11.2
五大通用树脂合计	1619.7	1850.6	2140.8	2438.4	2760.6
聚乙烯	994.3	1179.4	1402.5	1666.6	1853.4
聚丙烯	301.7	317.8	328.0	349.1	450.4

续表

进口量 \ 年份	2016	2017	2018	2019	2020
聚氯乙烯	86.7	100.2	93.8	87.4	119.0
聚苯乙烯	68.4	74.3	115.3	131.0	136.0
ABS树脂	168.6	178.9	201.3	204.3	201.8
环氧树脂	23.5	27.5	26.9	28.9	40.5
聚碳酸酯	131.9	138.5	141.7	159.9	163.0
聚硅氧烷	11.3	12.1	12.0	13.6	15.2
塑料废碎料	734.7	582.9	5.2	0.1	0.0
其他合成树脂	661.3	584.3	668.9	725.9	764.4

2. 主要进口来源地

我国合成树脂进口主要来自中东及我国周边国家和地区。2020年，进口排名前三位的国家和地区依次为中东地区、东盟地区和韩国，进口量分别为1104.2万吨、764.8万吨和561.0万吨，分别占我国合成树脂进口总量的29.5%、20.4%和15.0%；进口额分别为110.0亿美元、85.8亿美元和75.9亿美元，分别占进口总额的22.4%、17.5%和15.5%。来自俄罗斯和美国的合成树脂进口量大幅增加，分别为101.5万吨和217.7万吨，同比增长264.2%和40.2%（表15）。

表15　2019和2020年我国合成树脂主要进口国家和地区　单位：万吨，万美元

国别（地区）	2019年		2020年		同比/%	
	数量	金额	数量	金额	数量	金额
世　界	3366.8	4810032	3743.6	4907264	11.2	2.0
中国香港	46.4	55170.4	44.5	48274.8	-4.1	-12.5
中国澳门	0.1	62.6	0.0	17.7	-51.4	-71.8
中国台湾	349.6	587752.0	351.0	560325.5	0.4	-4.7
东　盟	722.5	899723.5	764.8	857908.2	5.9	-4.6
日　本	151.8	396841.6	168.1	412428.8	10.8	3.9
韩　国	466.4	718651.7	561.0	759425.7	20.3	5.7
印　度	96.0	99892.7	123.0	106700.4	28.0	6.8
巴基斯坦	1.2	968.1	3.1	2463.0	157.5	154.4
中　东	1072.0	1110212.7	1104.2	1100164.3	3.0	-0.9
欧　盟	151.7	384068.4	171.1	437499.5	12.8	13.9
俄罗斯	27.9	29058.4	101.5	82522.6	264.2	184.0
乌克兰	0.1	58.0	2.4	1508.4	3639.7	2501.9

续表

国别（地区）	2019年		2020年		同比/%	
	数量	金额	数量	金额	数量	金额
美 国	155.3	344364.3	217.7	377337.5	40.2	9.6
加拿大	40.2	42787.8	48.4	42808.9	20.4	0.0
拉丁美洲	35.7	42583.9	35.1	33952.3	-1.8	-20.3
非 洲	14.0	13441.7	9.8	8105.9	-29.9	-39.7
澳大利亚	6.3	7348.5	5.4	5592.7	-15.2	-23.9
新西兰	0.2	149.6	0.1	78.0	-57.6	-47.9
其他国家和地区	29.5	76896	32.6	70150	10.4	-8.8

（二）合成树脂出口

1. 出口基本情况

2020年，我国合成树脂出口量672.5万吨，同比增长2.8%。从出口量增速看，ABS树脂和聚氯乙烯增长最快，分别同比增长30.5%和20.5%。聚苯乙烯和聚乙烯出口量下滑较快，分别同比下降29.7%和10.7%。出口量最大的为聚氯乙烯，为86.0万吨，占到出口总量的12.8%（表16）。

2020年，我国合成树脂出口总额为123.2亿美元，比上年下降0.2%。其中，聚苯乙烯、聚氯乙烯和聚碳酸酯出口额分别为2.5亿美元、3.6亿美元和6.3亿美元，同比分别下降35.8%、11.1%和9.7%；塑料废塑料、ABS树脂和聚氯乙烯出口额出现大幅增长，分别增长58.8%、32.8%和32.0%。

表16　2016—2020年我国合成树脂出口量增长情况　单位：万吨，%

产品＼年份	2016年	2017年	2018年	2019年	2020年
合成树脂总计	574.2	618.0	619.1	654.3	672.5
年增速	15.3	7.6	0.2	-6.3	2.8
聚乙烯	29.9	24.7	22.9	28.2	25.2
聚丙烯	24.0	29.6	31.2	34.4	36.4
聚氯乙烯	117.3	110.3	77.4	71.4	86.0
聚苯乙烯	31.8	33.1	32.0	30.1	21.2
ABS树脂	2.8	3.5	4.8	3.8	4.9
环氧树脂	6.7	7.2	5.8	4.8	4.7
聚碳酸酯	22.3	28.8	26.0	25.7	25.1
聚硅氧烷	13.9	21.4	26.4	22.4	24.3
塑料废碎料	3.5	3.7	4.3	5.3	5.1
其他合成树脂	321.8	355.7	388.5	428.2	439.5

2. 主要出口目的地

我国合成树脂主要出口目的地仍是亚洲及周边国家和地区。2020年出口量居前三位的国家和地区依次为东盟、中东和非洲，出口量分别为176.8万吨、60.6万吨、57.1万吨，合计占我国合成树脂出口总量的43.8%，出口总额的41.5%（表17）。

表17　2019和2020年我国合成树脂主要出口国家和地区　单位：万吨，万美元

国别（地区）	2019年		2020年		同比±%	
	数量	金额	数量	金额	数量	金额
世　界	654.3	1234175.8	672.5	1231769.7	2.8	-0.2
中国香港	34.8	81713.4	28.8	64527.9	-17.4	-21.0
中国澳门	0.1	256.0	0.0	68.8	-61.1	-73.1
中国台湾	20.1	48272.9	21.4	48167.2	6.2	-0.2
东　盟	161.9	292574.0	176.8	315918.8	9.2	8.0
日　本	22.6	56825.3	20.1	46522.9	-11.1	-18.1
韩　国	39.3	83019.9	39.8	82095.5	1.4	-1.1
印　度	52.4	90447.3	47.7	79408.2	-9.0	-12.2
巴基斯坦	10.3	18478.2	13.0	21640.4	26.6	17.1
中　东	56.1	96278.3	60.6	100822.6	8.1	4.7
欧　盟	42.9	108083.3	44.3	105460.0	3.3	-2.4
俄罗斯	22.4	38802.0	21.0	35378.6	-6.4	-8.8
乌克兰	2.5	4014.6	1.9	3182.6	-22.1	-20.7
美　国	37.5	74779.0	33.4	65885.9	-11.0	-11.9
加拿大	6.1	12019.5	6.0	11639.5	-1.5	-3.2
拉丁美洲	45.4	83085.0	52.9	92245.2	16.3	11.0
非　洲	47.3	74470.0	57.1	94671.7	20.7	27.1
澳大利亚	8.0	15243.0	8.2	15128.8	2.2	-0.7
新西兰	1.7	2586.8	1.2	2034.7	-28.3	-21.3
其他国家和地区	43.0	53227	38.4	46970	-10.5	-11.8

四、合成树脂市场情况

2020年合成树脂市场价格呈现V字形走势。年初受疫情影响，合成树脂市场价格大幅下跌。6月份，在石化联合会检测的29种主要合成树脂产品中，只有环氧树脂、ABS、聚合MDI三种产品价格同比上涨。下半年随着疫情受到控制，国际原油价格上涨，合成树脂市场价格逐月恢复。12月份，29种主要合成树脂产品中，22种产品价格同比上涨，环氧树脂、PC、高压聚乙烯等产品的价格增长幅度超过40%。

（一）聚乙烯价格

2020年聚乙烯价格大幅波动。年初新冠疫情突发，下游企业延期开工，需求基本为零，生产企业库存及港口库存出现大面积挤压，市场价格大幅受

挫。同期原油价格暴跌，市场悲观情绪持续发酵，市场进一步偏空，下游采购意愿不足，价格进一步回落。市场监测显示，4 月份，高密度聚乙烯（5000S）同比大幅下滑 25.7%；低密度聚乙烯（2426H）均价同比大幅下降 20.3%；线性低密度聚乙烯（7042）均价同比大幅下滑 24.0%。随着国内疫情得到控制，生产恢复常态，国外疫情扩散，海外订单转移到国内，原油价格持续回升，聚乙烯市场价格开始恢复上涨。12 月份，高密度聚乙烯（5000S）同比增长 7.6%；低密度聚乙烯（2426H）均价同比大幅增长 45.6%；线性低密度聚乙烯（7042）均价同比增长 11.1%。

2020 年，进口聚乙烯价格呈现大幅下滑。其中，高密度聚乙烯进口均价为 927.7 美元/吨，同比大幅下降 10.4%；低密度聚乙烯均价为 1022.5 美元/吨，同比增长 0.5%；线型低密度聚乙烯均价为 903.1 美元/吨，同比下降 11.8%（表 18、表 19）。

2020 年全年高密度聚乙烯（5000S）均价 7885 元/吨，同比下滑 10.8%；低密度聚乙（2426H）均价为 8928 元/吨，同比增长 4.4%；线性低密度聚乙烯（7042）均价 7190 元/吨，同比下滑 10.3%。

表 18　　2016—2020 年国内聚乙烯市场价格变动情况　　单位：元/吨，%

产品名称	等级/规格	2016 年	2017 年	2018 年	2019 年	2020 年
HDPE	5000S	9894	10332	11002	8835	7885
	同比	-1.3	4.4	6.5	-19.7	-10.8
LDPE	2426H	10368	10672	9956	8552	8928
	同比	0.4	2.9	-6.7	-14.1	4.4
LLDPE	7042	9233	9675	9622	8016	7190
	同比	-1.3	4.8	-0.6	-16.7	-10.3

表 19　　2016—2020 年进口聚乙烯价格变动情况　　单位：美元/吨，%

产品名称	2016 年	2017 年	2018 年	2019 年	2020 年
HDPE	1136.2	1179.8	1311.6	1034.8	1022.5
同比	-9.8	3.8	11.2	-21.1	0.5
LDPE	1225.7	1272.5	1195.7	1016.9	927.7
同比	-6.8	3.8	-6.0	-15.0	-10.4
LLDPE	1206.4	1206.6	1185.6	1023.3	903.1
同比	-6.3	0.0	-1.7	-13.7	-11.8

（二）聚丙烯价格

2020 年聚丙烯市场价格整体呈现先跌后涨走势。一季度，受公共卫生关系影响，国内物流基本停滞，下游工厂自春节前停工后，并未如期复工，PP 下游工厂出现大面积停工、停产现象，同时部分制品出口减少，市场刚需明显减弱，而上游生产企业多维持正常开工，供需关系的失衡导致上游生产企业库存暴涨，中石油中石化库存直逼 160 万吨，创下了近年内新高，而国际原油也一度出现负值，市场出现恐慌心态，巨大的供应压力与悲观的外围环境影响下，PP 价格出现跳水，3 月份聚丙烯（T30S，拉丝）平均价格 6860 元/吨，同比下降 24.7%。二季度以后，国内外口罩需求激增，口罩原料纤维料、熔喷布、熔喷料出现一票难求的现象，价格飙涨，熔喷布价格一度涨到 60 万～67 万元/吨，拉丝价格也涨至 9000 元/吨。全年聚丙烯（T30S，拉丝）平均价格为 7833 万元/吨，同比下降 10.7%。

2020 年，进口聚丙烯价格下滑，初级形状的聚丙烯平均价格为 1043.9 美元/吨，同比下滑 9.9%（表 20）。

表 20　　2016—2020 年聚丙烯价格变动情况　　单位：元/吨，美元/吨，%

名称	规　格	2016 年	2017 年	2018 年	2019 年	2020 年
国内市场均价	T30S，拉丝	7630	8673	9693	8777	7833
	同比	-5.1	13.7	11.8	-9.4	-10.7
进口均价	初级状	1167.9	1209.5	1278.2	1158.6	1043.9
	同比	-10.6	3.6	5.7	-9.4	-9.9

（三）聚氯乙烯价格

2020 年上半年 PVC 走势呈现 V 字形走势，春节期间突发疫情导致国内处于封城状态，市场运输受限，生产企业库存急速增加，下游终端需求降至历史低点，PVC 价格断崖式下跌。疫情后期的经济复苏等政策带动市场需求预期，尤其国内基础建设加速，带动管材线缆等需求，PVC 需求活动逐步改善，至 7 月初期基本回升至往年水平。下半年初期国内 PVC 市场涨势放缓，但四季度国内外需求旺盛，不可抗力及装置检修加大了全球原料短缺，进而促进了国内原料及制品的出口大幅增加，国内 PVC 价格持续拉涨。市场监测显示，聚氯乙烯（SG5）年均价为 6629 元/吨，同比下降 0.9%；聚氯乙烯（LS-100）年均价为 6733 元/吨，同比下降 5.5%（表 21）。

2020 年，糊树脂与未塑化聚氯乙烯进口价格出现大幅度增长。糊树脂均价为 1439.0 美元/吨，同比增长 24.0 %；初级状未掺混聚氯乙烯价格 771.5 美元/吨，同比下降 11.8 %；未塑化聚氯乙烯价格 1616.0 美元/吨，同比大幅增长 24.0 %；已塑化聚氯乙烯价格 1517.1 美元/吨，同比下降 0.7%（表 22）。

表 21　　2016—2020 年聚氯乙烯国内市场价格变动情况　　单位：元/吨，%

产品名称/规格	2016 年	2017 年	2018 年	2019 年	2020 年
聚氯乙烯/SG5	5858	6441	6675	6686	6629
同比	8.2	9.9	3.6	0.2	-0.9
聚氯乙烯/LS-100	6978	7159	7002	7128	6733
同比	9.2	2.6	-2.2	1.8	-5.5

表 22　　2016—2020 年聚氯乙烯进口价格变动情况　　单位：美元/吨，%

产品名称/规格	2016 年	2017 年	2018 年	2019 年	2020 年
聚氯乙烯/糊树脂	1127.9	1169.7	1196.3	1160.3	1439.0
同比	1.6	3.7	2.3	-3.0	24.0
聚氯乙烯/初级状	834.0	921.6	930.3	874.2	771.5
同比	-5.5	10.5	0.9	-6.0	-11.8
聚氯乙烯/未塑化	1301.8	1406.7	1457.4	1158.2	1616.0

续表

产品名称/规格	2016 年	2017 年	2018 年	2019 年	2020 年
同比	23.6	8.1	3.6	-20.5	24.0
聚氯乙烯/已塑化	2054.7	2034.9	2031.6	1527.5	1517.1
同比	1.0	-1.0	-0.2	-24.8	-0.7

(四)聚苯乙烯价格

2020 年聚苯乙烯市场价格先跌后涨。上半年受海外疫情发酵、原油价格大幅下跌等利空因素影响，中国聚苯乙烯市场探至 2015 年以来低点。下半年受益于海外疫情发酵对冰箱等家电需求的增加，同时扬子巴斯夫、国内镇江奇美聚苯乙烯等装置轮流检修，聚苯乙烯市场开始逐步恢复。

2020 年 GPPS（透苯，注塑级）国内市场年均价 8483 元/吨，同比大幅下滑 14.6%；HIPS（抗冲击级）年均价为 8063 元/吨，同比大幅下滑 10.6%；EPS（阻燃料）年均价为 8373 元/吨，同比大幅下滑 14.3%。

在进口方面，进口 HIPS（初级改性）均价为 1523.4 美元/吨，增长 10.7%；进口 EPS（初级可发性）均价为 1112.4 美元/吨，同比下降 7.6%（表 23）。

表 23　2016—2020 年聚苯乙烯国内和进口价格变动情况

单位：元/吨，美元/吨，%

产品名称	规格	2016 年	2017 年	2018 年	2019 年	2020 年
国内均价						
GPPS	注塑级	9105	11166	12067	9938	8483
	同比	-4.6	22.6	8.1	-17.6	-14.6
HIPS	抗冲击级	9657	10544	10567	9017	8063
	同比	-1.4	9.2	0.2	-14.7	-10.6
EPS	阻燃料	9585	11304	12064	9769	8373
	同比	-2.1	17.9	6.7	-19.0	-14.3
进口均价						
EPS	初级状	1794.9	1758.1	1364.0	1376.6	1523.4
	同比	0.8	-2.1	-22.4	0.9	10.7
HIPS	初级状	1449.8	1592.5	1408.0	1203.7	1112.4
	同比	-6.3	9.8	-11.6	-14.5	-7.6

(五)ABS 价格

2020 年 ABS 市场价格走势先跌后涨。一季度，受新冠疫情影响，国内生产停滞，下游需求断崖式下跌，市场几无成交，ABS 价格持续下跌。随后全球疫情蔓延，终端出口订单取消，市场悲观气氛蔓延，原油、原料下跌加剧利空情绪，ABS 出现暴跌。4 月份通用级 ABS 月均价跌至 10900 元/吨，同比下跌 16.5%。下半年，受线上直播带货、618 电商节等活动刺激，同时国外小家电需求量大幅增加，ABS 市场需求旺盛，市场价格开始恢复企稳。全年 ABS 树脂市场均价为 13994 元/吨，同比增长 11.6%。

2020年，进口ABS树脂价格下降，其中ABS树脂（改性）进口均价为1517.3美元/吨，同比下跌7.7%（表24）。

表24　　2016—2020年ABS价格变动情况　　单位：元/吨，美元/吨，%

产品名称	规格	2016年	2017年	2018年	2019年	2020年
ABS（国内）	通用级	11461	15998	15363	12534	13994
	同比	5.4	39.6	-4.0	-18.4	11.6
ABS（进口）	改性	2025.0	2236.8	1962.5	1643.0	1517.3
	同比	-9.0	10.5	-12.3	-16.3	-7.7

五、世界合成树脂市场简况

（一）供应方面

2020年疫情突发，全球合成树脂产业链受到冲击，需求下降，市场规模增速放缓。五大通用合成树脂产能仍保持了增长，新增产能主要来自聚乙烯和聚丙烯。美国原料成本优势和中国市场中心地位，共同推动全球聚乙烯的大幅扩张。国内原料多元化成为聚丙烯产能增长的有利条件，新增产能占到全球新增产能的近七成。

虽然受疫情影响，产能建设速度有所放缓，但全球五大通用树脂产能依旧保持了增长态势。随着聚乙烯全球新装置的建设和投产，全球聚乙烯产能继续增长，达12825万吨/年，同比增长6.8%；全球聚丙烯继续处于扩能增长的道路上，产能达到9158.2万吨/年，较上一年增长696.2万吨/年，涨幅8.2%；受疫情影响，多套聚氯乙烯装置投产延期，全球聚氯乙烯产能为5870万吨/年，与上一年基本持平；全球聚苯乙烯产能小幅下降，达到1498万吨/年，相比上一年减少27万吨/年；ABS产能达到1162.5万吨/年，与上一年基本持平。全球合成树脂装置的开工率有所下降，聚乙烯、聚丙烯、聚苯乙烯的装置开工率分别为85%、85.7%、71.2%，相比上一年分别下降2个百分点、3.4个百分点和1.3个百分点。

在产量方面，全球聚乙烯产量为10856.8万吨，同比增长4.3%；聚丙烯产量7848.54万吨，同比增长4.2%；聚苯乙烯产量为1066.2万吨，同比下降2.6%。

在区域格局方面，全球聚乙烯供应仍然主要集中在东北亚、北美地区以及中东地区。其分别占世界总产能的26%、22.61%和17.72%。三个地区的总产能占世界总产能的66.33%，同时也是世界产能增速较大的地区。尤以东北亚地区的产能增速最为突出，其产能同比增长11.5%，北美地区产能同比增长6.5%，中东产能同比增长2%。东南亚在2020年产能占世界总产能的8.46%，但其产能同比增长9.6%。

全球聚丙烯产能占比10%以上供应仍集中在东北亚、西欧、中东及北美，四个地区产能占全球聚丙烯总产能的76.37%。其中东北亚产能占比依旧领跑全球，占比超过全球总量的45%。在2020年全球聚丙烯新增产能696.2万吨/年中，中国新增380万吨/年，东南亚地区新增133.5万吨/年，其余地区新增182.7万吨/年。东南亚地区产能增长最快，增长率高达21.05%，超过东北亚的11.80%，继续成为全球产能增长最快的地区。

全球聚苯乙烯生产和消费主要集中在东北亚、北美和西欧地区，三个地区产能占全球总产能的75.06%。

全球ABS产能主要集中在东北亚地区，2020年东北亚地区的产能占全球产能的76.22%。其次分别是西欧、东南亚和北美地区，分别占全球产能的7.74%，5.70%和5.51%。

（二）需求方面

受疫情影响，2020年全球合成树脂消费有所抑制，全年消费量在2.5亿吨左右，相比上一年有所下降。具体到各产品，全球聚乙烯消费量10856万吨，较2019年增长410万吨，增幅3.92%；聚丙烯消费量约为7849万吨，较前一年增长4.1%；聚苯乙烯和ABS消费量出现下滑，分别为1066.2万吨和887万吨，同比下降3.5%和6.7%。

作为全球制造中心，东北亚合成树脂消费量明显高于其他地区，东南亚和印度次大陆地区需求增速快于其他地区。根据数据统计，东北亚合成树脂消费量占全球合成树脂消费量的44%。2020年东北亚聚乙烯需求量为4248万吨，占全球需求量的39.1%，相比上一年增加了近4个百分点；聚丙烯需求量为3583.8万吨，占45.7%；聚氯乙烯需求量为2160万吨，占47.5%；聚苯乙烯需求量为454万吨，占42.6%；ABS需求量为623.1万吨，占70.2%。

近年来随着产业结构调整，北美及西欧地区的实体产业逐步向东北亚、东南亚及印巴地区转移，新增产能主要以满足当地需求为主。2020年北美和西欧合成树脂需求量分别约为3250万吨和2750万吨。

（三）全球合成树脂市场发展趋势

自2020年起，全球将进入到合成树脂新的扩张周期，2020—2025年间，全球将新增合成树脂产能5980万吨/年，较2015—2020年间多增产能820万吨/年，预计到2025年全球五大合成树脂产能达到3.76亿吨/年。从新一轮全球合成树脂产能扩张看，新增产能将主要来自中国，预计“十四五”期间中国新增的合成树脂产能约占全球新增产能的60%以上，其中聚乙烯为46%，其他合成树脂产品均超过65%。

在未来需求方面，2020年初爆发新冠病毒疫情，下游消费受到巨大影响，对合成树脂行业造成了重大冲击。进入到2021年，全球主要国家开始施打疫苗，疫情逐步得到控制，下游需求逐渐恢复，行业运行情况逐步改善。乐观预测，在2021年底至2022年初，主要经济体将实现群体免疫，逐步放开边境限制，全球生产、贸易将恢复至疫情前的状态。在限塑方面，各国加大了限制塑料使用的力度，且进程不断加快，以欧盟为代表的发达经济体更是制定了严格的限制塑料法令。我国也在2020年初发布了条款更加严格的《关于进一步加强塑料污染治理的意见》，确定了2020年、2022年和2025年的塑料污染治理目标，以减少塑料在环境中的存在。这些限制塑料的政策必将对未来塑料的需求产生影响。同时我国提出碳中和、碳达峰目标，也将对合成树脂市场产生重要的影响。

尽管受到各种因素的影响，全球合成树脂仍将保持一定增长。据IHS预测，到2025年全球五大合成树脂需求量将达到3.17亿吨，2019—2025年平均增速为3.7%，低于2015—2020年平均4%的增长水平。其中聚乙烯需求量达1.33亿吨，2020—2025年平均增速为4%；聚丙烯需求量为9790万吨，年均增速为4.3%；聚氯乙烯需求量为5510万吨，年均增速为2.8%，聚苯乙烯需求量为1960万吨，年均增速为1.7%；ABS需求量为1200万吨，年均增速为4.1%。

（中国石油和化学工业联合会　赵国伟）

2020年中国聚氯乙烯发展现状及趋势展望

2020年是国家“十三五”规划的收官年，在国家供给侧结构性改革政策引导和行业努力下，PVC产能无序扩张得到有效控制，产能增速持续放缓。截至2020年底，我国聚氯乙烯生产企业减至70家，总产能2664万吨。市场供需基本平衡，产品结构不断优化，企业效益明显改善。

目前，我国聚氯乙烯基本达到供需平衡，市场处于相对正常的竞争状态。2020年初国内新冠肺炎疫情暴发，之后的全球疫情对国际经济产生了深远影响，后疫情时期全球经济发展充满众多不确定性，国际经济政治形势错综复杂，地缘政治风险加大，全球贸易壁垒处于历史高位。疫情冲击叠加贸易保护主义，将进一步诱发或加剧经贸摩擦，危及全球产业链、供应链稳定。若全球贸易摩擦继续升级，将直接影响我国氯碱主要产品如PVC等的出口和部分原料进口。

一、发展现状

1. 产能理性增长

截至2020年底，中国聚氯乙烯现有产能为2664万吨（其中包含聚氯乙烯糊状树脂127万吨）。年内新增加产能201万吨，退出规模为55万吨。继2014—2016年和2018年产能净减少之后，2019年底开始转为净增长。2021—2022年中国计划扩建474万吨聚氯乙烯项目（含糊树脂），其中乙烯法扩能为233万吨，约占扩能总量的49%。按照经验投产率50%，预计2021—2022年将有240万吨聚氯乙烯投产（表1）。

表 1　　2007—2020 年中国 PVC 产能列表　　单位：万吨，%

年份	2007	2008	2009	2010	2011	2012	2013	2014	2015	2016	2017	2018	2019	2020
产能	1520	1581	1781	2043	2163	2341	2476	2389	2348	2326	2406	2404	2518	2664
净增	362	61	200	262	120	178	135	-87	-41	-22	80	-2	114	146
增幅	31.3	4.0	12.7	14.7	5.9	8.2	5.8	-3.5	-1.7	-0.9	3.4	-0.1	4.7	5.8

2003 年以来，随着经济的快速发展，我国逐步成为世界工厂，由此带来对基础化工原材料的巨大需求，推动着国内氯碱工业的快速发展。同时，我国城市化进程加快，带动着城市建设、建材、汽车、电子等行业的高速发展，对 PVC 需求量迅速增长。另外，国家推进西部开发战略，西部地区凭借资源优势大力发展氯碱工业，其产业规模迅速扩张。2008 年下半年，世界金融危机爆发。国内经济进入平稳增长的“新常态”，同时国家加大了房地产行业的宏观调控力度，国内 PVC 及其他氯产品市场需求萎缩，价格下滑。使行业扩能热潮减退，产能增速减缓，行业转入优化结构调整的阶段。

2012—2015 年间，氯碱全行业连续亏损，亏损面超过 50%。在结构调整的综合压力下，行业新建及扩建项目趋于理性，同时按照市场规律进行的优胜劣汰，落后产能的退出速度加快，PVC 产能的净增长呈现快速下降的态势。2016 年以来，随着“去过剩产能”和环保督查力度的进一步加强，一批竞争力较差的产能退出，国内 PVC 产能继续保持低速平稳增长，供给侧改革作用初步显现。同时，建材等主要下游应用行业有所复苏，下游需求的良好支撑进一步推动了市场供求关系的改善。期间，随着各项成本要素出现上升，推动了国内多数大宗商品市场价格上行，企业盈利能力也自 2016 年开始取得明显好转，开工率逐渐达到较为良好的水平，2019 年全行业开工率提升至 80%，为近几年新高。2020 年因突如其来的新冠肺炎疫情影响，PVC 企业虽然快速有序地复工复产，但产量和需求增长均受到一定抑制，再加上年内新增约 200 万吨的项目投产运行，行业整体开工率较上年有所下调，平均为 78%（图 1）。

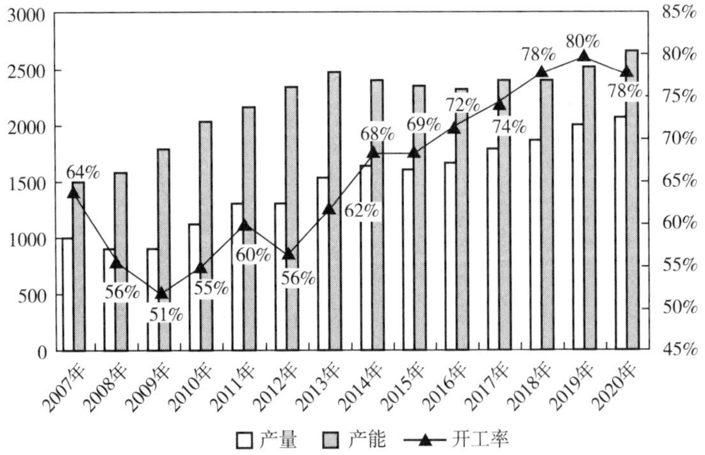

图 1　2007—2020 年中国 PVC 开工率走势图（单位：万吨）

2007—2020 年间，国内 PVC 行业开工率最低为 51%，当时大量闲置产能未退出，不少没有竞争力的产能维持在低负荷状态。2010—2013 年，国内 PVC 整体开工率徘徊在 55%～62%，2014—2016 年，PVC 产能连续三年实现净减少，行业开工率也逐步提升至 70%以上。近三四年行业效益取得明显好转，开工率也顺势上涨至约为 80%。但分析认为，我国氯碱行业发展将进入从规模增长向质量提升的重要窗口期，企业发展也将紧密围绕高质量发展而调整，国内局部地区或个别企业因缺乏竞争力、资产重组等原因仍存在停车频繁或长期停车现象，但成本控制良好、管理先进完善的企业会保持长满优运行（表2）。

表2 2012—2020年中国PVC企业数量及新增-退出产能

单位：家，万吨

	企业总数	新增	退出	净增
2012年	94	296	−118	178
2013年	93	286	−151	135
2014年	88	66	−153	−87
2015年	81	78	−119	−41
2016年	75	89	−111	−22
2017年	75	108	−28	80
2018年	75	66	−68	−2
2019年	73	121	−7	114
2020年	70	201	−55	146

2. 地区分布更趋清晰

当前我国氯碱行业的布局更趋清晰。东部省份氯碱产业发展历史悠久，同时东南部沿海地区也是我国氯碱产品主要消费市场，依托下游需求支撑和相对便利的对外贸易条件，当地氯碱产业逐渐探索出与石化行业、氟化工、精细化工和农药等行业结合发展的模式；西部地区依托资源优势建设大型化、一体化"煤电盐化"项目，逐渐形成几个大型氯碱产业集群，在我国氯碱行业整体布局中重要地位日益突出；中部地区依托自身区位特点，利用临近下游重点消费领域优势发展氯碱化工，并重点发展精细耗氯产品，形成多个具有特色氯碱精细产业园，我国东部、中部和西部地区不同成长路径和发展特点的氯碱产业带更趋清晰。

当前，西北地区依托丰富的资源能源优势，是电石法PVC的低成本地区，在中国PVC产业格局中具有一定的领先地位。当前除青海盐湖集团具有一套30万吨/年的煤制烯烃工艺为原料来源的乙烯法PVC生产装置外，全部为电石法生产工艺。华北、华东地区呈现出电石法和乙烯法并存的状态，而且得益于进口乙烯渠道和乙烯生产来源的多样化，未来两至三年内，河北、山东、江苏、浙江地区的乙烯法工艺的扩能会更加集中。从近两年及未来国内乙烯法聚氯乙烯企业布局特点来看，多选择在沿海地区进行项目建设，并且主要在具有港口资源的地域，适宜进出口大宗原材料，如：石油、乙烯、二氯乙烷和氯乙烯等（表3、图2）。

表3 2020年中国各地区PVC产能情况

单位：家，万吨

	电石法	乙烯法
东北	49	
华北	345	325
华东	38	170
华南		22
华中	160	
西北	1346	30
西南	134	

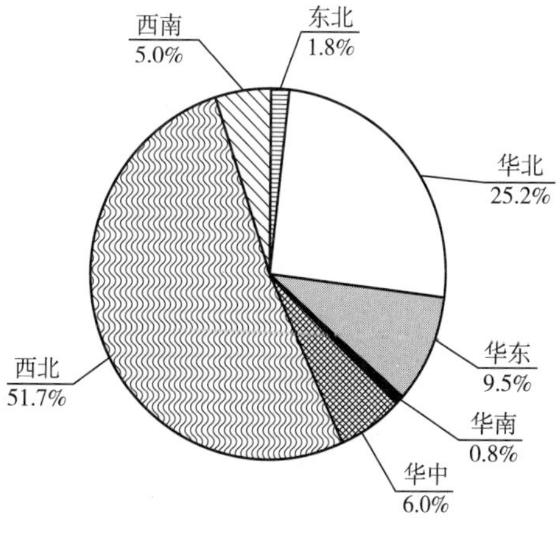

图2 2020年国内七大区PVC产能占比情况

3. 产业集中度不断提升

表 4　　2019—2020 年国内 PVC 行业产能规模列表　　单位：万吨，家，%

规模	企业数量		产能合计		产能占比	
	2019 年	2020 年	2019 年	2020 年	2019 年	2020 年
≥ 100	3	3	438	444	17.4	16.7
100> 企业 ≥50	9	12	579	819	23.0	30.7
50> 企业 ≥30	28	26	1035	970	41.1	36.4
30> 企业 ≥10	24	23	413.5	397.5	16.4	14.9
10> 企业	9	6	52.5	33.5	2.1	1.3
合计	73	70	2518	2664	100.0	100.0

注：统计以单个企业计算，并未将集团数据合并。

2020 年，我国 PVC 生产企业 70 家，平均 PVC 生产规模约为 38 万吨/年，较上年继续提高 4 万吨。PVC 产能排名前十位企业进入规模提升为 65 万吨/年，大部分集中在西北的新疆和内蒙古以及华北地区，其中，年产能规模为 80 万吨的企业数量为 5 家（表 4）。

4. 市场需求不断变化

PVC 下游对接塑料加工行业，涉及众多塑料加工行业中的产品，以型、管材占比最大。按照统计，2020 年中国 PVC 表观消费量为 2106 万吨，同比上年实现增长 3.9%。面对国内外经济社会环境变化和新冠肺炎疫情的冲击，我国将充分发挥国内超大规模市场优势和需求潜力，逐步形成以国内大循环为主体、国内国际双循环相互促进的新发展格局。将坚持把扩大内需作为对冲疫情影响的重要着力点，积极促进消费回补和潜力释放，加快培育新的消费增长点。

我国聚氯乙烯的消费潜力一方面集中在拓宽传统的管材、型材应用领域，另一方面集中在创新发展新兴的应用领域，如 PVC 地板、PVC-O 管材、PVC 医用制品、PVC 车用制品等等。

目前现状是传统的 PVC 管道在国内推广较早，是使用量较大的塑料材质管材，但近两年产量占比有所下降。PE 和 PP 等作为新型的塑料管材，近两年在塑料管道中占比有所提升。其中，PE 管道是目前市政给水系统的优选塑料管道之一，受益于城镇化进程，大口径 PE 管应用场景增多；PP 管道以 PPR 管道为主，主要用于家庭精装修中冷热水管及采暖，受益于消费升级，用量也有所增长。从 2015 年开始，国内塑料型材在重要城市、重点工程、高品位高质量的高端消费需求市场上被铝合金型材替代明显，应用比例有所下降，导致塑料型材行业总体产量出现萎缩。

未来在聚氯乙烯管材和异型材行业，探索培育以 PVC 混配料为核心的消费市场，促进聚氯乙烯制品质量提升；在管材加工应用领域，积极推动高抗冲 PVC、O-PVC 和大口径聚氯乙烯管材的研发与推广，结合国家地方“海绵城市”和城镇化建设需求，以企业为核心，开展聚氯乙烯管道应用示范城市建设；在异型材加工应用领域，积极宣传推动“以塑代铝”，加大聚氯乙烯塑料门窗的推广应用力度（表 5、图 3）。

表 5　2007—2020 年中国 PVC 表观消费量

单位：万吨，%

	表观消费量	增长率
2007 年	1011	13.2
2008 年	902	-10.8
2009 年	1055	17.0
2010 年	1228	16.4
2011 年	1363	11.0
2012 年	1373	0.7

续表

	表观消费量	增长率
2013 年	1540	12.2
2014 年	1587	3.1
2015 年	1603	1.0
2016 年	1630	1.7
2017 年	1771	8.7
2018 年	1889	6.7
2019 年	2027	7.3
2020 年	2106	3.9

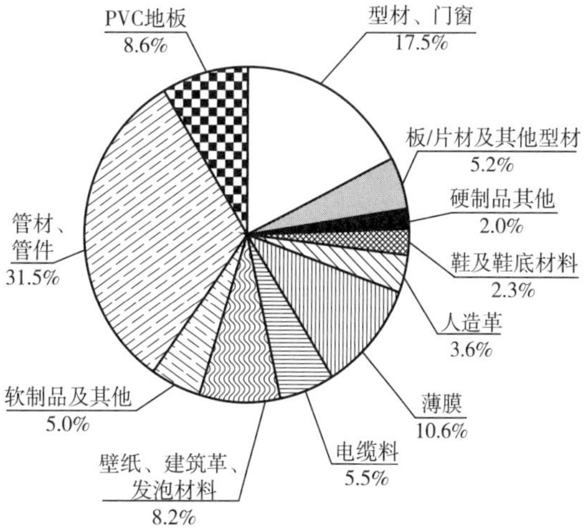

图 3　2020 年中国 PVC 下游消费结构图

5. 进出口贸易量同时增加

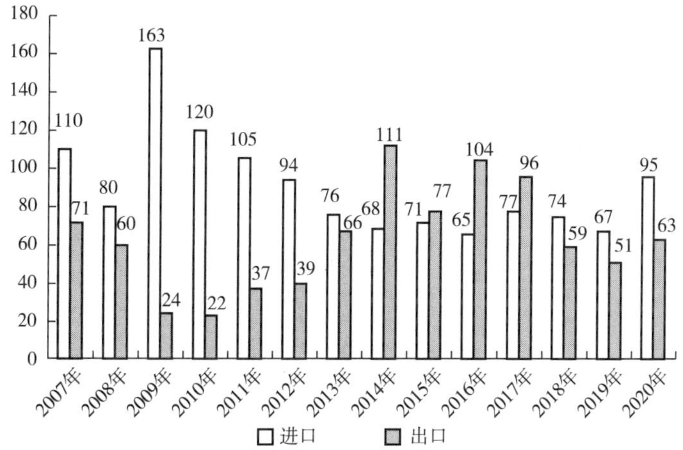

图 4　2007—2020 年中国 PVC 纯粉进出口变化（单位：万吨）

2020 年中国 PVC 纯粉进口总量约 95 万吨，较上年累计进口 67 万吨，同比增加 41.8%；中国出口 PVC 纯粉约 63 万吨，相比上年累计出口 51 万吨，同比增加 23.5%。总体来看，由于反倾销措施取消、国际乙烯供给进入宽松期，国际乙烯价格在 3 月份出现大幅下跌，海外乙烯法 PVC 成本随之下降，我国国内需求逐渐恢复等多因素影响，美国、日本、韩国以及中国台湾地区相继增大了向我国大陆出口数量，导致进口数量增长明显。自 2020 年 9 月 25 日和 10 月 14 日起对原产于美国的进口聚氯乙烯分别进行反倾销、反补贴立案调查，自 10 月开始中国 PVC 进口数量出现减少（图 4）。

2020 年以来由于国外疫情形势仍然较为严峻，市场需求降低，使得国外企业积极寻求出口市场，我国成为美国、日本、韩国、中国台湾等国家和地区的重要出口地。尤其是上半年印度在全国范围内实行“封城”举措，由于印度是全球 PVC 重要的进口市场，全年进口量约为 190 万吨，在印度“封城”之后，我国向印度的 PVC 出口暂停，同时印度下游制品工厂大面积停工，但当地 PVC 企业正常运行，导致在印度国内需求严重缺失的情况下，开始转向其他国家出口 PVC。海关统计数据显示，

2020 年从印度进口的 PVC 数量为 7.28 万吨，占进口总量的 7.7%。

目前，我国 PVC 出口地仍以中亚、南亚、东南亚等为主，出口数量较上年同期增加。4～9 月份，国内疫情得到有效控制，但国外疫情愈发严峻。国外订单不稳定，对我国 PVC 出口形成较大影响。10 月份，由于美国、韩国、欧洲等国家和地区的 PVC 装置因不可抗力、故障等原因开工率降低或停产，造成 PVC 供应有限，同时，东北亚、东南亚及印度需求逐渐恢复，拉动了如中国大陆和台湾地区的 PVC 外盘报价不断提高，中国企业的 PVC 出口订单出现增加。

2020 年之前，中国 PVC 纯粉的进口主要是进料加工贸易的形式，而出口则是以一般贸易为主的方式。自 2019 年 9 月底，取消对原产于美国、韩国、日本和中国台湾地区的进口聚氯乙烯征收反倾销税之后，中国进口 PVC 的一般贸易方式数量逐渐增加。2020 年中国 PVC 一般贸易进口量大幅增加，占比达到 50%。

6. 电石配套日趋完善，乙烯来源更加多元化

目前，国内 PVC 原料依然集中为电石和乙烯及乙烯基两大类产品。

2020 年，国内电石总装置能力约为 4320 万吨，其中稳定在产能力 3300 万～3400 万吨，闲置产能规模较前几年有所减少，多集中在河南、山西和内蒙古等省份。从当前西北地区 PVC 企业的电石配套情况看，电石原料的自给率继续保持在 90% 以上，并朝着电石原料配套更完善的方向发展。

2020 年中国 EDC 进口较上年出现明显增长。从进口国别上看，除以往来自美国的数量为 13.3 万吨，占比 33% 外，来自韩国的进口货源明显增加，占比达到 41%，韩国成为中国 EDC 最大的进口来源地。当前中国乙烯及乙烯基产品来源正朝着多元化的方向发展，也为 PVC 工业的原料获取开辟了新的路径。国内煤制烯烃、甲醇制烯烃、乙烷制乙烯等现代工艺方法使得乙烯供应更加丰富。未来两三年内，中东、北美、东北亚等地区的乙烯来源多元化的特点突出，并且进入新建项目的产能释放高峰期。国际乙烯供给宽松的趋势和相当长时间的相对较低价位运行情况为中国有条件进口乙烯的企业提供了较好的机会（表 6）。

表 6　2009—2020 年中国进口乙烯及乙烯基类情况列表　单位：万吨

	2009 年	2010 年	2011 年	2012 年	2013 年	2014 年	2015 年	2016 年	2017 年	2018 年	2019 年	2020 年
EDC	57	36	40	56	66	69	60	66	38	51	19	40
VCM	138	108	93	57	66	65	75	79	81	81	99	96
乙烯	97	82	106	142	170	150	152	166	216	258	251	198

7. 疫情等多因素影响，国内市场波动频繁

整体来讲，2020 年国内 PVC 市场表现较为震荡，价格波动频繁，行情自 4 月份跌入谷底，之后开始恢复反弹，年末再次出现下调。

2017～2019 年，中国 PVC 均价的最高点出现了逐渐下行的趋势，2020 年受疫情影响的特殊行情原因，年内出现了自 2015 年底以来的最低谷，同时在年末的 12 月出现了近几年的最高点。分析认为，未来中美贸易摩擦仍会继续，将直接影响 PVC 制品的出口；再加上房地产行业调控力度加强；全球经济受疫情冲击，国内宏观经济发展面临更大的复杂环境，中国 PVC 市场将逐渐回归平稳常态化（图 5）。

二、趋势展望

1. 乙烯来源多元化，氯碱行业格局或将改变

美国以页岩气为原料制取乙烯的成本明显低于传统炼化行业的制造成本，而中东地区大量扩产以天然气为原料的乙烯装置，全球乙烯基原料来源向多元化方向发展。同时，我国乙烯来源多元化的特征也将更为突出，传统石脑油裂解制乙烯、西部煤制烯烃和沿海甲醇制烯烃、进口乙烷裂解制乙烯均将丰富我国乙烯资源。我国聚氯乙烯产品受原料成本影响较强，随着国内外乙烯来源多元化，我国聚氯乙烯生产企业将通过综合分析自身具备的区位优势、资源特点、物流方式等特质来选择原料路线，这将从一定程度上改变未来我国氯碱行业供应格局。

2. 加强与下游加工企业合作，创新发展聚氯乙烯专用料

深度开发高附加值耗碱、耗氯产品，重视聚氯

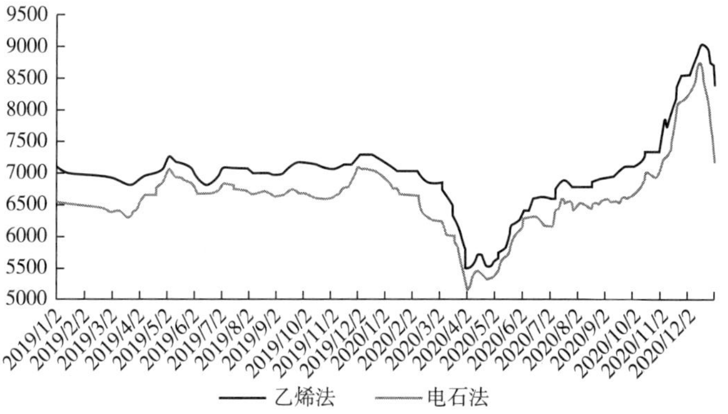

图 5　2019—2020 年中国 PVC 市场走势图（单位：元/吨）

乙烯新品种和专用料研发，将医用专用料、多牌号高聚合树脂、TPU-g-VC 接枝共聚树脂、ACR-g-VC 接枝共聚树脂、离子交联 PVC 树脂等特种树脂纳入科技创新体系，拓展聚氯乙烯应用领域；加强对加工助剂、加工技术、加工装备适配性研究；加强与下游加工企业合作，建立系列化、专业化、针对化的聚氯乙烯专用料牌号，促进我国聚氯乙烯树脂由通用型向专用型跨越。

3. 拓宽传统应用领域，创新发展新兴应用领域

从氯碱行业的氯下游消费构成看，聚氯乙烯是氯平衡产品中少有的大吨位基础化工品。我国聚氯乙烯的消费潜力一方面集中在拓宽传统的管材、型材应用领域，另一方面集中在创新发展新兴的应用领域。提升聚氯乙烯塑料制品质量，巩固在型材、管材等传统领域的应用，进一步开拓 PVC-O 管和 PVC 地板等新兴消费领域是未来行业发展方向。

（中国氯碱工业协会　张培超）

塑料助剂

塑料助剂又名塑料添加剂，是为改善树脂成型加工过程中的加工和应用性能而额外加入的一种功能性化学品，旨在节能减耗、节约成本，提升产品的附加值，常被广泛应用于橡胶、合成纤维、涂料、纺织、印染、食品、石油等工业产品中。众所周知，塑料制品的基本构成要素包括树脂、助剂、加工设备（包括模具）等几大方面。其中，助剂的使用量虽然微乎其微，但其对塑料制品的影响却是不可忽视的。

近年来，塑料产品业的突破发展以及国家层出不穷的政策法规均对我国的塑料制品行业产生了很大的影响。明确定位，产品研发升级，供需链平衡，采购成本优势，废塑处理能力，环境友好程度等已成为不可忽视的问题。目前，在满足社会一般性需求的基础上，强化高端应用领域，加大高档产品比重，完善配套助剂服务功能，稳步推进塑料产业转型升级，实现塑料制品产业发展轻量化、绿色化、可循环利用化，塑料性能改性，制品升级改造已是大势所趋。未来，随着我国改性塑料的技术进步及消费升级，我国塑料制品业将保持稳步增长的趋势。

据不完全统计，在“十二五”期间，随着我国塑料制品行业在产业结构调整、转型及升级中不断发展，中国早已是塑料制品生产及消费大国，其产销量均位居全球榜首。据报道，中国塑料制品的产量约占全球塑料制品总产量的 1/5。塑料制品早已出现在人类生活的方方面面，与人类生活息息相关，其地位尚不能被取缔。

图 1 显示了近几年我国塑料制品产量的统计情况；图 2 显示了近几年我国塑料制品产（销）量的统计情况。

依据图 1，纵观这五年我国塑料制品产量的发展趋势，可以发现塑料制品行业一直保持着稳固增长的趋势。其中，在 2018 年第一次出现明显的下

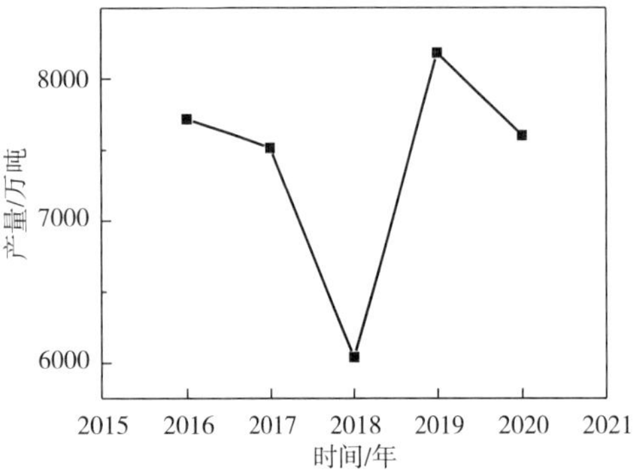

图 1　2016—2020 年我国塑料制品产量统计图

滑，这与国家相关政策法规的出台有很大关系。自 2017 年环保严查开始，很多不合规的小型企业被“洗牌”出局，这一现象在 2018 年表现得尤为显著，2018 年中国塑料制品的产量较 2017 年而言减少了 1473.4 万吨。但从 2019 年塑料制品的产量来看，又出现明显的增长趋势，这与 2019 年垃圾分类政策的出台有关，废塑料回收率的增长间接促进了塑料制品产量的增长。2020 年《关于进一步加强塑料污染治理的意见》新版限塑令的出台又遏制了塑料制品产量的上升通道，同比 2019 年，塑料制品产量又有所下滑。

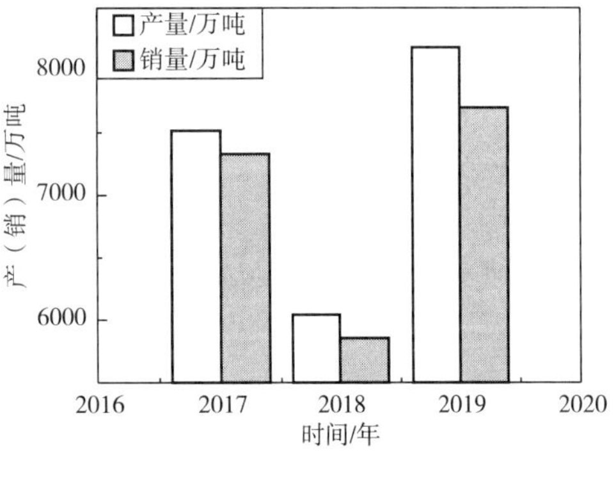

图 2　2017—2019 年我国塑料制品产销量统计图

从图 2 可以看出，虽然塑料行业在我国的工业发展领域占有举足轻重的作用，但是从塑料制品的产销情况来看，我国塑料行业依然面临着很大的危机，较为突出的矛盾是供大于求，产能过剩的问题还是很严重，加之国家限塑令、禁废令、国际贸易摩擦等不利因素的影响，中国塑料制品行业价格持续走低，市场竞争力减弱，企业利润持续降低，塑料制品行业将面临一次又一次的整合。

国务院编制的“中国制造 2025”重点领域技术路线图中，指出了塑料行业的发展趋势和重点，具体而言：（1）轻量化车身，实现复合材料/混合材料技术突破，降低成本，在新能源汽车上的应用率达到 30%，自主率超过 50%；（2）高性能聚烯烃材料，突破高熔融指数聚丙烯、超高分子量聚乙烯、发泡聚丙烯、聚丁烯-1 等工业化生产技术，实现规模应用；（3）生物基合成材料，重点突破新型生物基增塑剂合成及应用关键技术等；（4）生物基轻工材料，重点发展聚乳酸（PLA）、聚丁二酸丁二酯（PBS）、聚对苯二甲酸二元醇酯（PET、PTT）、聚羟基烷酸（PHA）、聚酰胺（PA）等产品。

“十一五”期间，塑料行业的发展主要聚焦于借用国外企业专利技术的通用品种的规模化生产，结构性创新、高效、绿色、环保的新产品基本上尚处于研发阶段，塑料行业生产能力、市场竞争力等尚需提高。“十二五”期间则有业内专家明确提出，调整产品结构、增强创新观念、顺应环保潮流、强化生产工艺、节能减耗、提升产品附加值等是助剂行业发展趋势。“十三五”规划则显示了业界对于新材料、新能源的重视，塑料制品因其物美价廉、性能良好、节能环保等特点深受广大消费者的喜欢，响应国家相关法律法规的号召，未来塑料行业的发展将锐不可当，塑料助剂行业的发展也将拥有更宽广的发展空间。

深入落实“中国制造 2025”政策，引进数字化、智能化“两化”技术，创新发展模式。紧随创新发展的脚步，瞄准产品的高端化、差异化和专用化，创新工艺、方法，打造创新产业链，建设创新体系，集中精力攻克“卡脖子”的技术短板，通过提品质、增品种、创品牌的“三品战略”提升产品附加值，实现产品高质量发展是现如今不可逆转的发展趋势。

众所周知，塑料助剂行业是伴随着塑料制品行业的发展而衍生出来的必需品。一般来说，聚合物的研究和生产早于助剂，但在一定的生产技术条件下，想要生产出多种多样琳琅满目的塑料制品，合适的助剂是不可或缺的。所以，随着塑料制品行业的稳步增长，塑料助剂行业也将拥有更为广阔的发展空间。塑料助剂在通用塑料工程化、工程塑料高性能化方面占有举足轻重的地位，且其是合成树脂功能化改性的关键。换句话说，借助助剂实现塑料制品的改性是一条经济、高效、便捷的发展道路。按照功能和作用，塑料助剂一般分为增塑剂、抗氧剂、热稳定剂、光稳定剂、阻燃剂、成核剂、扩链剂、抗水解稳定剂、加工及抗冲改性剂、偶联剂、抗菌剂等十几种类型。

图 3 显示了近几年我国塑料助剂的消费情况；图 4 显示了 2019 年全球各类塑料助剂的消费占比情况；图 5 显示了 2019 年我国各类塑料助剂的消费分配情况。

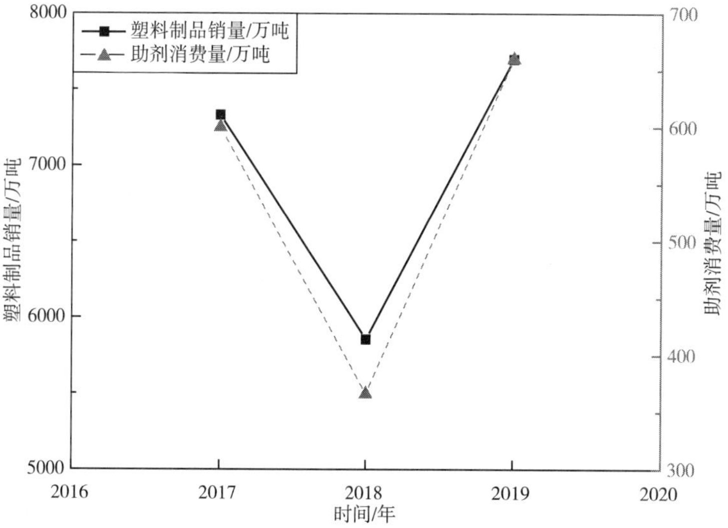

图 3　2017—2019 年我国塑料制品销量与塑料助剂消费量统计图

图 3 是 2017~2019 年中国塑料制品销量与塑料助剂消费量的对比图。从图中可以明显看出，塑料助剂是塑料制品的衍生物，塑料制品的发展趋势对塑料助剂的发展起决定性的作用。2018 年，受国家相关法律法规出台的影响，很多不合规的塑料制品小型企业被“洗牌”出局，塑料制品销量大幅度减小，配套助剂行业也随之遭受了严重的打击，消费量较 2017 年而言出现大幅下降的现象。2019 年，借着塑料制品行业产量与销量的复苏发展，塑料助剂行业也开始回温，消费量增加。可以说，塑料助剂与塑料制品两者互相影响，相辅相成，缺一不可。

据不完全统计，过去，美国在塑料助剂方面的消费量是全球第一。经过多年的不懈努力，2019 年我国成功赶超美国，各品类塑料助剂总产量位居世界第一，且助剂品种繁多，专用或特殊功能用助剂产量较以往大幅度增加。截止到 2019 年，世界各国塑料产品的年生产力约为 3.75 亿吨，塑料助剂的产销量近乎 1680 万吨，年增长率约为 5.0%。其中，2019 年，中国塑料制品的生产量达到 8184 万吨，塑料助剂的产销量近乎 660 万吨，较 2018 年而言，年增长率为 8%。

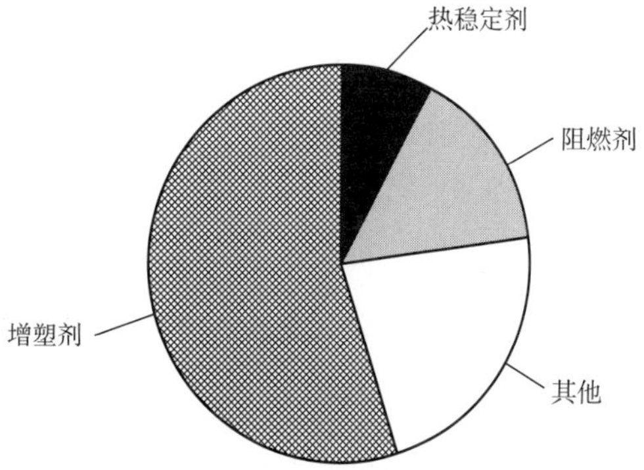

图 4　2019 年全球各类塑料助剂消费统计图
其他指的是抗冲改性剂和加工改性剂、润滑剂、抗氧剂、光稳定剂、发泡剂和抗静电剂。

从图 4 中可以看出，全球对于各类塑料助剂的需求量相差很大，其中对于增塑剂的需求最为迫切，其占比远超全球总量的一半。近年来，迫于环保及国家相关法律政策的打压，非环保类的助剂产品市场逐渐萎缩，高效、廉价、绿色、节能和可持续发展的环保型塑料助剂的研发将成为未来的发展趋势。

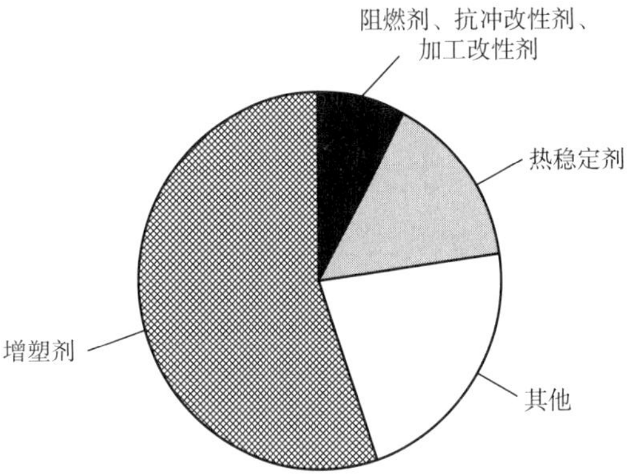

图 5　2019 年我国各类塑料助剂消费统计图
其他指的是抗氧剂、润滑剂、
光稳定剂、化学发泡剂和抗静电剂。

对比图 4，从图 5 中可以看出，我国对于各类塑料助剂的需求量也相差很大，其中对于增塑剂的需求也是最为迫切，需求量约为我国塑料助剂总量的 61%。其次是热稳定剂，阻燃剂与加工改性剂、抗冲改性剂的消费量基本上持平，其他助剂的消费量也不低。响应国家政策号召，跟进产品技术创新，完成产业结构升级改造，未来，我国塑料助剂行业的发展将势不可挡。

作为塑料行业的衍生物，塑料助剂的市场份额主要集中在一些综合型的企业中，其中具有代表性的几家企业包括：德国的巴斯夫、美国的陶氏化学、德国拜耳、法国的阿科玛以及美国的杜邦等，他们基本上涵盖了从原料供应生产到最终制品生产销售的一系列智能连接。

作为国际化工巨头的巴斯夫，1885 年就开启了我国市场，成为我国忠实的合作伙伴。2020 年，一场新冠疫情席卷全球，全球经济遭受重创，各行各业面临前所未有的挑战。尽管国外疫情依然严峻，经济形势不是很明朗，但是巴斯夫在我国的发展并未停滞不前。据报道，2020 年巴斯夫在大中华区的销售额远超 2019 年，约达 85 亿欧元，成为巴斯夫继美国之后的第二大具有潜力的销售市场。另外，巴斯夫在上海漕泾基地投资的全新抗氧剂—Irgafos Ⓡ 168 和 Irganox Ⓡ 1076，主要的服务对象也是中国客户。2019 年 11 月，作为我国重化工领域首例外商投资项目——湛江一体化基地项目在广东正式启动，2020 年 5 月正式打桩开建，2021 年 1 月突破连续 50 万工时安全建设记录。节省物流成本、能量优化利用、节能减排是该生产基地的运营方向。2021 年，巴斯夫的郑大庆博士在答记者问时曾表示，响应广东政府可再生能源电力相关交易政策，其在湛江一体化基地的首套装备将 100%采用可再生能源建设。亚太区特性材料部的鲍磊伟副总裁也曾表示：业务上的成功不仅指为企业创造价值，还包括为环境和社会创造价值。化学是实现未来可持续发展的助推器。遵守可持续发展的承诺，努力实现可持续发展的目标。这与我们一直追求的“绿色、环保、低碳、循环”的发展理念相吻合。由 BCC Research 可知，2020~2025 年全球塑料助剂的年均复合增长率可达 5.1%，2020 年，全球塑料助剂的市场市值达 607 亿美元。预估，到 2025 年，全球塑料添加剂的市场市值有望达到 777 亿美元。

未来，我国塑料助剂市场的发展依然是机遇与挑战并存，塑料制品的需求、消费情况、全球经济的复苏情况以及国家相关法规政策的出台情况等对塑料助剂的发展趋势影响颇大。如何在智能转型大潮中不掉队、不落伍，跟上时代步伐，缩小而不拉大差距、不输在起跑线上，仍然是塑料助剂行业面临的一项重要任务。

（一）增塑剂

增塑剂是一种能增加聚合物的可塑性，改善塑料成型加工时的流动性，赋予塑料制品一定柔韧性的精细化学品。具有增加高聚物柔韧性、降低高聚物表面硬度、降低玻璃化转变温度以及熔体黏度的作用。沸点高，极难挥发，一般不与塑料制品发生化学反应。目前，市面上出现的增塑剂可谓是品目繁多，遵循不同的分类标准，可将其大致划分为以下几大类（图 6）：

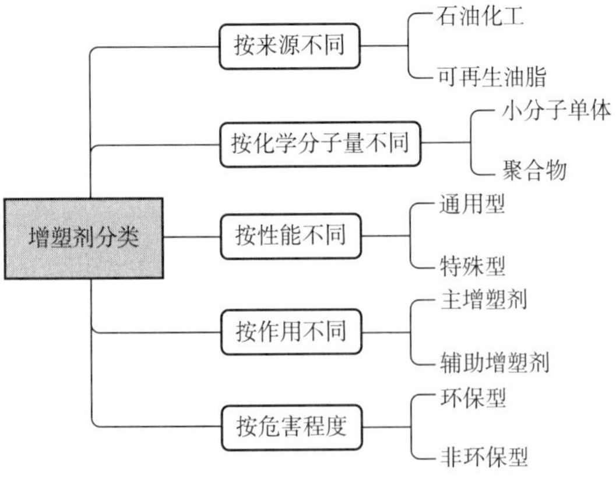

图 6　增塑剂分类

增塑剂出现在人类生活的方方面面，常被用作油墨和涂料、PVC 膜、人造革、电线电缆、地板革、消防水带、墙纸、PVC 桌布和餐垫、PVC 软管等。据悉，2021 年我国增塑剂上市公司有卓越新能、兴业股份、元利科技、建业股份、嘉澳环保、山西路桥等。2011 年以来，我国增塑剂的产能以及消费量在全球增塑剂总量上一直拥有很大的占比，并且一直保持着持续增长的趋势。图 7 显示了 2019 年我国各类塑料助剂的消费情况。图 8 显示了 2015—2019 年我国增塑剂的消费情况。

从图 7 中可以看出，2019 年我国塑料助剂市场对于各类助剂的需求量参差不齐，其中，增塑剂的消费量约达 300 万吨，占我国塑料助剂总消费量的一半左右。

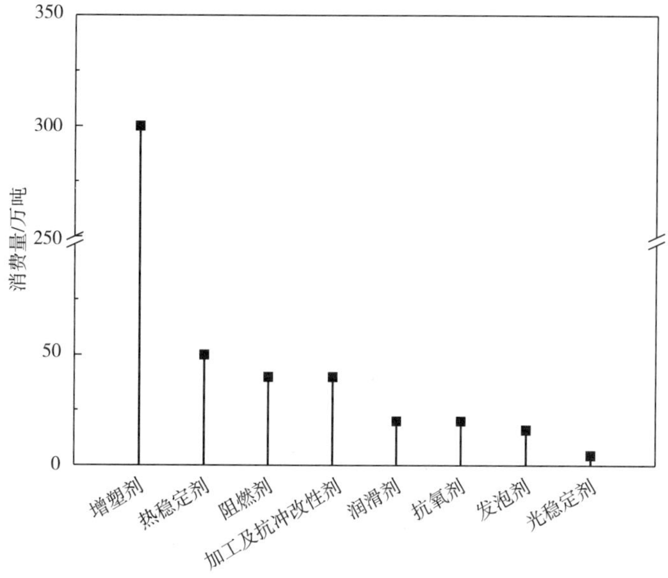

图 7　2019 年我国各类塑料助剂消费量统计图

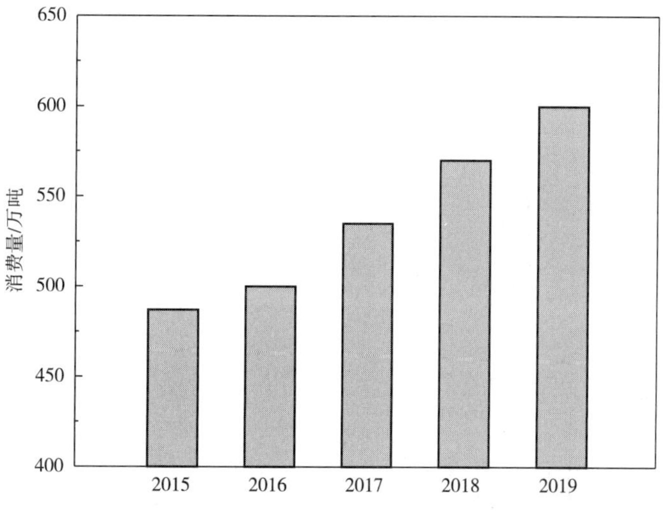

图 8　2015—2019 年我国增塑剂消费量统计图

从图 8 中可以看出，作为塑料助剂的一大种类，近几年来增塑剂的年消费量呈现直线上升的趋势，从2015年的487万吨增至2019年的600万吨，增势显著。

受新冠疫情影响，2020年2月前后，全国化工领域均处于停工停产状态，市场需求量一度低迷，各大增塑剂企业基本上处于减产、停工的状态。3月，国内增塑剂行业仅有不到3成的复工率，对比春节前的发展，国内DOP、DOTP市场均值下跌率超过30%。4月，因对医用防护用品（如：口罩、医用防护服等）需求的急增，国内熔喷布市场需求暴涨，众多企业纷纷转产，增塑剂市场借机被拉动，价格急剧增长。之后虽有国家政策对市场波动的宏观调控，环保型增塑剂作为医用PVC手套等医护用品的专用助剂，依当下形势来看，环保型增塑剂的发展空间只增不减。图9显示了2019年与2020年7~9月份环保型增塑剂DOTP的出口情况。

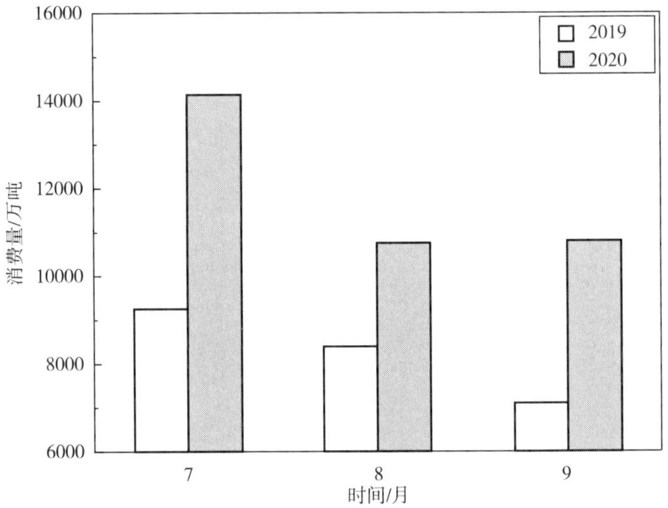

图9　2019年与2020年7~9月份环保型增塑剂DOTP的出口量统计图

从图9中可以看出，因新冠疫情的刺激，全球对医用防护用品的需求极为迫切，借此东风，环保型增塑剂DOTP的市场需求被拉动，产能进一步得到释放。据不完全统计，2020年国内环保型增塑剂DOTP市场产能超过60万吨，增幅率超过20%，预计，2021年，DOTP市场的产能将被进一步放大。

德国塞日萨拿公司在其“增塑剂市场”的研究报告第四版中预测，2024年全球增塑剂市场的总需求量将上升约975万吨，不同类型的增长率约为3%~3.5%。MarketsandMarkets（M&M）的最新报告也曾预测，预计2017年至2022年非邻苯二甲酸酯增塑剂行业的年复合增长率（CAGR）为8.7%。

既要金山银山，也要绿水青山。据了解，目前市场上主要涌现的增塑剂品种有邻苯类、对苯类以及柠檬酸酯类。大量研究数据表明，传统邻苯类与对苯类增塑剂因其苯环结构的存在，长期接触对人体、动植物以及生态环境的危害极大，自2016年以来，各国相继出台了一系列的法规政策，传统增塑剂的压力越来越大，市场萎缩、产能过剩、企业利润微薄等种种客观因素使得产品更新换代成为必然。在2019年12月举办的“2019中国能源化工产业峰会”上，蒋平平教授也曾指出：增塑剂的发展与法规变化是离不开的。基于全球环保法规的背景，绿色、环保、低毒、无毒的增塑剂的发展将是增塑剂行业的主要发展目标。虽然作为主增塑剂的DOP和DOTP在一些制品中的作用是无可替代的，但是全球非环保类邻苯增塑剂的需求下滑将是必然趋势。柠檬酸酯类则因挥发性高、味苦等缺点需要更深层次的研究，该类增塑剂主要用于一些特殊领域，国内技术尚不成熟，主要依赖于进口。目前，国内浙江大学、华东理工大学、天津大学、江南大学等高校聚焦国际先进水平，绕过技术壁垒，校企合作，齐力研发无毒、环保、高效的增塑剂。如何在智能转型大潮中不掉队、不落伍，跟上时代步伐，缩小而不拉大差距、不输在起跑线上，始终是中国各大企业面临的一项重要任务。

（二）热稳定剂

热稳定剂一般特指适用于聚氯乙烯（PVC）及

氯乙烯共聚物等含卤树脂，旨在抑制其在加工温度下降解的稳定化助剂。其作用方式一般包括以下几种：吸收含卤树脂热分解释放的氯化氢、置换树脂中活泼的氯原子、双键加成破坏聚合物的共轭体系、吸收屏蔽或减弱紫外线、中和或钝化某些有害金属离子等。一般情况下包括铅盐类、复合金属类、有机锡类、有机锑类、稀土类等几种稳定剂。

其中，铅盐类热稳定剂销量最大，主要以三盐基硫酸铅、二盐基亚磷酸铅和硬脂酸铅为主，对PVC有着很好的电绝缘性与热稳定性。复合金属类热稳定剂常根据产品状态的不同分为两种：固体粉末热稳定剂与液态热稳定剂。前者常见的产品有固体钙锌与固体钡锌，常用于PVC硬制品；后者常见的品种有液体钙锌与液体钡锌等，多用于PVC软制品与半硬制品中。有机锡类热稳定剂，高效、低毒，常见的有逆酯基硫醇有机锡、酯基硫醇有机锡、马来酸酯有机锡和脂肪酸有机锡四大类，不同的结构赋予了其不同的稳定效果与特性，高效、创新、低成本化是其发展方向。有机锑类热稳定剂，物美价廉、透明性好，常见的品种有巯基乙酸酯硫醇锑类、羧酸酯锑类、硫醇锑盐类等。稀土类稳定剂，常见的稀土元素足有17种之多，但是能用于PVC合成的仅有镧和铈两种元素，通常按组成将其分为三大类：无机盐稀土、有机弱酸稀土盐和稀土羧酸酯盐，我国稀土资源丰富，充分发挥稀土结构的结构优势是我们未来的发展方向与目标。

2020年，复合钙锌类稳定剂占据全球环保热稳定剂57.82%的市场份额，而有机锡类稳定剂则是美国主要的消费类型。2020年，受新冠疫情的影响，原油价格跌宕起伏，原料供给不足，锡的价格大幅上涨，基于成本考虑，有机锡热稳定剂市场开始向复合钙锌类稳定剂转变。我国作为全球最大的PVC产品供应国，其对于环保PVC稳定剂的供应量达到全球的39%以上。据不完全统计，2020年全球环保PVC稳定剂的市场规模为30.1亿美元，之后将以3.15%的年复合率增长，预估，2027年我国有望成为全球最大的环保PVC稳定剂供应市场，其市场份额约达44.43%。

从图5、图7中可以了解到，2019年我国热稳定剂的消费量居于我国塑料助剂总量的第二位。查阅相关报道可知，目前我国有关热稳定剂的生产企业有80余家，上市的热稳定剂品种也有5余种，产能及消费量都很大。图10显示了2019年我国热稳定剂行业各品种供给情况。

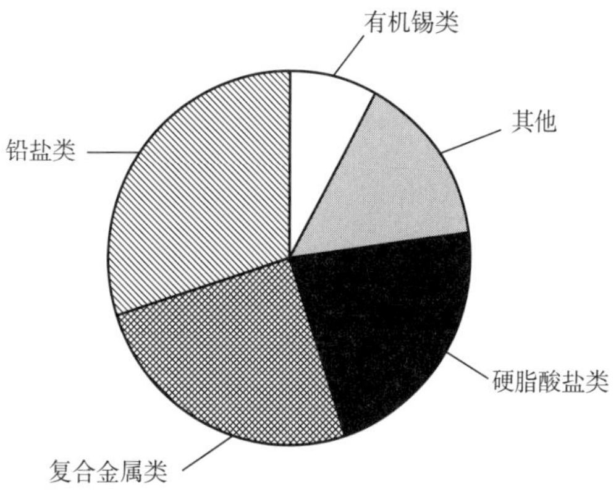

图10　2019年我国热稳定剂行业各品种占比情况

从图10中可以发现，热稳定剂各品种中铅盐类热稳定剂的占比最大，复合金属类热稳定剂次之，硬脂酸盐类热稳定剂的占比与复合型热稳定剂相近，有机锡类热稳定剂的占比最小。铅盐类占比虽最大，但这与政府相关环保法规的出台是相悖的，随着各地区对于欧盟ROHS指令实施力度的不断加大，高性能环保型热稳定剂取代铅盐类稳定剂将成为必然趋势。

塑料助剂“十二五”规划曾对热稳定剂产品的结构调整做出详细规划，主要包括：

（1）缩减含铅、镉的热稳定剂的产销量：铅、镉等重金属因毒性大、污染难处理等问题一直是环保环节的难点，近年来随着一系列禁镉、限铅令的颁布，无铅化、无镉化是热稳定剂行业发展的必然趋势；

（2）复合型多功能化是有机锡类稳定剂的发展趋势：国内锡资源紧张，常规单锡类稳定剂润滑性差，相对分子质量小易迁移析出等问题决定了有机锡类稳定剂的发展方向；

（3）加速锌基无毒热稳定剂的发展：无毒、环保、价廉、性能优异等特点是钙锌类热稳定剂深受追捧的原因；

（4）加大有机化合物热稳定剂的研发力度：用有机基代替重金属基在热稳定剂中的地位是热稳定剂未来的发展方向；

（5）着力开发全效一包化复合热稳定剂：不仅有热稳定剂，还包括润滑剂及其他配套助剂的研发。平衡综合性能、提高性价比、环境友好、生产效率高、利润空间大等是发展趋势。

“十二五”期间，中国塑协，塑料助剂专委会施珣若总工也曾指出，热稳定剂行业应该着重调整产品结构、顺应环保潮流，扩大生产规模，提高产业的集中度。增加钙/锌复合品种和有机锡及其复合产品的生产，尤其是研发和生产多功能、复合化、高效、无毒、无味的热稳定剂。铅盐类热稳定剂要继续向无尘复合铅方面发展；钙/锌复合稳定剂要解决在塑化过程中容易诱发干混料过度塑化，且后期达不到理想的黏度和弹性，无法满足硬质PVC生产需要的问题；有机锡类热稳定剂要解决制造成本高的问题；有机化合物热稳定剂要加大研发力度；有机锑类热稳定剂有价格优势，目前国内研制的锑稳定剂以三锑和复合锑稳定剂为主，我国锑资源丰富，发展有机锑稳定剂前景广阔；水滑石类热稳定剂是极有开发前景的一类无毒辅助热稳定剂，要加快工业化工推广。“十三五”发展规划中也明确强调，发展钙/锌复合、稀土类、水滑石类等绿色、高效、多功能热稳定剂是时代所趋。

无毒无害和环境友好是当今世界的发展潮流。据悉，作为环保热稳定剂领军企业的新三板创新层公司安徽佳先功能助剂股份有限公司，其主打产品为β-二酮［二苯甲酰甲烷（DBM）与硬脂酰苯甲酰甲烷（SBM）］，是铅盐类热稳定剂的良好替代品。2019年佳先股份国外营收率约占40%。其主导产品DBM已通过欧盟REACH法规（EC）No1907/2006领头注册，一定程度上提升了该企业的国际竞争力。佳先股份李兑曾答记者问说：DBM与SBM的生产工艺整体倾向于两大方向的发展：一方面优化生产工艺、提高生产效率；另一方面实现生产工艺清洁节能化，产品安全环保化。随着国家及人民对环保问题的高度重视，绿色、环保、清洁、节能、高效等正是该企业一直遵循的原则，也是塑料助剂行业发展进步所要遵循的准则。顺应时代发展潮流，加大创新力度，抓住机遇，攻坚克难，共谋塑料助剂产业链的可持续发展。

（三）抗氧剂

抗氧剂，俗称“防老剂”，是一种可以降低聚合物自动氧化反应速度，延缓聚合物老化降解时间，进而提高聚合物使用寿命的一种稳定化助剂。

按照作用机理可将其分为三大类，即：自由基抑制剂（主抗氧剂）、氢过氧化物分解剂（辅抗氧剂）以及重金属离子钝化剂。其中，自由基抑制剂通常包括胺类抗氧剂和酚类抗氧剂。氢过氧化物分解剂通常包括含硫和含磷的有机化合物。重金属离子钝化剂通常包括酰肼类、肟类、醛胺缩合物。

胺类抗氧剂多用于橡胶制品，价格低廉、应用最早。常见的品种有烷基芳基对苯二胺类化合物。因其毒性高、易变色等缺陷使得品种优化改良成为必然。据报道，在胺类抗氧剂的分子结构中引入硅基的硅烷结构可降低其毒性，且热稳定性良好。

酚类抗氧剂，以较常用的受阻酚类抗氧剂为例，通常包括单酚类、多酚类、双酚类、半受阻酚类、氮杂环多酚类、硫代酚类等。相较胺类抗氧剂而言，其抗氧能力稍差，但是污染小、毒性低、不着色等优点使其深受科研工作者的青睐。目前已有多元酚、受阻酚与聚合酚等多种类型的高效、无毒、无污染的抗氧剂新品种被研发。受阻酚类抗氧剂可单独在树脂中使用，也可将其与含硫、含磷的化合物复配起来使用。

含硫类抗氧剂，主要是通过分解过氧化物来达到抑制或延缓聚合物老化降解的发生，环保、低毒，常作为一种辅助抗氧剂与别的抗氧剂一起复配使用。目前市面上常见的品种有：硫代二丙酸双十八酯（DSTP）、硫代二丙酸二月桂酯（DLTP）。

含磷类抗氧剂，同硫类抗氧剂一样，都是通过分解过氧化物来达到抑制或延缓聚合物老化降解的发生。毒性比较低、对环境危害性小。使用含磷类抗氧剂可以增加树脂加工过程的稳定性，抑制沾染。主要用于聚烯烃中，常与受阻酚类抗氧剂搭配使用。

据报道，2018年全球抗氧剂的总消耗量达52.38万吨左右，其中，胺类抗氧剂除外，我国其他种类的抗氧剂消耗量达16.82万吨左右。有数据表明，我国抗氧剂的消费量占据全球18%的市场，是亚洲乃至全球的重要消费市场。据悉，全球抗氧剂生产厂商的集中度比较高，主要为巴斯夫、松原、Addivant、圣莱科特等。表1为北美地区抗氧剂的消费结构情况；表2为西欧地区抗氧剂的消费结构情况；表3为日本市场抗氧剂的消费结构情况；表4为中国市场抗氧剂的消费结构情况。

表1 北美地区抗氧剂消费结构情况

抗氧剂种类	消费占比/%
受阻酚类	53
有机亚磷酸酯类	37
硫代酯类	6
其他	4

表 2 西欧地区抗氧剂消费结构情况

抗氧剂种类	消费占比/%
受阻酚类	47
有机亚磷酸酯类	39
硫代酯类	7
其他	7

表 3 日本市场抗氧剂消费结构情况

抗氧剂种类	消费占比/%
受阻酚类	56
有机亚磷酸酯类	35
硫代酯类	9

表 4 我国市场抗氧剂消费结构情况

抗氧剂种类	消费占比/%
受阻酚类	49
有机亚磷酸酯类	44
硫代酯类	5
其他	2

纵观表 1~表 4 可以发现，全球抗氧剂市场主要以受阻酚类抗氧剂与有机亚磷酸酯类抗氧剂为主，其他种类抗氧剂的消费占比相对比较小。

值得一提的是，在全球抗氧剂市场中，就受阻酚类抗氧剂而言，BASF 公司拥有绝对的话语权；就亚磷酸酯类抗氧剂而言，Addivant 公司拥有绝对的话语权。表 5 对 BASF 公司就受阻酚类抗氧剂分别在北美、西欧、日本和中国地区的消费情况进行了统计。表 6 对 Addivant 公司就亚磷酸酯类抗氧剂分别在北美、西欧、日本和中国地区的消费情况进行了统计。

表 5 BASF 公司在全球抗氧剂市场的消费情况（受阻酚类）

受阻酚类市场	消费占比/%
北美地区	70
西欧地区	70
日本市场	56
中国市场	49

表 6 Addivant 公司在全球抗氧剂市场的消费情况（亚磷酸酯类）

亚磷酸酯类	消费占比/%
北美地区	50
西欧地区	80
日本市场	35
中国市场	44

经过几十年的不懈努力，“十二五”期间，中国抗氧剂市场的生产能力和消费能力均有所增加，合资企业纷纷扩大规模，试图通过本土化发展来占领中国市场，国内也涌现出大量的抗氧剂厂商，图 10 对 2019 年国内抗氧剂生产厂商的产能情况进行了统计。

从图 11 中可以看出，国内抗氧剂市场比较分散，生产抗氧剂的厂商不少但是大部分企业的生产规模不是很大。在此基础上，产能扩产是行业发展的必然趋势。借此东风，中国许多企业开始酝酿扩产，如：临沂三丰化工有限公司建设的新厂扩增产能 1 万~2 万吨；天津利安隆新材料股份有限公司在其珠海一期新增通用抗氧剂产能 6.5 万吨的基础上，二期建设扩产 6 万吨。巴斯夫高桥特性化学品有限公司在其 2019 年底上海漕泾基地二期建设正式投产后新增产能 1.2 万吨。营口风光新材料股份有限公司也在通过技术改革来达到实现扩产的目的。

紧随创新发展的脚步，瞄准产品的高端化、差异化和专用化，创新工艺、方法，开拓创新思维，坚定不移地走高效、高质量发展的改革道路。

（四）光稳定剂

光稳定剂，又称抗老化剂，是一种通过有效延缓或抑制聚合物的自由基反应，屏蔽紫外线、猝灭激发态能量，从而达到延长塑料制品使用寿命的稳定化助剂。其在某种程度上的作用与抗氧剂类似，只是作用机理不同，光稳定剂是循环反应，而抗氧剂是单向反应。

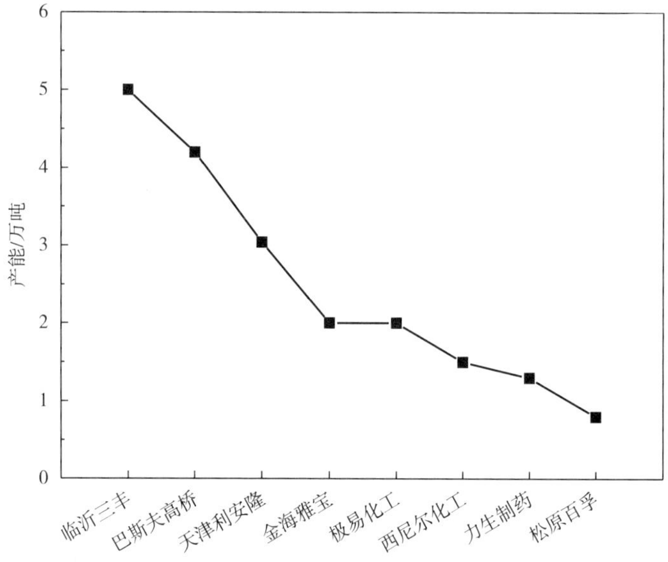

图 11　2019 年国内抗氧剂主要生产商产能情况

根据作用机理的不同，可将其分为四类：自由基捕获剂、紫外线吸收剂、激发态猝灭剂和光屏蔽剂。

自由基捕获剂，这里特指受阻胺光稳定剂，因其受阻哌啶氮氧自由基的再生性和循环性，赋予其高效性。目前在市场上使用最为广泛，市场占有率也很高，具有低毒、色浅、价廉以及极为出色的光稳定性。

紫外线吸收剂，其作用机理主要是吸收有害的紫外线能量并将其转化为无害的热能释放出来，常包括苯并三唑类、二苯甲酮类以及三嗪类等。其中，苯并三唑类是一种极具发展前景的一种光稳定化助剂，具有高效的稳定性以及紫外线吸收性能，不会使树脂着色；二苯甲酮类，成本高，价格昂贵，虽然对纤维有比较好的亲和性，但是热稳定性不佳，长期照射易变色，影响制品的外观与性能；三嗪类，分子结构中三嗪环上邻羟基苯基取代基越多，其吸收紫外线的能力就越强，但不可避免的是制品的颜色会变深，应用比较局限。特别地，水杨酸酯类紫外线吸收剂制备简便，操作简单，并且无毒、对环境威胁性小。

激发态猝灭剂，其作用机理是通过猝灭激发态能量，使处于激发态的聚合物分子回到基态实现能量稳定化。市场上常用的猝灭剂主要是镍的有机络合物，对紫外线的吸收比较差，但光稳定效果一般较紫外线吸收剂要好，常与紫外线吸收剂配合使用。

光屏蔽剂，其作用机理主要是通过遮蔽或反射紫外线来达到与聚合物隔离的目的。一般多为炭黑、氧化锌、二氧化钛等无机颜料和酞菁蓝、酞菁绿等有机颜料，其中属炭黑的使用效果最好。

据统计，2019 年全球光稳定剂的消费量达到 6.86 万吨，市场消费额度约达 36 亿美元。光稳定剂行业分析报告曾指出，不久的将来，中国将超越美国成为全球最大的塑料助剂消费国。

2019 年，全球光稳定剂的消费量主要集中在美国、西欧和中国，合计占比达全球总消费量的 61%，其次是中东与非洲，合计占比仅为 9%；日本的消费量更少，占比仅为 6%。其中，美国、西欧和中国市场的消费品种以受阻胺类光稳定剂为主，而日本市场则以紫外线吸收剂为主，其需求量远高于受阻胺类光稳定剂。表 7 就 2019 年全球光稳定剂的消费区域分布情况进行了统计。

表 7　　2019 年全球光稳定剂消费区域分布情况

区域	消费占比/%
美国、西欧及中国	61
中东、非洲	9
日本	6
其他	24

北美光稳定剂市场，其消费品种主要包括受阻胺类与紫外线吸收剂两大类。其中，受阻胺类光稳定剂的消费占比约为57%；紫外线吸收剂（这里主要指苯并三唑类和二苯甲酮类）的消费占比约为43%。表8就2019年北美光稳定剂市场产品的消费构成进行了统计。

表8 2019年北美光稳定剂产品消费分布情况

种类	消费占比/%
受阻胺类	57
紫外线吸收剂	43

西欧光稳定剂市场，其消费品种主要以受阻胺类与紫外线吸收剂为主。其中，受阻胺类光稳定剂的消费占比高达73%；而紫外线吸收剂（这里主要指苯并三唑类和二苯甲酮类）的消费占比仅为27%。表9就2019年西欧光稳定剂市场产品的消费构成进行了统计。

表9 2019年西欧光稳定剂产品消费分布情况

种类	消费占比/%
受阻胺类	73
紫外线吸收剂	27

日本光稳定剂市场，其消费品种也主要是以受阻胺类与紫外线吸收剂为主。其中，受阻胺类光稳定剂与苯并三唑类紫外吸收剂的消费占比并列榜首，均为47%；二苯甲酮类消费占比较少，仅为6%。表10就2019年日本光稳定剂市场产品的消费构成进行了统计。

表10 2019年日本光稳定剂产品消费分布情况

种类	消费占比/%
受阻胺类	47
苯并三唑类	47
二苯甲酮类	6

我国光稳定剂市场，其消费品种也主要是以受阻胺类与紫外线吸收剂为主。其中，受阻胺类光稳定剂的消费占比为62%，紫外吸收剂的消费占比为38%。具体地，苯并三唑类光稳定剂的消费占比约为21%，二苯甲酮类光稳定剂的消费占比约为17%。表11就2019年我国光稳定剂市场产品的消费构成进行了统计。

表11 2019年中国光稳定剂产品消费分布情况

种类	消费占比/%
受阻胺类	62
紫外线吸收剂	38

据相关报道，2019年我国光稳定剂市场的主要生产厂商有宿迁联盛科技有限公司、振兴化工有限公司、北京天罡助剂有限责任公司、天津利安隆新材料股份有限公司等，总生产产能达7.9万吨。其中，宿迁联盛科技有限公司和天津利安隆新材料股份有限公司的产能合计约占我国光稳定剂总产能的一半。表12就我国光稳定剂市场的主要生产商及其产能进行了统计。

表12 2019年我国光稳定剂主要生产厂商及其产能情况

生产厂商	产能/万吨
宿迁联盛科技有限公司	2
天津利安隆新材料股份有限公司	2
振兴化工有限公司	1.6
北京天罡助剂有限责任公司	1
滨海锦翔化学助剂有限公司	1
杭州帝盛进出口有限公司	0.8
威海金威化学工业有限公司	0.5

国内光稳定剂厂商的生产种类比较单一，倾向于专注一类品种重点生产。如：杭州帝盛进出口有限公司以其出色的技术专注于高利润紫外线吸收剂的生产，这里特指苯并三唑类光稳定剂的生产；北京天罡助剂有限责任公司、振兴化工有限公司以及宿迁联盛科技有限公司则专注于受阻胺类光稳定剂的生产。值得一提的是，光稳定剂的生产特别是紫

外线吸收剂的生产过程往往会产生大量的废水，受国内相关环保政策的打压，许多不合规或者小产能的企业逐渐退出光稳定剂的舞台，有技术、有市场、有资金优势的企业纷纷开始整合或扩产。如：在国内环保压力的加压下，杭州帝盛长时间停产，并有意将各子工厂搬迁至福建实现年产 1.5 万吨的规模；天津利安隆新材料股份有限公司于 2020 年完成对衡水凯亚的并购实现扩产的目的；北京天罡助剂有限责任公司通过与瑞士科莱恩的合作欲实现扩产 3 万吨的目的。表 13 就中国光稳定剂市场的主要生产商及其主营品种进行了统计。

表 13　2019 年我国光稳定剂主要生产商及其主营品种

生产厂商	品种
宿迁联盛科技有限公司	受阻胺类
天津利安隆新材料股份有限公司	受阻胺类和紫外线吸收剂
振兴化工有限公司	受阻胺类
北京天罡助剂有限责任公司	受阻胺类
滨海锦翔化学助剂有限公司	受阻胺类和二苯甲酮类
杭州帝盛进出口有限公司	紫外线吸收剂
威海金威化学工业有限公司	苯并三唑类

未来，光稳定剂工艺正向专用化、复合化、高分子量化、低碱性化、多功能化、环境友好化等方向发展，大力开发适合国内塑料工业发展的高效化新品种，努力实现光稳定剂产品生产工艺清洁化、工艺装置连续化、制品品质稳定化的目标，大力降低生产成本。

（五）阻燃剂

阻燃剂，即防火剂、耐火剂，是一种能够减缓或抑制火焰的传播，增加受困者逃生时间，争取延长灭火反应时间，减小火灾危害性的功能性助剂，其功能包括抑制有毒有害气体的释放。

按照化学构成可将阻燃剂分为两大类：有机阻燃剂和无机阻燃剂。其中，有机阻燃剂包括有机卤系阻燃剂（此处特指有机溴系阻燃剂）和有机磷系阻燃剂；无机阻燃剂主要包括氢氧化镁、氢氧化铝、三氧化二锑等金属氧化物。

其中，有机溴系阻燃剂，常见的代表产品有十溴二苯醚、四溴双酚 A 等，与树脂相容性好，阻燃效率高，在 20 世纪 60 年代就被广泛开发使用，且销量一直很高。但使用过程中会释放出有毒有害气体且燃烧烟雾大，迫于安全与环保的双重压力，欧美等地区对有机溴系阻燃剂纷纷出台了限用令或禁用令，苹果、三星、戴尔等公司也承诺不会再使用有机溴系阻燃剂。全球阻燃剂无溴化发展是大势所趋。

有机磷系阻燃剂，常见的代表产品有 TCPP、BDP，阻燃效率好，且兼具阻燃与增效双重功效，低毒、腐蚀性弱、控烟效果佳、成本低、对环境友好，常用于聚氨酯、工程塑料等领域。未来有可能成为有机溴系阻燃剂的优选替代品之一，发展空间极为广泛。据 LP information 对全球 TCPP 阻燃剂 2020~2025 的市场调研报告可知，2019 年全球 TCPP 阻燃剂的市场销售额为 3.482 亿美元，预计 2025 年将达到 3.781 亿美元的市场规模，年复合增长率达 2.1%。

无机阻燃剂，常见的代表产品有氢氧化镁、氢氧化铝、三氧化二锑等金属氧化物，阻燃效果较差，往往需要加大用量以达到需要的阻燃效果，分散性不好，与树脂的相容性较差，影响材料的正常使用。

根据 GrandViewResearch 的预测可知，2019 年全球阻燃剂的市场销售额为 70 亿美元，以 3.6%的年复合增长率来算，预计 2027 年全球阻燃剂的市场规模可达 93 亿美元。就目前安全与环保法规的双重限制，早在 2013 年底，美国环保署与美国雅保、科聚亚以及以色列化学工业公司就实现了全面停止对十溴二苯醚的使用。

超细氢氧化铝阻燃剂因其安全、无毒、不挥发、无腐蚀，与树脂相容性好、分散容易、阻燃效果佳等优点引起广大科研人员的重视，且其同时具备阻燃、抑烟和填充的功能，是全球销量最好，应用最为广泛的无机系阻燃剂。长期以来，因技术、设备以及资金等优势，美国、日本和德国等国外生产商一直是全球阻燃剂市场的主导者。据统计，2019 年，全球关于超细氢氧化铝阻燃剂的生产规模为 222.42 万吨，以 13.12%的复合增长率来算，预计 2025 年该阻燃剂的生产规模可达 466.04 万吨。表 14 就 2016—2025 年全球超细氢氧化铝阻燃剂的生产能力进行了统计及预测。

表 14 2016—2025 年全球超细氢氧化铝阻燃剂的产能情况

年份	产能/万吨
2016	166.92
2017	182.25
2018	198.37
2019	222.42
2020	248.96
2021	279.39
2022	311.22
2023	356.14
2024	409.48
2025	466.04

我国的阻燃剂市场经过不断的升级改造，超细氢氧化铝阻燃剂市场规模增长迅速。据统计，2019年，我国关于超细氢氧化铝阻燃剂的生产规模为63.47万吨，以21.3%的复合增长率来算，预计2025年我国该阻燃剂的生产规模可达202.18万吨。表15就2016—2025年我国超细氢氧化铝阻燃剂的生产能力进行了统计及预测。

表 15 2016—2025 年我国超细氢氧化铝阻燃剂的产能情况

年份	产能/万吨
2016	35.02
2017	42.8
2018	50.96
2019	63.47
2020	76.25
2021	92.69
2022	111.46
2023	136.39
2024	164.47
2025	202.18

长期以来，因技术、设备以及资金等优势，美国、日本和德国等国外生产商一直是全球阻燃剂市场的主导者。经过近二十年的努力，国内开始涌现出许多在技术上可以与国外企业相媲美的超细氢氧化铝阻燃剂生产商，我国无机系阻燃剂开始逐步摆脱国外垄断的局面。目前，国内关于超细氢氧化铝阻燃剂的主要生产商有洛阳中超股份有限公司、山东新材料股份有限公司、中铝中州新材料科技有限公司、淄博中顺新材料科技有限公司、淄博鹏丰新材料科技有限公司、湖北振华化学股份有限公司等。值得一提的是，洛阳中超股份有限公司自成立以来一直坚持自主研发与技术创新，是国内有关超细氢氧化铝阻燃剂研发、生产和销售的优秀企业之一。有资料显示，洛阳中超股份有限公司在经过几十年的坚持以及不懈努力创新下，已成功突破超细氢氧化铝阻燃剂的技术瓶颈，拥有年产十万吨级以上超细氢氧化铝阻燃剂的生产能力。2019年该公司关于超细氢氧化铝阻燃剂的生产规模超过13万吨，完全具备超细氢氧化铝阻燃剂稳定化、大批量生产的能力。表16就2019年我国超细氢氧化铝阻燃剂主要生产商产能进行了统计。

表 16 2019 年我国超细氢氧化铝阻燃剂主要生产商产能情况

生产商	产能/万吨
洛阳中超股份有限公司	13.79
山东新材料股份有限公司	10.71
中铝中州新材料科技有限公司	3.72
淄博中顺新材料科技有限公司	3.31
淄博鹏丰新材料科技有限公司	3.38
湖北振华化学股份有限公司	2.16

就超细氢氧化铝阻燃剂发展而言，超微细化、高纯化、晶体形貌一致化、粒度分布集中化是接下来要追寻的目标。展望未来，阻燃剂正在向高效化、多功能化和环境友好化方向发展，市场充满希望和挑战。预估，未来阻燃剂的发展趋势将是应用领域倾向扩大化、深入化；阻燃立法趋于完善化；环保走向无溴化；性能倾向复配化。

如何在智能转型大潮中不掉队、不落伍，跟上时代步伐，缩小而不拉大差距、不输在起跑线上，是助剂行业一直以来的发展目标，这使得塑料助剂行业产业结构的升级改造势在必行。增塑剂行业：减少传统邻苯类增塑剂的使用，加大环保型增塑剂如环氧类、柠檬酸酯类、偏苯三酸酯类增塑剂的研发力度及技术创新力度；热稳定剂行业：减少有毒铅盐类热稳定剂的使用，加大锌基与有机锡类热稳定剂的市场份额；抗氧剂行业：提高产业集中度，增强企业的研发能力，强化企业的技术升级水平，研发新型、高效、多样化、环保化的新型产品是大势所趋；光稳定剂行业：提高产业集中度，加强企业的自主研发能力及创新能力，大力开发复合化、高分子量化、低碱性化、多功能化、环境友好化的新型品种；阻燃剂行业：环保无溴化、性能复配化、立法完善化、应用领域深入化是今后的发展方向。

从行业发展动态来看，绿色、高效、多功能化将是塑料助剂的主要发展方向。随着市场需求量的不断扩大，未来我国塑料助剂的发展趋势将呈现出以下几大特点：

（1）助剂分子结构日益完善；

（2）多功能化；

（3）高相对分子质量化；

（4）低毒性、耐抽出、无污染；

（5）复配型助剂和集装化技术；

（6）研究新功能助剂。

深入探讨“十四五”发展的新思路、新目标、新举措，推动助剂产业链向着功能化、轻量化、高质化、高值化的方向发展。紧随创新发展的脚步，瞄准产品的高端化、差异化和专用化，创新工艺、方法，打造创新产业链，建设创新体系，集中精力攻克“卡脖子”的技术短板，通过提品质、增品种、创品牌的“三品战略”提升产品附加值，实现产品的高质量发展是塑料助剂行业的永恒目标。

未来的发展之路任重而道远，但是困难是暂时的，未来是光明的！

［山西省化工研究所（有限公司）　王晶］

2020 年中国塑料机械工业发展报告

2020 年是“十三五”的收官之年，年初突发的新型冠状病毒肺炎疫情对社会经济、人们生活造成很大的冲击。但由于塑料机械作为高分子复合材料工业母机，疫情防控期间对于口罩、护目镜、呼吸面罩等防护物资以及酒精瓶、消毒水瓶、喷雾瓶、测温计和医用便盘等医疗物品的生产提供了极为重要的装备保障，行业整体实现了新的增长，为“十三五”画上了较为圆满的句号，同时也为开启“十四五”征程打下了坚实的基础。

一、2020 年中国塑料机械行业概况

2020 年初疫情暴发的时候，全国面临停工停产，塑机行业同样难以独善其身。但塑料机械是涉及国计民生各个领域的重要装备，因此成为较早复产、复工率较高的行业之一。在复工复产初期，塑机行业在外协配套、物流运输和人员流动等方面也遇到了很大的困难。但由于塑机行业以民营企业为主，具有内生增长驱动力强、市场响应速度快的特点，面对疫情造成的困难，多家企业果断调整经营思路，实施新的应对措施，根据市场实际需要，抓住战机，扩大业务范围，开展多元化经营，实现核心业务转型升级，拓展医疗健康、民生保障、基建、运输包装和循环经济等领域相关的业务，并加快智能制造步伐来逐步缓解招工难、用工难的问题。特别是为疫情防控医疗物资以及小家电产品等供应提供了重要的装备和产品保障，充分彰显了塑机作为工业母机的重要作用。随着全球疫情的进一步蔓延，各个国家和地区开始纷纷采取“封国”“封城”措施，全球产业链也遭遇了巨大挑战，但中国塑机装备破除万难，依然为国际疫情防控和经济复苏持续发挥着不可替代的作用。在此期间，做熔喷布、口罩机、护目镜、防护服、呼吸面罩、医用瓶管袋等的塑机装备制造企业营收利润均创新高。同时，行业骨干企业也纷纷为疫情防控捐资捐物，体现了塑机企业高度的社会责任精神。

经中国塑料机械工业协会根据国统局数据整理分析，2020 年 488 家规模以上塑机企业产量虽然同比下降 5%，但年营业收入首次突破 810 亿元，同比增长近 25%；利润总额 85.72 亿元，同比增长 49%；营收利润率 10.58%，比 2019 年高 1.73 个百分点；按季度来看，产量、营业收入和成本呈逐季度递增态势，而利润总额在第二季度达到峰值后，第三、四季度增幅逐步收窄。从效益指标看，塑机

行业营业收入利润率、成本费用利润率、总资产利润率、资产负债率和资产保值增值率等指标继续保持优于同期全国机械工业的平均水平，位居机械工业前列（表1、图1）。

表1　2020年规模以上塑机企业主要指标增长情况　　单位：%

季度	产量		营业收入		营业成本		利润总额	
	同比	环比	同比	环比	同比	环比	同比	环比
一	-63	-32	-23	-32	-100	-31	-43	-51
二	15	66	36	80	26	64	96	312
三	37	11	36	-1	35	4	77	-15
四	44	14	46	21	48	25	52	-12

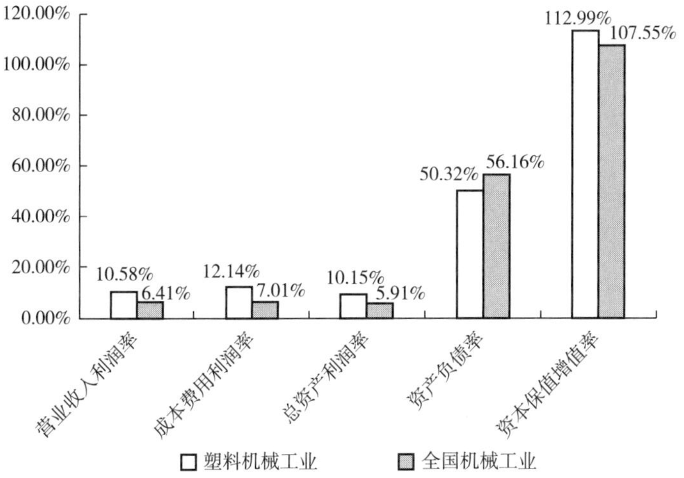

图1　2020年规模以上企业主要效益指标比较

2020年塑机进出口总额46.35亿美元，同比增长0.86%。其中进口额17.89亿美元，同比下降5%，降幅较前11个月累计进一步收窄；出口额28.46亿美元，同比增长5%，增幅较前11个月扩大；贸易顺差10.57亿美元，同比增长29%，我国塑机贸易顺差有史以来首次突破10亿美元（表2、图2）。

表2　2020年中国塑机进出口增长情况

单位：%

季度	进口		出口	
	数量同比	金额同比	数量同比	金额同比
一	-27	-20	7	-11
二	-21	-21	147	-5
三	85	5	92	15
四	-35	18	86	18

按细分产品看（图3）：

注塑机进口额延续下滑态势，降幅逐步收窄，1~12月同比下降11%；出口额自11月起增速开始转正，1~12月同比增长4%。

挤出机进口额保持高速同比增长24%，出口额同比下降14%；其中，塑料造粒机进口额同比增长24%，出口额同比下降32%，其他挤出机进口额同比增长24%，出口额同比下降7%。

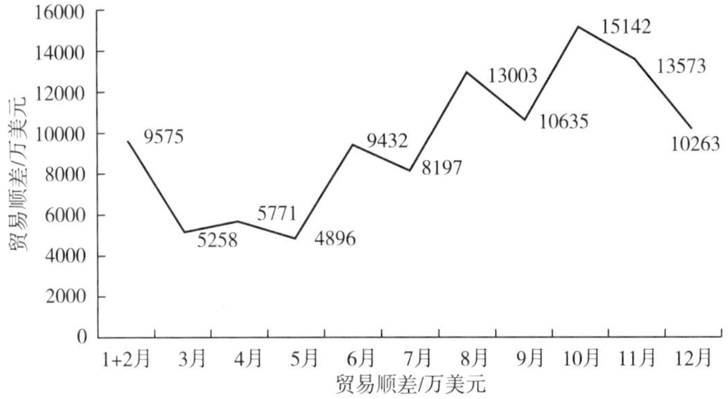

图 2　2020 年中国塑机贸易顺差走势

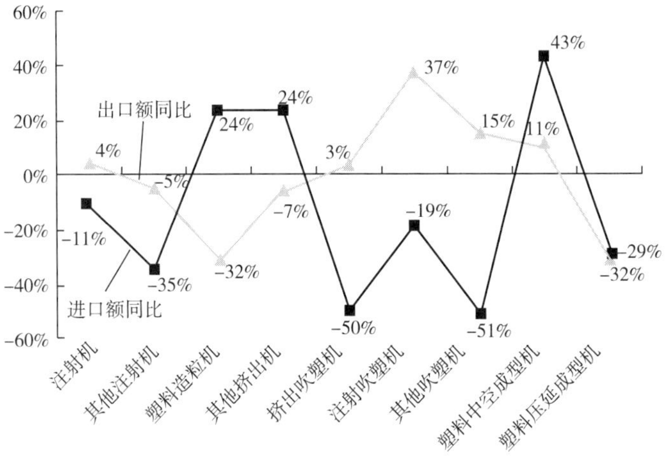

图 3　2020 年重点塑机产品进出口走势

吹塑机进口额同比下降 45%，出口额同比增长 11%；其中，注射吹塑机、挤出吹塑机和其他吹塑机的出口额分别同比增长 37%、3%和 15%。

塑料中空成型机进口额和出口额则分别同比增长 43%、11%。

塑料压延成型机进口额和出口额分别同比下降 29%、32%。

二、中国塑料机械行业“十三五”情况概览

“十三五”期间，面对复杂多变的国内外经济形势和频发的国际贸易摩擦及地缘冲突，我国塑料机械工业的发展表现出强大的韧性，保持了稳中有进、进中有新的总体态势，从“十二五”时期的高速增长稳步转向高质量发展。主要经济指标增速和利润率水平依然处于全国机械工业的前列，规模企业数、产销、利润总额和进出口总额又创新高，在国际塑料机械市场的份额不断提高，行业全球影响力和企业国际竞争力进一步提升。

（一）行业整体绩效

据中国塑料机械工业协会测算，“十三五”期间塑机规模以上企业工业总产值比“十二五”时期增长 35.64%；工业销售产值增长 35.13%；出口交货值增长 19.75%；利润总额增长 51.35%。

由中国塑料机械工业协会统计的中国塑机优势企业在“十三五”期间出口额年均增长 6.34%；主营业务收入年均增长 10.03%；利润总额年均增长 11.33%；研发费用年均增长 12.11%。

塑机行业在此期间经历了 2016—2017 年高速增长和 2018—2019 年明显放缓的两个阶段后，2020 年迎来了空前的挑战和机遇。

1. 2016—2017 年冲高阶段

2016—2017 年，两年间行业延续高速增长态势，主营业务收入分别同比增长 14%、13%；利润

总额分别同比增长 15%、22%。在这一阶段，行业开始对塑机在汽车轻量化领域的应用加大投入力度，开拓了新的蓝海领域；注塑机、挤出机、吹塑机三个大类多种产品纷纷纳入国家重大技术装备专项领域；节能、环保继续领跑行业主题；智能制造引发行业新的转型方向。

2. 2018—2019 年放缓阶段

随着中美贸易战的加剧，在形势复杂严峻、经济下行压力增大的背景下，我国塑机行业发展面临着风险增加、运行稳中有变的新局面。特别是 2018 年起，由于汽车行业连续下滑，塑机作为塑料汽配件的工作母机自然受到较大的影响。2018 年 5 月起塑机产量持续走低，2018—2019 年塑机行业规模以上企业主营业务收入分别同比下降 4%、9%；利润总额分别同比下降 4%、13%。

3. 2020 年抗击疫情特殊驱动阶段

如前所述，年初暴发的新冠肺炎疫情对社会经济、人们生活造成很大的冲击，塑机行业也不例外。在以习近平同志为核心的党中央坚强领导下，全国人民众志成城、同舟共济，疫情防控形势持续向好、生产生活秩序加快恢复的态势不断巩固和拓展。虽然 2020 年 1 季度国民经济运行曾受到较大影响，但中国经济稳中向好、长期向好的基本趋势不会改变，而且经过这次疫情的冲击，我国经济转型升级和高质高效发展的势头将更加强劲。

（二）出口态势好于进口

我国塑机行业近 10 年来的出口一直保持较快的增长，进口则呈增长放缓的趋势。“十三五”时期，国产塑机装备在国内市场份额占比基本稳定在 80%左右。2019 年在贸易摩擦频发、外部环境收紧的情况下，我国塑机出口额仍增长了 10.66%，实现贸易顺差 8.23 亿美元，同比增长 87.35%，2020 年贸易顺差更是首次突破了 10 亿美元，凸显出塑机作为工业母机的重要地位。很多企业出口销售占公司总销售收入的比重超过 30%，部分企业出口比重达 50%以上，个别企业则 100%完全为出口市场。未来行业出口可能会面临更多复杂因素的挑战，但经过 60 多年的发展，中国塑料机械行业已经形成门类齐全、具有世界最大规模和较先进水平的完整产业链体系，若能加大力度扶持国内产业，从整个国民经济系统性地激活国内消费市场，有助于实现国内供需循环，在一定程度上缓解出口不确定所导致的损失（图 4）。

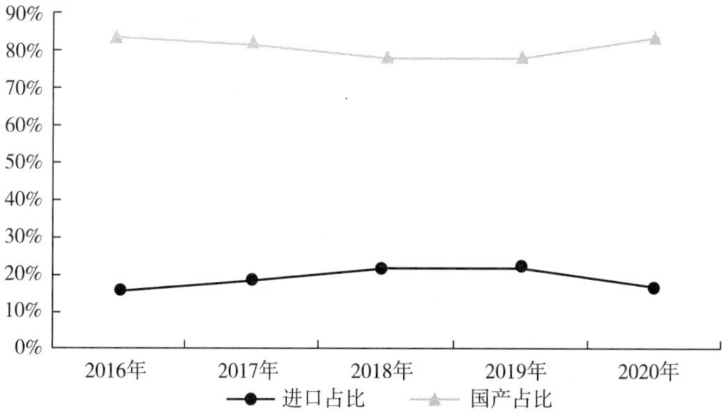

图 4 “十三五”时期中国塑机市场国产装备与进口装备占比情况

（三）行业硕果累累

“十三五”时期，行业多家企业多项产品荣获国家级、行业级重要奖项。在“改革开放 40 周年——机械工业杰出产品”选树活动中，塑机行业共有 13 家企业的 14 项产品最终入选，占总入选 194 项产品的 7.22%。2016—2019 年，塑机行业有 3 个项目荣获“中国机械工业科学技术奖”一等奖、2 个项目荣获二等奖、12 个项目荣获三等奖；有 13 项专利荣获“中国专利奖”优秀奖；在由中国塑料机械工业协会组织的 6 家企业“新产品、新技术成果鉴定中”，有 5 个项目整体技术或关键技术达到了国际先进水平，1 个项目总体技术处于国内领先、部分指标达到国际先进水平。博创智能装备股份有限公司与华中科技大学、浙江大学等合作伙伴共同承担的《塑料注射成形过程形性智能调控技术及装备》项目荣获 2019 年度国家科学技术进步奖二等奖。2020年桂林电器科学研究院有限公司荣获中国机械行业技术发明类二等奖；海天塑机集团有限公司荣获中国机械行业科技进步类二等奖；苏州同大机械有限公司、广州数控设备有限公司分别荣获中国机械行业科技进步类三等奖。

近年来，行业关键技术不断取得突破，以注塑机的大型两板式、全电动，挤出机的大型塑料管道生产线、大幅宽薄膜生产线等为代表，与发达国家的差距不断缩小。行业企业围绕下游产业重点应用，如汽车、食品包装等，在轻量化材料生产成套装备和环保装备等领域开发了一系列重点产品和技术，进一步提升创新能力，并更加注重质量品牌建设，行业整体发展水平上升到新的台阶。

（四）中国塑机优势企业发展情况

自"十二五"起，中国塑料机械工业协会已连续10年面向社会各界推出了中国塑机行业优势企业榜单，分别有"中国塑机制造业综合实力30强企业""中国塑料注射成型机行业15强企业""中国塑料挤出成型机行业10强企业""中国塑料中空成型机行业3强企业"和"中国塑机辅机及配套件行业5强企业"等。入榜企业影响力越来越多，带动作用也越来越大，不仅得到了行业的广泛关注和肯定，也成为国内外相关产业及用户了解中国塑机企业发展的风向标。

"十三五"期间，中国塑机优势企业体量继续扩大，集中度进一步提升。据中国塑料机械工业协会统计，2016~2020年入榜中国塑机优势企业工业总产值年均增速达9.92%，工业销售产值年均增长9.77%，资产总额年均增长7.97%，主营业务收入年均增长10.03%，利润总额年均增长11.33%，净利润年均增长12.45%，纳税总额年均增长13.13%，出口额年均增长6.34%，研发费用年均增长12.11%；其中，主营业务收入在行业的占比由2015年的39.4%提高至2019年的46.3%，资产总额在行业占比由2015年的63.2%提高至2019年的65.6%，利润总额在行业占比由2015年的50.2%提高至2019年的66.1%，出口额在行业占比由2015年的66%提高至2019年的75%。可见，作为行业头部企业群，中国塑机优势企业是拉动行业增长的重要引擎。

中国塑机行业99%为民营企业，这些企业一直坚持以用户和市场为导向，经过60多年来的砥砺前行，形成了较强的抗压能力和创新能力。通过不断地贴近用户需求，开发适应用户的各类定制化产品，并提供相应的技术服务是塑机行业的典型特点，建立了以企业为主体、市场为导向的技术创新体系，在创新人才建设、激励机制和平台建设等方面有所新的作为。

三、十四五发展目标及重点展望

塑机行业"十四五"发展规划的基本原则是把"五大"发展理念、"四个全面"和"五位一体"的战略布局、总体布局落实在本行业持续发展上，从战略上厘清发展思路，从战术上确定好发展定位。

1. 发展战略

从发展战略上看，主要包括：坚持高质量发展、坚持开放发展、坚持创新发展和协调可持续发展。

2. 重点发展领域

重点发展领域主要包括：注塑机、挤出机、吹塑机以及塑料高品质分拣回收造粒一体化系统等塑料成型机械；双螺杆挤出混炼系统、高性能色母粒专用大型双转子混炼机组和高分子材料强力剪切混合型单螺杆连续混炼技术及混炼机等塑料改性加工机械；长纤维增强复合材料机械、连续纤维增强复合材料机械、连续纤维/预浸带多轴智能铺放成型生产线、连续纤维/预浸带多轴缠绕成型生产线以及纤维增强RTM成型生产装置等复合材料机械；数位通信控制设备、解决大造粒齿轮箱的国产化、柔性制造智能机器人、适合不同类型树脂体系的浸渍模具的开发设计与优化、高性能纤维收卷机以及可联网通信的干燥机、上料机、冷水机、模温机、三机一体等配套辅机；为智能高速塑机主机配套以国产化制造技术替代进口的传动功能部件和零件等关键功能部件。

3. 发展目标

发展目标主要包括行业总体量化目标、研发和技术水平目标以及产业发展布局3个层面。

（1）行业总体量化目标：营业收入、利润总额等主要经济指标力争实现年均6%的持续稳定增长，争取到2025年行业年产值突破1000亿元；营业收入利润率保持在10%左右的水平。保持出口占国内塑机生产总值30%~40%的平均水平。

（2）研发和技术水平目标："十四五"时期，行业力争新增20个以上国家级、省级企业研发机构和技术中心；重点骨干企业的研发投入占营业收入的比重达到6%以上，专业技术人员占从业人员的比例达到25%以上，提高具有自主知识产权的高新技术和“专、精、特、新”产品比例。

（3）产业发展布局目标：进一步加强对产业集群的培育和支持，提升产业集聚规模效应和质量水平，强化优势突出、配套完备、具有更强国际竞争力的塑机生产基地；并通过供应链协同整合，帮助具有细分产品特色、但因配套匮乏而导致生产能力提升受限的企业在一定程度上降低供应链成本。

当前，我们正站在“两个一百年”的历史交汇点，中国塑料机械工业发展新征程的号角已经吹响。中国塑料机械工业协会有信心继续发挥好政府与企业之间的桥梁纽带作用，引领行业全体同仁坚定发展信心、增强发展动力，为塑造人类美好生活需求、开创塑机装备发展新局面做出新的贡献！

（中国塑料机械工业协会）

加速聚氯乙烯绿色产业链建设

2019 年 9 月 9 日，中央全面深化改革委员会第十次会议指出：要积极应对塑料污染，要牢固树立新发展理念，有序禁止、限制部分塑料制品的生产、销售和使用，积极推广可循环易回收可降解替代产品，增加绿色产品供给，规范塑料废弃物回收利用，建立健全各环节管理制度，有力有序有效治理塑料污染。

最近，欧盟又出新动作，将落地实施欧盟碳关税政策，或将增加我国出口成本！2021 年 3 月 10 日，欧洲议会通过了一项关于与世贸组织兼容的欧盟碳边境调节机制（CBAM）的决议，该议案称，如果一些与欧盟有贸易往来的国家不能遵守碳排放相关规定，欧盟将对这些国家进口商品征收碳关税。

高盛集团预计：如果对整个碳足迹征收 100 美元/吨二氧化碳（CO_2）的碳税，那么中国对欧盟总出口每年将可能被征收高达 350 亿美元的碳边境调节税！该税款约占我国每年出口欧盟品总额的 7.7%！

碳排放问题在倒逼国内化工企业转型升级，这一定会掀起一场绿色革命，塑料行业正面临着一场大洗牌！塑料工业能为“碳达锋”“碳中和”做出贡献的方面应该很多，远大于其他材料，而聚氯乙烯又是众多高分子材料中的首选之一。

从技术角度看三大通用高分子，只有乙炔法聚氯乙烯（PVC）工艺我们掌握了较完整的自主知识产权。也可以讲聚丙烯（PP）、聚乙烯（PE）、聚氯乙烯（PVC）这三大通用树脂，国内只有聚氯乙烯（PVC）材料具有完整的产业链，而聚丙烯（PP）、聚乙烯（PE）材料基本受制于国外化工巨头。从目前国计民生对三大通用高分子材料的依赖程度来看，具有自主知识产权和完整产业链对国民经济发展的重要性和安全性意义重大。具有完整产业链的聚氯乙烯（PVC）材料终将迎来春天。

同时由于种种原因，国内消费者和有关部门对聚氯乙烯（PVC）材料的认识是负面的。作为业内人士有必要厘清聚氯乙烯（PVC）材料的前世今生，也希望通过全行业的努力加速聚氯乙烯（PVC）产业的绿色化进程，可以更好地为国计民生服务。

一、节能、环保的聚氯乙烯

聚氯乙烯（以下简称 PVC）工业的发展曾因其可能对环境和健康有严重危害而受到影响。但在 2000 年前后全球大量的调查研究表明，PVC 对环境和健康的危害：如二噁英、酸雨、重金属及 DOP 环境荷尔蒙的危害，并没有像曾经指出的那么严重，而更客观的情况可能是，PVC 实际上比其他替代物对环境和健康更无害。苏格兰爱丁堡地球生态协会指出：大气层中仅 3%的氯化氢是由现代焚烧炉焚烧 PVC 废弃物产生的，由此所形成的酸雨占酸雨总量不到 0.2%。欧洲乙烯制品委员会的实验研究证明，废弃 PVC 制品不容易分解，即便有一定数量的增塑剂和稳定剂释放到土壤中，但其释放量极其有限，对环境不会造成危害。研究结果还证明，在土壤中发现的氯乙烯不是由 PVC 分解产生的。因此，难分解的废弃 PVC 制品完全可以和其他固体垃圾一起掩埋/焚烧处理而无害于环境。美国纽约市政府能源和发展局通过焚烧实验后发现，城市固体垃圾中 PVC 废弃物含量与二噁英的形成其实没有必然的联系。

从 PVC 的分子结构—$(CH_2CHCl)_n$—看，$CH_2CH/Cl = 27/36$，其消耗的石油资源仅占 43%，氯占 57%，即一半以上的原料不是石油资源，与全部 100%使用石油为原料的其他通用树脂相比，是资源能源负荷最小的树脂。由于消耗了大量的氯，所以对国内高速增长的化工工业有着不可替代的贡献。

以“碳达峰”的国策要求，更突出彰显了PVC材料的优势。与PE、PP、PS等材料相比，PVC可减少CO_2排放，见表1。表1中CO_2发生量是完成燃烧时经碳换算的发生量。

表1　CO_2排放比较

材料	CO_2发生量（千克）	比率（以PVC为1）
PVC	0.38	1.00
PE	0.85	2.24
PP	0.85	2.24
PS	0.93	2.45

二、低碳、绿色的化学建材

随着我国可持续发展战略的提出以及人们对居住环境质量要求的日益提高，建材与建筑的“绿色化”被提到了议事日程。建筑业中可持续发展观念是以资源有效利用、健康环境和生产效率为基本原则，符合这些原则的建筑被称为绿色建筑。当今，“绿色”已成为人类环保愿望实现的标志，是建筑市场发展的潮流，“绿色度”表明其对环境的贡献程度，而建筑节能制品是体现建筑绿色度的重要内容。特别是具有低碳、节能、高性价比的化学（塑料）建材制品将随着社会的发展越来越受到人们的关注。“十三五”节能减排综合工作方案中明确指出强化建筑节能，实施建筑节能先进标准领跑行动，开展超低能耗及近零能耗建筑建设试点，推广建筑屋顶分布式光伏发电。编制绿色建筑建设标准，开展绿色生态城区建设示范，到2020年，城镇绿色建筑面积占新建建筑面积比例提高到50%。

从各国发布的数据获悉：欧美各国化学建材（塑料制品）的使用比例已远高于传统材料，尤其是管道和门窗制品，对比国内还存在不小的差距，对此全社会都要引起重视，要让塑料制品在迈向“青山绿水”过程中发挥应有的作用。

当然化学建材制品中PVC管材和板片材制品是最具代表性的。国家有关推进《海绵城市建设》和《地下管廊建设》无不推高对管道产品的需求：2020年地下管廊和海绵城市建设总投资超过1.0万亿（不含城市雨污分流建设资金），预计到2030年将达4.8万亿，塑料管材将会迎来新的发展机遇；房地产和市镇工程及工业用对塑料管材的需求是最大的，2020年国内对塑料管材的需求仍超过10%的年增长率。1吨PVC可以替代9.5米^{3}木材、1吨PVC管材可以替代7.14吨钢材或10吨铸铁管，生产、应用相对节能降耗。在国民经济多个行业，以及民生领域随处可见，为提高人民生活水平和国民经济发展做出了贡献。

PVC材料是国民经济发展不可或缺的，同时也将在中国实现“一带一路”倡议中发挥重要的作用，提供新的机遇。“一带一路”国家均是发展中国家，其技术及原料资源短缺是非常严重的，这给我们提供了很大的发展机遇。在PVC加工中除了树脂外需要添加各种助剂，目前这些国家均没有很好的配套，我们以专用料的形式提供给这些国家，可以大大加快这些国家在新材料的应用步伐，同时为我国的PVC材料产业提供商机，成为我国新的经济增长点，在为“一带一路”中国梦做出贡献的同时，还将成为“一带一路”国家长期依赖的原料供应。有关专家预测“一带一路”国家对PVC树脂的年需求量将超过5000万吨，直接销售额将超过7000亿元人民币。

三、PVC树脂现状

PVC是五大通用塑料之一，在世界上仅次于PE排在第二位。由于PVC中氯元素占有率接近60%，而氯来自于海洋和地矿，对于我国缺油、少气、富煤的资源结构，PVC是最节约资源、最适合我国发展的有机合成材料，因此更具有实际的意义。

表2数据显示从2000—2005年5年间，年平均增长大于20%；从2006年至2010年，年平均增长大于10%；从2011年至2015年年平均增长为6%；从2016年至2020年，起伏较大。总之，从2011年至2020年的年增长未有超过10%，最低仅为1.6%，2016和2020两年增长低于全球增长量。从2000~2005年增长超过20%的5年里，贡献最大的是管道、异型材和灯箱广告膜等产品；2011年后平均增长为6%，主要因素为管道增速减缓，异型材门窗产品从高峰跌落；2016年后增长主力为地板、墙板等装饰装修产品和塑料鞋、新型包装等。综观2000年来发展历程可以看出，PVC产业链各个环节存在创新不足，尤其是原始创新不足的通病。塑料加工行业新产品开发严重滞后，发展主要以简单复制为主，个性化产品生存率不高，深层次原因不

仅仅是原始投入不足，知识产权得不到尊重和保护也是主要因素。产业发展受房地产、基建等走向影响大；而自我宣传不够、自制能力不强，宏观管理、研究设计等部门对聚氯乙烯产品的绿色、节能、环保本质认识不足也是主要原因。

表 2　　2000—2020 年 PVC 产能、产量、消费量　　单位：万吨

年份	2000	2005	2010	2015	2016	2017	2018	2019	2020
产能	320	972	2043	2348	2326	2406	2404	2518	2600
产量	239	670	1130	1609	1669	1790	1874	2011	–
进口量	144.5	130.7	120	71	64.8	77	74	67	–
出口量	–	11.9	21.8	71	103.9	96	59	51	–
表观消费量	383	788	1228	1603	1630	1771	1889	2027	2080

2020 年，PVC 消费量为 2080 万吨，增速低于其他通用塑料，同年 PE 消费量约为 3100 万吨，PP 消费量约为 2700 万吨。PVC 年消费在全球仅次于 PE 排在第二位，而在中国与世界相比已经让出了第二的位置，与第一位有 1000 万吨的差距了，在传统的大宗应用领域已经出现了萎缩。我国每年进口约 1500 万吨 PE 和数百万吨 PP，我国的塑料加工行业已经成为世界石化企业的打工者，利润水平受控于他人。而在我国市场与资源均占优势的 PVC 却不能得到健康发展，分析主要原因有：树脂上严重的同质化；没有专用料，使得 PVC 应用向着恶性循环发展；目前的加工工艺与加工设备不适宜 PVC 材料加工等；研发跟不上行业发展，目前在 PVC 产业中几乎没有专业的研发机构。这个最适宜我国发展的塑料品种，从技术系统研究入手，以 PVC 专用树脂同时开发专用料为核心，以解决 PVC 应用上出现的问题，以促进 PVC 产业健康发展为主要目标，具有极其重要的意义。

1. PVC 专用料

PVC 材料其自身具有良好的透明、阻燃、耐候、绝缘、易加工等优良特性，通过化学和物理改性又将赋予 PVC 材料更多更优越的性能。PVC 合金是以 PVC 为主体的多种树脂共混改性得到的复合材料，此处“合金”二字与金属并无关系。PVC 合金是利用物理共混共融的方法而获得的高性能、功能化、专用化的一类新材料。PVC 合金产品可广泛用于汽车、电子、精密仪器、办公设备、包装材料、化工设备、建筑材料等工业领域。它能改善或提高现有塑料的性能并降低成本，已成为塑料工业中最为活跃的追求之一，增长十分迅速。以 PVC 合金料应用研究为主要方向，以发挥 PVC 材料优良性能为核心开发 PVC 材料的应用领域，从而引领产业走向高端化。在国际上自 20 世纪 70 年代以来 PVC 专用料在国际上已经相当流行，形成精细化、专业化、工程化专业牌号。世界上 PVC 专用料商品牌号达到 2000 多个，也有报道达到 5000 个，欧洲有 800 多个，日本有 600 多个。也产生了专业 PVC 专用料生产公司，日本信越公司有 348 个，德国赫斯特公司有 127 个，美国的 Polyone 公司有 461 个。

专用料是实现制品高性能化和高品质化的关键，在我国聚氯乙烯专用料市场化一直很低，特别是树脂行业，几乎为零。目前，我国 PVC 产业向低端化恶性循环方向发展的趋势越来越重，严重制约了聚氯乙烯产业的健康发展。因此，推动 PVC 专用料发展对 PVC 上下游都是关键，对 PVC 产业具有十分重要的意义。

目前，PVC 注射成型专用料的市场容量超过 200 万吨，随着 PVC 材料在通信、电器外壳、汽车轻量化等方面的应用，其市场容量将超过 400 万吨。高性能 PVC 专用料在农药包装、海上浮筒等领域的市场仍然值得期待。

2. 托盘产品的应用

采用高性能 PVC 专用料生产的工业用产品托盘，该产品具有阻燃、耐候、可回收、具有成本优势等特点，是现在产品的最佳替代品，解决了目前木托盘和塑料托盘的缺点和使用后的环保问题。根据国外专家提供资料，目前美国各类托盘在物流系统中的保有量为 19 亿片左右，日本各类托盘在物流系统中的保有总量为 8 亿片左右，作为世界经济

总量第二大国的中国，制造业发展很快，适用于托盘作业的物流量也大于日本，因此我国各类托盘保有量应该不低于日本。托盘的市场容量非常大，目前我国物流系统中各类托盘保有量为8.6亿片，相关数字统计表明我国托盘正以不低于2000万片/年左右的速度递增。其中木质托盘约占90%，塑料托盘约占8%，钢托盘、塑木托盘及其他材质的托盘约占2%。而我国已经禁止森林砍伐，塑料托盘将成为主流。每个托盘的重量约为25千克，其市场将非常巨大。托盘产品的生产将使得PVC的消耗量达到500万吨以上。

四、高性能关键创新技术

“十三五”期间科技部将合成树脂高性能化与应用示范列为重点攻关项目，子课题“高性能聚氯乙烯制备关键技术”通过创新的加工工艺与改性机理使得我国PVC材料的高性能化成为可能，目前已完成产业化技术研究，建立了产业化示范线，并开拓了多个新的应用领域，为实现PVC新材料的应用提供了技术支撑。

1. 新技术及设备

PVC分子中含有大量的氯原子，是一种强极性聚合物，分子间作用力很大，且聚集态结构复杂，需加热到一定的温度才能显示出塑性，黏流温度T_f很高，甚至接近分解温度，它的加工温度和分解温度比较接近，加工性能也较差，对剪切敏感、黏度大、熔体强度差、塑化性能较差。PVC成型加工设备主要有锥形双螺杆挤出机，其次是平行双螺杆挤出机。采用锥形双螺杆挤出机成型加工时，螺杆旋转时的机械剪切力使PVC一些C—C键断裂，生成游离基，促使PVC降解；PVC配方复杂，除聚氯乙烯以外还有稳定剂、增塑剂、填充剂、着色剂等，而锥形双螺杆挤出机分散混合效果不理想。另外，锥形双螺杆挤出机由于螺杆与料筒的间隙问题会出现物料塑化不够，塑化的物料在螺筒中也会产生回流，出料不均。所以，采用锥形双螺杆挤出机成型加工PVC很难制备出综合性能优良的PVC制品。

（1）拉伸形变技术及设备：华南理工大学聚合物新型成型装备国家工程研究中心突破传统的基于剪切流变的聚合物塑化输运机理，提出并开发了拉伸形变支配的高分子材料塑化输运技术及设备。目前，该项技术在国内外均属首创，获得2014年中国专利金奖、2015年国家技术发明二等奖，该技术装备是具有完全正位移特性的高效体积输运方法，且拉伸形变作用可强化传质传热作用，提高分散混合效果，缩短聚合物塑化输运过程的热机械历程，大幅度降低聚合物加工造成的降解程度。在此基础上，2014年发明的偏心转子体积脉动形变塑化输运方法及装置是一种全新的拉伸流变塑化输运技术，不同于第一代叶片式拉伸流变塑化输运技术，新技术依据空间几何拓扑结构设计原理，整个加工过程曲面连续无奇异点，不会由于加工过程出现局部突变，产生过强的机械作用造成PVC降解。通过周期性拉、压应力作用，产生塑性耗散热加速熔融塑化，促进大分子链的迁移扩散而不会使PVC的C—C键断裂；利用拉伸流场优异的分散混合能力，解决了锥形双螺杆挤出机成型加工时出现的PVC物料塑化不匀、挤出不稳定、出料不均与熔接痕问题。所以，基于拉伸流变的偏心转子塑化输运技术与设备更加适宜于这种热稳定性差、黏度大、熔体强度和塑化性能差、对热和剪切敏感的PVC物料的成型加工。此外，中心在PVC大型管件动态注塑成型以及PVC-O管材一步法成型方面也拥有多项专利技术，具有物料适应性广、能耗低、管件与管材性能大幅提升等优势。

（2）微纳层叠技术及设备：（微纳叠层）是在北京化工大学机电学院杨卫民教授团队的专利基础上，联合原中国氯碱工业协会副秘书长刘东升教授组建的中绿英科（北京）科技有限公司完成在PVC领域工业化生产并衍生出多种装备、工艺及生产技术。开发了PVC加工过程分子构象调控的高性能化制备技术，对PVC的微观结构进行调控，使“卷曲”状的分子间作用方式演变为伸展的分子链相互缠结与物理交联，从而实现树脂力学性能、增塑剂迁移抑制性能大幅提升。

在完成PVC高性能专用料生产线的开发之后，开发成功不同规格的薄膜生产装置，薄膜折径从300~4000毫米，覆盖包装膜的整个应用领域。在农膜上完成可回收地膜生产准备和幅宽8000毫米设备开发，在我国实现首台套开发。申请了发明专利，专利号201611077577.8。在专用料生产装备上，2019年完成5000吨/年生产准备的开发，在中泰化学建立了万吨专用料示范线的建设，2019年6月已经完成试车验收工作。申请了发明专利，专利号201811374228.1。2020年已经完成年产三万吨级生产线的设计。如应用在进入PVC加工企业的物品标准中，包装袋可回收进入系统，彻底解决包装袋的环保问题。其市场容量将在600万吨以上。

（3）挤出流延膜加工技术及装备：大连塑料研究所有限公司开发出采用锥双或平双挤出，生产各种 PVC 膜新工艺成套装备，已经实现工业化生产，在线生产线有 10 条多，主要出口。常规的 3200 毫米宽的制品，最宽做 6 米模头。产品产能 1500 千克/小时，每吨产品节约 200～400 度电，是最基本的。压延设备工艺加工 PVC 膜制品，需二次再加热复合，而新设备工艺直接复合。压延设备工艺是开放式生产，而新设备工艺是封闭式生产，基本不产生废气，环保效果特别好，关键是能耗差别很大。

2. 新型助剂研究

（1）自增塑相关性能研究：四川大学高分子研究所和高分子材料工程国家重点实验室郭少云教授研究团队，采用固相粉碎的方式破坏 PVC 的石榴结构和微晶结构，使团聚粒子在加工过程很易塑化成线型流动的熔体分子，解决其难加工问题，实现 PVC 自增塑。

（2）二乙酰环氧油酸甘油酯：广州海珥玛植物油脂有限公司。二乙酰环氧植物油甘油酯产品是以植物油为主要原料，经过酯化、环氧化、聚合等步骤合成出一种迁移性优异的增塑剂，作为主增塑剂使用，它与 PVC 树脂相容性好，具有优秀的耐迁移性、耐抽出性、抗老化性能特点。具有无毒、可再生、绿色环保等特点，能通过 FDA、REACH、ROHS 等测试要求，可广泛应用于 PVC 材料中，是未来环保首选产品。

（3）多功能、高效改变系列加工助剂：广东鑫达新材料科技有限公司联合广东工业大学等高校用数年时间联合攻关。以 PVC 产品绿色制造，拓展 PVC 塑料的使用范围；以 PVC 塑料合金化、工程化、轻量化为目标。成功了制备具有（热稳定性能优秀、塑化/润滑可控、增韧增强效果显著）DG 系列多功能、高效改性加工助剂。主要应用领域：管道、管件、异型材、波浪瓦、石塑地板、护墙板、扣板、广告板、注塑件等 PVC 制品领域。

（4）高分子固体增流剂：山东金昌树新材料科技有限公司。据介绍，该产品为乳液聚合的高分子聚合物，和 PVC 有优异相容性，在常规加工温度下能显著降低 PVC 分子键力，使 PVC 形变时链段更容易移动，显著促进塑化增进流动性。在非增塑 PVC 加工时可以起到很好的增塑效果；该产品熔融温度比较高，和基体材料 PVC 相容良好，不会降低制品的力学性能；可以使用相对分子质量较大的 PVC 替代相对分子质量较小 PVC 制作需要较高流动性和快速塑化的复杂产品，从而获得更好的力学性能和成本优势；另外，该产品可以显著降低 CPVC 的加工难度，提供 CPVC 更好的塑化和流动性。

用途：各种需要更好塑化和流动性的 UPVC 的挤出和注塑，CPVC 的挤出和注塑。

五、PVC 产业发展的建议

1. 专用料对 PVC 产业将产生的影响

PVC 专用料是实现制品高性能化和高品质化的关键，在我国 PVC 专用料一直是空白。目前，我国 PVC 产业有向着低端化发展的趋势，严重制约了 PVC 产业的健康发展。因此，推动 PVC 专用料发展对 PVC 上下游都有好处，对 PVC 产业具有十分重要的意义。

我国 PVC 专用料已错过了产业高速增长的发展时机，我国在 20 世纪 80 年代就提出发展专用料，然而受行业壁垒的局限，树脂在化工行业不懂加工，加工在轻工行业不了解树脂，因此我国的 PVC 专用料一直没有发展起来。到 21 世纪初期，由于没有专用料，PVC 制品走向恶性循环，上下游都意识到 PVC 专用料这个困扰产业的难题，但由于上下游已成体系而无法逾越。通过微观结构改性实现高性能化 PVC 专用料，从技术层面将发展 PVC 专用料成为可能，将开启我国 PVC 产业的历史新篇章。

2. 加强产业绿色制造引导

近年来，PVC 加工领域各种助剂的不当使用、散乱差的发展现状以及部分媒体的不当宣传，使决策者和消费者，甚至是非 PVC 领域的高分子材料专家都对 PVC 产生了不当认识，不仅损坏了 PVC 产业链的健康发展与企业利益，更加严重的是使我国的塑料行业更加严重地依赖于与我国资源结构不符且仍需大量依靠进口的聚烯烃材料。需开展 PVC 的正面宣传，让大家知晓 PVC 在氯碱工业的重要地位、优异性能以及国外应用状况，为 PVC 正名。

2021 年，稳定剂年产销量约为 75 万吨，出口量大幅增加，有更多企业走出国门参与到“一带一路”的建设中。环保产品消费量突破 40 万吨，各类稳定剂出口总量约为 10 万吨，品种可以满足 PVC 塑料制品加工要求和全球已有环保法令法规及安全标准。受利益驱动，非环保稳定剂的生产和使用量有返潮趋势。2020 年，国内前 6 家助剂企业的环保稳定剂产销量达 20 万吨以上，而同年国内前 3

家 PVC 硬质塑料制品生产企业消耗环保稳定剂达 10 万吨以上。

值得关注的是，江苏常州熊牌公司据最新消息：百尔罗赫中国公司秉持中国“长江大保护”的国策及“绿水青山就是金山银山”的发展策略，耗时一个月于 2020 年 12 月 20 日将其中国国内唯一一条铅盐生产线拆除完毕。至此，百尔罗赫中国公司进入全面生产环保稳定剂产品新阶段。同时，集团也在中国工厂新增投资了 2 条钙锌生产线；在 2021 年 7 月份，其中一条新线将会投产，届时百尔罗赫中国工厂的环保稳定剂产能将达到 6 万吨每年。这也是继山东金昌树新材料科技有限公司和广东鑫达新材料科技有限公司（据悉广东鑫达新材料科技有限公司今年 8 月年产 12 万吨环保稳定剂全自动生产装置将建成投产）后国内第三家拥有实际年产 5 万吨以上环保稳定剂能力的企业。

3. 加强产业标准化工作

加强 PVC 产业标准化工作，积极推进产业基础、绿色、环保等方面的标准制修订，提升 PVC 塑料产品的品质水平；通过及时了解企业生产、运营、产品质量情况，督促企业做好出厂检验、质量保障等自律工作，通过发布质量保障声明等方式，向社会和用户承诺，做好监督工作，强化“三品”行动、助力企业严把质量关；制定重点应用领域的产业链协调工作，加大在用户行业宣传聚氯乙烯塑料产品的优势，推广相关应用技术，促进产业链协调发展。

客观地评价：造成 PVC 产业产生危机的不仅是 PVC 本身，还有各类助剂的因素，影响消费者对塑料制品正确评价的是助剂，而不是塑料材料本身。尤其是重金属、塑化剂事件被放大报道后，其负面影响对产业发展损失不可估量，这也是全球各国政府纷纷发布针对助剂的各种环保法令、法规和标准的根本所在。

加工助剂本质上是为保护 PVC 顺利完成加工而添加，功能性助剂则根据各种制品需求而添加，目的是尽最大可能提高产品质量、延长产品使用寿命、拓展产品应用范围。可惜当下许多场合供需双方都多少偏离了这一宗旨，以如何降低成本为首选。对比一下国内外塑料门窗、管道等主要产品的加工配方中填料的比例就清楚为什么国内 PVC 门窗、管道的使用比例远低于欧美各国。

4. 建立负面清单机制

为满足 PVC 产业绿色制造的基本要求，有必要建立负面清单制度。在产业内展开调查，针对各种安全隐患、不合理现象，各种不合法、不合规的材料等，不定期发布负面清单。号召全产业链抵止这种妨碍产业链健康发展的行为、产品。

5. 加强产业发展创新机制

PVC 产业包括 PVC 树脂、助剂、塑机、制品加工以及应用终端等，需要一个权威的跨行业、跨领域的协调机构，来统筹、组织、解决那些影响产业发展的大事，以期更好地引领我国聚氯乙烯产业可持续健康发展。

目前，PVC 产业几乎没有专业研发机构，这对 PVC 产业而言是个悲哀，高校在 PVC 产业的研发高潮已经过去，因此 PVC 产业的研发已经进入到低潮期，甚至于已经开始排斥。当然还有一些对 PVC 材料有认识的企业在开展研发工作，但是身单力薄，不可能承担行业的大课题，只能围绕自身产品进行技术创新。

因此，组织上下游力量联合研发将是 PVC 产业急待解决问题的重点，关键问题在于如何建立一个机制来协调各方面关系/工作/利益，消除行业壁垒。我们有理由相信 PVC 产业的大发展、大提升必定在中国。

我们的加工能力肯定是全球最大的，产量也是全球最大的，但是不是全球最强的？品种是不是最全的？品质是不是最优的？同时我们的 PVC 产业全生命周期（环保、节能、安全、高效等）的绿色化程度、绿色化能力究竟如何？

这些决定 PVC 产业全球竞争力的方方面面工作都需要我们一步步去构建、去完成。

推广 PVC 产业绿色全生命周期概念，推动绿色工厂、绿色制造、绿色产品链体系建设；扩大新型绿色环保功能材料供给；作为 PVC 产业链参与者，行动，义不容迟！

注：本文部分内容摘自中国塑料加工协会专家委员会委员、世界塑料工程师学会乙烯基分会中国分会主席刘东升《中国聚氯乙烯产业将迎来历史发展新时代》一文。

（施珣若）

2020年我国注塑行业创新技术发展概况

前言

2020年疫情尚未结束、国际环境不明朗、国内外环保政策愈加严格与材料价格变化复杂，市场对注塑产品的需求依旧保持着旺盛的状态，国内注塑机制造商的在手未交付订单量依旧处于高位，生产制造单位各自的生产系统正开足马力，持续提高产能和交货量。随着对抗击疫情的重视和疫苗的供应不断增加，预期经济发展会触底反弹，迎来新一轮的快速增长，下游市场的机遇与挑战并存。在此环境下，我国注塑行业上下游企业表现出坚定发展的自信，主动求变，努力在危机中寻觅新机，于变局中开创新局。

随着加工水平与材料特性的演变与推进，塑料加工业已成为集新材料、新技术、新工艺为一体的创新型高科技制造业。国内注塑行业在关键技术创新方面，紧密贴合时代发展需求，取得了多方技术相结合的创新型成果。总体来说，材料创新利于回收提升性能，机器设备节能降耗走向智能化，工艺过程控制更加精准。与此同时，客户对于智能化生产系统的需求进一步提高。单机采购的方式，将会逐渐成为过去式。一站式智能自动化联机解决方案的提供将逐步代替单机设备购买方案。

一、行业重大装备技术攻关

行业内设备以及工艺控制过程中的关键技术不断取得突破性进展，大型二板式注塑机、全电动式注塑机与发达国家的差距不断缩小。常规注塑机性能水平基本能满足中、低端市场需求，尖端技术机型基本实现紧贴国际前沿水平。

（1）绿色智能大型纯二板式塑料注射成型装备的研发及产业化。此类大型高端注塑装备几乎都被欧洲和日本的企业所垄断，为了实现大型绿色二板式塑料注射成型装备及应用的国产化，以海天等为代表的骨干企业与北京化工大学、浙江大学等高校、科研院所通过产学研合作进行联合攻关，取得重要突破。海天推出第三代两板式注塑机 JU Ⅲ（图1），锁模力从4500～66000千牛顿，响应速度快，定位精度可达±0.05%，开合模比例控制，大大缩短干循环周期。

（2）杭州泰瑞及其研发固体废弃高分子材料在线处理系统，该系统将废弃固体塑料破碎后熔融挤出，直接送入注射机注射成型，降低能耗，

图1　海天 JU Ⅲ系列二板机

挤出机与注射机之间通过新型柔性连接结构连接，提高经济效益。设计了一种集合挤出装置、注塑装置及相应的辅机于一体的联动控制系统，实现了各部件之间的精密控制，提出了公共预塑的技术概念。

（3）以终端应用需求为导向的集成化智能生产系统。博创完成国家重大首台套注塑成型智能无人化生产线，取得美国UL认证，出口美国。将大型塑料箱类产品的多工位作业模式整合成一站式智能解决方案，集成了博创新一代智能注塑机、六轴机器人、把手安装设备、贴标机、视觉检测、缠膜机、AGV小车等设备，实现注塑成型智能无人化生产线（图2）。

（4）纤维增强复合材料技术领域，以海源机械为代表的LFT-D（长纤维增强压制成型）技术，以双马伯乐塑机为代表的CIML（长纤维增强注塑成型）技术均获得了较广泛的市场应用。

（5）超临界流体发泡技术领域，主要应用于汽车的内饰件，实现轻量化和隔音降噪等功能化。例如，北京中拓机械集团的超临界流体发泡成型、流体辅助注射成型应用愈加成熟。

（6）高速注塑成型设备降耗升级、智能化发展。佛山市宝捷精密机械有限公司的纯二板式高速注塑机DP600-S6开合模采用高速比例阀，定位更准确；注射过程液压油路进行优化，达到背压及射胶精确控制。选配伺服驱动系统使得进一步降低塑化过程能耗。

（7）模具行业创新发展虚拟成型技术，不局限于模流分析。想要高效地生产高质量零件，注塑厂

和模具厂在注塑成型开发、模具设计方面上做好充足的协调和准备，重视每个制造工艺环节。迈格码软件科技有限公司开发了铸造模块化模拟软件MAGMASOFT®，将铸造过程与模拟技术有效结合，并制定3D金属铸造工艺模拟的标准。提出了模拟成型工艺的解决方案，为模具的生产制造实现更理想的效果，效率更高、成本更低、零件质量更高（图3）。

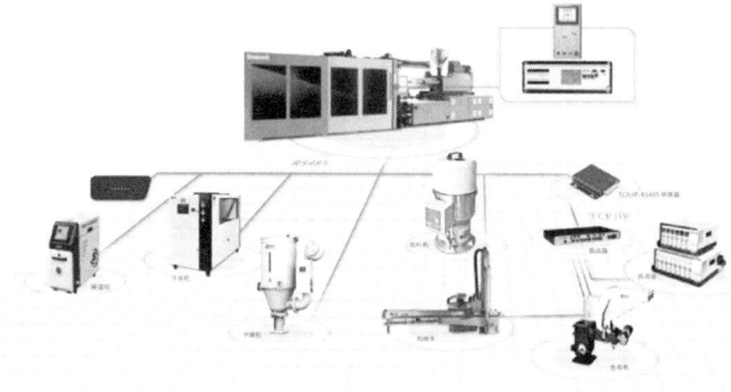

图2　博创注塑岛（单元）集成

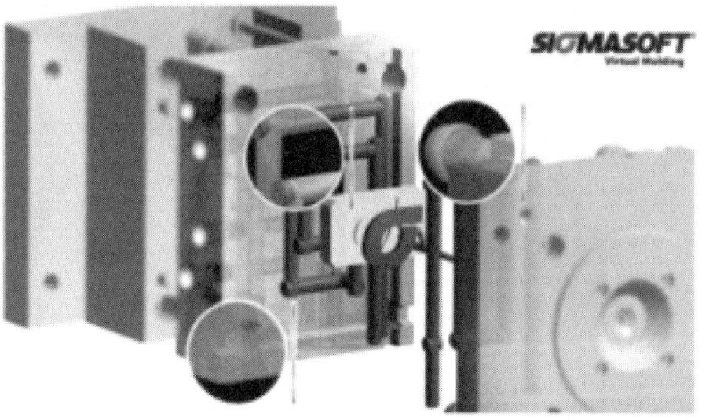

图3　迈格码模拟成型工艺的解决方案

（8）薄壁注塑工艺愈发成熟。薄壁注塑与传统注塑相比，制品的壁厚薄了很多，即通常流长比大于150。其产品设计、机器选择、模具制造以及成型工艺等方面都有特定的要求，且每个步骤都将对最终的制品质量产生重要影响。一方面，采用高流动性材料，目前薄壁注塑主要用到聚烯烃材料，如PP、PE，另外PET、PS、PA、ABS、PC等也能够适用；一方面，产品设计考虑进胶口排布以及排气片的布置经验也越来越丰富；另一方面，高速注塑机的发展也向前迈进一大步，海天MA/K超高速薄壁包装机全球首秀，一经亮相便成为CHINAPLAS 2021炙手可热的“明星”机型，泰瑞NEO-E超高速全电动注塑机注射速度最高可达500毫米/秒。薄壁成型工艺是现代注塑的一个重要分支，可满足许多产品结构、轻量化以及成型周期和成本等多方面的需求。综合考量机器、模具、工艺等各方面的因素来优化薄壁成型的工艺，优化产品的质量（图4）。

二、行业的主要技术成果

目前，行业知名品牌群体已经初步形成，例如海天、震雄、伊之密、博创、泰瑞、东华、海达、申达等。海天MA系列伺服节能塑料注射成型装备、博创“大型塑料箱体高速智能无人化生产线”、富强鑫（宁波）“FB-600LV型直角式三色注塑机”、浙江申达大容量挤出注塑成型千吨级注塑装备、东莞信易欧化除湿干燥送料组合SCD、艾克森

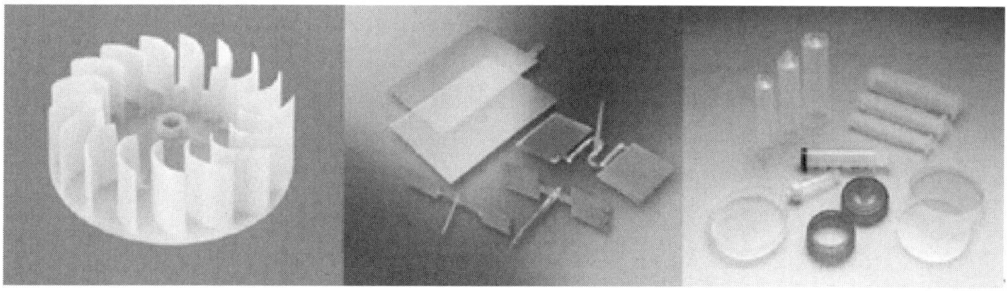

图 4　高速薄壁注塑成型制品

"纳米远红外电热圈"、苏州锦珂塑胶"石英超导双效节能加热器、佛山震德 SVP/3 系列伺服驱动注塑机、泰瑞 Dream-J 梦想系列大注射量挤注式塑料注射成型机"、震雄（深圳）超大型双射台 SM6500-TP 注塑成型机等产品荣获"改革开放 40 周年——机械工业杰出产品"的称号。

海天塑机集团与北京化工大学荣获中国机械行业科技进步类二等奖。博创与华中科技大学、浙江大学等合作伙伴共同承担的《塑料注射成形过程形性智能调控技术及装备》项目荣获 2019 年度国家科学技术进步奖二等奖。泰瑞机器与北京化工大学完成《城市地下管网大型复杂塑料零部件成型工艺级装备》获得中国机械工业科学技术奖二等奖。震雄《高端数控注塑机的控制、驱动等关键技术研究》、浙江申达机器与浙江大学等单位合作的《塑料微结构零件注射成型系统及配套设备的研发》获得中国机械工业科学技术奖三等奖。苏州同大机械荣获中国机械行业科技进步类三等奖。广东伊之密发明的注塑机无滞留柱塞注射储料缸结构获得第 21 届中国专利奖塑机行业优秀奖。

三、设备创新技术与应用向前发展

1. 医疗领域应用激增

受疫情影响，医疗产品相关设备与技术的投入急剧增加，积极影响了技术向前发展。富强鑫（FCS）高效节能的双色注塑机种由于其节省生产装配时间，占据独特优势，疫情期间，有多家客户采用富强鑫曲肘式精密节能注塑机，生产护目镜产品，为疫情保驾护航（图 5）。

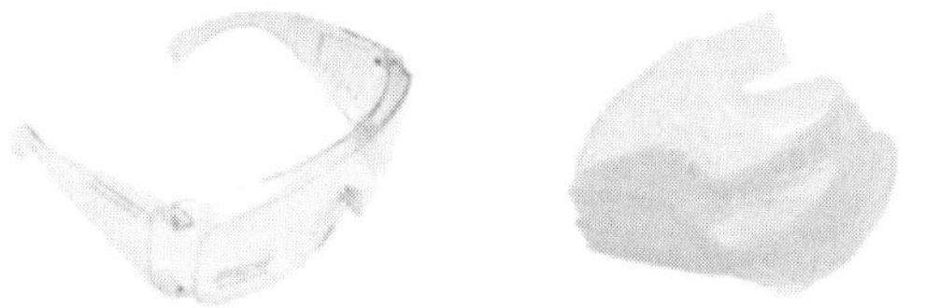

图 5　富强鑫多组分注塑成型护目镜与医疗氧气面罩

长飞亚全电动 VE 系列几乎可以满足所有医疗行业的应用领域：从高端精密件的高品质成型，到多腔大容量模具的高效稳定生产；从配置层流罩生产，到全套的洁净室解决方案。同时，推出的 ZE 系列凭借其内置的伺服液压系统，成为复杂模具带抽插芯或顺序阀的最佳选择，适用于洁净室环境下的高效生产。提供符合安全卫生规范和行业严苛标准的整套洁净室解决方案（图 6）。

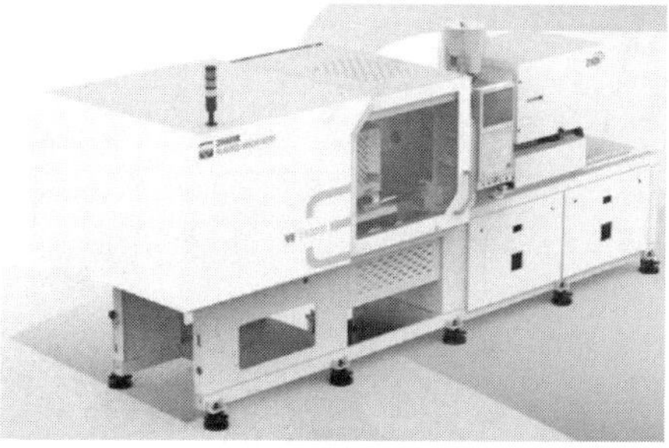

（a）

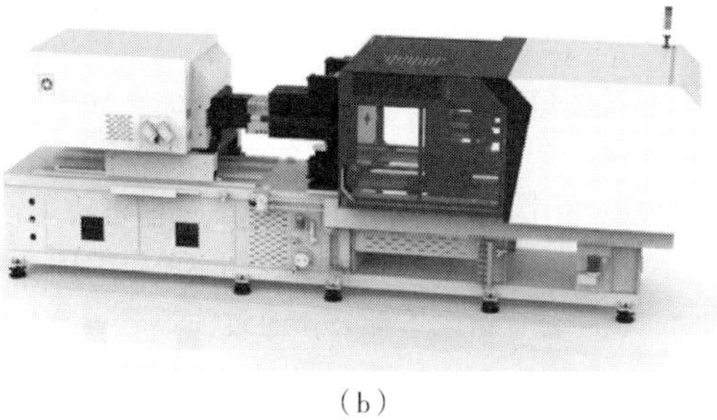

（b）

图 6　长飞亚 VE 系列

（a）ZE 系列　（b）第三代注塑机

2. 生物降解、塑料可持续发展技术创新不断

欧盟在2020年初推出新循环经济行动计划后，更于2021年1月1日起，禁止其成员国向其他非经合组织国家出口塑料垃圾。亚洲各国政府也积极推动循环经济政策，中国2020年1月推出《进一步加强塑料污染的建议》，全球以及中国一度掀起再生材料、降解材料热，塑料循环经济及可持续发展正以破竹之势，长驱而来！

受疫情影响，口罩料生产量急剧上涨，山东道恩高分子材料股份有限公司推出了可重复口罩料，经过四个月研发，目前已经上市。道恩还参与起草有关可重复性口罩的标准。2021年4月15日，在CHINAPLAS 2021国际橡塑展期间，山东通佳机械有限公司现场展出全生物降解材料片材生产线和PLA发泡降解餐盒成套设备的相关技术演示。顶塑实业（广东）开发出topolymer系列生物基热塑性弹性体，这系列弹性体的生物基含量从20%~90%，其透明色使其可以配任意的颜色，也可以跟ABS、PC、PET、PLA等硬胶进行二次包覆，提升材料的手感。目前下游应用领域有电子消费品、电子电气等。

随着用户企业越来越多地引入含木材量高达50%的生物复合材料，以减少石化聚合物的消耗，生产出更可持续的产品，生物复合材料前景可期。斯道拉恩索集团（Stora Enso）推出了一系列适合注塑成型的可持续生物复合颗粒DuraSense，这是一种以木纤维为基础的生物复合材料，含有50%的木纤维，可减少50%的碳足迹。它可以与生物基聚合物结合，可将碳足迹减少近100%。

3. 智能互联，数据监控，生产更有效率

从当前下游客户的需求来看，“减人增效”、对自动化的需求越来越多。实现生产效率及工业利润最大化、连续化/智能化生产、自动化过程监控及制品质量管控是行业亟待解决的问题。不少领先设备制造厂家大力推进其工业4.0互联网时代的数字化生产方案。

伊之密开发YiMES智能制造执行系统集成工艺管控、高端智能设备和周边辅机工艺数据，可一键上传、下发，无须人工输入调整；节能烘干系统，实时监测材料加热过程，并将数据与YiMES系统集成，自动计算加工的电能成本，进行节能数据分析，达到降本节能的效果（图7）。

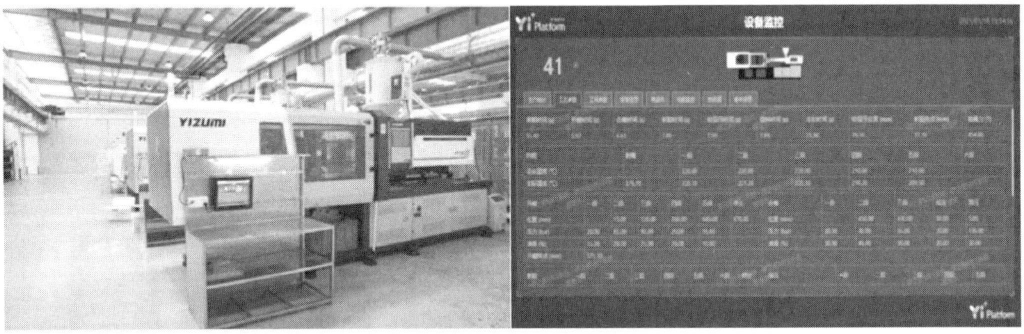

图7　YiMES智能制造执行系统

宁波弘讯推出“一机一手一系统（MPS）”方案（图8）。该方案采用其自主研发的SA Communication System通信标准，整合了全电机控制系统（SANDAL Ⅱ）、高端机械手控制系统（THUJA）和辅机设备整合系统等硬件，通过注塑管理软件，实现设备管理、工艺管理、即时监控、过程追溯等功能，助力塑料加工企业打造成为数字化、信息化的智能工厂，带动塑料加工产业升级。

富强鑫在CHINAPLAS 2021上，展出全电机、多色注塑以及节能机等多项注塑成型解决方案，并进行现场演示，以满足五金用品、食品包装、光学零件和医疗产业的应用需求。“高精准、高洁净”的多色成型大幅缩短注塑成型周期。全电动注塑机的精密塑料零件成型，注塑速度可达300毫米/秒，注塑位置重复精度可达0.01毫米。展出机种均搭载了富强鑫自主开发的iMF 4.0智能制造工厂系统，其不分注塑机品牌皆可使用，可使生产管理者掌握实时生产状态（图9）。

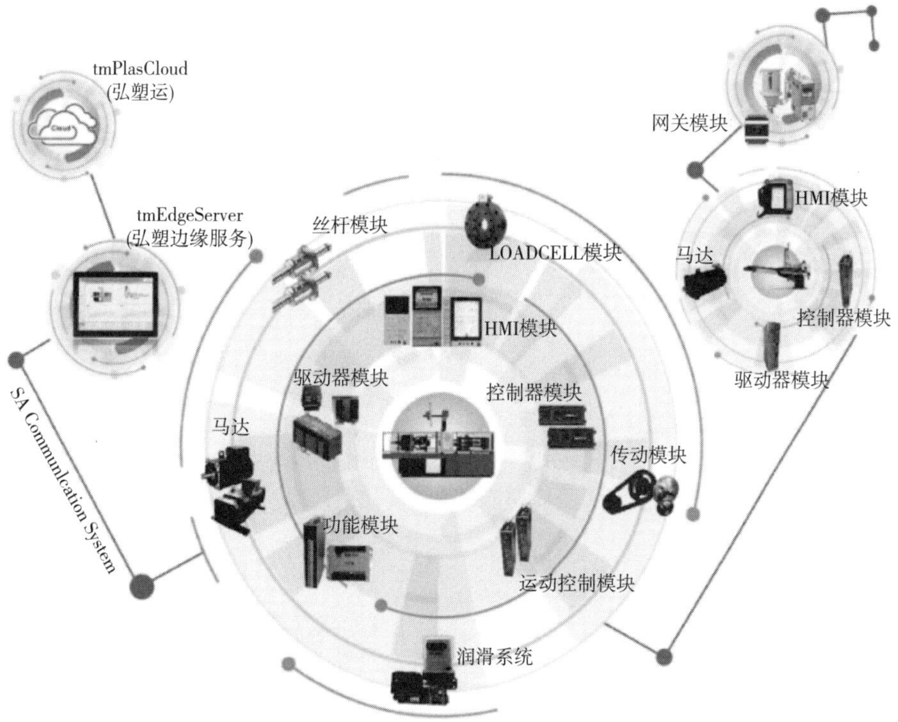

图 8 宁波弘讯 MPS 方案

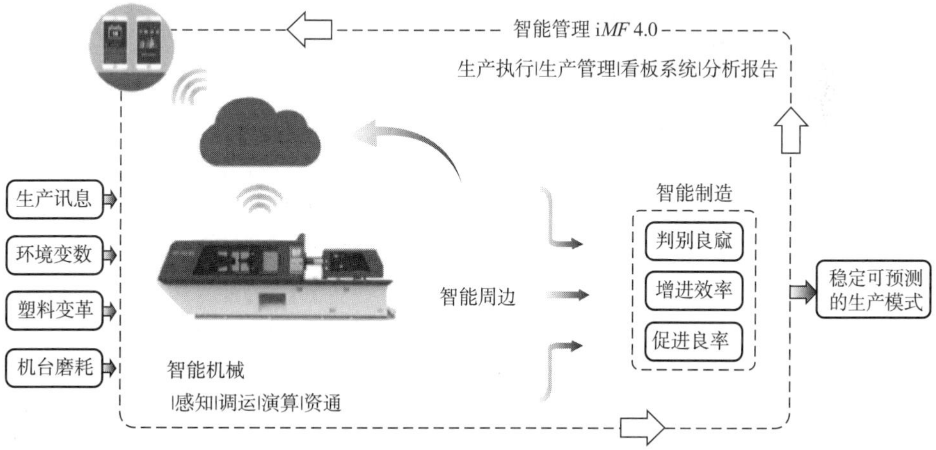

图 9 富强鑫 iMF 4.0 智能制造工厂系统

4. 设备创新，节能降耗，缩短生产周期

与传统的多组分注塑技术相比较，海天长飞亚发布的基于电动技术的多组分注塑解决方案，拥有丰富多样的注塑单元排布和组合方式，几乎可以满足对任何多组分注塑应用的需求。同类型设备，博创的 BORCHE BM500-3C 注塑成型机能够实现三色对射，智能互联且稳定。

泰瑞发布了全新高端注塑机系列-NEO（图10），它是由泰瑞与世界顶尖设计团队联合重金打造，以超前的设计理念，结合了泰瑞近 20 年的技术积累与结合世界领先的工业设计。NEO 涵盖四大产品家族：NEO-T 全新高端肘杆式注塑机，NEO-H

全新高端两板式注塑机，NEO-E 全新高端电动注塑机，NEO-M 全新高端多组分注塑机。

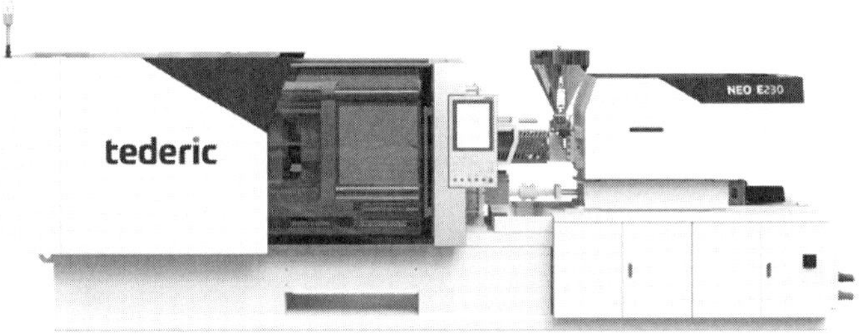

图 10　泰瑞 NEO 系列高端注塑机

史陶比尔一键换模系统集成了包括预热站、全自动能源组合连接系统、双工位换磨台、电磁换模系统、机器人、机器人工具快换等一系列功能模块，实现了换模流程的完全自动化。可缩短 95%的换模时间，大幅提高注塑工艺的生产灵活性与经济性（图 11）。

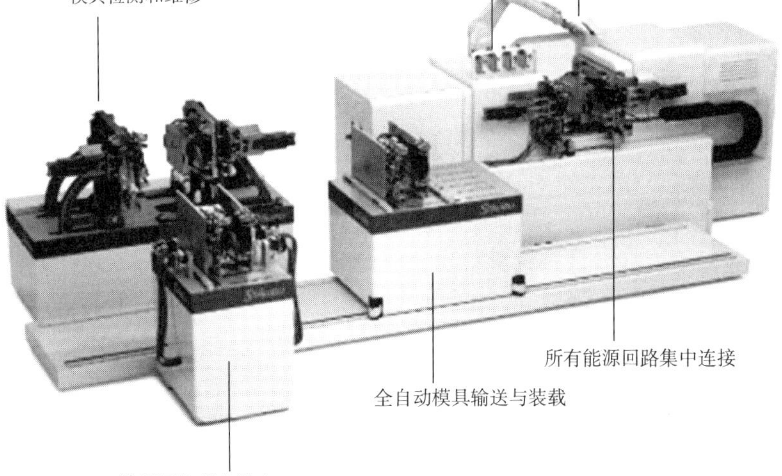

图 11　史陶比尔一键换模系统

广东伊之密开发 UN500DP 两板式注塑机集成 PUR 设备，并搭载 InPUR“1+2”创新模具技术与自动化系统，实现“一步成型”ReactPro 聚氨酯与注塑一体化成型工艺，高效生产软触感表面的汽车发动机盖。同时协同伊之密 SpaceA 柔性增材制造系统，实现模块化注塑成型与个性化定制的结合生产。

四、注塑机产业未来重点发展的产品

（1）面向高端复杂应用，具有高精度、稳定性和拓展性的注塑成型系统，如面向医用等高洁净要求的非接触全自动成型系统；面向 5G 应用的工程塑料精密制件成型系统；面向汽车的大型全自动成型系统；面向电子电器、移动通信行业等高精密要求的全电动注塑机基础系统的研发和产业化。

（2）开发满足复合材料成型且可拓展的注塑成型系统，实现复合材料的高效率、高精度成型加工。

（3）开发满足特种工程塑料成型的专用注塑机，如 PEEK，PI，PPS 等高性能特种工程塑料，满足尖端应用领域的需求。

（4）与各种先进注塑工艺相结合的高性能注塑成型系统，如大产量高速热流道瓶坯机，微孔发泡注塑成型机，定制触感的多层复合注塑成型机，热塑性纤维增强复合成型机，无螺杆超声塑化微注塑成型机，锁模力自动补偿一步法注塑机，智能模塑集成制造系统（3D 打印机）等。

（5）对成型精度及稳定性要求极高的高精密镜头光学注塑机，应用于手机、汽车、安防等成像监控领域。

（6）重点应用于汽车密封系统的 TPE 接角智能化注射成型机，巩固 C 型注塑机在行业的领先地位。

（7）节能环保型注塑机，如回收塑料在线配置再制造绿色注塑成型技术及装备。

五、结语

2021 年正值中国“十四五”规划的开局之年，宏观经济发展的趋势和政策环境整体向好，国际国内双循环发展的生产格局逐步构建，国内市场需求持续增长。作为主要推动经济发展的制造业，中国注塑行业满足市场需求，为塑料在航空航天、国防、石化、电子、光电通信、生物医疗、新能源、交通、农业和轻工业等国民经济各领域应用提供了重要装备。面对国内外形势复杂多变，注塑技术与装备大力推进的具有高精度、稳定性和拓展性的注塑成型系统、满足复合材料成型且可拓展的注塑成型系统、满足特种工程塑料成型的专用注塑机以及可与各种先进注塑工艺相结合的高性能注塑成型系统成为注塑机产业的重点发展产品。对于我国注塑行业，精密化、智能化、集成化仍然是研究热点，同时为满足绿色经济、循环经济等要求日趋严格的市场环境与政策法规，接下来将在材料、设备、系统等各方面仍需做出全新突破。

（中国塑协注塑制品专委会
谢鹏程　朱金柏　郑方莉　查燕）

“十四五”时期塑料管道行业如何强化创新驱动，实现高质量发展

2020 年意义非凡，我们历经了新冠肺炎疫情的严峻考验，战胜了各种困难，实现了行业的稳步发展；2020 年是“十三五”发展规划的收官之年，我们完成了行业“十三五”发展规划的各项工作目标，在产业升级、提质增效、产业链协同发展等方面取得了较好的成绩。在行业的共同努力下，2020 年行业发展稳中向好，在推动科技进步、提升产品品质、促进高质量发展方面都有了较大进步。2021 年进入“十四五”开局之年，在新格局中，我们有新机遇，同时面临着新挑战，在新变化中要不断取得新成绩。在“十四五”发展新阶段的背景下，塑料管道行业该如何继续创新驱动，走向高质量发展，实现为美好生活助力的发展目标？

一、塑料管道行业保持稳健发展

2020 年初受新冠肺炎疫情影响，一季度行业企业在生产、运营方面面临诸多困难，二季度有所缓解，三、四季度后期发力，发展态势较好。在行业的共同努力下，行业发展稳中向好，统计 2020 年塑料管道产量 1636 万吨，增长率为 2.25%，“十三五”期间的塑料管道产量和出口情况见表 1、表 2。行业还在推动科技创新，提升产品品质，加快产业升级等方面都有了较大进步。在 2020 年初经历新冠疫情的考验时，塑料管道行业企业积极行动，第一时间响应党和政府号召，捐献塑料管道相关产品，支援全国各地医院建设；为各地抗击疫情工作捐款捐物，支援抗击疫情工作。塑料管道人用自己的行动，用自己的方式，为打赢这场没有硝烟的战争积极奉献。

表 1　“十三五”期间塑料管道产量和增长速度

年份	2016	2017	2018	2019	2020
产量/万吨	1436	1522	1567	1600	1636
增长率/%	4.06	6.00	3.00	2.10	2.25

表 2　　“十三五”期间塑料管道产量和出口情况

年份＼产量和出口	出口量/万吨	增长率/%	占总产量比例/%	出口额/亿美元	增长率/%
2016 年	58. 22	5. 87	4. 1	21. 40	-3. 97
2017 年	66. 01	13. 19	4. 3	24. 20	12. 98
2018 年	71. 55	8. 40	4. 57	27. 19	13. 40
2019 年	74. 43	4. 03	4. 65	27. 57	1. 41
2020 年	75. 67	1. 67	4. 63	29. 44	6. 81

随着世界格局及经济发展的不断转变，未来塑料管道行业发展必然会走向一个全新的阶段。《中华人民共和国国民经济和社会发展第十四个五年规划和 2035 年远景目标纲要》为行业下一步发展指明了大方向。“行稳方可致远”，塑料管道行业要再接再厉，在现有基础上，充分发挥自身优势，正确认识自身不足，保持稳健发展。

1. 产业结构升级要为塑料管道行业高质量发展提供好的环境

2020 年的疫情是对行业的一场考验，新冠肺炎疫情的暴发为企业带来了诸多的思考和启示，客观上加速了企业生产、运营、销售模式的变革，规模企业发展前景较好，抗风险能力进一步提高。与此同时，企业的整合和兼并步伐进一步加快，小型企业在竞争中处于劣势地位，行业企业数量减少，行业凝聚力显著增强。下一步，行业要持续推进产业结构升级，充分发挥骨干企业的引领和模范带头作用，加速推进行业高质量发展步伐，提升行业整体发展水平，维护良好市场环境，净化行业风气，营造公平竞争环境。

2. 产品品质整体提升是行业高质量发展的基础

近年来，行业企业“品质”意识不断提升，产品品质已成为企业良性竞争的重要手段之一。尤其是新冠肺炎疫情暴发，导致市场竞争更加激烈，使得越来越多的行业企业把品牌战略、品质提升作为竞争制胜的关键要素，品质化成为行业主流，尽管还存在有的市场仍有劣币驱良币的现象，但行业整体质量水平显著提升。我们要继续这种良好势头，从产品上下游各环节做好品控工作，保证生产高品质塑料管道产品的同时，提升应用领域对塑料管道产品的认知和应用水平，夯实高质量供给基础，为行业高质量发展奠定基石。

3. 增强创新驱动是行业高质量发展的保障

塑料管道行业科技创新步伐明显加快，创新体系建设不断完善，基础研究、技术开发进一步增强，行业企业对关键共性技术、前沿引领技术、应用型技术的攻坚力度空前加大，与高校、科研院所合作更加紧密，科研成果转化速度显著提高，产学研深度融合，创新成果落地更为迅速，市场上高科技、高附加值产品所占比例越来越大。这些是行业企业共同努力的结果，也是未来发展对企业提出的要求。我们要充分发挥创新驱动的积极作用，从基础性技术进步开始，逐步将行业创新推向新的阶段，不仅要在科技成果落地、创新水平提升方面不断进步，更要时刻关注行业发展最前沿，结合未来经济发展大趋势以及自身发展实际，保证创新驱动发挥最佳作用，为塑料管道行业稳健发展保驾护航。

4. 提高标准化水平是行业高质量发展的必然要求

多年来，塑料管道行业企业积极参加标准化工作，加强国家标准、行业标准以及国际标准的参与制定。在中国塑协团体标准工作中，积极申报、编制标准，2019~2020 年间，共有 10 余项团体标准立项，团体标准体系开始建立并逐步完善，为形成“强制性标准守底线，推荐性标准保基本，行业标准补遗漏，团体标准搞创新，企业标准强质量”的标准化格局奠定基础。这一良好的发展势头也表明，行业企业对标准认识水平的提升以及自身追求高质量发展的决心。下一步，我们要积极在标准化工作方面继续努力，不断完善标准化体系，对标国际先进标准水平，提升塑料管道产品的标准化工作。

行业在发展中成绩斐然的同时，也面临着诸多挑战。我们还要积极解决结构性产能过剩、高端供需不平衡、市场竞争激烈、产品质量参差不齐等老问题，同时也要努力克服原材料价格大幅涨价、营商环境有待进一步优化、突发性自然灾害或卫生事件等新的挑战。未来任重道远，需要大家众志成城，不畏艰难，奋力拼搏，持续推动行业高质量稳健发展。

二、高质量发展是行业的核心目标

中国经济发展已由高速增长阶段转向高质量发展阶段。从大层面来说，推动高质量发展，是保持经济持续健康发展的必然要求，也是当前和今后一个时期确定发展思路、制定经济政策、实施宏观调控的根本要求。塑料管道行业要在现有工作基础上，进一步继续完善产品自律体系，扩大自律体系覆盖面，从原料、助剂、装备、配套产品等塑料管道产业链各环节，建立相关质量保障体系与机制；通过建立诚信联盟等方式，督促成员单位坚守高质量发展原则，建立健全自查监督机制，切实履行产品质量安全主体责任；打造全产业链品质加工、精品制造形象，逐步实现原料高性能化、设备精细化、产品高端化发展格局。

1. 做好行业自律是高质量发展的基础

面对日益复杂激烈的市场竞争环境，塑料管道行业要坚守底线，加强行业自律，夯实行业高质量发展的基础，从而实现产业布局优化、结构合理，不断实现转型升级，并显著提升行业发展的效益。自律应该包含竞争力、质量的可靠性与持续创新、品牌的影响力等多个方面。

作为塑料管道生产企业，首先要严格要求自己，坚持质量第一，以品牌、标准、服务为重点，健全自身质量管理体系，加强质量内部监管，严格按照产品标准、工艺规程组织生产。严格执行产品检验制度，杜绝不合格产品进入市场，强化自身的社会责任。

作为专委会，要从行业的大局出发，制定相关督促机制，健全质量管控体系，加强监管和诚信体系建设，按照中国塑料加工工业协会塑料管道专业委员会组织行业企业共同制定的《塑料管道行业自律公约》及《中国塑料管道行业职业道德准则》相关要求，号召行业企业不断提升产品品质，严守诚信底线，不断提高供给水平。

2. 品牌建设将成为高质量发展的有力推动

重视品牌建设，做好品牌，做好文化，做好宣传，要以做出百年老店的精神要求自己，每一米塑料管道产品都要成为精品，都要成为高质量供给环节中的一部分。塑料管道企业要顺应应用领域不断发展的大趋势，努力增加高品质产品和服务供给，在产品细节、品质、创新、性能、附加值等方面多下功夫，重视品牌文化建设，重视品牌知名度提升工作，做好品牌宣传工作，最后形成具有影响力的品牌。

具体到塑料管道企业，我们要意识到，企业发展越好品牌影响力会越高，品牌做得越好就更能促进企业的发展壮大，要不断发挥出品牌溢价能力。其次，要做好自身品牌建设工作，用过硬的产品和服务为品牌建设背书。

在宏观上，专委会要做好行业品牌的宣传工作。通过网站、杂志、微信公众号等宣传平台建设工作，扩大行业的影响力，提高信息发布频率。组织行业专家和企业积极应对，扩大正面宣传力度，发挥行业专家和骨干会员单位的作用，用优质的产品及服务、科普和科学宣传行业和产品，促进行业健康有序发展。

3. 为应用领域提供高质量管道产品及服务

首先把好原料的“进口”关，从原料采购、入厂等各环节做好质量把控，严格要求原料质量。同时，努力多与上游原料生产企业加强交流沟通，争取可以将原料生产环节与行业生产结合起来，从源头上做好质量把控工作。

生产环节要坚持“质量为先”，严格执行相关标准，从生产、检测、出厂、仓储、运输等环节把控品质，严格要求，做到严进、严出，不断提高产品质量以及服务质量，为应用领域提供高质量塑料管道产品的同时，输出高质量服务。

下游应用领域要做好安装施工培训，普及相关应用知识，专委会要尽快编辑出版应用手册，从提高应用领域对塑料管道的认识角度出发，宣传管道产品，为应用领域提供高质量塑料管道产品的同时，扩大应用领域选用管道、设计安装塑料管道的认知范围，提升塑料管道产品应用水平，进一步确保塑料管道产品的高质量供给及应用。

4. 绿色化发展是塑料管道产品质量提升的方向

未来发展中，绿色化已成必然趋势，塑料管道行业经过近几年的努力，已经在绿色、健康、环保产品研发和推广方面取得了较好成绩，PVC 管材管件绿色环保助剂替代已经成绩斐然，行业的节能、环保、高效、清洁生产等方面进步很大，塑料管道本身具备的环保性能将在绿色化发展中起到积极的市场拓展推动作用。

行业还要积极践行绿色发展理念，坚持绿色环保生产，加大可持续发展相关技术及产品研发，推进塑料管道行业的生态化、可持续发展。从企业的角度来看，在绿色产品研发方面加大投入力度，要做好绿色产品的研发、落地工作，降低资源消耗，发挥既有渠道优势，保证市场的推广及应用，关注环保、健康的产品生产，引入国外塑料管道行业生命周期理念，优先选用绿色工艺、技术和设备，满足基础设施、管理体系、能源与资源投入、产品、环境排放、绩效的综合评价要求。通过应用先进绿色技术装备，推动持续降低单位产品的能源消耗和原材料消耗、提高产品质量，不断提升生产的规模化和自动化水平、增强工厂的绿色化水平和环境友好性。

行业要积极引导行业企业践行绿色生态发展理念，鼓励企业进行绿色发展，加强相关绿色标准的制修订组织和参与工作，加强塑料管道行业及产品节能环保工作，制定塑料管道行业绿色发展建议。利用协会平台优势，与欧洲、美国等塑料管道行业协会密切联系，详细了解各个国家环保部门对塑料管道生产企业的环保要求，企业采取的环保措施，以及第三方监测机构监管方式等，为我国塑料管道生产企业走绿色化发展之路提供有益的借鉴。

三、创新驱动是推动行业高质量发展的必然途径

创新能有力驱动生产率的提高和产品性能的提升，促进新科技、新模式、新产品、新业态的出现，不断推动产业向价值链的中高端迈进。国家“十四五”规划明确要求坚持创新驱动发展，全面塑造发展新优势。要深入实施科教兴国战略、人才强国战略、创新驱动发展战略；提升企业技术创新能力，激发人才创新活力，完善科技创新体制机制。实现高质量发展关键是创新驱动，即要着力推进以科技创新为核心的全面创新。对于塑料管道行业来说，要从实际发展过程中实现创新驱动，坚持创新驱动，要坚持“一个精神”，把握“两个方向”，实施“三个举措”。

1. 坚持高质量发展精神不动摇

要紧跟国家政策，结合自身实际，持续加大引导与支持行业科技创新、技术进步的力度，促进行业技术创新能力的提升。习近平总书记指出，我国发展已经站在新的历史起点上，要根据新发展阶段的新要求，坚持问题导向，更加精准地贯彻新发展理念，举措要更加精准务实，切实解决好发展不平衡不充分的问题，真正实现高质量发展。我们企业要从国家相关政策中寻找商机，紧跟市场变化，关注国家重点工程，关注重点项目，通过调整自身产品结构，满足市场需求；要密切关注材料领域新进展和产品结构新变化，注重产品的高端化、差异化和专业化，加强以企业为主体的创新体系建设，集中攻克技术短板，创新方法，加快实现创新成果落地。要充分发挥平台作用，加大对行业企业的科技创新成果的宣传和推广，组织以科技创新、市场引领为核心的多样化活动，探讨塑料管道产品、原辅材料、加工装备以及配套系统的创新，研究塑料管道在各种管网建设等领域的创新应用，展示行业最新创新成果和技术，引领行业技术发展。还要适应社会发展潮流，通过科技讲堂、技术普及等方式促进产业链协同创新，实现高质量发展。

2. 把握功能化、系统化发展两个方向

我们要“准确把握新发展阶段，深入贯彻新发展理念，加快构建新发展格局”。要在新型基础设施、新型城镇化和重大项目等市场需求上，发挥塑料管道优势。加强产品的市场适应性，重点关注与大环境相关以及改善居民生活质量的功能性产品等，从应用领域需求出发，考虑实际应用中产品的便捷性、安全性、功能性等因素，研发生产符合实际需求的功能化、系统化产品。

3. 实施智能化发展、提高产品附加值、开拓新的发展领域三大举措

借助智能化发展大背景，以智能化为抓手，引导行业创新发展模式，推进转型升级，推动建设产业智能生产系统，引进数字化、智能化技术，以“智能化工厂”为基础，依托 5G 时代发展，加快塑料管道行业生产、市场、应用智慧发展，推进互联网、大数据、人工智能与生产研发的深度融合，继续推进智慧管网建设，推进装备和模具设计进步，推进智能制造，加快相关技术成果落地，促进行业向产业链高端迈进。要充分发挥自身的带头作用，引导行业围绕多元化、产业链化发展进行大胆探索实践，充分挖掘经营资源潜能，合力推进创新发展，促进基础科研项目落地，通过创新及提升产品附加值，开拓新的市场空间，培育新的利润增长点，可以通过开展多元化跨界融合，增强产业链各

环节抵御市场风险的能力，稳固市场占有率，保证塑料管道行业稳健发展，推动管材专用料，以及高附加值、小品种原辅材料研发。要加大科技投入，培育创新型企业，聚集创新型人才，加快科技成果转化，不断提高科技进步贡献率，使创新成为驱动发展的主要动力，要坚持新发展理念，按照高质量发展的要求，强化研究、科学谋划、系统设计、有序推进，向社会提供安全可靠的产品，以高质量发展为主线，基本完成行业落后产能和产品的淘汰任务，提升创新、市场、质量等方面的综合竞争能力。只有持续创新，方可永续发展。

2020 年我们经受了严峻的考验，在全行业的不懈努力下，我们团结奋进，不忘初心，坚定不移地走高质量发展之路，为行业“十三五”发展画上了完美的句号。2021 年我们更要增强机遇意识和风险意识，结合中国塑协重点工作计划，立足行业实际情况，加强科技创新引领，认识和把握市场发展规律，树立全产业链发展思维，准确识变、科学应变、主动求变，不断坚持高质量发展，提升塑料管道行业高质量供给水平，为人民美好生活贡献力量！

（中国塑协塑料管道专业委员会
王占杰　赵艳　郭晶　唐维　范艳菊）

塑料节水器材行业发展报告

回顾塑料节水器材行业发展历程和目前发展现状，在国家相关政策的引导和相关单位的大力支持下，在塑料原材料、设备和加工行业企业的共同努力下，中国塑料节水器材行业保持持续、健康、稳定的发展，产业转型升级的步伐逐步加快，与其他传统行业相比，依然保持合理的增长速度。

一、节水灌溉行业发展概况

1. 全球节水灌溉行业发展概况

（1）全球水资源紧张状况仍然严峻，节水灌溉是解决水资源问题的必由之路

当今世界面临着人口、资源与环境三大问题，其中水资源是各种资源中不可替代的一种重要资源，随着经济和社会的发展，对水的需求将显得更为突出，水资源将日趋紧张。据世界银行调查，占世界人口 40%的 80 个国家面临水资源危机。联合国预计，到 2025 年世界将有一半人口生活在缺水地区。为应对水资源紧张和缺乏，世界各国都大力发展节水产业，提倡节约用水。节水灌溉是世界灌溉技术发展的趋势，是缓解水资源危机和实现高效、精准农业的必然选择。

（2）全球节水灌溉以喷滴灌为主，新型喷滴灌技术快速革新

美国有效灌溉面积为 3.83 亿亩，不到中国的一半，而应用喷灌和滴灌的耕种面积达到 87%左右。世界上节水灌溉技术发展最好的国家是以色列，目前 80%以上的灌溉面积使用滴灌技术。以色列的耐特菲姆、普拉斯托等多家节水灌溉公司技术都处于世界领先。此外，其他如瑞典、英国、奥地利、德国、丹麦、匈牙利、捷克、罗马尼亚等国家，喷灌和滴灌面积占灌溉面积的比例都达到了 80%以上。在全球喷滴灌面积保持较高水平的同时，新型喷滴灌技术也快速涌现，包括水肥一体化、压力灌溉技术、埋藏式灌溉技术、喷洒式灌溉技术、散布式灌溉技术和智能式喷灌系统等，新技术的推广和产业化为喷滴灌设备的进一步应用打下良好的基础。

2. 我国节水灌溉行业发展概况

我国是一个水资源贫乏的国家，被列为世界上 13 个最贫水国之一。我国人均水资源占有量约为 2100 立方米，仅相当于美国的 1/5。同时，我国 38%的耕地分布在西北、华北、东北等北方地区，而干旱少雨导致我国北方地区水资源比较缺乏。在西北，50%以上的土地没有灌溉就没有农业，而其他地区的土地没有灌溉就不能保证粮食稳产、高产。我国农田灌溉水有效利用系数仅为 0.53，远低于发达国家 0.80 的平均水平。全国仍有一半左右的耕地面积没有灌溉设施，属于“靠天吃饭”，接近一半的有效灌溉面积仍在使用落后的灌溉方式。我国水资源匮乏且分布不均、农业灌溉用水利用效率低下，大力发展节水灌溉是缓解我国水资源紧张的必然要求，也是构建节约型社会、建立水生态文明体系的重要手段。

我国节水灌溉行业的发展经历了以下三个阶段。

（1）20 世纪 70 年代中期到 80 年代后期，节水灌溉技术及生产设备的引进、消化、吸收阶段

这一阶段，我国政府开始从欧美、以色列等发达国家引进喷灌、滴灌技术和这一类灌溉系统的生产设备，并花费 10 多年时间在国内进行相关的试验、消化和研发。这个阶段，我国的节水灌溉行业尚处于发展初期，除少数与科研单位合作参与研发制造和试验的工厂以外，生产喷微灌产品的企业很少。而且由于当时国内的水利、农业、林业、园林以及其他相关行业仍采用传统的地面漫灌方式进行灌溉，所以国内几乎没有从事节水灌溉工程设计与施工的公司。因此，我国的节水灌溉行业在这个阶段力量非常薄弱，没有行业优势，也几乎没有市场和经营行为。

（2）20 世纪 90 年代初期到 20 世纪末，节水灌溉技术推广、节水灌溉行业快速发展阶段

由于国内水资源的普遍匮乏和先进的种植技术、水肥技术以及其他更为优良农业技术的采用，国家开始推广节水灌溉技术，并逐年加大力度。10 年间，国家通过建立节水灌溉重点县和示范区，发放节水灌溉项目贴息贷款和节水灌溉企业技改贷款等方式支持和推进节水灌溉行业的发展，大力扶持国内的节水灌溉企业发展。在这个阶段，我国的节水灌溉行业进入了快速发展期，尤其是在 20 世纪 90 年代中后期，节水灌溉产品的生产企业数量每年都在成倍增长，短短几年间，百余家制造节水灌溉产品的企业遍布全国。这个时期由于水利、农业及其相关行业对节水灌溉产品和技术的需求旺盛，我国的节水灌溉行业发展很快，开始形成一定的规模和初期的市场。

（3）21 世纪初至今，市场竞争趋于激烈、行业发展前景看好

严峻的现实使人们对节水灌溉重要性有了充分的认识，各级政府相继加大了节水灌溉的投资力度。党的“十五大”以来，各级政府从专项贴息贷款、农业综合开发、扶贫开发等专项资金和水利基金中拿出较大的投入用于节水工程，一次性回收塑料滴灌带已被列入国家重点新产品开发计划；节水灌溉设备快速开发平台与设计软件也被列入国家“863”计划。塑料节水器材伴随着节水灌溉行业的发展而壮大，加上节水灌溉技术应用的拓宽，各种塑料节水器材（管材与管件、灌水器、喷头、防渗用薄膜、土工布等）行业生产企业发展迅速，不仅数量较多，而且生产规模、技术水平、产品质量及品种都达到了较高水平。但近年来，由于市场不规范，多数企业促销手段单一，企业间的竞争不是靠稳定的产品质量吸引顾客，而是相互压价。导致部分企业经济效益大幅下降或根本无利润。在 10 年快速发展期间，节水灌溉设备生产企业的数目增加很快且同一产品被多家企业同时生产的现象相当普遍。据不完全统计，截至目前国内从事节水灌溉产品制造和工程建设的企业约有 500 家，导致节水灌溉产品的供需市场在短时间内发生了较大的变化，但大多数企业规模较小，使得市场竞争日趋激烈。与此同时，大多数企业的生产和经营状况却是：规模较小，资金较少，技术水平较低或缺乏各种专业技术人员合理搭配得较为完整的技术体系；研发和创新能力较弱，新产品难以出现；技术含量较高、制造工艺要求相对较高的产品和国外同类产品比较仍然有较大的差距；由于生产设备和管理上的原因，造成有些企业的产品质量不稳定。

近年来，我国相继颁布了《全国农业可持续发展规划（2015－2020）》《水污染防治行动计划》等有利于节水灌溉行业的产业政策，从水利、农业、农业综合开发、土地整理以及城市园林等行业和领域入手加大对节水灌溉工程的投入，节水灌溉行业面临新的发展机遇，行业发展潜力巨大、前景看好。

二、塑料节水器材行业竞争格局和市场化程度

从全球节水灌溉设备行业来看，以色列、美国等国家在研发和制造领域始终处于世界领先地位，长期垄断了世界上高端节水设备的生产。近年来，随着中国等发展中国家对节水灌溉设备的研发投入力度加大，节水灌溉设备研发制造水平提高很快，在某些中端领域产品质量接近发达国家水平，并凭借价格上的优势形成与发达国家竞争的格局。

我国节水灌溉设备行业的整体竞争格局是：目前，节水灌溉行业内的企业普遍规模较小，行业集中度不高。近几年，由于国家加大了对节水农业的支持力度和资金投入，节水灌溉行业前景看好，进入该行业的投资者逐步增多，使得行业的市场竞争趋于激烈。国际节水灌溉巨头由于价格上处于劣势，已逐步退出国内中低端节水灌溉市场的竞争，在高端节水灌溉设备市场形成一定的垄断优势，国内节水灌溉龙头企业在产品质量和技术上不断进步，已经能在中端产品领域赢得竞争并向高端产品市场发起挑战。

三、塑料节水器材行业市场供求情况及影响因素

目前，我国节水灌溉技术主要包括低压管灌、喷微灌和渠道防渗灌溉等。最近几年，随着国家政策的支持、国内节水灌溉技术水平的提高，喷微灌使用面积增长迅速。采用喷微灌技术的耕地的面积占所有节水灌溉耕地面积的 29.01%，仅占全国有效灌溉面积的 13.68%左右，而发达国家采用喷滴灌节水技术的比例达到 70%~80%，我国喷滴灌市场前景广大。同时，得益于喷微灌设备在农业生产中体现出高效节水作用，我国喷微灌面积逐年提高，从 2010 年的 0.77 亿亩增长到 2015 年的 1.35 亿亩，复合增长率达到 11.88%。截止到 2020 年发展高效节水灌溉面积（指喷微灌）2.88 亿亩。

2021 年是“十四五”开局之年，高标准农田建设作为“十四五”时期重点支持的农业发展方向，既是乡村振兴的战略方向，也是建设数字中国的重要内容。《数字农业农村发展规划（2019—2025 年）》《关于切实加强高标准农田建设提升国家粮食安全保障能力的意见》要求，助推“一带一路”沿线国家及省区（市）数字农业、高标准农田建设应用落地。高标准农田建设是目前主要的农田水利相关投资项目，目前每年新增 1 亿亩的速度，高标准农田建设的时间窗口大概在 5~8 年，每亩投资 1500 元来计算，规模大约 1.2 万亿，80%为中央资金。目前，我国节水灌溉设备行业的整体竞争格局是：节水灌溉行业内的企业普遍规模较小，行业集中度不高。

近几年，由于国家加大了对节水农业的支持力度和资金投入，节水灌溉行业前景看好，进入该行业的投资者逐步增多，使得行业的市场竞争日趋激烈。国际节水灌溉巨头由于价格上处于劣势，已逐步退出国内中低端节水灌溉市场的竞争，在高端节水灌溉设备市场形成一定的垄断优势，国内节水灌溉龙头企业在产品质量和技术上不断进步，已经能在中端产品领域赢得竞争并向高端产品市场发起挑战。

四、塑料节水器材行业技术水平及技术特点

我国的喷滴灌技术等先进的节水灌溉技术是从国外引进，经过消化吸收并实现了创新。国内目前比较成熟的节水灌溉技术主要有渠道防渗、管灌、微灌（包括滴灌）、喷灌等，与各种节水灌溉技术相适宜的节水材料产品种类繁多，高、中、低档次的产品均有供应，产品的技术含量不断提高，如滴灌产品从第一代没有滴头的边缝式滴灌带发展到出水更均匀、节水效果更佳的内镶贴片滴头式滴灌带乃至压力补偿式滴灌带。国内厂家在中端喷滴灌产品上已经接近国际先进水平。此外，多家行业龙头企业也开展对水肥一体化、压力灌溉技术、埋藏式灌溉技术等的研发。

五、塑料节水器材行业经营模式

1. 塑料节水器材行业的生产模式

由于节水灌溉设备需要根据不同地质条件进行定制，该行业通常采用根据订单组织生产的模式。企业根据获取的订单和合同要求来制定物料需求，再根据物料需求采购原材料，最后根据计划生产成品。

2. 塑料节水器材行业的销售模式

目前节水灌溉设备主要由政府统一以招投标的方式进行采购，并由政府无偿提供给农户或农业合作社等使用。因此，该行业中资质好、规模大的企业主要通过参与投标的方式获取订单或合同，部分中小企业以向大型企业销售产成品的方式参与市场竞争。

六、塑料节水器材行业的周期性、区域性和季节性特征

节水灌溉行业的发展为国家政策所支持和鼓励，主要为农业、林业、生态环境治理等提供灌溉服务，而农业是基础性行业，农业的持续稳定健康发展关系到国家粮食安全，因此节水灌溉行业不存在明显的周期性。节水灌溉行业的主要市场区域在北方市场，尤其是干旱缺水的西北地区，以及东北地区、华北地区等，西南地区也有一定的市场潜力，南方主要用于园林灌溉。节水灌溉行业具有一定的季节性。由于北方地区冬季严寒无法从事节水工程施工，加之农作物种植的季节性特点等，一般每年的 12 月至次年的 3 月上旬为节水材料销售及节水工程施工的淡季。从 3 月中下旬开始，北方地区土地解冻，开始玉米、棉花、葡萄、蔬菜等农作物的种植，进入节水材料销售和节水工程施工的旺季。

七、塑料节水器材行业产业链分析

1. 行业上下游情况

塑料节水器材行业产业所需原材料的上游为石油化工行业所生产的聚氯乙烯（PVC）和聚乙烯（PE）颗粒，下游客户则为各地水利局和农业局等政府部门，所有产品最终均投向农业生产：

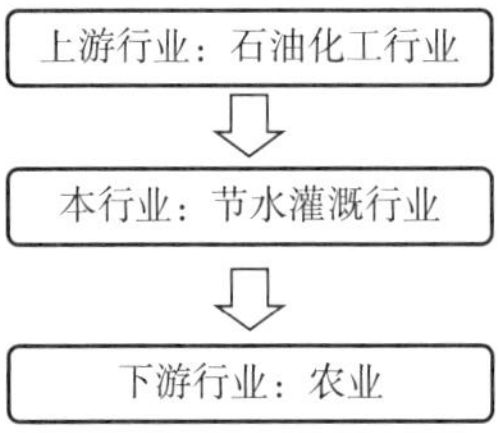

2. 行业与上游行业的关系及其对本行业的影响

石油化工行业主要包括以下三大生产过程：基本有机化工生产过程、有机化工生产过程、高分子化工生产过程。基本有机化工生产过程是以石油和天然气为起始原料，经过炼制加工制得三烯（乙烯、丙烯、丁二烯）、三苯（苯、甲苯、二甲苯）、乙炔和萘等基本有机原料；有机化工生产过程是在三烯、三苯、乙炔、萘的基础上，通过各种合成步骤制得醇、醛、酮、酸、酯、醚类等有机原料；高分子化工生产过程是在有机原料的基础上，经过各种聚合、缩合步骤制得合成纤维、合成树脂、合成橡胶等最终产品。

产品主要的生产原料为聚氯乙烯（PVC）和聚乙烯（PE），PVC 和 PE 的质量直接影响节水灌溉产品的品质和节水灌溉行业的发展，其次，PVC 和 PE 的价格也直接影响节水灌溉产品的生产成本。PVC、PE 产品属于大宗化工基础原料，产品质量和性能差异较小，行业集中度不高，市场竞争激烈，价格较为透明。节水灌溉行业所需的 PVC、PE 材料仅占全国总体产量的极小部分，节水灌溉行业的快速发展对 PVC、PE 行业的影响微乎其微。而节水灌溉材料生产成本受原材料成本影响较大，PVC、PE 颗粒的价格会直接影响企业产品的毛利率。

3. 行业与下游行业的关系及其对本行业的影响

下游客户为各地水利局和农业局等政府部门，所有产品最终均投向农业生产，目前均为政府向农户无偿提供各种节水设施。公司生产的节水灌溉产品直接应用到粮食作物、经济作物的灌溉和种植，农业对节水灌溉产品的需求对公司的销售起到至关重要的作用。随着国家大力扶持节水灌溉行业的发展，采用政府补贴等形式支持农户采用节水灌溉方式，未来农业对节水灌溉产品的需求将会越来越大，节水灌溉市场的潜力十分广阔。自 2007 年以来，我国喷滴灌面积占全国耕地灌溉面积比例持续增加，2020 年发展高效节水灌溉面积（指喷微灌）约 3 亿亩，喷滴灌设备市场前景广阔。

八、塑料节水器材行业壁垒

1. 行业资质壁垒

塑料节水灌溉行业施工具备较高的行业资质壁垒。目前，节水灌溉工程项目主要由政府通过招投标的方式实施，在招标时会对投标单位资质进行要求，如水利水电工程施工总承包资质、农业节水灌溉工程施工专业承包资质等，且项目越大对资质的要求越高。其中，以农业节水灌溉工程施工专业承包资质为例，申请甲壹级资质要求“企业独立承担过的灌溉工程设计施工项目不少于 60 项，其中至少有 3 项工程单项合同额在 2000 万元以上，或 5 项工程合同额累计在 8000 万元以上，且工程已建成，工程质量合格、通过竣工验收，运行良好。”对于新进入本行业的公司来说，由于项目实施经验不足，难以申请高等级资质，也难以承接复杂度高，规模大的节水灌溉工程，反过来也影响其等级资质的申请。众多资质认证的存在，使得新进入的企业难以在本行业进行大规模扩张，保证行业内发展成熟企业的核心竞争优势。

2. 技术壁垒

灌溉技术是囊括农学、化学、物理学、地理学、信息系统等相关学科的综合性应用技术，由于涉及技术领域较多，目前国内能够提供从节水材料生产，到工程设计、施工等服务的整体解决方案的企业极少。由于涉及技术领域的全面性和广泛性，行业外企业无法在短时间内获得足够的专业知识和技术，无法在短时间内提供高质量、符合相关领域要求的节水灌溉设备和工程服务。

3. 人才壁垒

由于节水灌溉设备需要结合不同地段的地形、气候等地质条件进行应用，因而节水灌溉行业的专业人员不仅要熟悉产品，还必须根据不同地域的地质条件设计工程并进行施工及后续的技术服务。由于优秀的节水灌溉行业人才需要具备较高综合素质，目前我国在节水灌溉行业人才方面仍存在较大的缺口，因此稳定的技术和设计团队对于节水灌溉厂商来说尤为重要。

4. 资金壁垒

农业是我国立国之本，农业产品的质量和安全性直接影响我国国民健康。这使得政府及农业生产者对节水灌溉产品的安全性、可靠性、技术先进性都提出了极高的要求，这就使得节水灌溉产品厂商需要不断投入大量的资金进行研发，并对现有产品质量进行不断的改进升级。由于政府部门结算的原因，下半年甚至四季度是收入确认及回款的高峰期，但一方面该行业厂商工程施工投入在一年内基本是均衡发生，导致行业内厂商普遍存在二、三季度资金严重不足的情况；另一方面节水灌溉工程施工受制于施工环境的影响，如果由于征地进度低于预期或气候环境不适宜施工，将影响施工进度，在该种情况下如果企业按照原定计划进行备料或生产，也将造成资金的短期沉淀，产生阶段性资金不足的情况。

九、影响行业发展的有利因素、不利因素

1. 行业发展有利因素

（1）国家产业政策扶持节水灌溉行业发展

近年来，随着水资源紧张状况日益严峻，政府接连发布节水灌溉规划，鼓励节水灌溉设备的使用，行业将迎来政策的红利。其中，2015 年 5 月农业部印发的《全国农业可持续发展规划（2015-2030）》中提出，“到 2020 年发展高效节水灌溉面积 2.88 亿亩；到 2020 年和 2030 年全国农业灌溉用水量分别保持在 3720 亿立方米和 3730 亿立方米；确立用水效率控制红线，到 2020 年和 2030 年农田灌溉水有效利用系数分别达到 0.55 和 0.60 以上。”根据上述政策，自 2016 年至 2020 年，我国每年喷滴灌耕地面积需新增 3000 万亩，喷滴灌设备市场容量约为 300 亿~400 亿元。2015 年 4 月国务院印发的《水污染防治行动计划》中提出，“1. 推广渠道防渗、管道输水、喷灌、微灌等节水灌溉技术，完善灌溉用水计量设施。在东北、西北、黄淮海等区域，推进规模化高效节水灌溉，推广农作物节水抗旱技术。2. 到 2020 年，大型灌区、重点中型灌区续建配套和节水改造任务基本完成，全国节水灌溉工程面积达到 7 亿亩左右，农田灌溉水有效利用系数达到 0.55 以上。”2016 年 12 月国家发展改革委、水利部、住房城乡建设部联合印发了《水利改革发展“十三五”规划》，提出到 2020 年农田灌溉水有效利用系数提高到 0.55 以上，完成 434 处大型灌区续建配套和节水改造规划任务，新增农田有效灌溉面积 3000 万亩，全国农田有效灌溉面积达到 10 亿亩以上，发展高效节水灌溉面积 1 亿亩。上述政策的实施和推广必然使得我国的节水灌溉行业未来发展潜力巨大。

（2）国家对用水管理和控制的关注度日益提高，有利于节水灌溉设备的推广

国外节水灌溉技术领先的国家均实现严格的用水管理制度。以色列《水法》规定，全国境内的所有水资源都属国家所有，必须专门用于国家经济建设需要和居民生活需求，并设立水利委员会为全国水资源管理的专门机构，负责制定水政策、发展规划、用水计划和供水配额，以及水土保护、防治污染、废水净化、海水淡化等有关水资源开发与管理的具体工作。由委员会的理事会根据农业生产中各种农作物，如蔬菜、花卉和水果种植的不同用水量，制订出不同的用水分配定额。我国近年来也加大了水资源总量控制的力度。《深化农业水价综合改革试点方案》提出“在全国 27 个省 80 个县试点水价改革，争取通过 1 年时间努力实现：实行总量控制和定额管理、全面实行终端计量供水、完善农业水价政策、建立精准补贴机制和节水奖励机制”。各省市政府也相继出台了各自的农田水利条例，对水资源利用进行规定。水资源总量控制力度的加大，必然进一步督促农业生产者和地方政府加大对节水灌溉设备的投入和使用。

（3）我国水资源匮乏及用水不当对节水灌溉设备产生较大的市场需求

我国是水资源短缺的国家，时空分布不均，且人均水资源不足。目前我国人均水资源占有量约为 2100 米^3，仅为世界人均水平的 25%，在世界上排第 121 位，是全球 13 个贫水国家之一。预计到 2030 年我国人均水资源量将下降到 1760 米^3，逼近国际公认的 1700 米^3 严重缺水警戒线，缺水已经成为制约我国经济发展和社会进步的重要因素。

此外，我国农业用水存在较大的浪费，主要体现为灌溉用水系数较低以及水资源利用率较差。一是据我国《水利改革发展“十三五”规划》显示，我国农业灌溉水利用系数仅为 0.53 左右，远低于发达国家 0.80 的平均水平。二是在节水滴灌领域，采用喷滴灌技术的耕地的面积占所有节水灌溉耕地面积的 29.01%，仅占全国有效灌溉面积的 13.68%，而发达国家采用喷滴灌节水技术的比例达到 70%~80%。虽然我国近年来大力投资于节水灌溉设施的建设，使农业用水效率出现了一定程度的提升，然而相比发达国家，我国的节水灌溉能力整体仍处于较低水平。近几年，国家出台多项鼓励政策，力图提高我国农业灌溉水利用系数和喷滴灌耕地面积，必将对节水灌溉设备产生较大的市场需求。

（4）土地流转为节水灌溉快速发展提供了机遇

我国目前农业生产存在着农户生产规模小，种植面积大小不一，种植地块零散，机械化程度低，

劳动强度大，生产成本高，经济效益低的特点。在这种情况下，农民投资节水灌溉设备的能力和积极性都不高，节水灌溉设备的推广受到制约。十八届三中全会鼓励有条件的农户流转承包土地的经营权，鼓励承包经营权向专业大户、农民合作社、农业企业流转。截至目前，全国土地流转率约 30%。随着土地流转加速，发展规模化现代化农业，将提升对节水灌溉的需求，节水灌溉行业将会面临行业发展的重要机遇期。

（5）新技术、新工艺的推广使得节水灌溉设备的大规模应用成为可能

由于过量使用化肥，近几十年来我国耕地肥力明显下降，全国绝大多数耕地土壤肥力不高，土壤有机质平均约为 1.8%，旱地约为 1%，而欧美等国的耕地土壤有机质一般在 5%~8%。据农业部有关数据，化肥利用率仅为 27.50%，没有吸收的部分都将变成污染源。化肥的过量施用、同时利用率低下，直接导致我国两亿多亩耕地以及大量水源受到严重污染，不仅影响作物正常生长、诱发病虫害、减产，甚至会导致土地失去种植功能。在此背景下，水肥一体化被政府和研究机构所重视。水肥一体化是指在采用滴灌系统的情况下，借助压力系统（或地形自然落差），将可溶性固体或液体肥料，按土壤养分含量和作物种类的需肥规律和特点配兑成肥液，并与灌溉水一起，通过可控管道系统供水、供肥，通过管道和滴头形成滴灌、均匀、定时、定量，浸润作物根系发育生长区域。通过实施水肥一体化，灌溉施肥体系可比常规施肥节省肥料 50%~70%；同时，大大降低了设施蔬菜和果园中因过量施肥而造成的水体污染问题。水肥一体化的推广进一步促进对高效节水灌溉设备的需求。

近年来，我国水肥一体化累计推广面积持续增加。此外，由于国内节水灌溉设备生产技术的进步，国产的节水灌溉设备在质量上已经接近国际先进水平，由于价格是国外产品的一半左右，性价比优势凸显，大规模应用成为可能。

2. 行业发展不利因素

（1）企业规模普遍偏小、产业集中度低、技术创新难

节水灌溉行业技术壁垒较低，受国家产业优惠政策的影响大批资金进入节水灌溉行业，受到资金规模的限制该行业中的企业规模普遍较小。由于规模小、缺少现代管理手段，容易导致产品和服务质量低下。

（2）研发投入不足，产业持续发展能力较弱

我国目前节水灌溉产品技术含量不高缺乏核心自主知识产权，并且由于资金和技术实力不足的限制很难进行新产品的研发，在短期利益的驱使下企业开展新产品的深入研究和开发动力不足，产品技术含量低，导致节水灌溉行业技术含量提升缓慢。

十、提高塑料节水器材行业技术水平和产品质量的对策与建议

1. 修订现行标准，建立相应的技术规范

随着喷灌、微灌等节水技术器材生产工艺的逐步成熟，迫切需要修订现行标准，以适应企业技术水平和市场变化的情况。同时，农业节水部门、质量监督管理部门应与塑料节水器材生产企业携手，建立相应的、专门的、国家标准的技术规范并及时地向生产企业进行宣传贯彻。

2. 推广国家法定机构检测合格的产品，加大产品抽检力度

农业节水滞溉工程，一定要打破地方保护主义，优先选用国家法定机构检测合格的产品。目前，塑料节水器材行业市场管理混乱，不少劣质的产品进入市场，管道与管件不配套，跑冒滴漏现象时而发生，再加上服务跟不上，严重挫伤农户发展节水灌溉的积极性。因此，国家相关质量监督检验部门应加大产品抽检力度。通过相关协会、部门及时向社会公布合格产品，引导广大用户使用合格产品，真正实现农业节水，降低农户投入成本的目的。

3. 在企业抓产品质量的同时，加大品牌宣传力度

目前，随着政府和广大农民愈来愈重视产品的质量，迫切需要适应中国国情的质优、价廉、配套、方便的塑料节水管材，这就要求企业在抓产品质量的同时，注重品牌的宣传工作，在广大用户中树立起良好的企业形象，使自己的品牌家喻户晓。

4. 加快科研成果转化速度

加强科研单位、高等院校与企业的交流合作，通过产学研结合、优势互补，联合研发新产品，加快科研成果转化速度，实现节水器材行业持续健康发展。

（中国塑协塑料节水器材专业委员会）

国内外生物降解塑料产业发展现状

塑料自发明以来，以其质量轻、性能好且耐久而被大量使用，塑料给人们生活带来了极大的便利，成为近些年来发展速度最快的大类材料。我国塑料产业在近几十年也同样发展迅速[1]。据统计，我国1990年的塑料制品产量仅为550万吨，到2020年全国塑料制品产量已达7835.8万吨。但大量塑料制品使用废弃后，由于不当处置而带来的环境问题，成为当前全球关注的热点[2,3]。随着我国禁止进口废弃塑料垃圾政策出台，加强垃圾分类、废弃塑料回收再利用和有机垃圾生化处理等逐渐成为社会共识，而生物降解塑料制品也因其有助于堆肥生化处理得到了重视[4,5]。

全球各国纷纷出台了对一次性不易回收、易污染制品的禁限政策[2]，推动生物降解材料的应用。欧盟不仅在包装法规中明确规定了有机垃圾的回收及其可堆肥化处置，还规定了将在2021年对10种一次性制品的使用进行禁止和限制[6]。

我国国家发改委于2020年1月19日正式发布了《关于进一步加强塑料污染治理的意见》，2019年出台的土壤法明确了鼓励使用生物降解农膜，2019年国务院常务会议通过的《固体废物污染环境防治法（修订草案）》中明确了鼓励研发与生产环境中可降解的薄膜覆盖物和商品包装物。海南省规定从2020年12月开始全面禁止不可降解一次性塑料购物袋与餐饮具等，吉林省从2015年1月1日就已开始在全省范围内实施“禁塑令”，我国部分城市已开始强制执行城市生活垃圾分类，电子商务包装、邮政快件包装、外卖包装的绿色化已是趋势。生物降解材料的生产、销售、使用开始从示范推广逐渐向大规模工业化阶段过渡。

目前，全球生物降解塑料的产能约为100万吨左右，年增长率超过20%。聚乳酸（PLA）、聚羟基烷酸酯（PHA）、聚对苯二甲酸-己二酸丁二酯（PBAT）、聚碳酸亚丙酯（PPC）等生物降解材料不仅在性能上有显著提高，生产成本不断降低，市场竞争力持续增强，其应用也不再仅限于高端领域，开始规模化应用于纤维、日用膜袋、农用地膜等生活日用品领域[7-9]。全球生物降解塑料年表观消费量已经约为120万吨、我国已达15万吨以上，如何正确看待和应用生物降解塑料的降解功能、如何评价其适合不同应用场景的性能，成为健康有序地推动产业发展的重点。

一、主要品类

根据生物降解塑料的原料来源，可将其分为生物基生物降解塑料及石化基生物降解塑料两类。生物基生物降解塑料主要可分为四类：第一类为天然材料直接加工得到的塑料；第二类为微生物发酵和化学合成共同参与得到的聚合物；第三类为由微生物直接合成的聚合物；第四类为以上这些材料共混加工得到的或这些材料和其他化学合成的生物降解塑料共混加工得到的生物降解塑料[10,11]。石化基生物降解塑料是指以化学合成的方法将石化产品单体聚合而得的塑料，如PBAT、聚丁二酸丁二醇酯（PBS）、二氧化碳共聚物（PPC）等。

（一）生物基生物降解塑料

1. 天然高分子材料类生物降解塑料

可用于制备生物降解塑料的天然高分子原料来源有植物和动物两类，植物来源包括淀粉、纤维素、木质素及其衍生物等，动物来源包括明胶、甲壳素、朊乙酰化甲壳素、壳聚糖及其衍生物等[12,13]。通过对天然高分子材料改性，使其具有热可塑性，是制备天然高分子材料类生物降解塑料的主要方法。早在18世纪，以消化纤维素为原料，制得赛璐珞是最早利用天然高分子制造塑料的例子[14]。之后，又有用天然多糖改性得到乙酰纤维素，用于制造照相胶卷底基材料。再之后，又有聚氨酯化纤维素、木质素、直链淀粉、酪蛋白塑料等。目前市场上，利用天然高分子生产的生物降解塑料，主要有热塑性淀粉、生物纤维素、多糖类和聚氨基酸以及其共混改性、化学改性的产物。

2. PLA

PLA的原料为乳酸，主要由玉米淀粉等生物质资源合成，是生物基生物降解塑料的代表之一。最近的一些研究发现了原料来源更为广泛的合成办法，例如用木薯、甜菜甚至是农作物的秸秆纤维素等制备乳酸后合成PLA。PLA的合成主要有3种途径：一是乳酸直接缩合；二是将乳酸合成丙交酯，再催化开环聚合；三是固相聚合。国内PLA的合成路线大多以第二种途径为主。中国科学院长春应用化学研究所与浙江海正生物材料股份有限公司从2000年开始合作，于2008年建成了国内第一条PLA中试生产线，目前，安徽丰原和浙江海正已是国内产业化规模最大的 PLA 企业，覆盖了挤片、注塑、吸塑、纺丝、双向拉伸膜、吹膜等不同加工用途的产品，其中安徽丰原集团已建成 5 万吨聚乳酸生产线，正在建 30 万吨规模聚乳酸生产线，预计 2022 年上半年投产。

全球 PLA 产能约为 40 万吨/年。国外的主要生产企业为美国 NatureWorks 公司和荷兰 Total Corbion 公司。美国 NatureWorks 公司（原 Gargill Dow 公司）以发酵玉米中葡萄糖的工艺技术生产 PLA，产能已达 15 万吨/年。荷兰 Total Corbion 公司是全球最大的乳酸及其衍生物供应商，并已在泰国建成年产 7.5 万吨 PLA 生产线。

目前，PLA 在国内的产能约为 10 万吨/年，表观消费量超过 3 万吨/年。浙江海正生物材料股份有限公司现有 4.5 万吨/年 PLA 生产能力，且正在准备建设年产 15 万吨的生产线；安徽丰原公司年产 5 万吨生产线已经运行正常，正在建设年产 30 万吨生产线，并且安徽丰原和浙江海正是全国唯二建立了 PLA 全产业链的公司。此外，国内外还有多家 PLA 原料生产企业及正在建设或计划建设 PLA 生产线的企业[15,16]，详见表 1、表 2。

表 1　　国内生物降解塑料生产企业及产能情况　　单位：万吨/年

生产企业	PLA 的产能	PHA 的产能	二元酸二元醇共聚酯的产能	PPC 的产能
浙江海正生物材料股份有限公司	4.5，在建 15.0（PLA 全产业链）	—	—	—
吉林中粮生化有限公司	1.0	—	—	—
江苏允友成生物环保材料有限公司	1.0（已关闭）	—	—	—
恒天长江生物材料有限公司	1.0（PLA 纤维）	—	—	—
深圳光华伟业股份有限公司	0.5（丙交酯）	—	—	—
安徽丰原集团有限公司	5.0，在建 30（PLA 全产业链生产）	—	—	—
河南金丹乳酸科技股份有限公司	12.0（乳酸、乳酸盐），在建 1.0（丙交酯）、3.0（PLA）	—	—	—
金发科技股份有限公司	3.0（在建）	—	—	—
马鞍山同杰良生物材料有限公司	1.0	—	—	—
百盛科技有限公司	4.0（乳酸、乳酸盐）	—	—	—
江苏森达生物工程有限公司	1.0（乳酸）	—	—	—
济南凯风生物科技有限公司	0.5（乳酸、乳酸盐）	—	—	—
五粮液集团有限公司	0.5	—	—	—
武汉三江航天固德生物科技有限公司	2.0（乳酸、乳酸盐）	—	—	—
山东富欣生物科技股份有限公司	1.0（乳酸、乳酸盐）	—	—	—
山东寿光巨能金玉米开发有限公司	1.0（乳酸）	—	—	—

续表

生产企业	PLA 的产能	PHA 的产能	二元酸二元醇共聚酯的产能	PPC 的产能
河南永乐生物工程有限公司	在建 3.0（乳酸）	—	—	—
河南龙都天仁生物材料有限公司	在建 1.0	—	—	—
浙江友诚控股集团有限公司	拟建 50.0	—	—	—
东部湾（上海）生物科技有限公司	拟建 8.0	—	—	—
山东泓达生物科技有限公司	拟建 16.0	—	—	—
山东同邦新材料科技有限责任公司	拟建 30.0	—	—	—
宁波天安生物材料有限公司	—	0.2	—	—
天津国韵生物材料有限公司	—	1.0（已停）	—	—
北京蓝晶微生物科技有限公司	—	0.1	—	—
深圳市意可曼生物科技有限公司	—	0.5（已关闭）	—	—
珠海万通化工有限公司/金发科技股份有限公司	—	—	12.0	—
新疆蓝山屯河化工股份有限公司	—	—	9.0，在建 12.0	—
金晖兆隆高新科技股份有限公司	—	—	3.0，在建 10.0	—
杭州鑫富科技有限公司	—	—	1.0	—
安庆和兴化工有限公司	—	—	1.0	—
深圳光华伟业股份有限公司	—	—	0.1	—
南通龙达生物新材料科技有限公司	—	—	一期 1.0	—
甘肃莫高聚和环保新材料科技有限公司	—	—	2.0	—
营口康辉石化有限公司	—	—	3.0，在建 90.0	—
仪征化纤公司			3.0，拟建 15.0	—
万华化学集团股份有限公司	—	—	在建 6.0	—
安徽雪郎生物	—	—	2.0	—
重庆鸿庆达产业有限公司	—	—	一期 3.0，拟建 10.0	—
鹤壁莱闰新材料科技有限公司	—	—	在建 10.0	—
江苏科奕莱新材料科技有限公司	—	—	在建 2.4	—

续表

生产企业	PLA 的产能	PHA 的产能	二元酸二元醇共聚酯的产能	PPC 的产能
江苏和时利新材料股份有限公司	—	—	在建 1.0	—
北京化工集团华腾沧州有限公司	—	—	在建 4.0	—
山东瑞丰高分子材料股份有限公司	—	—	在建 6.0	—
山东兰典生物科技股份有限公司	—	—	拟建 10.0	—
内蒙古东源科技有限公司	—	—	拟建 20.0	—
浙江华峰新材料股份有限公司	—	—	2.0（丁二酸聚酯），在建 2.0、拟建 30.0（PBAT）	—
新疆美克化工股份有限公司	—	—	在建 3.0	—
河南恒泰源聚氨酯有限公司	—	—	在建 3.0	—
新疆望京龙新材料有限公司	—	—	拟建 130.0（PBAT）	—
彤程新材料集团股份有限公司	—	—	在建 6.0	—
山东联创产业发展集团有限公司	—	—	在建 2	—
河南能源	—	—	在建 0.1	—
河南恒泰源聚氨酯有限公司	—	—	在建 2	—
山西阳煤集团	—	—	在建 6	—
山东斯源新材料科技有限公司	—	—	在建 10	—
四川天华	—	—	3	—
中石化海南炼化	—	—	6	—
中国蓝星（集团）股份有限公司南通	—	—	—	—
南通星辰合成材料有限公司	—	—	—	—
金丹	—	—	拟建 6	—
三房巷	—	—	拟建 12	—
湖北宜化	—	—	拟建 6	—
道恩	—	—	拟建 12	—
新疆天业+东华	—	—	拟建 50	—
君正	—	—	拟建 200	—

续表

生产企业	PLA 的产能	PHA 的产能	二元酸二元醇共聚酯的产能	PPC 的产能
中国石油辽宁石化	—	—	拟建 60	—
四川能投	—	—	拟建 20	—
万华化学集团股份有限公司	—	—	—	—
浙江台州邦丰塑料有限公司	—	—	—	1.5（已暂停）
江苏中科金龙化工股份有限公司	—	—	—	1.5
河南天冠集团有限公司	—	—	—	0.5
吉林博大东方新材料有限公司	—	—	—	在建 3.0

表 2　　国外生物降解塑料生产企业及产能情况　　单位：万吨/年

生产企业	PLA 的产能	PHA 的产能	二元酸二元醇共聚酯的产能	PPC 的产能
美国 NatureWorks 公司	15，拟建 7.0（泰国）	—	—	—
荷兰 Total Corbion 公司	7.5（泰国）	—	—	—
德国 UhdeInventa-Fischer 公司	0.05（示范线）	—	—	—
意大利 Snamprogetti 公司	—	—	—	—
芬兰 Hycail 公司	0.5	—	—	—
日本武藏野化学（中国）有限公司	1.5（乳酸）	—	—	—
美国 Metabolix 公司	—	0.3（已关闭），在建 5.0	—	—
日本 Kaneka 公司	—	0.5，在建 2.0	—	—
巴西 Biocycle 公司	—	0.01	—	—
德国 Biomers 公司	—	0.1	—	—
日本 Mitsubishi Gas Chemical 公司	—	在建 0.1	—	—
巴西 PHB INDUSTRIAL S/A 公司	—	0.005，在建 0.5	—	—
德国 BASF 公司	—	—	7.4（PBAT）	—
德国巴斯夫广东智慧一体化（Verbund）基地	—	—	在建 4.8（PBAT 改性料）	—
意大利 Novamont 公司	—	—	10（PBAT）	—
泰国 PTTMCC Biochem 公司	—	—	2.0（BioPBS）	—

续表

生产企业	PLA 的产能	PHA 的产能	二元酸二元醇共聚酯的产能	PPC 的产能
日本三菱树脂株式会社	—	—	3.0（PBSA、PBS）	—
日本昭和电工株式会社	—	—	0.5（PBS）	—
韩国 S K Chemical 公司	—	—	2.0（PBS），在建 2.0	—
韩国 Ire Chemical 公司	—	—	1.0（PBS）	—
意大利 Reverdia 公司	—	—	2.0（生物丁二酸）	—

3. PHA

PHA 是一大家族材料，目前已发现 150 多种不同的单体结构，但实际得到规模化生产的仅有几种[17,18]。我国对 PHA 的研究开始较早，并得到了科技部重大科技项目（如“863”“973”）以及国家自然基金委、国家发改委等的研究支持，经过多年的投入，技术已处于世界领先水平[19,20]，曾利用现代基因工程技术，在世界上首次实现了基因工程菌生产聚 β-羟基丁酸（PHB）和 3-羟基丁酸与 3-羟基己酸的共聚酯（PHBHHx）。

目前，国外生产 PHA 的企业主要有日本 Kaneka 公司、巴西 Biocycle 公司和德国 Biomers 公司等。国内，宁波天安生物材料有限公司拥有年产 2000 吨的 PHA 生产线；天津国韵生物科技有限公司现有年产 1 万吨的 PHA 生产线（生产线目前处于暂停状态），并计划在吉林建设 10 万吨规模的生产线。北京蓝晶微生物科技有限公司于 2017 年 12 月宣布完成生物可降解材料 PHA 的中试试生产，2018 年初，公司在深圳建立了研发中心并投入运行。2019 年其又与清华大学、中化国际轻量化材料事业部签署战略合作协议，使用价格低廉的海水作为底物，实现 PHA 的产业化，有可能实现低成本的生产技术。国内外生产 PHA 的主要企业及产能详见表 1、表 2[21]。

（二）石化基生物降解塑料

1. 二元酸二元醇共聚酯

全球二元酸二元醇共聚酯［PBAT、PBS、聚丁二酸-己二酸丁二酯（PBSA）］生产能力已超 40 万吨/年，我国产能已超过 20 万吨/年。PBS 及 PBSA 虽开发较早，但受其自身性能限制，市场用量不及 PBAT，目前全球二元酸二元醇共聚酯的生产都以 PBAT 为主。PBAT 因其具有高韧性，在各类薄膜制品的生产中用量较大。

国内外主要生产企业及产能情况见表 1、表 2[22,23]。国内目前供应二元酸二元醇共聚酯原料的主要生产商有珠海万通化工有限公司、广州金发科技股份有限公司、新疆蓝山屯河化工股份有限公司、金晖兆隆高新科技股份有限公司、杭州鑫富科技有限公司。另外，包括南通龙达生物新材料科技有限公司、甘肃莫高聚和环保新材料科技有限公司、营口康辉石化有限公司、重庆鸿庆达产业有限公司、鹤壁莱闰新材料科技有限公司等多家企业，在建产能已超过 10 万吨，2020 年底 PBAT 和 PBS 的总产能将在 25 万吨/年左右，预计 2021 年底将达到 80 万吨左右，2022 年预计在 180 万吨左右。另外，浙江华峰新材料股份有限公司、彤程新材料集团股份有限公司、中国蓝星（集团）股份有限公司南通星辰合成材料有限公司、万华化学集团股份有限公司这些大集团公司也在建设 PBAT 的生产线建设，可以预测，在近 3 年内 PBAT 基本能满足国内塑料污染防治的禁限实施后对生物降解的需求。

2. PPC

浙江台州邦丰塑料有限公司依靠长春应化所的专利技术[24] 建设了产能为 1.5 万吨/年的 PPC 生产线，目前处于暂时停产。中科院长春应用化学研究所与吉林博大东方新材料有限公司合作，在吉林计划建设 3 万吨/年规模的生产线。河南天冠集团有限公司自主研发二氧化碳捕获技术和成套装备，拥有 10 余项专利及 5000 吨/年的 PPC 生产能力[25]。江苏中科金龙化工股份有限公司也是国内生产 PPC 的代表企业，其 PPC 产能达 1.5 万吨/年。南通华盛高聚物科技发展有限公司在 PPC 改性和膜加工方面技术领先，产品出口国外。

3. 其他石化基生物降解塑料

其他石化基生物降解塑料还有聚己内酯（PCL）、聚乙醇酸（聚乙交酯，PGA）。PCL 国外生产公司主要是瑞典 Perstorp 公司，国内的生产企业主要有湖南聚仁化工新材料科技有限公司、深圳光华伟业股份有限公司、孝感市易生新材料有限公司、山东吉鲁己内酯特种材料有限公司等。深圳光华伟业公司目前已建成 2000 吨/年的 PCL 生产线。PGA 主要是上海浦景化工技术股份有限公司与中国神华煤制油化工有限公司进行股权合作，2018 年在内蒙古开始建设万吨级 PGA 生产线项目。聚对二氧环己酮（PPDO），是一种综合性能较好、易化学回收的可生物降解聚酯聚醚，目前主要由四川大学在中试化阶段。

（三）共混类生物降解塑料

共混类生物降解塑料，目前主要是以 PBAT 和 PLA 共混、淀粉热塑化后与 PBAT 等材料共混、PLA 与滑石粉、碳酸钙等无机材料共混为主来制备制品。国外该类材料的生产企业主要有意大利 Novonmont 公司、德国 Biotech 公司、德国 FKuR Kunststoff 公司、德国 BeoPlast 公司、日本 Corn Starch 公司、澳大利亚 Cardia Bioplastics 公司、美国 Green Dot Bioplastics 公司、印度 Nature Tec 公司、西班牙 NUREL Engineering 公司等。我国一些此类材料且产量较大的生产企业有江苏华盛材料科技集团有限公司、合肥恒鑫环保科技有限公司、漳州绿塑新材料有限公司、湖北光合生物科技有限公司、江苏天仁生物材料有限公司、江西禾尔斯环保科技有限公司、北京绿程生物材料技术有限公司、广州碧嘉材料科技有限公司、江苏金之虹新材料有限公司、宁波家联科技股份有限公司、浙江南益生物科技有限公司、中船重工鹏力（南京）塑造科技有限公司、吉林省开顺新材料有限公司、山东斯达克生物降解科技有限公司、营口永胜降解塑料有限公司、江西省萍乡市轩品塑胶制品有限公司、浙江钧科新材料有限公司、深圳万达杰环保新材料股份有限公司、安徽华驰塑业有限公司、江阴市杲信化纤有限公司等。

我国在淀粉基塑料的研究和生产方面的起步较晚但发展较快，在一次性餐具、包装薄膜、垃圾袋等生活消费品领域都有广泛应用[26]，目前的年产能已超过 80 万吨。武汉华丽生物材料有限公司的 PSM© 生物塑料及制品以木薯淀粉、秸秆纤维为主要原料，产能达 6 万吨/年。江苏龙骏环保实业发展有限公司年产量达到 3 万吨，以淀粉为主要原料的天纯® 生物基餐饮食品包装，大量用于餐饮外卖包装。此外，淀粉基塑料方面的生产企业还包括：深圳虹彩新材料科技有限公司、苏州汉丰新材料股份有限公司、比澳格（南京）环保材料有限公司、浙江绿禾生态科技有限公司、浙江华发生态科技有限公司、南京五瑞生物降解新材料研究院有限公司、广东省华芝路生物材料有限公司、江苏中科成长环保科技有限公司、珠海市易科德环保新材料有限公司等。秸秆类塑料生产企业主要有江苏锦禾高新科技股份有限公司、浙江谷之源生物科技有限公司等。

二、生物降解检测方法与标准现状

聚合物是否可以生物降解，主要是从聚合物废弃后尤其是泄漏到环境中后是否会对环境造成污染角度出发考虑。从塑料废弃后所处环境及其如何处理角度来看，其使用后在进入垃圾系统前被分拣、收集，然后被回收再利用是最合理的处置方式，但对于一些难回收或回收后难再利用的塑料制品，回收再利用又是比较困难的；塑料废弃后如没有分类收集，混入到其他垃圾中后，按照国内目前处置主要方式是焚烧，其次是填埋，再次是有一小部分会被混入到有机垃圾一起被堆肥等生化处置；但再高的回收处置率，也很难避免有一部分塑料制品尤其是一次性塑料制品，会被有意或无意地泄漏到环境中去，例如一小部分被随意扔弃的、垃圾收集或运输过程中泄漏到环境中。另外，一些难回收的塑料如渔具、农业用覆盖物和水溶性的聚合物等，常常从封闭的垃圾处理循环系统中泄漏到环境中去；一些海洋中应用制品由塑料制成（例如渔具），这些制品有时会被遗失或有意放置在海洋环境中；被送至堆肥设备的产品或包装材料应尽可能地完全降解，可完全降解塑料也可进行回收（生物或有机回收）。所以，采用可完全降解的塑料是解决这类环境问题的有效途径之一，而测定完全可降解能力和获得在自然环境中其完全能力的指标就很重要。

由于泄漏后塑料废弃物所处环境和降解条件是相对复杂的，所以要根据所处环境条件，来建立模拟真实条件的降解率测试方法。

从日前关于降解的研究可知，水解、酶解或者是文献中降解的评价方法多采用了化学结构、相对分子质量或失重法等来进行评价，水解和酶解相对是在受控水环境下进行，降解过程及其产物相对是可以预测的，但现实自然环境中生物降解就变得更加复杂，变得难以预测。因此，在各种模拟环境条件下，采用跟踪聚合物有机碳是否在生物降解过程中被转化为二氧化碳或甲烷，是测定其降解速度的一个较好的方法。

国际标准化组织和一些国家根据塑料废弃后所处真实环境，制定和发布了一系列检测方法标准。国际标准化组织从事塑料生物降解有关标准的主要为塑料技术委员会（ISO/TC61），其最初是在物理化学性质分委员会下面成立了生物降解工作组（ISO/TC61/SC5/WG22），2018 年在 ISO/TC61/SC5/WG22 和生物基工作组（ISO/TC61/SC5/WG23）合并基础上，成立了环境影响分委员会（ISO/TC61/SC14）专门从事塑料与环境方面的国际标准。ISO/TC61/SC14 下面又设立了工作组，分别是术语通用方法（WG1）、生物降解（WG2）、生物基塑料（WG3）、泄漏到环境塑料（包括微塑料）的特征和质量控制（WG4）、机械和化学回收（WG5）5 个工作组，其中 ISO/TC61/SC14/WG2 专门从事生物降解有关标准。我国从事生物降解塑料国家标准的机构主要为全国生物基材料及降解制品标准化技术委员会（SAC/TC380），从事降解较早的检测结构为国家塑料制品质量监督检验中心（北京）。

根据降解环境制定的生物降解测试方法国际标准和国家标准情况见表 3。

表 3　国内外根据降解环境制定的生物降解测试方法标准

序号	介质	氧环境	国际标准号	国际标准转化为国家标准号（或计划号）	标准名称
1	堆肥化-高固体分堆肥	厌氧	ISO 15985	GB/T 33797	塑料，在高固体分堆肥条件下最终厌氧生物分解能力的测定，采用分析测定释放生物气体的方法
2	堆肥化-工业化堆肥	需氧	ISO 17088	GB/T 28206	可堆肥塑料技术要求
3	堆肥化-实验室模拟	需氧	ISO 20200	20202561-T-469	塑料，在实验室模拟堆肥条件下塑料材料崩解性能的测定
4	堆肥化-受控堆肥	需氧	ISO 14855	GB/T 19277.1	受控堆肥条件下材料最终需氧生物分解能力的测定，采用测定释放的二氧化碳的方法，第 1 部分：通用方法
5	堆肥化-受控堆肥	需氧	ISO 14855-2	GB/T 19277.2	受控堆肥条件下材料最终需氧生物分解能力的测定，采用测定释放的二氧化碳的方法，第 2 部分：用重量分析法测定实验室条件下二氧化碳的释放量
6	堆肥化-中试条件	需氧	ISO 16929	GB/T 19811	在定义堆肥化中试条件下，塑料材料崩解程度的测定
7	海水-海洋接种物	需氧	ISO 22403	尚未转化	塑料，在嗜温需氧实验室条件下暴露于海洋接种物中材料固有生物降解性能评定，试验方法和要求
8	水性培养液	需氧	ISO 14851	GB/T 19276.1	水性培养液中材料最终需氧生物分解能力的测定，采用测定密闭呼吸计中需氧量的方法
9	水性培养液	需氧	ISO 14852	GB/T 19276.2	水性培养液中材料最终需氧生物分解能力的测定，采用测定释放的二氧化碳的方法

续表

序号	介质	氧环境	国际标准号	国际标准转化为国家标准号（或计划号）	标准名称
10	水性培养液	厌氧	ISO 14853	GB/T 32106	塑料，在水性培养液中最终厌氧生物分解能力的测定，通过测量生物气体产物的方法
11	海水	需氧	ISO 23977-1	尚未转化	塑料，暴露于海水中塑料材料需氧生物降解测定，第1部分：采用测量释放生物气体的方法
12	海水	需氧	ISO 23977-2	尚未转化	塑料，暴露于海水中塑料材料需氧生物降解测定，第2部分：采用测定密闭呼吸计中需氧量的方法
13	海水	需氧	ISO/WD 5430	尚未转化	塑料，生物降解塑料材料海洋生态毒性试验方案，试验方法和要求
14	海水-沉积物界面	需氧	ISO18830	20202657-T-469	塑料，海水沙质沉积物界面非漂浮塑料材料最终需氧生物分解能力的测定，通过测定密闭呼吸计内耗氧量的方法
15	海水-沉积物界面	需氧	ISO 19679	20202658-T-469	塑料，海水沙质沉积物界面非漂浮塑料材料最终需氧生物分解能力的测定，通过测定释放二氧化碳的方法
16	海水-实际海洋	崩解	ISO 22766	尚未转化	塑料，在实际现场条件下海洋生境中塑料材料崩解程度的测定
17	海水-实验室模拟海洋环境	需氧	ISO/FDIS，23832	尚未转化	塑料，在实验室条件下暴露于海洋环境基质中塑料材料降解率和崩解度测定试验方法
18	海水-沉积物中	需氧	ISO 22404	20202643-T-469	塑料，暴露于海洋沉积物中非漂浮材料最终需氧生物分解能力的测定，通过分析释放的二氧化碳的方法
19	嗜温条件	需氧	ISO/CD 5148	尚未转化	塑料，在嗜温实验室试验条件下固体塑料材料需氧生物降解率和消失时间（DT50）测定
20	受控污泥	厌氧	ISO 13975	GB/T 38737	塑料，受控污泥消化系统中材料最终厌氧生物分解率测定，采用测量释放生物气体的方法
21	土壤	需氧	ISO 17556	GB/T 22047-2008	土壤中塑料材料最终需氧生物分解能力的测定，采用测定密闭呼吸计中需氧量或测定释放的二氧化碳的方法

续表

序号	介质	氧环境	国际标准号	国际标准转化为国家标准号（或计划号）	标准名称
22	土壤	需氧	ISO/FDIS 23517	尚未转化	塑料，农业和园艺用生物降解地膜，生物降解、生态毒性和成分控制的要求和试验方法

从表3可见，目前有关生物降解试验方法国际标准或国家标准规定的降解条件模拟的环境主要有堆肥化、淡水环境、海洋环境、土壤环境、厌氧消化环境，测定生物降解过程中释放的生物气体量，通过计算聚合物所含有机碳转化为生物气体的百分比来获得生物降解率。

此外，不同降解环境、相应标准、测试原理、检验周期及其适用材料范围的比较具体见表4。

表4　不同降解环境、相应标准、测试原理、检验周期及其适用材料比较

降解环境	依据标准号	测试原理	降解周期/天	使用材料范围
堆肥化降解	GB/T 33797	厌氧消化条件下，高固体分（经厌氧消化处理家庭垃圾接种物）中，试验材料有机碳被厌氧微生物降解为生物气体（二氧化碳和甲烷）的总碳量和试验材料本身所含有机碳总量的百分比，即为生物分解率	15	塑料等有机高分子材料
	GB/T 28206	工业堆肥化条件下，塑料被需氧微生物分解为二氧化碳、水、矿化盐等物质，其按照GB/T 19277.1或19277.2测试得到生物分解率应大于等于90%，按照G/T 19811测试在3个月堆肥周期内崩解率应大于等于90%，堆肥产物的生态毒性应符合OECD208，且试验材料本身所含的重金属及特定元素含量应符合相应的限值规定	180	塑料等有机高分子材料
	GB/T 19277.1	在模拟的强烈需氧堆肥条件下，试验材料被微生物降解为二氧化碳、水、矿化无机盐及新的生物质，试验中实际产生的二氧化碳量与理论二氧化碳释放量百分比，即为生物分解率	180	塑料等有机高分子材料
	GB/T 19277.2	在模拟的强烈需氧腐熟堆肥接种物和惰性材料如海沙混合而成培养介质下，降解过程中二氧化碳释放量与理论二氧化碳释放量（$ThCO_2$）的百分比，即为生物分解率	45	天然和/或合成聚合物及混合物；含有如增塑剂、颜料等添加物的塑料；水溶性聚合物；在实验条件下，不会抑制接种物中微生物活性的材料
	GB/T 19811	在中试需氧堆肥条件下，由自然界普遍存在微生物种群引发生物质废弃物堆肥化过程中测定塑料材料的崩解程度	84	塑料等有机高分子材料

续表

降解环境	依据标准号	测试原理	降解周期/天	使用材料范围
淡水环境降解	GB/T 19276.1	活性污泥或堆肥或活性土壤的悬浮液制成培养液中，试验材料有机碳被需氧微生物降解，过程中产生生化需氧量（BOD）和理论需氧量（ThOD）的百分比，即为生物分解率	180	天然和/或合成聚合物及混合物；含有如增塑剂、颜料等添加物的塑料；水溶性聚合物
	GB/T 19276.2	活性污泥或堆肥或活性土壤的悬浮液制成培养液中，试验材料有机碳被需氧微生物降解，过程中释放的二氧化碳量和二氧化碳理论释放量（$ThCO_2$）的百分比，即为生物分解率	180	天然和/或合成聚合物及混合物；含有如增塑剂、颜料等添加物的塑料；水溶性聚合物
	GB/T 32106	在无氧条件水性培养液中，试验材料有机碳被厌氧微生物降解为生物气体（二氧化碳和甲烷）的总碳量和试验材料本身所含有机碳总量的百分比，即为生物分解率	60	天然和/或合成聚合物及混合物；含有如增塑剂、颜料等添加物的塑料；水溶性聚合物
海洋环境降解	ISO 18830	模拟海洋沉沙界面条件下，试验材料有机碳被需氧微生物降解，过程中产生生化需氧量（BOD）和理论需氧量（ThOD）的百分比，即为生物分解率	730	非漂浮塑料材料
	ISO 19679	模拟海洋沉沙界面条件下，试验材料有机碳被需氧微生物降解，过程中释放的二氧化碳量和二氧化碳理论释放量（$ThCO_2$）的百分比，即为生物分解率	730	非漂浮塑料材料
	ISO 22404	模拟海洋沉积物（取自沙质潮汐带）条件下，试验材料有机碳被需氧微生物降解，过程中释放的二氧化碳量和二氧化碳理论释放量（$ThCO_2$）的百分比，即为生物分解率	730	非漂浮塑料材料
土壤环境降解	GB/T 22047	土壤条件下，试验材料有机碳被需氧微生物降解，过程中释放的二氧化碳量和二氧化碳理论释放量（$ThCO_2$）的百分比，即为生物分解率	180	天然和/或合成聚合物及混合物；含有如增塑剂、颜料等添加物的塑料；水溶性聚合物；在实验条件下，不会抑制接种物中微生物活性的材料
污泥厌氧消化降解	GB/T 38737	模拟污泥污水、牲畜粪便或垃圾的处理场的受控污泥厌氧消化系统中，试验材料有机碳被厌氧微生物降解为生物气体（二氧化碳和甲烷）的总碳量和试验材料本身所含有机碳总量的百分比，即为生物分解率	60	天然和/或合成聚合物及混合物；含有如增塑剂、颜料等添加物的塑料；水溶性聚合物；在实验条件下，不会抑制接种物中微生物活性的材料

目前，我国生物降解测试方法标准已覆盖了堆肥化、淡水环境、海洋环境、土壤环境、污泥厌氧消化等降解环境条件，通过计算不同条件下的生物分解率来表征降解性能，适用于的材料范围包括了塑料等有机高分子材料、天然和/或合成聚合物及混合物、含有如增塑剂、颜料等添加物的塑料、水溶性聚合物、在实验条件下不会抑制接种物中微生物活性的材料、非漂浮塑料材料等。堆肥化条件包括了高固态厌氧消化、工业化堆肥条件，海洋环境的模拟条件包括了沉积物表面、沉积物中两个条件，土壤降解条件所用土壤为自然界土壤，而生物气体测试方法包括了测定释放的二氧化碳或者降解过程中消耗氧气的方法。这些方法中，降解周期最短为 15 天，最长可至 730 天，相较于堆肥化、淡水环境、土壤环境、污泥厌氧消化环境等条件，海洋环境下的降解周期较长。

三、应用

根据应用领域，生物降解塑料目前主要用途有纺织纤维、包装、农林渔牧、汽车、增材、电子电器等，具体见表 5。

表 5　生物降解塑料主要应用领域、用途及处置方式

应用领域	用途	废弃后适宜处置方式
包装	生活垃圾袋、购物袋、小型包装袋； 各种成型用片材（吸塑成型、压制成型）电子部件(媒体录音带、碟等)，信用卡用片材、透明示窗领域、冲压加工领域； 信封透视窗薄膜，各种密压基材、密封袋、标签用薄膜、卡片用拉伸片材、取向薄膜、胶带、印刷相关领域、单双面热封包装薄膜、收缩标签、杯封、火锅领域、密封杯等； 一次性餐饮具、食物容器等； 快递、外卖、电商包装等	生物回收（可堆肥处理、厌氧消化处理、酶解化学回收等）
纺织纤维	无纺布、长丝、短丝、服装、住宅用地毯、纺织品	材料物理回收再利用
农林渔牧	地膜、育苗容器、灌溉管、沙土袋、护板	自然降解
汽车工业	汽车内装饰品如地垫、轮胎盖、仪表盘	材料化学回收
电子电器	电子电路板、电器外壳等	材料化学回收
医用生物降解材料	医药用品及其医用包装材料、骨钉等，药物缓释材料	体内降解

生物降解塑料的降解时间与其所处的环境条件相关，而自然界条件又存在不确定性，所以有关生物降解塑料能否完全降解、其应该用在什么领域的疑问，也随之增多。如何发挥好可完全降解功能，清楚地描述其合理的应用领域，成为了推动生物降解塑料健康、有序发展的亟须任务。

生物降解塑料制品在被使用废弃后，一般是回收与不回收两种可能。回收情况下，生物降解塑料制品可以进行物理回收再利用或化学回收再利用，也可以随其他厨余垃圾或园林垃圾进行堆肥化处置；不回收情况下，生物降解塑料制品会随其他有机垃圾一起进入垃圾填埋场或焚烧厂，少数会被泄漏到自然环境中。

从充分发挥“降解功能”角度，以塑料制品使用废弃后回收、处置手段及所处环境来分析，可将生物降解塑料的主要应用按表 6 进行分类：

（1）宜回收再利用制品，又可分为宜材料回收制品（进行物理回收再利用或化学回收再利用）和宜生物回收再利用（生化处理、堆肥、厌氧消化、酶解）两类，如日用品、汽车内饰装饰品、住宅用品、电子电器外壳、缓冲包装、纺织纤维与服装等，是宜进行回收并进行物理回收再利用或者是化学回收再利用的；而有机垃圾盛装袋、一次性塑料袋、一次性刀叉勺盘餐盒等餐饮具等是宜进行回收并进行生物回收再利用的。

（2）不易回收再利用的制品，包括能收集、但不易回收再利用的制品如食品包装容器、外卖薄壁餐盒、餐盒、水果包装盒、一次性手套、一次性鞋套、一次性桌布、杯子杯盖、一次性餐盘、一次性餐盒、一次性工作帽等；以及不易收集也不易回收再利用的制品如快递包装袋、一次性刀叉勺、吸管、水果包装袋、水果缓冲用网袋、保鲜膜袋、防尘膜袋、鲜花包装、购物袋、外卖包装袋、文具袋、食品包装袋、工业缠绕膜、胶带等。

（3）不宜回收利用的制品，如酒店一次性用品、农用地膜、育苗钵、水处理辅助制品、灌溉管、沙土袋、护板、建筑防尘网、建筑防水膜、固沙袋、一次性口罩、保鲜膜等。

（4）禁止回收制品，即禁止或无法回收再利用如医用制品、医用包装和器械等。

表 6　生物降解塑料的主要应用及废弃后处置建议

处置方式		制品
宜回收再利用制品	宜材料回收制品（物理回收再利用、化学回收再利用）	日用品：耐久水杯、耐用型餐饮具（杯碗盘、勺、筷子）、保鲜盒、冰箱收纳盒、密封罐、果盘、饭盒、玩具、家具、宠物玩具、服装、纺织品、3D打印增材、瓶子与瓶盖； 汽车内装饰品：地垫、轮胎盖、仪表盘； 住宅用品：地毯； 电器、电子外壳，家电外壳； 包装：缓冲泡沫； 纺织纤维、服装； 文具：笔筒、文具袋； 台历、广告牌
	宜生物回收再利用（生化处理、堆肥、厌氧消化、酶解）	市政相关：有机垃圾盛装袋； 日用包装：一次性塑料袋、宠物用袋、一次性刀叉勺盘餐盒等餐饮具
不易回收再利用制品	能收集、但不易回收再利用	一次性餐盘与餐盒等食品包装容器、塑料购物袋、水果包装盒、一次性手套，一次性鞋套，一次性桌布，杯子杯盖、一次性工作帽
	不易收集、不易回收再利用	快递包装袋、一次性刀叉勺餐饮具、吸管、水果包装袋、水果缓冲用网袋、保鲜膜袋、防尘膜袋、鲜花包装、包装薄膜、食品包装袋、工业缠绕膜、各种卡片（信用卡、就医卡、联通卡、交通卡）、胶带等
不宜回收利用制品		酒店一次性用品、一次性浴帽； 农林渔牧：农用地膜、育苗钵、钓鱼用品、水处理相关制品； 土木工程与建筑材料：灌溉管，沙土袋，护板，建筑防尘网、建筑防水膜、固沙袋、空气过滤网、建材保护膜； 体育用品：高尔夫球钉
禁止回收制品		医用制品：骨钉、缝线、一次性止血钳； 医用包装：托盘、定型包装，一次性用杯子； 医用器械等：医用防护服，一次性医用口罩、手术床单

（一）纺织纤维

我国在生物基新型纤维素纤维方面技术领先[27,28]。我国 PLA 纤维目前产能约为 1.5 万吨/年，其兼具了天然纤维和合成纤维的优点，又因芯吸性优异，使其产品具有回弹性好、垂坠性强、舒适度高等特点，以 PLA 纤维制备的织物不仅具有柔软、滑爽的手感，而且冬暖夏凉，在服装领域备受青睐，见图1（a）。此外还有竹浆纤维（产能约为12万吨/年）、麻浆纤维（产能约为5000吨/年）、海洋生物基纤维壳聚糖纤维[29]和海藻酸盐纤维[30]（产能约2000吨/年）都是我国的创新产品，在纺织业有良好的应用。上海同杰良生物材料有限公司、河南龙都生物科技有限公司等都是该领域的代表企业。

（二）日用膜、袋

生物降解塑料膜袋主要以PBAT为主，多数共混PLA等材料，经加工后，在生活垃圾袋、塑料购物袋、日用塑料袋等已开始规模化应用，在生鲜包装薄膜上也有应用。PLA类双向拉伸薄膜的水蒸气透过性比以往的定向拉伸聚丙烯（OPP）薄膜要高，对蔬菜水果的保鲜效果优异[31]。2005年日本爱知世博会期间，日本朝日啤酒株式会社在该公司主要产品“十六茶”PET瓶的收缩标签上也采用了PLA环境友好标签。2017年，菜鸟网络联合32家中国及全球合作伙伴启动菜鸟绿色联盟“绿动计划”，在天猫企业购平台销售100%全生物降解快递袋；京东启动青流计划，在生鲜业务上使用生物降解包装袋，见图1（b）（c）；国家邮政局制定了生物降解胶袋、邮政快件包装填充物技术要求标准，全生物降解运输与投递用包装膜袋的国家标准也在制定过程中[32,33]。相信今后生物降解膜袋在国内的应用还会越来越广泛。

（三）片材及其热成型制品

PLA挤出片材经热成型加工后，在生鲜、色拉、食品等包装上开始得到应用，例如小西红柿等水果透明盒子、鸡蛋盒等在欧洲、吉林市场已经有应用［图1（d）］。日本松下电池工业公司将PLA片材用于生产电池的透明包装盒。无拉伸的片材在改良了耐屈曲性等缺点后还可被用于制作图书馆卡、医院就诊卡、会员卡和健康保险证等［图1（e）］。

（四）农林渔牧制品

我国生物降解地膜在新疆、甘肃、湖北、云南、贵州、内蒙古、黑龙江、海南等省市年示范用量已超过10万亩，作物有马铃薯、甜菜、花生、水稻、西红柿、棉花等作物，除棉花覆盖应用方面尚需进一步验证可行外，使用于其他作物均已没有问题[34,35]。生物降解地膜的生产企业主要有金发科技股份有限公司、杭州鑫富科技有限公司、武汉华丽生物股份有限公司、浙江南益生物科技有限公司、重庆市联发塑料科技股份有限公司、深圳市虹彩新材料科技有限公司、江苏中科金龙化工有限公司、南通龙达生物新材料科技有限公司、安徽华驰塑业有限公司、山东天野生物降解新材料科技有限公司、上海弘睿生物科技有限公司、巴斯夫（中国）有限公司、新疆蓝山屯河化工股份有限公司、金晖兆隆高新科技股份有限公司、新疆康润洁环保科技股份有限公司、吉林中粮生物材料有限公司、秦皇岛龙骏环保实业发展有限公司、南阳中聚天冠低碳科技有限公司、杨凌瑞丰环保科技有限公司、兰州鑫银环橡塑制品有限公司等。

降解塑料在农业上育苗钵、盘、盆的应用也比较普遍，有被用作森林中的熏蒸薄膜（片）、树苗保护用薄膜（片），也有被用于荒地、人工土丘的土壤改良和植被用的多功能管及护岸工程、沙滩复原的土木材料如沙袋等，在欧洲和日本也有被用于鱼饵、钓鱼线等钓鱼用具[36]。

（五）汽车工业制品

PLA复合材料可以替代部分传统改性塑料，应用在汽车零部件上，使汽车向着更加生态环保的方向发展。2003年，日本丰田公司与东丽公司合作，首次在汽车上使用了PLA复合材料，将PLA与洋麻纤维复合用于生产汽车的备胎盖板、门板及车垫等；马自达与日本帝人合作开发了以PLA纤维材料生产的汽车座椅；德国劳士领公司联合科碧恩以PLA与玻璃纤维或木纤维的聚合材料制造汽车空气滤清器组件及内饰部件；美国RTP公司以玻璃纤维增强PLA，将其用于生产汽车的散热器面罩、遮阳罩等部件。

（六）泡沫制品

PLA的发泡制品已经应用于超市的许多生鲜、蔬菜等的包装餐盘、箱，淀粉基塑料和PLA的泡沫缓冲材料在电气电子机器、精密机械的包装中也得到应用［图1（f）（g）］。我国国家邮政局2018年制定的邮政快件包装填充物技术要求标准中规定了生物降解泡沫缓冲物的性能指标，引导企业规范包装填充物的生产，促进包装填充物向可降解的绿色方向发展[37]。

（七）3D打印材料

3D打印技术因其具有加工柔性高、市场响应快等特点，在医疗、汽车制造、航空航天、工业设计及包装等领域都有所应用。PLA及其共混改性后的复合材料已被用于3D打印线材，如深圳市易生新材料有限公司推出的eBamboo是PLA与木质纤维共混改性而成，用其打印出的产品外表呈磨砂状，具有强烈的木质感［图 1（h）］。PLA 还被应用于医用 3D 打印，如 PLA 与羟基磷灰石共混制备的 3D 打印 PLA-HA 材料，可用于骨组织工程支架[38,39]。

PCL 因其熔点低，不需很高的打印温度，被主要用于熔融沉积成型（FDM）打印机以及打印笔。此外，因 PCL 特有的形状记忆功能，它在医学领域也有良好的应用，例如用于心脏支架的打印等[40]。

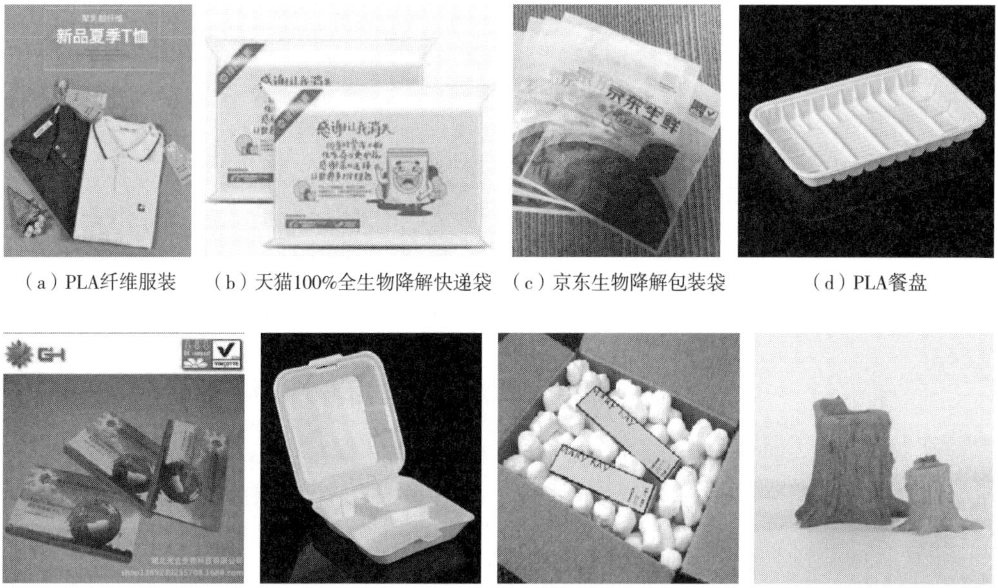

（a）PLA纤维服装　（b）天猫100%全生物降解快递袋　（c）京东生物降解包装袋　（d）PLA餐盘

（e）PLA卡片　（f）PLA发泡餐盘　（g）淀粉基发泡缓冲材料　（h）eBamboo 3D打印制品

图 1　生物降解塑料的应用

四、国内外相关政策

（一）世界各国对一次性制品的禁限政策

近些年来，世界各国对于一次性不易回收、易污染制品的使用，纷纷制定相关法律法规进行禁止、限制，同时支持生物降解材料的应用。例如，欧盟在包装法规中明确规定了垃圾的回收利用及其可堆肥化处理，并拟于 2021 年禁用 10 种一次性塑料制品[6]；法国从 2020 年起禁止使用一次性餐具，并要求碗碟杯叉等一次性餐具必须用基于生物的原料制作[41]；英国 2018 年 1 月发布国家环保战略，提出要消除塑料袋、食品包装袋、吸管等所有不必要的塑料制品的使用。世界各国对一次性不易回收、易污染制品的主要相关政策见表 7。

表 7　　世界各国禁止、限制一次性制品政策

国家/城市	时间	法律/法规/政策内容
澳大利亚昆士兰州和西澳大利亚州	2018 年 7 月 1 日	零售商禁止向购物者提供一次性超薄塑料袋
英国	2018 年 1 月	2042 年前，消除所有可避免的塑料垃圾
韩国	2019 年 1 月 1 日	《关于节约资源及促进资源回收利用法律修正案》，全面禁止一次性塑料袋的使用
智利	2019 年 2 月 3 日	超市及商场禁止向购物者提供塑料袋，对每个违法提供的塑料袋，最高罚款 370 美元

续表

国家/城市	时间	法律/法规/政策内容
坦桑尼亚	2019年6月1日	除医疗服务、工业产品、建筑业、农业、食品、卫生及废物处理的塑料制品及包装外，禁止进出口、生产、销售、储存、供应及使用所有厚度的塑料袋
美国纽约市	2019年7月1日	纽约市内的餐饮店将不能再使用一次性的泡沫塑料餐盒
哥斯达黎加	2019年7月	《“废物综合处理”法律修正案》，禁止使用聚乙烯泡沫塑料。也将禁止使用塑料吸管，零售场所也将不能向消费者提供塑料袋
新西兰	2019年7月1日	商场、超市、服装等零售业，将全面禁止使用一次性塑料购物袋，对于违规情节严重、劝说无效者，最高罚款是10万纽币
巴基斯坦	2019年8月	在首都伊斯兰堡及其周边地区，生产、销售、使用各种一次性塑料袋的行为将被禁止，在旁遮普省、信德省等地也将陆续实施这类法规
印度	2019年10月	全国范围内实行禁塑令，对塑料袋、塑料杯、吸管等塑料制品实行严格关注。同月，印度再次发布海事环保“禁塑令”，自2019年10月16日起，禁止过境船舶上使用塑料餐具、一次性塑料袋、塑料盒、小于10升的洗液分装瓶及达到10升的瓶装水用容器；自2020年1月1日起，禁止过境船舶使用各种塑料袋、塑料盒、食品包装膜、防震保温包装、分装塑料容器、包装袋、包装瓶盖等
法国	2020年	禁止使用一次性餐具，并要求碗碟杯叉等一次性餐具必须用基于生物的原料制作
华盛顿州	2020年	除了禁止使用一次性塑料袋以外，该法案还要求再生纸袋至少含有40%的再生材料
希腊	2020年6月前	禁止使用一次性塑料制品
加拿大	2020年4月	禁用塑料吸管，2021年元旦起禁用塑料袋
冰岛	2021年	将不允许企业分发任何塑料袋，无论是免费还是付费
欧盟	2021年	禁止或限用棉签棒、吸管等十种一次性塑料制品
意大利	2020年	除可降解塑料袋以外，禁止使用一切一次性塑料袋
比利时	2020年	除特定生物基或可堆肥塑料产品，禁止使用一次性塑料袋、一次性塑料杯/杯盖和食品包装容器
匈牙利	2020年	除生物可降解塑料袋外，禁止使用一次性塑料袋、一次性塑料杯/杯盖和食品包装容器。

（二）我国相关政策

早在2004年，《中华人民共和国固体废物污染环境防治法》经第十届全国人大常委会第十三次会议通过；2005年，《中华人民共和国可再生能源法》出台；2007年，国务院办公厅颁布《国务院办公厅关于限制生产销售使用塑料购物袋的通知》，实行“限塑令”[42]。

近些年来，更是有一系列相关政策、法规出台，国家发改委《关于进一步加强塑料污染治理的意见》于2020年1月19日正式发布；海南省从2020年12月开始全面禁止不可降解一次性塑料购物袋与餐饮具等；吉林省从2015年1月1日就已开始在吉林省范围内实施“禁塑令”等，具体见　表8。

表8　　我国对一次性不易回收、易污染的制品的禁限政策

时间	法律/法规/政策内容
2004年	《中华人民共和国固体废物污染环境防治法》
2005年	《中华人民共和国可再生能源法》
2008年6月1日	《国务院办公厅关于限制生产销售使用塑料购物袋的通知》，对塑料购物袋收费并在全国范围内禁止厚度小于0.025 mm的塑料购物袋生产、销售和使用
2015年1月	《吉林省禁止销售和使用一次性不可降解塑料袋、塑料餐具规定》，全省范围内禁止生产销售和提供一次性不可降解塑料购物袋、塑料餐具
2017年4月	《“十三五”材料领域科技创新专项规划》，全生物降解材料入围
2017年11月	《关于协同推进快递业绿色包装工作的指导意见》，提高可降解绿色包装材料的应用比例
2017年11月	《农用薄膜行业规范条件（2017年本）》，鼓励研发生产使用生物降解地膜
2018年2月	《快递封装用品》系列国家标准推荐快递包装袋采用生物降解塑料，并增加了对生物降解性能的要求
2018年4月	河南南乐县《关于治理白色污染推广使用一次性可降解塑料制品的实施意见（试行）》，逐步禁止在全县范围内使用石油基原料生产的、在自然环境下不可降解的一次性塑料制品，主要包括塑料薄膜、购物袋、垃圾袋、塑料餐具等；分步推广使用生物及材料生产的一次性可降解塑料制品
2019年4月	《产业结构调整指导目录》，鼓励生物降解塑料及其系列产品开发、生产与应用
2019年6月	《中华人民共和国固体废物污染环境防治法（修订草案）》，鼓励研究、生产易回收利用、易处置或可降解的薄膜产品。禁止生产、销售不易降解的薄膜覆盖物和商品包装物
2019年11月	澳门特区《限制提供塑料袋》法律草案，对零售行为中提供塑料袋实行收费的管制措施，每个塑料袋1澳门元的费用
2020年	《海南省全面禁止生产、销售和使用一次性不可降解塑料制品实施方案》，全省全面禁止生产、销售和使用一次性不可降解塑料袋、塑料餐具
2020年1月	《关于进一步加强塑料污染治理的意见》

五、结语

目前，全球生物降解塑料产能已达100万吨左右，并以每年超过20 %的速度增长；我国生物降解塑料作为“十三五”期间塑料行业发展的重点，得到快速发展：国内产能已达50万吨左右，其中PLA产能已达10万吨/年，PBAT产能已超20万吨/年，并且还有大批生产线正在建设或计划建设中，PHA、PCL、PPC等材料产能和使用量也都在不断增大，相信在“十四五”期间生物降解塑料还将得到更好的发展；以可循环、易回收、可降解为导向，研发推广性能达标、绿色环保、经济适用的塑料制品及替代产品，打造有利于规范回收和循环利用、减少塑料污染的新业态新模式，是我国进一步加强塑料污染治理的基本原则，更是生物降解塑料发展的方向。我国在城市生活垃圾分类、电子商务包装、邮政快件包装、外卖包装绿色化要求等绿色生产、消费领域出台的一系列法规和政策措施，大力推动绿色、循环、低碳发展，加快形成节约资源、保护环境的生产生活方式，已取得了一定成效，相信随着更多的国内外政策的逐步出台、落实和完善，我国生物降解塑料技术革新、检测评价与标准体系越来越完善，有关生物降解塑料的制造、加工、应用、可回收等技术性等也将更加成熟，生物降解塑料的生产、销售、使用都将向大规模工业化阶段过度。

参考文献

[1]马占峰,姜宛君,杨 森．中国塑料加工工业(2018)[J]．中国塑料,2019,33(6):127-131. MA Z F, JIANG W J, YANG S. China Plastics Industry(2018)[J]. China Plastics, 2019, 33(06): 127-131.

[2]王燕萍,邓义祥,张承龙,等．我国一次性塑料污染管理对策研究[J]．环境科学研究,2019,31(4):1-11.
WANG Y P, DENG Y X, ZHANG C L, et al. Study on the Management Policies of Single-Use Plastics Pollution in China [J]. Research of Environmental Sciences, 2019,31 (4): 1-11.

[3]谭天伟,苏海佳,杨 晶．生物基材料产业化进展[J]．中国材料进展, 2012,31(2):1-6.
TAN T W, SU H J, YANG J. Progress in Industrialization of Biobased Materials [J]. Materials China, 2012, 31 (2): 1-6.

[4]CIRIMINNA R, PAGLIARO M. Biodegradable and Compostable Plastics: A Critical Perspective on the Dawn of Their Global Adoption [J]. Chemistry Open, 2020, 9 (1): 8-13.

[5] MULHAUPT R. Green Polymer Chemistry and Bio-based Plastics: Dreams and Reality [J]. Macromolecular Chemistry and Physics, 2013, 214 (2): 159-174.

[6]郑宁来．欧盟 2021 年后禁用一次性塑料制品[J]．塑料助剂,2018,132(6):53.
DENG N L. Disposable Plastic Products Will be Baned in the European Union After 2021 [J]. Plastics Addictives, 2018, 132 (6): 53.

[7]TAWAKKAL I S M A, CRAN M J, MILTZ J, et al. A Review of Poly(Lactic Acid)-Based Materials for Antimicrobial Packaging [J]. Journal of Food Science, 2014, 79 (8): 1477-1490.

[8]李增俊．生物基化学纤维产业发展现状与展望[J]．生物工程学报,2016,32(6):775-785.
LI Z J. Development and Perspective of Bio-based Chemical Fiber Industry [J]. Chinese Journal of Biotechnology,2016, 32 (6): 775-785.

[9]DENG L, YU Y, ZHANG H Y et al. The Effects of Biodegradable Mulch Film on the Growth, Yield, and Water Use Efficiency of Cotton and Maize in an Arid Region [J]. Sustainability, 2019, 11 (24), 7039.

[10]陈国强,王 颖．中国“生物基材料”研究和产业化进展[J]．生物工程学报,2015,31(6):955-967.
CHEN G Q, WANG Y. Research and Industrialization of Biobased Materials in China [J]. Chinese Journal of Biotechnology, 2015, 31 (6): 955-967.

[11]刁晓倩,翁云宣,黄志刚,等．国内生物基材料产业发展现状[J]．生物工程学报,2016,32(6):715-725.
DIAO X Q, WENG Y X, HUANG Z G, et al. Current Status of Bio-based Materials Industry in China [J]. Chinese Journal of Biotechnology, 2016, 32 (6): 715-725.

[12]何乐,陈复生,刘伯业,等．天然高分子可降解材料的研究与发展[J]．化工新型材料,2011,39(5):4-6.
HE L, CHEN F S, LIU B Y, et al. New Direction of Natural Biodegradable Polymer Materials [J]. Chemical Materials, 2011, 39 (5): 4-6.

[13]汪怿翔,张俐娜．天然高分子材料研究进展[J]．高分子通报,2008,20(7):66-76.
WANG Y X, ZHANG L N. Recent Developments of Materials in Natural Polymers [J]. Chinese Polymer Bulletin, 2008, 20 (7): 66-76.

[14]许祖恩．早期塑料之王-赛璐珞[J]．化学教育,1995,16(2):46-47.
XU Z E. The King of Plastics in Earlier Ages-Cellulori [J]. Chinese Journal of Chemical Education, 1995, 16 (2): 46-47.

[15]佟毅．新型生物基材料聚乳酸产业发展现状与趋势[J]．中国粮食经济,2019,31(8):49-53.
TONG Y. The Development Status and Trend of Polylactic Acid Industry [J]. China Grain Economy, 2019, 31 (8): 49-53.

[16]王跃,江洪波,陈大明,等．聚乳酸技术与市场现状及发展趋势分析[J]．生物产业技术,2017,13(6):17-22.
WANG Y, JIANG H B, CHEN D M, et al. Technology and Market Analysis on PLA [J]. Biotechnology & Business, 2017, 13 (6): 17-22.
[17]车雪梅,司徒卫,余柳松,等．聚羟基脂肪酸酯的应用展望[J]．生物工程学报,2018, 34(10): 1531-1542.
CHE X M, SITU W, YU L S, et al. Application Perspectives of Polyhydroxyalkanoates [J]. Chinese Journal of Biotechnology, 2018, 34 (10): 1531-1542.
[18] Chen G Q. A Microbial Polyhydroxyalkanoates (PHA) Based Bio-and Materials Industry [J]. Chemical Society Reviews, 2009, 38 (8): 2434-2446.
[19]田频源,米钰,尚龙安,等．聚羟基烷酸酯的研究进展[J]．化工进展,2009,28(3):468-476.
TIAN P Y, MI Y, SHANG L A, et al. New Progress in Research onPolyhydroxyalkanoates [J]. Chemical Industry and Engineering Progress, 2009, 28 (3): 468-476.
[20]陈学思,陈国强,陶友华,等．生态环境高分子的研究进展[J]．高分子学报, 2019,52(10): 1068-1082.
CHEN X S, CHEN G Q, TAO Y H, et al. Research Progress in Eco-polymers [J]. Acta Polymerica Sinica, 2019, 52 (10): 1068-1082.
[21]周迎鑫,杨楠,王希媛,等．聚羟基烷酸酯(PHA)改性研究进展[J]．生物工程学报,2016,32(6):738-747.
ZHOU Y X, YANG N, WANG X Y, et al. Biomanufactured Polyhydroxyalkanoates (PHA) Modification: A Review [J]. Chinese Journal of Biotechnology, 2016, 32 (6): 738-747.
[22]唐一壬,齐治国,张旸,等．生物降解塑料聚丁二酸丁二酯及其共聚物:从基础研究到产业化[J]．高分子通报,2015,27(9):126-141.
TANG Y R, QI Z G, ZHANG Y, et al. Biodegradable Plastics Poly(butylene succinate) and its Copolymers: from Fundamental Research to Industrialization [J]. Chinese Polymer Bulletin, 2015, 27 (9): 126-141.
[23]赵凌云．我国生物降解塑料 PBAT 产业化现状与建议[J]．聚酯工业,2018,31(5):9-11.
ZHAO L Y. Present Situation and Suggestion of Biodegradation Plastics (PBAT) Industrialization in China [J]. Polyester Industry, 2018, 31 (5): 9-11.
[24]秦玉升,王献红,王佛松．二氧化碳共聚物的合成与性能研究[J]．中国科学:化学,2018,48(8):833-893.
QIN Y S, WANG X H, WANG F S. Synthesis and Properties of Carbon Dioxide Based Copolymers [J]. Scientia Sinica Chimica, 2018, 48 (8): 833-893.
[25]甘力强．二氧化碳基全降解塑料产业化研究进展[J]．现代化工,2013(2):4-6.
GAN L Q. Research Progress of Industrialization for Carbon Dioxide - based Degradable Plastics [J]. Modern Chemical Industry, 2013, 33 (2): 4-6.
[26]刁晓倩,翁云宣．淀粉基塑料研究进展及产业现状[J]．中国塑料,2017,31(9):22-29.
DIAO X Q, WENG Y X. Research Progress and Industrial Present Status of Starch-based Plastics [J]. China Plastics, 2017, 31 (9): 22-29.
[27]程醉．生物基纤维:大鹏飞兮,"八裔"何振?[J]．中国纤检,2016,35(2):114-117.
CHENG Z. Bio - based Fibers: Dapeng Flying, "Why Vibration Everywhere"? [J]. China Fiber Inspection, 2016, 35 (2): 114-117.
[28]邵蔚,李涛．生物基纤维或成行业新亮点[J]．纺织服装周刊,2014,14(15):16-17.
SHAO W, LI T. Bio-based Fibers May Become A New Bright Spot in the Industry [J]. Textile Apparel Weekly, 2014, 14 (15): 16-17.
[29]陈碧琼,孙康．甲壳素和壳聚糖纤维的发展及应用[J]．化工新型材料,2001,29(5):20-22.
CHEN B Q, SUN K. Development and Application of Chition and Chitosan's Fibers [J]. New Chemical Materials, 2001, 29 (5): 20-22.
[30]王锐,莫小慧,王晓东．海藻酸盐纤维应用现状及发展趋势[J]．纺织学报,2014, 35(2): 145-152.
WANG R, MO X H, WANG X D. Current Status and Development Trend of Application of Alginate

Fiber [J]. Journal of Textile Research, 2014, 35 (2): 145-152.

[31]杨燕. 聚乳酸一种绿色包装材料[J]. 湖南包装,2005,19(1):18,24.

YangYan. Polylactic Acid - A Green Packaging Material [J]. Hu Nan Bao Zhuang, 2005, 19 (1): 18,24.

[32]国家邮政局. YZ/T 0160. 2-2017 邮政业封装用胶带第 2 部分:生物降解胶带[S]. 北京：人民交通出版社,2017.

[33]国家邮政局. YZ/T 0166-2018 邮政快件包装填充物技术要求[S]. 北京：人民交通出版社,2018.

[34]严昌荣,何文清,薛颖昊,等. 生物降解地膜应用与地膜残留污染防控[J]. 生物工程学报,2016,32(6):748-760.

YAN C R, HE W Q, XUE Y H, et al. Application of Biodegradable Plastic Film to Reduce Plastic Film Residual Pollution in Chinese Agriculture [J]. Chinese Journal of Biotechnology, 2016, 32 (6): 748-760.

[35]冯欢,何文清,张凤华,等. 生物降解地膜性能及对棉花产量的影响评价研究[J]. 生态环境学报,2019,28(03):580-586.

FENG H, HE W Q, ZHANG F H, et al. Study on the Performance of Biodegradable Film and Its Influence on Cotton Yield [J]. Ecology and Environment Sciences, 2019, 28 (3): 580-586.

[36]陈秋红. 生物降解聚酯[J]. 合成技术及应用,1999,14(3):16.

CHEN Q H. Biodegradable polyester [J]. Synthetic Technology & Application, 1999, 14 (3): 16.

[37]王延庆,沈竞兴,吴海全. 3D 打印材料应用和研究现状[J]. 航空材料学报,2016,36(4):89-98.

WANG Y Q, SHEN J X, WU H Q. Application and Research Status of Alternative Materials for 3D-printing Technology [J]. Journal of Aeronautical Materials, 2016, 36 (4): 89-98.

[38]毛宏理,顾忠伟. 生物 3D 打印高分子材料发展现状与趋势[J]. 中国材料进展,2018,37(12):949-958.

MAO H L, GU Z W. Polymers in 3D Bioprinting: Progress and Challenges [J]. Materials China, 2018, 37 (12): 949-958.

[39]张海峰,杜子婧,毛曦媛,等. 3D 打印 PLA-HA 复合材料构建组织工程骨的实验研究[J]. 国际骨科学杂志,2016,37(1):57-63.

ZHANG H F, DU Z J, MAO X Y, et al. Experimental Research of Constructing Tissue Engineered Bone Using Three - dimensional Printed Polylactic Acid—hydroxyapatite composite scaffolds [J]. International Journal of Orthopaedics, 2016, 37 (1): 57-63.

[40]李新,孙良双,杨亮,等. FDM 3D 打印高分子材料改性及应用进展[J]. 胶体与聚合物, 2017, 35(3):139-141.

LI X, SUN L S, YANG L, et al. FDM 3D Printing Polymer Modification Progress and Application [J]. Chinese Journal of Colloid & Polymer, 2017, 35 (3): 139-141.

[41]思雨. 法国:立法禁用塑料餐具 2020 年开始实施[J]. 中国食品,2016,34(19):34.

SI Y. France: Legislation to Ban Plastic Tableware Comes into Effect in 2020 [J]. China Food Semimonthly Magazine, 2016, 34 (19): 34.

[42]周一博. 十年“限塑令”再审视[J]. 环境保护与循环经济, 2018,38(5):13-16.

ZHOU Y B. Ten Years of " Ban for Free Plastic Bags" Review [J]. Environmental Protection and Circular Economy, 2018, 38 (5): 13-16.

（侯冠一　刁晓倩　翁云宣）

中国塑料配线器材行业分析

一、塑料配线器材市场概况

(一)塑料配线器材市场构成

1. 产品介绍

塑料配线器材,一般指用于辅助电器线材以组合配置出符合使用要求的电缆系统或网络的一系列产品,包含尼龙扎带、钢钉线卡、接线端子、冷压端子、压线帽、固定头、膨胀管、缠绕管、热缩管、定位片、配线槽等产品。塑料配线器材一般采用PA、PP、PE、PVC等材料进行生产,也根据客户定制化要求,采用改性塑料制成。

2. 产品分类

配线器材行业覆盖上百种产品,其中,尼龙扎带作为主打产品,被广泛用于电气、家电、汽车、物流包装、电子通讯、建筑、农业及日用等各个领域;除尼龙扎带外的塑料配线器材主要用于家装、工业、电器、建筑、通信、电力等领域。以尼龙扎带为例,其应用领域主要情况如图1所示。

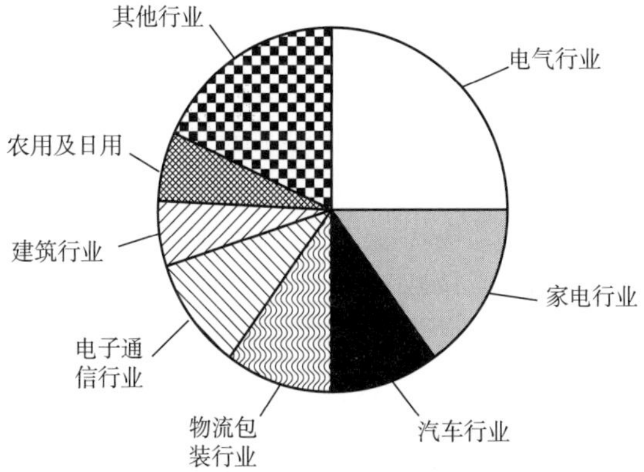

图1 我国尼龙扎带应用领域分布

数据来源:公开资料整理

(二)塑料配线器材市场政策环境

1. 行业管理体制

我国企业管理体制由部门管理向行业管理的转变促进了行业协会快速发展。2009年9月,中国塑料加工工业协会塑料配线器材专业委员会经中华人民共和国民政部批准成立。近年来,在中国塑料加工工业协会的领导下,塑料配线器材专委会积极适应发展新常态,全力以赴应对各种困难和挑战,坚定不移促进行业升级转型、保持产业增长,据不完全统计2020年塑料配线器材行业产值已达239亿元人民币,在转型发展的道路上迈出了坚实的步伐,行业不断发展壮大,如今配线器材专委会会员企业已达133家。

2. 主要政策影响

近年来,相关监管部门陆续发布了一系列相关政策,主要如下:

(1)2016年工业和信息化部在《轻工业发展规划》中指出塑料制品工业将向功能化、轻量化、生态化、微型化方向发展;

(2)2017年发展改革委、科技部、财政部在《新材料产业发展指南》中提出加快推动先进基础材料工业转型升级,以高端聚烯烃、特种合成橡胶及工程塑料等先进化工材料等为重点,推进材料生产过程智能化和绿色化改造,重点突破材料性能及成分控制、生产加工及应用等工艺技术,提高先进基础材料国际竞争力;

(3)2018年国家统计局《战略性新兴产业分类》将"工程塑料制造"列为战略性新兴产业,重点产品和服务包含聚碳酸酯(PC)工程塑料、改性材料及制品,共聚尼龙及改性材料和制品等;

(4)2019年国家发改委《产业结构调整指导目录》将"乙烯-乙烯醇共聚树脂、聚异丁烯、高碳α烯烃等关键原料的开发与生产,液晶聚合物、聚苯硫醚等工程塑料生产以及共混改性、合金化技术开发和应用等"列为鼓励类;

(5)2020年第十九届中央委员会在《中共中央关于制定国民经济和社会发展第十四个五年规划和二三五年远景目标的建议》中提出"加快壮大新一代信息技术、生物技术、新能源、新材料、高端装备、新能源汽车、绿色环保以及航空航天、海洋装备等产业"。

2016~2020年期间,国家层面政策对塑料行业及其子行业愈加重视,相关部门颁布的一系列法律法规、政策文件,将改性塑料及高分子新材料列为我国新材料发展的重点领域之一,有力促进了国内改性塑料行业的发展。

(三)塑料配线器材市场发展历程及分析

1. 塑料配线器材市场发展历程

塑料制品是采用塑料为主要原料加工制成的生活、工业等用品的统称。目前,塑料制品业已成为人类生产生活至关重要的组成部分。塑料制品应用范围广,包含多个细分子行业,如:塑料薄膜、泡沫塑料、塑料人造革、塑料配线器材行业等。其中,塑料配线器材行业紧随科技发展和用户需求变化,生产原料从一般塑料逐步升级为具备高技术性能要求的改性塑料,产品性能不断提升,被广泛应用于电气设备、汽车制造、通信设备等多个领域。作为一个成熟、多元化的产业,塑料配线器材行业在塑料制品加工行业中扮演着愈来愈重要的角色。

2. 产品趋势分析

宏观经济环境的持续好转以及国内塑料配线器材行业应用的逐渐深入,拉动了配线器材在各行各业的市场需求。塑料配线器材产品凭借其方便、快捷、安全、经济、实用的特点赢得了消费者信赖,市场规模持续增长,业已成为电气、家电、通信、汽车等下游行业的重要组成部分。下游行业的繁荣发展彰显了塑料配线器材行业未来良性增长的潜力,行业统计数据显示,配线器材下游主要应用领域——电气行业近3年规模指数上升趋势良好,行业发展向好,标志着配线器材行业旺盛的下游市场需求(图2)。

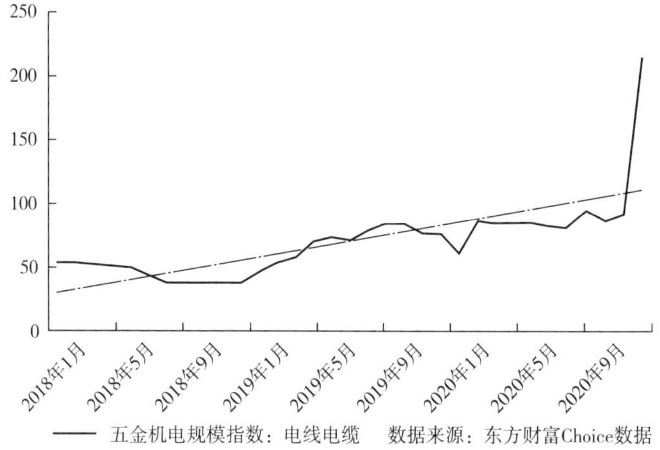

图2　2018~2020年电线电缆规模指数

除下游行业规模指数外,塑钢比也是反映塑料行业及其子行业市场发展前景的风向标,其数值高低与国家塑料工业发展水平高低息息相关。数据显示,2019年中国塑料和钢铁应用比例为37∶63(见图1),相较于改性塑料行业起步早、市场更为成熟的欧美洲,我国塑钢比水平较低。欧美发达市场塑钢比水平客观反映了成熟改性塑料行业所蕴含的市场容量。伴随国内经济与改性塑料生产技术升级,中国塑钢比水平势必会向发达国家成熟改性塑料市场塑钢比水平靠拢,侧面印证了我国改性塑料重要应用领域——塑料配线器材市场潜在的巨大发展空间(图3)。

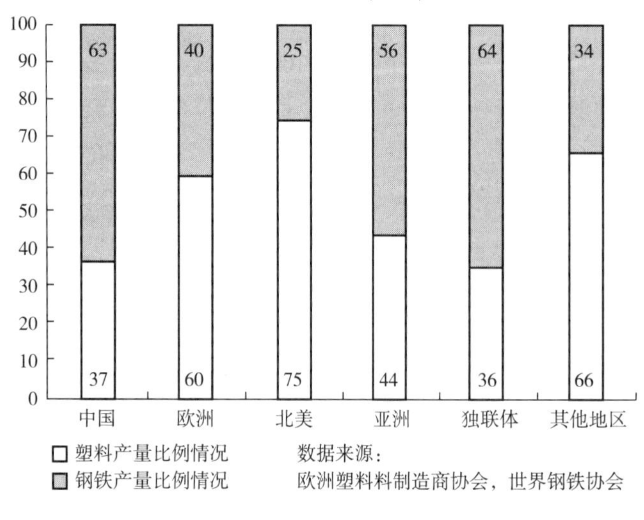

图3　2019年全球塑料与钢铁比例情况

二、塑料配线器材市场规模分析

（一）塑料配线器材市场规模统计及预测

放眼全球，2020 年，受到新冠疫情影响，全球塑料制品行业整体产量较 2019 年同比下降，以欧洲塑料行业产量为例（图 4）。

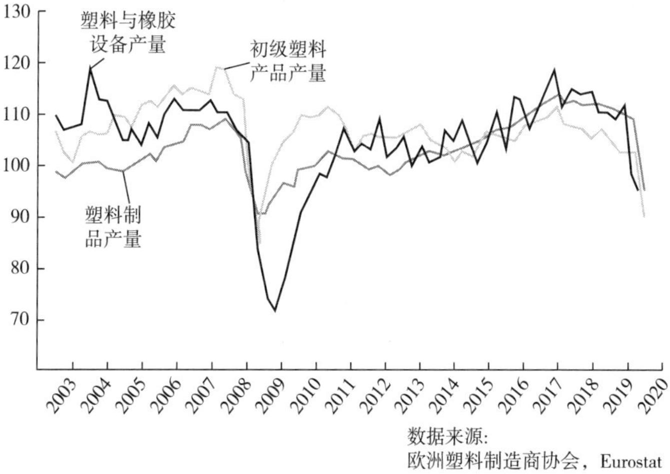

图 4　欧洲塑料行业产量（Index 2015 = 100）

立足中国，除 2020 年新冠疫情造成的负面影响外，近几年国内塑料行业规模与效益整体呈稳定增长态势。但由于 2017 年开始环保审查严格，下游小厂、不合规企业被陆续取缔、关停，同时政府“限塑令”也制约了塑料制品产量的增加，较大程度上影响了 2018 年塑料制品产量。2019 年，塑料制品产量逐渐恢复，较同期相比呈现出增长态势。据中国塑料加工工业协会数据显示，2016～2020 年，我国塑料制品生产企业产量由 2016 年的 7717 万吨增长到 2019 年的 8184.17 万吨，2020 年尽管受到疫情影响，我国塑料制品生产企业产量仍达到 7603.22 万吨，出口额从 2016 年的 579.02 亿美元增长 852.7 亿美元，详情见表 1。

表 1　2016～2020 年塑料加工业主要经济运行指标表

	2016 年	2017 年	2018 年	2019 年	2020 年
产量（万吨）	7717.19	7517.54	6042.15	8184.17	7603.22
出口额（亿美元）	579.02	627.29	694.21	749.33	852.7

数据来源：中国塑料加工工业协会

配线器材行业作为塑料制品行业的子行业，在宏观经济的强力拉动下，其总体市场需求量呈现增长态势。虽然 2020 年疫情的爆发对配线器材市场规模造成了负面冲击，但是市场蓬勃的生命力以及全球尤其是中国对于病毒遏制能力的提升，加速了配线市场规模的强劲复苏，预计中国与全球配线器材市场规模将分别于 2～3 年内恢复至疫情前水准，并在未来 5 年保持可观增长，2016～2025 年配线器材行业市场规模及预测详见图 5。

（二）行业主打产品——尼龙扎带市场规模统计及预测

作为塑料配线器材行业主打产品，尼龙扎带在国外的使用已非常普遍，被广泛用于电信电力、家电、电子通信、汽车及日用消费等多个领域。目前，国内尼龙扎带应用领域集中于电气、家电、汽车等行业，尚未普及进千家万户。参考海外尼龙扎带使用情况，涉及绑扎、固定的领域尼龙扎带均可发挥作用，因此，国内扎带家用市场开发空间大，市场前景广阔。据中国塑料加工工业协会配线器材专委会不

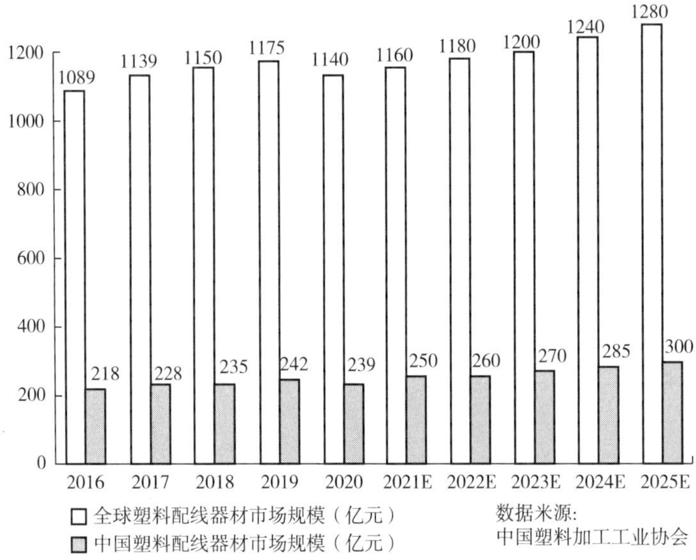

图5　2016~2025年配线器材市场规模

完全统计,2016~2025年尼龙扎带市场规模、产量及预测详见图6。尽管2020年市场受到新冠疫情冲击规模有所下降,但是基于尼龙扎带市场客观存在的使用需求和全球日渐增强的疫情防控能力,预计中国与全球尼龙扎带市场将在2年内恢复到疫情前规模并在远期保持良好增长。

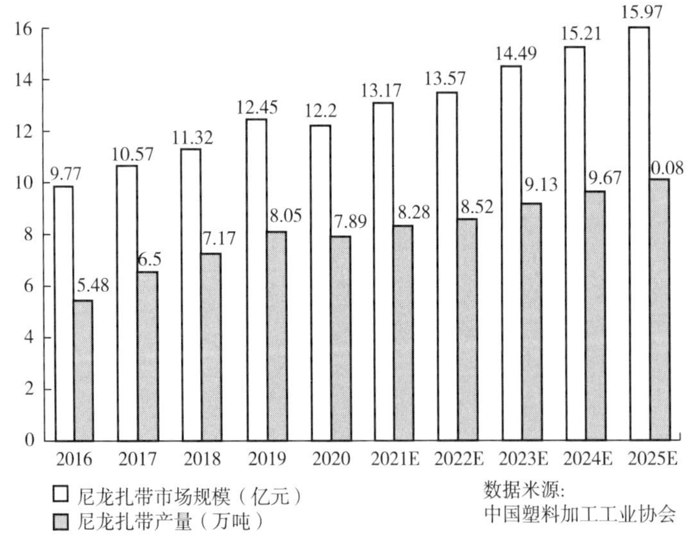

图6　2016~2025年中国尼龙扎带市场规模及产量

三、配线器材行业现状及发展前景分析

(一)配线器材行业现状

1. 塑料配线器材行业优质企业

(1)长虹塑料集团英派瑞塑料股份有限公司

长虹塑料集团英派瑞塑料股份有限公司是长虹塑料集团下属公司,位于安徽省芜湖市湾沚区安徽新芜经济开发区。公司创立于2010年,注册资本2.43亿元,拥有固定资产逾3亿元,员工800余人,实力雄厚,发展稳健,是一家专注于塑料配线器材的知名企业,是中国境内塑料配线器材行业的龙头

企业。

(2)温州龙华日用电子有限公司

1995年创立于浙江省乐清市，注册资本2093.89万元人民币，主要产品包括尼龙扎带、膨胀管钉、接线端头、端子、线扣等各种配线器材及部分汽车配件等，产品远销至欧美、澳洲、东南亚、日本、非洲等国家和地区。

(3)华伟实业股份有限公司

华伟实业股份有限公司1976年创立于台湾，并于1977年开始自主生产尼龙束带产品，1985年开始拓展大陆市场，在上海市设立上海华伟塑胶有限公司。公司凭借丰富的经验及专业，业务遍及全球，拥有较高市场占有率。

(4)浙江宏泰电器有限公司

浙江宏泰电器有限公司位于温州市柳市峡门工业区，公司创立于1997年，注册资本5100万元，是专业生产电器塑胶件和改性工程塑料制品工业用自锁式尼龙扎带及电力成套装置外向型企业。

2. 塑料配线器材行业进入壁垒

(1)技术壁垒

塑料配线器材行业的核心竞争要素包括：配方设计、工艺和质量控制，产品原料——高性能改性材料的核心配方基本由各细分领域内领先企业掌握，核心生产工艺和应用技术也很大程度上影响改性材料产品性能和质量的一致性。此外，下游客户对改性塑料产品具有性能持续优化的需求，这要求生产厂商拥有足够稳定的技术研发团队和相应技术储备，对产品进行持续开发和创新。同时，配线器材产品高精细度的生产特性，要求企业具备充足的高水准技术型人力资源储备。新进入者若要在行业内站稳脚跟，势必要渡过较为漫长的技术学习与积累期，同时需满足行业对高技术人力资源管理的要求。

(2)认证壁垒

配线器材行业涉及产品种类繁多，且标准化程度较低。而行业下游客户大多集中在配线器材市场较为成熟的北美、欧洲等高端消费市场。下游客户筛选上游供应商时，看重国际专业的产品材质、质量管理、环境保护等相关权威认证。业内企业只有经过严格的供应商资质认证机制，才能同下游客户建立长期战略合作关系，因此，行业认证壁垒较高。

(3)经济规模效益壁垒

配线器材行业对下游的深耕广拓，在扩大市场业务范围同时，也对业内企业的生产规模提出了全新挑战。从产品生产到后续服务，下游客户对于配线器材生产制造商均提出了更高的要求。此外，配线器材行业产品，如尼龙扎带产品具有单个产品价值低，订单单个批次需求量差异大的特点。在此背景下，通过规模化生产摊薄产品单位固定成本，能够帮助企业尽快达到盈亏平衡点，取得成本优势。然而，经济规模效益的实现对企业的供应链整合能力要求较高，相较于后进企业，行业内先进企业借助生产合作经验和固有资源可以更轻松实现规模化生产，获得成本竞争优势。

(4)资本壁垒

市场规模增长与资本涌入催化了配线器材行业由劳动密集型向资本密集型的转变。除了技术上的竞争优势，凭借资本市场融资能力扩大生产规模进而提升市场占有率已经成为业内企业的主要增长方式，具有资本优势的企业会在研发、生产和销售上形成全面竞争优势，进而良性循环，逐渐拉开企业差距，提高行业转入壁垒。

(5)品牌效应壁垒

配线器材市场的发展与成熟会逐渐孕育一批知名度高、产品与服务质量良好的优质企业。供应商选择方面，下游大客户会首选品牌知名度高的上游企业进行采购，并建立稳定合作关系；下游零散客户也会出于品牌效应，在无法确定不同品牌产品性价比高低的情况下，优先选择更知名的企业。随着优质企业品牌的建立与提升，下游用户的品牌黏性也将升高，知名企业将不断扩大市场覆盖率，挤占新进企业发展空间，使新进企业难以立足。

3. 塑料配线器材行业现存问题

目前，我国塑料配线器材低端产品市场相对成熟，高品质产品市场仍处于较为前期的阶段，相较欧美成熟市场仍存在较多问题。

(1)成本管理问题

塑料配线器材行业利润较大程度上依赖原材料采购成本。而PA、PP、PE、PVC等原材料价格波动较大，企业生产成本存在波动风险。此外，低端塑料产业新装置的大规模投产造成产能严重过剩，极大程度上压缩了企业盈利空间。未来如果不能有效通过预定、锁单、套期保值等措施消解成本波动压力，行业将面临较大成本不确定性，并可能最终影响企业业绩，近三年主要原材料价格走势情况如(图7)：

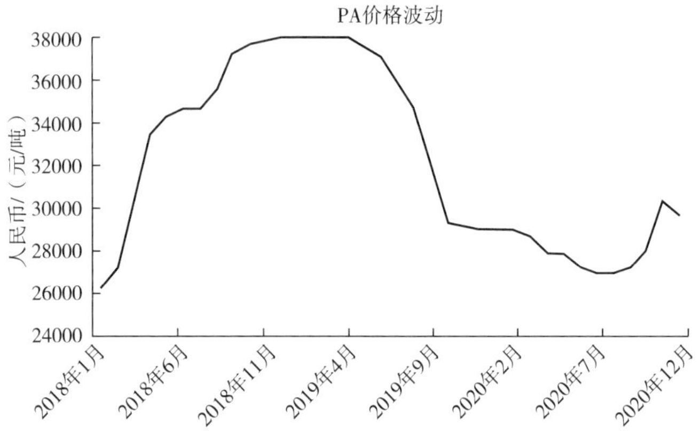

（a）聚酰胺66（PA66）

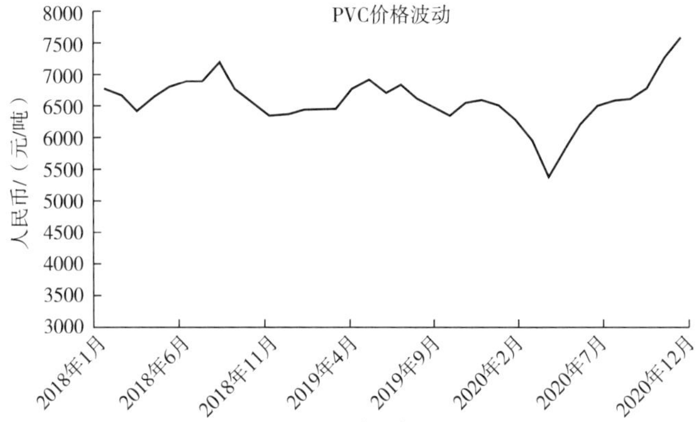

（b）聚氯乙烯（PVC）

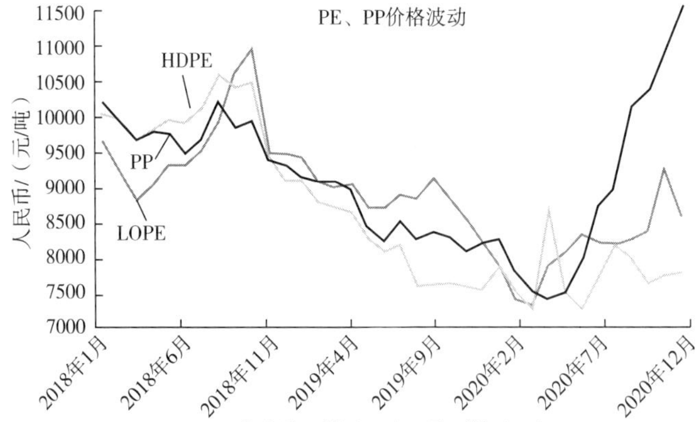

（c）聚乙烯（PE）、聚丙烯（PP）

图7　PA、PVC、PE、PP 价格波动

(2)人力资源短缺

目前,塑料配线器材人力资源市场中,研发设计人才供需失衡,导致大部分中小规模企业产品研发实力不足,无法充分满足下游客户对产品研发实验和测试的高要求。此外,配线器材行业供给侧的产品设计与市场需求并不完全相符,交付给用户的设计产品存在匹配性不足问题。与此同时,在对人才技术水平要求高的现代化企业背景下,稀缺的高技

术人力供给抬高了劳动力成本,为业内企业市场策略定制和实施带来较大不确定性,短期内可能对行业发展产生一定负面影响。

(二)塑料配线器材行业未来发展前景

尽管目前国内塑料配线器材市场仍存在部分问题,但是该行业覆盖群体广,拥有巨大的市场空间与产值。只要合理把控前进方向,针对行业现存问题积极调整发展思路,结合资本与企业自身的重视,塑料配线器材行业远期发展十分可观。

2020年,中国居民人均可支配收入32189元,同比增长4.74%,随着消费升级,配线器材行业重点将不仅仅集中于包括配方等技术研究,还将集中于提供以用户需求为导向的高质量产品和服务。

目前塑料配线器材整体市场中,国际塑料配线制品企业占据了主要的中高端产品市场,国内企业产品则主要集中于通用型的中低端产品市场。但是国外发达配线器材市场例如欧美市场已趋于成熟,行业销售额趋向平稳,增速缓慢,而国内配线器材市场尚处于前期阶段,伴随我国城镇化率的提高以及互联网的普及,国内配线器材市场空间巨大。

为顺应行业整体发展趋势,提升自身行业地位。

(1)服务方面:国内企业将在市场竞争中积极采用差异化、特色化策略,推进专业化、定制化的设备设施,实施产品高端化战略,凭借自身高性价比产品获取更多中端消费市场份额,在细分市场领域形成竞争优势。

(2)技术方面:随着塑料配线器材行业进一步发展及市场需求的不断挖掘,原有传统作坊式生产模式已不能满足市场的品质和数量要求,制造自动化、智能化成为行业发展必然趋势。目前,部分行业领先企业在结合自身情况及市场需求的基础上,主动进行技术改造,研发新材料产品,持续提升生产制造自动化、智能化水平,稳步提升产品质量。

(3)产品方面:针对国内配线器材行业产品标准化程度低、质量参差不齐的情况,业内部分优质企业以及配线器材行业委员会积极起草制定行业标准并申请有关部门批准发布,行业标准体系的逐步完善将大幅提升配线器材行业整体水准和形象,提高公众对行业的认知度,为业内企业提供更广阔、更优质的生存与发展空间。

此外,当前国内塑料配线器材行业尚不成熟,行业整体集中度较低,厂商众多,技术水平参差不齐。随着行业规模扩大,塑料配线器材行业将进入行业洗牌期,业内融资将集中于主流领先厂商,缺乏核心技术增长、产能落后的企业将被淘汰,进而提升行业集中度,改善行业发展环境,优化产业结构。

四、总结

综上所述,我国塑料配线器材行业,通过近50年的发展,已积累了较为丰富的生产、管理经验,逐步具备了研究、设计、技术开发等方面的能力。行业目前规模庞大,产品应用广泛,潜在的市场空间巨大。在发展中,行业内企业要增强自主创新能力,改变单纯做普通塑料的局面,开发新型改性塑料品种、采用先进的机器设备、优化产业结构、以客户需求为导向提升自身产品和服务的竞争优势,使整个行业走上科技创新型健康发展之路。

(中国塑料加工工业协会 田岩)

2020年我国滚塑行业技术进展

一、2020年我国滚塑技术专利公开情况

2020年我国滚塑技术专利公开数量为248篇,同比上升44%(图1)。到2020年底,我国滚塑行业技术专利总数突破2000件,达到2129件,年专利总数量增长率13.2%。

2020年我国塑料行业专利申请量为16480件,我国滚塑行业专利申请量占比仅为1.5%。

二、2020年我国滚塑技术公开文献数量

2020年我国滚塑技术公开文献数量34篇,涉及滚塑工艺的文献共58篇,比去年有较大幅度增长(图2)。

三、2020年滚塑行业新增企业数量

2020年,我国新增滚塑企业仅为30家。近4年来,滚塑企业新增数量锐减,说明行业的驱动力不足,社会资本对滚塑行业的认可度大幅下降(图3)。

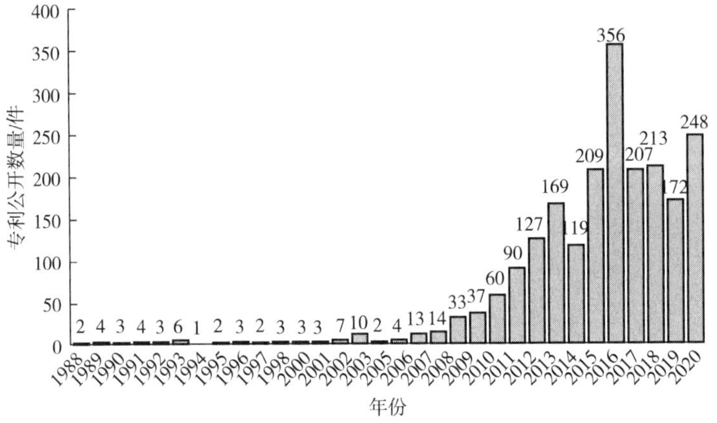

图 1　我国滚塑技术年公开专利数量

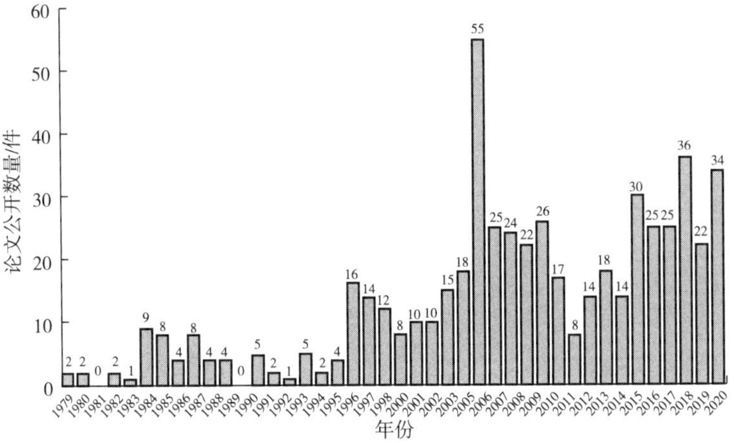

图 2　我国滚塑技术年公开文献数量

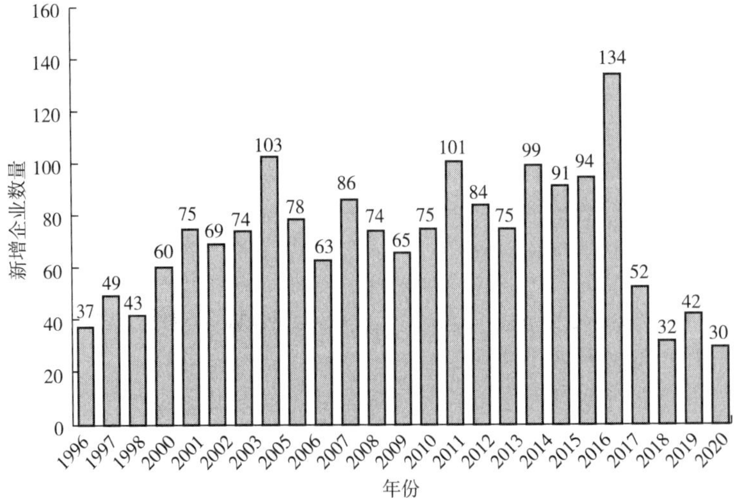

图 3　我国滚塑行业年新增企业数量

四、2020年滚塑新材料、新技术、新装备、新产品研究情况

1. 理论研究

福建省特种设备检验研究院测试了滚塑级聚乙烯对氢氟酸的腐蚀数据，指出：

（1）滚塑成型聚乙烯在氢氟酸溶液中存在着轻微、缓慢的渗透现象，并且随着浸泡时间延长和HF浓度增加，渗透现象变得明显。

（2）试验时间内滚塑成型聚乙烯经过氢氟酸溶液浸泡后，力学性能没有明显下降，说明渗透进入聚乙烯内的氢氟酸没有破坏聚乙烯内的分子结合力，没有引起溶胀现象。

（3）试验时间内滚塑成型聚乙烯在HF溶液中浸泡时没有引起交流阻抗值明显改变。

北京工商大学对滚塑成型过程的传热进行了分析，首次得到各控制温度的解析解，并对控制方程进行了验证。

浙江瑞堂塑料科技股份有限公司对滚塑制品的低温冲击强度的试验方法进行了研究，经过对试样的冷冻时间、低温环境取出时间和落锤质量三个试验参数的研究，并和现有国外标准进行比较，得出以下结论：

（1）ARMI标准中仅规定冷冻时间≥2小时是有缺陷的，不能覆盖试样的厚度范围。AS/NZS 4766—2006标准中将冷冻时间和厚度关联是恰当的，但其没有考虑低温冲击强度的稳定化，其冷冻时间的规定是有缺陷的。

（2）随着冷冻时间的延长，试验的低温冲击强度先增大后减小，最后趋于稳定。低温冲击强度存在极大值，该极值出现的时间和试样厚度有关，极值大小和试样厚度及制样方式有关。建议试样的冷冻时间的小时数不小于试样厚度的毫米数的2倍。

（3）ARMI标准中试样取出时间不大于30秒的规定不能满足大多数滚塑试样的厚度要求，是不恰当的。经工作组讨论，认为试样取出时间≤15秒是比较合理的。

（4）不同冲击质量下的低温冲击强度存在差异，但t检验差异不显著。

2. 新材料

广东景呈电力设备有限公司公开了一种高流动性高强度滚塑用聚乙烯混合料及其制备方法。所述高流动性高强度滚塑用聚乙烯混合料包括聚乙烯和超支化乙烯基聚硅氧烷添加剂。本发明使用的超支化乙烯基聚硅氧烷添加剂在添加量较少（0.3%～6%）的情况下即可达到良好的降低聚乙烯熔体黏度的效果，不影响或在一定程度上增加聚乙烯基体的力学强度。且由于聚硅氧烷结构的低表面张力效应，有利于滚塑工艺过程中聚乙烯熔体中气泡的排出与消除，进一步提高滚塑成型产品的质量。还可以实现原本熔体黏度较高的高密度聚乙烯、交联聚乙烯的滚塑工艺成型，在一定程度上弥补低密度聚乙烯强度的不足。

浙江瑞堂塑料科技股份有限公司开发了一种具有水墨效果的滚塑制品，解决了传统滚塑制品不能精细化模拟指定图案或使其具备特别的局部效果的问题，该材料利用特定染料在聚乙烯高温熔体中存在的晕染现象，得到外表面具有水墨视觉效果；制备方法步骤简单，无须复杂设备，易实现工业化操作。

浙江瑞堂塑料科技股份有限公司公开了一种具有纳米结构表面的滚塑制品及其制造工艺，制品使用的复合材料包含下列质量百分比的组分：热塑性塑料70%～99%，纳米磁性物质1%～30%。滚塑制品的制造工艺，制造工艺按以下步骤进行：

①将热塑性塑料和纳米磁性物质熔融混合，制成复合材料粉末；

②将复合材料粉末进行滚塑加工；

③将滚塑制品移至轴向磁场中旋转直至冷却结束；

④取出滚塑制品。

所得滚塑成品具有较强的疏水疏油能力，使得滚塑制品能够免受液体及环境湿气等的侵蚀，能够节约清洗成本，延长制品的使用寿命，制备工艺简单，优质成品率高。

肇庆国立新材料有限公司公开了一种可印刷滚塑聚乙烯复合材料及其制备方法。制备所得复合物具有优异的力学性能，拉伸强度和弯曲强度都较高，其可印刷性好，印刷效果优异，且制备成本较低。

山东一诺威聚氨酯股份有限公司公开了一种用于制作快速脱模耐高温透明模特材料的聚氨酯弹性体及其制备方法。所述弹性体由A组分（聚合物组分）和B组分（预聚物组分）制成，其中，A组分由聚醚多元醇、增塑剂、耐高温填料、催化剂、抗氧化剂和抗紫外线吸收剂制成；B组分由二异氰酸酯和聚醚多元醇制成，其NCO含量为18%～30%。本发明所述的聚氨酯弹性体，具有开模速度快，耐高温性强、外观透明性好、一次浇注成型无须二次浇注的优点，并且制备的模特材料综合性能优异，能够用于工业大批量生产高性能透明模特料，在人体模特及滚塑

造型等相关产品的制备领域有巨大应用；其制备方法，科学合理，简单易行，易于工业生产。

中国石油化工股份有限公司公开了助剂组合物和含有该助剂组合物的线性中密度聚乙烯组合物及其制备方法以及由该线性中密度聚乙烯组合物制得的聚乙烯滚塑储罐制品。以助剂组合物的总重量为基准，该助剂组合物包含以下组分及含量：①主抗氧剂：5%~25%；②辅抗氧剂：5%~25%；③外润滑剂：3%~15%；④抗静电剂：3%~15%；⑤光稳定剂A：20%-50%；⑥光稳定剂B：15%~45%。本发明改善了聚乙烯的滚塑加工性能，扩大了滚塑制品的原料来源，原料的流动性提升，提高了生产效率，降低了生产成本。加工的大型滚塑制品，颜色白，易脱模，内外表面光洁度非常好，壁厚均匀，韧性好，刚度适中，并且有良好的抗紫外耐老化性能，满足使用要求。

中国石油化工股份有限公司公开了一种阻燃抗静电滚塑聚烯烃组合物及其制备方法。所述的组合物，包括如下原料：聚乙烯100份；阻燃抗静电母料20~40份；其中，所述的聚乙烯为乙烯与1-己烯的共聚物；所述的阻燃抗静电母料包括复合阻燃剂、复合抗静电剂及助剂，由如下重量份数的原料制成：复合阻燃剂40~80份；复合抗静电剂10~40份；超支化聚乙烯5~10份；交联剂0.05~0.2份；硅烷0.25~1.0份；抗氧剂0.5~5份；α-甲基苯乙烯共聚物2~8份。本发明组合物具有良好的滚塑加工性能、阻燃性能、抗静电性能及物理机械性能，能够用于滚塑制品的生产，制品内外表面光滑，塑化良好；所述的制备方法简单。

青岛罗泰克亿利汽车橡塑制品有限公司公开了一种液态尼龙配方及滚塑成型工艺。包括以下组分：己内酰胺100重量份；催化剂0.2~2重量份；活化剂0.2~2重量份；稳定剂0.1~0.7重量份；消泡剂0.1~0.7重量份；缓聚剂0.5~1.5重量份，所述缓聚剂为非烯醇化酮复合物。非烯醇化酮复合物主要作用让己内酰胺聚合端先带上羟基，降低活性，降低整个聚合过程反应速度。本发明还提供液体尼龙滚塑成型工艺。本发明以非烯醇化酮复合物作为缓聚剂，能够降低己内酰胺的活性，降低整个聚合过程反应速度；在更低温度下条件下反应成型，降低能耗节约成本；有效控制反应时间，产品成型后壁厚均匀。

中国石油天然气股份有限公司公开了一种旋转模塑聚乙烯组合物。该组合物由中密度聚乙烯和添加剂组成，该添加剂为表面修饰干燥剂、抗氧剂、脱模剂和光吸收剂复配而成，表面修饰干燥剂通过包覆聚乙烯，形成乙烯均聚物包覆膜提高无机填料的相容性。表面修饰干燥剂的加入能够解决制品表面的气孔问题，提高产品加工性能，使产品满足旋转模塑制品要求。

3. 新工艺

泰州市季氟隆塑胶制品有限公司提供一种燃气自动滚塑方法。在填料前设置有预热步骤，可以使滚塑模具内部存在一定温度，从而使得滚塑过程中模具内部的热塑性聚合物初步熔融更加均匀，避免初步滚塑时内部原料在同一位置持续吸热导致温度不均影响产品密度，同时使得模具滚塑时的控制温度同步性更佳。

湖北科技学院提供了一种滚塑机上的振动发生装置，赋予了滚塑工艺第三个运动维度。本振动发生装置包括与壳体固定相连的套筒，转轴插设在套筒内，转轴外套设有一滑阀，滑阀滑动连接在转轴上，转轴上固定设置有位于滑阀内侧的限位块，通孔一的两端分别贯穿滑阀的内端面和滑阀的内壁面，转轴上设置有通孔二，模具上设置有若干排料嘴，通孔二的外端与排料嘴相连通，滑阀沿转轴向转轴外侧滑动时，通孔一的外端开口能够与通孔二的内端开口相通；模具上设置有弹簧座一，套筒的外端面上设置有弹簧座二，弹簧座一与模具之间、弹簧座二与套筒之间均通过轴承相连，弹簧座一和弹簧座二之间连接有一复位弹簧。本发明具有能够提供模具横向往复运动，使滚塑质量提高等优点。

广东冷源冷链科技有限公司公开了一种塑料外壳与金属内胆滚塑一体成型工艺。在本发明中，通过第一模具、第二模具、第三模具与金属内胆一体成型，避免了对滚塑壳体的二次破坏，保证了产品的完整性，并提高了生产效率，节约了施工成本，解决了现有的滚塑工艺中所存在的工艺复杂，导致生产效率低下，产品拼接处缝隙明显以及生产成本高的问题。

4. 新模具

东莞市勇兴富五金塑胶有限公司公开一种全自动滚塑机的磁吸式滚塑模具，其包括相互配合的下模具和上模具及设于下模具和上模具之间形成的开口处的封盖，下模具和上模具分别于开口外围固定有若干第一、第二耐高温磁铁；封盖内侧固定有铁片，该铁片与第一、第二耐高温磁铁吸附固定。使用时，可直接将封盖装入下模具和上模具之间形成的开口处，封盖内侧固定有铁片与第一、第二耐高温磁铁吸附固定，以将封盖锁定于下模具和上模具之间的开口处,其操作极为简单,使用起来十分方便。同理,用力将封盖向外拉出时,拉力大于铁片与第一耐高温磁铁和第二耐高温磁铁之间的磁吸力时,该封盖能够快速脱离下模具和上模具,其操作极为简单,使用起来十分方便。

太日标准件(天津)有限公司公开了一种快速冷却的滚塑稳定成型模具,包括安装座和筒体,筒体上沿圆周方向设置有多个相互平行的水槽,筒体的两端分别对称安装有驱动装置,安装座上对称焊接有两个安装杆,每个所述安装杆的顶端均转动连接有弯管,且每根弯管上均安装有多个喷头,每根安装杆上均通过螺栓安装有风机。本结构简单,使用风冷、水冷配合的方式可使模具阶梯式冷却,保证物料成型稳定、快速,并且水流在水槽的作用下可以与筒体接触较长的时间,增加水流的实际参与冷却过程的时间。

5. 新装备

江苏林辉塑料制品有限公司公开了一种加热高效的滚塑机,解决了加热组件与模具之间的距离周期性变远而降低加热组件对模具的加热效果的问题,其技术方案要点是一种加热高效的滚塑机,包括模具和加热组件,模具为长方体状且沿自身的水平中心线转动,加热组件位于模具下方,还包括升降机构,升降机构包括与模具同步转动的滚盘和抵接于滚盘外侧且随滚盘的抵压而升降的升降组件,滚盘为椭圆状,模具的水平中心线穿过滚盘在水平方向上的中心,升降组件与加热组件相对固定,达到了加热组件始终与模具保持适宜的距离,既避免了加热组件与模具发生干涉碰撞的同时又提高了加热组件对模具的加热效果。

常州营创滚塑设备有限公司公开了一种采用活动式出风口结构的滚塑设备,其结构包括风口壁,该出风口结构,通过风口壁设置了螺杆、第一风叶和第二风叶和风口壁内部设置了平稳转动机构,螺杆垂直焊接在风口壁上,通过第一调节孔洞和第二调节孔洞可以实现第一风叶和第二风叶进行上下180°角度的送风,通过驱动电机输出端进行转动,带动了连接转板进行转动,这时连接转杆跟着转动,使得连接转动盘进行同步转动,通过辅助转轴起到辅助转动,确保连接转动盘进行平稳的转动,带动了第一风叶和第二风叶进行转动,从水平的送风调至竖直的送风,将热风送至滚塑产品的指定面,提高了调节能力,扩大了送风的风向,更好地满足个性化滚塑加工需求。

山东鑫诚管业股份有限公司公开了一种烘箱式滚塑设备用烟气处理设备,包括烘箱和回气管,烘箱的左右两侧均安装有烘箱门,烘箱的上方安装有进气管,且进气管的前端安装有燃烧器,回气管位于燃烧器的一侧,烘箱的前面安装有第三抽风机,且第三抽风机的一侧安装有水浴过滤设备,水浴过滤设备的一侧安装有第二抽风机,且第二抽风机的一侧安装有UV光氧催化处理设备,所述UV光氧催化处理设备的上方安装有活性炭净化装置,且活性炭净化装置的上方安装有第一抽风机。该烘箱式滚塑设备用烟气处理设备,将烘箱式滚塑设备燃料燃烧产生的烟气中具有污染性的烟气通过水浴设备吸收,UV光氧催化设备处理,使烟气得到净化,可以循环利用而不污染环境。

6. 新产品

湖南虹旭塑业有限公司提供一种房车车厢滚塑制作工艺,通过滚塑的方式来制作车厢,大大降低了模具成本,且滚塑工艺适合成型大型塑料制品;通过保温、隔音功能的填充剂的加入,使得整个车厢在具有高强度的前提下,保温、隔音功能良好,整个发明通过滚塑工艺一次成型,降低了车壳成型周期,整个车厢的强度、刚性、隔热性能得到增强

南京速羽动力科技有限责任公司公开了一种整体式卡丁车车身车架系统,包括由滚塑制成的一体式PP塑料车身,以及金属管焊接而成的车架,一体式PP塑料车身的底部预设有容纳组成所述车架的各金属管的安装槽,通过对卡丁车车身承载结构创新设计,使用滚塑工艺制造的整体式卡丁车车身车架系统,改变传统卡丁车以单一管式车架为主承载的形式,整体式卡丁车车身车架系统利于分散整车受力,在保证原有整车刚度的同条件下减少钢管车架材料的使用量,减低整车重量,滚塑工艺制造的车身更具有强度刚度调节极为方便的优势。同时本车身车架系统也具备了简化整车装配步骤,造型更加整体美观的优点

威海云阳碳素科技有限公司公开了一种无土栽培架,包括:底座和设于底座上的支架;支架具有被构造成拱形结构的第一种植板,第一种植板上设有若干用于种植作物的第一种植孔;支架采用滚塑成型工艺一体成型。本实用新型提供的无土栽培架具有拱形结构的支架,不仅可以加大支架内部的空间,方便内部结构的安装和维修,而且可以增加整个支架的承重强度,不易损坏;同时,支架采用滚塑成型工艺一体成型,具有承重强度高、耐磨等优点,可以提高使用寿命。

(中国塑协滚塑专委会)

中国工程塑料产业发展的思考

一、工程塑料发展概况

工程塑料是化工新材料产业的重要组成部分。由于其优良的综合性能，被广泛应用于电子电气、汽车、建筑、办公设备、机械、航空航天等行业，成为当今世界塑料工业中增长速度最快的领域。全球工程塑料2020年市场规模约1900万吨，预计到2027年将达到2560万吨，2020—2027年复合年增长率4.35%。

我国工程塑料起步较晚，但发展迅速，已成为我国支柱产业和现代高新技术产业的重要支撑，以及传统产业改造升级、产品结构调整、新兴产业培育的重要驱动力，在国家多部委发布的《新材料产业发展指南》(2017)，以及《重点新材料首批次应用示范指导目录(2019年版)》等重要指导性文件中均能看到其身影，是国家先进基础材料重点发展领域之一。

纵观全局，我国工程塑料已逐步形成了具有树脂合成、塑料改性与合金、加工应用等相关配套能力的完整产业链，产业规模不断扩大，并且出口不断增长；企业规模持续壮大，产品品种不断增加；科技水平日益提高，部分产品技术、质量指标也已接近国外先进水平；管理水平明显提高；培育了万华化学、蓝星新材、神马集团、云天化、新和成、鲁西化工、恒力石化、金发科技、道恩股份、南京聚隆、鑫达股份等一批上市企业。

二、工程塑料产业发展存在的问题

我国工程塑料产业发展仍然存在一些问题，主要包括通用工程塑料缺乏自主核心技术，一些产品甚至单体还处于“卡脖子”阶段，以尼龙合成原料己二腈为典型代表；特种工程塑料产研脱节，比如我国吉林大学很早就具备PEEK树脂以及薄膜技术，但这么多年相关重点企业仍然不温不火；国产技术装备水平相对较低，生产标准落后，产品质量稳定性差；国内产品供应不足，专用料比例低，中低档产品偏多，以聚碳酸酯表现最为突出；产品结构不够合理，基础树脂合成企业少，改性加工型企业多，导致我国工程塑料树脂进口量巨大，平均自给率只有约61%(2017年)，在医疗器械等高端领域还存在大量空白；技术投入不够，产品开发与市场服务脱节，本土企业的竞争力较差等。

三、我国工程塑料产业面临的挑战

我国工程塑料产业正面临诸多新的挑战，首先是全球正在经历百年未有之大变局，国际政治经济不稳定性加剧，再加上疫情的影响，全球产业链供应链正在发生深刻变化，这极大地影响国内工程塑料的进出口态势，近一年原料价格大涨就是最明显的表现，而如果某些核心工程塑料像芯片一样被限制进口，情况将更加严重，关乎国家制造业的安全；其次是下游应用低迷，尤其是工程塑料最大的应用场景——汽车，2020年中国汽车产量为2522.5万辆，较2019年少了30.3万辆，同比减少1.19%，2020年中国汽车销量为2531.1万辆，较2019年减少了45.8万辆，同比减少1.78%，已经连续第三年下降，在全球经济低迷的背景下，消费端热情降低，这将直接影响上游材料端的行情；最后是“碳中和”战略发展需求，中国将提高国家自主贡献力度，采取更加有力的政策和措施，二氧化碳排放力争于2030年前达到峰值，努力争取2060年前实现碳中和，因此减少传统石油资源使用以减少碳排放正在成为全球共识，如何在新的形势下，既能够增加工程塑料产能满足市场的需求，又能在不影响产品品质的情况下，利用更加清洁低碳和低成本的方式生产原材料和相关产品，同时做好循环回收利用，是工程塑料行业当前较为棘手的巨大挑战。

四、工程塑料产业新的发展机遇和需求

工程塑料产业也正迎来诸多新的发展机遇和需求，首先全球城市化进程的快速推进、基础设施建设的不断增加以及可支配收入的持续增长，这些因素都是推动全球工程塑料市场增长的重要支撑。受惠于中国城镇化进程的持续深入以及居民人均收入增长所带动的消费升级大趋势，民生基础设施建设进程有望持续加深，进而刺激工程塑料行业下游建材、电子电器、服装、汽车和日用品等应用市场需求的释放，市场规模有望持续增长，行业产业链有望进一步完善，未来一段时期，我国工程塑料市场的需求以及良好的投资环境仍将吸引国内外公司持续投资；其次，我国60岁以上人口数占总人口数比例在近5年来持续升高，“三胎政策”也有望进一步增加新生儿的数量，围绕老年人和儿童的医疗产品、生活健康用品的市场将逐步增长，也将促进工程塑料的需求增长；最后是新一代信息技术正在驱动产业变革，以5G为代表的智能化、数字化时代正加速到来，包括聚酰亚胺、聚苯醚、液晶聚合物等高性能、功能性核

心材料将伴随着5G手机、自动驾驶、智慧城市等行业应用的深入推进而得到广泛需求，此外制造业升级也提供了巨大的市场需求，主要集中在汽车、高铁、航空航天等高端装备制造业对先进材料的需求增长。

五、我国工程塑料塑料行业发展展望

展望未来，工程塑料仍将在中国经济发展中起到重要和关键性作用，因此在“十四五”开局之年，工程塑料产业始终要把科技创新放在首位，牢记习总书记关于科技创新的一系列重要论述，关键核心技术是要不来、买不来、讨不来的，要围绕产业链上下游各个关键点和环节进行技术和制度创新，填补空白，垒实基础，更好地服务制造业发展。

(1)加强供给创新。加快推进己二腈、甲基丙烯酸甲酯(MMA)、1,4-环己烷二甲醇(CHDM)等关键单体产业化进程，以消除关键配套原料供应瓶颈；加强聚苯醚(PPO)、聚苯基硫醚(PPS)等关键塑料改性、塑料合金技术，以及新型高效助剂，如热稳定剂、抗氧剂、紫外吸收剂、成核剂、抗静电剂、分散剂和阻燃剂等，以满足汽车、现代轨道交通、航空航天等领域轻量化、高强度、耐高温、减震、密封等方面的要求。

(2)加快结构调整。工程塑料在充分竞争发展的态势下，呈现出结构性失衡问题，因此企业要避免盲目引进和建设PC、PBT、POM装置；新建装置要不断进行工艺技术改进，提高通用产品的质量，降低生产成本，同时还应该重视改性和下游应用开发，拓展应用领域；加快PPA、PA6T等特种尼龙，以及聚酰亚胺薄膜、聚砜、聚醚醚酮、液晶聚合物等特种工程塑料等产业化进程，并在此基础上扩大生产规模，满足下游领域对高性能材料的需求。

(3)加速低碳转型。大力引入生物制造、CCUS等创新技术，利用生物质、废气物以及二氧化碳来获取原料，逐渐摆脱对石油资源的依赖，向低碳化转型，这方面国外已经走在前列，以Neste、科思创等代表的先进企业技术值得学习和借鉴。同时加强回收再利用技术的开发，加快循环回收制度的建设，让更多塑料尽可能进入再利用的渠道，减少塑料对于环境的污染和资源浪费。

总之，我国工程塑料产业在几代人的共同努力下，已经取得了巨大的成绩，但与世界先进水平的较大差距，特别是生产与应用脱节、关键领域自主保障不足等问题突出。因此，工程塑料行业应在国家统一指导下，高度重视科技创新，逐步建立起以企业为主体的研发体系，破除产业难点，更加主动地迎接“碳中和”“双循环”“十四五”带来的机遇和挑战，谋求更高质量更长远的持续繁荣发展。

(中国塑协工程塑料专委会　赵明佑)

各地区塑料工业

天津市

2020 年,天津市的塑料制品总产量为 172 万吨,同比下降 26.4%。塑料制品产品结构是:

塑料薄膜 31.2 万吨;塑料板片材 9.1 万吨;塑料管及附件 33.4 万吨;塑料丝绳编制品 9.6 万吨;泡沫塑料 12.6 万吨;包装容器 21.4 万吨;日用塑料 5.3 万吨;其他及注塑配件制品等 49.4 万吨。

规模以上企业 2020 年完成塑料制品产量为 101.9 万吨。塑料薄膜 21 万吨,泡沫制品 10 万吨,日用塑料 2.4 万吨,其他塑料 68.3 万吨。

由于新冠肺炎疫情的影响,2020 年天津市塑料行业面临着诸多挑战,但是天津的塑料行业协会积极努力推动企业为抗疫做贡献。协会在努力为企业服务的同时坚持走访调研企业,为新冠肺炎疫情平稳后企业的复工复产奠定了良好的基础。

(天津市塑料行业协会　郑天禄)

辽宁省

2020 年,辽宁省塑料制品行业累计完成产量 78.06 万吨,同比增长-25.11%,低于全国平均水平;占全国塑料制品总产量的 1.03%,在全国 31 个省区市排名第 19 位。

分品种看,其他塑料、塑料薄膜和日用塑料是辽宁省主要塑料制品。2020 年,其他塑料制品累计产量 43.44 万吨,占本省塑料制品产量的 55.65%;塑料薄膜累计产量 20.77 万吨,同比增长 6.9%,占本省塑料制品产量的 26.61%;日用塑料累计产量 11.34 万吨,同比增长-14.54%,占本省塑料制品产量的 14.53%(表 1)。

表 1　2020 年辽宁省塑料制品分品种情况

	产量/(万吨)	同比/%	占全国同类产品比例/%	占本省比例/%
塑料	78.06	-25.11	1.03	100.00
塑料薄膜	20.77	6.9	1.38	26.61
农用薄膜	0.48	-15.32	0.62	0.61
泡沫塑料	2.09	-1.18	0.81	2.68
人造革合成革	0.42	-55.69	0.13	0.54
日用塑料	11.34	-14.54	1.74	14.53
其他塑料	43.44	—	0.8921	55.65

2020 年,辽宁省塑料制品月均产量为 6.5 万吨,同比下降 2.1 万吨。2020 年 1~2 月辽宁省塑料制品产量为 6.43 万吨,相比 2019 年同期减少了 3.1 万吨;辽宁省塑料制品产量在 3 月达到最低值,为 5.37 万吨,12 月达到最高值,为 8.56 万吨。

(辽宁省塑料工业协会　马宏伟)

山西省

一、行业发展概况

2020年是极其特殊的一年，新冠肺炎疫情的突袭给企业造成了极大的困难，加上中美贸易摩擦，大量的外贸出口企业受阻。在这种环境背景下，党中央明确提出“双循环”经济发展政策，为山西发展指出了“六新”的发展方向和路径，在省委省政府的领导下，山西省塑料行业得到了稳健发展。

2020年，山西省塑料制品行业累计完成产量22.38万吨，同比增长14.46%，高于全国平均水平；占全国塑料制品总产量的0.29%，在全国31个省区市排名第23位。塑料企业约400多家，主要集中在塑料建材、塑料薄膜、日用塑料等方面。

分品种看，其他塑料、塑料薄膜和日用塑料是山西省主要塑料制品。2020年，其他塑料制品累计产量18.59万吨，占本省塑料制品产量的83.07%；塑料薄膜累计产量1.84万吨，同比增长27.28%，占本省塑料制品产量的8.22%；日用塑料累计产量1.95万吨，同比增长69.54%，占本省塑料制品产量的8.71%；农用薄膜增幅较大（表1）。

表1　　2020年山西省塑料制品分品种情况

	产量/万吨	同比/%	占全国同类产品比例/%	占本省比例/%
塑料	22.38	14.46	0.29	100.00
其中：塑料薄膜	1.84	27.28	0.12	8.22
农用薄膜	0.15	224.3	0.19	0.67
泡沫塑料	0	0	0.00	0.00
人造革合成革	0	0	0.00	0.00
日用塑料	1.95	69.54	0.30	8.71
其他塑料	18.59	—	0.38	83.07

二、企业经营情况

山西省的塑料企业主要以塑料制品（板材、管材、型材）、塑料薄膜、塑料壶、降解塑料、超高分子等制品为主，地域分布主要是以太原、长治、吕梁、运城等城市为中心，形成了山西省塑料工业的主要产区，规模以上的塑料企业大多集中在这些区域，而且发展势头仍比较强劲。其塑料制品销售主要辐射山东、河北、河南、陕西、甘肃、内蒙古、宁夏、新疆等地并出口国外。

经过多年发展，山西省塑料行业相关企业在产品创新、装备水平、工艺技术等方面有了显著提升。截至目前，具有代表性的规模以上塑料加工企业有中德集团、潞安精蜡、金晖兆隆、南通星辰、运城制版、潞宝兴海、化工研究所、太原亚明、天罡新材料、乾通塑胶、天星管业、晋隆塑料、祁县旺中、骏博环保、玉竹新材料、泰鑫塑胶、龙骏艾柯、新环橡塑、金贵塑料、华烨光电、大新传动等。

随着塑料制品的高精度、高性能化要求与日俱增，我省塑料企业通过引进国际先进的大型成套装置设备和关键技术，工艺装备水平与沿海发达地区逐步缩小，部分领域甚至走到了全国的前列。例如南通星辰材料公司拥有中国唯一的万吨级聚苯醚（PPO）工程塑料及酚类生产装置，年产值7亿元；天罡新材料公司拥有世界级水平的板材生产线，板材生产线压力可达1200吨/米^2，为国内最高压力，是中车集团的指定材料供应商；金晖兆隆公司拥有2万吨生物降解原料PBAT和1万吨改性材料生产装置；中德集团积极引进国外先进技术，采用进口原材料，生产技术和装备水平在同行业中处于领先地位；潞安精蜡公司是继萨索尔、壳牌后全球第三家、国内第一家采用自主专利技术生产高熔点费托蜡的企业。该技术（发明专利号：201410217632.3）生产的60#、70#、80#、90#、105#、115#高熔点费托蜡产品可以完全替代现有所有进口产品，销往全球20多个国家和地区。潞安是全球第一家采用煤炭为原料生产茂金属PAO的企业，同时也是继美国美孚、雪佛龙之后全球第三家掌握茂金属催化体系的企业（前两家采用石油基路线），目前年产 2 万吨高黏度 PAO 工业化装置已实现稳定运行。运城制版集团在全球拥有 115 家分公司，年产值近 60 亿元；太原亚明公司拥有两个 WSR 系列成套设备的英国、欧盟认证，大口径结构壁管材生产设备生产口径可从 300～4000 毫米；晋隆环保公司的 GT、PLA 改性高分子环保材料全面投产后将成为华北地区最大的板片材加工基地；玉竹新材料公司拥有国内第一条年产 8 万吨人工合成微孔硅酸钙生产线。山西省内领先企业的突破，逐步引领全省塑料加工行业向“高精尖”领域发展。

三、重大事件和活动

1. 团结奋斗，抗击疫情，彰显企业担当

遵照工信厅要求，从 2 月 3 日开始秘书处以电话办公形式对我省部分会员企业的复工复产、防疫捐赠等情况进行问询。内容包括企业职工人数、生产能力、当前产能利用率及面临的主要困难等，并逐级上报会长办公会和工信厅消费品处。期间，还积极配合工信厅在医用口罩、防护服、熔喷布、护目镜等防疫物资的生产企业寻找方面，分别咨询中国塑料加工工业协会相关专业委员会以及全国各省份友好协会和省内防疫物资生产企业。

1 月 25 日，会长单位中德集团公司就接到协助当地医院建立隔离病区的施工任务，公司上下放弃休假时间，在第一时间积极响应，并于当天紧急安装完成。2 月 3 日，中德集团公司总部、四川公司再次向当地红十字会捐款 50 万元用于抗击疫情。3 月下旬开始，常务副会长单位金晖兆隆公司，针对公司海外客户抗击疫情需要，分批次将大量医用口罩等防疫物资运送到意大利、德国、西班牙等国家。彰显了我省企业在国之大难前的企业担当。

2. 宣传推广优势企业，加强行业与人才交流

协会秘书处积极推荐中德集团、金晖兆隆参加评选中国轻工业联合会 2020 年轻工百强企业申报活动。推荐中德集团、金晖兆隆、化工研究所、玉竹新材料、晋隆环保等单位参加中国塑料加工工业协会 11 月在南京召开的“四新”展览会。推荐专家委员会委员张军等 6 人申报中国塑料加工工业协会专家委员会团标委第二届团标委委员。推荐中德集团、金晖兆隆、太原亚明、晋隆环保入选省工信厅制造业领域千亿产业发展行动计划龙头企业。推荐中德集团、泰鑫塑胶、天星管业相关产品对接省工信厅优质产品网络云平台。

4 月开始，协会秘书处陆续走访南通星辰、化工研究所、山西天罡、祁县旺中、清徐晋隆、灵石天星、金晖兆隆、泰鑫塑胶等企业，就疫情影响和复工复产情况进行实地调研。

5 月、6 月、9 月、11 月秘书处分别参加了中国塑料加工工业协会滚塑专业委员会、农膜专业委员会年会，海南省 2020 年禁塑论坛暨供需产品对接会和中国塑料加工工业协会主办的南京“四新”展览会。会议期间，秘书处分别走访安徽省塑料协会和湖南省塑料行业协会，并与全国各省市协会就共同关心的问题开展了交流。

3. 加强塑料污染治理，推动替代产品优化升级

6 月开始，协会秘书处依据省发改委、生态环境厅发布的《关于进一步加强塑料污染治理的意见》，按照“禁限一批、替代循环一批、规范一批”的原则，就实施办法中提到的，到 2020 年底太原市建成区的大型商场、超市等场所依法依规禁止使用不可降解塑料袋，组织专家委员会委员在金晖兆隆召开专项研讨会，结合我省现有的塑料市场状况进行研判，分别从原料生产成本和产业链下游企业生产能力、政府补贴以及行业标准等方面提出了意见和建议。秘书处及时总结并形成报告递交省发改委和工信厅等政府部门，进一步对我省塑料行业产品进行优化升级。

4. 邀请专业机构深入调研企业，形成市场分析报告

7 月份开始，协会秘书处与中国化工经济技术发展中心、中石化销售华北分公司联合对我省塑料加工行业市场进行了专项调研。

此次调研主要是在研究当地市场和客户行业、地域分布的基础上，对太原、晋中、长治、临汾和运城等塑料加工行业企业较为集中的城市开展。联合调研组分别走访了中德集团、乾通塑胶、晋隆环保、祁县旺中、泰鑫塑胶、宏全食品、阳煤太化、华维包装、金贵塑料、先卓新材料等企业。

该项调研活动形成的分析报告，从大数据角度出发，将对山西省塑料行业在延伸产业链、制品加工、原料类型、企业运营状况（利润率及在行业中所处水平、开工率、行业排名、发展前景）以及政府的相关产业政策方面提供意见和建议。

5. 召开行业年会，促进会员交流

10 月 17 日，以“细分塑料行业市场 提高供需高效衔接”为主题，由山西省塑料行业协会主办，山西泰鑫塑胶制品有限公司和中北大学承办，山西玉竹

新材料科技股份有限公司、山东中艺橡塑有限公司、山西中德管业有限公司、山西晋隆环保科技有限公司共同支持的“2020 年山西省塑料行业年会暨石化产业链细分市场分析报告发布会”在临汾市翼城县召开。参加此次会议的有中国塑料加工工业协会副理事长马占峰，山西省住房和城乡建设厅二级巡视员项连斌，第十二届全国政协委员、山西省政协常委、山西省塑料行业协会会长、山西中德集团公司董事长程田青等 120 余人。

（山西省塑料行业协会　王慧凯）

上海市

2020 年初的重大疫情，对包括我国塑料制造业在内的生产、经营、出口、效益等多个方面造成了不同程度的影响，塑料行业经历着艰难的挑战。随着我国疫情防控取得重大成效，经济社会秩序逐步恢复、回稳，下游市场需求陆续启动，塑料企业复工复产加快。从去年第二季度开始，主要经济运行指标环比明显回升，累计同比降幅均有不同程度的收窄。进入下半年，各项指标进一步修复和收窄。全年上海塑料制品工业总产值同比已收窄至-0.7%，12 月当月工业总产值同比已显著增长 7.9%，特别是利润总额全年大幅增长 46.2%。2020 年上海塑料制造业经济运行呈现如下特点：

1. 经济运行指标前低后高，持续恢复

2020 年，上海塑料制品业经济运行总体呈现前低后高，持续恢复的发展态势。表 1 是 2020 年全国和上海塑料制品产量统计情况。4 月份复工复产以来，生产连续 9 个月实现环比增长。全年完成工业总产值 725.95 亿元，同比上年略降 0.7%，12 月当月工业总产值 75.18 亿元，同比已大幅增长 7.9%；当月出口交货值 11.41 亿元，也同比增长了 4.3%，恢复态势显著。详见表 2、表 3。

表 1　2020 年全国和上海塑料制品产量统计

序　号	品　种	全国/万吨	上海/万吨	上海与全国占比/%
1	塑料制品总产量	7603.22	199.64	2.63
	塑料薄膜	1502.95	62.46	4.16
	其中：农用薄膜	77.39	2.98	3.85
2	泡沫塑料	256.57	4.96	1.93
3	人造革合成革	323.07	4.74	1.47
4	日用塑料	651.09	13.93	2.14
5	其他塑料	4869.53	113.55	2.33

数据来源：国家统计局

表 2　2020 年 1~4 季度上海塑料制品业主要经济指标累计同比增长情况

主要经济指标		一季度	二季度	三季度	四季度
工业总产值（可比价）	累计/亿元	135.68	324.29	513.46	725.95
	同比增减/%	-19.4	-5.4	-3.6	-0.7
出口交货值	累计/亿元	26.07	58.45	88.57	119.92
	同比增减/%	-8.7	-3.7	-5.7	-2.8

续表

主要经济指标		一季度	二季度	三季度	四季度
利润总额	累计/亿元	7.85	27.70	53.06	82.72
	同比增减/%	-26.3	47.1(1-5月)	63.7(1-8月)	46.2

数据来源:上海市经济信息化委员会

表3　　2020年上海塑料制品业规模以上企业主要经济指标

主要经济指标	累计/亿元	同比增减/%	主要经济指标	累计/亿元	同比增减/%
现价产值	698.30	-4.5	可比价产值	725.95	-0.7
销售产值	698.04	-4.0	出口交货值	119.92	-2.8
单位数	541(家)	—	亏损单位数	97(家)	—
营业收入	819.62	-2.4	营业成本	644.10	-6.0
营业费用	34.45	-1.4	营业税金及附加	2.17	5.3
管理费用	47.89	-10.0	财务费用	6.59	33.0
盈利企业赢利额	87.36	42.9	亏损企业亏损额	4.63	1.7
利润总额	82.72	46.2	资产总计	1004.34	7.0
应收账款	192.87	10.5	产成品	45.37	-4.9
负债总计	399.06	6.6	应交增值税	16.61	6.8
税金总额	18.77	7.0	流动资产合计	616.99	9.4

数据来源:上海市经济信息化委员会

2. 塑料制造业在疫情防控中受益,利润增加显著

随着上海制造业结构调整和塑料加工产业转移,上海塑料产业发展重点已逐步转到注重配套高新技术的塑料新材料上,如应用于汽车、电子、医疗器械等领域较高端的工程塑料、改性塑料上,产品附加值提高,利润增加。加上全球抗疫产品需求猛增,防疫物资、医疗用品、医疗建设等都离不开塑料产品以及相配套产品;医用新材料、抗菌材料、安全包装、防护材料等塑料相关领域更成为市场的热门,塑料行业也从中受益。塑料制品业在整个轻工产业中利润增加明显,2020年全年利润总额82.72亿元,同比大幅增长46.2%。

3. 后疫情时代商机凸显,塑料制品继续担当重要角色

在疫情阻击战中,防疫物资、医疗用品、医疗建设发挥了关键作用,塑料制品在其中担当重要角色。疫情还催生了外卖、生鲜配送、快递、方便食品、家用电子产品、医疗用品及健身器材等逆势扩张。后疫情时代,5G、人工智能、健康汽车、健康家电、无人驾驶、高端医疗等加速推进,医用新材料、抗菌材料、安全包装、防护材料、数字化生产、回收再生及可循环等新材料、新设备、新技术的需求维持高位,为行业带来持续的发展机会。

表4显示,2020年只有约占60%工业总产值的“塑料包装箱及容器”“塑料零件及其他制品”两大类其可比价同比呈正增长,其中工业总产值近50%产值的“塑料零件及其他制品”的利润总额增长率高达65.3%,拉高了整体塑料制品的利润效益。

表 4　　2020 年上海塑料制品业分类制品经济指标统计数据

序号	主要制品	工业总产值/亿元	可比价同比增减/%	营业收入/亿元	同比增减/%	利润总额/亿元	同比增减/%	出口交货值/亿元	同比增减/%
1	塑料薄膜	112.91	-1.2	118.67	-4.2	10.54	63.0	14.63	-5.8
2	塑料板、管、型材	76.48	-9.0	94.89	-14.3	7.45	15.1	9.26	-3.7
3	塑料丝、绳及编织品	19.12	-1.9	21.98	-5.4	3.57	62.4	0.53	-49.0
4	泡沫塑料	24.49	-11.7	29.17	-12.8	3.25	-28.1	0.76	-33.2
5	塑料人造革、合成革	16.11	-18.9	16.30	-18.1	1.13	115.0	5.91	-21.4
6	塑料包装箱及容器	80.70	0.8	109.32	1.9	7.92	25.8	13.51	5.3
7	日用塑料制品	38.49	-7.2	42.79	-8.5	2.28	18.8	12.15	-21.3
8	塑料零件及其他制品	330.00	4.2	386.49	3.3	46.57	65.3	63.16	4.9
	塑料制品总计	698.30	-0.7	819.62	-2.4	82.72	46.2	119.92	-2.8

数据来源：中国轻工业联合会

4. 限塑令严格落地，可降解塑料需求提升

上海发改委等 10 部门 2020 年 7 月印发了《上海市关于进一步加强塑料污染治理的实施方案》。其中提到，2020 年底，率先在餐饮、宾馆、酒店、邮政快递等重点领域禁止和限制部分塑料制品的生产、销售和使用，基本实现塑料废弃物零填埋。到 2021 年，全市一次性塑料制品消费量明显减少，替代产品有效推广；在塑料污染问题突出领域和电商、快递、外卖等新兴领域，形成一批可复制、可推广的塑料减量和绿色物流模式。到 2022 年，全面实现塑料废弃物零填埋。可以预见禁塑的范围会越来越广。随着政策出台和公众环保意识的提升，2020 年以来，市场对可降解塑料的需求呈爆发式增长。

按照《关于进一步加强塑料污染治理的意见》的实施时间线，到 2025 年限塑令完成实施后，可降解塑料预计替代空间达到 250 万吨，将形成 500 亿元的市场规模。截至 2020 年 10 月，中国经营范围为可降解材料的相关企业共计 3358 家。其中，2020 年相关企业新增数量达 514 家，年增速为 15.05%，是中国可降解材料相关企业注册数量最多、增速最快的一年。越来越多的传统型的塑料生产企业加入到可降解材料生产中来。

2020 年 5 月，巴斯夫与彤程新材签署了一项联合协议，在上海化工园区建造一套产能为 6 万吨的 PBAT 可降解塑料生产装置，新装置将于 2022 年投产。此外，上海金发科技、上海浦景化工、上海俊尔、上海日之升等一批新老企业相继投入巨资开发、引进、建造可降解塑料生产线，竞相在这新型市场中分一杯羹。

2021 年在限塑令背景下，可降解塑料行业又将迎来跨越式发展。

（上海塑料行业协会　侯培民）

浙江省

一、基本情况

2020 年，面对严峻复杂的国内外环境，特别是新冠肺炎疫情的严重冲击，浙江省塑料行业遇到了前所未有的挑战，全省塑料行业深入学习贯彻习近平总书记重要讲话精神，特别是考察浙江重要讲话精神，努力推进疫情防控和行业经济发展，行业在抗疫过程中，发挥了重要的作用，凸显了塑料行业对保障国家战略性新兴产业和人民健康发挥的重要作用，可喜的是，在党中央坚强领导下，我国疫情得到控制，经济率先在全球实现正增长。总之，2020 年面对

困难和挑战，浙江省塑料行业经济运行呈现稳步复苏、回升提速、增收增效态势，制品产量、经济效益保持良好的增长势头，行业经济实现了平稳发展。

1. 行业规模

据浙江省统计局统计，2020 年浙江省塑料制品行业规模以上企业 2610 家，占全国塑料制品行业规模企业总数的 15.73%，从业人员 27.16 万，同比增长 0.40%。

2. 塑料制品产量

2020 年，全省规模以上企业完成塑料制品总产量 1280.17 万吨，同比增长 0.88%，占全国同期塑料制品总产量的 16.84%，居全国第一位，其中：塑料薄膜产量 326.62 万吨，同比增长 1.77%，占全国同期塑料薄膜总产量的 21.73%，居全国第一位；塑料薄膜中农用塑料薄膜的产量 2.09 万吨，同比增长 0.43%，占全国同期农用塑料薄膜总产量的 2.70%，居全国第十二位；泡沫塑料制品产量 32.56 万吨，同比增长 1.41%，占全国同期泡沫塑料制品总产量的 12.69%，居全国第二位；合成革人造革产量 51.60 万吨，同比下降 15.89%，占全国同期合成革人造革总产量的 15.97%，居全国第三位；日用塑料制品产量 111.67 万吨，同比增长 0.06%，占全国同期日用塑料制品总产量的 17.15%，居全国第二位；其他塑料制品产量 757.72 万吨，同比增长 1.99%，占全国同期其他塑料制品总产量的 15.56%，居全国第一位。

二、企业荣誉

1. 浙江省人民政府质量奖

浙江省人民政府质量奖是省政府设立的浙江省最高质量奖项；是省政府对从事产品生产、工程建设、服务提供、环境保护的企业或其他组织（以下简称企业）实施卓越绩效管理、取得显著经济效益和社会效益的奖励，目的是在各行各业树立质量标杆，引导和激励全省企业加强质量管理，追求卓越，实现高质量发展。目前，浙江省人民政府质量奖每二年评定一次，每次获奖企业不超过十家。

2020 年 9 月 15 日，浙江省人民政府发文（浙政发〔2020〕23 号）（浙江省人民政府关于表彰 2019 年省政府质量奖获奖组织的通报），对荣获 2019 年浙江省人民政府质量奖的十家企业予以通报表彰，其中国内 PP-R 管道行业的标杆企业——浙江伟星新型建材股份有限公司荣获“2019 年浙江省人民政府质量奖”，成为浙江省塑料行业唯一一家荣获该殊荣的企业，实现了浙江省塑料行业省人民政府质量奖“零”的突破。

2. 其他荣誉和奖项（表 1-表 32）

表 1　　2019 年度浙江省科学技术进步奖

成果名称	完成单位
一等奖	
高性能非金属管道设计制造关键技术开发及应用	浙江大学，浙江省特种设备科学研究院，永高股份有限公司，浙江中财管道科技股份有限公司，湖北兴欣科技股份有限公司，中国石油天然气管道科学研究院有限公司
高效节能精密-微型注塑成套装备关键技术研发及应用	浙江大学，浙江申达机器制造股份有限公司，杭州科技职业技术学院，杭州索凯实业有限公司
三等奖	
新一代汽车内外饰用 GMT 新材料及其回收再利用技术	浙江华江科技股份有限公司
蓝色聚酯薄膜	浙江强盟实业股份有限公司
多工位中频感应加热内衬 PE 复合钢管	浙江金洲管道科技股份有限公司，浙江大学
聚烯烃低收缩力高收缩率热收缩膜	浙江众成包装材料股份有限公司
纤维增强热塑性复合管道关键技术开发及产业化	浙江伟星新型建材股份有限公司
基于可控微纳结构的高效多功能复合薄膜材料关键技术及产业化	浙江福莱新材料股份有限公司，东南大学，浙江欧仁新材料有限公司

表 2　**2020 年浙江省隐形冠军企业**

序号	企业名称	地区
1	杭州本松新材料技术股份有限公司	杭州
2	华缘新材料股份有限公司	宁波
3	宁波能之光新材料科技股份有限公司	宁波

表 3　**2020 年浙江省隐形冠军培育企业**

序号	企业名称	地区
1	杭州大华塑业有限公司	杭州
2	宁波瑞成包装材料有限公司	宁波
3	浙江瑞堂塑料科技股份有限公司	宁波
4	温州鑫泰新材料股份有限公司	温州
5	浙江和顺新材料有限公司	湖州
6	嘉兴市永泰五金塑料有限责任公司	嘉兴
7	浙江德尔福新型建材股份有限公司	嘉兴
8	浙江众成包装材料股份有限公司	嘉兴
9	义乌市双童日用品有限公司	金华
10	浙江佳洁塑胶有限公司	金华
11	浙江三友塑业股份有限公司	台州

表 4　**2020 浙江省综合百强企业**

名次	企业名称	地区	营业收入/万元
6	浙江荣盛控股集团有限公司	杭州	20563698
48	华峰集团有限公司	温州	3827489
56	利时集团股份有限公司	宁波	3365802
100	宁波华翔电子股份有限公司	宁波	1709344

表 5　**2020 浙江省制造业百强企业**

名次	企业名称	地区	营业收入/万元
4	浙江荣盛控股集团有限公司	杭州	20563698
32	华峰集团有限公司	温州	3827489
36	利时集团股份有限公司	宁波	3365802
63	万华化学(宁波)有限公司	宁波	1835665

续表

名次	企业名称	地区	营业收入/万元
66	宁波华翔电子股份有限公司	宁波	1709344
69	海天塑机集团有限公司	宁波	1640985
80	浙江富陵控股集团有限公司	绍兴	1216903
85	浙江中财管道科技股份有限公司	绍兴	1127351
88	台塑工业(宁波)有限公司	宁波	1112373

表 6　　2020 浙江省成长性最快百强企业

名次	企业名称	地区	增长率/%	营业收入/万元
7	浙江荣盛控股集团有限公司	杭州	59.90	20563698
32	浙江富陵控股集团有限公司	绍兴	25.53	1216903
44	浙江中财管道科技股份有限公司	绍兴	21.09	1127351
66	利时集团股份有限公司	宁波	16.24	3365802
74	台州富岭塑胶有限公司	台州	15.25	84406

表 7　　2020 年新认定省级企业研究院名单

序号	依托单位	研究院名称
1	宁波利时日用品有限公司	浙江省利时高分子生态材料制品研究院
2	宁波家联科技股份有限公司	浙江省家联生物降解材料研究院
3	浙江宇狮包装材料有限公司	浙江省宇狮包装材料研究院
4	温州市金田塑业有限公司	浙江省金田功能薄膜研究院
5	浙江百之佳家具有限公司	浙江省百之佳绿色塑件坐具与智能制造技术研究院
6	浙江罗星实业有限公司	浙江省罗星实业聚氨酯新材料技术研究院
7	浙江华帅特新材料科技有限公司	浙江省华帅特功能高分子材料研究院
8	浙江金彩新材料有限公司	浙江省金彩功能母粒材料研究院
9	浙江耀阳新材料科技有限公司	浙江省耀阳科技电子专用功能膜材料研究院
10	浙江同正管道技术有限公司	浙江省同正高性能塑胶管道研究院
11	浙江中财管道科技股份有限公司	浙江省中财管道新型功能管材研究院

表 8　　2020 年新建省级高新技术企业研究开发中心名单

序号	中心名称	依托单位
1	康发高性能塑料挤出设备省级高新技术企业研究开发中心	杭州康发塑料机械有限公司

续表

序号	中心名称	依托单位
2	杭塑医药包装省级高新技术企业研究开发中心	杭州塑料工业有限公司
3	中日龙精密复杂塑料模具制品省级高新技术企业研究开发中心	中日龙电器制品(杭州)有限公司
4	昌亚可降解塑料餐具省级高新技术企业研究开发中心	昌亚新材料科技有限公司
5	康莱方医用输液塑料制品省级高新技术企业研究开发中心	温州市康莱方医用塑料有限公司
6	鑫泰PP改性塑料省级高新技术企业研究开发中心	温州鑫泰新材料股份有限公司
7	龙邦环保型塑料制品省级高新技术企业研究开发中心	浙江龙邦塑业有限公司
8	中财塑料管道省级高新技术企业研究开发中心	浙江中财管道衍生产品有限公司
9	瑞达热固性塑料省级高新技术企业研究开发中心	开化瑞达塑胶科技有限公司
10	恒申塑料制品及新材料省级高新技术企业研究开发中心	浙江恒申科技股份有限公司
11	奥博新型塑料管道省级高新技术企业研究开发中心	浙江奥博管业股份有限公司
12	和顺功能性聚酯薄膜省级高新技术企业研究开发中心	浙江和顺新材料有限公司
13	润阳高分子材料省级高新技术企业研究开发中心	浙江润阳新材料科技股份有限公司
14	恩龙高分子材料省级高新技术企业研究开发中心	恩龙实业(嘉兴)有限公司
15	恒益纸塑新型高分子材料省级高新技术企业研究开发中心	桐乡恒益纸塑有限公司
16	恒宇高分子包装材料省级高新技术企业研究开发中心	金华市恒宇包装有限公司
17	飞虎塑胶高分子材料省级高新技术企业研究开发中心	磐安县飞虎塑胶股份有限公司

表9　　2020年浙江省优秀工业产品名单

序号	企业名称	产品名称及型号
1	宁波家联科技股份有限公司	注水餐盘
2	宁波家联科技股份有限公司	PLA环保餐具套件
3	浙江众成包装材料股份有限公司	聚烯烃低收缩力高收缩率热收缩膜
4	浙江捷众科技股份有限公司	新型汽车电机塑料齿轮(系列)

表10　　2020年浙江省塑料行业名优品牌产品名单

序号	企业名称	产品名称
1	永高股份有限公司	塑料管材、管件
2	浙江伟星新型建材股份有限公司	塑料管材、管件
3	金华春光橡塑科技股份有限公司	吸尘器软管
4	浙江众成包装材料股份有限公司	聚烯烃热收缩膜

续表

序号	企业名称	产品名称
5	浙江普利特新材料有限公司	汽车用高性能环保型塑料改性材料 （改性 PP、改性 PA、改性 ABS、PC/ABS 合金）
6	三友控股集团有限公司	塑料筒管
7	浙江同正管道技术有限公司	建筑用塑料管材、管件（PVC、PP-R）
8	杭州新光塑料有限公司	塑料薄膜
9	宏升塑胶（杭州）有限公司	聚乙烯（PE）管件
10	浙江天雁控股有限公司	给排水用硬聚氯乙烯（PVC-U）管材管件、PP-R 管材管件
11	浙江鑫鼎塑业股份有限公司	塑料垃圾桶
12	启明新材料股份有限公司	双向拉伸聚丙烯（BOPP）薄膜
13	华瑞达包装材料股份有限公司	双向同步拉伸尼龙（BOPA）薄膜
14	浙江展宇新材料有限公司	亚克力板材
15	宁波鸿雁包装材料有限公司	拉伸缠绕膜（PE）
16	浙江步步乐箱包有限公司	旅行箱包
17	浙江省嵊州市绿园塑料网业有限公司	塑料经编网

表 11　　2020 年浙江省国家高新技术企业创新能力百强名单

排名	企业名称	排名	企业名称
28	杭州福斯特应用材料股份有限公司	84	杭州巨星科技股份有限公司
49	浙江伟星新型建材股份有限公司		

表 12　　2019 年度中国轻工业百强企业

名次	企业名称	名次	企业名称
48	公元塑业集团有限公司	62	浙江中财管道科技股份有限公司
55	浙江伟星新型建材股份有限公司	65	利时集团股份有限公司

表 13　　2019 年度中国轻工业科技百强企业

名次	企业名称	名次	企业名称
25	永高股份有限公司		

表 14　　2019 年度中国轻工业塑料行业十强企业

名次	企业名称	名次	企业名称
3	公元塑业集团有限公司	6	浙江伟星新型建材股份有限公司
4	利时集团股份有限公司	7	浙江中财型材有限责任公司

续表

名次	企业名称	名次	企业名称
5	浙江中财管道科技股份有限公司		

表 15　　2019 年度中国轻工业塑料行业(多功能母料)十强企业

名次	企业名称	名次	企业名称
3	浙江金彩新材料有限公司	6	嘉兴高正新材料科技股份有限公司

表 16　　2019 年度中国轻工业塑料行业(塑料复合膜)十强企业

名次	企业名称	名次	企业名称
1	杭州顶正包材有限公司	3	浙江诚信包装有限公司

表 17　　2019 年度中国轻工业塑料行业(塑料异型材)十强企业

名次	企业名称	名次	企业名称
1	浙江中财型材有限责任公司	7	华之杰塑料建材有限公司

表 18　　2019 年度中国轻工业塑料行业(塑料家居)十强企业

名次	企业名称	名次	企业名称
1	宁波利时日用品有限公司	6	双马塑业有限公司
2	台州富岭塑胶有限公司	8	浙江龙士达家居用品有限公司
5	浙江鑫鼎塑业股份有限公司	9	三友控股集团有限公司

表 19　　2019 年度中国轻工业塑料行业(塑料管材)十强企业

名次	企业名称	名次	企业名称
2	公元塑业集团有限公司	4	浙江伟星新型建材股份有限公司
3	浙江中财管道科技股份有限公司	9	浙江枫叶管业科技股份有限公司

表 20　　2019 年度中国轻工业塑料行业(聚氨酯)十强企业

名次	企业名称	名次	企业名称
3	赛诺(浙江)聚氨酯新材料有限公司	5	浙江圣诺盟顾家海绵有限公司

表 21　　2019 年度中国轻工业塑料行业(降解塑料)十强企业

名次	企业名称	名次	企业名称
2	浙江华发生态科技有限公司	6	浙江海正生物材料股份有限公司
4	宁波家联科技股份有限公司		

表 22　2019 年度中国轻工业塑料行业(人造革合成革)十强企业

名次	企业名称	名次	企业名称
2	浙江禾欣新材料有限公司	8	浙江昶丰新材料有限公司
4	浙江康成新材料科技有限公司	10	浙江中革实业有限公司
6	温州瑞普皮革有限公司		

表 23　2019 年度中国轻工业塑料行业(双向拉伸聚酯薄膜)十强企业

名次	企业名称	名次	企业名称
2	绍兴翔宇绿色包装有限公司	8	浙江永盛科技有限公司
3	浙江强盟实业股份有限公司	10	杭州大东南高科新材料有限公司
7	杭州大华塑业有限公司		

表 24　2019 年度中国轻工业塑料行业(塑料板片材)十强企业

名次	企业名称	名次	企业名称
6	浙江中邦塑胶股份有限公司		

表 25　2019 年度中国轻工业塑料行业(镀铝膜)十强企业

名次	企业名称	名次	企业名称
1	嘉兴鹏翔包装材料有限公司	6	杭州晶鑫镀膜包装有限公司
3	浙江长宇新材料有限公司		

表 26　2019 年度中国轻工业塑料行业(农用薄膜)十强企业

名次	企业名称	名次	企业名称
5	杭州新光塑料有限公司		

表 27　2019 年度中国轻工业塑料行业(塑料助剂)十强企业

名次	企业名称	名次	企业名称
5	浙江传化华洋化工有限公司		

表 28　2019 年度中国轻工业塑料行业(塑木制品)十强企业

名次	企业名称	名次	企业名称
2	浙江诚成新材料科技有限公司	10	绍兴永昇新材料有限公司
3	宁波禾隆新材料股份有限公司		

表 29　2020 年制造业单项冠军企业(工信部)

示范企业名称	主营产品
台州富岭塑胶有限公司	环保塑料餐具

表 30　　2020 年专精特新“小巨人”企业名单(工信部)

序号	企业名称
1	杭州捷尔思阻燃化工有限公司
2	杭州星华反光材料股份有限公司
3	浙江顺豪新材料有限公司
4	浙江强力控股有限公司
5	安吉长虹制链有限公司
6	浙江佑威新材料股份有限公司
7	金华春光橡塑科技股份有限公司
8	浙江优亿医疗器械有限公司
9	浙江赛豪实业有限公司
10	华缘新材料股份有限公司
11	宁波艾克姆新材料有限公司
12	宁波吉田智能洁具科技有限公司
13	宁波能之光新材料科技股份有限公司
14	宁波先锋新材料股份有限公司
15	宁波市青湖弹性体科技有限公司

表 31　　2020 中国民营企业 500 强

名次	企业名称	省份	行业	营收/万元
19	浙江荣盛控股集团有限公司	浙江省	化学原料和化学制品制造业	20563698
146	巨星控股集团有限公司	浙江省	橡胶和塑料制品业	5560171
215	浙江明日控股集团股份有限公司	浙江省	零售业	4113323
234	华峰集团有限公司	浙江省	化学原料和化学制品制造业	3827489
275	利时集团股份有限公司	浙江省	橡胶和塑料制品业	3365802
307	伟星集团有限公司	浙江省	其他制造业	3022206

表 32　　2020 中国制造业民营企业 500 强

名次	企业名称	省份	行业	营收/万元
79	巨星控股集团有限公司	浙江省	橡胶和塑料制品业	5560171
152	利时集团股份有限公司	浙江省	橡胶和塑料制品业	3365802
171	伟星集团有限公司	浙江省	其他制造业	3022206
313	公元塑业集团有限公司	浙江省	橡胶和塑料制品业	1809123

续表

名次	企业名称	省份	行业	营收/万元
421	浙江中财管道科技股份有限公司	浙江省	橡胶和塑料制品业	1127351

三、标准发布、“品字标”认证(表 33、表 34)

表 33　　2020 年发布的“浙江制造”团体标准

序号	标准号	标准名称	发布日期
1	T/ZZB 1571—2020	《电力用双轴取向聚氯乙烯(PVC-O)环保管材》	2020-04-20
2	T/ZZB 1604—2020	《室内用铝材聚氨酯复合装饰墙板》	2020-06-19
3	T/ZZB 1607—2020	《工业用氯化聚氯乙烯(PVC-C)管道系统》	2020-06-19
4	T/ZZB 1624—2020	《食品包装用 PLA 杯》	2020-06-30
5	T/ZZB 1626—2020	《室内装饰装修用软聚氯乙烯薄膜》	2020-06-30
6	T/ZZB 1648—2020	《建筑用硬聚氯乙烯电磁屏蔽电工套管》	2020-06-30
7	T/ZZB 1652—2020	《一次性血清移液管(聚苯乙烯)》	2020-06-30
8	T/ZZB 1653—2020	《 一次性细胞冻存管(聚丙烯)》	2020-06-30
9	T/ZZB 1663—2020	《非开挖施工用离心浇铸玻璃纤维增强塑料夹砂管》	2020-06-30
10	T/ZZB 1666—2020	《半硬质聚氯乙烯复合块状地板》	2020-06-30
11	T/ZZB 1674—2020	《丙烯腈-丁二烯-苯乙烯(ABS)儿童积木玩具》	2020-08-26
12	T/ZZB 1693—2020	《塑质地掷球》	2020-09-16
13	T/ZZB 1713—2020	《食品包装用塑料与铝箔复合封口膜》	2020-09-16
14	T/ZZB 1733—2020	《挤出制品用聚乳酸》	2020-10-23
15	T/ZZB 1745—2020	《食品包装用多层复合吹塑瓶》	2020-10-23
16	T/ZZB 1751—2020	《连续缠绕玻璃纤维增强塑料夹砂管》	2020-10-23
17	T/ZZB 1759—2020	《机动车号牌用烫印膜》	2020-10-23
18	T/ZZB 1766—2020	《乙烯-四氟乙烯共聚物(ETFE)塑料衬里反应釜》	2020-11-03
19	T/ZZB 1767—2020	《冷却塔用聚氯乙烯淋水填料》	2020-11-03
20	T/ZZB 1776—2020	《航空用合金热塑板》	2020-11-03
21	T/ZZB 1780—2020	《室内装饰用 PVC 膜》	2020-11-03
22	T/ZZB1791—2020	《中空素面聚乙烯木塑地板》	2020-11-06
23	T/ZZB 1798—2020	《海水养殖网箱用聚乙烯(PE)管材》	2020-11-06
24	T/ZZB 1815—2020	《塑料 汽车配件用再生聚碳酸酯(PC)专用料》	2020-11-06

续表

序号	标准号	标准名称	发布日期
25	T/ZZB 1831—2020	《医用一次性使用聚醚砜微孔滤膜》	2020-11-11
26	T/ZZB 1864—2020	《喷墨打印用聚丙烯(PP)复合纸》	2020-11-18
27	T/ZZB 1885—2020	《液体食品无菌包装用铝塑复合袋》	2020-11-18
28	T/ZZB 1890—2020	《聚氨酯硬质脚轮》	2020-11-20
29	T/ZZB 1917—2020	《管网修复用内衬聚乙烯管材》	2020-11-20
30	T/ZZB 1939—2020	《液晶显示用无保护膜棱镜型光学增亮膜》	2020-11-23
31	T/ZZB 1965—2020	《家具用水性聚氨酯合成革》	2020-11-23
32	T/ZZB 2013—2020	《同质聚氯乙烯卷材地板》	2020-12-23
33	T/ZZB 2014—2020	《兽医塑钢连续注射器》	2020-12-23
34	T/ZZB 2015—2020	《室内装饰用木纹铝塑复合板》	2020-12-23
35	T/ZZB 2025—2020	《聚氨酯合成革》防雨靴	2020-12-30

表 34　　2020 年通过浙江制造“品字标”认证的产品

序号	企业名称	产品名称
1	杭州新子新能源股份有限公司	光伏组件封装用 EVA 胶膜
2	浙江三棱塑胶有限公司	民用 PP-R 塑料管材
3	浙江蔡司管道科技有限公司	PPR 管件
4	浙江蔡司管道科技有限公司	民用 PPR 管材
5	凯奇集团有限公司	小型游乐设施 儿童滑梯
6	浙江新力新材料股份有限公司	低压电器用抗高温黄变阻燃增强聚酰胺
7	浙江鼎耐塑胶管阀有限公司	热塑性法兰式隔膜阀
8	浙江鼎耐塑胶管阀有限公司	热塑性法兰式隔膜阀
9	浙江高峰控股集团有限公司	燃气用埋地聚乙烯(PE)管材
10	温州市正大眼镜有限公司	塑料架
11	宁波金雨科技实业有限公司	化妆品包装 塑料真空瓶
12	浙江永兴新材料科技有限公司	低压电器外壳专用阻燃增强聚酰胺复合材料
13	浙江临亚股份有限公司	塑料休闲椅
14	浙江海象新材料股份有限公司	硬质聚氯乙烯石塑地板
15	嘉善冠通塑业有限公司	一次成型承插式中空缠绕管
16	浙江心为心科技股份有限公司	高强度注塑鞋跟

续表

序号	企业名称	产品名称
17	华东游乐设备有限公司	小型游乐设施 儿童滑梯
18	温州市爱氏光学实业有限公司	眼镜架(塑料)
19	温州展泰眼镜有限公司	塑胶眼镜架
20	浙江金保科技有限公司	两轮移动式塑料垃圾桶
21	浙江金保科技有限公司	两轮移动式塑料垃圾桶
22	特洁尔科技股份有限公司	分体式智能坐便盖
23	浙江摩尔舒卫生设备股份有限公司	分体式智能坐便盖
24	金石包装(嘉兴)有限公司	自立式自封袋
25	浙江麟祥塑业有限公司	两轮移动式脚踏翻盖式 塑料垃圾桶
26	强龙家具股份有限公司	塑料休闲椅
27	浙江伟望汽车零部件有限公司	液压制动系统塑料储液罐
28	浙江伟星新型建材股份有限公司	民用 PP-R 塑料管材
29	浙江伟星新型建材股份有限公司	冷热水用 PP-R 管件(热熔)
30	温州市蒙拉妮鞋业有限公司	注塑鞋
31	温州德泰塑业有限公司	塑料编织阀口袋
32	浙江诚信包装材料有限公司	食品包装用塑料与铝箔复合封口膜(二层封口膜)
33	浙江诚信包装材料有限公司	食品包装用塑料与铝箔复合封口膜(三层封口膜)
34	浙江光跃环保科技股份有限公司	塑料压力储水桶
35	浙江卡拉扬集团有限公司	一次成型拉杆箱
36	浙江天振科技股份有限公司	硬质聚氯乙烯石塑地板
37	浙江交联辐照材料股份有限公司	普通型辐射交联聚乙烯泡沫塑料
38	倍仕得电气科技(杭州)股份有限公司	风力发电用电缆固定头——大锁紧范围非金属(尼龙)电缆固定头
39	开化瑞达塑胶科技有限公司	塑质地掷球
40	浙江明士达股份有限公司	室内装饰装修用软聚氯乙烯薄膜(高阻燃)
41	温州昭阳光学有限公司	眼镜架(塑料架,全框架)
42	浙江地球管业有限公司	耐紫外线抗裂型聚乙烯中空双平壁螺旋管材
43	嘉兴环亚包装有限公司	食品包装用三层铝塑封口膜
44	嘉兴环亚包装有限公司	食品包装用铝塑易撕膜
45	嘉兴环亚包装有限公司	食品包装用铝塑封口膜
46	杭州新光塑料有限公司	农业用聚乙烯吹塑棚膜

续表

序号	企业名称	产品名称
47	海宁帝龙永孚新材料有限公司	室内装饰用 PVC 膜
48	浙江堂正格塑胶科技有限公司	改性环保 PVC 木塑复合颗粒料
49	浙江晶通塑胶有限公司	半硬质聚氯乙烯复合块状地板
50	浙江晶通塑胶有限公司	半硬质聚氯乙烯复合块状地板
51	浙江奕科新材料股份有限公司	半硬质聚氯乙烯块状地板(非锁扣型)
52	浙江奕科新材料股份有限公司	半硬质聚氯乙烯块状地板(锁扣型)
53	浙江奕科新材料股份有限公司	硬质聚氯乙烯石塑地板(室内家用)
54	浙江卡曼橡胶地板有限公司	硬质聚氯乙烯(商用)石塑地板
55	浙江卡曼橡胶地板有限公司	硬质聚氯乙烯(家用)石塑地板
56	浙江卡曼橡胶地板有限公司	非锁扣半硬质聚氯乙烯复合块状地板
57	台州富岭塑胶有限公司	食品包装用 PLA 水杯
58	法狮龙家居建材股份有限公司	顶墙集成(辊涂型铝合金吊顶板+木塑复合材料饰面板)
59	浙江圣诺盟顾家海绵有限公司	慢回弹软质聚氨酯泡沫材料
60	浙江圣诺盟顾家海绵有限公司	通用型软质聚氨酯泡沫材料

四、为打赢新型冠状病毒肺炎阻击战，行业企业在行动

2020 年春节，新冠肺炎疫情肆虐，这场没有硝烟的“战争”，紧紧牵动着全国人民的心，也牵动着行业企业人的心，行业企业高度重视，及时启动支援行动，积极加入“逆行”行列，责无旁贷、义不容辞，行业企业(永高股份、伟星新材等)全力驰援武汉“火神山”“雷神山”、西安、北京“小汤山”等医院的建设和修缮工程，先后为武汉“火神山”“雷神山”和西安及北京“小汤山”医院等的建设和修缮工程迅速组织生产、无偿提供大批量塑料管道产品等建设物资，以“责任”之名吹响战“疫”集结号，以“匠心”品质筑就生命防护堤。

疫情就是命令，防控就是责任，行业企业(浙江普利特、浙江金利达等)主动担当，迅速组织专业技术力量，成功开发了“聚丙烯熔喷布和口罩鼻梁条专用料”，用于各种级别医用口罩中间层(口罩的心脏)、医用防护服用熔喷布及口罩鼻梁条的生产，大大缓解了当时医用防护服、防护口罩用聚丙烯熔喷布、鼻梁条专用料和鼻梁条的紧缺状况，还有许多企业积极捐款捐物，为疫情防控和推动复工复产做出了积极贡献，为打赢新冠肺炎疫情阻击战加油助力！

五、生物降解材料及制品初具规模

随着国家对限塑令进行升级，中央全面深化改革委员会第十次会议审议通过了《关于进一步加强塑料污染治理的意见》(以下简称意见)，并经国务院同意，由国家发改委、生态环境部印发颁布。《意见》指出：到 2020 年底率先在部分地区、部分领域禁止、限制部分塑料制品的生产、销售和使用；到 2025 年，塑料制品生产、流通、消费和回收处置的管理制度基本建立，多元共治体系基本形成，替代产品开发应用水平进一步提升，重点城市塑料垃圾填埋量大幅降低，塑料污染得到有效控制。为了积极响应国家号召，浙江省对限塑令进行了进一步升级，省发展改革委、省生态环境厅、省经信厅等 9 部门联合发布了《关于进一步加强塑料污染治理的实施办法》，要求禁止、限制部分塑料制品的生产、销售和使用，并明确将商场、超市等场所塑料袋的使用从“有偿使用”变成“禁止使用”。

为响应国家和省政府号召，加快塑料污染治理步伐，浙江省已有多家生物降解材料生产企业，目前具有 PLA、PBAT 的生产能力 5 万吨，未来将陆续有产能释放,预计全省 PLA、PBAT 总产能将达 130 余万吨,目前上述改性材料的生产能力为 15 万吨,预计未来可达 100 余万吨。目前全省生物降解塑料制品有:塑料袋、刀、叉、勺、吸管等,有各种规模的生产企业 50 余家,其中:台州富岭、宁波家联和义乌双童是目前浙江省生物降解塑料制品产量最大的企业。

六、重大事件和活动

1. 向政府部门反映行业呼声

5 月 8 日,浙江省住房和城乡建设厅发布了《关于进一步加强城镇污水处理设施建设管理工作的指导意见》(浙建城〔2020〕40 号文,简称"指导意见"),浙江省塑料管道生产企业高度重视和关注该指导意见,针对指导意见第二条(工作任务)中的第(三)小条(严控工程质量)中提到的"积极推广新工艺、新材料和新设备……,在管网建设改造中优先采用承插式橡胶圈接口球墨铸铁管、植物纤维增强水泥管等优质管材,逐步改造淘汰现有的砖砌检查井"内容,其中未将"塑料排水、排污管材"纳入优先采用的优质管材范畴,5 月 15 日,省内多家塑料管道生产企业向我会强烈反映,认为这种表述(推荐)不够科学,容易对应用领域产生一定误导,将对浙江省塑料管道生产企业的发展带来负面影响。

浙江省作为国内经济发达的省份之一,所出台的各项政策、指导意见在全国具有示范效应,故该指导意见对全国塑料管道行业的负面影响也是不可低估,同时对包括塑料管道在内的为排水、排污工程做出重要贡献的其他材质管道产品也有失公允。

为此,在当时企业防疫抗疫和复工复产达产的关键时期,为营造良好的市场环境,我会作为浙江省塑料行业的民间组织特向住房和城乡建设厅去函,从浙江省塑料管道行业的现状及在全国塑料管道行业的地位、浙江省塑料管材在国家公共设施、基础设施建设中的应用案例等方面向住房和城乡建设厅进行汇报,希望得到住房和城乡建设厅的大力支持,将"塑料排水、排污管道"纳入城镇污水处理设施建设的优质管材范畴,助力浙江省城镇污水处理工作和浙江省塑料管道企业持续健康发展。省住房和城乡建设厅收到我会的函后,进行了认真的讨论和研究,并于 5 月 29 日由省住房和城乡建设厅城建处召集浙江省塑料行业协会、浙江永高股份、伟星新材进行沟通交流,会后再次由浙江塑协将全省塑料管道行业的现状、产品应用情况及执行标准等以书面形式形成详细汇报材料上报省住房和城乡建设厅,省住房和城乡建设厅再次对我会的汇报材料进行分析和研究,最终省住房和城乡建设厅在 6 月 8 日将 HDPE 塑料实壁管列入城乡建设厅发布的《关于进一步加强城镇污水处理设施建设管理工作的指导意见》。此举对进一步推动浙江省塑料管道行业的健康发展起到了促进作用。

2. 召开"浙江制造"标准——《食品级同步拉伸尼龙薄膜》启动会暨研讨会

7 月 25 日,由我会组织牵头制定的"浙江制造"标准——《食品级同步拉伸尼龙薄膜》启动会暨研讨会在温州瑞安召开,会议由我会组织召开,来自省内外高校、检测机构、认证机构、相关上下游企业及农膜生产企业等单位的代表和专家参加会议。

与会专家和代表充分肯定了《食品级同步拉伸尼龙薄膜》"浙江制造"标准的先进性,并对标准内容进行了热烈讨论,对某些条款内容提出了修改意见,确定了标准(征求意见稿)征求意见范围和对象。

3. 联合主办"2020 第 12 届宁波国际塑料橡胶工业展览会"暨"宁波国际高分子新材料新装备博览会"

8 月 22~22 日,由浙江省塑料行业协会、浙江省橡胶行业协会、宁波市塑料行业协会、宁波市塑料机械行业协会、宁波市橡胶商会、宁波市热塑性弹性体商会联合主办,际华展览服务(上海)有限公司承办的"2020 第 12 届宁波国际塑料橡胶工业展览会"暨"宁波国际高分子新材料新装备博览会"在宁波举行,此次展会展览面积为 30000 米^2,有 900 余家企业参展,展品涵盖了塑料、橡胶行业的原料、加工机械、检测仪器等,吸引了业内 35000 余名专业人士参观,展会对推动浙江省塑料橡胶行业的进步与发展具有重要意义。

4. 组织行业企业参观"2020 中国国际塑料展览会"

"2020 中国国际塑料展览会"于 11 月 2~3 日在南京隆重举行,浙江省塑料行业协会是支持单位之一。本届展会面积近 5 万米^2,分为智能装备展厅、新材料与新技术展厅、模具零部件与塑料制品展厅、塑料包装与薄膜展厅等四个展厅,涵盖从原辅材料、关键零部件到先进制造装备、整体解决方案的全产业链最新技术、产品和服务,共有 900 余家塑料行业知名骨干企业参展,近 2000 个展位,是 2020 年国内规格最高、专业性最强、规模最大的塑料工业展。

展会同期,中国塑协还在南京举办 2020 中国塑料行业科技大会及 40 场专业会议,有 300 多位专家发布专题报告,万余名企业家、工程技术人员参会。

另有19场大型知名企业的“塑料新材料、新技术、新装备、新产品”发布会和14场高校、研究院所团队的科研成果发布会。

为了方便业内企业参观本届展览会，浙江省塑料行业协会组织业内100余家企业参观本届展览会并参加了展会期间举办的有关论坛。

5. 协会“六届一次会员代表大会暨六届一次理事会、一届一次监事会”顺利召开

11月25日，“浙江省塑料行业协会六届一次会员代表大会暨六届一次理事会、一届一次监事会”在杭州雷迪森铂丽大饭店顺利召开，全省226家会员企业的288位会员代表参加会议，浙江省经信厅政策法规处副处长郑志灵、浙江省民政厅社会组织管理局副局长张真、浙江省经信领域行业党支部副书记王立安等领导出席会议并致辞。

根据会议选举情况，会议选举产生了协会第六届理事会，由93名理事(单位)组成；选举产生协会第一届监事会，由3名监事(单位)组成。

协会六届一次理事会会议选举产生了协会第六届常务理事会、第六届理事会主要负责人，聘任协会第六届名誉会长和副秘书长。协会一届一次监事会选举产生了一届监事会监事长。

（浙江省塑料行业协会　汪建萍）

温州市

2020年，全市规模企业369家，完成工业总产值228.60亿元，比上年同期下降3.4%，产量142.48万吨，同比下降1%。基本保持上年水平。温州塑料制品工业，约有2000家企业，全社会产值600亿元左右，是我市工业支柱产业之一(表1、表2)。

表1　　全市规模企业分产品产值及产量

行业名称	企业数/家	工业总产值		产品产量	
		累计/万元	增速/%	累计/吨	增速/%
合计	369	2286024	-3.4	1424757	-1.0
塑料薄膜	70	657346	-3.8	479214	-1.6
塑料板、管、型材	23	106953	-4.8	—	—
塑料丝、绳及编织品	133	816931	-0.1	—	—
泡沫塑料	11	49968	-15.0	22341	-12.8
塑料人造革、合成革	22	186693	-20.2	80579	-15.9
塑料包装箱及容器	10	22443	-17.9	—	—
日用塑料制品	16	79192	-0.2	4181	-58.2
塑料零件及其他塑料制品	84	366498	3.8	838442	2.2

表2　　全市规模企业分县市区产值及产量

县市区名称	企业数/家	工业总产值		产品产量	
		累计/万元	增速/%	累计/吨	增速/%
温州市	369	2286024	-3.4	1424757	-1.0
鹿城区	3	7051	-30.7	—	—

续表

县市区名称	企业数/家	工业总产值		产品产量	
		累计/万元	增速/%	累计/吨	增速/%
龙湾区	18	129467	-14.9	57700	-12.3
瓯海区	10	39463	-1.7	6221	14.9
开发区	18	101000	-15.1	29870	-12.3
永嘉县	2	7246	-18.2	1449	-31.8
平阳县	87	555037	-4.1	567528	-3.3
苍南县	64	401280	9.0	248174	12.7
泰顺县	1	3657	152.7	—	—
瑞安市	56	360555	-10.9	286485	-5.2
乐清市	68	351136	0.3	15952	-8.1
龙港市	42	330132	-0.7	211378	3.3

2020 年温州塑料制品行业十强企业

中广核俊尔新材料有限公司
温州晨光集团有限公司
浙江强盟实业股份有限公司
瑞安市东威塑胶有限公司
温州市金田塑业有限公司
启明新材料股份有限公司
浙江新力新材料股份有限公司
南塑集团有限公司
浙江金石包装有限公司
浙江永兴塑料科技有限公司

全行业制品出口交货值合计 19.21 亿美元，比上年增长 28.47%，折合人民币 133.09 亿元，同比增长 28.74%(表 3)。

表 3　　温州塑料制品主要出口市场

(海关统计)

贸易市场	美元值	同比/%	人民币值/元	同比/%
欧盟 27 国	244341985	-7.88	1693710042	-7.4
美国	200550661	19.65	1394405129	20.67
东盟	630255445	110.38	4360321331	109.34
俄罗斯	41139931	9.97	284897836	10.19
非洲	144929838	27.64	1003357777	27.66
拉丁美洲	107821224	-16.06	745604188	-16
中东	262394175	60.83	1821940900	61.27

目前，中国是全球塑料制品第一生产大国，塑料制品业在全国轻工业中为最大产业。2020 年，全国塑料制品产量 7603 万吨；浙江省占 16.84%，列各省之首，温州市占全省 11.13%，占全国 1.87%，在全国地市级中处于先进行列。

温州塑料产业集聚度较高。塑料编织品生产主要集聚在平阳、苍南两县；塑料薄膜生产主要集聚在瑞安、龙港两地；塑料配线器材生产主要集聚在乐清市；塑料新材料和塑料合成革生产主要集聚在龙湾区、开发区，上述区域的产值占全部产值的97.49%。温州晨光集团有限公司、浙江坤诚塑业有限公司和浙江瑞旺科技有限公司获得2020年全国塑编20强企业称号。

传统区域品牌占主导地位。代表温州区域品牌的两大产品：塑料编织品占总产值的35.74%，塑料薄膜占全部产值的28.75。塑料合成革占比下降，由前年的18.34%降到今年8.17%。新兴产业如新材料、医用及航空、汽车用塑料制品的占比逐年扩大，行业内产品结构正在调整优化。

中广核俊尔新材料有限公司成为行业“明星”。该公司重视人才培育和科技进步，员工共706人，大专以上272人，占38.53%，其中高级技术人才14人，建有省级企业技术中心、研发中心、博士后工作站等，2020年发明专利78项，实用新型专利114项，以科技创新推动企业发展。“俊尔”在2015年与中广核技公司签订股权合作协议，将央企的平台、资金和政策等优势与民企灵活的市场反应机制相结合，实现优势互补；2019年，企业搬迁到金海工业区，新厂区面积比老厂扩大了三倍，2020年产值比上年翻了一番，利润2.3亿元，比上年增长4倍。

塑料制品出口大幅增长成为行业亮点。国字号传统产品塑料薄膜、塑料编织袋保持一定的出口量，乐清市生产的尼龙扎带产品大部分出口，特别是由于疫情暴发，全球对于医用塑料制品、熔喷料及塑料软包装制品的需求大幅上升，拉动了出口交货值大幅增长。

标准化建设见成效。2020年7月，温州市市场监督局发布“关于同意筹建温州市塑料制品专业标准化技术委员会的通告”，11月份，根据温州市塑料行业协会团体标准制订计划，浙江强盟实业股份有限公司《亚光双向拉伸聚酯(PET)薄膜》和温州市金田塑业有限公司《双向拉伸聚丙烯纸巾包装膜》两个团体标准正式启动，12月31日，完成协会团标的制订、评审、发布等全部工作。

开展百城千企对标达标提升专项活动，2020年行业中已有249家企业的297个产品参与对标，占全市对标企业的14.67%。有五家企业五项标准列入“浙江制造”标准制订计划，4项标准已经发布，至此全行业共发布了“浙江制造”标准17项，7家企业获得品字标认证，标志着行业品牌建设又有了新的进展。

（温州市塑料行业协会　周肇枢）

安徽省

2020年，安徽省塑料制品行业累计完成产量520.99万吨，同比增长-21.98%，低于全国平均水平；占全国塑料产品总产量的6.85%，在全国31个省区市排名第5位。规模以上企业894户，累计实现主营业务收入1001.9亿元，同比下降0.1%，实现利润总额66.9亿元，同比增长7.2%。

分品种看，其他塑料、人造革合成革、塑料薄膜是安徽省主要塑料制品。2020年，其他塑料制品累计产量339.6万吨，占本省塑料制品产量的65.18%；人造革合成革累计产量97.05万吨，同比增长51.08%，占本省塑料制品产量的18.63%。塑料薄膜累计产量58.43万吨，同比增长22.64%，占本省塑料制品产量的11.22%。

安徽省进全国前十的塑料制品：人造革合成革，第1名，占30.04%；塑料零件其他塑料制品，第3名，占6.97%；泡沫塑料，第6名，占4.15%；塑料薄膜，第7名，占3.89%（表1）。

表1　2020年安徽省塑料制品分品种情况

	产量/万吨	同比/%	占全国同类产品比例/%	占本省比例/%
塑料	520.99	-21.98	6.85	100
塑料薄膜	58.43	22.64	3.89	11.22
农用薄膜	0.54	140.94	0.7	0.10

续表

	产量/万吨	同比/%	占全国同类产品比例/%	占本省比例/%
泡沫塑料	10.66	3.94	4.15	2.05
人造革合成革	97.05	51.08	30.04	18.63
日用塑料	15.25	2.63	2.34	2.93
其他塑料	339.6		6.97	65.18

（安徽省塑料协会　张仲婉）

河南省

一、行业发展概况

2020年是有着特殊意义的一年，也是全面贯彻落实党的十九大精神，决胜全面建成小康社会，完成“十三五”规划开启“十四五”计划关键一年。新年伊始，突如其来的新冠疫情对民生和国家经济发展造成重大影响，塑料产业受到了严峻考验，同时面临着新的发展机遇。2020年1～12月，河南省塑料制品行业规模以上企业塑料制品产量202.9万吨，同比增长-45.34%，低于全国平均水平；占全国塑料制品总产量的2.67%，在全国31个省区市排名第12位。

分品种看，其他塑料、塑料薄膜和日用塑料是河南省主要塑料制品。2020年，其他塑料制品累计产量137.58万吨，占本省塑料制品产量的67.81%；塑料薄膜累计产量40.15万吨，同比增长-78.26%，占本省塑料制品产量的19.79%；日用塑料累计产量16.71万吨，同比增长23.51%，占本省塑料制品产量的8.24%。受疫情和环境治理影响，农膜、包装膜、发泡塑料产量大幅度减少，塑料建材、家居等市场需求减弱，汽车、家电、IT行业、消费电子等高端需求增加。当前省内塑料加工主要企业及个体加工厂约1600余家，从业人员约20.5万余人（表1）。

表1　　2020年河南省塑料制品分品种情况

	产量/万吨	同比/%	占全国同类产品比例/%	占本省比例/%
塑料	202.89	-45.34	2.67	100.00
塑料薄膜	40.15	-78.26	2.67	19.79
农用薄膜	3.73	-8.61	4.82	1.84
泡沫塑料	6.62	-28.23	2.58	3.26
人造革合成革	1.83	-2.73	0.57	0.90
日用塑料	16.71	23.51	2.57	8.24
其他塑料	137.58		2.83	67.81

2020年河南省塑料行业保持了平稳发展，体现出两个特点：第一，产业集群发展迅速，在产业布局方面，豫东、豫南、豫北地区以及以郑州为中心的中部地区是塑料制品行业相对集中的区域，形成了一批有较大影响力的产业集群。在地方政府政策的大力推动下，产业集群的建设围绕绿色、生态、低碳、循环等战略进行下一步布局，将从单纯的加工型作业向高技术含量、高附加值的全产业链延伸。从而推进塑料加工产业集群的稳定、健康、可持续发展，进一步提升塑料制品行业的总体竞争力。

第二，新材料、新技术快速推广应用，先后涌现出了诸多新型材料和新技术。例如改性材料、工程塑料、塑料合金与塑料复合材料在汽车、飞机、高铁、电子电器、信息、医疗及农业等领域的应用范围持续扩大。

在环保治理、提质增效等政策的影响下，河南省塑料行业整体上正在实现由规模数量型向质量效益型转变，从早期的遍地开花到如今的逐步集约规范，生物基塑料、塑料包装、医疗器械、智能设备、家具家电、汽车配件加工、尼龙制品等各类专业化、规范化的产业园区建设逐渐走上行业发展前台，成为推动行业发展的主要动力。在生产模式上也逐步由原来粗放式的生产逐渐向高质、精密、尖端发展，生产加工设备的信息化、智能化程度有了较大程度提升，以分布全省的众多智能工厂、智能车间为龙头的规模以上企业成为行业发展领头羊。

河南省塑料加工设备制造业基础比较薄弱，现有塑料加工专用设备生产企业比较少，远远落后于广东、浙江、江苏等沿海地区。

二、重大事件和活动

1 月 9 日，由埃塞俄比亚驻华使馆、中亚协对非投资理事会联合主办，河南省塑料协会协办的中非合作交流暨 2020 新年酒会在郑州海容大酒店举行。全省 20 多家协会、商会、学院、医院的嘉宾代表及企业家约 200 人参加了会议。本次活动以“立足中原 迎风‘非’扬 务实合作 携手共进”为主题，着力推动河南与非洲在农业、医疗、塑料制品加工与贸易等领域开展务实合作。埃塞俄比亚驻华大使馆埃弗恩·布兹外尤（Ephrem Bouzayhue）公使出席活动并致辞。

2 月份，一场突如其来的新冠肺炎疫情在武汉出现，并呈蔓延态势，国家迅速启动响应机制。河南省塑料协会积极行动、主动作为，协调医疗物资、洗消产品等相关企业加紧复工复产，生产抗疫急需物资，保证了有效的物资供应。同时，协会协助省工信厅等部门联系农膜生产等企业，开通疫情防控条件下运输绿色通道，提供充足的农用物资供应，保证疫情条件下春耕物资需求。

2 月 10 日，河南省塑料协会对会员企业开展疫情影响调查，对省内行业企业情况做了大体的摸排了解，并将调查了解的情况汇总整理，在掌握相关情况的基础上提出合理化意见建议，及时函递省政府相关部门。同时积极对行业相关需求协调沟通，协助防疫所需物资生产。

6 月 2 日，为贯彻落实《国家发展改革委 生态环境部关于进一步加强塑料污染治理的意见》，河南省发展和改革委员会与河南省生态环境厅共同印发《加快白色污染治理　促进美丽河南建设行动方案》，对河南省开展禁限塑相关行动总体要求、主要任务和具体实施做了明确。

8 月 13 日，河南省塑料协会降解塑料专业委员会正式成立，郑州轻工业大学副校长、河南塑协副会长方少明任专委会主任，郑州轻工业大学材料与化学工程学院教授级高工、高分子材料专家刘东亮任专委会秘书长。

8 月 26~27 日，由中国化学会、河南省科协主办，濮阳市科协、南乐县产业集聚区、宁波德泰中研科技咨询有限公司共同承办的“2020 年中国（濮阳·南乐）生物基材料产业技术发展大会”在“中华龙乡”河南濮阳胜利召开。

9 月 25 日，河南省塑料协会发布《关于动员河南省塑料行业积极参与消费扶贫倡议书》，号召会员单位、塑料相关企业积极参加消费扶贫活动，为打赢脱贫攻坚战、保证省内年底前完成全面脱贫目标塑料行业贡献力量。

11 月 3~5 日，由中国塑料加工工业协会主办的“2020 年中国国际塑料展暨第四届塑料新材料、新技术、新装备、新产品展览会”在南京国际博览中心隆重开幕。展会同期举办中国塑料行业科技大会，2020 中国国际塑料展展商“四新”产品发布会、高校科研院所创新成果发布会等几十场配套会议及活动。河南省塑料协会积极组织众多会员单位参会，被大会组委会授予“最佳合作伙伴”。

11 月 13 日，“2020 年河南省节能环保产业发展工作推进会”在许昌长葛市召开。省发展改革委、省工业和信息化厅、省生态环境厅分管负责同志，各省辖市、济源示范区、省直管县（市）发展改革委（发改统计局）分管负责同志，各地工业和信息化局、生态环境局业务科室负责同志参加。会议指出，要提升站位，充分认识发展节能环保产业的重大意义。发展节能环保产业是贯彻落实习近平生态文明思想、推进生态文明建设战略部署的重要举措，符合我省产业转型发展的迫切需要，符合我省打好污染防治攻坚战的急切需求，必须下大决心、花大力气抓紧抓实河南省 2020 年节能环保产业发展工作。

11 月 26~28 日，“2020 河南生物降解塑料高峰论坛暨供需对接会”在郑州召开，河南省工信厅、发改委、市场监管局等部门与国内外行业专家两百多人参加了会议，与会的国内外专家根据国内当前禁塑限塑形势，面对全球环保危机下生物降解塑料的挑战、加强塑料污染治理，发展生物降解塑料，提出生物降解塑料能否承担新时代的历史重任等课题进行研讨分享、献计献策。

11 月 27~29 日，由河南省塑料协会与河南国威展览服务有限公司联合主办的“2020 中国(郑州)国际塑料产业展览会”在郑州国际会展中心成功举行。河南塑协会员企业积极参展参观，与国内众多塑料行业企业交流洽谈。

(河南省塑料协会　段同生　窦俊岭)

湖南省

一、行业发展概况

产业基本情况：党的十九大以来，湖南省塑料工业企业发展方向更清晰，紧跟国家经济发展趋势，把提高供给体系质量作为主攻方向，深化企业供给侧结构性改革；发展脚步更有力。努力把握国家建设现代化经济体系、建设创新型国家、保障和改善民生、建设美丽中国等方面的机会，不断推进湖南省塑料产业的结构调整，加快湖南省塑料工业企业的转型发展，使得湖南省塑料产品制品产量仍保持较高水平。

在新冠肺炎疫情的严重冲击下，2020 年湖南省塑料加工业的规模和效益平稳发展。2020 年，湖南省塑料制品行业累计完成产量 348.75 万吨，同比增长-14.37%，低于全国平均水平；占全国塑料制品总产量的 4.59%，在全国 31 个省区市排名第 8 位。

分品种看，其他塑料、人造革合成革和日用塑料是湖南省主要塑料制品。2020 年，其他塑料制品累计产量 291.35 万吨，占本省塑料制品产量的 83.54%；人造革合成革累计产量 22.28 万吨，同比增长 12.46%，占本省塑料制品产量的 6.39%；日用塑料累计产量 17.29 万吨，同比增长 2.38%，占本省塑料制品产量的 4.96%(表 1)。

表 1　　2020 年湖南省塑料制品分品种情况

制品品种	产量万/吨	同比/%	占全国同类产品比例/%	占本省比例/%
塑料	348.75	-14.37	4.59	100.00
塑料薄膜	7.53	-21.97	0.5	2.16
农用薄膜	0.11	-83.01	0.15	0.03
泡沫塑料	10.3	16.66	4.01	2.95
人造革合成革	22.28	12.46	6.9	6.39
日用塑料	17.29	2.38	2.66	4.96
其他塑料	291.35		5.98	83.54

二、行业存在的问题

湖南省塑料加工业虽然实现了多年的快速发展，年均增长率超过国民经济增长率，但受国内外经济形势发展变化的影响，全省塑料行业产业结构不合理、科技创新能力低、生产力成本不断攀升等仍是制约湖南省塑料行业发展的重要因素。

党的十九以来，国家提出面对资源约束趋紧、生态系统退化的严峻形势，必须树立尊重自然、顺应自然、保护自然的生态文明理念，走可持续发展道路。习近平总书记在十九大报告中指出，加快生态文明体制改革，建设美丽中国。坚持节约资源和保护环境的基本国策，坚持节约优先、保护优先、自然恢复为主的方针，着力推进绿色发展、循环发展、低碳发展，形成节约资源和保护环境的空间格局、产业结构、生产方式及生活方式，从源头上扭转生态环境恶化趋势，为人民创造良好生产生活环境，为全球生态安全做出贡献。

湖南省塑料工业必须把握国家经济高质量发展、安全发展的大趋势，在生态文明建设中创新技术，求得发展。但是湖南省塑料工业以民营经济占主导地位，党的十九大以来，我国民营经济站在一个新的历史起点上，既迎来了新的机遇，也面临着新的挑战。民营经济不仅与国有经济处于平等的竞争地位，也同样承担着国民经济发展的战略性任务，同样接受着国内外市场竞争的严峻考验。

由于存在以下原因，湖南省塑料工业的发展目前仍面临不少困难和问题，具体体现在：

1. 科技创新能力偏低、缺乏竞争力

湖南省塑料工业整体状况相对落后，科技创新的能力有限，缺乏自主知识产权技术，特别是缺乏企业和高等院校、科研院所的有效结合，共同开发产品的技术创新能力偏低，同时湖南省塑料工业生产装备水平不高，大量高能耗、低产能的加工设备仍在使用，导致企业加工工艺技术相对落后，市场竞争能力弱。

2. 人力成本上涨，劳动力短缺

随着劳动力成本不断增加，使得企业成本增加，用工缺口增大，直接影响到企业的经济效益。用工缺口和用工成本上升，是企业面临的双重压力。用工的缺口特别是高专业技术水平人才的缺乏，对湖南省塑料行业的发展影响巨大。

3. 中小企业融资困难，资金短缺

中小企业作为湖南省经济的重要组成部分，在实施中部崛起战略中的作用日益加大。湖南省塑料企业有3000余家，绝大部分是中小型企业，而这些中小企业融资的现状是：融资渠道狭窄，主要靠企业自身内部积累，同时中小企业获得银行贷款的难度很大。目前湖南省中小企业仍居中下水平，发展速度偏低，效益低下，其进一步发展仍然面临着资金短缺的难题，因此极大地制约了中小企业的快速发展和做强做大。

4. 生产成本上升，企业压力加大

原材料价格上涨，劳动力成本上升，企业生产成本逐年加大，湖南省企业原材料购进与产品出厂价格“高进低出”明显，导致企业压力不断加大。同时湖南省塑料行业中小企业普遍负税较高，导致企业盈利减少而加剧了企业的资金紧张状况，企业的技术改进受到了更大程度的限制，进而加大了企业的经营风险，甚至对下游行业的产量和质量带来隐患，最终可能陷入恶性循环，使企业缺失竞争力。

5. 政府支持力度有限

湖南省塑料行业企业数量较多，但大规模、有影响力的塑料企业很少，大多数是小微型企业，产业集中度低。在我国沿海及发达省市地区，政府对塑料行业企业给予了重点支持，特别是对中小微型企业的扶持力度逐年增加，而湖南省政府虽然给予了塑料行业一定的支持，但力度还远远不够，而政府的支持是中小微型企业发展的重要力量，对处于快速发展的湖南塑料行业有着至关重要的作用。

6. 产业结构不够合理，绿色环保产品发展滞后

产业结构不够合理也是影响湖南省塑料行业发展的一个重要因素。湖南省塑料企业以中小企业为主，小微型企业、家庭作坊式企业数量众多，技术力量薄弱，产品都是以中低档次产品、老产品为主，缺乏高档次、高技术含量和绿色环保的产品，且产品的种类类同、质量良莠不齐，很大程度上制约着湖南省塑料行业的发展。

三、2020年新冠肺炎疫情对湖南省塑料产业的影响分析

2020年初以来，新冠肺炎疫情的扩散蔓延，对世界经济社会带来不利影响。党中央带领全国人民众志成城，同舟共济，统筹推进疫情防控和经济社会发展工作，取得积极成效。期间，湖南塑协按照党中央和上级部署，组织、支持行业企业和会员单位积极开展抗击疫情重要物资、人民生活保障物品和重要材料的生产加工，并捐款捐物支援疫情严重的湖北武汉等地区，在抗击疫情、复工复产中，涌现出一批先进企业和感人事迹，协会及时作了报道和宣传，特别是协会开展疫情对行业、企业影响分析的调研工作，得到行业企业的支持。目前，行业仍面临着不少新情况、新问题，受疫情等综合因素影响，全球经济下行压力持续加大，我们要按照中央要求，准确把握国内外疫情防控和经济形势阶段性变化，因时因势，精准施策，有序推进行业与企业复工复产和达产，努力把疫情造成的损失降低到最低，奋力夺取抗击疫情和经济平稳运行双胜利。

1. 后疫情时代的复工复产情况

随着我国新冠肺炎疫情防控形势彻底扭转，城市农村，大街小巷逐步恢复了往日面貌，停产停业带来的阵痛逐渐过去。但国际疫情形势仍然严峻，扭转势头仍不明朗，湖南省塑料行业协会倡导国内大循环，抓好国内国际双循环，指导企业在抓好疫情防控工作的同时，努力抓住机会发展产业。

2. 疫情对产业的未来影响

本次新冠肺炎疫情带来的外溢效应首当其冲的是供应链冲击，此外还需要关注包括进口收缩产生的需求冲击、旅游受限产生的需求冲击以及疫情对于信心和避险情绪的冲击三个重要方面。更长期来

看，本次疫情将会产生全球供应链稳健性和供应链从中国迁移的问题，是一个值得重视的问题，希望政府和企业能有预测和预案，防范和化解产业发展风险。

四、市场前景

准确把握湖南省发展的内外部环境，2020年，得益于我国及时控制了新冠肺炎疫情，我国是唯一保持增长的主要经济体，但疫情终将过去，随着外部经济的逐步复苏，各工业国产能的逐步恢复，外销压力会逐步加大，我们要提前布局，努力解决长期积累的结构性矛盾，我国深入推进供给侧结构性改革，在取得成绩的同时也遇到一些困难、矛盾和挑战。

湖南塑料工业已经成为湖南经济的重要行业之一，随着我国和湖南省国民经济的快速发展，一些国家重点制造业行业、支柱产业的崛起和发展以及对塑料产品的需求，推动了湖南省塑料行业向绿色生态、节能低碳、多元化、高端化不断发展。根据湖南省塑料工业发展现状和市场行情，今后湖南省塑料行业发展的主要趋势表现在以下几个方面：

1. 农村市场

湖南省是一个农业大省，拥有5750万亩耕地，4200多万农村人口。随着经济的发展，农用塑料制品已成为湖南省现代农业发展中不可缺少的生产资料，特别在推进新型城镇化过程中，将农村土地改革、发展现代农业与乡村振兴有机结合，为推动乡村产业兴旺、促进城乡一体化发展提供合力，以农业结构战略性调整为主线，大力推进农业产业化经营，农业经济运行质量有了明显提高。因此，在发展现代农业、建设社会主义新农村的新形势下，我们要大力推广农用薄膜、农用沼气管、农用塑料节水器材等农用塑料的应用，支持湖南省自主农用塑料品牌的生产与销售，把提升湖南省塑料农业技术水平作为研发重点，以推进湖南省农业的结构调整、农民增收。建设美丽乡村，对湖南塑料行业来说，蕴藏着巨大的市场机会。

2. 汽车工业

现今的汽车，已非简单的代步工具，已成为集无线电科技、多媒体、电脑、5G等多种新技术于一身的结合体。未来数十年，电池电动车、混合电动车和燃料电池电动车市场份额将以稳定的速度增长，而燃油汽车的市场份额将会逐渐减少，各汽车厂商不得不去追赶“绿色汽车”的时髦，未来的汽车时代将是属于绿色环保汽车的时代。

中国汽车行业的良好发展给汽车相关产品带来了巨大的市场需求。据有关资料显示，汽车工业大量使用的材料中，塑料占7%~10%，近年来，汽车轻量化的要求使其塑料用量正在快速增长，而且全塑车神是未来汽车的发展方向。随着湖南省新型工业化进程的不断推进，汽车工业在湖南省已成为支柱产业，并作为重点扶持产业在发展。据统计，湖南全省规模以上列入国家汽车生产企业及产业公告的企业有35家，产能已达到约30万辆，其市场前景是非常巨大的。

3. 家电行业

在家电行业中，产品塑料化已经成为家电行业中重要发展方向发展之一，塑料已成为家电领域应用量增长速度最快的材料，近几年每年平均增长速度达到30%左右。目前，塑料在家电中用量已占重量比的40%，并随着新型环保、绿色健康材料的研发、生产和应用，国内家电市场必将迎来新一轮消费结构的快速升级，从而带动塑料行业的整体发展。

4. 高铁技术

高铁技术，是湖南工业的一张世界级的名片，发展潜力巨大。随着国家高铁线路的开工建设。这些重大工程的建设，需要大量的功能性工程塑料，谁把握了时机，加大高技术工程塑料的研发，乘势而上，谁就获得了宝贵的发展机会，搭乘湖南经济发展这趟高速列车。

五、重大事件和活动

1. 2020年6月4日，受长沙市发改委委托，由湖南省塑料行业协会组织承办的湖南省关于进一步加强塑料污染防治座谈会，在湖南省塑料研究所举行。在会上围绕当前国际塑料环保发展趋势，结合湖南省及我市实际情况及存在的问题，如何让国家发改委“塑料污染治理”工作有效落地展开了深入讨论，提出了湖南省关于进一步加强塑料污染防治的实施方案（草案）。

2. 2020年7月16~24日，湖南省塑料行业协会王小红会长及秘书处负责人牵头，参加了由长沙市发改委抓办的“湖南省长沙市塑料污染防治行动计划”的调研工作。重点实地考察了邵阳金拓科技开发有限公司、长沙铭凯纸制品有限公司的情况，听取企业的汇报，对企业“可降解塑料”的研发和生产情况深入调研与分析，标志着“湖南省塑料污染防治行动”正式启动。

3. 2020年9月24~26日，在湖南国际会展中心举办湖南绿博会，“湖南省（暨长沙市）可降解塑料产业创新联盟”七家发起单位首次集体亮相开幕式现场！由湖南省塑料行业协会发起参与的湖南省（暨长沙市）可降解塑料产业创新联盟成立！

（湖南省塑料行业协会　王小红　沈友良）

海南省

一、行业概况

2020 年，海南省塑料制品行业累计完成产量 2.19 万吨，同比增长-8.66%，低于全国平均水平；占全国塑料制品总产量的 0.03%，在全国 31 个省区市排名第 29 位。

分品种看，其他塑料、塑料薄膜是海南省主要塑料制品。2020 年，其他塑料制品累计产量 1.25 万吨，占本省塑料制品产量的 57.08%；塑料薄膜累计产量 0.94 万吨，同比增长-0.28%，占本省塑料制品产量的 42.92%（表 1）。

表 1　2020 年海南省塑料制品分品种情况

	产量/万吨	同比/%	占全国同类产品比例/%	占本省比例/%
塑料	2.19	-8.66	0.03	100.00
塑料薄膜	0.94	-0.28	0.06	42.92
农用薄膜	0.03	0	0.04	1.37
泡沫塑料	0	0	0	0.00
人造革合成革	0	0	0	0.00
日用塑料	0	0	0	0.00
其他塑料	1.25	—	0.026	57.08

二、推动禁塑工作、宣传“禁塑”规定

中科院理化所国家工程塑料中心、中国塑协降解塑料专业委员会、海南大学材料科学与工程学院、海南省质检所、海南省塑料行业协会共同编写“禁塑”宣传资料，及时传递到省工信厅、省卫建委、省文旅厅、省教育厅、省商务厅、省机关事务局等厅局的主管部门。

4 月，海南省塑料行业协会周鸿勋秘书长分别拜访了三亚市生态环境局与机关事务管理局、万宁市生态环境局、琼海市生态环境局、白沙黎族自治县生态环境局与机关事务管理局、儋州市生态环境局与机关事务管理局，就“禁塑”名录的具体内容、全生物降解塑料制品的生产供应、产品应具备的第三方检测报告、电子监管码的作用、地方标准在产品标示的具体体现、市场监管与执法、全生物降解塑料制品知识的普及与宣传等方面，广泛地交流。

周鸿勋秘书长分别于 5 月 28 日、8 月 7 日，为海南省交通运输厅、万宁市生态环境局组织的禁塑宣传活动专题讲解；11 月 11 日为儋州生态环境局组织的禁塑宣传活动讲解禁塑替代品应用知识、全生物降解塑料制品的标准体系等。

及时更新海南全生物降解制品生产企业名单，为政府部门及使用单位参考。

参与六五禁塑宣传活动，组织具备资质的全生物降解塑料制品企业，为活动准备全生物降解塑料制品展示品、赠送品、义卖品。

周鸿勋秘书长分别于 3 月 28 日、5 月 28 日受邀作为“全民大直播”节目嘉宾，对海南“禁塑”相关政策与问题进行交流。

三、举办禁塑论坛

9 月 25~26 日，由海南省生态环境厅、海南省工业和信息化厅、海南省市场监督管理局等部门指导，海南省塑料行业协会主办的非营利、协助海南禁塑、分享产业链生态的海南禁塑论坛在海口如期召开，主题为供需对接，集结行业力量、汇聚专家智慧、推进禁塑试点、迎接全面禁塑！

11月13日，由三亚市人民政府和海南省生态环境厅指导、三亚市生态环境局主办、海南省塑料行业协会承办的海南禁塑论坛暨供需对接专题活动三亚分论坛在三亚成功举办。

（海南省塑料行业协会　王展伟　岑叙生　周鸿勋）

重庆市

一、行业发展概况

2020年，重庆市塑料制品行业累计完成产量250.4万吨，同比增长3.03%，高于全国平均水平；占全国塑料制品总产量的3.29%，在全国31个省区市排名第10位。

分品种看，其他塑料、塑料薄膜、泡沫塑料是重庆市主要塑料制品。2020年，其他塑料制品累计产量190.81万吨，占本省塑料制品产量的76.2%；塑料薄膜累计产量44.01万吨，同比增长15.2%，占本省塑料制品产量的17.58%；泡沫塑料累计产量10.33万吨，同比增长-1.56%，占本省塑料制品产量的4.13%（表1）。

表1　2020年重庆市塑料制品分品种情况

制品品种	产量/万吨	同比/%	占全国同类产品比例/%	占本省比例/%
塑料	250.4	3.03	3.29	100.00
塑料薄膜	44.01	15.2	2.93	17.58
农用薄膜	2.49	-9.33	3.21	0.99
泡沫塑料	10.33	-1.56	4.02	4.13
人造革合成革	0.32	-1.13	0.1	0.13
日用塑料	4.93	6.39	0.76	1.97
其他塑料	190.81		3.92	76.20

2020年初，新冠肺炎疫情暴发后，行业企业积极履行社会责任，为抗击疫情做出了多方面的贡献。

重庆市塑料行业协会会长单位重庆顾地塑胶电器有限公司携手陕西相关单位共同助力西安"小汤山"医院建设，迅速响应并筹备货源，为西安"小汤山"工程的顺利完工贡献力量，重庆顾地热心贡献在重庆市塑料行业协会中树立了榜样，起到很好带头作用。面对疫情的持续蔓延，协会理事单位普利特决定利用高分子材料技术优势，开发口罩急需的熔喷布专用聚丙烯材料。该公司迅速成立科研攻关小组，夜以继日奋战，仅用七天时间，便成功开发出熔喷布专用聚丙烯材料，并在重庆基地量产，发挥科技力量助力疫情防控，解决防疫物资紧缺，与全国人民共同抗击疫情，同时我协会副会长单位中国石油西南化工销售重庆分公司作为普利特的重要原料供应商和战略合作伙伴，疫情期间，全力配合，多方协调，从千里之外的新疆独山子调运S2040，4000吨，有力保障了重庆普利特生产所需原材料供应，同时帮助普利特联系下游渠道，完成了该客户从车用料供货商向卫材供应商的华丽转身。目前，普利特已成为国内最大的熔喷布专用聚丙烯材料供应商之一。协会副会长单位重庆太岳科技有限公司捐款数万元支持武汉，还有部分会员单位也积极捐献物资。

骨干企业诸如重庆顾地、重庆永高、重庆伟星、中石油重庆分公司、重庆捷泰、重庆澳彩、重庆隆迪、重庆普利特等企业按照要求，优先逐步有序复工复产，截至3月底，协会大部分企业已经逐步有序复工复产。

二、重大事件和活动

1. 重庆市塑料行业协会第五届会员大会暨协会成立二十周年庆典活动成功举行

12月16日，重庆市塑料行业协会第五届会员大会暨协会成立二十周年庆典在世纪金源大饭店举行。市企业联合会（企业家协会）会长、党委书记余远牧，市经信委二级巡视员、市工业行业综合党委专职副书记陈翔，重庆市经信委消费品工业处柏萧，以及部分省市塑料协会领导、市兄弟协会领导，重庆市塑料行业协会会员单位代表，技术顾问，专家学者和新闻媒体等240余人莅临本次盛会。会议举行了换届选举，顺利并产生新一届理事和监事单位。在五届一次理事会上成功换届选举了正副会长，新当选会长陈杰先生在会上作了当选发言。授予原会长付志敏同志为名誉会长，原秘书长刘汉龙同志为名誉秘书长。会上还审议并通过上一届工作报告、财务报告和章程修改草案等。

2. 召开了重庆市塑料行业协会部分塑料管道企业座谈会

为了加强重庆市塑料管道行业自律，提高产品质量，促进行业健康平稳发展，重庆市塑料行业协会于2020年5月8日下午在重庆永高塑业发展有限公司会议室召开了重庆市塑料行业协会部分塑料管道企业领导人座谈会。座谈会上参会达成统一意识：自查自纠，抓好质量、做好自律，共同促进重庆塑料管道行业的健康发展。

（重庆市塑料行业协会　刘汉龙　陈清清）

云南省

一、基本情况

2020年是“十三五”收官和“十四五”发展规划之年，也是极其不平凡，经受考验的一年。面对新冠肺炎疫情、国际原油波动、世界经济衰退等多重影响，在云南省委、省政府的坚强领导下，全省上下坚持以习近平新时代中国特色社会主义思想为指导，按照党中央、国务院决策部署，坚持高质量发展方向不动摇，科学统筹疫情防控和经济社会发展，全年实现地区生产总值（GDP）24521.90亿元，比上年增长4.0%，高于全国1.7个百分点；全省人均地区生产总值达50299元，比上年增长3.3%；非公经济增加值11411.25亿元，比上年增长2.60%，占全省生产总值46.50%，比上年降低了0.7个百分点。

2020年，云南省塑料行业呈现出总体平稳、转型发展，规模以上塑料制品总产量、企业规模、营业收入、利税总额呈现同比增加态势。其中，我省农膜企业严格执行国家、云南省关于加强塑料污染治理相关文件精神和要求，按国家强制标准生产0.01毫米以上的地膜产品，产量同比增加明显；日用塑料（厚度小于0.025毫米的超薄塑料购物袋受禁塑影响，替代产品大多被省外市场占领）降幅较大；受原辅料价格、用工成本上涨及环保升级、市场等因素的影响，企业固定资产投资、资产总计、工业总产值、主营业务收入略微下降。

（一）行业规模情况

2020年，云南省规模以上塑料制品企业有109家。其中，塑料丝、绳及编织品制造25家，塑料板、管、型材制造34家，塑料包装箱及容器制造23家，塑料薄膜制造12家，泡沫塑料制造9家，日用塑料制品制造3家，塑料零件及其他塑料制品制造3家。从业人员0.88万人，比上年减少3.30%。

（二）塑料制品产量

2020年，全省塑料行业规模以上企业生产塑料制品62.79万吨，比上年增长15.47%，占全国比例0.83%；其中，塑料薄膜15.40万吨，比上年增长0.13%，占全国比例1.02%；农用薄膜11.60万吨，比上年增长21.47%，占全国比例14.99%，占我省塑料薄膜的75.32%；泡沫塑料8.15万吨，比上年增长111.13%，占全国比例3.18%；日用塑料制品1.27万吨，比上年减少58.89%，占全国比例0.20%；其他塑料制品32.05万吨，同比减少1.94%，占全国比例0.60%。

（三）初级形状的塑料产量

2020年，初级形状的塑料产量为34.52万吨，比上年减少17.99%。其中，聚丙烯（PP）14.61万吨，比上年减少10.25%；聚氯乙烯树脂（PVC）19.23万吨，比上年减少9.85%。

（四）初级形状的塑料及塑料制品进出口情况

1. 出口情况

2020年，云南省出口初级形状塑料12822.87吨，同比增长10.15%，出口金额3283万美元；塑料制品57177.60吨，同比增长53.88%，出口金额69278万美元。

2. 进口情况

2020年，云南省进口初级形状塑料63806.63吨，同比增长117.06%，进口金额7420万美元；塑料制品1228.31吨，同比增长91.83%，进口金额2348万美元。

（五）经济指标完成情况

工业总产值（当年价格）91.96亿元，比上年减少0.86%；营业收入：87.85亿元，比上年增加0.32%；主营业务收入：86.65亿元，比上年减少0.05%；资产总计：76.09亿元，比上年减少1.03%；利税总额：8.07亿元，比上年增加17.63%；利润总额：6.15亿元，比上年增长26.54%；固定资产原值：27.68亿元，比上年减少3.69%；固定资产净值：13.94%，比上年减少4.729%；应交税金及附加：2.69亿元，比上年增长1.51%；亏损企业：16个，比上年减少1个。

（六）2020年度企业获得的荣誉

1. 荣获高新技术企业名单

荣获高新技术企业名单，详见表1。

表1　荣获高新技术企业名单表

序号	企业名称	证书编号
1	云南傲远智能环保科技有限公司	GR202053000080
2	云南方特环保科技有限公司	GR202053000093
3	云南百川环保科技有限公司	GR202053000170
4	玉溪市旭日塑料有限责任公司	GR202053000432

2. 科技型中小企业名单

（1）入库国家科技型中小企业名单

入库国家科技型中小企业名单，详见表2。

表2　入库国家科技型中小企业名单表

序号	企业名称	注册地
1	云南昆钢石头纸环保材料有限公司	云南省昆明市安宁市
2	云南益华管道科技有限公司	云南省昆明市富民县
3	宣威市中博塑料有限公司	云南省曲靖市宣威市
4	大理万塑龙塑钢制品有限责任公司	云南省大理白族自治州大理市
5	云南百川环保科技有限公司	云南省昆明市富民县
6	云南华诺工贸有限公司	云南省大理白族自治州祥云县

（2）入库云南省科技型中小企业

入库云南省科技型中小企业名单，详见表3。

表3　入库云南省科技型中小企业名单表

序号	企业名称	证书编号
1	云南百川环保科技有限公司	20205301240000395
2	云南华诺工贸有限公司	20205329230900564
3	云南益华管道科技有限公司	20205301240800232
4	云南昆钢石头纸环保材料有限公司	20205301810C000241

续表

序号	企业名称	证书编号
5	宣威市中博塑料有限公司	20205303810C000250
6	大理万塑龙塑钢制品有限责任公司	202053290108000336

3. 荣获绿色制造示范名单

(1)荣获国家级绿色制造示范名单

获国家级绿色制造示范名单,详见表4。

表4　　获国家级绿色制造示范名单表

序号	示范类型	行业	企业(园区)名称	备注
1	绿色工厂	轻工	玉溪市旭日塑料有限责任公司	
2	绿色设计产品	轻工	云南曲靖塑料(集团)有限公司	水稻专用全生物降解薄膜　1800毫米×0.01毫米 水稻专用全生物降解薄膜　1800毫米×0.008毫米 烟草专用全生物降解薄膜　1200毫米×0.01毫米 烟草专用全生物降解薄膜　1200毫米×0.008毫米 马铃薯专用全生物降解薄膜 900毫米×0.008毫米 全生物降解薄膜　1000毫米×0.008毫米(黑色)

(2)荣获省级绿色制造示范名单

荣获省级绿色制造示范名单,详见表5。

表5　　获省级绿色制造示范名单表

示范类型	行业	企业(园区)名称	备注
绿色工厂	化工	云南云天化石化有限公司	

4. 获奖情况

(1)抗击疫情

2020年1月底,一场突发的新冠肺炎疫情席卷全国,对国家和我省的经济、民生带来了极大的影响。在省工信厅和各地政府的指导下,部分会员企业在克服疫情影响情况下,积极配合当地政府进行复工,生产消杀毒剂和包装材料、农资产品支援抗击疫情。其中,95%以上的农膜生产企业开足设备生产保春耕产品农膜。在这次抗击疫情过程中,云南省塑协22家会员企业表现较为突出,分三批次被云南省工信厅列入疫情防控物资重点保供企业名单,获得政府相应的资金和政策扶持。

(2)荣获“绿色装配式建筑四新技术与建材产品”名单

①绿色装配式建筑四新技术与建材产品

云南傲远智能环保科技有限公司生产的聚乙烯(PE)孔网骨架塑钢复合稳态管、高相对分子质量高密度聚乙烯(HMWHDPE)双波峰缠绕结壁排水管、大口径高相对分子质量高密度聚乙烯(HMWHDPE)中空塑钢复合缠绕结构壁排水管、镀锌钢带增强聚乙烯(PE)双色螺旋波纹管、大口径高相对分子质量高密度聚乙烯(HMWHDPE)塑钢缠绕排水管、高相对分子质量高密度聚乙烯(HMIHDPE)中空缠绕结构壁复合管、高相对分子质量高密度聚乙烯(HMWHDPE)双壁波纹管、高相对分子质量高密度聚乙烯(HMWHDPE)检查井、给水用高密度聚乙烯(HDPE)双色复合稳态管、给水用高密度聚乙烯(HDPE)钢丝网骨架双色复合稳态管等10个产品荣获绿色装配式建筑四新技术与建材产品。

②绿色装配式建材产品

云南益华管道科技有限公司生产的HDPE给水用聚乙烯(PE)管材、HDPE中空壁缠绕管、HDPE双壁波纹管、HDPE钢带增强螺旋波纹管、塑料检查井等5个产品荣获绿色装配式建材产品。

二、新产品开发

新产品开发情况,详见表6。

表6　　新产品开发情况明细表

序号	新产品名称	申请号	研究开发单位
1	一种颗粒料风冷装置	CN2020102813755	云南联塑科技发展有限公司
2	一种管材热熔对接方法及其对接装置	CN2020103672896	
3	一种管材包装膜折叠包覆胶带封口装置	202010616339X	
4	一种管材包装膜胶带缠绕封口装置及其封口方法	2020106143146	
5	一种中空壁太阳能保温管	202011076886X	
6	一种颗粒冷却装置	2020113231014	
7	一种管材冷却定型装置	2020114354670	
8	一种银白转光农用地膜	2020108232515	宣威市中博塑料有限公司
9	一种银黑转光农用地膜	2020108232619	
10	一种大直径塑料管件的模压成型装置	2020212483371	楚雄润丰塑业有限公司
11	一种用于塑料管材的连续打孔装置	2020212495792	
12	一种塑料管材端口的打磨装置	2020212482148	
13	产品配送方法、装置、电子设备和计算机可读存储介质	2020115726435	昆明珍茗食品有限责任公司
14	容器处理方法、容器追溯方法、电子设备和可读存储介质	2020115723545	
15	一种污水处理排污过滤管道	2020216851508	云南华诺工贸有限公司
16	一种利于水平安装的化粪池	2020216358258	
17	一种便于隔板连接的化粪池	2020216298401	
18	内肋管生产用收料装置	2020216851495	
19	一种钢带覆膜后收卷装置	202021685157X	
20	钢带管生产用钢带覆膜装置	2020216864495	

续表

序号	新产品名称	申请号	研究开发单位
21	内肋管成型后运输装置	2020216969478	云南华诺工贸有限公司
22	一种钢带覆膜前自动清洁装置	2020216864512	
23	内肋管成型机冷却系统	2020216851616	
24	一种除尘型破碎机	2020216851457	
25	自动上料设备	2020216969482	
26	一种化粪池隔板切割装置	2020220306487	
27	一种管道加工生产用运输装置	2020220487868	
28	一种可移动式储水罐	2020220487711	
29	一种内肋加筋聚乙烯增强缠绕管	2020216864480	
30	用于污水排放的钢带管钢带覆膜加热装置	2020220173004	
31	一种带封堵头的 MPP 双壁波纹管	2020200265427	昆明德远电气技术有限公司
32	一种埋地式高压电力电缆用 PVC-C 套管	2020210207235	
33	一种高强度 PVC 电工阻燃套管	2020210207108	
34	一种改性聚丙烯双壁波纹管除尘装置	2020210207061	
35	一种改性聚丙烯双壁波纹管	2020210206980	
36	一种耐磨型 PVC 电工阻燃套管	2020210207201	
37	包装箱(一)	2020301144567	云南大山饮品有限公司
38	包装箱	2020302893464	
39	包装箱(二)	2020301143579	
40	一种高透明食品级聚丙烯专用料及其生产方法	2020101766314	云南云天化石化有限公司
41	一种中、高融指耐翘曲聚丙烯专用料的生产方法	2020101776388	
42	一步除杂的烷基化废酸制硫酸铵方法	2020101776496	
43	一种工业硅中 Fe、Al、Ca、Mn、Ti 杂质去除方法及设备	2020112504940	云南能投化工有限责任公司
44	一种发生器活门气密性安检自动程序控制方法	2020113671118	
45	一种电石渣浆回收乙炔气体生产用不易堵塞的脱气塔	2020113659169	
46	一种电石渣浆回收乙炔气体生产用不易堵塞的脱气塔	2020113659169	
47	一种氯化氢气体综合回收装置及方法	202011367823X	
48	一种由醇脱水连续制备烯烃的方法	2020103086940	云南正邦科技有限公司
49	一种连续合成羧酸烯醇酯的方法	2020103086974	
50	一种由伯醇氧化连续制备羧酸的方法	2020103086936	

续表

序号	新产品名称	申请号	研究开发单位
51	一种在连续流反应模块的管程内壁化学镀金属催化剂的方法	2020103086847	云南正邦科技有限公司
52	一种微通道反应制备氯化聚氯乙烯的方法及产物	2020111096516	
53	一种 PVC 树脂透明性的测试方法	2020115635563	
54	一种绿色环保的竹纤维复合材料及其制备方法	2020115635582	
55	一种微通道反应制备氯化聚丙烯的方法及产物	2020111108208	

（云南省塑料行业协会 韩简吉　杨桂兰）

新疆维吾尔自治区

2020 年极不平凡，是在党的领导下打赢脱贫攻坚战，全面建成小康社会的收官之年，也是全民众志成城抗击新冠疫情的关键之年，挑战与机遇并存。新疆塑料行业广大职工在自治区党委、政府的正确领导下，顶住了两次疫情的冲击。行业企业积极响应政府号召，发挥行业优势，迅速投入熔喷料、消杀品包装容器等生产，确保防疫物资有效供给；为满足春耕需要，地膜、滴灌带生产企业克服困难，有序复工复产，保障了塑料类农资产品的稳定供应。在助力脱贫攻坚和抗疫斗争中，新疆塑料人迎难而上，主动扛起了社会责任，展现了行业风采，维持了新疆塑料制品工业的平稳运行。

一、基本情况

2020 年新疆塑料制品总产量约 206. 56 万吨，同比增长 5. 8%。

橡胶和塑料制品业规模以上企业实现可比价增加值增速 1. 7%；1 ~ 11 月营业收入 120. 71 亿元，同比增长 4. 5%；利润总额 3. 4 亿元，同比增长 45. 3%；亏损企业数 33 家，同比增加 6. 5%，占规模企业的 23%；亏损企业亏损总额 1. 21 亿元，同比下降 65. 1%　。

塑料制品业规模以上企业（1 ~ 12 月）产品产量为 83. 85 万吨，同比增长 5. 6%。

初级形态的塑料总产量为 725. 86 万吨，同比增长 13. 7%；其中 PVC 树脂产量 419. 29 万吨，同比增长 7. 3%。玻璃纤维增强塑料制品产量 5. 29 万吨，同比增长 105. 3%。

二、行业运行特点

农用塑料制品是新疆塑料制品行业的主导产品，产量比重超过塑料制品总产量的 60%。主要产品有：地膜、棚膜、滴灌管/带、输水带、各种农田输水管材、管件、渠道防渗材料、遮阳网、农产品包装材料、防病改水管材、新农村建设材料等。第一轮新冠肺炎疫情集中防控期间，在各级政府和行业企业的共同努力下，以农用地膜、滴灌管/带、农田输水管材为代表的塑料类农业生产资料被列为自治区复工复产重点产品。为保证春耕用农资的有效供给，国家工信部、自治区工信厅、新疆塑料协会及各地县工信部门加大生产进度调控力度，强化与各级疫情防控部门的主动沟通，在原料供应、生产物资运输、人员返岗、企业封闭生产生活物资供应等方面，为企业复工复产提供了有效的协调与保障服务。行业企业在抗疫复产中，同心协力、众志成城，特别是 105 家地膜生产企业、340 家滴灌带/管生产企业克服困难，迎难而上，如期完成了农地膜及滴灌产品的生产，确保了自治区农业春耕生产物资的有效供给，为新疆近 5000 万亩高效节水农业提供了农资保障。

医疗卫生配套用塑料制品是新疆塑料制品行业的新兴门类。主要产品有：输液包装瓶、酒精包装桶、各类消杀、洗涤用品包装容器等。伴随着新冠肺炎疫情防控需要，面对口罩生产用熔喷料断供情况，新疆德美隆新材料股份公司、独山子石化公司研究院、新疆汇聚能公司等企业积极投入聚丙烯熔喷料及驻极母料的开发。新疆德美隆新材料股份公司于 5 月份成功开发出聚丙烯熔喷专用料，并形成了

5吨/日的熔喷料生产能力，6月份实现了批量生产与销售，经检测熔喷料及所生产熔喷布的各项指标均已达到国内主流生产企业的产品质量水平。独山子石化公司研究院也完成了生产聚丙烯熔喷专用料的科研储备，建成了3.6吨/日的熔喷料生产能力。聚丙烯熔喷专用料的成功开发填补了医疗卫生配套用塑料制品的一项空白，为自治区抗疫物资的生产与供给做出了贡献。

建筑类塑料制品受宏观经济环境影响继续维持低位运行。门窗型材、建筑管材、市政管道等传统产品依然延续低位运行状态，土工合成材料受大基建拉动略有增长，新型建材类产品的开发仍在有序进行之中。

包装类塑料制品仍围绕石油化工、煤化工、矿产开发等资源产业配套发展。日用塑料制品的开发继续处于拾遗补阙状态，运行基本稳定。

（新疆维吾尔自治区塑料协会）

主要制品行业

农用薄膜

2020年是我国全面建成小康社会决胜之年，是“十三五”规划收官之年，也是新冠肺炎疫情在全球肆虐蔓延之年。所以说2020年极不平凡，形势严峻，是中国塑协农膜专委会工作繁重，并取得一定成绩的一年。

一、农膜行业发展现状

受新冠肺炎疫情影响，2020年一季度农膜生产企业普遍开工晚、开工不足，二季度后情况有所改善，但疫情带来的后续影响不可能在短期内消除，2020年农膜行业发展十分艰难，概括为以下三点：

1. 全年农膜产量下滑，预计到2020年底，全国农膜产量约210万吨，减产50万吨，同比降低20%。

2. 一些企业经不住风险考验而转产、破产，先后淡出农膜行业。

3. 利润率出现负值，“十三五”期间，农膜行业利润率不断提高，至2019年普遍达到3%~6%，但是2020年，特别是下半年原料价格先抑后扬，部分企业农膜产品利润出现约1%的亏损。

2021年一季度专委会秘书处对企业2020年、2019年生产运行情况进行问卷调查，反馈企业共30家，统计显示：2020年利润总额负增长企业16家，正增长企业11家，与2019年持平的2家，亏损企业1家；2020年农膜销售量负增长企业20家，正增长企业9家，与2019年持平的1家；2020年农膜产量负增长企业17家，正增长企业11家，与2019年持平的2家。虽然负增长的比例比较多，但与2020年10月统计的结果相比，相对有所减少。困难很大，但多数骨干企业认为困难是暂时的，稳中有进、稳中向好是行业未来发展的必然趋势。

二、“十三五”规划实施情况

（一）行业发展目标完成简介

1.“十三五”发展目标

2016~2020年，规模以上农膜企业农膜产量年增长率维持在6%~8%的区间内，通过提质增效，逐步提高主营业务收入和利润率。

高：中：低端产品产量比例由10%：45%：45%到2020年的10%：50%：40%。高中端棚膜产品份额争取达到65%。

产业集中度进一步提高，年产农膜万吨以上的企业，由45家到2020年增加到50家，争取建成国家级试验室1家，工程技术中心2家。

通过开发新产品和设备改造，使吨产品能耗每年降低2%，五年共节能降耗10%。

农膜产品质量进一步提升，产品标准达到国际先进水平，单位成本得到有效控制，地膜和PO膜部分技术实现国际领先，为由农膜大国向农膜强国的转变奠定扎实基础。

2. 目标完成情况

第一条中“年增长率在6%~8%的区间内”未能完成；

其他内容：主营业务收入与利润率有所提高；

高中低端产品产量比例已经达到15%：50%：35%，高中端棚膜产品份额达到65%（有专家评估已经达到70%）；

年产万吨以上企业数量目前已超过60家，建成国家级实验室1家（北京天罡）；国家级工程技术中心2家（北京天罡和新疆天业）；

单位产品能耗年降低2%基本达到；

产品质量提升、标准制订先进、单位成本控制、地膜和PO膜部分技术实现领先等均基本达到。

同时，列入“十三五”规划的重点项目已经完成或正在完成中。总之，“十三五”发展目标至2020年底将基本完成。

（二）技术进步取得显著成绩

“十三五”时期正是农膜行业由“十二五”时期的高速增长转向高质量发展的五年，在下行压力加大的形势下，改变思维方式，着重“质”的提高成为行业的共识，坚持新发展理念，坚持科技创新，行业技术进步取得显著成绩。

1. 创新能力不断提升

科技创新是企业技术进步的不竭动力，是高质量发展的有效支撑，获得专利授权是创新发展的主要标志之一。据不完全统计，截至2020年农膜行业获得国家各类专利授权数量超过300项，同比“十二五”时期，翻了一番还多，伴随专利数的增加，企业新材料、新技术、新产品、新工艺不断推陈出新，赢得社会认可，享有良好口碑。

农膜行业创新能力提升的又一突出标志是五年来陆续建立了一批有辐射力的技术中心，其中国家级工程技术中心2项，国家级技术实验室1项，还建立了一大批省级和市级技术开发中心，各级各类技术中心的建立，不仅推动本企业技术和产品的创新，而且辐射周边企业，推动了整个行业技术开发和产品升级换代。

2. 产品结构与品质进一步优化

“十三五”初期，农膜高、中、低端产品所占比例为10%、45%、45%，预计到2020年底这一比例将优化为15%、50%、35%，中高端棚膜的比重将超过65%。围绕高中端产品开发，列入“十三五”规划的重点研发项目已经圆满完成或正在进行之中，在巩固提高第四代棚膜产品的同时，第五代产品已经研制成功并投入生产，每年都有一大批科技成果获得国家轻工业联合会和中国塑协的表彰，农膜行业产品结构和产品品质得到进一步优化。

3. 产业集中度有所提高，布局更加合理

农膜行业产能在5万吨以上企业2015年仅有5家，年产量万吨以上的企业只有45家，目前产能在5万吨以上的企业已经超过10家，年产量万吨以上的企业已经达到63家，五年来产业集中度有所提高。中西部大开发战略的实施，带动了中西部内陆省份的快速发展，到2019年底中西部内陆省份农膜产量占全国产量的比例达到了57.73%，比2015年又上升了约5个百分点，甘肃、新疆、陕西、云南、四川、湖北等省，于2019年已进入全国农膜产量前十位省份的行列，特别是西北各省的农膜生产和应用，在全国处于举足轻重的地位，我国农膜产业布局更加合理。

4. 企业发展模式更加灵活有效

为了企业生存和发展，放开眼界扩大视野，走出去与大专院校、科研院所建立长期稳定的合作关系，推动企业技术与产品的换代升级、生产与科研相结合，在共同开发中，加快了科技成果的转化，企业和科研院所取得双赢。

在激烈的市场竞争中，农膜企业瞄准市场需求，灵活有效地选择多元化经营方式，不仅生产农膜系列产品，同时开发其他领域系列产品，彼此弥补，相辅相成，拓宽了企业发展空间，多种经营培育了企业新的利润增长点，缓解了农膜季节性生产带来的弊端，提高了经济效益，增强了对市场风险的抵御能力。

总之，“十三五”期间，面对国内外经济下行压力加大的形势，农膜行业迎难而上，涌现出一批优秀企业，科技水平迈上一个新台阶，代表了行业发展的主流，是行业发展的中坚力量，起着榜样与引领的作用。

（三）存在的问题

1）“十三五”规划中，农膜产量年增长率应维持在6%~8%，但实际增长率未能完成规划目标，历年增长率与全国农膜总产量见表1、表2。

表1　规模以上农膜企业2016~2020年产量同比增长率

年份	2016	2017	2018	2019	2020
增长率/%	-0.38	3.41	-4.84	-10.59	-9.2

表2　2016~2020年全国农膜总产量

年份	2016	2017	2018	2019	2020
产量/万吨	280	290	280	260	210

此项目标未完成，反映当时在制订规划时，对国内外经济形势认识不足，对我国进入新常态、农膜行业的增长态势过于乐观。产量下滑有客观原因，如当生产处于旺季时，农膜原料价格往往波动较大，致使企业生产采取谨慎态度，与近几年环保治理措施过于严厉以及下游需求不旺有关。也有主观因素，如企业主动压缩供大于求的低端农膜产量、长寿命多功能农膜的推广应用延长了换膜周期。

2）与国外差距仍然较大

一是高端产品的性能还达不到国外发达国家水平，不能充分满足作物栽培需求，国外进口高端产品仍然占据国内市场的主导地位；

二是有些领域还处于空白状态，如含氟树脂农膜，日本30年前已经开发成功，而我国目前尚处于研发阶段；

三是国外降解地膜应用的比例，已达到占地膜份额的10%左右，我国目前还没达到规模应用；

四是我国地膜由于韧性和抗撕裂性不高，残膜回收利用很不理想，而国外如日本废旧地膜的回收已不成问题；

五是部分高端原料和助剂还依赖进口。

3）部分农膜企业在经营管理，执行产品标准和市场竞争等方面存在不规范行为，影响行业水平整体推进，产品信誉度不高。市场不公平竞争严重阻碍守法正规企业的正当权益和正常发展。

三、农膜行业发展历程小结

（一）各阶段全国农膜总产量数据（表3、图1）

表 3　　各阶段全国农膜总产量数据

年份	1975	1979	1988	1998	2005	2008	2011	2014	2015	2017	2018	2019	2020
产量/万吨	10	19.5	30	80	140	200	220	260	278	290	280	260	210

注:1950~1978 年农膜行业起步阶段,1978~1987 年农膜行业以引进促发展阶段,1988~2005 年农膜行业进入提速发展阶段,2006~2015 年农膜行业驶入高速发展阶段,2015 年进入新常态,由高速增长转向高质量发展阶段。

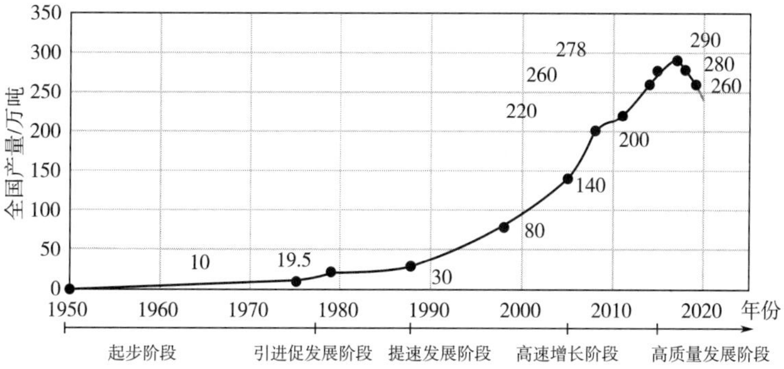

图 1　各阶段全国农膜总产量增长趋势图

(二)产业集中度明显提高

农膜行业年产量万吨以上企业增长概况(表 4、图 2)

表 4　　农膜行业年产量万吨以上企业增长概况

年份	2000	2003	2005	2009	2012	2013	2015	2017	2019	2020
产量万吨以上农膜企业数/家	4	10	20	30	35	42	45	55	63	60

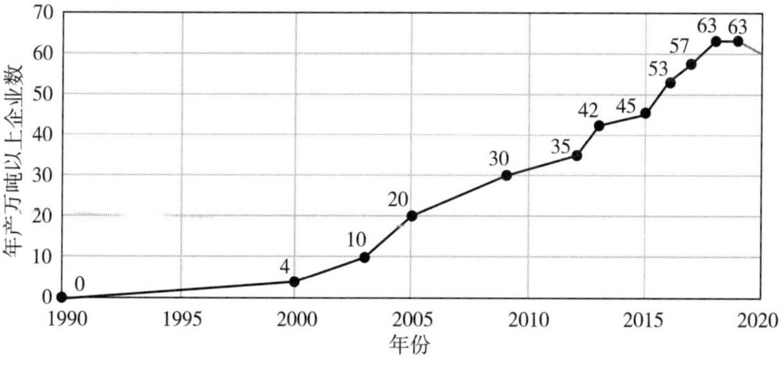

图 2　农膜行业年产量万吨以上企业增长数

(三)产品结构、产业布局优化(表 5、表 6)

表5 **农膜产品结构不断优化升级**

年份＼占比	各类产品所占比例			
	高端产品/%	中端产品/%	低端产品/%	备注
2010	2	38	60	1. 1985年生产出第一代无滴耐老化PVC双防功能膜 2. 1990年生产出第二代流滴、消雾、保温PE功能膜 3. 1992年生产出第三代PE/EVA三层共挤无滴、耐老化多功能膜 4. 2010年第四代产品(PO)膜实现批量生产 5. 2017年成功研制并工业化生产接枝型内添加五层共挤长效、长寿命、流滴、消雾、防尘第五代多功能棚膜
2015	10	45	45	
2020	15	50	35	
2025	20	50	30	

表6 **我国农膜产业布局日趋合理**

年份＼占比	东部沿海地区省份农膜占全国总产量的比例/%	东部沿海地区省份农膜占全国总产量的比例/%	备注
2010	61.68	38.32	东部沿海地区省份包括：辽宁、北京、天津、河北、上海、江苏、浙江、山东、福建、广东等省市
2014	49.72	50.28	中西部内陆省份农膜合计产量首次超过东部沿海地区省份
2020	37.30	62.70	东部沿海地区省份占比下降，中西部内陆省份占比上升

四、重点产品发展方向

1. 农用棚膜

涂覆型长效流滴消雾、超长耐候、防尘、防苔藓、光波定向优化精准调控、散光等功能与寿命同步的聚烯烃或非聚烯烃、PET、氟材等非聚烯烃吹塑与非吹塑成型的超长效农用大棚膜。

2. 农用地膜

长诱导期可控全生物降解地膜、高强度高耐候易回收地膜，植物专用全生物降解地膜。

3. 技术与设备

五层共挤机组、低成本降解地膜加工技术与装备，高效、节能、智能化农膜加工技术与装备，废旧农膜回收与高值化利用加工技术与装备。

（中国塑协农用薄膜专委会）

改性塑料

一、行业现状

改性塑料即向合成树脂中添加合适的改性剂，采用一定的加工成型工艺，从而制得具有新颖结构特征、能够满足各种不同使用性能要求的新型塑料材料。普通塑料通过改性可以在降低成本的同时有效增强其性能和功能的多样性，改性塑料相较于普通塑料具有环保、密度低、力学强度大以及制造成本低的特点。近年来，改性塑料大量替代金属应用于汽车、家电、高铁、船舶、航空航天、信息、电子、光学、医疗、机械、建筑等行业。改性塑料在全球范围内的产能扩张较为迅速，已经具有了一定的规模。目前，我国改性塑料的需求增长快速，改性材料在下游汽车行业应用所占的比例正在逐步加大。未来，在新能源汽车产业规模高速发展的大背景下，“汽车轻量化”“以塑代钢”等汽车行业新趋势带动，尤其新能源车续航里程的短板对汽车轻量化提出更大的需求。随着高性能环保汽车材料需求的增长和国产替代化进程的加速、改性材料应用领域的扩大，我国改性塑料行业仍存在极大的发展提升空间。

2020年，新冠肺炎疫情全球蔓延、全球供应链中断，加速全球产业链的重组，叠加单边主义和贸易保护主义，国际油价暴跌、逆全球化给全球经贸秩序带来伤害和冲击，世界经济遭受严重冲击，对改性塑料的下游应用产业都产生了一定的不利影响。但是，突如其来的疫情也带来了个人防护用品的爆炸式新增需求，众多企业积极响应国家有关部门号召，纷纷开发了口罩熔喷专用料、防护服透气膜专用料等新产品，大部分龙头企业的产量、营收规模和经济效益都得到了很大的提升，如金发科技公司2020年改性塑料业务产成品销量154.66万吨，同比增长12.82%，营业收入204.08亿元，同比增长17.09%，净利润45.88亿元，同比增长268.64%；国恩公司2020年实现营业总收入71.8亿元，增长41.66%，利润8.54亿元，增长86.73%；山东道恩公司2020年实现营业收入44.2亿元，同比增长61.67%，净利润8.55亿元，同比增长414.51%，其中改性塑料产量28.33万吨，实现营业收入35.77亿元，同比增长80.18%；普利特公司2020年实现营业收入44.48亿元，同比上升23.54%，净利润3.96亿元，同比上升139.99%。预计，2020年改性塑料全行业的产量已突破2000万吨。此外，我国由于应对疫情措施得当，经济受到的冲击相对较小，经济保持正增长，是所有主要经济体中表现最好的，在世界经济中的份额进一步扩大。未来，得益于疫苗的成功研制和数字经济的兴起以及多边贸易框架的建立，世界经济有望稳步回升。因此，从长期看，我国经济发展仍处于战略发展机遇期，一方面，国内市场的消费升级将持续拉动需求增长；另一方面，中国制造的转型升级，战略新兴产业的蓬勃发展和新基建的如火如荼，都给改性塑料带来诸多确定性需求，市场发展空间巨大。同时，随着近几年国内产品质量要求的不断提升，改性塑料向性能高端化、功能定制化方面不断发展；在高技术高规模门槛下，低端产能出清叠加行业持续整合，行业逐渐向头部市场集中，马太效应凸显，改性塑料龙头企业竞争优势有望持续提升，份额保持有序增长。

二、行业发展建议

行业发展的同时我们应该清楚地认识到，“十三五”以来，中低速增长已成为中国改性塑料乃至塑料加工全行业发展的新常态。我国改性塑料产业起步晚，工业基础薄弱，产业应用经验和基础研究积累不足，整体创新能力薄弱导致产品结构不合理。当前，我国的改性塑料行业仍处于粗放式发展向精细化发展的转型期，中小企业占比过大，中低档产品比例过高，生产能力过剩，产品同质化、低水平竞争，加剧了市场竞争，企业创新能力和行业整体技术水平亟待提升，标准化工作仍需加强，产品质量有待更进一步提高。为此，需要行业主管部门制定与完善相关扶持政策加强引导，企业要进一步不断扩展下游应用领域，瞄准进口替代需求，加强产学研合作，加快关键共性和核心技术研发，提升企业核心竞争力，促进行业健康持续发展。

1. 行业主管部门要制定与完善相关扶持政策

高分子改性材料是新材料领域中的一个重要分支，是我国重点发展的科技领域，是制造强国战略和创新驱动发展战略的重要组成部分。近年来，政府主管部门出台了一系列鼓励高分子改性材料行业发展的产业政策。国务院《“十三五”国家战略性新兴产业发展规划》提出，顺应新材料高性能化、多功能化、绿色化发展趋势，推动特色资源新材料可持续发展，加强前沿材料布局，以战略性新兴产业和重大工程需求为导向，优化新材料产业化及应用环境，加强新材料标准体系建设，提高新材料应用水平，推进新材料融入高端制造供应链。各地市陆续出台的“十四五”战略新兴产业发展规划也都把改性塑料等新材料产业发展列为重点鼓励和发展的方向和领域。因此，行业主管部门要从塑料行业整体战略发展的高度做出顶层设计，出台企业税收优惠、研究发展资助、信息化建设、在职培训与教育等相关扶持政策及其实施办法与细则。重点扶持中小型改性塑料企业，提升中小型企业科技能力，引导开展专精特新产品的开发与应用，显著提升改性塑料产品增值服务水平；培育一批具有较强国际竞争力的企业，全面降低区域产业群生产要素及产品流通成本，提升整个区域的产业竞争力。鼓励企业兼并重组，支持企业做大做强，加快资源整合，引导企业战略结盟，放大产业的集聚效应和规模效应。

2. 不断扩展下游应用领域

改性塑料是高分子改性材料的重要分支，凭借其轻量化、耐腐蚀、阻燃性、耐热性、绝缘等性能，目前已经广泛应用于家电、汽车、通信、电子电气、医疗、轨道交通、精密仪器、家居建材、安防、航天航空、军工等诸多国家支柱性产业和新兴行业，其中家电和汽车是目前改性塑料最重要的下游应用行业。

此外，改性塑料越来越多地应用在社会各个领域，企业要不断扩展下游应用领域，提升企业核心竞争力，进行有针对性、前瞻性的持续技术研发和产业化生产。如新能源汽车产业的高速发展，推动车用高性能复合材料产品持续升级换代；热塑性复合材料带材、抗菌板材可在石油管道、冷链运输上进行拓展应用；在健康防护领域，改性塑料可应用于食品包装、医疗防护等场景；在轨道交通领域，改性塑料可应用于内外饰、结构件以及缓冲材料；在家居建材领域，改性塑料也是卫寓箱包、电动工具、安防设备等产品的重要组成部分；在航空航天、军工等领域，改性塑料同样有着广泛的应用。

3. 瞄准进口替代需求

改性塑料产业在很多发达国家已有多年发展历史，大型国际化工企业如巴斯夫、陶氏、杜邦、SABIC等，在原料供应、营业规模、技术积累上优势明显，在高性能专用改性塑料的配方研发、加工制造、品牌质量等方面处于领先地位，产品在高端领域应用较为广泛。相比之下，国内改性塑料企业大都是从国内家电和汽车行业发展起来之后才开始兴起，虽然近年来发展速度较快，但综合竞争力与国际大型化工企业仍有一定差距，目前国内高端改性塑料市场仍以进口为主，进口替代需求较大。

随着近年来行业内规模内资企业不断加大研发投入，与大型国际企业的技术差距逐渐缩小，部分企业以研究开发功能化、高性能化产品为抓手，逐步向高端市场渗透。另一方面，近年来随着我国上游石油化工企业不断加强产品的自主研发，也带动国内改性塑料行业整体创新速度加快。随着我国近年来持续推动经济转型和产业升级，中高端改性塑料的进口替代需求愈发迫切，为国内具有较强技术实力的行业龙头企业提供了良好的发展机会。行业龙头企业应该抓住下游行业包括汽车、家电等消费品领域，大多具有产品繁多、更新换代快，以及个性化和潮流性特征强等特点，根据下游客户特殊的性能要求，为其开发、定制满足其性能、指标要求的新的产品，并且协助客户解决产品售前材料选择、结构设计、售后产品与对方制造工艺及装备相匹配等应用性技术问题。密切跟踪市场及客户需求变化、针对客户需求提供量体裁衣式的个性化的服务，增强客户的依赖性，提高客户的忠诚度，拓展并稳固客户群体。

4. 加强产学研合作机制，加快关键共性和核心技术研发

我国改性塑料行业还是存在一大批中小型企业，其不具备很好的科技研发能力，因此，建议有关部门发挥行业管理和交流平台的优势，引导产业龙头企业、上下游企业和高校科研机构等联合开展产学研合作，引导组建产业创新联盟，在有条件的高校科研院所设立科技服务平台，给予荣誉称号并向行业进行宣传推介，促进行业建立完善的科技创新体系。通过推荐和引导更多企业与现有的高校科研机构加强交流合作，充分发挥中国改性塑料市场需求大和产能大的优势，加强以产学研为主的协同创新和联合攻关，突破制约行业发展的关键共性和核心技术，大力推进改性塑料产业的技术进步和质量提升，扩大产品的下游应用领域。

（中国塑协改性塑料专业委员会）

中空吹塑制品

一、中空吹塑行业2020年现状

（一）中空吹塑行业经营情况调研分析

2021年1月4日，中国塑料加工工业协会中空制品专委会发布了《关于进行2020年中空吹塑行业经营情况调研的通知》。截至4月中旬，累计发出了约300份调研函，共收到填报信息83份，除去3份无效数据外，有效数据为80份。

80份数据共来自13个省市自治区直辖市。其中北京2家，天津3家，河北4家，上海10家，江苏25家，浙江7家，山东10家，广东14家，福建2家，陕西2家，内蒙古1家，四川1家，重庆2家。

1. 2020年3成以上中空吹塑制品企业销售额同比下滑

从44家制品企业的统计数据来看，与2019年相比，2020年有16家企业的产量和销售额出现下降，1家基本持平，27家实现正增长。具体数据如

表1所示。

表1　2020年中空吹塑制品企业销售额增长情况分析

序号	销售额增幅/%	企业数量/个	占比/%
1	<0	16	36.4
2	0~20	16	36.4
3	20~50	9	20.1
4	>50	3	6.8

从以上表格数据和专委会了解的情况来看，2020年第一季度的长时间停工所导致的大幅减产是近40%企业销售额出现下滑的主要原因。第二季度以后，随着国内疫情得到控制及国外疫情大爆发导致对国内需求的大增，制品企业的销售情况开始好转，收复了部分失地。但同时，在环保、安监力度不减的情况下，不少化工企业关门或向中西部地区迁移，导致长期依存周边石化企业的中空吹塑厂家的订单受到较大影响。另外，2020年原材料价格低迷也是销售额出现下滑的重要原因。

2. 2020年中空吹塑配套企业基本实现快速增长

从36家配套企业（含吹塑机械、模具、自动化装备、原辅材料、透气塞等）的统计数据来看，与2019年相比，2020年有1家因为产品结构调整，用于中空吹塑行业的产品销售数量和销售额减少；2家的数值基本持平；其余33家实现正增长。具体数据如表2所示。

表2　2020年中空吹塑配套企业销售额增长情况分析

序号	销售额增幅/%	企业数量/个	占比/%
1	<0	3	9.0
2	0~10	5	13.9
3	10~20	4	11.1
4	20~30	6	16.7
5	30~40	6	16.7
6	40~50	5	13.4
7	>50	7	21.2

从以上表格和专委会了解的情况来看，2020年配套企业实现了较好的营收增长，约有近80%的企业销售额相比2019年提高了20%以上；而超过20%的企业的增速超过了50%，为近10年来最好的一年。导致这种状况的原因有三：

①在国内疫情早早得到缓解，而国外形势不断恶化的情况下，国外市场对中国的依存度增加，导致部分订单流入到国内；

②在春节后消杀用品需求量猛增的情况下，一些行业外企业和资金流入中空吹塑行业，推动了相关设备订单量的增加；

③设备周期性的更新换代潮来临。上一次设备更新发生在2005~2010年，按照设备的使用寿命10~15年计算，现在正处于正常的设备更替周期内。

（二）中空吹塑行业发展现状分析

行业产量增长乏力，总体出现下降态势

由上述调研数据可以归纳出，近几年中空吹塑行业的产量同比增速处于持平或微下降的趋势，产量下降的主要原因来自于三个方面：

1. 各类行政法规、监管越来越到位

食品安全方面，已上升到法律层面，《中华人民共和国食品安全法》《食品安全国家标准 食品接触材料及制品通用安全要求》等法规明确规定，发生群体性食品安全事故，地方行政首长要承担责任。

生产安全方面，已颁布《中华人民共和国安全生产法》，明确法人为安全第一责任人等要求，要承担法律责任。

环保方面，已颁布《中华人民共和国环境保护法》《生态环境损害赔偿制度改革方案》《废塑料综合利用行业规范条件》以及“限塑令”“环保税”。

危险品包装和药品方面，加大了对违规企业的处罚力度。

2. 企业的生产成本越来越高

作为产业链的中间段，中空制品行业普遍议价能力弱、利润低。而土地、厂房等成本居高不下，用工成本又不断飞涨，使得企业的生产成本越来越高，利润率越来越薄。

3. 最终客户对产品和服务要求越来越严格

尤其是食品包装等领域，对中空制品的精度、公差、功能、洁净度等方面提出了更高的要求。

4. 疫情导致第一季度产量大幅降低

根据专委会统计，受疫情影响，2020年第一季度行业降幅在20%~30%区间，大大增加了全年的产量增长压力，是全年产量下降的最主要原因。

（三）行业的自动化程度提速

中空吹塑行业的自动化程度在塑料行业中相对比较落后，原因有四：①企业对自动化装备的认识不够；②行业大多为中小微企业，他们财力弱，承担自动化改造的实力不够；③人才缺乏，没有操作自动化装备的经验；④中空制品行业产品种类繁多，设备规格多种多样，制约了后道自动化发展。

近年来，随着成本高企，倒逼企业进行自动化改造。同时，制品企业与中空吹塑机企业、自动化装备企业加强合作，宣传、鼓动设备商为本行业提供先进的智能化生产设备。目前，中小型中空吹塑产品在自动切边、自动测漏、自动称重、自动打包、自动堆垛方面开始加速。而且，一些走在前面的实力雄厚的企业已经在设计无人化车间。但中大型中空吹塑制品要想实现自动化，还需要大量的研发和资金投入。

二、行业未来发展趋势

（一）全面技术进步速度越来越快。

1. 自动化普及

吹塑设备，不管是单工位、还是双工位，自动化程度越来越高。如自动切边、自动打包、自动堆垛、自动测漏、自动称重等。

2. 信息化推广

客户管理、财务管理、供应链管理、仓库管理、生产过程运行、质量监控、追溯体系、成本控制等方面信息化正在快速普及。

3. 智能化导入

大数据，崭露头角，可以嵌入到常规技术、信息化、自动化之中，把这三个方面推向一个新高度。

4. 常规技术升级

在常规技术方面进行升级，如模具更新、检测体统优化、自动化包装、仓库自动化。长三角某些先进地区的最新提法是“优存量”“拓增量”。此提法对中空行业有借鉴意义。

（二）可持续发展成为行业新引擎

近年来，随着消费者对环境责任关注点的不断提升，对我们中空吹塑产品制造商、设备供应商提出了新的要求，赋予了新的责任。受这些因素的驱动，制品厂商和原材料供应商努力开发和应用生物降解塑料，提升单一结构产品中可回收材料的占比；通过优化产品设计，实现吹塑产品的轻量化；开发集成手柄的中空容器，来提高产品的可回收性和回收便利性；通过投资太阳能发电和存储装置，以降低成本，平衡昂贵的峰期电费。设备厂商的积极性更高，更加节能的全电动机、低能耗的传统吹塑机、物理或化学发泡中空吹塑机等。以上这些趋势将对未来行业发展起到至关重要的引领作用。

（三）中空吹塑行业部分向中西部地区转移

国家内循环战略的实施已经开始产生效果，叠加环保持续发力，将拉动部分中空吹塑产业向中西部人口密集地区转移。包括安徽、湖南、湖北、江西、山西、河南、重庆、四川、内蒙古、甘肃、宁夏等在内的省市将会迎来投资与经济发展的热潮，因为人口的优势可以提供大量的用工，同时又能够提供商品销售的市场。

（四）对中高端吹塑机械需求旺盛、自动化程度加快

伴随着设备更新换代潮的来临，在用工荒的倒逼下，对高速化、高端化、节能降耗、自动化程度高的吹塑机械和自动化生产线需求越来越旺盛。推动了考特斯德国机械制造技术的国产化进程，增加了对星贝尔、雅琪、凤记、盛美等中高端设备的需求。

制品企业对生产线自动化的改造进程加快。部分制品企业开始进行生产线的局部自动化；而一些龙头企业已经在尝试协作机器人自动化解决方案，着手打造全方位无人车间。以上情况也助推了中空吹塑自动化设备供应商的专业化水平，出现了侧漏、输送、打包等分领域的佼佼者。

（五）子行业涌现出一批龙头企业

随着行业不断发展和洗牌，出现了一批子行业的龙头企业。这些企业与下游大客户紧密合作，随着客户在全国各地建厂，规模效应和成本效应开始显现，并对中空吹塑产品的开发和发展趋势起到了至关重要的作用。代表企业有生产乳品、食品等硬包装的广东汇伟，生产日化和保健品硬包装的通产丽星，生产矿泉水、调味品和化妆品瓶的信联智通，生产 IBC 和 200L 的舒驰容器和淄博洁林，生产化工、食品和医药容器的河北世纪恒等。

（中国塑协中空制品专委会）

人造革合成革

一、2020年人造革合成革工业发展情况

2020年1~12月，我国人造革合成革工业受疫情影响以及上游原料价格上扬、下游需求不足、出口受阻等多重作用下，疫情高发期产量大幅下降42%，复工复产后，逐步恢复，年底下降幅度收窄。

1. 生产规模

2020年1~12月，全国人造革合成革产量323.07万吨(45亿米)，同比增长-3%；1~12月主营业务收入724.13亿元，同比下降17.02%；实现利润22.91亿元，同比下降18.43%。全国18个人造革合成革省市实现正增长的有：北京、吉林、安徽、江西、湖北、湖南、湖北、四川等七省市，增长总量49.52万吨。呈现负增长的有13个省市，下降幅度20%以上有河北、上海、辽宁、福建、贵州。2020年以丽水、福鼎、萧县、南平、江阴、晋江、临海等地区为主的企业聚集地，销售收入占全国的50%(表1，图1)。

表1　2020年人造革合成革工业生产状况

时间	产量/万吨	增速/%
1~2月	27.8	-41.5
3月	50.2	-32
4月	72.2	-26
5月	94.6	-23.6
6月	119.0	-21.9
7月	174.8	-5.5
8月	202.1	-0.7
9月	224.4	-3.3
10月	260.2	-3.36
11月	291.2	-2.3
12月	323.07	-3.0

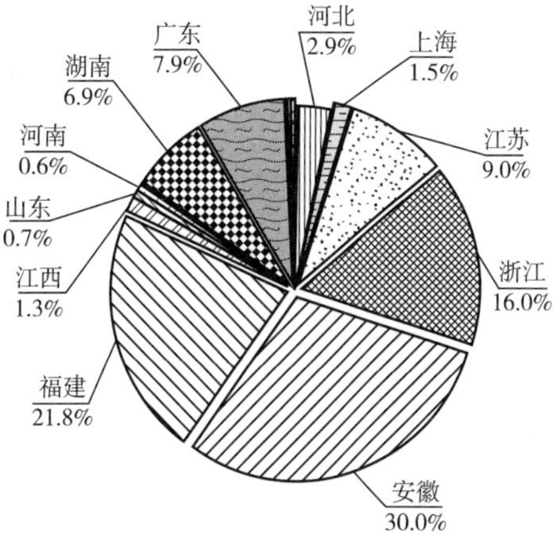

图1　2020年中国人造革合成革工业产量分布

2. 贸易规模

目前，全国人造革合成革出口65万吨(10亿米)，占制造总量的20%。2020年1~7月人造革合成革进口数量为16839.5吨，同比下降18.2%，出口数量为260197.6吨，同比下降32.0%；2020年1~7月人造革、合成革进口金额为23008.6万美元，同比下降17.4%，出口金额为99677.2万美元，同比下降24.9%。2020年，以义乌、白沟、花都、温州、晋江、海宁、柯桥、华南城、新濠畔、龙江等10个专业市场为代表，国内人造革合成革零售与批发业务市场交易额260多亿(表2)。

表2　2020年中国人造革合成革进出口情况

时间	进口数量/吨	进口金额/万美元	出口数量/吨	出口金额/万美元
2019年7月	20591.4	27841.5	382444.4	132735.3
8月	23135.4	31400.9	439743.1	152308.3
9月	26035.8	35256.7	495393.3	171228.3
10月	28674.9	38957.6	553521.9	191612.2
11月	31779.7	43068	612203.7	213922.9
12月	34513.2	46662.4	680287.9	239370.6

续表

时间	进口数量/吨	进口金额/万美元	出口数量/吨	出口金额/万美元
2020 年 1—2 月	4363.8	5614.6	83366	28653.2
3 月	7120.9	9646.9	130455.1	47468.7
4 月	9672.7	13141.3	163862.6	61162.7
5 月	11733.4	15876.5	186545.7	70380.5
6 月	14306.5	19265	217333.9	82589.7
7 月	16839.5	23008.6	260197.6	99677.2

3. 企业规模

生产企业：2020 年全国工商显示注册资金 100 万元以上的生产经营人造革合成革企业 4395 家，其中制造企业 2317 家（外资注册 319 家），批发零售企业 1675 家；注册资金 1000 万元以上的人造革合成革企业 898 家，其中生产企业 513 家（外资注册 79 家）；注册资金 3000 万元以上的人造革合成革企业 456 家（外资注册 32）。在"十三五"期间注册投资 3000 万元以上的生产企业 48 家，其中疫情期间注册生产企业 5 家。目前，纳入国家 2020 年规上企业统计口径的生产企业 441 家，比 2015 年净增加 77 家，比 2018 年净减少 87 家，比 2019 年净减少 4 家企业。

4. 资产规模

目前人造革合成革工业规上企业总资产 700 多亿元，流动资产总计 375.97 亿元；应收款 110 亿元、存货 75 亿元，产成品 30 亿元。2020 年资产负债率 51.42%。2020 年新增固定资产，主要是 7 家水性革车间和工厂的固定资产投资，水性超纤革的新厂建设和车间技术改造、VOC 环保在线检测系统的投入。

二、工业科技创新成就

1. 新材料增长

2020 年企业应用蛋白质等生物质、植物基微晶纤维素，纳米无机物，碳纤维、石墨烯、有机硅、银钽轻金属、植物基多元醇、再生纤维、再生革基布、再生树脂等用于人造革合成革生产，制备医用高阻隔防辐射防护服、医用抗菌抑菌防病毒防护服，制备符合回收再生 GRS 认证标准的产品，呈现行业科技创新高度。回收残留浆料经化学分离制备的再生树脂，以天然纤维素为原料的再生革基布，代表行业产品材料的一个技术革命。水分散树脂及单双多组无溶剂和生物质增塑剂替代 DMF/DOP/PH 溶剂，清洁新能源替代传统能源、再生纤维再生树脂替代不可再生资源材料，追求零溶剂、有害物质零排放，不断创建生态工艺、绿色制造、功能产品、时尚产品、健康产品。

2. 水性革投资增长

2020 年是行业水性革新投资酝酿起步之年。浙江嘉科、丽水科天、丽水合力、丽水宏得利新材料、陶氏中国等加大水性革投资和创新力度。鑫科研究院水性湿法新中式线启动，全国新的水性革基地疫情期间落户湖北，鸿泰首台套水溶开纤生产线在丽水投资建设，南亚（南通）水性革生产线、浙江联桥投资大型水性革分厂、宁德首家华夏水性车间投产，昱洁福尚新型水性超纤落户山东莱阳，明新孟若卡水性超纤建于江浙两省，纳美特水性树脂盐城投资建设；还有福建、上海、广东等地 5 家企业，正在考察江西抚州、浙江丽水、湖北武穴投资建设"水性树脂、水性革、水性超纤"。

3. 智能化生产增加

2020 年，在干湿法智能化改造和环保设施智能化监控方面，有了新的进展。广东英德市匠心全自动数字化自动供料、自动配色、自动检测、自动传输、自动上下卷开机生产，全球首台套、百项数字化技术革新，荣获行业"十三五"科技创新三项大奖。部分企业实施产品在线检测、检验，产品瑕疵在线检测，非甲烷总烃在线检测，智能调控、数据传输，包括企业实施智慧用电、ERP 管理、纹路颜色识别系统等都将引领全行业，在"十四五"开启智能制造新阶段。

三、上游工业发展情况

人造革合成革超纤革生产使用材料主要有聚氯乙烯、聚氨酯、尼龙、涤纶、聚乙烯、聚苯乙烯以及增塑剂、各类助剂等高分子化学原料；还包括纺织行业产业用布，造纸行业特种离型纸等。其大宗原料商品主要是聚氯乙烯、聚氨酯以及革基布，这些构成人造革合成革主要材料成本。

1. 聚氯乙烯

聚氯乙烯是人造革加工的主要原料。2020年,我国聚氯乙烯树脂表观消费量达2000多万吨。全年进口粉状树脂95万吨,进口糊状树脂12.86万吨,同比增长42.9%和49.11%。国内20多家生产PVC糊状树脂企业2020年产能138万吨,产量111万吨、消费量120万吨,其中用于塑料人造革类产品,占总量的40%,如,壁布革8%、地板革7%、苫布革5%。2020年受突发公共卫生事件影响,PVC糊状树脂下游手套制品订单暴增,价格“飙升”,达到历史巅峰水平。价格由5月的7660元/吨,一路飙升最高点位24000元/吨。糊状树脂2020年市场总量达到228.02亿元。

2. 革基布

我国革基布主要是针织布、机织布、非织造布、复合织物等,归属中国产业用布纺织品行业,有著名的“中国革基布名城”和新兴的“无纺布制造基地”以及一批革基布大型企业。2020年1~11月,规模以上企业的非织造布产量达到522.2万吨,同比增长14.4%。目前,已经具备70亿米革基布生产能力,其中机织革基布占53%,包括篷盖基布、帆布、灯箱广告布等;针织革基布占25%,非织造革基布占21%,其他有超细纤维革基布等。目前鞋革基布占40%、沙发和各类车座椅用革基布占30%、箱包革基布占10%。服装服饰包括皮带革用革基布占10%。革基布行业聚集福建、浙江、江苏、北京;合成革行业部分企业向产业链上游延伸,也具备革基布生产能力以及革基布深加工后处理能力。

3. 聚氨酯

聚氨酯是合成革的核心材料。供给情况:2020年国内聚氨酯总产量达到1467万吨,其中化工行业及革厂内配生产的合成革用聚氨酯浆料生产企业60多家,合成革浆料产能已达到400多万吨;华峰、汇得等前10家树脂厂,产量占据全国70%的市场份额;合成革企业向上游延伸生产浆料,如禾欣、宏得利、闵峰、瑞普、安利、南亚、天守、双象等10家企业的浆料产能已占据30%的市场份额;2020年的供给合成革聚氨酯浆料产量174万吨。

价格情况:2020年聚氨酯行业原料受多因素影响,革树脂价格呈现过山车式上下跌宕。丁酮最高涨至9000元/吨,上涨幅度高达44%;聚醚价格历史最大价差13700元/吨;TDI达到近十年的历史最低点9000元/吨左右;聚合MDI年度高低价差达13500元/吨。DMF10月份市场出现了罕见的暴涨局面,价格快速破万,现汇涨至12500元/吨,涨幅68.9%。在革厂需求迅速下滑之下,DMF单日暴跌2700元/吨;暴跌之后DMF价格处于8000关卡以上,仍高出往年4000~6000元/吨水平。

水性与无溶剂浆料情况:水性聚氨酯、无溶剂聚氨酯方面不断取得新的突破,水性表处剂、水性黏合剂、水性面层、无溶剂发泡层、单组分与多组分无溶剂等水性树脂与无溶剂树脂已经实现产业化生产,其DMF型浆料与水性树脂、无溶剂树脂的比例已近7∶3。其他多功能材料,如高弹柔软剂、有机硅系列整理材料、植物基、生物质材料、高耐磨助剂以及各种手感整理剂,特别是天然高分子改性物与合成高分子结合新材料应用开发逐步进入主流。

四、下游工业情况

人造革合成革超纤革的下游应用行业主要包括服装服饰、制鞋制靴、箱包手袋、文体器材、家居用品、家具座椅、汽车内饰、装饰壁布、弹性地板等领域。

1. 下游行业市场情况

合成革的应用面广,涉及多个领域,在每个领域的应用地位不同,有作为主要材料、支撑材料、核心材料,也有作为辅助材料、包装材料、装饰材料、配置材料,80%都属于工业中间品,产品出厂直接面对消费者的有弹性地板、装饰壁布。聚氨酯合成革产品下游行业主要制鞋类占40%,沙发座椅类占30%、手袋箱包10%;聚氯乙烯人造革下游行业主要以箱包革、弹性地板革、灯箱广告装饰革为主体;超细纤维合成革主要以运动鞋、汽车革为主体。从全国经济普查统计数据显示,我国人造革合成革应用于制鞋、箱包、沙发、汽车内饰等13个子产业,有2万多家规模以上企业、4.5万亿元的市场规模,其中制鞋业6000多亿元、箱包手袋行业1500多亿元。2020年受疫情影响,均有不同程度的下降,用于直接面对消费者的壁布、弹性地板,属于稳定的行业;影响比较大的主要在制鞋业、箱包产业;2020年规模以上鞋企销售收入5387.53亿元(2019年6818.32亿元),下降13.41%,行业利润295亿,下降20.98%。

2. 下游行业产品出口情况

根据海关公布数据,2020年全年货物进出口总额比上年增长1.9%,其中,出口增长4.0%;合成革行业下游的制鞋、箱包、服装,出口总额19830.5亿美元。

合成革下游的制鞋行业、箱包行业、服装、汽车的出口产品处于全面下降。合成革应用产品 60%以上用于皮革行业,从疫情前的状况可以看出,全国合成革下游行业总量没有向上,家具行业、服装行业业绩向上,其他应用革产品出口均呈现负增长,其中箱包、制鞋在 20%以上。天然皮革年产 522 亿米^2,下降 8.37%。

五、政策发布

2020 年是行业环境治理最好最快的一年。2020 年涉足合成革行业的环保政策密集出台,《挥发性有机物治理攻坚方案》《污许可证申请与核发技术规范》《重污染天气重点行业绩效分级实施细则》《排污单位自行监测技术指南》《重污染天气重点行业应急减排措施制定技术指南 》五个文件,与“十三五”期间形成的行业环境标准、清洁生产标准、节能减排标准、污染源调查、三年行动计划等构成“行业环保政策十文件”。企业生产设备纳管封闭化,末端治理高效化、环保治理双采双控规范化,三废回收治理国际先进技术应采尽采、应有尽有、应建尽建,清洁能源与节能减排技术不断创新,领先世界先进水平。2020 年大额投资在线监测、时时监测、重点监测,行业环境友好“双采双控双推”,显现“行业生态底线”,完成结构性的“环保许可”体系。

1. 产业集群纳入攻坚方案

生态环境部 2020 年 6 月 23 日发布,关于印发《2020 年挥发性有机物治理攻坚方案》的通知。提出大力推动低(无)VOCs 原辅材料生产和替代,全面加强无组织排放管控,重点排查制药、农药、涂料、油墨、胶粘剂、染料、日用化工、化学助剂、合成革等领域。

2. 自行检测技术指南

生态环境部 2020 年发布的《排污单位自行监测技术指南》,塑料人造革与合成革作为单列产业,实施检测控制。根据我行业十家企业的环保技术水平和环保措施现场情况,在监测点位、监测指标、监测频次、监测质量和质量控制、信息记录和报告等方面提出具体标准。通过自行监测技术指南,指导和规范行业排污单位的自行监测工作,提高排污单位自行监测数据质量,有力地支撑了企业的环境管理。

3. 应急减排技术指南

生态环境部发布《重污染天气重点行业应急减排措施制定技术指南 》(2020 年修订版)、《重污染天气重点行业绩效分级实施细则》。塑料人造革与合成革作为单列制造产业,对行业的“领先企业”和“一般企业”分别确定绩效应急措施。明确了塑料人造革与合成革制造行业主要排污节点及治理设施,提出:表面处理全部使用水性树脂,全部使用环保型、高碳链、生物增塑剂的聚氯乙烯人造革企业,且环境管理水平、运输方式、运输管控满足要求的,直接列入引领性企业。全部使用水性树脂、无溶剂树脂、有机硅树脂、热塑性弹性体制备聚氨酯合成革和超细纤维合成革的企业,且环境管理水平、运输方式、运输管控满足要求的,直接列入引领性企业。其他聚氯乙烯人造革、聚氨酯合成革和超细纤维合成革企业需满足全部指标,方可纳入引领性企业。

4. 技术规范

环保部 4 月份发布的《排污许可证申请与核发技术规范》。规定了合成革排污单位排污许可证申请与核发的基本情况填报要求、许可排放限值确定、实际排放量核算、合规判定方法以及自行监测、环境管理台账及排污许可证执行报告等环境管理要求,提出了橡胶制品工业排污单位污染防治可行技术要求。

5. 国家鼓励发展的重大环保技术装备目录(2020 年版)

工业和信息化部、科学技术部、生态环境部于 2020 年 12 月 25 日发布 2020 年第 52 号《国家鼓励发展的重大环保技术装备目录(2020 年版)》,提出“涡轮萃取塔回收二甲基甲酰胺成套装备”,该技术处理量≥12 吨/小时;二甲基甲酰胺回收率≥98%;不发生二甲基甲酰胺水解反应;二甲基甲酰胺回收纯度>99.5%。适用“工业废水中二甲基甲酰胺的资源化利用”。

6. 行业标准

2020 年 10 月 1 日,国家市场监督管理总局颁发人造合成革试验方法,《人造革合成革试验方法 耐揉搓性的测定》(GB/T 38464-2020),《人造革合成革试验方法 耐寒性的测定》(GB/T 38465-2020),《人造革合成革试验方法 拉伸负荷及断裂伸长率的测定》(GB/T 38612-2020)。《人造革与合成革工业绿色园区评价通则》(T/CNLIC0001-2019),并纳入工信部《2020 年团体标准应用示范项目名单》。

六、行业发展特点

1. 水性革投资交流活动增多

12 月 11 日,陶氏化学联合丽水开发区举行了“陶氏中国水性环保时尚合成革行业科创会”,以汽车为代表的 29 家水性时尚合成革产业链企业、50 多位丽水市合成革商会代表等 100 多人齐聚丽水,合力推动时尚合成革产业水性生态化转型。丽水开发区与陶氏化学签署友好合作备忘录,“水性聚氨酯创新推广中心”落地丽水。

2. 全自动数字化生产线和医用防护服亮相南京塑料展

2020年是行业首台套全自动数字化智能制造的成功上线之年。广东英德匠心投资2.5亿独立自主开发的全国首台套“全自动数字化合成革湿法生产线”,首次对外公开亮相,标志合成革行业进入智能制造的新征程。2020年5月中国塑协人造革合成革专委会同温州、佛山、深圳等企业家、行业领导,共赴广东英德市,看到疫情之下,匠心全自动数字化合成革干湿法生产线,自动供料、自动配色、自动检测、自动传输、自动上下卷,全线开机生产,堪称全球首台套、百项数值化技术革新,11月亮相2020中国国际塑料展,行业年会首次对外报告“匠心全自动数字化合成革生产线技术”,荣获行业科技创新三项大奖。匠心数字化合成革生产线以及部分企业正在实践的智能调控、数据传输、智慧用电、智能环保装置,将引领全行业在“十四五”开启智能制造新阶段。8月份,鑫科合成革研究院“传统湿法贝斯生产线进行水性湿法贝斯中式生产线”正式启动,10月份率先完成了独立自主开发的“医用抗病毒高阻隔防护服合成革面料”。与树桥公司开发的“合成革医用防护服”、昊明开发的“防辐射聚氯乙烯人造革”,同步在南京2020中国国际塑料展展示,合成革卫生安全面料步入医护级医用级行列。

3. 卫生安全认证启动

2020年是行业开发卫生安全产品认证启动之年。专委会指定“中卫安认证”中心,起草合成革卫生安全产品标准与认证规则,在南京行业年会上,该中心副主任、部长到会讲授“合成革卫生安全标准与认证”。随之鑫科研究院报名将10月份独立自主开发的“医用抗病毒防护服合成革面料”,纳入第一批卫生安全认证。树桥公司8月携开发的“合成革医用防护服”专程赴北京向科技部领导汇报医用合成革防护服面料,得到鼓励支持;昊明开发的“防辐射聚氯乙烯人造革”步入医护级医用级行列。

4. 行业“众塑联”“众革联”“皮皮哥”服务平台推动商务

2020年是行业服务平台共享共创之年。以浙江山海协议为背景的合成革实体“众革联”正在筹备;高明“众塑联”公司凝聚聚氯乙烯人造革企业,集中采购,集体收益;2020年新诞生的商务“众革联”,启动服务会员程序,正在步入轨道;“众革联”参加行业年会、专委会理事会,介绍服务平台服务企业之责任效果。“皮皮哥”开发的“合成革纹路色泽质感识别系统”已经获得“十三五”科技进步奖,“皮皮哥”百家革企联盟,“皮皮哥”论坛,显现行业互联互通,改变和冲击着行业经营模式。2020年温州“中国国际交易中心”33家革品商家,进入交易中心电商平台,晋江“中国国际合成革交易中心”筹建加速进行。

5. 再生材料利用进入程序

再生纤维、再生革基布、再生浆料,成为2020年行业中的一大话题。浙江丰塑投资于丽水、南平的大型回收浆料再生分离系统,世界领先。2020年行业年会介绍了再生浆料行业标准,也将于2020年启动为行业企业开辟一条节约资源、循环利用之新途径。福鼎再生革基布率先进入市场。温州开发的可降解植物基革基布,为企业获得环保再生认证GRS提供支撑,为开创全水性、全环保、全降解可回收再利用合成面料,铺垫基础。

6. 稳内拓外,就地转型

21世纪以来,我国人造革合成革行业,从中心城市向沿海城市、从东南部向中西部、向下游市场、向海西和山地等地区实现多级梯度转移;全国合成革第一制造大省已经在中部地区形成。2020年部分地区积极支持和引导“就地转型”,企业积极探索实践在本省、本地区实施资本重组,采用国际领先的“环境治理”和“机械换人”技术,力求“就地绿色转型升级”,提高亩产效益增收,实现市场资源优化配置,寻求一种新的发展方式。

(中国塑协人造革合成革专业委员会秘书处)

异型材及门窗制品

2020年是“十三五”收官和“十四五”发展之年,面对新冠肺炎疫情的突发和中美贸易摩擦升级的双重压力,在中国塑料加工工业协会的坚强领导下,广大行业企业积极投身疫情防控中,打赢了这场没有硝烟的战争,顺利复工复产,克服外贸受阻的压力,在拉动内需的大背景下,积极把握国家新基建、老旧小区改造等大型工程需求，整个行业取得了平稳发展，销量水平逐月恢复，在原材料价格相对保持低位的情况下，销售额和利润较去年同期实现了较大幅度的增长，行业总体保持了持续健康的发展。同时，在行业规模以上企业的带动下，“塑料异型材及门窗的高质量发展”成为普遍共识，在产品的高标准创新上下功夫，尤其是在考虑与铝合金型材的市场竞争上，进行产品的升级换代、企业经营管理模式的创新，行业整体的改革迈出重要步伐，供给侧结构性改革继续深化，科技创新取得新突破，“十三五”规划主要指标全面达成，“十四五”规划目标基本确定，行业进一步发展的大方向谋定待发。

一、行业发展趋势

门窗建材领域一直存在着材料升级换代的周期性转换，这一周期与国家政策和消费升级有着密切的关系。近年来随着铝合金门窗的兴起，中国的塑料异型材门窗行业从 2015 年伊始，市场需求便骤然剧烈萎缩，并导致爆发塑料门窗行业全国性大洗牌，很多作坊式企业被淘汰，行业生产量向大型企业聚集，截至目前，行业向大型企业集中的局面已经形成。行业前二十强塑料异型材产量几乎占据了整个市场，在整体市场受到局限的情况下，行业的发展形成规模以上企业主导的市场，市场竞争平稳有序。大型企业在研发技术、产品生产、市场规模方面占绝对主导地位，更利于较大创新性产品的出现，开启了新一轮的技术革新浪潮，例如塑料门窗系统、装配式建筑、高性能防火防盗窗、低 K 值高质量的异型材等，逐步与国际先进技术接轨，在门窗智能化和互联网化方面甚至领先全球。

在中国塑协的领导与指导下，专委会积极贯彻落实党和国家的相关政策，引导行业健康发展。按照中国塑协指导精神，对行业企业在差异化产品创新、提质增效方面促进转型升级，响应国家“碳中和、碳达峰”的低碳发展号召，按照轻工业塑料加工绿色发展要求，积极推动行业产品升级，推动行业企业高质量健康发展。截至 2020 年，塑料门窗行业的发展呈现出如下几个趋势。

1. 从“经销商”模式转向“大客户合作”模式

塑料异型材门窗行业从发展之初，就采用了经销商分销的模式，行业规模以上企业的发展都是这样发展起来的。近年来，随着市场的变化，经销商模式逐渐无法适应地产行业的集中化趋势，再加上“去中间商”的商业氛围，塑料异型材经销商逐步在减弱或者消失。行业的经营模式逐渐转向了与国内大型房地产公司、大型门窗厂进行“大客户合作”，厂家直销在价格、服务等方面具有优势，更能适应当前房地产商集中采购的需求，但随之也带来了一些经营上的隐患。

2. 受房地产行业的影响逐渐变大

房地产行业是塑料门窗行业的直接下游，由于房地产行业逐渐向国内前几大房地产商聚拢，房地产商对门窗产品的成本、品牌、个性化有了新的要求，这就促使其有强烈意愿与塑料门窗企业达成长期战略合作，国内前十强塑料门窗企业基本都与房地产行业紧密绑定。一方面，房地产行业的发展直接带动了行业的发展；另一方面，由于大型房地产的结算方式以商业票据为主，这同时也给主要生产企业带来了比较大的垫资压力，规上行业企业都存在较大的应收账款和商业票据压力。

3. 全国老旧小区改造带来了新的机遇

全国老旧小区改造作为一项重大民生工程，是国家在棚户区改造政策渐趋收紧的大背景下，改善民生“旧貌换新颜”的重要举措，由各级政府主导开展，群众热切期盼，改造意愿非常强烈。2020 年全年全国新开工改造小区 4.03 万个，惠及居民 736 万户。在老旧小区改造中，门窗的更换是主要的项目之一，塑料异型材门窗在性价比上具有更大的优势，是全国老旧小区改造的主力材料，并且改造的使用量极大，这对低迷的行业市场来说，开辟了新的市场空间，大部分行业企业直接受益，成为在疫情之下能够抵住断崖式下滑的关键。在未来一段时间，全国老旧小区改造的力度还将加大，这一红利还会持续一段时间。

4. 塑料异型材的高标准创新成为共识

长期以来，在塑料门窗行业存在严重的产品同质化竞争，在行业产品成熟之后开始“内卷”，大部分的创新集中在断面调节、表面处理、配方优化、工艺控制等方面，这些创新无法带来行业推动性进步的力量，更无法形成颠覆式创新，没有适应国内市场消费升级的大趋势，行业竞争主要集中在成本和价格。近年来树脂价格的剧烈波动，以及铝型材的冲击，让整个行业意识到“价格竞争”带来的危机，同时，各地方加强逐步出台建筑用门窗节能标准，中国塑料加工工业协会也适时出台了塑料门窗绿色、高品质发展的标准，行业规上企业已意识到产品高标准创新的重要性，行业需要的不是“更好的塑料异型材”，而是可以充分发挥塑料异型材性价比优势、可以替代铝型材的下一代产品。

5. 原材料价格的波动倒逼企业"期现结合"

2020年,整个塑料异型材加工行业享受了PVC树脂较低的价格走势,企业的经营利润也因此普遍很好,甚至是历年最好,当然这也与行业放弃"价格竞争"有一定关系。塑料异型材"一口价"的传统销售模式,无法抵御PVC作为大宗原材料期货价格波动的现实,原材料的低价让企业享受红利,原材料的高价同样也会让企业蒙受损失,这就倒逼规上企业逐渐走上"期现结合"的原材料采购策略。从目前市场定制化需求的转化趋势来看,未来"原材料+加工费"可能会成为行业主流,这是能够适应未来市场发展的更好方式。

二、2020年行业发展现状

1. 时间节点现状

2020年是极其特殊的一年,是国家"十三五"规划收官之年,也是中国塑料异型材及门窗行业进入"十三五"各项指标冲刺之年。面对突如其来的新冠疫情和愈演愈烈的中美贸易战,以及国内建筑门窗市场的剧烈转变,塑料门窗行业积极行动,研判形势,化危为机,在2020年坚定不移地推动高质量发展,主动寻找突破,积极推动行业创新升级,用主观的积极因素抵住了客观环境的不利因素,加快了行业的整体转型升级。通过国标的贯彻实施,推动行业企业进步,在行业内推行《GB/T 33284—2016 室内装饰装修材料门、窗用未增塑聚氯乙烯(PVC-U)型材有害物质限量》《GB/T37866—2019 绿色产品评价塑料制品》,这些国家标准的贯彻落实对塑料异型材及门窗的健康发展具有重要作用。

2. 国政节点现状

2020年,面对严峻复杂的国际形势、艰巨繁重的国内改革发展稳定任务,特别是新冠肺炎疫情的严重冲击,以习近平同志为核心的党中央保持战略定力,准确判断形势,精心谋划部署,果断采取行动,付出艰苦努力,我国成为全球唯一实现经济正增长的主要经济体,三大攻坚战取得决定性成就,科技创新取得重大进展,改革开放实现重要突破,民生得到有力保障。经过5年持续奋斗,我国经济社会发展取得新的历史性成就,"十三五"规划主要目标任务即将完成。加快构建以国内大循环为主体、国内国际双循环相互促进的新发展格局,紧紧扭住供给侧结构性改革这条主线,注重需求侧管理,打通堵点,补齐短板,贯通生产、分配、流通、消费各环节,形成需求牵引供给、供给创造需求的更高水平动态平衡,提升国民经济体系整体效能。在中央经济工作会议中,"碳达峰、碳中和"正式提上日程,我国二氧化碳排放力争2030年前达到峰值,力争2060年前实现碳中和。要抓紧制定2030年前碳排放达峰行动方案,支持有条件的地方率先达峰。

中国塑料加工工业协会以习近平新时代中国特色社会主义思想为指导,全面贯彻党的十九大和十九届二中、三中、四中、五中全会精神,编制《塑料加工业"十四五"发展规划指导意见》和《塑料加工业"十四五"科技创新指导意见》,作为未来五年我国塑料加工业发展的指导性文件和实现塑料制造现代化国家目标的行动纲领。从强化创新体系建设、推动产业链协同发展、推进行业优化结构和提质增效、坚持"五化"(即功能化、轻量化、精密化、生态化、智能化)科技创新方向、推动集约化发展、进一步完善标准体系、建立多层次人才培养体系、提高国际化发展水平等八个方面发力,这符合塑料异型材的基本发展趋势,对行业企业发展具有重要的指导作用。

在"碳达峰、碳中和"低碳发展的时代大潮中,塑料异型材的产品优势更加明显,塑料门窗行业在壁厚上逐步符合甚至高于国标,非标产品在市场上几乎没有了市场,塑料异型材优异的"节能保温"性能再次被广泛关注,尤其是在"$K(U_w)$值"上的性价比优势,同等"$K(U_w)$值"塑料门窗的成本要比铝合金门窗低得多,并且塑料门窗可以在保持低成本的情况下实现更低的"$K(U_w)$值",这是其他材料做不到的,塑料门窗的卓越性能(无热桥"$K(U_w)$值"$\leqslant 0.8$)和核心价值(绿色节能)再次得到充分印证和彰显。同时,塑料异型材材料本身生产的低能耗、低污染、可回收再利用的性质,也符合低碳经济的基本要求,国家政策和行业规范对塑料异型材及门窗企业发展利好。

3. 地政节点现状

2020年北京市发布新的居住建筑节能设计标准,2021年1月1日起实行的《居住建筑节能设计标准》DB11/891-2020,以及《住宅设计规范》DB11/1740-2020、《绿色建筑工程验收规范》DB11/T1315-2020三本规范、标准,必须落实到实际工程项目中去,提高居住建筑节能质量,以世界同类气候地区居住建筑节能设计先进水平为目标,全国率先将居住建筑节能率由75%提升至80%以上,进一步提高居住建筑节能设计水平。根据新标准,建筑外墙、建筑屋面节能要求将大幅提高,其中建筑门窗的整窗传热系数将提高至1.1瓦/[米^2·开(尔文)]。江苏省住建厅于2020年12月18日发布的《江苏省超低能耗居住建筑技术导则》规定，外窗传热系数、遮阳系数限值，在夏热冬冷地区为不高于 1.6 瓦[米^2 · 开(尔文)]，而上海等南方省市的节能标准目前是不高于 1.8 瓦[米^2 · 开(尔文)]。新标准的实施对于北京的建筑及门窗的节能效果，节能率达到 80%。接下来夏热冬冷地区也能向北京看齐，提高节能标准。

同年，河南、四川、云南、河北、山东等省份相继对“居住建筑节能设计标准”“民用建筑节能设计标准”“公共建筑节能设计标准”进行了修订和更新，在节能标准上都有不同程度的提高。越来越多的省市出台被动式超低能耗建筑相关设计标准，以前只是在北方的一些省市颁布，现在在南方的一些省市也开始陆续编制相应的低能耗建筑设计标准，例如湖南省。

目前欧盟的标准是 0.8，想要缩小差距需要进一步对门窗的材料材质、加工工艺、安装工艺进行改进。欧洲的现代建筑门窗行业对于产品技术要求走在世界前列，尤其是德国企业，对于节能不仅在门窗，包括建筑及其他行业，工业化程度高，基础科学做得扎实，其使用的型材材质也与国内有很大差异，包括其他材料，他们在十几年前门窗已做到将整窗传热系数控制在 1.1 瓦[米^2 · 开(尔文)]左右，且安装方法全部是干法施工。

越来越多的门窗企业开始定位于高端化、品牌化，消费者对于门窗的需求也逐渐向高端化集结。未来门窗应该是朝着高科技的方向发展，定制门窗行业有着无限的潜力。相对于执行更高标准的整窗传热系数所带来的长期能耗降低，门窗的成本虽有所增加，但总体还是划算的，这对塑料异型材的转型升级是巨大的机遇。

4. 市场营销节点现状

2017 年门窗行业市场规模达到 6605 亿元，主要受益于下游房产和建筑产业市场向好发展。从 2019 年我国楼市市场发展来看，我国门窗行业发展脚步更跨进一步，全年规模为 7300 亿元，据不完全统计，2020 年我国门窗行业全年规模能达到 1 万亿元。在万亿级的市场中，塑料异型材门窗和铝合金门窗共享了这一市场，铝合金门窗的发展要总体快于塑料门窗。但在老旧小区改造工程、经济欠发达地区、东北高寒地区，塑料门窗占据了比较高的市场比例，这与材料本身的性能有很大关系。

从行业主要企业上报的数据显示，目前整体处于产品由“量”到“质”的转型升级阶段，从总量上看大致下降 10%，由于今年的原材料价格比较稳定，企业的利润得到了明显改善，在总体上与 2019 年运行情况相比，在总体的“量”上略有下滑，在发展的“质”上有所提高(表 1)。

表 1　2016—2020 年全国塑料门窗用 PVC 异型材产销量不完全统计表

单位：万吨

年份 / 产量 · 销量	2016	2017	2018	2019	2020
年产量	244	228	212	200	180
年销量	222	210	191	185	170

5. 市场容量(潜在需求)节点现状

在“十四五”规划中，国家明确提出要提升城镇化发展质量，全面提升城市品质，实施城市更新行动，推动城市空间结构优化和品质提升。“十四五”期间，我国将完成 2000 年底前建成的 21.9 万个城镇老旧小区改造，2021 年新开工改造城镇老旧小区 5.3 万个。巨量的老旧小区改造不仅是对各级政府的一场大考，也为房地产行业转型发展带来了市场机遇。

目前越来越多的城市房地产进入存量时代，一级市场可供开发的土地越来越少，“三道红线”“供地两集中”等政策更加剧了房企在招拍挂市场的拿地难度。而未来五年，21.9 万个老旧小区改造，涉及建筑面积约 90 亿平方米，将拉动数万亿投资，这无疑将成为房企转型发展的“新赛道”。塑料门窗相比铝合金门窗有着天然的“环保节能”优势，对塑料门窗的主要材料 PVC 型材进行技术升级，将发展出更大的市场，也将成为塑料异型材门窗行业转型发展的绝佳契机。

三、2020 年行业技术进步

遵循环保绿色发展理念，积极推动国标和团标的执行。按照中塑协“塑料绿色发展”的要求，在行业内推行《GB/T 33284—2016 室内装饰装修材料 门、窗用未增塑聚氯乙烯(PVC-U)型材有害物质限量》国家标准。专委会参与制定的国家标准《GB/T 37866—2019 绿色产品评价 塑料制品》已经发布，并在行业内进行了贯标。行业技术创新体系更加贴近产品、贴近市场、贴近“绿色节能”，无铅化普遍实施，在产品的高端化和功能性方面的研发越来越多。

随着塑料异型材整个行业的转型，行业领先企业纷纷加大对新产品的研发力度，在研究的方向上突破了纯粹的配方、断面、工艺等"向内"研究，更多地开始考虑产业链整体的创新，将研发延伸到门窗加工等下游产业链，在专利上更加倾向于门窗整体配套、门窗体验升级等方面的使用技术突破上。彩色覆膜技术、彩色共挤技术、彩色通体技术、彩色扣板和涂装技术等，都被广泛用于生产实践，能够在性能和美观程度有着更好表现的ASA、覆膜型材发展增幅很快。在门窗专用领域，耐火窗、被动门窗、装配式建筑用门窗、系统门窗等趋于成熟，逐步成为行业创新发展的新趋势。

按照《塑料加工业"十三五"发展规划指导意见》《塑料加工业技术进步"十三五"发展指导意见》，塑料异型材积极制定发展规划，行业提质增效趋势明显，技术升级和高质量发展成为行业企业共识。在市场竞争上突破了"价格竞争"的恶性循环，各大厂商开始围绕"利润"做文章，积极与国内百强房地产企业开展战略合作，形成利益共同体，用产品和服务定制化克服"同质化竞争"的弊端，以质取胜。

国内目前门窗类型较多，铝合金门窗市场仍旧占据主流，与国外欧美门窗市场中塑料门窗占主流的格局有所不同，普通老百姓的接受度还是偏低，同业竞争激烈。型材对于门窗而言是关键部分，门窗的性能研究对型材结构的开发起到指引的作用，目前在这个方面型材企业对于门窗的研究仍有很大的提升空间，这也是与国外主流型材企业的差距之一，如何从型材配套企业向门窗系统整体配套企业的转变，对于整个行业的技术提升都将具有很大的意义。目前，行业整体销售市场过于倚重新开发房地产市场，在零售家装市场发力较少，这增大了行业的整体风险，也不利于产品的升级改造创新。高端的零售家装市场仍是一片"沃土"，应该投入适当的精力去"耕耘"，结出的果实也必将丰富和提升整体行业产品的水平。在接下来一段时期，行业将借鉴国外先进国家门窗发展的经验，促进企业创新升级，勇于开创行业新局面，为我国轻工业发展、为我国经济高质量发展做出新的更大的贡献。

（中国塑协异型材及门窗制品专业委员会）

复合膜制品

一、2020年行业发展现状

2020年，一场突如其来的新冠肺炎疫情，复杂多变的经济形势，给复合膜软包装行业企业的生产、供销、出口等多个方面造成了不同程度的影响。同时随着宅家经济相关食品、日用品和电子产品以及快递外卖订单增加，又给软包企业带来商机。复合膜软包装行业面临疫情的新的挑战、机遇和发展。

在疫情初期大家困在家里，与宅家经济相关的家庭常规食品以及与清洁、洗涤、消毒相关的日化品、电子产品、快递、外卖包装的订单大大增加。随着复工复产，疫情控制平稳，休闲食品类的销售也呈递增趋势。软包企业抓住疫情商机，反而在食品、饮料和制药行业有所增长。大部分企业实现逆势增长，国内外软包装市场供不应求。

对于软包企业，从2020年二季度开始，国外疫情严重，部分工厂停工，需要国内工厂加工，国外订单持续增加，当时紧张的出口仓位，一仓难求。但是由于很多港口、航班关闭或减少，运输成本大大增加，给外贸订单的出口蒙上阴影。

2020年年末由于煤炭价格持续火爆，推动其产业链上的乙烯、丙烯、甲醇、乙酸等化工原料疯狂涨价，但生产商不敢对下游客户随意涨价，导致年底订单企业利润受到影响。

禁塑令、限塑令的颁布使单一材料、再生材料、可降解材料等新型塑料产业迎来了新的发展机遇。2020年是国内复合膜软包装行业走向环保与可回收的里程碑元年，自从国家发改委和生态环境部公布了《关于进一步加强塑料污染治理的意见》之后，单一材料、可降解材料成为软包行业最受关注的研究课题。但是软包业内的主流更趋向使用单一材料，不少BOPE、PE、PP单一材质已在一些软包企业得到了成功应用，PBAT、PLA等生物降解材料普遍用在购物袋、快递袋、一次性餐具、酒店用品包装等领域，并迎来了火爆的发展市场，材料价格一涨再涨。VOCs源头治理的凹印水墨工艺和无溶剂铝箔复合工艺都得到了一定的发展。虽然凹印水墨仍然存在很多待攻克的技术难点，但是在VOCs管控严格的北方地区使用水墨的积极性普遍比南方地区要高，尤其是在白墨和表印领域，但是这些企业使用的水墨，大多添加了较高比例的乙醇（超过了30%），按照国家标准，就不能称为水墨了，水墨发展之路任重道远。2020年是无溶剂工艺突飞猛进的发展之年，全年设备增加了约800台，中国的无溶剂复合机总量约为3500台，而且无溶剂工艺在高阻隔材料PET/AL等结构上取得了新的突破和应用，在耐介质包装上也有新的发展。

总而言之，2020年是不同寻常又充满挑战的一年，疫情的爆发凸显了中国政府强大的执政能力和经济发展的韧劲，给软包企业带来了巨大商机。软包行业设备、油墨、胶水、薄膜、彩印等绝大部分企业的销售额都实现了递增。据不完全调查统计，2020年1~10月与去年同期相比，约50%以上企业在产量、销售额和利税方面有所增加，30%企业持平，20%企业减少。通过多方不完全统计与测算，2020年复合膜软包装产量（主要为食品、药品领域）约为476万吨，行业主营业务收入约为1040亿元，过亿企业的主营业务收入总计约为316亿元，占规模以上企业主营业务收入约为30%。产业集中度继续提升，说明疫情带来的影响只是阶段性的。随着环境的好转，政策的拉动，市场的恢复，复合膜软包装行业2020年稳健发展。

二、存在的问题

目前，复合膜制品行业面临着国际规则、投资贸易和格局变动的挑战，技术壁垒和竞争加剧的挑战，创新能力与创新成果转化不足的挑战，低碳环保与塑料废弃物管理不到位带来的环保压力的挑战。产业结构相对不合理，发展受产业链上游制约，智能化生产水平亟待提高，技术创新能力有待进一步提升。2021年需要研究和有效处理行业运营中主要反映的问题如下：

1. 企业利润逐年下降

受疫情影响，原材料涨价，环保治理成本和环保运行成本持续偏高。国家环保政策致使众多中小型企业被迫整顿停产甚至退出行业，比如大部分企业环保运行成本超百万，有两家甚至超千万。由于大部分VOCs治理装置是使用燃烧法，所以存在一定的安全风险。此外，2020年年末，多种大宗商品开启了涨价潮。煤炭价格的持续火爆，推动其产业链上乙烯、丙烯、甲醇、醋酸等化工原材料涨价，并传导至下游众多化工品。钢铁、铜、纸张等也相继涨价，这与中澳关系紧张，导致煤、铁矿石等资源进口受限有关，也与上大厂检修频繁，疫情“黑天鹅”带来的不可抗力，以及2021年春节临近，一季度受春节长假影响，生产运输有所停滞，下游备货需求旺盛等因素有关。虽然原材料涨价，但生产加工商却不敢随意对下游客户涨价，这些都是导致年底订单利润下滑的原因。

2. 产业结构不能适应市场需求的变化

在企业规模上，复合膜软包装企业总体规模小，产业集中度较低，不但国内大小工厂林立，企业还直面跨国同行的竞争。行业品种多但批量小；在产能结构上，结构雷同差异性小，阶段性产能过剩顽疾仍未得到根本改善。订单越来越向实力雄厚、管理规范的大企业转移。随着复合膜行业的减废进程加快，目前已有很多企业正着手布局，例如去铝化、单材化、减量化、短流程成型技术（清洁生产工艺）、开发生物降解材料、降低碳排放（生态化）等，其成果已被转化为生产力，并创建了多个示范区，为复合膜减废和资源可回收进行了成功的探索。

3. 自主创新能力薄弱

目前，复合膜软包装行业是个两头在外的配角，受原料供应限制和客户端市场的依存度较高的影响，企业“自主研发和创新”依然存在一些瓶颈：

①很多企业缺少自主创新的战略规划；

②缺少市场调研的导向指引和信息反馈的支持；

③缺少需求创造，缺乏适时的创造需求，用产品来引领需求、引领消费的能力。专委会将进一步倡导创新合作，通过对行业未来发展方向的把握，研发符合市场发展趋势的新产品，推动行业上下游产业链的协同、跨越式发展。

4. 人才短缺

生产人员流动性大也是2020年度行业的普遍现象，同时也是行业面临的趋势性问题。而复合膜软包装行业的人才，尤其是技术方面的专业人才的短缺，严重制约了复合膜软包装生产线可持续的改良与创新。因此，复合膜软包装行业需要不断加强行业和企业内部的人才培训工作，提高行业和企业内部人才的理论知识水平与动手实践能力，为企业未来的健康发展奠定良好的基础。

三、行业可持续发展趋势

“十四五”期间，复合膜包装材料将致力于绿色、环保、低碳、智能等可持续发展目标。从源头削减、过程控制、末端治理三个阶段向复合（印刷）塑料包装薄膜单材化、功能化、智能化、生态化的方向发展。在软包装生产中，可生物降解材料替代塑料包装的方案越来越受到关注，但软包装可持续发展的主要趋势仍然是在塑料膜的生产中遵循3R原则，即减少(Reduce)、回收(Recycle)和再利用(Reuse)。围绕国家“源头减量—清洁生产—智能分类—高效转化—清洁利用—精深加工—精准管控”的可循环发展技术链要求，复合膜软包装行业以可持续发展的3个关键技术，源头控制技术(减量和可回收结构设计)、过程控制技术(VOCs治理和清洁生产工艺)、末端处理技术(废弃物可回收、可利用和可降解技术)为支撑，复合(印刷)塑料包装薄膜向单材化、功能化、生态智能化目标发展。

1. 单材化、可回收将成为软包装可持续发展的行业新挑战

单材化：注重研究开发多层复合塑料薄膜整体单材化与减量化、性能强化、表层功能化、易回收、回收后可高质化利用的系列关键技术及其装备。对于软包装而言，复合仍将是复合膜软包装加工行业最重要的成型技术。根据国家“加强固体废弃物和垃圾处置，推进资源全面节约和循环利用”的部署，以及2025年全球对塑料包装可持续发展的策略，单一材质、高性能、减量、低污染、可循环利用将成为复合膜研究开发的发展方向。单材化设计功能性薄膜，替代原来多材化复合材料是一种创新的应用，单材化确保在高速热封以及耐水煮、蒸煮性和满足食品的保质期、阻氧、阻水等阻隔性功能以及保持其原有性能的领域面临严峻的挑战。单材化能避免复杂而艰难的不同材质材料的分离，通过物理回收技术可以将原来丢弃的垃圾重新变为有价值的原料，回到材料的大循环之中。因此，基于塑料减量应用和循环利用的目标，从源头设计开始，将单材化的多层复合材料借助加工取向共挤出增强技术提升单层材料的力学强度，降低厚度，用涂层代替功能树脂层，形成功能性食品软包装涂装减材与单材化技术，单一成分的材料占比90%以上，可以满足包装材料用后即可简单回收造粒再利用。

2. 功能化、生态化将成为软包装行业可持续发展的新常态

功能化：注重创新高阻隔功能性薄膜功能的精准设计、制造、应用技术、合金化回收多材复合功能性薄膜的系列化技术研究开发。复合膜行业“十四五”期间重点发展产品是高阻隔可回收复合膜、袋，可回收的单材化包装，生物基可降解食品包装材料，可生物降解功能性复合薄膜，多材质复合包装材料的回收与高质利用，高分子合金薄膜，无铝耐激光烧结抗腐蚀包装，局部涂覆热封材料封合膜，抑菌食品包装材料，阻隔性聚氨酯胶粘剂，无溶剂型双组分聚氨酯复合膜用黏合剂，复合膜用高延展性聚氨酯胶粘剂，非吸收性基材印刷专用环保水性油墨，环保水性表印油墨，EB+OFFSET(无排放VOCs)，单一类溶剂体系油墨，镀氧化铝A10x高阻隔薄膜材料，局部涂覆热封材料封合膜，无VOCs的印刷包装膜，室温快速熟化双组分聚醚型复合黏合剂。

功能性复合膜软包装的循环利用最关键的是有价值的回收，回收的材料可以实现循环利用，形成闭环。目前需要出台相应的国家标准，建立可执行的回收体系，统一的生产规范，产业间密切配合，全产业链协同行动。

生态化：大力提升高固体分醇溶性油墨和酯溶性油墨、水性油墨、能量固化油墨、无溶剂胶粘剂、水性胶粘剂、能量固化胶粘剂的印刷和复合工艺适配性。采用完全生物降解树脂为基本原料，配合各种专用成型加工工艺的研发，在无溶剂、水基高性能、环保型油墨和黏合剂中高效引入可降解生物质进行改性，通过高性能与生命周期可控的协同技术实现复合膜的生态友好。围绕国家“源头减量—清洁生产—智能分类—高效转化—清洁利用—精深加工—精准管控”的可循环发展技术链要求，过程控制技术(VOCs治理和清洁生产工艺)，源头控制技术(减量和可回收结构设计)，末端处理技术(废弃物可回收、可利用和可降解技术)，将是复合膜软包装行业可持续发展的3项关键技术。

3. 智能化将成为软包装行业可持续发展的新机遇

智能化：引进数字化技术和人工智能技术，加快智能化工厂的建设，创立示范企业推动行业发展。近年来，伴随着人口红利的不断削弱，我国制造业从传统走向智能，已成为未来重要发展方向，如柔版复合工艺，凹版印刷溶剂回收再利用，机器换人机联网，以电代煤供热系统，数字化、人工智能化示范工厂，软包装智能化工厂，带嘴液体自立包装袋包装、灌装一体自动化技术，PVDC高阻隔薄膜吹膜生产工艺模头自动调节技术，吹膜装备的柔性单轴取向(MDO)单元及整机的连线开发。生产企业利用保险技术、喷码技术、纹理防伪技术、水溶膜技术、RFID技术等，让包装与用户之间形成了信息的沟通与交互，在带给用户应用体验的同时也增强了包装企业自身的竞争力。

复合膜软包装是一种资源高效的包装选择，在

保护食品和其他产品，防止食物浪费，最大限度地减少资源使用并提供重要的包装功能方面发挥着关键作用。据了解，在欧洲几乎二分之一的食品都采用软包装。出于这个原因以及复合膜软包装的广泛优势，与其他更多的资源密集型包装方式相比，复合膜软包装越来越多地被使用。在我国，复合膜软包装也是增长最快的一种包装方式。但复合膜软包装经常被随意丢弃，回收难度大，使得塑料垃圾带来的危害越来越大，并已成为事实上的危害。2015 年以来，全球每年超过 3 亿吨塑料垃圾流入环境，预测 2050 年流入环境的塑料垃圾将达到 120 亿吨。2019 年，20 国集团通过了“G20 海洋垃圾行动计划”，将通过多项措施与国际合作，推动全面的生命周期措施，以减少塑料废弃物倾倒于海洋，每回收 1 吨废弃塑料可以节约 2.30 吨原油、减少 0.36 吨 CO_2 排放。废弃塑料尤其是难再生的共混、复合、填充型和交联型塑料制品的回收再利用依旧是全球高度关注和亟待解决的世界性难题。高性能、功能化、轻量化以及绿色生产与循环利用是发达国家热塑性高分子新材料发展的主要方向。与发达国家相比，我国塑料再生利用率相对较低。如德国废弃塑料再生利用率达 38.6%，日本废弃塑料再生利用率为 28.0%，但我国塑料再生利用率低于 25.0%。其主要原因是国外发达国家如德国、日本等建立了严格的垃圾分类制度，我国也正在逐步建立垃圾分类制度。而对于共混复合型和交联型等难再生废弃高分子材料，国外也尚未有理想的回收手段，因此全球塑料回收率仍偏低，仅为 9.0%。通过在复合膜中高效引入可降解生物质，实现复合膜的高性能与生命周期可控的协同技术解决不同材质的生物降解塑料薄膜的复合技术也是可行的。采用不同加工成型工艺（吹塑、流延、双向拉伸、淋复等）得到功能不同的各种薄膜，并在薄膜中分别引入可降解生物质，然后采用完全生物降解的胶粘剂复合而成，可以得到一系列既可完全生物降解又满足各类包装需求的功能性可生物降解的复合膜软包装。

四、“十四五”时期行业发展展望

2020 年 9 月习近平总书记在联合国宣布中国二氧化碳排放力争 2030 年达到峰值，努力争取 2060 年前实现碳中和，实现这个目标意味着我国产业结构、能源结构、生活方式需要发生深刻的变化。2021 年作为“十四五”的开局之年，国家将以降碳为总抓手，调整优化环境治理模式，加快推动从末端治理向源头治理转变，通过应对气候变化，降低碳排放，从根本上解决环境污染问题。

2021 年，循环经济、绿色包装仍是软包行业发展的主题，但是也面临疫情不确定性和全球经济的不确定性，给企业带来经营风险以及环保治理压力。无处不在的挑战，也孕育着发展商机。软包装已经成为现代社会文明的标志，与我们的生活息息相关，无论是衣食住行，或是电子、医疗，等等，都已高度依赖软包装。但是不可否认，软包装已经并且正在带来全球化严重环境问题。解决当前面临的生态和环保问题：要从整个生命周期的思维，即从原料开采、运输、制造、加工、流通、消费、废弃物处理全过程，对资源、能源及环境的影响进行综合分析评价，才能对材料的环境适应性进行公正合理的评价。我们需要正确理解软包装在整个生命周期中的影响，需要一整套技术和评估工具来改善整个软包装生命周期中的可持续性，从获取原材料和软包装加工成型，到更好的回收利用和处置的选择，以及全面了解对环境造成的影响，从软包装结构的设计开始，就必须考虑循环经济。我们不仅需要停止向环境中丢弃废塑料，更需要重点开发可回收利用和环境可降解的塑料产品，提高回收价值，形成可循环的闭环。

复合膜软包装行业所面对的新技术、新业态、新模式、新消费正深刻改变着行业的生存环境，复合膜软包装企业如何准确把握行业地位，以立于不败之地，其核心技术途径在于：通过合金化减量技术实现复合功能性薄膜的减量；通过单材化技术实现通过现有回收系统和渠道实现分类和有价值的直接回收；通过降解技术实现软包装的环境友好性。2020 年，已有许多终端品牌商将复合膜软包装的回收再利用作为订单选项，因此复合膜软包装企业必须顺应市场发展趋势，加强科技投入，开拓思路，积极创新应用解决方案，才能在 2025 年实现 100%可回收再利用、可重复使用或可堆肥完全分解的复合膜软包装功能性材料。

“十四五”期间，复合膜包装材料将致力于绿色、环保、低碳、智能等可持续发展目标。从源头削减、过程控制、末端治理三个阶段向复合（印刷）塑料包装薄膜单材化、功能化、智能化、生态化的方向发展。

抓住国家和行业“十四五”发展的契机，带领行业践行“单材化、功能化、生态化、智能化”行业“十四五”发展规划，实现塑料软包装从线性经济到循环经济的转换，为行业的可持续发展做出贡献。

（中国塑协复合膜制品专委会）

聚氨酯制品

2020年，中国聚氨酯行业受疫情影响原材料价格先抑后扬，三季度后价格巨幅上涨，上游原料价格由合理区间窄幅震荡（MDI价格在11000~12500元/吨；TDI价格在9800~12000元/吨；聚醚价格维持在10000元/吨的低位）。暴涨到四季度的MDI价格27000元/吨；TDI价格18000元/吨；聚醚价格也短时冲到19500元/吨的行业价格新高。下游聚氨酯制品行业市场稳定，企业利润被原材料企业蚕食，市场信心被抑制。下游制品企业经营维艰。

一、2020年聚氨酯上游原料及下游使用情况

（一）2020年异氰酸酯树脂（MDI）的情况

2020年中国聚合MDI产量164.39万吨，同比增长1.2%；市场供应和表观消费135.6万吨，同比增长9.7%；净出口24.5万吨，同比下降20.2%。2020年产量增加主要来自万华化学、巴斯夫和亨斯迈装置负荷提升；2020年需求端提升主要来自于冰箱、冰柜、黏合剂及密封剂、板材、喷涂和冷藏集装箱的推动。

1. 需求端

2020年中国聚合MDI下游行业消费情况分析如下：

2020年我国聚合MDI市场消耗量有所上涨，主要的下游需求支撑为冰箱、冰柜、黏合剂及密封剂、板材、喷涂和冷藏集装箱。

2020年中国市场共消耗聚合MDI达135.6万吨，与2019年相比增加了9.7%（表1）。

表1 2020年中国聚合MDI消费领域统计表 单位：万吨，%

消费领域	2019年聚合MDI消费量	2020年聚合MDI消费量	当年增长比例
冰箱	36.8	43.4	17.9
冰柜	15	19.7	31.3
热水器	5.5	5.3	-3.6
汽车	14.1	13.6	-3.5
黏合剂及密封剂	13.3	14.6	9.8
管道	9.8	10.3	5.1
板材	7.4	8.6	16.2
喷涂	6.1	7.1	16.4
煤矿加固剂	4.8	4.5	-6.3
冷藏集装箱	3.4	3.7	8.8
其他	7.5	4.8	-35.3
总计	123.7	135.6	9.7

注："其他"：包括了PU仿木、家具高回弹软泡、医药、机械抛光、铸造树脂和植被防护等行业。

2020年国内聚合MDI总消耗量大约135.6万吨，其中用于冰箱和冰柜产业的聚合MDI消费量合计63.1万吨，占到总消费量的46.5%；在胶粘剂及密封剂行业的消费量为14.6万吨，约占总量的10.8%。用于汽车产业的聚合MDI消费量为13.6万吨，占总量的10.0%。从消费结构可以看出来，聚合MDI主要消费领域并未出现太大的变化，依旧是硬泡为主，胶黏剂及密封剂、汽车等领域稳步增长。

2. 供应端

2020年中国聚合MDI厂家产量情况统计分析如下：

2020年中国聚合MDI产量合计约164.39万吨，其中万华化学、巴斯夫、科思创和亨斯迈为主要的供应商。截至2020年，四家供应商的纯MDI产量约占98.41%，其中万华化学市场份额最大，约为51.77%（表2）。

表 2　2020 年中国聚合 MDI 厂家产量情况统计表

单位:万吨,%

公司名称	2020 年产量	2020 年市场份额
万华化学	85.11	51.77
巴斯夫	30.34	18.46
科思创	26.66	16.22
亨斯迈	19.66	11.96
东曹	2.62	1.59

由上表可以看出,与 2019 年相比,2020 年我国聚合 MDI 供应格局未出现较大的变化。从排名情况来看,万华产量依旧是遥遥领先处于第一位,2020 年产量略微增加。巴斯夫凭借着重庆巴斯夫负荷的提升,一举超过科思创跃升至第二位。

从供应量上来看,万华、巴斯夫和亨斯迈产量的增加来自于自身装置负荷率的提升,科思创不增反减主要是因为 2020 年上半年受疫情影响开工率较低,下半年又有一次大的检修,从而使得产量下降(表 3)。

表 3　2020 年国内聚合 MDI 合成装置母液产能及产量统计　单位:万吨

生产商	产地	2020 年产能	2020 年产量
万华	烟台、宁波	180	135.96
联恒	上海	59	49.5
科思创	上海	55	41.24
重庆巴斯夫	重庆	40	33.0
总计		334	259.70

3. 未来预测

2021~2025 年中国聚合 MDI 消费情况展望

聚合 MDI 下游中,未来主要增长点还是在冰箱、冰柜、胶粘剂和板材等行业。冰箱、冰柜行业,有内销和出口两个市场。尤其是出口市场,预计 2021 还将维持增长。对于冰箱、冰柜的尺寸,传统冰箱、冰柜往大的方向发展;同时客厅吧台柜、迷你柜等新兴小尺寸产品增速也很快。

胶粘剂行业未来增长潜力较大。以万华禾香板为例,据了解,生产 1 米^3 的禾香板,需要大概 30~40 千克的聚合 MDI。一旦此类产品被市场接受,实现大规模生产,将对 MDI 行业有明显的促进作用。

汽车行业,预计近几年仍将弱势运行。未来的关注点主要在单辆车的 MDI 消费量的提升。据统计目前一辆国产中级轿车的聚氨酯制品用量为 15~20 千克,但高档汽车的聚氨酯制品用量可达到 25~30 千克。若每辆车的聚氨酯制品用量提高 10 千克,对应的 MDI 用量可以多 3~4 千克,以现在年产 2000 多万辆轿车计算,则可增加十几万吨的 MDI 需求量。

(二)2020 年中国 TDI 的使用情况(表 4、表 5)

表 4　2020 年中国 TDI 厂家产量、供需、进出口情况统计表　单位:万吨

万华化学	31.80
科思创	23.80
巴斯夫	12.30
沧州大化	12.29
甘肃银光	11.00
巨力(烟台/新疆)	9.50
国产量小计	100.69
进口量	3.71
出口量	25.63
表观消耗量	78.77
实际消费量	76.99

注:厂家及社会库存 = 表观消费量 - 实际消费量 + 上年累计库存,2020 年厂家及社会库存预估约为 14.78 万吨,其中约 13 万吨是上年累计库存,1.78 万吨为国内厂家今年建安全库存用量。

我国 TDI 产品消费地区分布基本与下游产业分布一致;TDI 产品消费主要集中在软体家具、涂料、汽车等行业。

由于新冠肺炎疫情的持续影响,2020 年上半年全国房地产市场惨淡,各项指标同比往年出现不同程度的下挫,在“灰犀牛”和“黑天鹅”的双重冲击下,房地产行业面临前所未有的严峻考验。下半年全国房地产开发投资累计增速开始转负为正,多项重点指标保持正增长运行,行业基本面逐渐向好。国家统计局数据显示,2020 年商品房销售面积 176086 万米^2,同比增长 2.6%。其中,住宅销售面积增长 3.2%,办公楼销售面积下降 10.4%,商业营业

用房销售面积下降 8.7%。商品房销售额 173,613 亿元,增长 8.7%。其中,住宅销售额增长 10.8%,办公楼销售额下降 5.3%,商业营业用房销售额下降 11.2%。2020 年商品房待售面积 49850 万米^2,同比增长 0.1%。其中住宅待售面积下降 0.4%,办公楼待售面积下降 0.1%,商业营业用房待售面积下降 2.6%。

2020 年房地产市场的低迷也打击了我国家具市场,2020 年中国家具制造业规模以上企业营收总额为 6875.4 亿元,同比下降 6%;利润总额 417.7 亿元,同比下降 11.1%。

而汽车方面,2020 年,我国汽车产销分别完成 2522.5 万辆和 2531.1 万辆,同比分别下降 1.9%和 1.8%,降幅比上年分别收窄 5.5 和 6.3 个百分点。2020 年第一季度受疫情影响,我国汽车产业面临的压力进一步加大,1~3 月汽车产量连续出现负增长,尤其是 2 月份降幅最为明显,同比下降 79.8%。后三季度受益于国内疫情基本得到控制,我国汽车产销量情况逐步好转,市场恢复大大超出预期,4~12 月均保持正增长,全年整体来看汽车产量小幅下滑。如果 TDI、MDI 按 5∶5 的比例应用在汽车中,一辆汽车按 5.5 千克的原料用量来计算,全年汽车行业消耗 TDI 量约为 13.87 万吨。

表 5　2020 年中国 TDI 消费区域分布统计表　单位:万吨,%

地区	表观消费量	比例
华南地区	26.66	33.84
华东华中地区	23.07	29.29
东北华北地区	16.90	21.46
西南西北地区	12.14	15.41
总计	78.77	100.0

1. 2020 年中国 TDI 各下游消费分析

聚氨酯泡沫作为一种高分子材料,是 TDI 最大的消费用户。聚氨酯泡沫塑料在聚氨酯制品中所占的比例超过 50%。它的主要特征是多孔性、密度低、强度高。它还具有无臭、透气(软泡)、高绝热性(硬泡)、泡孔均匀、耐老化、一定程度的耐有机溶剂侵蚀等特性,对金属、木材、玻璃、砖石、纤维等有很强的粘附性,根据所用原料品种的不同以及配方用量的变化,可以制成不同密度、不同性能的软质、半硬质以及硬质聚氨酯泡沫塑料,用于各种不同的用途,这些优点为其他泡沫材料所不及,因此受到了各应用部门的欢迎。

发达国家 TDI 的应用相对较单一,主要集中在软泡,其他领域如涂料、胶粘剂、弹性体等方面主要用 HDI、MDI 等代替 TDI。

国内虽然软泡的应用也占绝对多数,但是同时在中低档涂料、胶粘剂、弹性体等方面也大量使用 TDI 产品(表 6)。

表 6　2019-2020 年中国各下游行业 TDI 实际消费量统计表　单位:万吨

行业 年份	软泡	涂料	胶粘剂、密封剂	弹性体、塑胶跑道	汇总
2020	54.6	9.6	8.0	4.8	77.0
2019	57.9	10.1	8.5	4.3	80.9

2. 2020 年环氧丙烷(PO)和聚醚多元醇市场

2020 年,国内 PO 生产聚醚及 PO(环氧丙烷)价格先抑后扬,1~3 季度处于较低价格水平,价格约为 1 万元/吨徘徊。3 季度开始快速上涨,价格从 1 万元/吨上升到近 2 万元/吨,价格翻倍,出现了聚醚行业从未有的高价,原因主要是环氧丙烷由于垄断生产,产生垄断利润。环氧丙烷这头犟驴何时驯服还有待观察。随着共氧化和直接氧化法 PO 生产项目的建设,技术结构发生了巨大变化,2020 年我国氯醇法 PO 生产工艺的占比降到了 48%,PO 产能约为 330 万吨,主要生产企业和产能情况见表 7。

表 7　2020 年中国 PO 生产企业产能

生产企业名称	工艺	产能/(万吨/年)
无棣鑫岳化工有限公司	氯醇法	35
中海壳牌石油化工有限公司	PO/SM	32
吉神化学工业股份有限公司	HPPO	30
宁波镇海炼化利安德化学有限公司	PO/SM	28.5
滨化集团股份有限公司	氯醇法	28
万华化学	PO/MTBE	26.4

续表

生产企业名称	工艺	产能/（万吨/年）
山东三岳化工有限公司	氯醇法	24
南京金陵亨斯迈新材料有限责任公司	PO/MTBE	24
山东金岭化工(集团)股份有限公司	氯醇法	16
天津大沽化工股份有限责任公司	氯醇法	15
方大锦化化工科技股份有限公司	氯醇法	12
南京金浦锦湖化工有限公司	氯醇法	10
山东大泽化工有限公司	氯醇法	10
中石化长岭分公司	HPPO	10
其他	氯醇法	26. 2
合计		327. 1

2020 年全国聚醚多元醇的产能达到 550 万吨，其中山东省是国内聚醚多元醇产能最高的省份。2020 年我国聚醚多元醇销量靠前的企业包括中海壳牌、蓝星东大、万华化学、佳化化学、句容宁武新材料、德信联邦、山东隆华、南京红宝丽、江苏长华、南京钟山、河北亚东等。2020 年中国聚醚多元醇产能情况见表 8。

表 8　2020 年中国聚醚多元醇生产企业产能

生产企业	产能/（万吨/年）
万华化学	40
佳化化学有限公司	35
句容宁武新材料股份有限公司	30
山东蓝星东大有限公司	30
德信联邦化学工业有限公司	30
山东隆华新材料科技股份有限公司	30
无棣德信化工有限公司	30
绍兴恒丰聚氨酯实业有限公司	30
中海壳牌石油化工有限公司	27
聚源化学工业股份有限公司	23

续表

生产企业	产能/（万吨/年）
河北亚东化工集团有限公司	20
江苏长华聚氨酯科技有限公司	18
南京红宝丽股份有限公司	18
江苏钟山化工有限公司	15
国都化工(昆山)有限公司	10
可利亚多元醇(南京)有限公司	8
其他	156
合计	550

由于聚醚生产企业较多，前几年市场竞争充分，2019 年前产品质量稳定，价格较低，有利于聚氨酯制品企业的发展。2020 年四季度至今，价格翻倍，聚氨酯制品企业压力山大，企业利润基本被上游原料企业掏空，聚氨酯制品企业经营陷入被动境地。

二、2020 年中国 TPU 的生产现状及分析

TPU 作为一种聚氨酯弹性体制品，其生产所需的多元醇、MDI、BDO、己二酸、乙二醇等原材料均为石油衍生品或副产品，为石油化工下游产品。TPU 为热塑性弹性体材料的一个分支，是由二异氰酸酯、大分子多元醇、扩链剂(低分子二元醇)三类基础原料聚合而成的高分子材料。

与通用的塑料与橡胶材料相比，TPU 具有硬度范围广、力学性能突出、耐高/低温性能优异、加工性能好、环保性能优良、可塑性强、可设计性强、透明性能优异等优越特性，其既有橡胶材料的高弹性，又有工程塑料的高强度。得益于优异的产品性能，TPU 在日用消费品、工业生产、医疗健康、国防军工等多个国民经济领域的市场需求大幅增加。近年来，我国 TPU 新增产能陆续释放，2019 年和 2020 年 TPU 开工率稳步提升，2015～2020 年国内 TPU 产量年均复合增长率高达 15. 46%。2019 年我国 TPU 产业规模继续呈扩大态势，产量约 51. 29 万吨。我国逐渐超越欧美成为全球最大的 TPU 生产和消费国，且年均消费量保持约 10%的高增速。2020 年受疫情影响，增速略有降低。我国国产 TPU 生产规模虽然大，但是在细分领域却缺乏优势。尤其在中高端市场，巴斯夫、亨斯迈等跨国公司技术优势突出，通过高效的管理模式在提升产品性能和品质的同时降低了产品的生产成本，占据了国内中高端、高端市场的主要份额。目前我国大部分 TPU 生产企业由于核心技术优势缺失、产品结构单一，新产品进度较慢导致市场竞争力整体偏弱，行业利润难以有效提升。

TPU 行业的技术发展方向、规模及竞争格局、增长速度、利润水平等状况直接取决于下游行业的市场需求。

2020 年消费数据显示：随着传统橡塑材料逐渐被环保材料取代，TPU 消费量将持续增长，广泛应用于国民经济众多领域。TPU 主要应用于管材、薄膜、电子电器、鞋材、汽车配件、改性包装胶、工业传动、胶粘剂、电线电缆等领域。其中鞋材是 TPU 主要消费市场，占据了 TPU 40%的消耗量。

整体来看，TPU 行业具有原材料成本占比较高、产品更新速度快、规格型号种类多、客户需求差异化明显等特点。因此，行业的利润水平受原材料价格的波动、新产品开发能力、客户服务水平等多种因素影响。随着国内针对居民运动健康的政策和措施陆续出台，以及居民消费者体育用品消费支出能力的提升，高科技运动鞋消费需求增长有利于提高 TPU 行业的应用空间，而另一方面，在高端市场如压延级 TPU、医用 TPU、耐高温 TPU 等品种，国内主要还是依赖进口，随着国产 TPU 企业长期的技术积累和研发投入，有望突破外国企业的垄断，扩大国产替代。

总之，聚氨酯制品企业高度依赖上游生产供应商的技术和原料供应的稳定性，这是一条生产链上的不同工段，希望上下游企业相互理解，跳出自己的一亩三分地，共同维护行业企业的利益。实现合作共赢，使聚氨酯行业健康发展。

备注：本文部分内容和数据来自国家统计局、海关、天天化工网、聚氨酯工业协会、中国汽车工业协会等。

（中国塑协聚氨酯制品专业委员会）

板片材

新冠肺炎疫情的大暴发，对塑料板片材行业的发展产生了巨大的影响。由于医疗防护器材、隔离设施、包装盒等的需求大增，和防疫相关的塑料板片材制品供不应求。2020 年 2 月开始，行业生产企业开足马力，加班加点生产，产量快速增长，经济运行平稳，出口和内销都有较大增长。塑料板片材行业工业增加值的增速，高于同期塑料制品加工业平均值。塑料板片材行业投资增速加快，高于同期塑料加工业投资平均增速。行业主营业务收入较 2019 年有较大增长，显现出较好的发展潜力和前景。

2020 年，塑料板片材企业在中国塑协的帮助指导下，团结一致，克服困难，积极投入防疫物资生产，取得了卓有成效的进步。

塑料板片材是以塑料为原料，以挤出工艺、压延工艺、模压工艺及注塑工艺等制作成的板材与片材，属于新型材料。近十几年来，我国塑料板片材行业发展速度较快，受益于行业新产品、新材料、新技术、新装备和产能的不断提高，以及产品应用领域的不断扩大。塑料板片材行业在国内和国际市场上发展形势都十分看好，全球塑料板片材市场产量逐年增长，相关资料数据显示，2019 年全球塑料板片材产量达到 2134. 88 万吨，高于 2018 年的 2091. 64 万吨。2019 年全国塑料板片材产量达到 669. 86 万吨，高于 2018 年的 631. 05 万吨，产量提高了 6. 15%。2020 年由于防疫的需要，中国塑料板片材产量超过 800 万吨，和 2019 年相比，产量提高了 20%以上。

一、塑料板片材行业发展概述

1. 行业基本情况

进入 21 世纪以来，中国塑料板片材行业取得了令世人瞩目的成就，产能与产量全球最大，已达全球产量的 30%以上，稳居世界第一，实现了历史性的跨越。“十二五”期间增长率一直保持在 10%以上，在保持较快发展速度的基础上，经济效益也有新的提高。随着经济增长方式的转变，“十三五”期间塑料板片材行业增长明显放缓。但从合成树脂用量，塑料板片材设备数量，以及塑料板片材制品产量来看，都显示了塑料板片材行业强劲的发展势头。

随着塑料板片材新技术的应用，以及相关部门对环保型塑料板片材的人力推广，新型塑料板片材的应用也越来越广。我国市场上出现了多种类型的塑料板片材新产品。目前，市场上经常见到的塑料板片材产品有，传统的 PVC 板片材、PP 板片材、PE 板片材、PS 板片材，也有近几年增长较快的 PET 板片材、PC 板片材及各种添加玻纤、碳纤、高强度纤维的塑料基复合板片材，以及 PLA、PBAT 生物降解塑料板片材等。

由于塑料板片材具有重量轻、保温、隔音、安装方便以及可透明、可印刷、可以制成彩色等特点，因此在建筑装饰行业、包装行业、工业制造、农业生产、国防工业、医疗等行业应用越来越广泛。在国家生态环保，绿色发展政策的推动下，我国塑料板片材行业呈现了快速发展的态势。塑料板片材已涉及国民经济的各个方面，以塑料代替木材、钢材、铝材、石材、玻璃、皮革等，广泛应用于工业、农业、化工、建筑、包装、医疗以及航空航天、国防等尖端部门。

现阶段，我国塑料板片材行业以高端化为核心，大力发展新技术、新产品，大力培养新的增长点，以提高品质为前提、提升效率为核心，培养新的竞争优势。紧紧围绕“功能化、轻量化、生态化、智能化及微成型”的技术发展方向，大力开发新产品，大力实施替代进口战略，占领产品中高端市场。如用于手机、平板电脑、笔记本电脑等复合塑料板片材，产量已居世界前列。

2. 2020 年塑料板片材企业迎来新发展机遇

当前塑料板片材行业的产业基础、发展环境和条件都发生了深刻的变化。无论是国内产业转型，还是国际贸易环境，以及新一轮产业变革和科技革命的来临，特别是新冠肺炎疫情的全球蔓延，无一不对中国塑料板片材行业提出了严峻的挑战。“十三五”期间是我国塑料板片材实现稳步发展的关键时期，和“十二五”时期相比，行业发展的速度已经明显减缓。2018 年美国挑起了中美贸易摩擦，对我国塑料板片材行业的发展造成了很大的影响，2019 年塑料板片材企业克服困难，积极开拓市场，和 2018 年相比，有了一定的增长。2020 年我国塑料板片的产量增长较快，和 2019 年相比有较大的提高，增长率又达到了两位数。据行业统计数据显示，2020 年全球塑料板片材的产量低于 2019 年。但国内 2020 年塑料板片材的产量，高于 2019 年，达到了约 800 万吨，是历年来的最高。国内塑料板片材产量增长大于国际，原因是多方面的：一是由于新冠肺炎疫情全球蔓延，处于疫情防控的需要，医疗防护器材、隔离设施、食品等包装盒的需求量大增，这些产品的生产都离不开各种塑料板片材，所以塑料板片材的需求大增。二是欧美发达国家是塑料板片材传统生产强国，由于新冠肺炎疫情严重，许多企业停工停产，造成塑料板片材的产量大减，所以我国塑料板片材的出口量和出口额都有较大的增长。三是新冠肺炎疫情期间，由于欧美等许多国家经济活动停摆，人们只能待在家里，刺激了家庭装修等消费市场的增长，所以建筑装饰用塑料板片材需求量快速增长，有效促进了我国塑料地板、塑料装饰板片材的出口量。多方面因素的叠加，导致 2020 年国内塑料板片材产量增速达 20%以上。

3. 塑料板片材行业效益下降，企业经营困难加大

2020 年由于环保管理力度的进一步加大，化工原材料价格的大幅上涨，人力资源成本的快速上升，以“提高质量、降低消耗”为主要内容的降低变动成本，和以“提高劳动生产率”为主要内容，降低固定成本的传统盈利模式受到严重挑战。企业经营成本不断升高，而市场竞争不断加剧，产品价格难以上涨，造成经营困难加大。

后疫情时代的来临，企业经营的不确定风险在增长。原材料价格波动大，涨幅超过 30%。运输不畅，运费上涨严重。出口货柜，一箱难求。供需矛盾加大，上下游企业矛盾加大，利益分配不平，严重影响塑料板片材企业健康发展。

二、目前塑料板片材行业存在的主要问题

除了国内外宏观环境影响外，也应该看到塑料板片材行业自身的问题：一是产品结构不合理，中低档产品比例过高；二是部分产品出现结构性、阶段性过剩；三是技术创新能力不足，行业新增长点不多，缺少实现持续增长的条件。具体分析如下：

1. 结构性、阶段性产能过剩顽疾没有得到有效缓解

产品产能结构性和阶段性过剩是塑料板片材加工业产品结构不合理的集中体现，是实现健康发展，可持续发展的一大障碍。目前低端产品产能过剩问题仍未有效解决，而且继续在恶化，远超市场需求，如廉价的，劣质的硬质 PVC 板片材，PS、PP、PE 板片材等。盲目引进而引发的阶段性过剩产能尚未有效化解，而高端产品仍需大量进口，如汽车、高铁、机场、酒店装饰用高档塑料板片材，耐高温、高透明的功能性塑料板片材等。

2. 品牌意识，质量意识淡薄

品牌意识的淡薄，营销网络建设相对滞后，加之较低的技术和资金进入门槛，使得板片材行业企业规模普遍不大，营销手段单一，营销成本较高，缺乏品牌策略，对目标市场和细分市场几乎没有什么调查研究和应对手段，一拥而上，埋头就干，对于技术、质量的更新与提升考虑较少，当竞争日趋激烈时，很多企业陷入了渠道冲突、实行价格战、成本上升、收入下降、客户投诉不断、满意度大幅度降低的尴尬困境之中。

由于传统塑料板片材产品，技术含量低，投资

少,行业进入门槛低,因此造成产能严重过剩。加上行业内一些企业,质量意识淡漠,习惯于打价格战。所以由产能过剩引发低价恶性竞争比较普遍,造成市场严重混乱,既影响行业形象,又影响企业效益,同时深刻影响了行业健康发展。

如何在市场中杀出一条血路?除了渠道营销以外,还必须花大力气全方位的打造属于企业、渠道商和消费者共同认可的强势品牌,从而占据未来市场的稳固地位。

3. 塑料板片材行业创新意识不强,创新能力不足

由于行业内大企业较少,以中小企业为主,企业科技人员少,科技研发能力差,再加上企业科技经费投入不足,或没有条件投入,科技创新受到了严重制约。有的高质量、高水平板片材受到市场可接受价格的制约,相对而言,市场上同类的通用产品较多,中低档产品占绝大多数,而高技术、高附加值的产品很少。行业应通过不断的自主开发,加快科技创新,开发新产品,进一步提高产品的功能性,可靠性,稳定性和先进性。利用"互联网+"提高企业技术创新能力,同时进行生产管理创新、营销模式创新,提升企业的综合创新能力。

此外,目前行业总体装备水平偏低、产品结构不合理、科技投入不足、产品集约化程度低、抵御风险能力不强、行业区域发展不平衡,以及环保等问题也影响了行业的健康发展。

三、塑料板片材行业发展前瞻

当前,塑料板片材行业正处于发展壮大期向产业成熟期过渡的关键时期,是产业迈向中高端的关键时期。在后疫情时期,塑料板片材行业经济下行压力加大,企业生产经营也面临许多新的困难和问题。因此,认真分析面临的形势,抓住机遇,主动作为,开拓创新,平稳渡过当期,实现产业转型期,是摆在我们面前的重要任务。

1. 塑料板片材行业的技术环境

我国塑料板片材行业的技术环境相对比较好,2000年以来,塑料板片材行业新产品、新材料、新技术、新装备层出不穷,应用领域不断扩大,建筑行业、包装与装潢行业、汽车制造、工农业生产、国防建设等,都离不开塑料板片材。随着塑料板片材新技术的应用,环保型、功能型、高性能的塑料板片材,其应用越来越广。在国家生态环保、绿色发展政策的引导下,我国塑料板片材行业技术进步显著,呈现了较快的发展态势。

2. 塑料板片材市场规模与结构

我国目前塑料板片材的市场规模较大,据行业调查显示,2020年塑料板片材行业的总产值超过1000亿元人民币,是全球第一。但是我国塑料板片材产品,目前还是低端产品的产量较大,中高端产品的产量较小,塑料板片材产品的结构不合理,未来需要持续调整,以满足市场需求。

3. 塑料板片材行业发展重点建议

(1)要坚持创新驱动发展,依靠科技创新,不断提高产品档次和质量,大力实施高端化战略,提高中高端产品比例。

(2)要加快生产工艺创新,要改进优化传统生产工艺,大力开展推广应用智能设备,通过生产工艺创新和智能装备,建设现代生产体系,为提高产品质量创造条件。

(3)特别在开发新型塑料板片材方面,要大力实施差异性战略,要通过技术进步和技术创新,解决好低端产品向中高端产品转化的问题,实现全行业产品技术水平的提升,产品质量的提高,解决好产品同质化竞争严重的问题。

4. 促进塑料板片材行业健康发展的措施

(1)面对新一轮全球科技革命和产业变革浪潮,面对我国经济进入新常态,塑料板片材行业必须大力实施创新驱动战略,紧紧围绕创新这一新引擎,调整发展思路,把主要精力集中到调结构转方式,着力提高发展质量和效益上来。

(2)要实现行业发展中高速、产品开发中高端的双目标,必须紧紧围绕"高端化"这一核心,大力培养新的经济增长点,一要大力开发新产品,加快产业升级;二要大力推进工业化和信息化深度融合,加快"互联网+"工程建设,要适应高端化、个性化、小批量、私人定制的市场导向,探索大规模个性化制造的新路子,推动新型生产模式和新业态的快速成长,大力培养新的经济增长点,是未来发展的重要措施和方向。

(3)要面对生产力要素成本不断上升,资源环境的约束不断增加,面对高成本时代到来,必须紧紧围绕以提高生产效率为核心,着力培养新的竞争优势。

(4)完善质量保证体系,引导市场健康发展。要加强行业自律,完善质量保证体系,健全质量认证和监督制度。对企业的工艺装备、生产规模、检测手段和质量保证体系等提出合理化建议,配合相关单位加强对行业产品质量的监督抽查。企业应加强对用户的服务,协助用户选择最佳的产品。对于涉及公共安全、人身安全的产品,应逐步建立、健全强制性

的管理办法。生产企业不应采取以低价作为进入市场的手段，要有长远的市场意识，注重产品质量、技术创新、完善服务，为用户提供合格产品和优质服务。

（5）注重与上下游行业的联系与合作，促进塑料板片材行业健康发展。加强与装备企业的合作，推动行业的装备技术创新和技术进步，提高生产效率、自动化、智能化水平、提升产品质量。联合原材料生产企业，提高原材料性能，研发新原料，确保板片材行业新产品开发，促进塑料板片材行业健康发展。

四、发展趋势与规划

我国塑料板片材行业仍然处在快速发展时期，随着新材料、新工艺的不断出现，塑料板片材的新产品层出不穷。新型塑料板片材的应用也越来越广，塑料板片材应用领域已涉及国民经济的各个方面，各种塑料板片材，正以其优越的性能，广泛应用于工业、农业、化工、建筑、医疗、包装、航空航天、国防等尖端部门，代替木材、钢材、铝材、石材、玻璃、皮革等传统材料制作的板片材。

目前快速发展的新型塑料板片材，得到了大量的新型高分子材料和新技术的支撑，塑料板片材正朝着集美观、实用于一体的方向发展，功能方面则向更加专业、特殊功能的方向拓展。“十三五”期间，国家已把科技创新带动产业发展提到了空前未有的高度。“十四五”时期，世界百年未有之大变局深度演化，与我国社会主义现代化建设新征程开局起步相互交融，中国特色社会主义进入新时代，高质量发展成为社会发展的主基调。塑料加工业必定依托于科技创新，与塑料行业相关的新产业、新业态、新技术及新模式不断涌现，创新驱动给企业带来新的发展机遇。因此，“十四五”时期是新型塑料板片材行业发展的大好时机。

中国塑协提出的《塑料工业“十四五”发展规划指导意见》《塑料加工业“十四五”科技创新指导意见》正式发布。对我们塑料板片材行业具有极其重要的指导意义，必将是我们未来发展的基本方针，通过创新思维、创新产品过程设计和关键技术创新实现产业创新发展，以低能耗、低资源消耗、低环保负担方式提高产品质量和增加效率，实现产业升级，实现塑料板片材产业的可持续发展。

（中国塑协板片材专业委员会　周家华）

塑料编织制品

一、塑料编织产业 2020 年发展综述

（一）行业发展增速下滑，发展质量向好

截至 2020 年底，全国塑料编织专业生产企业有 5000 多家，从业人数约 40 万人，年综合生产能力约 2700 万吨。

2020 年全国规模以上企业塑料丝、绳及编织品（以下简称塑编制品）产量 1440.1 万吨，同比增长 -3.4%，产值约 1861.58 亿元，同比增长 -3.7%。全社会塑编制品产量约 1693.1 万吨，同比增长 -5.6%，全社会产值约 2086.3 亿元，同比增长 -6.2%。

2018 年以来行业发展拐点出现，发展放缓出现负增长，2020 年继续呈下降趋势（图 1、图 2、表 1），但产业结构发生了变化，高中端产品比例逐年提高，篷布、方底阀口袋等产品出现了大幅增长，2020 年新冠肺炎疫情大流行刺激了防疫物资包装及粮食等包装的强劲增长，企业盈利能力增强。

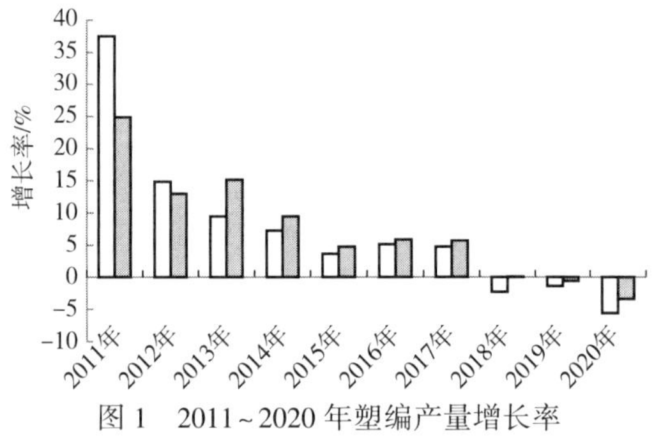

图 1　2011～2020 年塑编产量增长率

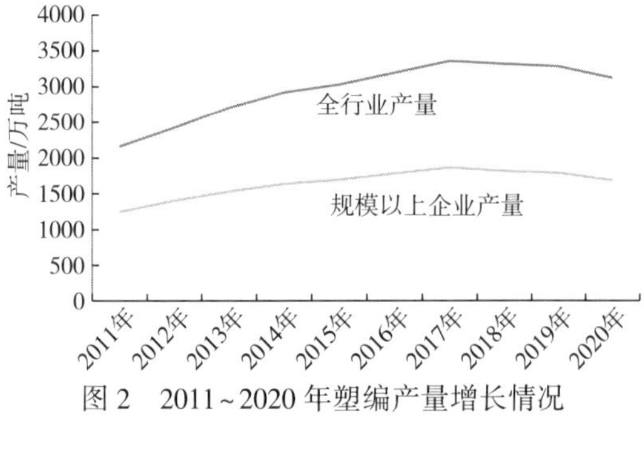

图 2　2011～2020 年塑编产量增长情况

表 1　　2011—2020 年塑编产品产量及增长情况

年份	2011	2012	2013	2014	2015	2016	2017	2018	2019	2020
全行业产量/万吨	1210	1390	1522	1633	1692	1778.3	1861.9	1819	1793.5	1693.1
增长率/%	37.5	14.87	9.5	7.29	3.61	5.1	4.7	−2.3	−1.4	−5.6
规模以上企业产量/万吨	889	1004.5	1157	1267	1326.7	1404.8	1484.9	1499.8	1490.8	1440.1
增长率/%	24.87	13	15.18	9.5	4.7	5.9	5.7	0.1	−0.6	−3.4

2020 年受新冠肺炎疫情影响，第一季度塑编行业全力复工复产，但复工率不到 50%；第二季度，在国家"六稳六保"的政策助力下，全行业 60% 的企业复工达产率达到 80% 以上，到 6、7 月份各企业订单饱满，掀起赶工小高潮；第三季度后疫情时期，疫情对行业的负面影响逐渐开始显现，市场需求不足带来订单减少，企业开工不足；第四季度由于订单量增长和补库存，加之产品提价，出现产销两旺局面。

2020 年塑编企业整体开工率约为 70%，塑编企业平均利润率约为 5.6%，利润率提高。因新冠疫情影响，需求受到抑制，订单不足。下游用户普遍存在拖欠款现象，企业回款周期长，工厂开工不足，人工成本增高，原材料价格波动大等多重因素，对企业生产经营产生了诸多不利影响。

2020 年的新冠肺炎疫情全球大流行，部分正常国际贸易被阻断，全球经济下行，塑编产品出口受到较大影响。

2020 年塑编行业集中度进一步提高，部分大中型企业取得了较好的发展，企业继续更新先进设备，扩张产能，塑编设备生产厂商订单充足。同时，部分小微企业萎缩、关停或转产。

（二）塑编产品所占比重变化表明产品结构进一步优化

在 1693.1 万吨塑编包装产品中，水泥袋约 501.2 万吨，约占 29.6%，同比下降 20.2%；化工原料、饲料等各种普通编织袋 491 万吨，约占 29%，同比下降 24%；集装袋 287.8 万吨，约占 17%，同比增长 10.6%；土工布及篷布 235.3 万吨，约占 13.9%，同比增长 26.2%；遮阳网及网眼袋 137.1 万吨，约占 8.1%；其他塑编产品 40.6 万吨，约占 2.4%（图 3）。篷布、集装袋等产量出现了较大的增长，水泥袋、普通编织袋产量出现了下降，中高档产品比例逐步扩大，显示产品结构进一步优化。

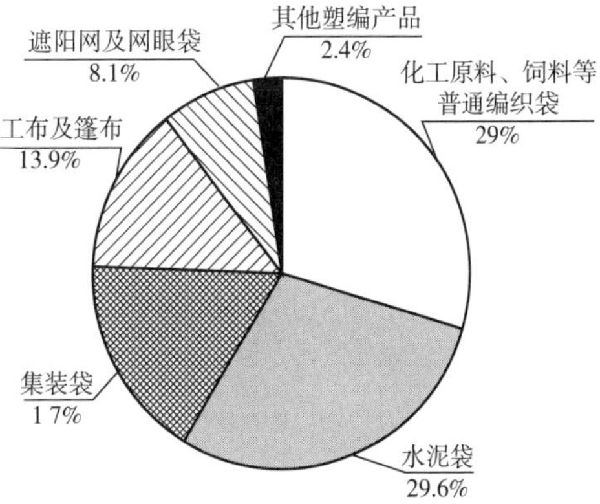

图 3　2020 年塑编产品占比图

据不完全统计，2020 年全国共生产各种塑编产品约 1693.1 万吨，其中使用新粒料聚丙烯约为 1134.4 万吨，约为 67%；粉料聚丙烯约为 203.2 万吨，约为 12%；聚乙烯约为 152.4 万吨，约为 9%；再生料约 203.2 万吨，约为 12%（图 4）。1693.1 万吨塑编产品中还包含各种母料约为 110 万吨，纸、缝纫线、胶、颜料、油墨等 60 万吨。

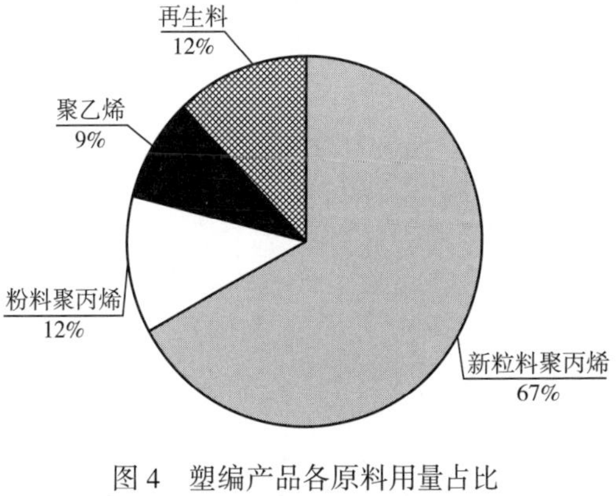

图 4　塑编产品各原料用量占比

全面“禁固令”管理制度、“限塑令”的实行，严格的环保要求以及用户对高品质产品的需求，企业生产中普遍增加全新料使用比例等原因，以后粉料、再生料的使用将会进一步减少。因更多的企业采用聚丙烯粒料生产高、中档编织袋，加之生产企业加装更多的环保设备，使得生产车间粉尘、烟雾大大减少，生产环境获得较大改善。

（三）各省份占总量的比例变化不大

产量位列全国前6位的省（市）是山东、辽宁、浙江、河南、四川、江西；增长幅度位列前5位的是江苏、河南、河北、四川、山东。产量位列全国前6位的产量合计约占全国产量60%。塑编产业分布遍布全国，从东南向中部、东北、西北、西南、中原转移的趋势放缓。除山东、辽宁外，青海等其他省（市）塑编产量占全国比例都在10%以下（表2、图5）。

表2　2020年全国各省份规模以上企业塑编制品产量表

单位：万吨，%

地区	产量	占比
全国	1693.1	100
山东	314.9	18.6
辽宁	242.1	14.3
浙江	138.8	8.2
河南	133.8	7.9
四川	115.1	6.8
江西	77.9	4.6
江苏	72.8	4.3
广西	71.1	4.2
安徽	67.7	4.0
湖北	61.0	3.6
河北	54.2	3.2
湖南	52.5	3.1
广东	50.8	3.0
黑龙江	37.2	2.2
重庆	35.6	2.1
内蒙古	23.7	1.4
其他省份	143.9	8.5

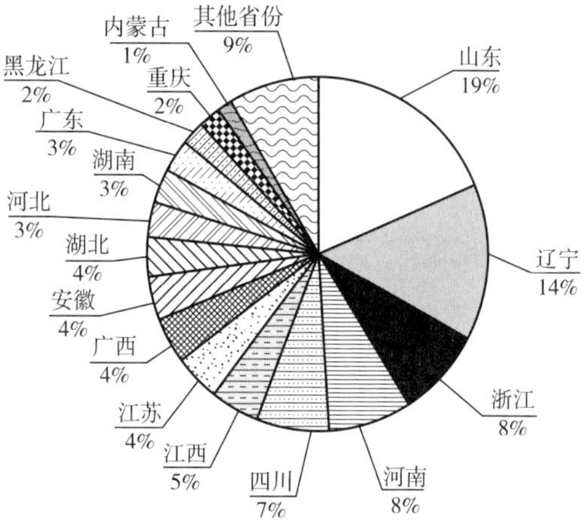

图5　2020年全国各省份规模以上企业塑编制品产量占比图

（四）塑编企业增效降成本的最新途径

塑编行业增效降成本的主要途径：一是采用高效节能、自动化、智能化的塑编设备；二是采用高质量的原材料、高级填充母料、改性母料以及先进技术、工艺、配方，达到提高产品质量、轻量化减少单位产品克重、实现降成本增效的目标。

（1）高速拉丝机和节能圆织机设备节能开发方面已出现瓶颈，今后主要方向是低耗损、一体化、智能化制造。

（2）切缝一体机继续向自动化和智能化方向发展。自动切缝一体设备品种在不断增加，技术上不断创新，速度不断提高，继续保持较高增长。

（3）方底阀口袋制袋设备，自动化程度高，大大减少了劳动用工。新修订《水泥包装袋》国家标准取消缝底袋型，只保留糊底袋型，对方底阀口袋发展将起到极大的推动作用。方底阀口袋制袋设备用量在近几年出现暴发式增长，国产设备性能和用量在逐步增加。

（4）集装袋后工序用工多，劳动强度大，制约着行业的发展。缝制设备的自动化、标准化方面存在着很大的提升空间，分段自动化减人工设备继续不断进步。

（5）使用自动套内袋机代替人工套袋，其技术性能不断改进，速度进一步提高，保持着较高的增长速度。

（6）使用高性能的原材料及改性材料、助剂，达到减轻克重、降低产品成本的目的。

二、2020 年聚丙烯原料行情回顾与分析

一季度，1 月底开始，国内疫情暴发，下游行业复工一再推迟，市场陷入停滞状态。2 月中旬，两油库存一度累积至 155 万吨的高位，整个 2 月聚丙烯延续跌势，PP 拉丝跌至 6450 元/吨。进入 3 月，受到新冠疫情的影响，有关经济增长放缓的忧虑也愈发加重，全球金融市场持续遭到抛售，美股四次触发熔断机制，原油下行压力进一步加大，OPEC+减产协议面临失效，进一步加重了市场对经济危机的担忧，原油期货也受此影响随美股快速下跌。成本面承压明显，加之需求端恢复缓慢，3 月底，聚丙烯 PP 拉丝价格跌至 6000 元/吨，创三年来最低。

二季度，4 月份，在市场跌势不止的情况下，全球疫情助推医用物资需求，纤维料带动市场整体资源狂涨，市场出现投机行为，大批小企业运用 S2040 等高熔纤维来做熔喷布，导致纤维价格暴涨。同时，各生产企业加大纤维生产，纤维生产比例一度达到 49. 6%，是正常水平的 7 倍。PP 出现结构性供应矛盾，标品资源紧张，拉丝价格快速走高，4 月中旬达到 9500 元/吨左右。后期在国家出台一系列管控政策和对口罩市场产业链的规范后，市场炒涨热情冷却下来，不到一周时间价格回落至 7000 元/吨。4 月下旬起，随着下游需求不断恢复，并迎来生产企业装置检修集中期，两油库存逐步消耗，聚丙烯市场震荡反弹，PP 拉丝价格在 7800 元/吨左右。进入 5~6 月份，市场进入了一个较长期的僵持整理行情中，上游石化去库存较为顺畅，加之下游刚需基数庞大，在检修高峰期叠加扩能真空期的双重利好支撑之下，PP 行情以震荡走强为主，主流价格在 6850 元/吨左右。

三季度，国内 PP 市场震荡整理。7~8 月份，市场报盘多以整理为主，装置检修基本结束。由于新产能投放市场，供应端压力上升，市场表现一般。7 月份市场多半以下滑为主，月初受期货助推，商家报盘小幅上涨，同时因南方多雨天，制约部分地区物流运输及下游开工，临近月底，规模性检修及期货支撑月底小幅上涨，拉丝主流价格在 7650~7850 元/吨。8 月“两桶油”惯性上涨，但市场供应宽松，加之在 PP 期货的支撑下，市场进入整理阶段，拉丝主流价格在 7620~8000 元/吨。8 月底 9 月初，受“金九”行情预期，中间商和下游工厂积极备货，市场经历炒作上涨行情，但由于下游工厂订单量并没有如期增加，PP 价格小幅回落。9 月底，受双节假期影响，部分工厂节前备货，价格出现小幅增长。

四季度，石化企业检修损失量明显减少，新投产装置短期对供应面冲击有限。但新冠肺炎疫情在欧洲、美国、印度继续蔓延，国内严格控制传播，国内生产企业维持生产。因为疫情导致大部分订单受损，尤其是出口订单，对中国出口企业打击较为严重，防护用品需求出现投机需求，弥补部分缺失需求。进入 12 月份后，PP 基本面略微偏空，PP 装置检修明显减少，且有新装置投产计划，国内产量上升的幅度将大于下游需求上升的幅度，整体稍显低迷，以刚需采购为主，12 月 PP 行情逐渐下跌，部分牌号调降幅度不小。社会库存保持中低位，由于对行情预期不明朗，贸易商蓄水池功能减弱，下游工厂随用随采，原料库存不高。四季度聚丙烯市场价格先涨后跌。

总体来看，短期聚丙烯原料价格会因国际局势复杂动荡影响石油价格而大幅波动，加之全球疫情蔓延，抑制了聚丙烯原料供应和消费，从长期来看，聚丙烯原料将产生供大于求的局面，价格上升的空间并不大。建议塑编企业采取随用随购的原则，厂家可在价格大幅下跌时增加原料库存，做聚丙烯套期保值以降低原料大幅波动带来的经营风险。

（中国塑协塑编专委会　赵克武）

双向拉伸聚丙烯薄膜

一、行业发展概况

2020 年受新冠肺炎疫情冲击，双向拉伸聚丙烯（BOPP）行业也受到了一定影响。纵观全年，行业利润水平呈现上升趋势。上半年，由于疫情影响，多数下游企业节后复工率低，以及 BOPP 企业集中检修较多，开工率约在 50%，比往年创新低，部分企业检修情况持续到 7 月底，9 月初悉数恢复正常生产。下半年随着内需恢复快速及出口需求较好，膜厂接单量持续增加，累积订单 10~30 天较为普遍，开工率及产量均提升明显，三四季度 BOPP 企业盈利空间稳步提升。2020 年中国 BOPP 行业原定新增投产较多，因上半年公共卫生事件影响而推迟，计划多数推迟至 2021~2022 年。

二、行业产能及开工率

经中国塑协 BOPP 专委会经济指标调查统计，2020 年仅有 1 条 10.4 米生产线投产，行业产能约为 630 万吨，产量约为 420 万吨，年平均开机率约在 60%。因 2 月受春节假期影响，为减库存压力，此月开工负荷率最低，其余月份开工负荷率呈稳步提升，下半年内需恢复加上外销需求的增长，行业开工负荷率较 2019 年增长。

三、产品价格

2020 年受海内外公共卫生事件的影响，我国 BOPP 价格先弱后强，上半年除极端行情短暂出现外需整体偏弱，下半年有所反弹。主要是上半年外需订单支撑以及下半年内需复苏等方面原因。2020 年，以厚膜为例，BOPP 行业价格运行在 8350~12650 元/吨，2020 年最高价出现在 11 月下旬，最低价出现在 3 月底 4 月初。

四、进出口情况

进口方面：我国的 BOPP 薄膜主要进口国为日本、美国、韩国等西方发达国家，化工业以及材料工业在全球位于领先地位。进口的 BOPP 薄膜主要以功能膜、高端膜为主，价格相对较高，生产难度较大。在 2016~2020 年间我国 BOPP 薄膜进口量约在 8~11 万吨/年，从进口依存度来看，行业依存度较低。2020 年受海内外公共卫生事件影响，我国 BOPP 进口量约在 9 万吨，进口需求明显减少，一方面是内需的减少，另一方面是外供的缩减。

出口方面：我国 BOPP 薄膜出口总体相对稳定，随着国内产销量的增长，对外依存度有所降低。出口相对分散，主要出口到日韩等东亚国家以及越南、菲律宾、马来西亚、印尼等东南亚的发展中国家，相对于进口集中度显著较低。2020 年的公共卫生事件对我国 BOPP 对外贸易有一定程度的冲击，但因我国 BOPP 对外贸易体量相对不大，且涉及的企业数量少，故此对我国 BOPP 国际贸易影响相对可控。由于海外工厂开工不足，但对产品仍有刚性需求，因此 2020 年我国 BOPP 出口形势较为可观，年出口量约在 37 万吨。

五、产能占比

我国 BOPP 行业主要的生产区域主要分布在华东、华南与华北，其中华东地区是我国 BOPP 薄膜产能最大的生产区域，并保持平稳的产能扩张水平，主要的原因：一方面是由于地区快消品企业众多，包装需求大；一方面是该区域石化生产工厂集中、物流仓储资源丰富；另一方面是因为华东地区地处沿海，油气进口方便，产品出口便捷。2020 年，华东、华南及华北三个区域的 BOPP 薄膜产能约占全国产能的 87%。目前国内 BOPP 产能分布在地域上因市场、资源与交通状况，仍然呈现出区域分布相对集中的态势（图 1）。

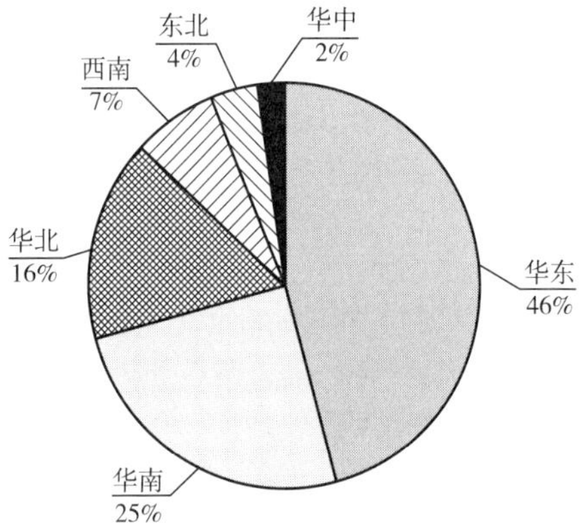

图 1　产能占比

六、发展趋势

BOPP 行业扩能加速，未来 1~2 年，BOPP 行业将引来投产密集期，预计释放产能将超过 120 万吨。目前我国 BOPP 薄膜研发更新产品的速度比较缓慢，特别是功能性 BOPP 薄膜，只有少量企业掌握核心技术。国内膜厂多引进国外先进设备，基本能满足功能膜的生产，但由于进口树脂各方面的性能都较优于国产树脂，所以用于烟膜、高透膜、电工膜的聚丙烯树脂仍需要依靠进口。因此，高附加值的差异性产品、环境友好的、特种功能性薄膜的推广将成为塑料薄膜行业发展的趋势。

七、行业发展建议

（1）生产企业需系统评估新产能的产品结构，慎重考虑未来新增产能释放的节奏，科学、有序进行产能配置，避免盲目投资与重复建设，防范经营风险。对目前生产装置要持续进行优化，以新技术、新价值赋能存量设备与产能，适时转化、淘汰落后产能，推动 BOPP 薄膜行业向着良性发展的轨道前进。

（2）各企业应根据自身发展的阶段与资源优势，以适合自身的方式方法，通过自主创新、联合创新、战略合作等方式加大高端化产品的研发力度，推动行业产品升级，同时实现产品系列化和品质化，并赋予更多功能，缩小与国外先进水平差距。要从原料、装备、技术、应用与配套产品等产业链进行攻关，向原料高性能化、专用化，设备稳定高效精密化，产品功能化、高端化发展。

(3)引导建立新型产学研机构,提升中小企业技术创新能力。继续加强产学研的深度融合,企业要借力发展、借智发展,主动为科研院所、大专院校提供中试场所和条件,推动科研成果快速转化。

(4)抓住国家"双循环""新发展格局",继续积极参与"一带一路"建设,根据"一带一路"沿线国家发展需求,规划相关路线,全面开展国际产能、技术合作,创造条件以国内产能替代进口依赖、以国内优质功能产品替代国外供应渠道拓展国际市场高端应用,实现国内国外市场优化拓展。

(5)争取协会的支持,推动 BOPP 行业符合中国塑协"十四五"规划发展要求,满足塑料产品可持续发展的"轻量化、易回收、可循环"理念的产品,获取国家专业机构、部委的标准化认定,促进 BOPP 行业通过产品认定,夯实行业的可持续、更高质量发展。

(中国塑协 BOPP 专委会)

双向拉伸聚酯薄膜

一、2020 年行业发展概况

2020 年一场新冠肺炎疫情给人们生活带来了太多变化,对于 BOPET 行业也是挑战和机遇并存的一年。我国疫情防控和经济复苏呈现稳定良好态势,在产业链企业的共同努力下,中国聚酯薄膜产销量已达到 2019 年同等水平甚至略有增长。

二、数据和分析

1. 行业产能

2020 年,全年新产能释放为 31.5 万吨。截至 2020 年底,行业总产能达到 377.17 万吨;2020 年产能年增长率 9.1%,较 2015 年、2016 年、2017 年、2018 年、2019 年产能增长率 9.0%、6.4%、2.78%、1.38%、1.51%有较大幅度增长。

2. 开工率及市场消费

2020 年,全球疫情原因,包装膜用量增加及一些深加工产品转移到中国生产,造成一些领域需求集中爆发,全年国内需求约为 265 万吨,年增长率约 10.5%,与 2017 年的 4.5%、2018 年的 4%、2019 年的 0.4%增长率相比,有较大幅度增长。

2020 年行业全年开工率约为 77.6%,为 2015 年以来开工率最高的一年,而且即使在往年开工率较低的春节也依然保持较高开工率,全年大部分企业除了正常的检修以外,基本处于满负荷开机状态。

3. 市场概况

2020 年,由于新冠肺炎疫情影响,中国 BOPET 行业新产能释放时间比计划推迟约半年以上,新产能从 6 月开始才逐步释放,对全年市场供应量影响比预期要小,全年新产能释放为 31.5 万吨,全年市场释放有效产量约 7.3 万吨。释放新产能基本为中厚以上薄膜,12 微米普通类薄膜产品市场增量很少。2020 年 BOPET 市场价格一季度受公共卫生事件的影响处于相对低位,二季度之后市场供应存在缺口,薄膜生产企业 12 微米普通膜订单交货周期在 30~60 天,部分企业长达 60~90 天,出现价格持续上涨,无法及时供货,企业提高报价拒单现象增多。

4. 进出口情况

2020 年行业出口整体下滑较严重!行业出口减量较大,继 2011~2019 年连续增长,首次出现负增长。2020 年出口数量约为 43.3 万吨,较 2019 年的 53.93 万吨,减少约为 18%。2020 年进口约为 33.1 万吨,较 2019 年的 32.8 万吨,增加约为 0.9%,基本持平。

出口减量虽然有全球疫情导致国外需求减少的因素,还与国内供不应求及国内、国外产品价格倒挂及出口运输困难等因素有关。

三、发展趋势

2020 年市场供需矛盾是暂时的,后续将迎来新产能释放高峰,2021 年预计将有 115 万吨的新产能释放,市场供应紧张将逐步缓解,或将引发新一轮产能过剩并持续相当长的时间。据不完全统计,2023 年行业产能将超过 740 万吨,行业产能将至少比 2020 年翻一翻。行业企业需居安思危,思考如何在新产品开发、市场开拓等方面进一步提升,迎接新挑战!高端化、精细化、专业化将是 BOPET 行业产品未来发展方向。

未来我们需关注几个方面:

①中国 BOPET 行业将迎来历史上最大的一次产能释放高峰,届时市场产量将会急剧增加,市场竞争压力增大,错位竞争尤显重要;

②公共卫生事件带来挑战和机遇。公共卫生事

件会影响产品市场需求，也会影响市场格局，或带来产品新型用途和新市场；

③国外对中国的聚酯薄膜产品的反倾销。目前，美国、韩国、印尼都对中国聚酯薄膜产品征收反倾销税，将对国际市场格局产生深远的影响；

④政策影响产品发展趋势，如光伏政策对光伏背板用聚酯薄膜发展走向的影响，“限塑令”为可降解聚酯类薄膜的发展提供的契机、包装使用单一材质的趋势给 BOPET 产品应用带来的挑战，等等。

（中国塑协 BOPET 专委会）

泡沫塑料 EPS

一、行业现状

在新冠肺炎疫情席卷全球叠加国内聚苯乙烯泡沫（EPS）原料供应持续紧张的背景下，2020 年的中国 EPS 产业不论是树脂、制品还是上下游应用正在悄然发生深刻变化，全行业在逆行中前进，取得了不俗的成果。

由于 EPS 板材应用绝大部分处于三北地区，受气候条件限制，多数地区一季度处于淡季，因此年初疫情暴发对建材用 EPS 产业的影响有限。此外随着节能与防火的要求逐步平衡，今年以来，传统 EPS 外墙用量虽未有较大增长，但市场规模未再进一步萎缩；北方对于节能改造的需求依然巨大；配合构造形式的转变，EPS 填充型、复合型应用发展较快；不燃改性 EPS 同样具有卖点，在外保温新政悬而未决时，维持了市场空间。

家电业的兴衰是 EPS 包装重要的晴雨表。疫情以来，EPS 大家电包装用量在历经一季度的萎靡后，随着海外订单需求走高及国内经济活动复苏，自二季度末开始集中放量，带动 EPS 大家电包装用量企稳。受疫情以来网购消费影响，小家电及 EPS 冷链箱体用量今年来持续走高，市场需求明显增加。虽然今年 EPS 原料树脂价格处于历史低位，但加工费的普遍下调及对供应链要求的提升，加剧了 EPS 包装企业间的竞争，发展压力大。

2020 年，国内 EPS 树脂活跃产能总量略有上升，整体仍处于过剩状态。受疫情影响，原计划今年新增产能建设与投产速度均有所放缓。随着 EPS 树脂产业利润率不断走高，树脂产能在接下来几年面临扩能高峰，初步估算到 2021 年末，国内树脂总产能将达到 700 万吨以上，再创历史新高。

截至年末，国内 EPS 原料树脂产能达到 560.5 万吨，同比去年增长 1%，树脂产量由 290 万吨增长到约 310 万吨，增长近 7%。

二、新产品、新技术

连续挤出法生产石墨 EPS 树脂技术是通过挤出机料筒和螺杆间的作用，边受热塑化，边被螺杆向前推送，连续通过机头而制成挤出石墨 EPS 的加工方法。

环保阻燃 EPS 树脂是指将新型绿色环保阻燃剂替代六溴环十二烷（HBCD）应用于 EPS 聚合过程中生产出的阻燃 EPS 树脂。

三、存在问题

随着最近几年国家新的政策、法规陆续出台，对环保、安全倍加重视；上游原料价格波动诡异，人力资源等生产要素不断上升，企业营商环境复杂；下游塑料加工企业生产效率低、经济效益差；对主要原料与产品标准化工作重视不够，没有建立系统的 EPS 产品标准体系；创新投入、能力与人才储备不足，产品同质化现象严重等问题依然存在。

安全与环保是近年来行业面临的共性压力，从原料生产到运输再到制品使用，从 VOCs 到 HBCD 再到回收，涉及行业的方方面面。近两年，国内安全事故问题频发，爆炸、泄漏、燃烧，致使不论是上游化工生产、还是下游制品加工的安全检查频次与力度都在增强。因安全检查，今年树脂装置出现较长时间降负，导致产品供应偏紧；此外，化工园区、化工集中区的认定，“长江一公里”政策等正在改变产业发展布局。

在我国，脆弱的 EPS 回收体系支撑着每年百万吨废弃 EPS 包装物的回收。从依赖拾荒者对 EPS 废弃物的收集，到环保严要求下的再生企业，再到新料、再生料价格的拉近，无不对我国 EPS 回收体系造成影响。

四、发展趋势

随着新产能的陆续释放，未来 EPS 树脂供应偏紧的局面将得到很大缓解，今年的高开工率将难以长期维持。逆全球化、供应链本地化、碎片化以及单边主义的抬头，极有可能使我国 EPS 产业走出去、引进来战略实施受到大的影响。近 20 年来，全球化赋予中国 EPS 产业高质量发展的国际利好政策和协同促进环境可能因疫情的冲击而面临重大改变。

EPS 建材是受疫情影响较小的行业，随着产品类型的不断丰富，顺应政策发展的方式越来越多，EPS 建材用量近两年已实现稳步回升。当下以政府投资拉动对包含 EPS 在内的传统建材企业发展的趋势正明显减少。信息化、智能化、节能减排、绿色低碳是新时期对 EPS 建材产业提出的新要求，也是 EPS 建材应用下一步的发展方向。

疫情以来，健康家电备受青睐、网络电商井喷发展，新的消费习惯对包装物提出新的要求，如何适应市场发展，贴近客户需求，仍是 EPS 包装应用的主要课题。

（中国塑协泡沫塑料 EPS 专委会）

硬质 PVC 发泡制品

一、行业发展现状

1. 行业产能与生产规模

经历了新冠肺炎疫情等多重考验，中国已率先走出疫情的至暗时刻，经济运行稳中转好。硬质 PVC 发泡制品行业，在国家的相关政策支持下，以国内大循环为主体，国内国际双循环相互促进。在行业企业的共同努力下，攻坚克难，走出困境。在 2020 年上半年产量与销量大幅度下滑的情况下，下半年由负转正，好于预期。据中国塑协硬质 PVC 发泡制品专委会不完全调查显示，2020 年硬质 PVC 发泡制品产能将超过 142 万吨，全年总产量超过 80 万吨。产量同 2019 年相比下降 4%左右，近年首次出现负增长。

2. 产品市场与开发

目前 PVC 发泡制品应用领域主要是室内外建筑及装饰材料、广告业、地板、家具及车船装饰等，市场应用情况如图 1 所示。其中，门窗及装饰建材包括 PVC 发泡门窗、管材、墙板及其他装饰装修材料等，其约占年产量的 33.75%，占比略有增加。广告装饰方面主要是广告展板、裱画板、丝印、喷绘、雕刻等用途，所用 PVC 发泡制品大多采用自由发泡板，其约占年产量的 31.88%，占比同比略有增加。家具方面包括各种柜体、房间隔断、办公隔断、屏风等，随着人们对 PVC 发泡材料的优良性能及无毒环保等特性进一步了解，其在家具上的用量也将会快速增长，目前约占午产量的 11.88%，占比与去年基本未变。硬质 PVC 发泡地板是最近几年才快速发展起来的，但由于收缩率控制方面不如 SPC 地板，其发展速度受到较大影响，目前主要以出口为主，国内市场也在逐步开发应用，这部分约占产量的 10%，占比较去年略有下降。在建筑模板方面，虽然其具有优良的阻燃性及可钉性等诸多优点，但由于低价竞争导致市场上部分产品质量下降，加之房地产及基础建设收缩，PVC 建筑模板的实际产量下降较多，其产量约占 3.75%，比去年同期略有下降。交通工具装饰方面主要是用于大中型客车、列车及轮船等交通工具的底板，其产量处于上升初期，其占比为 2.5%，比去年略了增加。

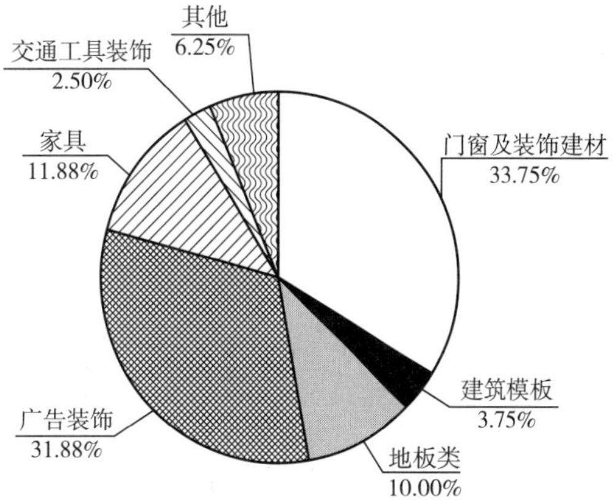

图 1　PVC 发泡制品应用领域情况

3. 运营状态

受疫情影响，PVC 原料春节后快速下跌，最低跌至 2017 年以来最低点约为 5200 元/吨，随着下游需求回升及 PVC 库存量减小，在二季度末 PVC 价格回升到 6200 元/吨左右，但到了 10 月份随着 PVC 原料出口量增加及国内外下游产能全面释放，PVC 价格快速涨到 8000 元/吨以上。发泡调节剂方面，受上游甲基丙烯酸甲酯（MMA）产量及价格影响，发泡调节剂一直维持在较低的价格水平，并且在 4 月份跌破 1 万元/吨的价格，随着上游产能减少或装置意外停产，以及下游市场回升，MMA 价格逐渐回升，从而带动发泡调节剂价格回升到去年平均水平。PVC 发泡制品产量方面，2020 年前两个季度 PVC 发泡制品产量都维持在较低水平，但随着我国疫情得到全面控制，市场需要快速回升，各企业开工率也随着提高，特别是第四季度，国内外的需求量都快速增长，但由于PVC价格接近历史高点，制品企业虽然生产量大增，但利润却在快速缩水。

由于行业里规模较大企业一般习惯在年底库存备一部分PVC原料，去年底PVC价格在6000元/吨以上，远高于今年一季度PVC原料价格，其原材料账面亏损较大；四季度虽然产量高，但由于PVC原料价格不断上涨，导致执行合同时制品价格无法上调而出现亏损情况。面对PVC原料价格居高不下，而发泡调节剂价格偏低的情况，虽然企业从配方改进上进行了相关优化，能够降低一定成本，但和PVC价格引起的成本上升相比作用还是比较小的。从全年企业利润来看，虽然产量仅比去年下降了5%左右，但利润却较去年下降10%以上。

硬质PVC发泡制品是节能环保新材料，已得到全世界公认，它又符合国家鼓励发展的产业政策，可以大量替代木材，减少森林的砍伐，并且是目前替代木材性能最好的材料，有很好的发展前景。因此，我们行业内的企业，要大胆创新，要不断扩大我们产品的应用范围，要持续提高产品的工艺技术和质量水平，实现行业健康稳定的发展。

二、行业热点

PVC发泡墙板由于强度高，安装方便快捷，其应用进一步得到提高，产量及产能均在不断增加。PVC共挤发泡地板中间主要层采用PVC发泡，上下层均采用SPC（PVC石塑材质）共挤方式，既能提高尺寸稳定性，也可保持PVC发泡地板具有的脚感好、重量轻等优势，在较高品质要求时具有很强的竞争力，是PVC高档地板发展方向。另外，国内外也有将PVC发泡板材与金属、石材、瓷砖等材料复合，拓展了PVC发泡板材的新用途。

三、存在的问题

1. 规模化方面的问题

由于PVC发泡制品进入门槛低，初期投资可以很小，使得行业内的几百家企业年产量大多在5000吨以下，年产量上万吨的企业也只有十几家，大多企业不具备规模化经济生产，企业的创新能力及市场竞争力也相对较弱。

2. 低价竞争情况仍然较为严重

近几年新增的PVC发泡制品产能增加较快，市场竞争较激烈，导致了在部分市场上存在低价竞争的状态。但随着行业标准体系完善，用户对产品质量要求提高，小型企业的环保压力增大，低价的竞争有望得到一定改善。

四、发展趋势与规划

由于PVC发泡板材的诸多优势，使得其成为木材的最佳替代品，因此发展PVC发泡制品在应用木材的众多领域的替代工作将大有作为，重点包括在室内外装饰装修领域的应用、广告及车辆轻量化材料等方面。特别是PVC发泡墙板、地板将是未来几年发展重点。

（中国料协硬质PVC发泡制品专业委员会）

氟塑料

2020年是极不平凡的一年，在新冠肺炎疫情席卷全球的大环境下，我国氟塑料加工行业凝心聚力，攻坚克难，努力开创发展新局面。在产品出口受到冲击的情况下，各企业做出战略调整，积极拓展国内市场，开发新的应用领域，2020年行业整体运行平稳。

一、行业现状

目前，我国聚四氟乙烯树脂产能已超过14万吨，聚偏氟乙烯产能约为2.8万吨，聚全氟乙丙烯产能约为2万吨。2020年聚四氟乙烯产量约为12.86万吨，聚偏氟乙烯产量约为2.46万吨，聚全氟乙丙烯产量约为1.79万吨，聚四氟乙烯、聚偏氟乙烯和聚全氟乙丙烯产量较2019年都有明显的上涨。

2020年，国产聚四氟乙烯树脂价格呈现先涨后跌、又上涨的趋势，且12月价格上涨明显。截止到12月，中粒度销售价格约为4.5万元/吨，比年初上涨4.7%，分散树脂价格约为5.8万元/吨，比年初上涨9.4%。

2020年3~5月，受疫情影响，口罩膜生产供不应求。由疫情带来的防护产品、医疗用品以及电子膜、过滤膜等的需求增加，将带动我国微孔膜的一轮新发展。

随着我国半导体行业的高速发展，半导体相关的产品需求正在增加；随着环保要求的提高，以及电子化学品等一些新的需求增加，化工衬里相关需求有较明显的增加，对产品的品质要求也在提高；可熔融氟塑料的加工随着原材料国产化率的提升以及需求的增加，加工能力和水平都将逐步提高。

据不完全统计，2020 年氟塑料加工企业聚四氟乙烯树脂消耗量比 2019 年上涨 6.6%，聚四氟乙烯制品产量比 2019 年上涨 7.1%，企业销售总额较 2019 年上涨 3.3%。其中，由于环保要求提高，化工衬里相关需求明显增加，衬里制品的产量较 2019 年上涨了 50.2%；模压制品、纤维制品和其他糊膏挤出制品的产量较 2019 年分别上涨了 12.6%、16.8%和 8.1%；等压制品、生料带和浸渍制品的产量较 2019 年变化不大；柱塞挤出制品的产量较 2019 年下降了 5.6%。2020 年聚四氟乙烯制品的构成如图 1 所示。

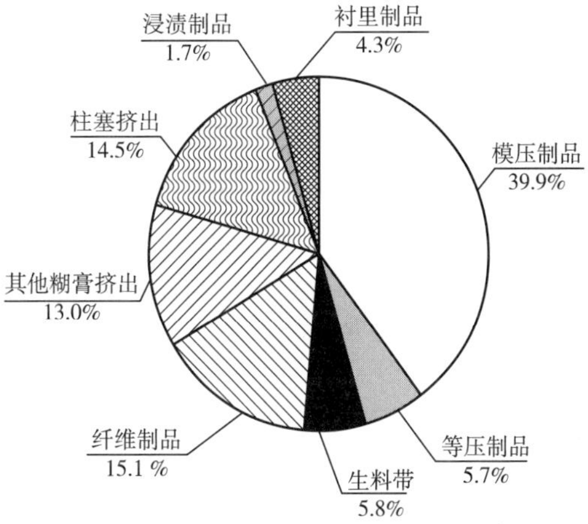

图 1　2020 年聚四氟乙烯制品的构成

根据进出口数据统计，截至 2020 年 12 月底，聚四氟乙烯树脂进口量 8512.78 吨，同比上涨 24.35%，进口平均价格同比下降 13.48%；出口量 34205.65 吨，同比上涨 58.84%，出口平均价格同比下降 30.23%。可熔性氟聚合物进口量 14030.12 吨，同比下降 1.72%，进口平均价格同比下降 3.35%；出口量 19680.51 吨，同比下降 10.97%，出口平均价格同比下降 6.84%。聚四氟乙烯制品进口量 781.68 吨，同比下降 24.77%，进口平均价格同比上涨 55.89%；出口量 20063.34 吨，同比下降 2.61%，出口平均价格同比上涨 0.03%。受疫情影响，可熔性氟聚合物和聚四氟乙烯制品的进出口量都有不同程度的减少。具体数据见表 1、表 2。

二、存在的主要问题

1. 产品结构相对不合理

中低端产品比例较高，高端产品市场供给不足，有些还依赖进口。尤其是可熔融加工的氟塑料加工水平较低，国产 PFA、ETFE、PCTFE 等氟聚合物产品实现规模化稳定生产迫在眉睫。

2. 科技创新能力仍然薄弱

我国氟塑料加工企业以中小企业为主，技术创新能力仍然薄弱，关键材料对外依存度高，研发投入仍然不足，缺乏持续创新和协同创新能力，多数还停留在模仿创新，缺乏自主创新的动力和能力。

3. 现代化生产水平有待进一步提高

行业整体尚处于工业 2.0 到工业 3.0 的过渡阶段，缺乏自动化设备、数字化集成等解决方案，即便是相对先进的加工企业，也存在生产连续化、自动化装备不足、节能环保投入不足、产品稳定性不良等现象。行业数字化、信息化、智能化水平有待进一步提高。

表 1　2020 年氟塑料进口量及与上年比较表

产品	进口总量/千克	累计比同期/%	进口总金额/美元	进口平均价格/（美元/千克）	累计比同期/%
初级形状的聚四氟乙烯	8512783	24.35	79935752	9.39	-13.48
其他初级形状的氟聚合物	14030124	-1.72	289775311	20.65	-3.35
聚四氟乙烯制非泡沫板、片、膜、箔及扁条	781684	-24.77	75692105	96.83	55.89

表 2　　2020 年氟塑料出口量及与上年比较表

产品	出口总量/千克	累计比同期/%	出口总金额/美元	出口平均价格/（美元/千克）	累计比同期/%
初级形状的聚四氟乙烯	34205648	58. 84	204093091	5. 97	-30. 23
其他初级形状的氟聚合物	19680514	-10. 97	233782285	11. 88	-6. 84
聚四氟乙烯制非泡沫板、片、膜、箔及扁条	20063339	-2. 61	172558991	8. 60	0. 03

4. 标准体系不健全

虽然我国已经成为氟塑料加工大国，但氟塑料加工业产品标准体系不健全，国家、行业标准体系不完善。氟塑料加工产品种类繁多、发展快速、应用频出，以至于一些产品没有标准可依。

三、行业发展建议

2021 年是“十四五”规划的开局之年，是开启全面建设社会主义现代化新征程的起步之年。面对世界百年未有之大变局，机遇与挑战并存。氟塑料加工行业要开好头，起好步，布好局，努力推动行业高质量发展：一是，加强创新体系建设，通过科技创新、技术进步补关键技术不足短板，解决发展不平衡问题，促进产业升级，实现由大向强的转变；二是，坚持绿色发展，加大先进节能环保技术、工艺和装备的研发、推广力度，加快行业绿色改造升级；加紧 PFOA 替代品的开发和应用试验研究、推进斯德哥尔摩公约履约工作；三是，加快智能化、数字化转型，推进生产过程智能化，优化生产效率，提升产品质量水平，努力实现智能工厂和数字化车间，实现高效管理。

（中国塑协氟塑料加工专委会　吕方　陈生）

多功能母料

一、塑料母料发展概况

母料是指能增加聚合物材料功能、提高其性能或降低成本的聚合物助剂浓缩体。根据应用领域，母料主要可分为塑料母料、橡胶母料、纤维母料；根据具体用途，母料又可主要分为填充母料、着色母料、功能母料，以上我们统称为多功能母料。多功能母料作为当今世界高分子材料助剂应用的最主要形式之一，与我国高分子材料工业一样，是属于朝阳工业。

我国现有多功能母料生产厂家 2300 余家，年生产能力达到 2800 万吨以上，其中填充母料厂家 1000 多家，年生产能力约在 1500 万吨，年生产填充改性母料约 1000 万吨；着色母料生产厂家 800 余家，年生产能力达到 500 万吨，年产量在 300 万吨；各种功能性母料厂家 500 余家；从生产规模来说，基本都是以小规模、分散型、单一型企业为主。大部分生产厂家分布在长三角以及珠三角地区。

二、多功能母料的分类与功能

1. 无机填充母料

指以无机非金属粉体做基础材料，添加载体树脂和各种改性助剂，通过挤出造粒成型所得到的能满足塑料制品成型工艺要求的高填充母料，其主要目的是降低制品的生产成本，节约能源。目前，填充母料的基础材料主要以碳酸钙为主；滑石粉、高岭土等次之；其次还有硅灰石、工业固废等。

2. 着色母料

指以色粉为基础原料，以改变塑料制品颜色为主要目的母料。

3. 功能母料

指以增加塑料制品的某些特殊功能为目的，如阻燃母料、增韧母料、发泡母料、抗静电母料等。功能母料的生产企业数目较多、产品种类相对单一，主要集中在阻燃、聚丙烯薄膜、纤维等。多功能母料已有几十种塑料母料，而且随着塑料品种和应用的扩大,对塑料加工产品性能要求的细化,多功能母料的品种和数量还会不断上升。

三、多功能母料行业在国民经济中的地位

当前,中国经济正处在高速的发展当中,全社会对环保、健康问题越来越重视,而塑料纤维制品由于在日常生活里与人们有着亲密接触,得到了全社会的广泛关注。作为在塑料产品着色中应用普遍的塑料母料,如何推动技术创新,适应社会需求,成为整个行业必须面对的一个难题。但是塑料母料行业一直没有国家标准,一直是沿用涂料用颜料的标准,就这么过了 30 年。没有自己的行业标准,导致了部分塑料母料企业的产品质量低下,因此,整个行业都迫切希望国家能尽快地出台塑料母料标准,以进一步规范色母粒产品的标准,保证全行业母料产品的质量。

目前,我国色母粒行业正朝多功能化、高颜料含量和高技术含量方向发展。一些优秀色母粒企业可根据客户要求“量身定制”所需的色母粒品种,各企业又有自己的特色及长处,可基本满足国内客户需求,许多色母粒厂也能生产功能母料及塑料改性料。总体看来,我国色母粒行业已经有了飞速的发展,对塑料制品行业的发展起到了良好的推动作用。这样一个处于产业链关键位置的行业,有着带动上游产业和推动下游产业发展的双重任务。

1. 成长速度

20 世纪 60 年代,西欧国家率先研制成功色母粒着色技术,我国则起步较晚。据中国塑协多功能母料专委会了解,到 20 世纪 70 年代末北京化工大学开始了色母粒技术的研究;20 世纪 80 年代中期,北京燕山石化成功引进了瑞士 Ciba-Geigy 年产 1000 吨聚烯烃色母粒生产线,该工艺的特点是运用球磨及转相技术先制备预分散颜料,然后再挤出造粒,这一工艺又被称为湿法工艺,可以制备高品质的 PP 纤维色母粒。

随着对引进生产线的消化、吸收及原材料的国产化进程加快,大大促进了中国色母粒行业的发展。30 多年后的今天,中国色母粒行业取得了长足的进步。据统计,目前中国色母粒的年产量约为 2000 万~2500 万吨,品种繁多、品质优良,基本可以满足国内需求,也有部分出口。

2. 附加值的提升空间

为了提高资本增值水平,企业应在经营过程中,根据具体情况,调整资本投向、资产结构、经营对象等,不应把正常的经营活动排斥在“资本运营”范畴之外,不应将收购合并、股权置换、资产重组、项目融资等置于企业正常的经营活动之上。首先,企业应将经营理念从“实物”转向“价值”。资本运营要求企业重视技术更新、产品换代、需求变化等市场(社会)动向,及时调整技术结构、产品结构和市场结构,淘汰将步入衰退期的技术、设备和产品,从而运用最有效的手段(技术、设备、产品、市场等)来保障资本价值的保值增值。其次,企业还应将理念从“规模”转向“效率”,把资产数量、结构等放置在为资本增值服务的地位上。

3. 进入壁垒/退出机制

低端色母粒市场领域进入门槛较低,我国色母粒行业中存在上千家中小微企业。中高端色母粒市场领域进入门槛相对较高,对色母粒生产企业自身技术研发、工艺设备、生产规模等均有较高的要求,具体如下。

(1)技术研发

色母粒是由高比例的着色剂、载体树脂以及各种助剂经过良好分散而制成的一种新型高分子复合着色材料。色母粒生产技术中最关键的为配方技术。着色配方对色母粒产品的影响最为直接,往往轻微调整都会对色母粒的着色效果和性能产生较大差异,进而影响下游应用领域的产品性能。色母粒企业需要具备快速、精准的配色能力,还要熟练掌握高分子合成等技术,以满足下游不同应用领域对色母粒的各项性能指标不同的要求,并且随着下游产品更新换代,色母粒配方亦需要保持同步调整更新。

(2)工艺设备

生产工艺较大程度上决定了色母粒的稳定性以及生产过程中的环保节能和智能化水平。在色母粒生产工艺中熔融剪切法结合了干法工艺和湿法工艺的优点,具有流程一体化、分散性好、污染小、能耗低等优点,该工艺方法采用新型先进设备,并配备高素质的工艺控制人才,提高生产过程的智能化。只有少数大型色母粒生产企业凭借较大的研发投入力度,能够较好地把握新工艺技术要点,从而使产品品质、性能等方面达到国际先进的水平。

(3)生产规模

由于中高端色母粒市场领域大客户较多,如家电、汽车等下游终端应用领域客户规模普遍较大,这些企业每年色母粒采购量大,对上游供应商的供应能力要求较高。只有规模较大的色母粒生产企业才能满足中高端色母粒市场领域大客户的采购需求。此外,由于规模较大的色母粒生产企业原材料采购

量大,可以以较低的价格采购原材料,从而有效降低产品成本,获得更多的比较优势。

4. 风险性

企业经营是以营利为目的,而利润往往与风险同在。在一定意义上,获取利润的过程就是险中取胜、险中求利的过程,是识别风险、确认风险、评估风险、回避风险、分散风险、转移风险或是管理风险并从中获取利润的过程。无论曾经多么成功、辉煌的企业,如不能有效地管理好自身潜在的或现实的风险,都可能在突降的风险面前败下阵来或“突然死亡”。风险有时就是机遇,与机遇偏爱有准备的头脑不同,风险偏爱无准备的头脑,而对风险无准备的头脑是抓不住机遇的。对处在战略机遇期的中国企业来说,要想抓抢机遇求生存图发展,就必须增强风险意识,树立风险观念,加强风险管理行业周期。

四、色母粒标准、行业分类、海关编码

1. 色母粒行业标准

目前,我国已有 6 个色母粒行业标准正式颁布实施,2 个色母粒标准处在报批阶段。以上 8 个行业标准从树脂划分,包括了聚乙烯(PE)、聚丙烯(PP)、丙烯腈-丁二烯-苯乙烯(ABS)、高抗冲聚苯乙烯(PS-HI)四大通用塑料品种;从制品划分,有化纤级、塑料级(表 1)。

表 1　色母粒行业已颁布实施标准一览表

标准编号	标准名称	实施日期	主要起草单位
QB/T 1648—1992	聚乙烯着色母料	1992 年 9 月 1 日	上海塑料制品二十一厂
QB/T 2893—2007	聚丙烯纤维用色母料	2008 年 1 月 1 日	中国石化北京燕山石油化工股份公司 塑料分公司 北京化工大学
QB/T 2894—2007	丙烯腈-丁二烯-苯乙烯(ABS)色母料	2008 年 1 月 1 日	宁波色母粒有限公司 北京化工大学
QB/T 4132—2010	给水用聚乙烯(PE)管材混配料用炭黑母粒	2011 年 4 月 1 日	上海国嘉塑化有限公司 北京化工大学
HG/T 4668—2014	聚丙烯(PP)色母料	2015 年 4 月 1 日	宁波色母粒有限公司 北京化工大学
HG/T 4669—2014	高抗冲聚苯乙烯(PS-HI)色母料	2015 年 4 月 1 日	宁波色母粒有限公司 北京化工大学

色母粒行业虽然在标准制定方面已经取得了长足的进步,但与其他行业相比,标准数量少、覆盖面小,还远远不能适应行业发展的需要。在标准的制定方面,今后应注意向工程塑料、其他品种化纤方面扩展,标准数量和标准精细化方面也应继续加强。

2. 色母粒行业分类

色母粒行业是 30 年前诞生的新兴产业,其特点是位于产业链的中游,行业的划分和归属经常出现一些问题,成为近年来困惑行业发展的症结。第一类,色母粒企业是化工企业还是塑料加工企业;第二类,色母粒工种应该划分为哪个行业。受第一类问题的困扰,企业在搬迁、环评方面经常发生问题。如果是化工企业,必须进入工业园区,但进入工业园区又有 3 亿产值的门槛,一些色母粒企业就遇到了能否继续存活的大问题。色母粒专委会意识到这一问题已经影响到整个行业,有必要寻求上级主管部门的帮助。2014 年 6 月 9 日,中国塑协多功能母料专委会向中国石油与化学工业联合会递交了《关于色母粒行业归属的请示》报告,2014 年 6 月 25 日得到了《关于色母粒行业归属请示的回复》(以下简称《回复》)。

《回复》指出:一是色母粒生产工艺为典型的塑料加工工艺,生产过程只涉及物理混合,无化学反应发生,没有重大化工安全隐患,从未发生过严重安全生产事故;二是色母粒应用于塑料制品着色,为下游用户节能减排、简化工艺、清洁生产提供了便捷途

径。虽然色母粒目前未明确行业分类，但依照《国民经济行业分类》（GB/T 4754—2002）国家标准，色母粒行业应归类为大类30的塑料制品业、中类309、小类为3090的其他塑料制品制造中，请有关部门按照此归类进行管理。这一《回复》，为不少色母粒企业解了燃眉之急。

受第二类问题的困扰，是色母粒工种的划分。2014年，全球著名企业科莱恩色母粒东莞工厂遇到了扩建项目职业病预评价报告的评审，评审专家在认真审议了色母粒制造过程后，认为危害风险与塑料行业相当，但又不得不参照安监国家安全监管总局令（第73号）的行业分类。主管部门应该在充分调查研究的基础上，给色母粒制造业一个正确的分类。正在修编的职业大典，还没有为色母粒行业单列条目，色母粒专委会将积极建议在职业大典中增设塑料色母粒制备工工种。

3. 为塑料母粒增设海关编码

2014年8月，在中国石油化学与工业联合会的建议下，色母粒专委会组织国内主要色母粒企业，填写了财政部的《增列税目建议表》，在为色母粒争取单列税号上又向前走了一大步。这一工作得到了宁波色母粒有限公司、广东美联新材料股份有限公司、山东春潮集团有限公司、无锡长虹化塑色粒有限公司、苏州宝力塑胶材料有限公司、青岛润兴塑料新材料有限公司等单位的大力支持。

五、塑料色母粒行业发展的建议对策

1. 把握国家投资的契机

充分利用好国家增加投资、扩大内需的契机，利用投资有效拉动塑料色母粒行业的持续增长。同时，还要注重创新，总结经验，从而推动塑料色母粒行业持续快速发展。

2. 竞争性战略联盟的实施

竞争性战略联盟考虑的是让双方的资源一起共享，并在共享的基础上让资源拥有双方都享受到共享带来的额外收益，实现资源的效用最大化。我国塑料色母粒企业应利用双方的资源来共同创造效益，提高市场竞争力，从而实现共赢的目的。

3. 企业自身应对策略

企业应将始终遵循“循环经济”的发展原则，降低能耗、提高产品品质，优化资源配置，最大限度实现低投入、高产出，大力开发技术创新项目；充分利用资本平台，壮大产业发展优势。另外，企业应继续加强研发能力，不断增强的研发能力有利于以节能降耗为重点的技术改造和新工艺新产品的研发。

（中国塑协多功能母料专委会
季德虎　罗子木　谭钢林）

塑木行业

一、我国塑木主要原材料现状

1. 热塑性树脂

目前国内塑木材料的原料之一热塑性树脂主要包括聚烯烃类、聚氯乙烯类、聚氨酯类、聚酯类、聚乳酸类等几大类。

聚烯烃塑木产品主要用的是回收热塑性塑料，因为聚乙烯回收塑料最容易获得、价格最优惠，因此在塑木产品中，聚乙烯塑木产品在户外铺面材料市场中是使用量最大，并且性能是最稳定的产品。聚氯乙烯基塑木在室内应用更广泛和受欢迎。

2. 纤维粉

植物纤维——木粉、秸秆粉、糠粉、竹粉、果壳粉是植物纤维主要种类，其中，木粉研究最多占比31%；秸秆粉和糠粉次之，分别占据16%和13%；其他还有淀粉、树皮粉、草粉、咖啡渣、棉花壳、茶叶等。

在目前所有塑木产品生产中，应用最多的木质纤维粉是木粉，因为木粉是生产实木地板、密度板砂光后的下脚料过滤而来，具有量大且质优价廉的特点，因此在国内应用是最广泛的木质纤维粉。

3. 加工助剂

除生产塑木产品需要的两种最大原料热塑性塑料和纤维粉外，还有无机填料、偶联剂、润滑剂、抗氧剂、光稳定剂、发泡剂、发泡调节剂、增韧剂等助剂。

（1）无机填料（碳酸钙、硅灰石、滑石粉）：主要作用是调节塑木产品的尺寸稳定性，并且决定产品生产时的稳定性和产品的收缩率等。2019年江西广源化工推出塑木专用的针状硅灰石粉，对满足塑木产品尺寸稳定性、增强增韧方面明显高于普通碳酸钙和滑石粉。

（2）偶联剂：塑木产品应用的偶联剂主要是以聚烯烃塑料接枝马来酸酐产品为主，作用增加产品的弯曲强度和弯曲模量，随着产品产量增加，其稳定性特别重要。

(3)润滑剂:塑木产品生产应用的润滑剂目前以专业公司生产的复合润滑剂为主,除进口产品外,国内有东莞汉维科技有限公司、浙江杰上杰新材料有限公司、上海光裕等规模企业开发的润滑剂产品可以满足塑木产品中不同流动性塑料原料的要求,取代传统单体复配润滑剂,解决容易开裂、析出、稳定性差等缺点。

(4)抗氧剂:塑木产品户外使用会热老化,目前常用1010和168抗氧剂按1∶1复配使用,或者直接用复配号为型号B225的抗氧剂解决塑木产品户外热老化问题。不同公司可能型号不同。

(5)紫外稳定剂及吸收剂:普通塑木产品一般用受阻胺类紫外线稳定剂,解决塑木产品的户外紫外线老化问题,目前还有少量用531等紫外线吸收剂。

(6)发泡剂:PVC塑木发泡产品需要的发泡剂主要有AC黄发泡剂和NC白发泡剂。

(7)增韧和抗冲改性剂:按结构一般分为3类:弹性体类,一般具有核/壳结构的高分子材料,如ACR、MBS、MABS等;非弹性体类,如CPE、EVA等聚合物与基体树脂熔融共混时会互相渗透形成网状结构,从而提高韧性和冲击性能。

4. 共挤塑木产品的表面共挤材料

近年来,特别是2018年,共挤塑木产品需要的表面共挤材料越来越丰富,除普通的共挤材料外,陆续出现了磨砂共挤料、抗静电共挤料、降温共挤料及弹性共挤料等;并在行业内出现了专业提供共挤材料和服务的公司,例如青岛绿都塑料科技有限公司,可以提供共挤材料,根据客户需要提供丰富多彩的色母、木纹色母,并可以根据客户需要,提供特殊共挤材料的定制服务等。

二、国内产能和产量及市场情况

1. 国内塑木产能及产量情况

目前,全球塑木市场容量约500万吨,受疫情影响,2020年中国产销量约300万吨,其中聚烯烃塑木出口约70万吨,是全球第一大聚烯烃塑木产品生产和出口大国。

国内生产企业500多家,其中户外PE塑木生产企业约130多家,产能150万吨,年生产能力5万吨以上的企业5家;室内PVC塑木生产企业400多家;联结在塑木产业链的企业超过2000家,主要分布在华东、华南、华中地区,塑木生产企业和产销量的年均增长率超过20%。

2020年实际塑木产量超过5万吨的有2家:安徽森泰塑木集团股份有限公司、美新科技股份有限公司。2020年实际塑木产量超过1万吨的有近40家:浙江诚成新材料科技有限公司、宁波禾隆新材料有限公司、浙江科杰新材料有限公司、宜兴市华龙塑木新材料有限公司、浙江元森态家具有限公司、广东康特环保科技有限公司、滨州世旭塑木有限公司、黄山华塑新材料科技有限公司、安吉正源塑木装饰材料有限公司、江苏福瑞森塑木科技股份有限公司、吉林华邦新材料科技有限公司、山东绿森塑木复合材料有限公司、安徽国风塑木科技有限公司、浙江新远见材料科技股份有限公司、黄山美森新材料科技有限公司、江苏星和瑞塑木科技有限公司、宣城福美达新材料有限公司、安徽爱瑞德新材料有限公司、安徽红树林新材料科技有限公司、山东霞光集团有限公司等。

塑木生产企业主要分布在东部省份,其中珠三角、长三角地区和山东省最为集中。新增加的生产企业以内陆及西部省份为主,而北方地区的塑木生产企业仍然偏少。

2. 国内塑木市场情况

国内市场总体来看在稳步增长,东部发达地区保持相对稳定的增长率,西部以及海南等旅游业、养老地产发达的省份增长相对更快。比如贵州省、四川省的塑木应用明显比其他省份更多。

从产品结构上来看,各地区也有不同特点。比如四川、新疆普通喜欢用实心厚板,海南则以第二代共挤地板为主,云南普通接受空心圆孔地板。其中第二代的共挤地板市场占有率逐步增加。

3. 国外塑木市场情况

欧洲市场较为稳定,总量比上年略有上升,产品仍以一代普通产品为主,共挤塑木产品增长较快。一些新兴市场增长较快,比如英国、德国、波兰、东欧、东南亚、北欧、南美及大洋洲、非洲,国内的挤出设备例如金维机械、安信模具等厂家技术输出明显增长,预计未来10年内国外市场的塑木企业技术会减少与中国塑木企业的技术差距。

塑木复合材料最大和最成熟的市场在北美,但由于美国及加拿大的市场准入门槛较高,本土的生产企业无论是规模、品牌都高于国内生产企业,国内的塑木产品运到这些市场,在成本及交期等方面并无优势,开发这些市场困难较大,但国内仍有少数有实力的龙头企业在努力开发,并取得一定的成效。

随着国际形势的多变性和疫情影响,中国出口受海运的影响在12月底已经突显出来,预计2021

年全年将影响10%以上的出口。

三、新产品及技术发展状况

1. 二代共挤类产品

国内的共挤产品主要有四种风格：第一种是以美新为典型代表的共挤产品，通过多年的努力开发，在线压花后进行表面处理，在大幅度提高耐候性的同时，表面木质感好、纹理自然，形成了独立的风格，在国际、国内塑木行业得到广泛认可。国内多数生产企业以美新风格为基础，加上各种后处理方式，形成了各自的风格，这类产品成为共挤产品的主流。第二种是以森泰为代表的表面共挤后在线压花，基本上不再进行表面后加工的共挤产品，生产工艺简单，表面硬度高，耐磨性好，黏结度强，风格与美国同类型产品类似，也广泛被市场接受。第三种是聚锋为代表的三层套色的共挤产品，两层不同颜色共挤经深压纹打磨后形成的色彩鲜明的木纹产品效果。第四种是以吉林华邦、江苏福瑞森为代表的一些厂家，共挤产品表面处理后，外观纹理粗犷，形成独特的风格，取得不错的市场份额。

2. 一代塑木混色产品

欧洲市场普通接受外观仿木、仿古效果，在普通一代产品中通过添加色母粒混色形成较为自然的条纹。该类技术首先以赫尔普、康特为代表，后面又有一些企业如新远见、坤鸿、永昇、福瑞森在此基础上进一步改善，技术更为成熟，产品表面效果更自然，市场增长也很快。

3. 第三代塑木新技术及其新产品开发

结构用工程塑木复合材料及其制品开发进度加快，如SMA塑木、ABS塑木、PMMA塑木、PA塑木、PET塑木等工程塑料塑木技术，以及塑木与金属或结构材复合的“芯层共挤技术”是第三代塑木产品的重点，如芯层采用金属、刚性增强塑料、外层共挤塑木的新技术以圣诺地、木王工业、嘉景、森泰为代表，开发铝合金增强共挤塑木和芯层为刚性塑料骨架增强共挤塑木，达到结构材料性能要求，已开发成功的有AEE、金刚木、钢芯木、增强共挤塑木，汽车、门窗、家具、集成房屋是其潜在的应用领域。

4. 发展PVC塑木是中国市场一大特色

PVC塑木产品丰富和拓宽了塑木材料及其应用领域，市场潜力和规模远大于聚烯烃塑木产品。发泡和共挤PVC塑木产品及其生产技术和应用开发，因有别于聚烯烃塑木产品特性（阻燃、轻量、高强、美观）而值得重视，室内绿色家装PVC塑木产品异军突起，引领潮流，国内代表企业：木王工业、广州恒德、山东霞光、东莞百妥木等企业在新技术、新产品方面各有突出亮点，为塑木企业跨入10万吨级别规模化生产，打通室内室外塑木产品线及实现塑木整装集成房屋，提供技术和产品支撑。

5. 衣服纤维再加工成塑木材料

目前，产品成功中试的代表以台湾雄才大智和上海华东理工大学吴池飞博士团队为主，产品少量在国内推广中，产品具有吸水率低、表观细腻等特点，又称之为衣纤木。

6. 利用粗加工的玉米秸秆制成的塑木材料

以中科院宁波材料研究所朱锦教授团队开发的长秸秆塑木材料又称禾迪木，目前材料在吉林禾迪科技有限公司已经成功批量生产，并在当地市场取得很好的经济效益和使用评价。该技术采用独特的挤出设备，满足粗秸秆的高含量填充，极大缓解当地解决秸秆焚烧状况。该技术产品具有强度高、握钉力好等突出特点。

7. 在线压花、混色在线压花再表面处理产品

此类产品通过在线压花，花纹深、工艺简单实用、纹理清晰、耐磨性好，表面效果自然，市场前景好，代表塑木发展新产品的方向之一。以科艺为代表的花辊设计、制造厂家不断推出新的花纹，对此类产品的市场推广起到积极的作用。

简单来讲，现在有新产品开发，主要以一代或者二代共挤产品为平台，通过不同的表面处理方式，开发不同风格的表面效果，满足不同地区、不同文化和审美要求的客户需求。

另外，一些特殊用途，特别是对力学性能要求高的产品开发也取得较大进展，比如里层采用金属材料增强、外层共挤塑木复合材料的一些型材。以金发为代表开发的芯层衬骨架的型材力学性能好，弯曲模量成倍增加，对塑木复合材料由装饰性材料向结构性材料发展有重大意义。

8. 塑木生产设备和设施的进步与创新

（1）高产量造粒机

塑木生产厂普遍采用75平双造粒机，产量300~500千克/小时，生产效率低；目前已经有部分企业开始更换采用高扭矩低温95、75平双造粒机，产量1000~3000千克/小时。

（2）塑木生产自动化系统

原料配混系统和造粒挤出系统自动化——木粉、塑料、填料引入大型贮料罐，通过管道采用自动计量真空输送到各混料造粒系统，造粒料通过管道真空输送到掺混料仓均化冷却，再通过管道真空输

送到各挤出生产线,减少粉尘,降低劳动强度。

塑木型材挤出后转运、表面加工系统自动化——采用自动吸料机装运型材、自动化双面(或四面)拉毛拉丝打磨机及其与自动切割机一体化自动控制系统,提高生产效率。

四、塑木行业存在的不足

约一半的塑木企业没有进行技术改造升级、生产效率低、经济效益差:一次成品合格率低(<90%),劳动生产率低(全员人均月产销量<10 吨),综合废品率高(>15%),损耗大(>8%),行业平均毛利率低(<20%)。环保治理落后,采用两步法塑木生产企业,造粒废气环保处理投入少、技术简单,气味难以达到国家排放标准,企业信息化和生产自动化建设滞后。

塑木主要原料(回收塑料和植物纤维)标准化工作没有引起足够重视,原料质量及其适用性过度依赖企业自身经验与教训积累,是整个塑木行业生产成本和产品质量的“黑洞”;没有建立强制性的塑木产品认证标准与制度,仅有的《环境标志产品技术要求 塑木制品》(HJ2540—2015)和《绿色产品评价 塑木制品》(GB/T 35612—2017)为推荐性标准,且与消费市场、政府项目招投标制度衔接不紧。

塑木企业创新投入、能力与人才不足,产品同质化严重,持续价格战;40 家骨干生产企业占总塑木企业总数不到 10%,但是专利申请量占全部企业申请量 45%,其余 90% 多的塑木企业专利申请量仅占 55%。

户外塑木以中低端铺板 Decking 为主,占 65% 以上,产品毛利率低,没有资本市场的支持,消费过度依赖区域市场;室内塑木以轻质发泡 PVC 塑木为主。

（中国塑协塑木制品专业委员会）

塑料助剂

一、2020 年行业状况

2020 年是“十三五”规划收官之年。经过 5 年持续奋斗,我国经济社会发展取得新的历史性成就,“十三五”规划主要目标任务即将完成。我国经济实力、科技实力、综合国力和人民生活水平又跃上新的大台阶,全面建成小康社会胜利在望,中华民族伟大复兴向前迈出了新的一大步。

2020 年,是新中国历史上极不平凡的一年,一开年我们就遭遇了新冠肺炎疫情,整个行业正常的生产秩序被打乱,出口企业受到重创;在大家调整经营策略、逐步恢复生产的时候,国际关系发生了百年未遇的变化;下半年开始,原材料涨价更是波及整个行业。2020 年,整个行业是在调整和恢复的状态中前行的。

2020 年国内塑料助剂的消费量为 739.8 万吨。2020 年塑料助剂各主要品种在塑料中的消费量见表 1。

表 1　2020 年塑料助剂消费量统计

单位:万吨

品 种	消费量
增塑剂	428
热稳定剂	65
阻燃剂	48
冲击改性剂与加工改良剂	82
着色剂	45
润滑剂	20
发泡剂	13
抗氧剂	25
抗静电剂	1.1
光稳定剂	7.5
偶联剂	3.2
其他	2
合计	739.8

二、产品结构调整与技术进步

1. 增塑剂

增塑剂主要品种仍为 DOP、DOTP、DBP、DINP 等石化路线产品,生物基增塑剂如环氧类、柠檬酸酯类占比并无明显变化。产品结构方面,环保类增塑剂占比有所提升，主要体现为DOTP产销量的提升。作为传统和环保增塑剂的典型代表，DOTP与DOP的产销量差距越来越小，相差不到10%。

2020年，我国增塑剂各类生产企业有所减少，部分不在化工园区的小企业被迫停产。10万吨以上规模企业占总生产能力的80%，各类增塑剂生产能力约为770余万吨，以山东、华东为主，实际产量约为475万吨，其中邻苯类DOP 155万吨、DINP约为35万吨，DBP/DIBP约为60万吨，DPHP约为17万吨，对苯类DOTP约为140万吨，偏苯类TOTM约为9.5万吨，DOA约为6.1万吨、DOS约为1.5万吨，环氧类约为35万吨，柠檬酸酯类约为6万吨，其他约为10万吨。增塑剂较去年基本持平，是因为2020年初疫情严重，部分企业未开工所导致。

2. 热稳定剂

2020年稳定剂年产销量约为75万吨，出口量大幅增加，有更多企业走出国门参与到"一带一路"的建设中。环保产品消费量突破40万吨，各类稳定剂出口总量约为10万吨，品种可以满足PVC塑料制品加工要求和全球已有环保法令法规及安全标准。非环保稳定剂的生产和使用量有返潮趋势。

百尔罗赫中国公司2020年11月拆除了其常州工厂的铅盐生产设备，转而投资了钙锌稳定剂的生产线，总产能将达到4.6万吨。

3. 抗氧剂和光稳定剂

2020年，受石化行业、塑料行业产能、产量增加的带动，抗氧剂、光稳定剂产能、产量比2019年大幅度增加。

中国已经是抗氧剂、光稳定剂世界第一生产大国。

受新冠肺炎疫情、环保、安全等限制性政策和原材料供应的影响，产量的增加幅度低于产能增加幅度。

4. 其他

2020年，其他塑料助剂，如冲击改性剂与加工改良剂、发泡剂、润滑剂、偶联剂、抗静电剂、抗菌剂、成核剂、扩链剂、防雾剂等在开发新产品和技术进步方面也都取得了不同程度的进展。尤其是生物可降解材料由于政策的原因，关注度大幅增加，后续对相关助剂的研究也会有很大投入。

三、存在问题

1. 增塑剂

(1)生产工艺参差不齐，总体水平比较低。目前许多小型企业仍然采用间歇式生产、手动控制的落后装置和工艺，这些装置规模小、功能单一、生产效率低、物耗能耗高、污水排放量大、产品质量稳定性差，已经很难适应当今世界增塑剂行业的竞争局面。

(2)产品结构不合理，品种单一。与国外相比，产品结构不合理的矛盾仍然非常突出，目前我国增塑剂产品中50%为邻苯类产品，虽然近年来环保增塑剂产量有所增加，但环保类高效品种所占比例仍较小，许多专用和高性能品种还不能生产，依赖进口。

(3)研究滞后，品种稀少。世界上已开发成功的增塑剂达500多种，已商品化的达100多种，而我国目前生产约30多个品种，严重制约了我国相关行业的发展。目前我国增塑剂主要以生产厂家自主研发为主，专业的研究机构少，新型增塑剂开发的进度慢，一些有市场应用量较大的品种国内技术不成熟，近几年虽然开发出一些新品种，但从性能上讲质量不高，即使研究开发出高性能的产品，下游厂家考虑到成本多不愿使用，反而以低档价廉的产品代替，长期下去影响了增塑剂及相关行业的发展。

(4)产能过剩，开工率低。同质化装置建设过快，导致产能过剩，装置开工率不高，整个行业利润低下，竞争力不强，许多中小型装置面临被淘汰的窘境。

2. 热稳定剂

受自去年四季度开始的原材料涨价风潮影响，全行业利润也创历史新低。原料价格上涨短期内未见稳定趋势，大幅挤压塑料制品企业利润，影响产业链生存空间。对助剂行业影响预估难定，稳定剂原材料大幅涨价导致总成本最高涨幅达25%以上，销售价格极难同步增长。尤其在稳定剂行业普遍利润仅为2%~3%的前提下，调价难于得到下游用户谅解。一些客户不敢接单。

PVC产品尤其是管道基本靠房地产、市政使用，而目前很大程度上用户不愿意采用PVC材料，导致PVC管道从化学管道占比60%以上降到了40%左右，前景不容乐观。随改性技术的提高，软制品用树脂很有可能也将转向非PVC材料，届时对热稳定剂行业打击也将是重大的。

3. 抗氧剂和光稳定剂

受阻胺类光稳定剂主要母体是羟基哌啶和氨基哌啶，基于氨基哌啶的受阻胺类光稳定剂产品还有待开发。

抗氧剂、光稳定剂产量大，但主要产品的分子结构、合成工艺基本来源于国外，研发有自主知识产权的通用产品的能力有待提高。

抗氧剂部分产品有行业标准，光稳定剂还没有行业标准，应该尽快制定相应产品的高水平、高标准国家标准，促进产品质量达到世界一流水平。

四、发展趋势

（1）近几年，环保形势异常严峻，环保督查力度逐渐加大。在“碳中和”“碳达峰”的大背景下，项目审批和环保排放检查将更加的严格，落后产能将陆续被淘汰，塑料助剂行业将继续整合，行业集中度将进一步提升。这也迫使行业企业不断优化产业结构，提升行业技术水平。

（2）骨干龙头企业通过不断强化技术服务能力，完善技术服务体系，向高质量发展转移，不但在产量上，也应在技术上协调上下游共同进步。要适应不同的市场，让产品满足不同层次用户的需求，特别是扩大专用产品和高端产品和高附加值产品的比重。

（3）相关的助剂企业应继续大力拓展海外市场，使海外市场中的份额保持稳步增长。

（4）塑料助剂行业今后将以“绿色、环保、无毒、高效”作为永恒的主题，逐步用新品替代对人类健康和环境有害的品种。

（5）推扩聚氯乙烯产业绿色全生命周期概念、推动绿色工厂、绿色制造、绿色产品链体系建设；扩大新型绿色环保功能材料供给。

（6）要加大生物可降解塑料用的各种助剂产品的研发力度，这将是以后发展的长期趋势。

（7）在全行业提倡节能减排和清洁生产。大力研发推广可循环、易回收、可降解新技术、新产品，经济和环境、社会效益协调发展。促进碳达峰、碳中和目标实现。

（中国塑协塑料助剂专委会秘书处）

流延薄膜

一、2020 中国塑料薄膜行业发展现状分析

随着各种新材料、新设备和新工艺不断涌现，促使中国的塑料薄膜朝着品种多样化、专用化以及多功能膜方向发展。根据软包装薄膜行业的产品特点，大力提倡对包装薄膜从设计、生产、消费到废弃实行“减量化、资源化、无害化、低碳化以及安全化”的五化发展要求是这个行业可持续发展最有效的途径。质量轻、结实耐用、不易分解是塑料薄膜的特点，功能全面、可量化更是软包装薄膜不可替代的优势。要最大限度地发挥塑料包装薄膜的优势，扬长避短，对塑料进行合理有效使用。塑料薄膜是用聚氯乙烯、聚乙烯、聚丙烯、聚苯乙烯以及其他树脂制成的薄膜，主要用于包装行业、农业和工业，包装行业指塑料包装薄膜用于食品加工、日用品、医药用品领域等；农业一般是指农产品生产过程中需使用农业用塑料薄膜；工业一般指电容器、锂电池、太阳能电池以及海水淡化等领域用塑料薄膜。

通过走访企业我们了解到 2020 年行业的生产经营情况。

1. 制品企业方面

2020 年，受新冠肺炎疫情的影响，防疫用品需求激增，对相关的口罩、防护服、手套的需求量持续增加，流延薄膜产品作为防疫物资的外包装，也跟着火了一把。下半年，随着国内疫情得到控制及国外疫情大暴发，制品企业的外销情况开始好转，收复了外贸部分失地。随着疫情逐渐得到控制，疫情相关产品需求量降了下来。但总体来看，2020 年大部分企业销售额比 2019 年有所增长，部分企业增长率大约 20%，也有少量企业持平，个别企业实现了 30%以上增长。利润方面，由于原材料价格稳定，产品的利润率较 2019 年有所提高。

2. 设备企业方面

2020 年是流延薄膜机械生产企业的高增长年份。大部分企业实现了销售额的飞速增长，与 2019 年相比，增速达到了 10%～30%不等，高峰时期甚至有设备厂的交货期由 3 个月增加到半年。这种情况也是历年来比较少见的。导致这种现象的原因：

①国内疫情影响原因，设备企业生产熔喷布设备及配套，部分企业销售业绩实现了 30%～50%增长；

②在春节后防疫用品需求量猛增的情况下，一些行业外企业和资金投入防疫物资生产，流延薄膜作为防疫物资外包装，推动了相关设备订单量的增加；

③设备周期性的更新换代潮来临。上一次设备更新发生在 2004～2008 年，近两年是设备处于正常

的更替时期。

3. 招工难问题

招工难的问题是每个企业负责人都会提到的企业痛点，尤其是90后、00后人员。“年轻人喜欢坐办公室的工作，最愿意去第三产业的服务业上班，宁愿送外卖也不来我们这种传统制造业”这是很多负责人的共同感慨。而这一现象这几年越发明显，不但大学生不愿意来，普通工种也很缺，高技术人才的储备更是难上加难。走访所到之处，工厂门口到处都是招工的牌子。而这一难解之题也是推动流延薄膜产业链行业自动化水平不断提高的最大推手。疫情发生以后，各省市普遍对流动人口和外出打工返乡人员采取隔离观察等限制性措施，导致异地员工返程返岗困难，上下游企业复工参差不齐，加之货物运输受阻等原因，劳务链、产业链、供应链没有完全恢复，经济循环不畅，复工不达产的现象较为普遍。

4. 自动化仍是行业发展重点方向

受产品种类繁多、企业规模小、资金不足等因素影响，流延薄膜行业的自动化程度比较低。近几年，随着人工、物流、土地、环保设施投资等生产要素成本的增加，以及市场对产品品质要求的提升，行业比以往更加关注生产效率以及自动化程度的提高，高速、节能、少人化或无人化操作智能化的全自动化的生产线受到越来越多的重视。前道与后道的全自动，包括中央供料系统、在线视觉检测、侧漏、称重、自动打包、自动堆码及机器人的应用逐渐加速。部分企业开始进行生产线的局部自动化；而一些龙头企业已经在尝试全自动化解决方案，着手打造全方位无人车间。

国内企业也在不断加码自动化，如湖北慧狮塑业股份有限公司、浙江大汇新材料有限公司、浙江大东南股份有限公司、宁波鸿雁包装材料有限公司、浙江远大塑胶有限公司等正在不断加大生产线自动化方面的投资。走访中了解到，越是新建厂房自动化程度越高。只有通过不断对原料改性、工艺设计、设备升级等进行智能化、差异化产品生产，才能满足国内外市场和客户的高端需求。

二、2020年CPP行业的发展情况

1. 2020年CPP行业产能情况

2020年中国CPP新增产能持续，据统计，到年底新增产线12条，全部都是国产线，时间主要集中在下半年；区域主要集中在河南、江苏、浙江、广东一带。

2020年产能为128.92万吨，与2019年相比，产能新增6.15万吨，增幅5.01%（图1）。

产能持续增加的主要动因是：下游新兴行业对CPP要求提高，促使部分企业生产线更新换代；医药包装等行业对CPP需求量增长，刺激一些CPP企业新增生产线。

2. 2020年CPP行业需求情况

据统计数据显示，2020年需求量出现较大幅度增长，据测算，2020年中国CPP行业总需求量在72.8万吨，较2019年相比上升9.5万吨（图2）。

2020年中国需求量数据增加的原因：主要是因为疫情导致医药包装增加，故需求量突增。

3. 2020年CPP行业产量情况

2020年CPP产量增幅明显。2020年中国CPP行业总产量预计在73.91万吨，较2019年增长9.38万吨，增幅14.54%。数据统计显示，2020年受新冠肺炎疫情的影响，医疗包装等CPP的需求明显增多，产量明显增加，2020年中国CPP行业产量约达73.91万吨，较2019年增幅14.54%（图3）。

4. 2020年CPP市场价格情况

影响2020年CPP行业发展的五个主要因素：

①中美贸易战使出口受到制约；

②新冠肺炎疫情导致前期停工防疫情，后期需求增加；

③环保风暴致下游工厂受到影响；

④“限塑”“禁塑”有关政策；

⑤聚丙烯原料行情。

CPP薄膜市场价格受聚丙烯原料价格的影响较大。2020年是中国聚丙烯市场多变的一年，聚丙烯经历了大跌大涨，行业整体运行情况较去年转差。年初开始的公共卫生事件肆虐全球，世界经济被按下暂停键，聚丙烯需求受损与滞后，价格一度跌至近五年来的低位。在防疫物资需求带动下，纤维料带动聚丙烯快速上涨，由于缺乏需求支撑，市场出现一波急涨急跌的行情。

统计数据显示，2019~2020年，场内供需失衡严重，下游始终保持刚需拿货状态，CPP价格走势基本呈现一路下滑状态。2020年中国CPP整体偏弱震荡下行，大概分两个阶段：5月之前的特殊行情期和5月之后震荡整理期（图4）。

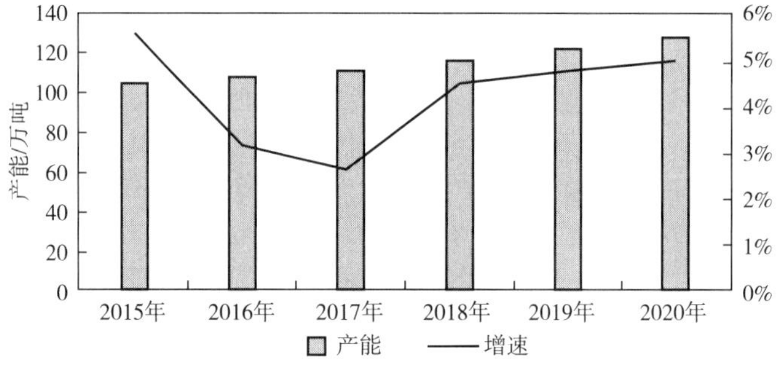

图 1　2015 年至今 CPP 市场产能及增速数据统计

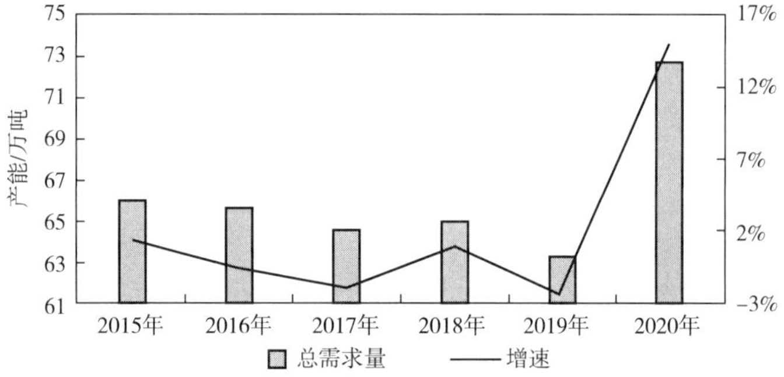

图 2　2015 年至今 CPP 市场总需求量及增速数据统计

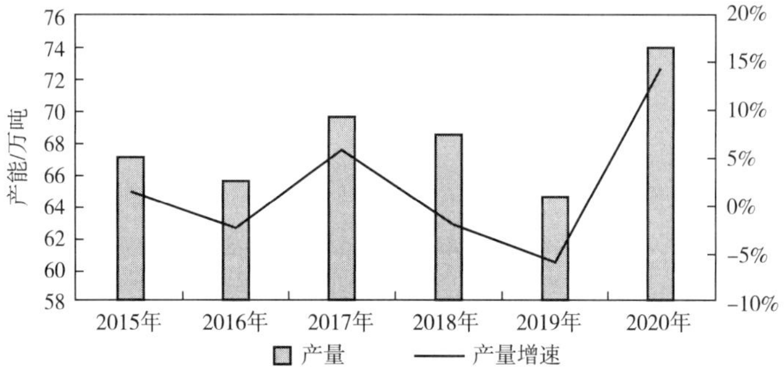

图 3　2015 年至今 CPP 市场产量及增速数据统计

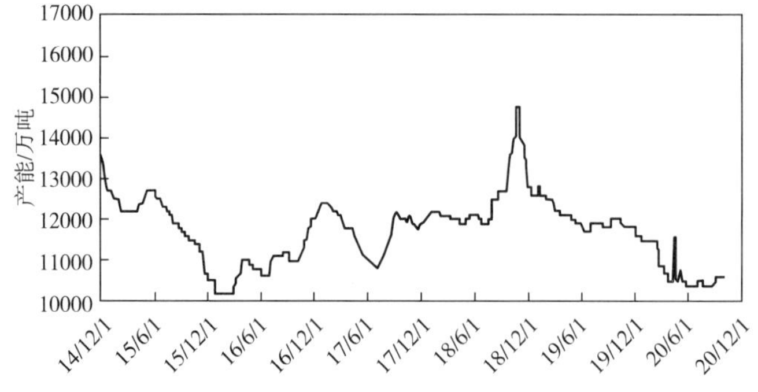

图 4　2015 年至今华东 CPP 复合膜价格曲线图

CPP价格整体呈现W走势，价格急涨急跌现象出现，同时迎来历史低点。截至8月底，华东低温复合膜主流价格在10000~10800元/吨，均价在10766元/吨，环比跌1434元/吨。

新增企业和新上生产线持续，产能进一步扩大。未来，中国CPP行业扩能脚步仍将持续，淘汰落后产能的同时，新企业的加入、现有企业的扩能以及上下游产业链一体化的实施都将推动中国CPP行业产能继续扩张。据统计，2020~2024年中国CPP行业计划新增生产线较多，且多数投产计划集中在2021年。

三、2020年拉伸缠绕膜

拉伸缠绕包装最早是欧美发达国家在20世纪70年代开始采用的一种包装技术，由收缩包装发展而来。我国是从20世纪80年代末开始发展拉伸缠绕薄膜（以下简称缠绕膜）和拉伸缠绕包装设备的，20世纪90年代初随着经济的快速发展，缠绕膜得到推广应用，需求增长迅速。

应用范围：缠绕膜应用范围很广，主要用于工业包装（如：化纤、化工、塑料原料、电子，机械、建材等）、农业包装（如玉米秸秆、苜蓿等青贮饲料）、家用和超市用包装（食品、水果、蔬菜等保鲜）等。

产品优势：拉伸缠绕包装分为机械包装和手工包装，是在常温下将弹性薄膜围绕被包装件拉伸、紧裹，并在其末端进行自粘封合的一种包装方法。由于拉伸缠绕包装不需加热，能源消耗只有收缩包装的1/20。拉伸缠绕包装可以捆扎包装单件物品，也可用于托盘包装之类的集合包装，可以达到节约能源、降低包装成本、减少运输损失、提高物流效率、使用灵活方便的目的，是商品包装运输改进计划。

行业现状：

1. 经济环境

我国乃至全世界都遭遇了重大的疫情挑战。它带来的冲击是前所未有的：

①2020年一季度GDP下降6.8%，二季度GDP增长3.2%，上半年GDP下降1.6%。经济损失约4.3万亿元（改革开放以来未见）。

②三大需求贡献。上半年，消费下拉经济2.9个百分点，资本形成上拉1.5个百分点，净出口下拉0.2个百分点。

③疫情既冲击供给又冲击需求，对需求冲击大于供给，经济现象罕见。疫情持续时间具有很大的不确定性。企业和居民都担心不确定性。除了新冠肺炎疫情的影响，我国还面临的其他方面的一些问题，中美关系，台海局势，中加中澳关系对经济也会造成非常大的冲击。

2. 市场环境

生产企业在逐步曾多，生产企业也在向大宽幅（4.5~5米宽幅）、高生产线速度（350~600米/分）方向更新设备。国内缠绕膜市场还处于低价格恶性竞争，原材料+加工费的模式，产品利润微薄，中小微企业较多。2020年受疫情多方面的影响，多数企业开工率不足（开工率：60%~80%），生产积极性不高，不少企业纷纷转型；国内厂家两极分化明显，一类以低价为代表，一类是高端研发，高性能、多功能、高附加值的企业为代表。

3. 成本影响

从疫情到现在，线性原料从期货市场价格最低5485元/吨涨到7380元/吨，涨幅在1500~2000元/吨之间徘徊，终端客户涨价较为困难，生产企业利润明显压缩；因国家经济政策刺激，土地成本不断上升，房租上涨，劳动力成本上涨，带来一系列成本增加；进出口方面受疫情影响，航线航班减少，海运成本增加。

4. 技术环境

国内高档缠绕膜用的茂金属聚乙烯MLLDPE目前仍然大量依赖进口。主要海外供应商有：DOW、EXXONMOBIL、PHILIPS、NOVA，日本三井化学、沙伯基础，伊朗，马来西亚大藤等公司。政府提倡企业走研发创新品牌之路，专利数量也在快速增长，但实际有效有用的专利数量为数不多，一些核心的关键技术，还是掌握在小部分人的手中，并没有发挥他应有的价值，多数企业研发新产品推出的速度仍比较缓慢。各地方政府给予企业资金和政策的不同支持，但实际这方面还停留在研发、科研阶段，主要还是靠企业各自在研发方面的不断突破。

5. 需求分析

目前出口到美国的集合包装已全部采用缠绕膜包装，使用缠绕膜包装是个大趋势，并将替代一部分原来属于热收缩膜的市场。随着缠绕膜的应用领域不断扩大，如在牧草、保鲜、农产品保鲜等领域我国已显示出美好的前景，因而缠绕膜的用量将会有较快的增长。

集装箱运输的快速发展将促进集合包装新技术，特别是拉伸缠绕包装新技术更快更高地发展。由于缠绕膜的使用大大提高了集合包装速度，并在可靠性、安全性、方便性、节约能源和包装成本等方面有许多优点，因而应用越来越广泛，刺激了缠绕膜的需求。

大型保鲜包装，用于远距离交货（塑料袋、衬垫、托盘盖等）、家用保鲜袋，包括冷藏食品和非冷藏食品（水果、蔬菜、肉类、鱼类、面包、糕点等）、垃圾袋（具有气味控制效果）、粮食的防老化和防虫包装、微波炉食品包装等都是缠绕膜的巨大市场。随着拉伸缠绕包装膜的应用发展，需求也越来越大。

6. 生产状况

国内状况：国内的流延生产线逐步取代了国际生产线，国内部分企业生产线品质大幅度提升，性能稳定，以华宝为代表生产线的正常生产速度在500~600米/分钟，逐步取代奥地利、德国、意大利的进口设备；设备更新换代快，低速窄幅逐步换为高速宽幅设备，由复卷转换为在线生产，生产效率不断提升；行业细分越来越明显，国内企业产量在2万吨以下为主，其中1~2万吨之间的企业只有十几家，其余都以中型和小型为主。

国外状况：以马来西亚为例，采用大型生产设备主要以德国、奥地利、意大利、美国为主，每家企业产能大，设备多，有多家上市公司。另外，马来西亚的电费、人工、原料低于国内，具有较大的成本优势，给国内企业带来了竞争的压力。意大利、德国、波兰、美国、沙特这些国家产量也在增加，但他们成本高，很难全面进入中国市场，在这方面国内还是有一定优势。

7. 原料供应状况

原料供应商今年以来增加了很多，浙江石化、恒力石化、利和制信已率先投产；9月份中化全州、中科炼化、宝来化工也密集投产；另外万华化学、恒昌石化、龙油化工、东华能源等即将陆续投产；国内石化企业正逐步生产茂金属系列产品，使原料国产取代进口加快了进程。

价格趋势：只有不断创新的企业，注重新品研发，产品更新迭代，才有价格话语权竞争趋势与影响，缠绕膜行业的竞争促进了产品与服务的持续优化与创新，给行业服务带来不断的新体验。

缠绕膜行业的良性竞争很好地促进了行业需求、技术、产品与服务的发展，促进服务水平不断优化，服务与技术能力不断创新。

技术发展趋势：解决缠绕膜行业问题的核心技术，缠绕膜行业问题的竞争技术主要在与相关技术储备与创新研发，核心技术主要包括配方创新、工艺创新、设备创新等成熟度，技术研发与创新的速度与投产能力，在缠绕膜行业的技术研发与创新速度，决定了企业的竞争技术壁垒与市场占有率未来走向。

（中国塑协流延薄膜专委会）

镀铝膜

一、行业现状

（一）概况

2020年受新冠肺炎疫情影响，各行业遭受了不少冲击，镀铝膜企业乃至主要的下游包装企业也不例外。随着市场环境变化及政策的要求，企业在环保、人工、租金方面遇到不少困难，但是最令企业感到非常焦虑的是原材料价格的宽幅振荡。在党中央的坚强领导下，全国迅速形成统一指挥、全面部署、立体防控的战略布局，有效遏制了疫情大面积蔓延。自疫情发生以来，国家不断出台对中小企业的扶持政策，2020年7月30日召开的中共中央政治局会议指出，当前经济形势仍然复杂严峻，不稳定性、不确定性较大，我们遇到的很多问题是中长期的，必须从持久战的角度加以认识，加快形成以国内大循环为主体、国内国际双循环相互促进的新发展格局。总体来说，2020年对镀铝膜行业是机遇和挑战并存的一年。

（二）数据和分析

1. 镀铝膜

镀铝膜具有金属光泽，遮光、防紫外线照射，可延长内容物的保质期，从一定程度上代替了铝箔，也具有价廉、美观及较好的阻隔性能，因此，镀铝膜在复合包装中的应用十分广泛，主要应用于饼干等干燥、膨化食品包装以及一些医药、化妆品的外包装上，也应用于隔热、电子等特殊领域。目前85%以上的为VMPET，VMCPP约占10%，其余为PE、PA等镀铝膜产品。镀铝膜行业在近几年随着产能的逐渐释放，供大于求的矛盾逐渐突出。2020年整年度镀铝膜市场开工率普遍偏低，平均开工率维持在50%左右，12微米的VMPET产量不到40万吨。由于国际安全事件对口罩需求的激增所引发的原料大涨，导致CPP镀铝膜在4月中旬出现13500元/吨的年度最高价，年内终端厂家对高价抵触情绪较强，多延续刚需拿货，镀铝膜报盘涨幅受限，年度低价则出现5月底，12400元/吨，与4月份价差1100元/吨。2020年CPP镀铝膜市场除4月份出现明显的大涨大跌之外，企业盈利能力保持在400~800元/吨，多数处于平稳阶段，产品价格总体随原材料价格波动而波动，平均利润在560元/吨，为近五年高点，虽单吨利润有所好转，但实际利润并不可观，由于我国镀铝膜行业的市场集中度相对很低，行业竞争激烈，低价竞争现象愈显严重。

2. 镀铝纸

镀铝纸可以赋予纸张表面各种激光或多彩的表观效果，可以通过各种涂层的调整使产品具有保香保鲜的阻隔密封性等，相比复合铝箔纸的制造工艺具有环保优势。此外，镀铝纸是通过铝在真空环境中加热蒸发的方式使铝沉积在涂布纸的表面而形成一层极薄的铝层，测试其厚度仅有30~50纳米，以50克纸为例，铝用量为每吨镀铝纸约为4千克。而传统复合铝箔纸的铝用量为400千克，是镀铝纸的100倍以上，镀铝纸具有明显的成本优势。镀铝纸具有可自然降解、可回收利用的特点，更是顺应了政府倡导的低碳环保、循环经济的经济发展模式。

3. 镀铝基材

(1)BOPET薄膜

截至2020年底，国内BOPET总产能达到377.17万吨，较2019年产能增长9.1%。据BOPET专委会价格统计来看，2020年BOPET整体呈现"V"型走势，12μ普通膜主流价格在9710~13810元/吨，年内价格变化率42.22%。利润创新高，2020年BOPET盈利在2000~7600元/吨，多数时间盈利水平在3000元/吨以上，BOPET当前盈利能力延续2019年节奏，处于产业链之最，产业链相关产品利润分配不均，价值链传导出现明显差异。从企业运营情况来看，2020年BOPET企业开工持续高位，原料面存有一定数量备货，企业一季度成品库存较多，二季度开始膜厂订单跟进，交货期延长，成品库存显著降低。

(2)CPP薄膜

2020年CPP行业产能达到128.92万吨，CPP薄膜主要应用在复合膜、镀铝基材和蒸煮膜，其中镀铝基材薄膜约占20%。我国CPP价格整体呈现"M"型走势，价格急涨急跌现象出现，同时迎来历史低点。2020年CPP普通膜均价在10826元/吨，较2019年均价低1173元/吨，跌幅9.78%。利润方面，2020年中国CPP生产企业盈利情况有所好转，平均利润为218元/吨，较2019年上涨47元/吨，利润小幅好转。CPP企业年开工负荷率在57.17%，小幅好转。

二、发展战略及行业思考

目前来看，我国镀铝膜行业产品同质、产品结构不合理等问题依然存在。产业结构性矛盾突出，大多数企业技术创新和科研开发能力低，产品档次低、高端产品少，多数产品的标准水平偏低，特别是中小企业的产品及采购的原料质量问题突出。

除此之外，镀铝膜生产企业大多是地方民营企业，规模较小，生产分散，华北青州地区镀膜厂较多，但整体以中低端产品为主，且产品质量参差不齐，缺乏统一的技术标准，未形成产业集群效应。其他地区生产企业更加分散。大型工厂扩能、延伸产业链，中小企业不断融合，未来市场有望形成规模化，产业集中度将大大提高。

1. 科技创新是镀膜行业发展的关键

镀膜的发展进入了由过去的单一品种、单一功能、中低端产品向多品种、多工艺、多功能、多用途、高品质方向发展。面对竞争加剧，企业要健康发展，就要不断创新。创新包括工艺技术创新、加工装备创新、应用领域创新。积极争取国家政策给予镀膜行业出口支持，争取把镀膜列入高新技术产品。坚持以企业为主体的创新体制建设，深化供给侧与需求侧的精准对接，促进高效创新，推动政产学研金用的集成创新，促进镀膜行业提品质、增品种、创品牌，实现提质增效。

2. 绿色节能环保是镀膜行业发展基础

镀膜行业的快速发展，在满足人们的多种需求的同时，清洁生产、污染防治及用后产品的回收再利用越来越受到政府及社会的广泛关注。镀膜企业应树立绿色节能环保理念，加大相关技术研发力度，实现回收再利用循环发展，为实现"碳达峰、碳中和"目标贡献力量。

3. 团结协作是镀膜行业发展的保障

行业创新与发展需要联动，在当前全球经济形势复杂、不确定因素增多、企业经营压力加大的情况下，更加需要抱团合作，专委会要增强服务意识，积极搭建行业企业上下游交流合作平台，整合专家、企业、社会、政府等资源，向企业集聚，让企业分享，会员单位特别是骨干企业和理事单位，要热爱行业，奉献行业，人人为行业发展出力献策，实现合作共赢。

（中国塑协镀铝膜专业委员会）

塑料家居用品

2020年是极为不平凡的一年，蔓延全球的新冠肺炎疫情，也对塑料家居用品行业企业的生产、供销、出口等多个方面造成了不同程度的影响，塑料家居用品行业面临着新的挑战。面对多种风险、困难、挑战，我国塑料家居用品行业坚守初心、担当使命、攻坚克难、创新奉献、危中寻机、战胜疫情影响。行业各项经济运行指标在2、3月探底后回升，降幅逐月收窄，盈利水平大幅提升，全年经济恢复实现预期。

一、行业现状

根据国家统计局数据显示，2020年全国规模以上塑料日用品工业企业塑料产量累计为651.1万吨，同比增长-2.74%，2020年各季度中国日用塑料制品主要集中在华东、华南、华中地区生产，2、3月份因受疫情影响，生产处于低位，随后各项指标迅速恢复，6月份前后达到较高水平，之后缓慢上升，与我国经济恢复过程同步，行业抗击疫情恢复生产成效显著。

二、行业热点

1. 企业加速自动化转型升级

为应对疫情催生并推动了许多新产业新业态快速发展。以大数据、人工智能等数字技术为支撑的新产业新业态迅速“补位”，云端互动、数据拼单、借网络直播带货、靠工业互联网转产等抓住产业数字化、数字产业化赋予的机遇，形成发展新动能。疫情防控期间，人口流动受到阻滞，传统零售、商贸受到冲击，线上订单势头猛；传统展销受限制，线上直播展销受热捧；在生产端，不少企业疫情防控和复工复产“两手抓”，在战“疫”的攻坚期，凭借自动化车间、智能工厂、网络平台等优势，一批智能制造试点示范、标杆企业快速应对，克服员工无法到岗的困难，率先实现复工复产，为产业链协同复工提供了样板，为行业智能化升级改造提供了方向。疫情在很大程度上加快了制造业向无人化、智能化方向转型升级的速度。

2. 抗菌功能提升产品附加值

通过这次疫情让广大民众更加认识到健康生活方式的重要性，人们对于日常的民生用品是否存在可抗菌性和抑菌性也都更加地重视和关注，对家居用品升级也催生了一些新的需求，抗菌类塑料家居用品市场需求日益明显，塑料家居用品抗菌升级已成趋势。因此，抗菌技术得到了塑料家居用品行业的高度重视。

3. 勤练内功，刷亮品牌，提升核心竞争力

日用塑料制品行业是一个充分竞争的行业，国内生产厂商众多，行业集中度较低。与此同时，电商对传统零售业的冲击持续发酵，为转嫁成本，提高毛利率，线下零售企业去中间化的工业直采，加剧日用塑料制品行业的不良竞争。因此，企业纷纷根据行业发展趋势和技术进步趋势，适时调整公司经营策略和布局，进行持续的产品研发、工艺改进，降低生产成本，提升产品的溢价力和品牌附加值，以及对销售渠道进行大力拓展和精细管理，从而增强产品在市场的竞争力，进而保持公司的持续盈利能力。

三、2020年塑料家居用品外贸企业面临的问题

1. 国际市场需求不稳定

从3月中旬开始，欧美新增确诊病例开始爆发式增长，企业外贸形势急转直下，一方面，欧美客户开始断崖式的暂停订单，由于订单的临时取消，导致企业前期赶工生产的成品、半成品和原材料库存量出现大量积压，直接增加了仓储成本。另一方面，有些客户延期订单，导致订单的付款周期直接延长，进一步加大了企业的现金流负担，下半年外贸订单暴增，接到订单的外贸企业由于原料爆升和美元汇率问题使多数企业面临亏损或无利可图。

2. 履约接单困难

上半年疫情导致航班、海运等国际物流受阻，清关难度加大，贸易促进活动受限，在手订单履约难，后续订单减少，下半年外贸订单暴增，但是海运国际物流受阻，海运价格居高不下，集装箱一柜难求，导致货物积压。

四、2020年塑料家居用品内销企业面临的问题

1. 订单锐减，开工率不足

普遍反映是6月后的订单非常缺乏，开工率受到非常大的影响，线下的批发市场基本处于没有人气的状况，都反映市场人气不足，同时境外疫情的发展也严重影响国内工厂和商家的情绪，企业大都处于相对谨慎的态度。传统销售渠道影响较大。批发、商超这些传统销售渠道影响较大。疫情期间大超市保持营业，但是，2月份中小超市大多没有营业，影响特别大。线下整盘下滑，是内销压力最大的板块。大型商超的合作费用高，合作的超市没有因

疫情，销售降低等给予各企业降费用及延缓费用支付等，费用依然照付，企业因销售降低承担的费用将会更高，亏损更严重。

2. 原材料价格波动大，造成企业经营困难

塑料家居用品企业的产品原材料成本占其产品成本比重的绝大部分。随着原材料价格大幅上涨，造成企业收揽订单困难巨大，加大企业运营风险。

（中国塑协塑料家居用品专委会）

聚苯乙烯挤出发泡板材

一、行业现状分析

（一）行业概况

挤塑聚苯乙烯泡沫塑料（XPS）是20世纪60年代研制成功的一种新型绝热材料。其制备过程是将聚苯乙烯（PS）树脂、发泡剂和相关助剂通过挤出机进行连续挤出发泡成型，由于具有闭孔的泡体结构，因此其综合性能十分优异，如绝热性能优异、持久，吸水率较低，尺寸稳定性好，抗蒸汽渗透性优良，压缩强度高等，在诸多领域得到了广泛应用，主要包括：墙体保温、倒置式屋面保温、钢结构屋面保温、冷库保温、地暖系统、复合风管、彩钢夹芯板、公路路基、铁路路基、停车甲板、渠道河床等，其中以在墙体保温上的应用最为广泛。

疫情突发的2020年，对于XPS行业来说也充满挑战。年初突如其来的新冠疫情，导致XPS板材原料价格大幅增长，造成行业动荡，加之受疫情影响导致停工停产，部分企业在2020年第一季度存在出货困难的情况。2020年4月后，随着国内疫情趋于平稳，大部分企业开始复工复产，为响应国家环保要求更新、增加二氧化碳生产线设备，板材产量稳步提升，但仍面临发泡剂、阻燃剂替代技术不成熟的问题，影响产品品质。目前，我国XPS行业大部分为小微企业，存在企业生产不规范、行业内部无序竞争等问题，据不完全统计，国内XPS生产企业有700～1000家，XPS生产线约1800条，年生产量在80万吨左右，其中阻燃板材的比例占20%左右。生产企业大部分为中小型企业，主要集中在河北、河南、山东、江苏等地区。

总而言之，2020年是不平凡的一年，新冠肺炎疫情全球大流行给世界经济带来巨大创伤，全球经济深度衰退，收缩幅度超过2008年全球金融危机。中国在应对疫情采取了强有力的防控措施和经济救助政策，经济恢复好于预期，XPS行业整体稳中向好，受疫情影响不大。

（二）环保替代技术现状

1. 发泡剂和发泡技术的淘汰与替代

根据《蒙特利尔议定书》规定，XPS常用的发泡剂142B和F22早已被列入淘汰禁用之列，并要求2020年实现HCFC消费基线水平45%的削减，2025年底前实现全行业HCFCs完全淘汰。据不完全统计，2020年我国XPS行业的HCFC-22使用配额大幅减少，HCFCs淘汰工作取得的成绩卓著。

由于HCFCs的逐年消减，市场上HCFCs的销售价格随之逐年上升，CO_2环保替代技术越来越受到重视，除了符合替代改造项目条件的企业积极申报项目，引进先进的CO_2发泡设备外，一些有经济实力的企业也纷纷引进大型的CO_2发泡环保设备，近几年行业内购置和置换相关环保设备生产线约500条，推动了行业的技术进步。

目前，含氟的发泡剂产品已经在逐步淘汰，需要对含氟产品进行升级改造，生产出不破坏臭氧层、低温室气体的发泡剂。目前有使用的发泡剂包括：

①152A发泡效果好、泡孔多，但是其导热系数增长非常快，在保温上基本不起作用，需要对其进行改善。

②CO_2+酒精发泡生产的产品厚度受限制，仍需要不断突破。

③HFO保温性能较好，但是价格昂贵，使用过程中还需要规避专利，推广使用HFO需要对专利进行购买。

④戊烷污染小、保温性能也较好，但是在使用过程中安全性存在很大的问题，仍然需要不断升级改造。

⑤异戊二烯目前是一种较好的发泡剂，但是还无法工厂化，异戊二烯的推广还需要科研机构和企业积极参与研究和开发。

2. 阻燃剂的淘汰与替代

XPS泡沫塑料的成型温度高，在此温度下，绝大多数阻燃剂均会分解，失去应有的阻燃性。所以阻燃XPS泡沫塑料的生产难度比较大，目前国内XPS用阻燃剂最普遍的是六溴环十二烷（HBCD）。

六溴环十二烷（Hexabromocyclododecane，简称HBCD）是一种多溴代白色固体物质，可以作为阻燃剂添加到其他材料中使用，用以延缓车辆、建筑或物品使用期内以及材料贮存期间的着火现象，并减缓随后的火势发展。我国于20世纪90年代开始生产HBCD，主要用作防火性建筑外墙保温材料发泡聚苯乙烯（EPS）和挤塑聚苯乙烯（XPS）中的阻燃剂。目前，国内已有多家企业从事HBCD阻燃剂的生产，主要分布在山东、江苏、河北等省份。我国已经成为世界上HBCD的主要生产国，年产量约18000吨。2009年至今，我国HBCD总产量累计超过20万吨。

HBCD作为一种添加型阻燃剂，在生产、使用和产品废弃过程中均易以渗溢等形式释放到周围环境中。HBCD的使用对人类和环境会构成潜在的长期危害，在2013年5月，HBCD被联合国《关于持久性有机污染物的斯德哥尔摩公约》要求在全球范围内禁用。2016年7月，全国人大批准了《〈关于持久性有机污染物的斯德哥尔摩公约〉新增列六溴环十二烷修正案》，自2016年12月26日起禁止HBCD的生产、使用和进出口。用于建筑物保温材料XPS和EPS方面的阻燃剂的HBCD有5年豁免期，豁免期将于2021年12月25日终止。也就是说，自2021年12月26日起，中国将全面停止HBCD的生产、使用和进出口。

目前，行业内可行的HBCD替代品有两种，分别是苯乙烯与丁二烯的溴化共聚物（Br-SBS）和甲基八溴醚（TBBPA-DBPE）。其中，Br-SBS相对分子质量大，不具生物积累性，毒性较小，性能与HBCD相近，热稳定性及与聚苯乙烯的相容性较高，对原使用HBCD的加工工艺影响很小。中国企业山东旭锐新材有限公司已经拥有苯乙烯-溴化丁二烯共聚物专利技术，处于产业化的前期阶段；而甲基八溴醚是溴系阻燃剂中的重要品种，广泛用于工程塑料及环氧树脂方面的阻燃，属添加型阻燃剂。TBBPA-DBPE可用于墙保温阻燃剂，符合环保要求可替代HBCD，产品具有极高的阻燃效率，极小的用量即可达到优良的阻燃效果，无须添加其他辅助阻燃剂，相对传统的阻燃剂，具有较低的添加成本。甲基八溴醚属于淘汰物质观察清单，已经被美国环保署、欧盟REACH认证具有一定危险性，并被列入CORAP名单去进一步评估，甲基八溴醚暂时可以使用。

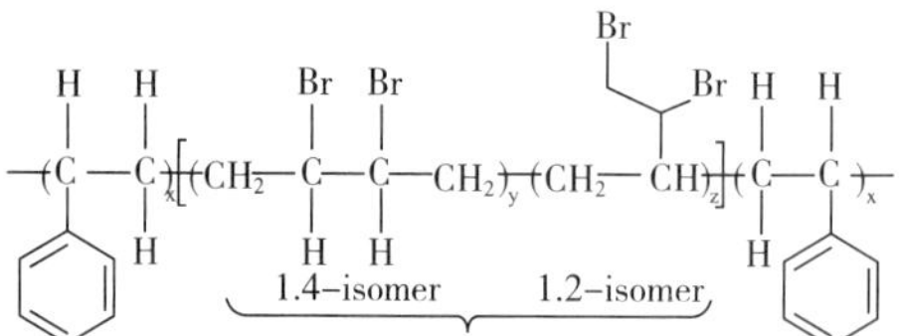

Brominated Polybutadiene Block

苯乙烯和丁二烯的溴化共聚物（Br-SBS）

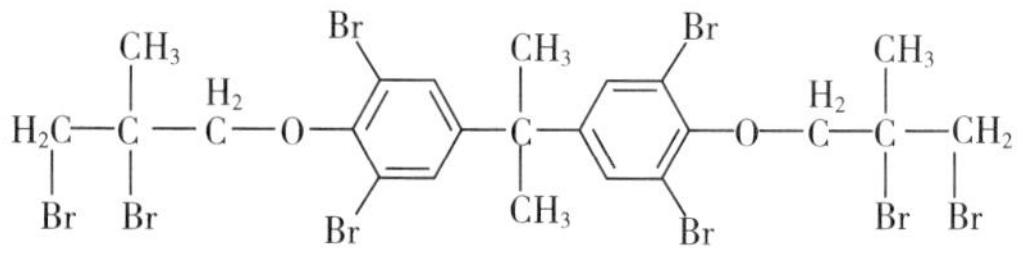

甲基八溴醚（TBBPA-DBPE）

（三）应用领域介绍

1. 外墙保温系统

XPS外墙保温系统基本沿用了欧洲外墙外保温系统的技术规范，采用浮抹灰粘贴外墙保温系统。由于XPS板材比EPS板材具有更低的热导率、更高的压缩强度、更低的吸水率和更持久的保温性能，使得XPS在外墙保温系统得到迅速的发展。近几年，国家推进保温结构一体化，保温板经过加工后，可以作为模板使用。保温免拆模板作为外墙保温系统的主材，将在保温系统进一步扩大使用。

2. 屋面保温系统

屋面保温系统主要有两种形式，即钢结构屋面和倒置式屋面。倒置式屋面是将防水层置于保温层之下，让防水层获得充分的保护，是当前最理想的一种屋面保温系统。在钢结构屋面中使用XPS板材不仅会使钢结构屋面持久耐用，而且可以避免冷桥发生，切实保证建筑物内部不结露、不滴水，并可以增强结构的牢固性和隔声减噪功能。

3. 地面保温系统

XPS板材用作建筑物地面保温隔热材料有着其他材料无法比拟的优越性。在寒冷地区，建筑物地下墙体基础经常出现冰霜渗入的情况，并导致地面冻胀，基层结构受损。由于XPS挤塑板吸水率低，所以用于地下建筑有很好的防潮、防水性。将XPS挤塑板置于地基之下，可以使冰霜渗透和易受冰霜影响的基础出现结冰的情况减至最低，有效地控制地面冻胀。

4. 冷库保温系统

冷库建筑内外环境温差大，水蒸气渗透压力严重，使应用于冷库建筑的保温材料面临极为严峻的考验。XPS板材具有卓越的抗水蒸气渗透和抗压性能,使其在冷库建筑及冷藏车应用中更具有优势,可应用于地面、内外墙、屋顶或吊顶等,使冷库及冷藏车性能恒久不变,防止冷凝结露。冷库用XPS板材的厚度一般要求100毫米、150毫米、200毫米,由于生产工艺的限制,目前多采用几块XPS板材叠加的方法达到厚度的要求。

5. 高速公路、铁路领域

在高寒地区,由于天气的寒冷、水汽、冰霜等对地面的侵蚀,使很多的铁路、公路以及机场跑道等出现高低不平的问题,因此必须要控制好地面的冻胀问题。XPS挤塑板具有阻止冰霜和水汽渗透的作用,让路基的结冰情况降到最低,有效地控制地面冻胀,延长其使用寿命。

2020年,我国已建成约20000千米的高速铁路。高强度XPS板材作为轨道板下有效的承重和弹性缓冲层可以减弱震动和噪声。目前,高强度XPS板材已成功应用于京沪线、石武线、京石线和沪杭线等高速铁路。

6. XPS地暖板材

XPS挤塑板是由聚苯乙烯树脂及其他添加剂经挤压过程制造出的拥有连续均匀表层及闭孔式蜂窝结构的板材,具有高热阻、低线性、膨胀比低的特点,据监测数据显示,挤塑板结构的闭孔率达到了99%以上,形成真空层,避免空气流动散热,确保其保温性能的持久性与稳定性,与发泡聚氨酯80%的闭孔率相比,领先优势不言而喻。实践数据证明,20毫米厚的XPS挤塑保温板其保温效果相当于50毫米厚发泡聚苯乙烯、120毫米厚水泥珍珠岩。因此XPS板材是目前地暖保温材料不错的选择。

2020年,团体标准《地暖用挤塑聚苯乙烯泡沫塑料(XPS)》的起草工作已完成标准的前期调研、标准编制组的成立、标准框架结构及技术内容的确定等工作,进入采样测试阶段,预计2021年底正式发布。

二、行业存在的问题

1. 环保形势与消防要求愈发严峻

近年来,国家对企业生产和产品应用的环保要求和监督越来越严格是国内XPS行业面临的重大问题。2020年,XPS企业感受到了前所未有的压力,一方面是国家对企业生产、产品材料的环保要求,另一方面是各省市住建部陆续出台新的外保温政策,对XPS以及其他有机保温材料的应用有很严格的限制。

2020年,湖南、上海、嘉兴等地陆续出台外保温政策,命令禁止使用B2级保温材料,并对保温板燃烧性能为B1级的保温装饰复合板外墙外保温系统提出了使用要求,XPS行业面临严峻的考验。

2. 行业行为规范有待提高

企业水平参差不齐是XPS行业的主要问题之一,由于行业门槛较低,产品检测方式复杂,国内相当一部分XPS企业设备简陋、原材料低劣,生产出大量低质产品,极大地损害行业信誉和正常的市场交易。2020年,XPS行业存在企业压低价格无序竞争,从而导致利润薄收益降低等情况,扰乱XPS板材市场,行内企业怨声载道。此外,XPS使用的主要原材料包括聚苯乙烯、发泡剂和阻燃剂,聚苯乙烯采购渠道比较杂,除了少数供应商能提供质量报告外,大部分不能提供。由此严重影响XPS产品质量的稳定性,需要加强原材料来源的质量把控和可靠性认证。

3. 企业规模需扩大、设备与技术需改进

目前,我国的XPS生产企业处于"小而不强,多而不精"的状态。尽管我国的XPS行业逐渐强大,但是与国外先进企业仍然有较大的差距。据了解,美国陶氏化学XPS产能为300万$米^3$、欧文斯科宁为200万$米^3$,且具备强大的科研能力,至今仍占据整个行业的主导地位。然而,国内XPS的大多数企业基本都是中小企业,没有一家企业的规模超过100万$米^3$,也几乎没有自己的科研团队。

生产设备与发达国家也有很大的差距,尽管目前国内XPS设备生产商能够制造高产能的比较先进的生产线,但许多关键设备和部件仍然依赖进口,还需要在设备上下很大的功夫。例如加料系统、挤出系统、回收造粒、特殊后加工等都需加大研发力度。20多年前欧文斯科宁在中国投资的真空发泡生产线,其真空发泡技术和设备至今在国内仍然没有研发成功,可见国内XPS行业与发达国家的技术差距。

4. 在保温隔热材料市场竞争力有待加强

XPS因其优良的性能在市场上占有一定的份额,同时与其他保温材料一直存在激烈的竞争。传统的保温材料有EPS、聚氨酯、岩棉以及其他无机保温材料,市场根据需求的侧重点和消防、环保等方面的规定自由选择。新型的保温材料也不断出现,如真空板、气凝胶等。XPS行业只有突破环保、消防、发泡剂和阻燃剂的替代等方面的技术瓶颈,不断开发新的应用系统,方能继续保持强大的市场竞争力并扩大市场份额。

三、政策建议

1. 制定与完善相关扶持政策

从XPS产业整体战略发展的高度做出顶层设计，出台企业税收优惠、研究发展资助、信息化建设、人才培养等相关扶持政策及具体实施办法与细则。

2. 扶持大型XPS企业 带动产业规模效应

全力加快大型XPS企业能力建设，扶持培育一批具有较强国际竞争力的企业，显著提升XPS产品增值服务水平，全面降低行业生产要素及产品流通成本，提升全行业的市场竞争力。鼓励企业兼并重组，引导企业战略结盟，扩大产业的集聚效应和规模效应。

3. 推进标准化制定工作

针对目前存在的标准老化、缺失、滞后，标准体系不合理，标准管理混乱等问题，按照国家标准化改革整体要求，鼓励企业积极参与到包括XPS原料、装备、制品等的国标、行标、团标、企标的制定和修订。建立合理完善的标准体系，使其与XPS产业的发展速度相匹配，能够支撑起XPS产业的转型升级。

4. 引导企业开拓国际市场

鼓励企业实施“走出去”战略，到XPS市场资源丰富的国家和地区设厂开拓国际市场，提升高技术含量产品的出口比例。分析评估国外技术贸易壁垒对我国XPS产业出口的影响，鼓励企业按照相关国际标准和认证实施产品分级，增强企业海外市场竞争力。

（中国塑协聚苯乙烯挤出发泡板材专委会）

热塑性弹性体

塑料行业不断开发系列热塑性弹性体TPE/TPR品种，构成新体系。按照ISO和GB《热塑性弹性体TPE/TPR术语》标准定义，TPE/TPR分为七个类别，包含：TPA、TPC、TPO、TPS、TPU、TPV、TPZ等。其方向，一类是以PLA与羟基丁酸内酯、丁二醇、己二醇等聚合而制备的生物降解型热塑性弹性体材料，另一类是热可逆的交联型热塑性弹性体；产品结构也正在向新分之系列拓展。

一、运行状况

目前，工商注册从事热塑性弹性体生产制造企业2307家(制造业2163家)，其中注册资金1000万元以上的热塑性弹性体企业648家，TPE弹性体企业405家，主要集中于浙江、江苏、广东、山东、河北、安徽等省市。我国各类热塑性弹性体，2020年制造总量250多万吨，实现工业产值554亿元人民币。其中苯乙烯类热塑性弹性TPE-S产量百万吨；SBS产能达到170万吨，主要集中在中石化行业，惠州和宁波地区，宁波的产量占14%。其他PPE、TPV等类产品，分布在东莞、南京、合肥、宁波、晋江等地区。通过对会员单位以及综合调查，产业基地产量占了一半。目前，国内已涌现了一批国际领先的知名企业。

有资料显示，2020年全球市场超过700万吨。我国热塑性弹性体市场消费量约占全球总消费量的36%，是全球消费量和市场增长最快的国家之一，苯乙烯类热塑性弹性体系列产品产能增长势头明显。2020年TPE-S产能达到200多万吨，宁波占了14%，惠州和中石化占58%；聚氨酯热塑性弹性体TPU产量51.29万吨。热塑性弹性体是重要的塑料制品制造体系之一，我国已成为生产和消费大国，也是需求增长最快的国家，尤其以汽车、线性器材、电子器材、医疗器材、健身器材为中心的应用市场保持年均两位数字的高速增长。

二、发展质量

热塑性弹性体是橡胶与塑料产业链中新兴材料，是诸多下游的前端产业。塑料行业各类热塑弹性体材料，在现代工业，如汽车配件、光纤光缆、线性器材、电子器材、道路建设、防水卷材、医疗用品、铺装材料等，实现快速增长。在传统的民生产品，如制鞋、玩具、家用电器类仍然保持具有提供环保安全材料的优势。我国热塑性弹性体行业，逐步进入创新发展和提升时期，为高端产业提供高物性、高品质的功能型工业中间产品，为民生产业提供绿色消费品，个性化、功能型、智能TPE将进入更高的发展阶段。

环保绿色节能取得社会共识。采用注塑、挤出、吹塑等加工方式生产的热塑性弹性体首先解决了传统橡胶难于回收再利用的问题，实现节能(同传统加工成型相比，生产流程缩短1/4，能耗节约25%~70%，效率提高10~20倍，综合成本降低10%)；其次，生产过程能耗低，污染小，生产效率高；再次，不携带污染物、具有可重复利用、没有边角料浪费等突出优点。热塑性弹性体世界各国高度重视替代解决相同类产品"黑色污染"和"难回收"的重要举措。

三、科技进步

新工艺核心技术取得新进展。热塑性弹性体行业,科技重大突破主要是开发新工艺技术和新材料特性领域,如橡胶性能与塑料性能共混技术、硫化工艺与塑料工艺技术,以及热塑性弹性体材料的耐高温、热可逆、催化性、生物基、液晶性等五大功能核心技术,取得新的进展。

开发功能型产品核心技术,取得新的突破。TPAE 控制线型分子链中软、硬链段的共混关键技术,使其力学性能和弹性,并且耐磨性和曲挠性优良,是一类适宜于在高温下使用的热塑性弹性体。再如,热可逆共价交联热塑性弹性体,有将含 CPD 或 DCPD 的衍生物引作含活性基团线性聚合物分子的交联键,使之转化为含—C—C—共价交联的热可逆共价交联热塑性弹性体。还有,茂金属催化聚烯烃类热塑性弹性体,有催化活性高、单活性、聚合物质量分布窄、聚合物结构可控等优点,已成为新一代烯烃聚合催化剂。其他,成功开发的液晶性的热塑性液晶弹性体、生物质热塑性弹性体材料,新型热塑性硫化橡胶 TPV,其资源具有很好的可持续性。

科技创新项目增加。行业的科技成果,主要体现在各种专用料具有科技含量,如医用热塑性弹性体专用料、汽车热塑性弹性体专用料、鞋底热塑性弹性体专用料。如,PGE 绿色运动场地颗粒材料,通过预制型热塑性弹性体层制备的运动场所地胶,代替传统 PVC 运动地胶和解决废旧橡胶地胶带来的环境影响,进一步提高塑胶运动地胶跑道性能,制得的具有优良弹性性能和耐压缩变形性、耐环境、耐老化性的综合性能优异的热塑性弹性体。"高耐磨新型热塑性弹性体管道专用料"通过鉴定,再如,以热塑性树脂 PVC 和橡胶弹性体(如 NBR、EVA 等)为主体材料共混,得到橡胶弹性体为分散相、热塑性树脂为连续相材料的共混胶,采用挤出发泡技术,制备低密度热塑性弹性体泡沫材料技术。"高含油热塑性弹性体 SEBS 阻燃复合材料技术"和"高性能聚异丁烯热塑性弹性体关键技术开发"成果通过鉴定等。

(中国塑协热塑性弹性体专委会)

线缆材料

一、行业现状

2020 年的通信市场,跌宕起伏。2020 年第一季度,受新冠肺炎疫情的影响,光电线缆厂商的业绩大多出现了营业收入、净利润大幅下滑的局面,随后第二季度在新基建、运营商集采等利好政策的刺激下,业绩有所回暖,并将这个增长势头保持到第三季度和第四季度,帮助不少企业扭亏为盈。虽然整个行业受到疫情影响,仍然颇有亮点。电信业务收入持续上扬,5G 建设和商用不断提速,5G 套餐用户持续增长,5G 终端加速换新。在日前召开的 2021 年全国工业和信息化工作会议上,工信部部长肖亚庆表示,2021 年新建 5G 基站将达到 60 万个以上。另据 CRU 预测,2021 年中国 5G 基站的需求量将远远超过 4G 基站,新建 5G 基站将达到 100 万个,5G 的大规模发展以及向独立组网(SA)转变将有助于推动未来几年的光缆消费。

在今年的两会上,李克强总理在政府工作报告中提到,"加大 5G 和千兆光网络建设力度,丰富应用场景"。"十四五"规划在"加快建设新型基础实施"中提出"推广升级千兆光纤网络",这为我国发展线缆指明了方向。5G 技术已是当今世界各国博弈的制高点,各国不会延缓;5G 的密集组网,深度覆盖,需要大量的光纤光缆;随着 5G 密集组网、深度覆盖,仅从满足巨大信息流、降低电磁辐射、节能降耗考虑,全光是网络发展趋向。

"十三五"末,我国已经发展成为光电线缆及器件的制造大国。"十四五"期间,光电线缆及器件行业紧紧围绕《中共中央关于制定国民经济和社会发展第十四个五年规划和二〇三五年远景目标的建议》精神,立足新基建,走高端化、智能化、绿色化,充分利用 5G 通信技术发展普及,赋能千行百业,加大技术创新和产业结构调整,建立健全产业链,推进行业高质量发展。

二、"十四五"期间我国线缆的发展趋势

(一)稳增长

光电线缆行业作为国民经济的基础产业和先导产业,应该适应和满足我国"十四五"经济的迅速发展而稳定持续的发展,这是本行业的职责和社会责任所在。随着我国光纤到户，村村通、宽带中国、3G、4G等通信网络的建设的市场刺激，过去十年间，光电线缆产业得到突飞猛进的发展，国内市场已经供大于求，目前光纤光缆的产能可满足全球市场，成为地道的制造大国。CRU认为*，随着经历2020年消费的小幅收缩，中国2021年光缆消费将增加4%~5%。

在稳增长方面，光电线缆及器件行业工作重心应该放在研究新时期、新阶段、新用途、新应用场景对产品的需求。我国虽然是光电线缆及器件的制造大国，但并不是制造强国，加大技术创新、产品开发，做好高端产品的技术突破和产业化，是行业新的增长点。同时，对现有传统的产业做好技术改造，开发新材料、新工艺、新技术，做好产业的创新和升级，提高竞争力。此外，要坚持改革开放，培育拥有综合竞争力的龙头企业，在国际经营中带领行业走出国门。

（二）加大技术创新，加速制造业转型升级

站在产业高端，加大金融投入，激励原创性创新，掌握核心技术，提高产品质量和附加值，增强产业核心竞争力，赶超国外先进技术。要大力引进与培养高层次科学研究和工程技术人员，促进交流与合作，提高光电线缆行业整体技术、工艺水平，逐步缩小与国际领先企业的差距，保障光纤光缆行业的可持续发展。从G.654.E光纤通过现网测试到400G硅光模块发布，从400G核心交换机商用到400G城域网部署，全球400G系统有望在2~3年成为光传送网市场主流应用。

（三）合理利用资源，重视绿色低碳、推进节能减排，防止环境污染，营造市场化环境

面对产能过剩，同质化竞争严重的现象，伴随着技术进步和生产社会化程度提高，不断淘汰衰落产业，加强传统产业的技术改造和合理转换，扶持和引导战略性新兴产业的发展，提高资源转换效能和效益。产业重组、生产要素大幅度调整是工业化过程中的必然趋势，也是经济发展必然要经历的阶段，在制造大国转向制造强国的进程中，要利用高新技术特别是信息技术、新材料技术改造提升传统产业。

我国制造业的无序发展存在着资源和能源的严重浪费，面临着经济发展与环境保护的尖锐矛盾。必须吸取经验教训，走资源消耗低，环境污染少，采用清洁生产技术的新型工业化道路。采取经济手段和技术手段相结合，合理开发和节约使用各种自然资源，重视新能源和可再生能源的开发利用等一系列措施，推动绿色集约化发展，加强对污染的治理，全面推进生态保护。通过产业结构的调整和升级，淘汰能源资源消耗高，污染严重的产业，积极扶植技术先进、资源节约型企业。

（四）线缆制造业转型升级，高质量可持续发展

发达国家的工业化进程实际上是制造业不断地发展和演进的过程。我国促进制造业转型升级，借鉴各国的先进经验，高效合理持续的高质量发展，是实现制造强国的重要举措。

1. 持续培育高端创新人才，不断开发可持续发展原动力

科学技术使经济、社会、环境的协调发展，特别是工业的可持续发展成为可能。技术创新成为工业增长最重要的驱动力，无论是新兴产业培育还是传统产业升级，其基础都在于技术突破，并具有相应技术产业化的能力。人才是科技进步最活跃的资源，在生产力中起着主导性的作用。加速人力资源的积累和开发，能有效地改善生产技术、提高生产率、促使产业化结构向合理方向转变。

2. 立足制造强国，极力占据全球制造业价值链高端

随着计算机技术、通信技术和互联网技术的发展，科学技术在经济中的地位越来越重要，以知识创造、发明创新为基础的高新技术产业成为带动经济发展的“火车头”。高新技术的发展对国家具有战略意义。我国在核电用电缆、军工电缆、耐火耐高温电缆、超导电缆、高速机车电缆等方面，与国际先进水平还有很多差距，许多特种电缆都要进口。我们要在研发、产业链协同等基础领域，加大投资，深入合作，促进我国线缆行业由制造大国向制造强国迈进。

行业要优化调整产业结构、转变发展方式，努力通过优化调整产业结构，形成低、中、高档产品均衡的良性发展格局，形成从研究开发、生产制造、市场推广到运营服务的完整产业链，提升行业规模实力。要不断完善创新商业模式，加强产业链上下游间的协调合作，形成差异化竞争的良好市场发展格局，提高行业整体实力。

（五）加速数字化转型，走向智能制造

随着5G技术的赋能，信息化、自动化、智能化万物互联，即将迎来第四次工业革命，光电线缆及器件行业也将迎来革命。国家已明确指出，数据将成为未来工业化的重要的生产要素。

用统一的数据平台实现产品设计与制造阶段的数据协同，实现从产品研发设计到实际生产制造之

* CRU英国商品研究机构

间数据与信息的协同与集成，使生产制造过程能够在生产线进行实际布局前，能够在数字虚拟空间内提前进行验证、调整与优化。

实践证明，数字化工厂解决方案，能够帮助制造企业缩短产品上市周期、降低产品研发成本、消除信息不对称所造成的成本与效率损失、提高生产线配置与布局效率、降低生产线潜在故障与风险、减少生产制造过程中的不确定性。电线电缆是实现电磁能转换和构成自动化控制线路的基础产品，是国民经济的重要基础性产业。

未来五年，我国城市化仍将处于快速发展阶段，根据国家对电线电缆主要应用领域——电力（新能源、智慧电网）、轨道交通、航空航天、海洋工程等规划来看，未来我国电线电缆行业前景向好，行业产品升级趋势明显。预计到 2024 年，行业需求规模有望超过 1.9 万亿元。

（六）加快线缆企业行业结构调整

调结构，加快产业转型升级，提高经济密度和全要素生产率，推动产业高质量发展。目前，我国电线电缆行业生产厂商众多，根据国家统计总局数据，截至 2018 年底，我国线缆制造企业总数上万家，规模以上企业数量在 4000 家左右。年收入 2000 万元以上企业 3817 家，占比不足 30%。电线电缆行业前 10 家企业的市场占有率不足 10%，行业集中度不高。能在国际市场上竞争的企业寥寥无几，与国外的行业集中度相差甚远。

1. 落实中央双循环路线，坚定不移走经济全球化的道路

中国光电线缆及器件行业出现严重供大于求的局面，我们既要看到中国拥有全世界最大的内需市场，又要看到、瞄准海外市场。尤其现在出现的国际经济、政治形势变化的影响，把控贸易摩擦带来安全风险的影响，落实中央精神，及时调结构，走国际国内双循环的产业道路。市场需求要有前瞻性、加大技术创新，开发技术含量高的产品，抑制资源消耗大、污染重、低附加值的产业。

2. 净化市场经济，加大宏观调控，重视投资效益

市场经济与国际接轨，坚决消除那些刺激已经严重过剩的产业继续无序扩容，加大金融风险。要加大政府的宏观调控和金融监管，结构调整要严格校正投资与消费之间失调的关系。投资需要形成的生产能力，理性投资，重视投资效益，回避风险。

3. 激励自主创新，突出核心竞争力

要重点培育技术水平高、核心竞争力强、节能环保的产业。杜绝高能耗、高污染、资源性产业的抬头。在企业整合发展中，重心放在高科技、高技术、高附加值的产业，重视自主知识产权研发能力，严控粗放的、低端的、劳动密集产业发展，过分依赖劳动力成本优势和海外订单，缺乏抵抗风险能力，就没法与国外同行巨头竞争。要重视数字化转型，适应信息化时代对企业的要求。

（七）尽快补齐我国线缆方面的短板

补短板是坚持以问题为导向，增强后劲和韧性，增强经济的可持续性发展。面对国家“十四五”的宏伟建设目标，光电线缆及器件行业一定要立足网络强国、制造强国，保持持续稳健发展，补好以下短板。

第一，推进基础材料的创新发展。要集中优势资源，在补原辅材料、设备及高端制造等方面的短板上下功夫。

第二，线缆产品及器件的原创性开发突破；推进专利申报及国际化认可。

第三，提升标准能力和标准的国际化进程。光电线缆及器件行业，很多产品的原创性不在我国企业手中，即便是有创新技术和产品，也很少在国外认证，知识产权无法获得有效保护。我们应该向华为、中兴学习。

第四、推进检测试验等高等检测设备的国产化。在光电线缆及器件行业，所使用的高端检测试验设备，几乎全是进口，这一点对我国的创新和技术突破是非常大制约，政府和行业必须补好这些短板。

第五，著名商标、品牌建设。要形成具有世界级的，具有与世界巨头抗衡的龙头企业。在解决各项短板方面，龙头企业具有领衔优势，技术水平高、核心竞争力强、节能环保、自主知识产权保护好，自主品牌世界认可，在国内与行业协同发展，涉及劳动密集型产业少，具有很强的抵抗风险能力。

第六，人才队伍的培养和队伍建设。补高端人才缺乏短板也是“十四五”的一项重要工作。目前，行业人才资源的开发与行业发展不相适应、不能满足专业发展的需要的短板问题。加快培育高新技术企业，加大产业投入力度，着力推动关键核心技术攻关和新动能培育。

三、线缆行业的发展方向

1. FTTR

过去十年，中国的电信运营商将一百多年的入户铜线改成了光纤，全面实现了光纤到基站、光纤到商务楼宇、光纤到户，光纤化率超过 90+%，完成了光网络的第一次革命，奠定了网络强国的基础。未来

十年,我们将开启光网络的第二次革命,实现家庭组网的光纤化,即 FTTR。

2020 年 5 月开始,中国电信、移动纷纷携手设备厂商正式发布全光 Wi-Fi 商用套餐,FTTR 套餐采用全光纤网络,可完美解决各种户型与商铺场景下的 Wi-Fi 全覆盖问题,并保证真千兆带宽,是支持全域无缝漫游的下一代 Wi-Fi 覆盖方案,将助力互联网新基建驶入千兆信息化时代。

光纤是未来主流的网络连接介质,FTTR 全光 Wi-Fi 解决方案直接将光纤延伸至各个房间,是当前可以实现全屋千兆以上覆盖能力的新技术,是室内新基建的新起点,也是千兆家庭组网的发展方向。

FTTR 对布线工艺、装维服务的要求较高。随着用户对网络设备安置的环境要求、安全要求和审美要求的提高,我们需要有专业的装维团队和安装规程外,还需要有新的线缆和配套的附件材料,才能保证用户的业务体验和服务感知是优良的。

发展 FTTR 时代的全新市场,从而带动新型光电复合电缆市场的发展。线缆制造企业要研发符合 FTTR 网络的光电缆产品。

2. 5G 网络的发展和丰富应用

在政府政策支持和国际国内形势的推动下,我国 5G 的发展取得了快速的发展。5G 不仅仅是一个关系到通信网络的问题,它对我们的工业互联网、智能制造、物联网、智慧城市……都将产生深刻的影响和变革,是一场信息技术的革命。

5G 网络对传输有一些新的技术应用和对材料有了一些新要求。

光纤直驱方案,使得城域接入主干光缆和接入配线光缆数量大大增加。当然,运营商在考虑现有资源和地域环境以及应用场景不同时,光纤接入方案也会有调整。但是,光纤的直驱将是发展趋势。

由于 5G 基站数量比 4G 基站大大增加,所以都采用一体化基站进行布置。正是由于一体化基站,可以灵活进行布置,所以 5G 基站需要光电混合缆进行传输和远程供电。

3. 低碳环保、绿色发展

中国在联合国大会上已经宣布,到 2030 年达到碳排放高峰,到 2060 年达到碳中和。这个宏伟的发展目标,要实现这个伟大的宏伟目标,各行各业都要坚持低碳环保、绿色发展的理念。

电线电缆主要有导体材料、绝缘材料、填充材料等组成,传统的电线电缆绝缘材料和线缆外护套材料主要 PVC。传统的 PVC 材料由于必须添加许多阻燃剂,所以这种材料含有大量的有害物质,一旦发生火灾就会产生巨大的烟雾,严重影响环境。用高性能 PPE 树脂正成为电线电缆的发展方向。另外,在家用线缆和汽车线束中,采用柔性聚苯醚树脂,也有良好的应用前景。

碳纤维复合芯导线采用新的复合材料技术应用于架空输电领域,在新建、改造、大跨越、重冰区等线路使用已充分体现其较好的技术优势。在相同的传输容量下,综合线损也可以减少 8% 左右,可节约大量电能、减少相应的二氧化碳排放,节能减排效果显著,在面对资源紧张和生态环境保护等多种挑战的背景下,该产品应用满足建设资源节约型和建设环境友好型电网的需求。

环保电线电缆特点:可降解、高阻燃性、无卤素等、低毒素、不产生腐蚀气体、高透光率、易回收。

（中国塑协线缆材料专委会）

塑料鞋

一、塑料鞋产业集群稳步发展

塑料鞋作为我国塑料行业传统生活用品,也是人民生活必需品。塑料鞋其因价格便宜、耐磨、耐水、透气、颜色多样化、款式新颖等深受人民喜爱,且拥有广阔市场。塑料鞋生产企业遍布全国,主要生产基地分布在广东省揭阳市、吴川市,福建省晋江市和浙江省温岭市等。广东省揭阳市、吴川市先后被中国轻工业联合会、中国塑料加工工业协会授予"中国时尚塑料鞋之都——揭阳""中国塑料鞋之都——吴川"荣誉称号;福建省晋江市被中国轻工业联合会、中国皮革协会授予"中国鞋都·拖鞋名镇"荣誉称号。

（一）广东揭阳——中国时尚塑料鞋之都

1. 产业经济

2020 年,揭阳市规模以上工业企业 1397 家,工业总产值 2764.58 亿元,工业增加值 520.29 亿元,排名列全省 12 位。全市拥有化工和矿物加工、纺织服装、医药制造、金属、食品、制鞋、电器机械和设备

(配件)制造等七大支柱行业,全年规上企业实现工业总产值2313.6亿元,占全市工业比重83.7%。制鞋业是揭阳市重要的支柱产业,现有商家达4000多家,带动从业人员约30万人,2020年规模以上工业企业191家,2020年全市规模以上制鞋企业工业总产值为217.79,同比下降-16.7%,占全市规模以上工业总产值的7.9%,实现工业增加值44.86亿元,同比下降13.4%,占全市规模以上工业增加值的8.6%。

2. 产品市场

揭阳制鞋产业历史悠久,改革开放特别是揭阳建市以来,塑料鞋产业深耕细作,以匠心精神做好每一双鞋,成为该市最具活力的特色支柱产业之一。如今,揭阳已成为全国重要的制鞋产业基地和出口基地,揭阳制鞋产业在秉承传统工艺文化的基础上,不断创新、发展、壮大,现已形成了冷粘工艺鞋、休闲鞋、运动鞋、水晶鞋、拖鞋等规模庞大的成品鞋产业集群,形成从原料供应、生产到销售的完整产业链条。拥有美兰迪、思迪嘉、华翔等一批行业领军企业,自主品牌200多个,形成了以榕城区、产业园、揭东区、空港经济区为主的区域性特色产业集群,产品畅销国内各大城市,并大量出口东南亚、欧美、中东及非洲等100多个国家和地区。

3. 先进工艺

揭阳市美兰迪鞋业有限公司以其用料考究、工艺精湛、用量准确、质量上乘的各款式高档凉鞋产品,畅销世界各地,目前拥有多项的核心技术,以科学经营体制、逐步形成独特的销售渠道和良好的售后服务模式,在鞋业市场立足领先地位;揭阳市华翔鞋业有限公司拥有国际上最先进的EVA注射成型机、圆盘注鞋机和4条全自动流水线,年产量2000万双;揭阳市嘉华鞋业有限公司产品全部由环保原材料生产,品质环保通过欧美等发达国家品牌、客户指定国际认可检测机构检测,2015年起,该公司与广州黑玛网络科技有限公司进行合作生产销售,从国内网上、线下和国际进行全方位推广销售,抢占国内外市场。

4. 商会活动

揭阳市鞋业商会成立于2011年1月7日,是由揭阳市从事鞋业产业生产、经营厂家及上下游相关的单位、团体自发组成的全市性非营利性社会组织,为有效发挥社会组织作为政府与市场间的桥梁作用,建立行业自律规则和自约机制,认真履行“服务、自律、维权、协调”的职能,服务广大会员企业,更好发挥行业在应对贸易摩擦中的市场主体作用,揭阳市鞋业商会于2016年被广东省商务厅评审为工作站入选单位,获授“广东省公平贸易工作站”。揭阳市鞋业商会现有会员企业近200家,坚持以服务会员为宗旨,积极反映企业诉求,维护企业合法权益,规范企业行为,加强行业自律,制定行业标准、加快鞋业转型升级,促进鞋业持续健康发展,共同打造先进的、有揭阳特色的鞋业产业集群,继续提升“中国塑料时尚鞋之都”品牌,为揭阳市经济社会实现跨越式发展多做贡献。

5. 政策支持

历年来,揭阳市工业和信息化局认真贯彻省委省政府和市委市政府部署,紧密围绕增品种、提品质、创品牌的“三品”战略,积极扶持鞋业企业发展。一是实施技改创新工程,引导企业加快产品技术升级。支持思迪嘉完成全自动化生产设备及仓储智能化技术改造项目,支持广东汇锋模具有限公司完成精美工艺鞋类模具生产技术改造,支持巨轮公司完成制鞋柔性自动喷涂生产线首台(套)重大技术装备研发。带动鞋业企业在提质增效、设备更新、智能化改造、绿色发展等方面实施新一轮技术升级。二是大力推进互联网+先进制造,推动机械产业集群数字化升级,复制借鉴塑胶产业数字化、智能化、集群化转型升级经验模式,加快在制鞋行业推广应用工业互联网,着力解决制约传统产业发展的结构性问题。三是构建制造业帮扶体系,抓好惠企政策落实。持续深入开展“暖企行动”计划,推动市、县各“梁柱”企业,统筹解决企业在发展过程中遇到的困难和问题。四是强化宣传推广,积极推动品牌提升。积极组织工业企业参加南京塑料展、中国国际进口博览会等各种展览会、展销会、洽谈会,加大自主品牌宣传力度,提高产品在国内外的知名度。

6. 未来发展

重点发展时尚化、休闲化、个性化高附加值塑料鞋等鞋类产品、新型鞋材、制鞋新工艺、鞋类创新设计、鞋类产品数据化管理,着力提升鞋类产品的设计感和时尚感,复制借鉴塑胶产业数字化、智能化、集群化转型升级经验模式,加快制鞋行业推广应用工业互联网,着力解决制约传统产业发展的结构性问题。以揭阳市鞋商会为纽带,积极引导鞋企参与全国塑料鞋标准化修订工作,支持企业对标国内外先进水平,大力开展质量比对、质量攻关。鼓励鞋企利用新一代信息技术开拓线上渠道,开展网络营销、新零售等业务,创新鞋类产品营销模式。

（二）广东吴川——中国塑料鞋之都

1. 行业发展历程

50年前，以雕制木制饼模技艺闻名的欧衍琪以博铺大队水清生产队名义创办吴川第一家塑料鞋模具厂；40年前，这家小厂在当地率先开始生产塑料鞋。随后，博铺相继创办了400多间鞋厂，从事鞋业人员占全镇人口的六分之一，鞋企以个体、私营、联营、股份合作等经营形式并驾齐驱，被誉为“四轮驱动”和“吴川模式”，与当时的“温州模式”齐名，造就了全国闻名的“南国鞋城”。经过近40多年的发展，现时行业具备了材料生产、产品研发、模具制造、配料加工、物流配送和市场交易等完整的产业链。

2. 塑料鞋产业园

从2002年起，先后成立行业协会加强监管，成功申报“中国塑料鞋之乡”和“中国塑料鞋之都”，制订并实施《吴川市塑料鞋联盟标准》，在广州建成集批发、贸易、洽谈、展览展示、国际采购功能于一体的大型展厅，每年组织鞋企参加各类鞋展，组织鞋企经管人员参加培训。出台了吴川市扶持发展塑料鞋行业若干意见、36家工业龙头企业发展规划及实施意见及塑料鞋行业产品升级和科技进步规划等一系列政策措施，助推制鞋产业转型升级。规划建设占地2000多亩的鞋业产业园，首期工程约占地300亩已全部完成，二期占地1050亩于2020年底竣工。

3. 产业规模

吴川素有“南国鞋都”的美誉，经过多年发展，吴川塑料鞋产业的技术和规模在国内同行业中处于重要地位，具有较强的产业聚集效应，形成了以博铺街道为主，辐射周边梅录街道、大山江街道的塑料鞋产业基地，该市800多家注册塑料鞋制造企业，年产塑料鞋25亿双，产量占全国的三分之一；2021年，吴川市塑料鞋制造企业1680家，占当地工业比重48%；现有规模以上企业68家，从业人数8万人，占当地工业比重70%。产品销售收入115亿元，占当地工业比重68%；利润总额13.6亿元，占当地工业比重62%；利税总额17.7亿元，占当地工业比重58%；资产总额550亿元，占当地工业比重59%；出口创汇5.6亿美元，占当地工业比重50%；各类鞋机5370台，EVA自动注塑成型生产线310条，PVC系列一次注塑成型生产线3770条，设计、模具、原料三位一体的配套企业162家。建立国内外专业批发市场9个、建立检测中心1个、检测站点12个、建设各类公共服务平台10个、建设鞋业基地1个，获国家级名誉奖项1个，省级名誉奖项30个，市级奖项60个，全兴鞋业集团（广东）有限公司和湛江广达鞋业有限公司还进入2020年度全国塑料鞋十强企业行列；2019年6月广东省吴川市被中国轻工业联合会和中国塑料加工工业协会授予“中国塑料鞋之都·吴川”称号。

4. 未来发展

庚子之年，举世战“疫”。不平凡的时光总酝酿着不平凡的故事，受新冠肺炎疫情的影响，整个国际市场对塑料鞋的有效需求大减3成以上，2020年吴川内外销比，总体约为五五开，因此外销出现较大幅度的下滑，进一步开拓国内市场，是整个吴川的塑料鞋企业都在努力的方向。下苦功精雕供给侧+迅速形成产供销购的良性循环+激活国内市场新的消费动能，这一经济环境的新动态迅速作调整，意味着吴川鞋业这艘百亿元规模的产业巨轮大转向。据吴川市科工贸和信息化局所提供的数据，该市塑料鞋业总产值112亿元，外贸出口超40亿元，与同期廉江市的小家电产业数据惊人相似。船小好掉头，百亿元规模的吴川塑料鞋产业巨轮大转向，带来不小的考验，开拓国内市场，意义不但在于止损，更在于锤炼在国内外两大市场循环中的切换应变能力，唯有善变，方能立于不败之地。着重精雕供给侧，面对国际疫情的冲击，激活消费，方能驱动供给，为经济主体持续带来赖以生存发展的物质基础。

（三）福建晋江——中国拖鞋名镇

福建省晋江市，是闻名遐迩的鞋业产业基地。目前该市拥有鞋业生产经营企业达三千多家，年产量7亿多双，年产值超200亿元人民币，产品远销世界80多个国家和地区。如今，晋江已成为中国最大的旅游运动鞋生产基地和世界运动鞋的重要生产基地。2018年，晋江内坑镇荣获“中国鞋都·拖鞋名镇”称号。

1. 成立拖鞋联盟

晋江拖鞋联盟是2017年由政府引导、行业自主发起的集制造业、零售业、外贸业、网商业、供应链、人才孵化基地为一体的创新型商业联盟。晋江拖鞋联盟将集聚行业力量，整合多方资源，搭建共享平台，推动拖鞋行业转型升级、创新发展，提升业界话语权和趋势引导力。截至目前已有70余家企业加入拖鞋联盟。

2. 拖鞋名镇持续提升

晋江拖鞋联盟在镇党委政府和各级领导的关怀支持下，2019年，成功地组织了33家企业参加第4届晋江鞋（体）博会，组织24家企业在第125届广交会参展，同期获评“中国鞋都·拖鞋名镇”的称号。这个称号是一种荣誉，更是一种责任，也是内坑拖鞋人经历40年发展的重要里程碑，是全内坑人共同梦想的实现。并于2020年5月中旬，在晋江团市委及市直相关部门、内坑镇党委政府和晋江市内坑商会的支持下，以“源头好货·晋江制造——中国拖鞋名镇内坑专场”直播节系列活动为契机，在晋江拖鞋联盟设立晋江青年创新创业基地（晋江拖鞋联盟直播基地），让内坑有意向转型或者想探索新营销模式的拖鞋企业有一个展示自身优质产品的平台。为应对疫情对拖鞋产业的影响，内坑镇携手晋江拖鞋联盟抢抓直播机遇，通过开展企业职工主播培训、镇长直播带货、举办企业职工带货直播专场等活动，为企业搭建直播软硬件平台，共同探索打造“直播+产业+电商”新营销模式。后续我们计划联合镇团委等相关部门及高校，为拖鞋联盟企业开展直播带货，充分发挥好青年创新创业基地的纽带作用，一方面能够培养青年创业的就业技能，另一方面有助于企业顺应时代潮流的发展趋势，持续提升“中国鞋都·拖鞋名镇”品牌影响力。

3. 拖鞋出口服务中心

为更好地推动内坑拖鞋行业的健康发展，更好的整合资源，降低成本。拖鞋联盟在党委政府，各级领导和陆地港集团的关心支持下设立晋江拖鞋联盟出口服务中心，来推动内坑拖鞋行业出口业务，更好地帮助企业提升市场竞争力。

1）在出口方面。拖鞋联盟设立聚享拖鞋产业股份有限公司代理或辅导拖鞋企业出口服务，全方面地为内坑拖鞋企业在出口报关，出口退税，财务规范等专业的引导和服务。让我们的企业更健康，更活力的发展。

2）在物流方面。整合拖鞋企业比较集中的物流路线，比如：菲律宾，非洲，中东等路线，我们将整合抱团货柜和船务公司，帮助企业降低运费成本，提高市场竞争力。

3）在材料研发方面，镇党委政府牵头与中国皮革与制鞋工业晋江院和联盟建立合作关系，在EVA，PVC材料或生产工艺改进，各项物料性能提升测试等全力支持内坑拖鞋全面升级。在跨境电商营销方面。采取专业的人做专业的事情，生产企业就专业做开发和生产强项，但比较需要和电商销售紧密相结合。比如：震龙在泉州幸福街，晋江鞋都电商中心都有直营店，更直接地成为跨境电商的生态链。

4）在工业互联方面，全力推进共享拖鞋，共享模具的全面运营，以模具租赁，共享为契机，引导良性的市场化竞争，包括在人才设计方面，依托共享模具App的平台上，设立拖鞋设计专区，把在拖鞋设计获奖或者优秀的作品，在App的平台上更垂直更直接的和企业对接转化为生产力，聚更多的设计优秀人才来为内坑拖鞋行业服务。

二、行业发展方向

因其价格便宜、生产工艺简单、款式更替快捷，小规模生产企业多，至今，塑料鞋行业还没一家规模化上市企业，也没国际化知名品牌。因此，对如何突破国内外高端市场、提高鞋的生产水平和制造水平，打造国内外知名品牌，也是本行业一直在努力攻克的问题。塑料鞋行业在发展中存在着许多困难和问题，特别遇上史无前例的寒冬，面临前所未有的挑战，货物出口受影响、贸易商退货、跑路，产品同质化严重，这些都严重制约着行业的发展和进步。第一，要树立鞋业的整体形象和各大品牌的品牌形象。避免千篇一律的模仿和抄袭，做最适合自己工厂生产的产品，走最适合自己公司走的道路。第二，大力推进技术改造。积极推广绿色产品、智能制造，“机器换人”，降低用工成本，提高生产效率，推广应用“互联网+”，培育鞋业电商企业，搭建大数据平台，引导企业开展定制化生产；第三，既要低头做事，还要抬头看天，多了解市场信息和时事，提高企业的反应能力和抗风险的能力，规避一些不必要的损失。

（中国塑协塑料鞋专委会）

电池薄膜

2020年初起受新冠肺炎疫情影响，新能源汽车市场延续了此前低迷的状态，下半年疫情趋于稳定，经济复苏，汽车行业回暖，新能源汽车销量7月开始重新实现同比正增长。2020年，新能源汽车生产完成136.6万辆，同比增长10%，销售完成136.7万辆，同比增长11%。2020年我国动力电池装车量累计63.6亿瓦时，同比上升2.3%。其中，三元电池装车量累计38.9亿瓦时，占总装车量61.1%，同比下降4.1%；磷酸铁锂电池装车量累计24.4亿瓦时，占总装车量38.3%，同比增长20.6%。中国锂离子电池隔膜的出货量为38.7亿米^2，同比增长29.9%，其中湿法隔膜出货量27.2亿米^2，出货量占比提升至70.3%。虽然隔膜行业的出货量保持大幅度的增长，但是近几年隔膜的价格降幅明显，年均降幅在25%以上，2020年隔膜的出货量增长幅度超过价格降价幅度，隔膜的市场规模增速才由负转正。

一、动力电池市场分析

2020上半年受疫情影响，动力电池装机量连续六个月同比下滑，下半年伴随新能源汽车市场反弹，动力电池装车量迅速回暖，自7月开始同比增速由负转正。2020年我国动力电池装车量累计63.6亿瓦时，同比上升2.3%。其中，三元电池装车量累计38.9亿瓦时，占总装车量61.1%，同比下降4.1%；磷酸铁锂电池装车量累计24.4亿瓦时，占总装车量38.3%，同比增长20.6%。预计2021年我国动力电池装车量超90亿瓦时，同比增长约40%。锂电需求保持高速增长，五年内锂电需求量将迎TWh（太瓦时）时代，2025年市场空间可望翻两倍。预计2025年新能源汽车渗透率接近20%，国内销量有望突破600万辆，全球销量达到1600万辆，锂电池出货量将进入TWh时代。

头部厂商布局全球加速扩产。龙头企业采取以优势市场为基础向全球扩张的战略，积极扩产，欧洲本地厂商逐步起量。我国电池厂商以宁德时代为代表依靠中国市场迅速崛起，覆盖国内超80%下游客户需求，正积极扩产进入欧洲市场争夺份额。而日韩电池厂商也依托早期完成的对海外市场的占领，储备了足够的资本，在稳固欧洲市场的同时，逐步打开了中国市场。欧洲本地电池厂商Northvolt发展稳定，但短期内难以形成有效竞争力，本地产业链带来的成本优势或在未来显现。未来五年头部电池厂商进入扩产高峰期。

双寡头格局显现，优质企业竞争力进一步增强。国内动力电池市场呈现明显向头部集中趋势。2018年我国动力电池装车量前10名为82%，2019年前10名为88%，2020年前3名为71.4%，前5名为82.2%，前10名为91.8%，集中度进一步提升。宁德时代以50.0%的占比稳居第一，比亚迪占比14.9%和LG化学占比6.5%分列第二和第三。占据我国市场份额前十的企业分别是：宁德时代、比亚迪、LG化学、中航锂电、国轩高科、松下、亿纬锂能、瑞浦能源、力神电池、孚能科技（图1）。

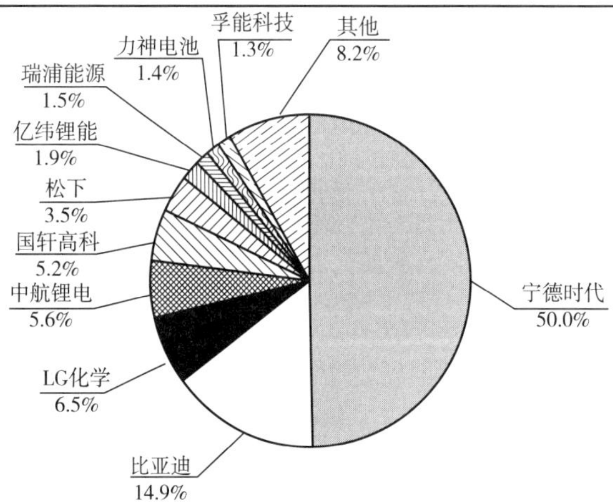

资料来源：中国汽车动力电池产业创新联盟、世纪证券研究所

图1　2020年动力电池企业在我国的市场份额

从全球范围看，中日韩三足鼎立。LG化学、宁德时代和松下分别以24.8%、22.6%、18.3%的占比分列2020年全球动力电池装机量前三，分别代表了软包、方形、圆柱电池的国际领军水平。

竞争格局愈加清晰，预计将形成宁德时代与LG化学双寡头格局。二者产能与订单充足，基本覆盖2021年即将上市的主要车型。宁德时代稳稳占据近半中国市场，和国内主流车企建立了良好的合作关系，正逐步抢占国际市场，龙头企业绑定优质客户实现强者恒强。LG化学今年收到国产特斯拉的订单强势进入中国市场，同时作为欧洲车企主要动力电池供货商，得益于欧洲新能源汽车市场火热，曾连续数月超越宁德时代位居全球动力电池市场份额第一。剩余市场份额由老牌电池企业和新晋行业黑马瓜分。松下、三星 SDI、SKI 作为老牌电池企业，同样具备雄厚的技术和资金力量，不断更新迭代电池产品，拥有长期较为稳定的份额与收益。此外，国内部分有潜力的电池厂商凭借独特的技术优势吸引了大笔订单和车企入股，国轩高科和孚能科技分别收获了大众和戴姆勒的投资，预计两年内逐步放量，有望迎来市场和技术的提升从而跻身动力电池市场份额前五。

相关政策法规出台规范动力电池安全性，低端产能被清退，加速行业向头部集中。《电动汽车用动力蓄电池安全要求》正式实施对电池厂商提出了更高的要求，拥有完善的安全监管体系和安全制造技术壁垒的优质企业更具竞争力，小厂商逐渐淘汰出局。2020 年实际在产动力电池企业数量已不足 50 家，未来头部集中趋势将会更加明显。

二、电池隔膜市场分析

湿法隔膜仍将是主流隔膜技术路线，长期占据市场高份额。湿法隔膜工艺难度系数高，对设备要求高，建设投产周期长成本高，能源消耗较大，且需使用有机溶剂，环境污染大，但制得的隔膜精密度高，具有较高的孔隙率，薄膜孔径小且均匀，薄膜更薄的同时还可保持良好的韧性，拉伸强度和穿刺强度更高。湿法隔膜有热稳定性差的缺陷，涂覆技术弥补了热稳定性差的缺陷，涂覆隔膜相较于基膜安全性更优，湿法+涂覆将主导未来隔膜市场。湿法隔膜需求稳定增长，优势在高端市场显现，几乎所有三元电池中均使用湿法隔膜，其占比从 16 年的 40%上下提高到现在的约 70%。未来几年动力锂电池将作为重要引擎拉动湿法隔膜产量稳定增长。

干法隔膜安全性及成本优势明显，短期内仍将占有三成市场。干法隔膜工艺相对简单，环境友好且成本较低，然而孔径的大小、分布和孔隙率难以控制导致稳定性较差，但干法隔膜的耐热性更好，各向热收缩率都更小，闭孔温度和熔断温度也更高，且成本优势明显。干法技术突破，6 微米超薄三层共挤干法隔膜产品成功开发，突破了使用干法制造超薄隔膜的难题，重获市场竞争力。干法隔膜需求回暖，主要活跃在中低端动力电池市场，今年磷酸铁锂电池的回潮带动了干法隔膜的需求增长。因新能源汽车和动力电池厂商对电池成本以及安全性能的重视，湿法隔膜的市场份额增速较过去几年明显放缓，2020 年，我国锂电池隔膜出货量达到 37.2 亿米^2，同比增长 36%，其中湿法隔膜出货量达 26 亿米^2，同比增 30%，干法隔膜出货量 11 亿米^2，同比增长超过 40%，增速大于湿法。

隔膜基本国产化，行业呈现一超双强格局。我国隔膜逐渐实现全部国产化，并积极出口国际市场，一改早年间中国主要生产中低端干法隔膜而高端湿法隔膜被国外企业垄断的格局。目前全球锂电池隔膜市场主要由中日韩三国占据，随着不断取得的技术突破，我国湿法隔膜与干法隔膜均已具备国际一流水平，中国在全球锂电池隔膜市场份额迅速增加，现在已经成了隔膜出货量最大的国家，2020 年在全球市场占比超 60%。

隔膜行业龙头地位稳固。国内隔膜市场已完成了一轮整合，恩捷股份凭借庞大的产能和技术优势独占鳌头。伴随磷酸铁锂电池的回暖，干法隔膜绝对龙头星源材质大幅受益，中材科技紧随其后，2020 年三者在全国隔膜市场的份额分别为 31.5%，20.7%，12.7%，合计 64.8%（图 2）。隔膜行业技术壁垒较高，建设周期较长，而且折旧费用高，加工工艺落后、生产能力落后的中小企业难以存活。具备先发优势的企业通常长期绑定优质客户资源，因此隔膜行业集中度较高，头部企业地位短期内难以撼动。恩捷股份是国内湿法隔膜绝对龙头，2020 年在国内湿法隔膜市场份额占比为 44.9%，是全球产能和出货量最大的锂电池隔膜供应商，从客户结构上看，基本上囊括了国内外全部龙头电池企业。通过对苏州捷力和纽米科技的并购，从动力电池向消费电池延伸，进一步提升了其在湿法隔膜领域的竞争力。星源材质是国内最大的干法隔膜厂商，2020 年在国内湿法隔膜市场份额占比为 23.5%。布局方面一边巩固干法龙头地位，一边加速湿法隔膜产能建设，现已进入宁德时代、LG 化学、三星 SDI、比亚迪、国轩高科等国内外头部动力电池厂商供应链。今年星源材质计划在欧洲投资建厂开拓欧洲市场，并成功与欧洲本土电池厂商 Northvolt 签订合作协议。中材科技在湿法和干法的市场占比别为第三和第四，今年独供宁德时代 7 微米锂膜产品，中材科技计划在明年年底产能达到 16 亿米^2，出货量达到 10 亿米^2。

从不同类别隔膜企业市场份额来看，在湿法隔膜领域，上海恩捷处于绝对垄断地位，市场份额达到 44.9%，其次分别为星源材质和中材科技。在干法隔膜领域，星源材质、武汉惠强和中兴新材三家隔膜企业基本不相上下，出货量均在 2 亿米^2 以上（图 3）。

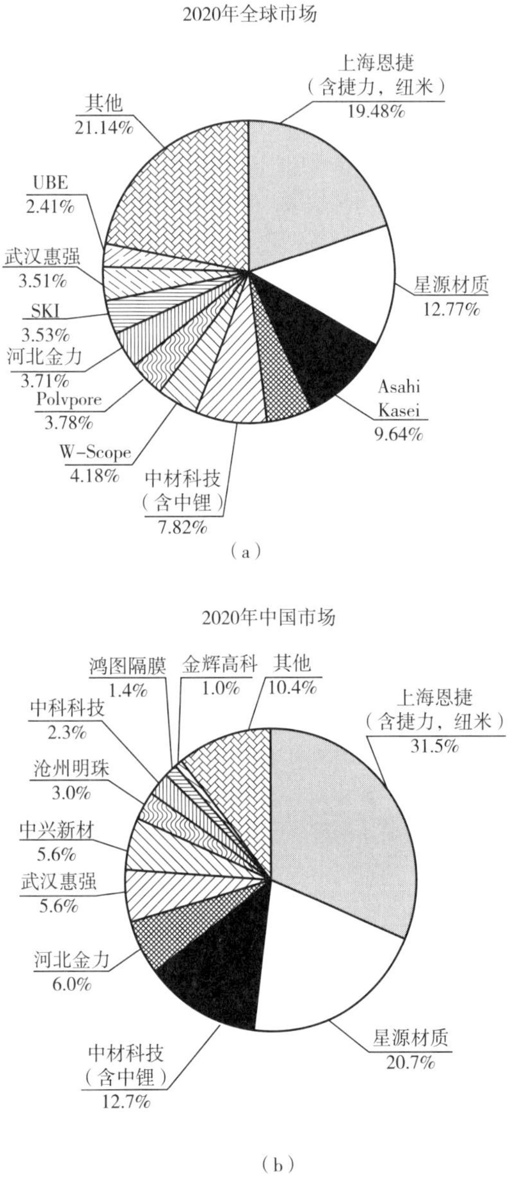

图 2　全球、全国隔膜市场的份额占比图

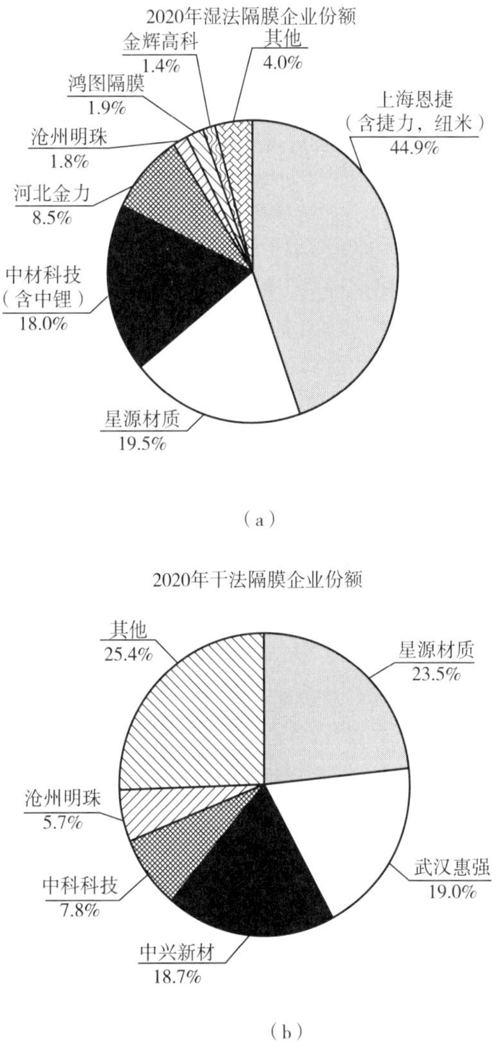

图 3　全国隔膜市场湿法、
干法隔膜企业的份额占比图

三、锂电池隔膜发展趋势分析

（1）受国内主流锂电池龙头企业继续扩产的驱动，适用于高端 3C 电池的 7 微米涂覆陶瓷+PVDF 隔膜以及动力电池的 6 微米基材+涂覆陶瓷需求呈上升趋势。

（2）从能量密度比来看三元是未来的大趋势，产品附加值更高的湿法+涂覆工艺隔膜市场占比将加大，但是受成本压力，湿法+涂覆价格下降。

（3）随着磷酸铁锂电池在汽车、储能和小动力等领域的大规模应用，干法隔膜的需求增加，出货量将提速。

（4）随着产能扩张和竞争加剧，隔膜产品价格仍有进一步下降的可能。

（5）隔膜产品毛利下降也是必然趋势，企业要不断降低产品成本、提高良品率，凸显规模效应才能争取更大的生存空间。

（6）企业兼并重组频繁，行业整合加速，订单将进一步向头部企业聚焦，预计将有一批隔膜企业面临被淘汰。

（7）隔膜企业从单纯的产品出口开始向海外扩张建厂，以满足未来海外动力电池企业的本地化配套要求。

（8）固态电池的发展提速，部分隔膜企业开始针对半固态和固态产品展开前瞻布局。

四、锂电池隔膜行业高质量发展建议

（1）通过技术提升、优化工艺、改进配方、持续研发新产品等措施，提高隔膜良品率和附加值，有效降低单位成本，提高企业竞争力。

（2）合理布局，理性发展，防范过度扩张引起的同行恶性竞争。

（3）扩大高端产品产能，如超薄湿法隔膜，以满足更高能量密度的市场需求。

（4）为保障使用的安全性，提高隔膜的耐高温性能，提高超薄隔膜基材的穿刺强度，掌握涂覆陶瓷氧化铝、PVDF 或者 PVDF+陶瓷的混合涂层技术的成熟与产业化，可以大大提高企业的盈利能力。

（5）优化生产管控，完善体系管理，提高产品质量水平，有助于隔膜行业走向成熟，加快进口替代的步伐。

（6）关注国外市场的需求，打入国际高端市场，促进国内隔膜水平不断提高。

（7）控制应收账款，开拓优质企业客户，保证企业资金流转。

（8）关注新能源汽车和动力电池产业链的其他发展方向，如燃料电池、固体电池发展。

（9）加强专利注册登记和知识产权保护，避免遭受不必要的损失。

电池薄膜专委会将充分发挥引领、推动和凝聚力的作用，要组织高质量的行业活动，并为会员企业提供优质的会员服务。优化产品结构，推动产业升级，提高行业发展水平和质量。同时，专委会要在共享资源、政策服务、人才开发、交流合作等方面搭建合作共赢平台，通过有效的政、金、产、学、研、用协同创新，从而推进中国电池薄膜行业可持续高质量发展。

（中国塑协电池薄膜专委会　赵克武）

阻燃材料及应用

一、行业现状分析

2020 年上半年，疫情对我国制造业带来了直接的影响，大量劳工无法按期返岗。这对于急于开工的制造企业，尤其是中小型制造企业可以说是雪上加霜，企业的生产停滞。全球制造业都受到了巨大的冲击，阻燃剂及塑料的基体树脂的价格持续上涨，导致行业整体盈利出现下滑。

到 2020 年中，国内疫情逐步被控制，国内复工复产有序开展，但全球疫情暴发，导致国内出现了巨大的市场空缺，阻燃行业各企业均抢占这个契机，开始强势反弹。到 2020 年下半年，阻燃剂和阻燃塑料领域的各生产商大部分都实现了产值及盈利的同比增长。整体来看，出于产业链上游的阻燃剂生产企业普遍情况较好，而改性塑料企业，由于原材料价格上涨，利润受到较大影响。但也由于既有的行业稳定性被打破，也出现了一定程度的供需矛盾及产能过剩等问题。例如 2020 年下半年，由于欧盟无卤化政策即将推行带来的替代需求抢跑、下游 PC（聚碳酸酯）业迎来产能释放带来的添加组合成本优势、新能源汽车和 5G 建设带来的需求增量，多重因素导致了双酚 A 双（二苯基磷酸酯）（BDP）需求猛增，价格快速上涨。2020 年第四季度，树脂材料的价格持续走高，对企业的正常生产和经营也带来了一定的影响。

整体来看，阻燃材料行业的发展与塑料加工业的发展情况大体一致，年产量、主营业务收入、利润总额、出口量、出口额等指标均呈现出增长态势，部分指标增长率可达 5% 以上。企业创新能力得到进一步提升，研发经费及占比在很多的企业中逐年上涨，产学研用结合进一步加强。阻燃材料行业也积极加快品牌培育和品牌体系建设，积极响应国际、地方和行业的各项政策措施，涌现出了大量的代表性企业和品牌。

二、存在问题

1. 含卤阻燃剂限制销售的问题

含卤阻燃剂限制销售的问题，主要集中在含溴阻燃剂，特别是六溴环十二烷（HBCD），2013年召开的联合国化学会议决定在全球禁用阻燃剂HBCD，并将其加入到《关于持久性有机污染物的斯德哥尔摩公约》禁用化学制品的附录A名单（从全球淘汰名单），但目前国内聚苯乙烯基建筑保温材料仍主要采用HBCD作为阻燃剂，中国也将在2021年12月25日全面停止使用HBCD。针对HBCD替代品，行业内展开了大量的工作，目前已经有很多产品出现，如朗盛和陶氏共同推出的产品"Emerald Innovation™ 3000"，山东旭锐新材有限公司与杜邦公司合作的产品"BLUEDGE™"。

2. 阻燃剂的价格问题

国家对于环保问题的日益重视，阻燃剂特别是含卤阻燃剂价格节节攀升，对整个阻燃塑料行业带来了诸多影响。处于产业上游的阻燃剂生产企业，面临生产成本提高、产能不足、产品同质化等问题；处于产业中游的阻燃改性塑料企业，原材料成本激增，利润下降，甚至很多企业在持续亏损；产业下游的汽车、家电、线缆等企业，阻燃要求越来越高，市场应用增量加大，对于新材料、新产品的需求旺盛。

3. 多功能合金材料的开发应用

各个行业对多功能合金材料的使用需求日益迫切，兼具优良力学性能和阻燃性能的材料一直是行业所追求的热点之一；耐高温与阻燃相结合的材料在安全防护领域备受青睐；随着5G建设的大规模兴起，阻燃与导电、阻燃与导热等结合的多功能材料也开始推广；此外，受疫情影响，阻燃与抗菌相结合的产品也开始大量研发。上述多功能材料均有一定的发展，但受市场的限制，普遍都规模不大。

4. 供需矛盾及产能过剩

由于既有的行业稳定性被打破，也出现了一定程度的供需矛盾及产能过剩等问题。例如2020年下半年，由于欧盟无卤化政策即将推行带来的替代需求抢跑、下游PC（聚碳酸酯）业迎来产能释放带来的添加组合成本优势、新能源汽车和5G建设带来的需求增量，多重因素导致了双酚A双（二苯基磷酸酯）（BDP）需求猛增，价格快速上涨。2020年第四季度，树脂材料的价格持续走高，对企业的正常生产和经营也带来了一定的影响。

此外，还存着一些与其他子行业共性的问题，如产业集中度低，企业规模相对较小，上下游缺乏合作，技术研发投入与人才力量不足，缺乏前瞻性产品技术研发，市场竞争无序等问题；与国际化工巨头存在较大差距，中低端产能相对过剩，一些高端、高附加值的阻燃产品被国外主要厂家垄断；产品差异化程度低、仍处于全球产业链中低端，缺乏核心关键技术、大量产品仍需进口等等。

三、政策建议

产学研联合急需真正落实，目前很多的所谓"产学研联合"都是停留在纸面协议上，真正落地开花的成果很少很少。目前国家已经制定了诸多促进高校和科研院所成果转化的政策，协会应积极发挥桥梁和纽带作用，提供平台，做好企业和高校院所间的媒介。此外，还应加强创新联盟以及科技服务平台等科技创新体系的建立、完善，这也是促进产学研联合的重要手段。促进会员单位，特别是头部企业以及优势的高校和科研院所联合，积极创建国家级企业技术中心、国家工程技术中心等大平台、大机构。

加强行业标准的推进力度，本专委会也会积极参与相关的工作。加强对行业重大科技项目、技改项目的申报、管理，特别是在指南制定等方面，应该进一步加强，依托轻工业联合会等，多提一些国家重点研发计划等项目。

四、发展趋势

目前国内外火灾事故仍旧呈现高发态势，使用阻燃材料可以有效地减少火灾事故的发生，特别是随着各项法律法规以及标准的实施，可以预期，在"十四五"期间，本行业仍具有较大的增长空间，这也为行业发展提供了有利因素。与此同时，仍然存在着一些制约因素，例如会环保的要求越来越严格，原有的一些成熟高效的阻燃剂逐渐受到限制甚至禁用，中美贸易摩擦，新冠肺炎疫情对世界经济秩序的影响等等。

未来，阻燃材料产业仍具有较长时间的增长期，主要的发展方向为无卤化和环境友好阻燃剂，此外像纳米阻燃剂、生物基阻燃剂等也有较大的发展潜力。

（中国塑协阻燃材料及应用专委会）

会　展

中国塑料加工工业协会 2020 年重要会议活动

一、2020 年中国塑料行业科技大会

赋科技创新动能，促产业绿色发展——2020 中国塑料行业科技大会在南京隆重召开。2020 年 11 月 3 日下午，由中国塑料加工工业协会组织的 2020 中国塑料行业科技大会在南京国际博览中心会议中心隆重召开。会议以“赋科技创新动能，促塑料产业绿色循环可持续发展”为主题，研讨推动行业科技创新和技术进步，实现塑料加工业稳定、可持续和高质量发展。

中国轻工业联合会党委副书记王世成、中国轻工联合会原副会长/中国塑料加工工业协会原理事长钱桂敬、国家工业和信息化部规划司副司长何映昆、国家发改委宏观经济研究院司局级高级经济师康春昕、中国工程院院士/华中科技大学教授李德群、中国工程院院士/四川大学教授王玉忠、中国塑料加工工业协会理事长朱文玮、中国文教体育用品协会理事长易晓俐、中国塑料加工工业协会副理事长曹俭、副理事长马占峰、副理事长王占杰、北京化工大学机电学院院长/中国塑协专家委员会主任杨卫民及相关地方政府部门领导、相关地方塑料商协会代表、行业专家、展会相关活动代表、展会参展商代表、新闻媒体记者等 700 余人出席大会。会议先后由王占杰副理事长兼秘书长、马占峰副理事长和曹俭副理事长分阶段主持。

中国轻工业联合会王世成副书记为大会发表题为《提振信心 强化科技创新 推动塑料工业可持续发展》的致辞。工信部规划司副司长何映昆作题为《构建新发展格局 推动制造业“十四五”高质量发展》的报告。北京化工大学机电学院院长、中国塑协专家委员会主任杨卫民教授作《中国塑协三十年，亮眼十三五》报告。会议隆重表彰了在“十三五”期间塑料加工行业科技创新和技术进步中做出突出贡献的会员单位、企业和个人，共有 110 位“中国塑料加工行业先进科技工作者”、161 个“中国塑料加工行业优秀科技创新型会员单位”和 76 个“中国塑料加工行业优秀科技成果”项目。

二、2020 年塑料新材料、新技术、新成果交流会

“2020 塑料新材料、新技术、新成果交流会暨第五届中国塑料/化工研究院所发展论坛暨中国塑协专家委员会四届三次年会”成功召开。2020 年 11 月 2 日，由中国塑料加工工业协会主办，中国塑料加工工业协会专家委员会和技术协作委员会承办的“2020 塑料新材料、新技术、新成果交流会暨第五届中国塑料/化工研究院所发展论坛暨中国塑协专家委员会四届三次年会”在南京国际博览会议中心钟山厅隆重召开。中国塑料加工工业协会朱文玮理事长出席会议并讲话。中国塑料加工工业协会原理事长、中国塑协科技咨询委特聘专家钱桂敬和中国塑协科技咨询委委员、中国工程院院士、华中科技大学李德群教授莅临会议。多位中国塑协科技咨询委委员、中国塑料加工工业协专家委员会主任、副主任等知名专家及来自相关生产企业、全国高校和研究院所的 220 多名专家、代表参加了会议，53 位专家做技术交流及创新成果报告。本届年会共收到高水平会议论文 80 余篇，内容涉及材料、助剂、机械、模具和管理等诸多方面，专家委员会组织有关专家从创新性、实用性和规范性等角度对论文进行了评审，优中选优，评出了 12 篇优秀论文。报告内容丰富而精彩，报告数量和质量创历年之最，充分展示了中塑协专家队伍的高水平专业素质以及他们在各个领域的深耕成果。与会专家和企业代表通过学术和技术交流，不仅了解了行业发展的最新成果，而且增进了相互了解，为今后开展合作，为行业发展出谋划策、共同努力推进行业“十四五”的技术进步起到了积极的作用。

“中国塑协专家委员会四届三次年会暨塑料新材料、新技术、新成果交流暨高分子材料加工成型与先进制造研讨会暨第五届中国塑料/化工研究院所发展论坛”是中国塑协专家和技术协作委员会，也是中国塑协的品牌活动。

三、第九届生物基和生物分解材料技术与应用国际研讨会

第九届生物基和生物分解材料技术与应用国际研讨会暨中国塑协降解塑料专委会 2020 年年会隆重举行。2020 年 11 月 4 日，第九届生物基和生物分解材料技术与应用国际研讨会暨中国塑协降解材料专业委员会 2020 年年会在南京国际博览中心国际会议中心隆重召开。会议由中国塑料加工工业协会、中国塑协降解塑料专业委员会、美国生物降解塑料研究会、韩国生物塑料协会、澳大利亚生物塑料协会、全国生物基材料及降解制品标准化技术委员会、环保型高分子国家地方联合重点实验室、中国农业

生态环境保护协会、中国轻工业绿色塑料成型与质量评价重点实验室、国家塑料制品质量监督检验中心共同主办，European PHA platform：Go！PHA 协办，南京五瑞生物降解新材料研究院有限公司、南京立汉化学有限公司、南京工业大学、北京工商大学、塑料卫生与安全质量评价技术北京市重点实验室承办，会议还得到了合肥恒鑫环保科技有限公司、宁波家联科技股份有限公司、江苏锦禾高新科技股份有限公司、中船重工鹏力(南京)塑造科技有限公司、常州龙骏天纯环保科技有限公司、比澳格(南京)环保材料有限公司、河南龙都天仁生物材料有限公司、上海海冰新材料科技有限公司、深圳光华伟业股份有限公司、金晖兆隆高新科技股份有限公司、浙江海正生物材料股份有限公司、广州市海珥达环保科技有限公司、昌亚新材料科技有限公司、南京聚力化工机械有限公司、通辽经济技术开发区提供了大力支持。

中国工程院王玉忠院士、中国工程院陈学庚院士、中国科学院陈学思院士、中国科学院朱美芳院士、中国塑料加工工业协会朱文玮理事长、商务部流通发展司郑厚斌处长、中国商业联合会张丽君副会长、蚌埠市人民政府王诚市长、通辽市人民政府陈广利副市长、南乐县人民政府曹拥军县长、中国塑协降解专委会黄志刚主任委员、美国生物分解塑料研究会(BPI)Rhodes、中国化学纤维协会生物基聚酯专委会李增俊秘书长、海南省生态环境厅陈曦科长、中国塑协家居专委会、农膜专委会、海南省塑料协会、浙江省塑料协会等领导及来自全国各地的千余位专家、代表以饱满的热情参加了现场会议，另有近 4 万人次在线观看大会盛况直播。

四、第三届高分子材料循环利用学术研讨会

第三届高分子材料循环利用学术研讨会暨第 20 场再生塑料可持续发展高峰论坛成功举办。2020 年 11 月 1~2 日，为贯彻落实习近平总书记关于塑料污染治理的重要指示，以及十部委召开的“关于全国塑料污染防治工作电视电话会议”精神，在中国塑料加工工业协会和中国工程院化工、冶金与材料工程学部大力支持下，由中国塑料加工工业协会塑料再生利用专委会、四川大学环保型高分子材料国家地方联合工程实验室和环境与火安全高分子材料省部共建协同创新中心联合承办的第三届高分子材料循环利用学术研讨会暨第 20 场再生塑料可持续发展高峰论坛于在南京召开。本次会议以高分子材料清洁回收与高值利用为主题，围绕“后疫情时代的机遇与挑战、新固废法实施后对再生塑料行业的影响、以及如何做好塑料再生内循环工作”等议题，以“可再生、易回收、可降解”为目标，对目前包括塑料在内的有机高分子材料行业，特别是再生塑料行业面临的困难和机遇进行深度研讨。会议广邀国内相关领域的科学家、企业家和行业协会专家，共同研讨高分子材料的可持续发展大计。

五、弹性体行业在医疗和健康领域应用契机研讨会

2020 年 5 月 10 日，由中国塑料加工工业协会主办、中国塑协热塑性弹性体专委会承办的“弹性体行业在医疗和健康领域应用契机研讨会”在宁波格林美孚新材料科技有限公司举办。会议交流了 TPU 发泡成型工艺、TPU 发泡材料的更新升级以及定制化和回收利用，提供部分或系统的解决方案，钥匙工程，培养特色领域、特色产品的原则理念。从健康领域和医疗领域展开，举例说明了弹性体材料在这两大领域中的应用，参会企业都表示收获颇丰。

六、2020 年热稳定剂发展论坛

2020 年 7 月 28~30 日由中国塑料加工工业协会主办、中国塑协塑料助剂专委会承办的 2020 年热稳定剂发展论坛于在山东曲阜召开，参会的热情远远超出了预料，在严格防疫措施的情况下，来自全国各地的热稳定剂企业、上下游企业、大专院校、科研院所的 252 位代表参加了会议。本次会议采用线上和线下相结合的方式，对液体、粉体钙锌热稳定剂在生产、应用，润滑剂对钙锌稳定剂的作用机理和影响，新一轮化工行业安全整治背景下稳定剂企业的应对策略探讨等方面进行了详细的探讨。通过这次会议，能清楚地看到稳定剂向环保化过渡时期，钙锌稳定剂在满足下游制品需要、完全解决工艺问题中，行业的专家和企业一直在努力，经过深入研究，在产品工艺和技术方面又前进了一步。7 月 29 日的下午，还设置了关于钙锌稳定剂生产厂家和下游制品企业之间的讨论，通过提问回答环节，上下游能够充分沟通，制品对助剂的检验和要求，助剂企业的经验和努力方向达成了共识，产业链上下游携手，共谋塑料工业的可持续发展。

七、农膜专委会 2020 年年会

2020 年 8 月 18 日在长沙市隆重召开了“农膜专委会 2020 年年会”共商行业发展大计，会上专委会主任曹志强做了工作报告，与会代表审议《十四五》行业发展规划；通报团体标准及《农用薄膜单位产品能源消耗限额》进展情况；倡议各会员单位自觉遵守《农用薄膜行业自律公约》，进行技术交流报告共 13

篇。年会议程重点突出，紧扣行业当前热点，到会代表377人，是一次难得的盛会。

八、第二届建筑消防用塑料管道(PVC-C)技术高峰论坛

2020年9月17日，中国塑协塑料管道专委会与中国建筑学会建筑给水排水研究分会合作，在浙江举办"第二届建筑消防用塑料管道(PVC-C)技术高峰论坛"。通过交流，使设计和应用领域进一步了解产品研发及应用情况，促进了PVC-C管道技术水平提升和在建筑消防领域的更好应用。

九、中国第十四届国际塑木高峰论坛

9月23~25日在浙江绍兴召开了一年一度的"中国第十四届国际塑木高峰论坛"。朱文玮理事长出席会议并讲话。中国塑协塑木制品专委会主任吴劲松先生、上虞区副区长胡宝荣、上虞区区经信局局长卢梁勇、杭州湾综管办主任吴自强、绍兴永昇新材料有限公司董事长王勇斌先生等领导、专家、各企业嘉宾共计300余人参加了这次会议。本届论坛以"改革创新、共营未来"为主题，以塑木制品产业企业为基础，搭建塑木产业上下游学术交流与务实合作双驱平台，推动中国塑木产业实现"双中高"发展，引导并促进中国塑木产业链健康可持续发展！

十、第二届中国阻燃塑料技术创新与市场应用研讨会

2020年9月23~25日，中国塑料加工工业协会阻燃材料及应用专委会2020年年会暨第二届中国阻燃塑料技术创新与市场应用研讨会在浙江杭州召开。大会审议通过了阻燃材料及应用专委会副主任林俊义所做的年度工作报告和副秘书长孙军做的年度财务报告，审议通过增补中国科技大学火灾国家重点实验室为副主任单位，杭州本松新材料技术股份公司和山东旭锐新材有限公司为理事单位；审议通过黄勇、王旭、李建军等11位教授为专委会新增特聘专家组专家。在第二届中国阻燃塑料技术创新与市场应用研讨会上，专家们分享了二十多个精彩报告，告内容涵盖了阻燃剂、阻燃材料、阻燃制品和终端应用等整个产业链，从阻燃科学理论、生产工艺技术、产品对燃烧和整体性能需求等多个视角进行了高水平的专业分享。还举行了阻燃塑料产业链交流峰会，阻燃行业产业链上下游企业负责人就产业技术转化和供应合作进行了深入交流。此次会议面向企业管理、技术、销售负责人，尝试为高校、科研机构和企业公司搭建了一个深度合作与交流的平台。

十一、2020第五届热塑性弹性体技术与市场高峰论坛

2020年9月25日，中国塑协热塑性弹性体专委会组织召开2020第五届热塑性弹性体技术与市场高峰论坛。来自国内外知名企业、行业专家、知名学者、协会代表300位代表出席。开展了以"创新蜕变、共创未来"为主题的交流，立足我国材料产业发展、材料相关领域企业创新技术需求，着眼于新材料开发，研究前沿及发展现状与展望，为全国热塑性弹性体行业上下游企业、科研院校、研究机构提供一个互动交流的机会，为行业企业更好地开展创新转型升级开阔视野、指明方向，为热塑性弹性体行业从业者打造了一个全产业链创新发展的交流平台。

十二、2020年塑料助剂生产与应用技术信息交流会

10月16~18日，2020年塑料助剂生产与应用技术信息交流会在浙江苍南召开，来自全国各地的塑料助剂生产企业、塑料加工企业、大专院校、科研院所的230位代表参加了会议。会议期间共发表了32篇论文，现场宣讲了论文25篇。会议发布了增塑剂、阻燃剂、热稳定剂、抗氧剂、光稳定剂、成核剂、抗菌剂等塑料助剂产品的最新科研成果及发展方向，重点关注了聚氯乙烯热稳定剂环保化进程的研究，包括各种性能润滑剂、水滑石的性能和其他辅助热稳定剂及其应用；由于今年疫情的原因，抗菌剂和抗菌材料在这次会议中得到了很多关注；生物基助剂和生物基材料成为今年下半年最大的热点在会议上也多次提及；会议还邀请了南京师范大学的杨锦飞教授作了开展化学反应风险评估提升企业本质安全水平的报告，对助剂企业安全意识方面再提升了要求。通过会议交流，帮助企业理清安全生产、绿色发展的思路，引导行业今后的发展方向。

十三、第五届电缆料标准及检测技术培训班

10月21~23日，中国塑协线缆材料专业委员会主办，中广核高新核材科技(苏州)有限公司承办的"第五届电缆料标准及检测技术培训班"在太仓举办。来自全国各地的30位代表参加了此次培训。会议加强电缆料加工企业质量管理人员对产品执行标准的理解，提高企业质检人员的检测技术和操作水平，培训班授课专家主要围绕电线电缆材料力学性能、电学性能、阻燃性能、测试仪器、测试方法、标准解读等方面开展培训。

十四、第七届中国聚酯薄膜产业技术与市场研讨会

2020年11月1~2日，由中国塑料加工工业协会主办、中国塑料加工工业协会双向拉伸聚酯薄膜专业委员会承办的“第七届中国聚酯薄膜产业技术与市场研讨会”于在南京金奥费尔蒙酒店隆重举行。研讨会吸引了128家企业的330多名代表参会，36家薄膜企业的董事长、总经理、副总经理亲自莅临会议，23家原辅材料企业、49家设备和备品件企业、18家终端用户及协助单位的同仁欢聚一堂，共话未来。会议以“凝聚力量、持续发展”为主题，来自薄膜生产企业、上游原料、配套企业、用户、大学等相关单位的企业家、专家、学者在会上发表了14个精彩的主题演讲报告，聚焦聚酯薄膜产业链新材料、新技术、新装备、新工艺、新市场，内容涉及新形势下聚酯薄膜行业生产格局与发展趋势分析；新兴应用领域的发展给聚酯薄膜产品带来的机遇与挑战；聚酯薄膜新型、绿色制造工艺、装备及原辅材料；行业创新成果展示等。研讨会规模、参会人数再创新高。

十五、2020流延薄膜行业市场与技术发展研讨会

11月1~2日，2020流延薄膜行业市场与技术发展研讨会在南京胜利召开。中国塑料加工工业协会副理事长曹俭致辞。来自全国各地300余名流延薄膜产业链企业代表参加了本次会议。会议围绕“挑战机遇 创新发展 合作共赢”主题，促进流延薄膜行业的健康发展与市场推广，鼓励技术创新和开发高品质、差异化的产品，促进新设备、新工艺、新技术、新产品的应用，同时深入研究行业存在问题与对策。

十六、中国塑协塑料管道专委会第十届四次会员代表大会

2020年11月1~3日，“中国塑协塑料管道专委会第十届四次会员代表大会（2020年年会）暨2020年塑料管道行业交流会”在江苏省南京市华东饭店召开。会议主题为“坚定信心促发展 提质创新保安全”。来自全国塑料管道生产行业、原辅料行业、装备行业、建设行业、水行业、燃气行业、供热行业以及相关协会、检测机构、设计院、研究院、大学、相关媒体等单位506位代表参加了会议。会议审议通过了《专委会工作报告》《专委会2019年财务报告》、新的理事单位等。会议围绕主题内容，安排了30个塑料管道原料、助剂、设备、新技术、检测、应用、标准化、质量管理及宏观经济发展趋势、行业发展等方面专题报告，号召塑料管道行业积极努力，加大高品质发展力度，加强创新驱动发展，不断优化产业结构、转变发展方式，重视系统化发展，不断拓宽应用领域，保障应用安全，共同促进塑料管道行业在新的发展环境下，取得新的进步。

十七、2020塑编产业链技术交流与市场对接会

2020年11月1~3日，由中国塑料加工工业协会主办，中国塑料加工工业协会塑编专委会承办的“2020塑编产业链技术交流与市场对接会”在江苏南京成功召开。中国塑料加工工业协会副理事长曹俭、江苏省塑料加工工业协会会长韦华以及来自全国各地的相关行业代表、专家、学者等650余人参加了会议。会议紧紧围绕“创新、智造、绿色、共享”四个主题开展，邀请了21家优秀企业代表及专家进行专题报告，内容涵盖企业文化、人员管理、标准化工作、技术创新、智能管理、产品功能化开发应用、绿色生产等各位专家和代表积极分享生产经验、创新技术，参会代表收获颇多。会议的成功召开，推动了塑编行业的健康稳定发展、加快了塑编行业绿色节能生产的推进工作。

十八、2020滚塑技术与市场发展论坛

2020年11月1~3日，《旋风》2020滚塑技术与市场发展论坛暨滚塑企业联谊交流活动于在南京顺利召开。中国塑协滚塑专委会史春才秘书长、温原常务副秘书长、中国疾控中心农村改水技术指导中心付彦芬研究员、上海品珅商务咨询有限公司闫鹏总经理、宿迁联盛科技股份有限公司吕巧莲研发工程师、上海交通大学汪根林博士、中国包装科研测试中心董玉然经理、国家化学建筑材料测试中心（材料测试部）者东梅主任、厦门托普拉材料科技有限公司吴峰总经理、浙江瑞堂塑料科技股份有限公司郭德宇技术员等来自全国各地的相关行业代表、专家、学者等100余人参加了会议。

十九、中国塑料加工工业协会七届八次常务理事（扩大）会议

11月2日晚，中国塑料加工工业协会七届八次常务理事（扩大）会议在南京召开。中国塑协理事长朱文玮、副理事长曹俭、马占峰、副理事长兼秘书长王占杰以及来自全国各地的常务理事和代表等140余人出席了会议。会议由朱文玮理事长主持。会议首先由道恩集团副总裁邱焕玲作申请增补理事单位陈述，会议审议通过。王占杰副理事长兼秘书长通报了“2020中国国际塑料展”筹备情况，并作起草编制《塑料加工业“十四五”发展规划指导意见》的说明。马占峰副理事长通报了“2020年中国塑料行业科技大会”筹备情况。曹俭副理事长宣读了“关于拟表彰‘十三五’期间塑料加工行业‘科技创新型优秀会员单位、优秀科技成果、先进科技工作者’的议案”

“关于审议‘2020中国国际塑料展暨第四届塑料新材料、新技术、新装备、新产品展览会奖项评选方案’的议案”。会议审议通过了“中国塑料加工行业科技创新型优秀会员单位名单”“中国塑料加工行业优秀科技成果名单”“中国塑料加工行业先进科技工作者名单”“2020中国国际塑料展暨第四届塑料新材料、新技术、新装备、新产品展览会奖项评选方案”等四项表彰事项的议案。会议还审议通过了《塑料加工业“十四五”发展规划指导意见(初稿)》。

二十、2020年全国塑料异型材及门窗行业年会

11月2日上午,2020年全国塑料异型材及门窗行业年会在南京召开。中国塑料加工工业协会副理事长兼秘书长王占杰、专委会第八届主任天津金鹏集团副总裁曹玲、陆军军事交通学院教授陈希真、空军研究院航空兵研究所高级工程师傅涛、国家塑料制品质量监督检验中心教授级高工凌伟,四川省塑料工业协会会长邹开林、山西省塑料行业协会秘书长王慧凯、中国塑协滚塑专业委员会秘书长史春才以及来自全国各地的相关行业代表、专家、学者等共计230余人参加了会议。此次大会为行业发展和技术进步起到了积极的引领与推动作用。

二十一、镀膜行业技术与市场研讨会

2020年11月2日下午,镀膜行业技术与市场研讨会暨镀膜行业工作座谈会在南京江苏省会议中心成功召开。镀膜产业链的薄膜,原材料,设备及备品备件企业领导和代表出席了本次会议,其中60%以上是薄膜制品企业。针对行业比较关心的国内外行业大环境对行业的影响,行业发展中遇到的问题,镀膜行业今后的技术发现方向,生产和使用过程中产品需要解决的技术问题等进行了深入的交流和讨论。会议为镀膜产业链进一步搭建了交流平台,帮助企业及时了解市场和行业发展趋势,及早判断,规避风险,准确把握市场机会,制定正确的经营决策。

二十二、2020第五届中国国际工程塑料创新大会

11月2日,由中国塑料加工工业协会、江苏省产业技术研究院先进高分子材料技术研究所和DT新材料联合主办,中国塑料加工工业协会工程塑料专业委员会、中国塑料加工工业协会注塑制品专委会和宁波德泰中研信息科技有限公司共同承办的“2020第五届中国国际工程塑料创新大会暨2020中国塑协注塑制品专委会年会”在南京隆重召开!中国塑协副理事长马占峰、中国塑协工程塑料专业委员会朱锦主任、中国塑协注塑制品专委会主任徐建新先生、四川大学化工学院赵长生院长、石油和化学工业规划院化工处闫泽博士、江苏省产研院高分子研究所吴宏副所长、中国塑协工程塑料专委会秘书长赵明佑先生、海天塑机集团市场部张安震经理、山东赛恩吉新材料有限公司副总经理刘玉玲女士以及来自全国各地的相关行业代表、专家、学者共同参加了会议。

二十三、中国塑协氟塑料加工专业委员会第五届九次理事扩大会

11月2日,中国塑协氟塑料加工专业委员会第五届九次理事扩大会在南京隆重召开。近八十家会员企业的代表参加了此次会议,与会人数110余人。中国塑料加工工业协会副理事长曹俭出席了本次会议并发表讲话。

11月2日下午在南京召开了“氟树脂可持续发展专题座谈会”。原料企业介绍了目前的发展情况,并就扩大产能、PFOA替代问题、产品质量提升、装备智能化转型、提高检测能力、与下游企业深度合作等方面提出了“十四五”期间重点发展规划。加工企业介绍了各自企业的发展情况,主要就原料的使用和需求、新产品开发、质量保证、专用料生产、PFOA替代产品的试用情况等方面反映了诉求,积极为行业可持续发展献计献策。

二十四、中国塑协复合膜制品专业委员会第八届换届大会

11月2日下午,中国塑协复合膜制品专业委员会第八届换届大会在江苏南京胜利召开。中国塑协领导、七届理事单位、会员单位代表88人参加了换届大会。中国塑协朱文玮理事长长在换届大会上致辞。大会选举产生了主任、副主任委员,通过秘书长、副秘书长。会上,代表听取并审议通过了新一届秘书长高学文介绍的八届理事会组织结构与分工;审议并通过了八届主任夏嘉良所做的《2021年度工作计划》。

二十五、2020年EPS行业年会

11月2日,由中国塑料加工工业协会主办、中国塑协EPS专委会和隆众资讯承办的2020年EPS行业年会在江苏南京成功召开。中国塑协副理事长马占峰、EPS专委会袁国清主任、中国建材市场协会装饰线条分会刘泽恩理事长、全国塑料制品标准化技术委员会泡沫塑料分技术委员会陈倩秘书长等领导,EPS制品及上下游生产企业、行业专家、大学、研究院所等300余代表出席了会议。会议围绕“中国EPS产业如何在新发展格局中坚持创新发展”议题,对目前我国EPS产业面临的困难和机遇进行深度研讨。来自EPS制品上下游生产企业、研究院所、行业信息及咨询机构等13名专家，从行业发展趋势、新材料市场等方面与企业进行了深入的交流与探讨，总结行业现状，引领行业发展方向。

二十六、5G与特种工程塑料薄膜专题讲座

11月3日，专家委员会在南京国际博览会议中心举办"5G与特种工程塑料薄膜"小型专题讲座，邀请中国塑协专家委员会副主任、北京航空航天大学詹茂胜教授为行业企业介绍行业前瞻性产品技术，行业内十余位企业领导和技术人员参加了讲座，成为专家委员会搭建平台、引领行业、服务行业的一次有益尝试。积极探索专家小班授课方式，成功举办"5G与特种工程塑料薄膜"专题讲座，加强技术对接。

二十七、中国塑料家居用品行业抗菌产品发展座谈会

11月3日，由中国塑协塑料家居用品专委会组织举办的"中国塑料家居用品行业抗菌产品发展座谈会"在南京国际博览会议中心召开。中国塑协塑料家居用品专委会宋旭彬会长等行业代表、专家等70多人参加会议。座谈会以"塑料家居用品抗菌产业创新"为主题，通过抗菌类专家、企业进行市场分析及生产应用等问题的交流分享，让大家对抗菌塑料的意义、原理、实现方法有较为深入的接触和认识。座谈同时对"抗菌产品"团体标准筹备工作进行交流研讨，让团体标准更全面、更有效的保障塑料家居制品行业健康发展。与会者在座谈中分享经验，谋划未来，携手为塑料家居用品行业提质增效、科技创新和技术进步贡献力量。

二十八、改性塑料技术成果交流研讨会

2020年11月3～4日，改性塑料技术成果交流研讨会暨2020年中国塑协改性塑料专委会年会在南京成功举办。本次论坛由中国塑料加工工业协会主办，中国塑协改性塑料专业委员会、聚合物资源绿色循环利用教育部工程研究中心、福建技术师范学院等单位联合承办。来自全国各地的理事和代表等近200人参加了会议。与会代表围绕改性塑料、功能母料、环境友好型塑料开发与应用；塑料加工行业新型加工装备、新工艺、新技术以及各种新型原辅材料；改性塑料产业链的检验、检测交流；加强相关企业、高校、科研院所之间的交流合作，研讨行业发展新方略，为改性塑料企业指明方向，帮助企业摆脱困境，再创辉煌。

二十九、泡沫塑料行业消耗臭氧层物质（ODS）淘汰工作回顾与展望座谈会

2020年11月4日，中国塑料加工工业协在南京国际博览会议中心会组织召开泡沫塑料行业消耗臭氧层物质（ODS）淘汰工作回顾与展望座谈会，朱文玮理事长出席并致辞，生态环境部大气环境李培巡视员、生态环境部对外合作与交流中心李永红副主任出席会议并与聚氨酯（PU）泡沫塑料企业、挤出聚苯乙烯（XPS）泡沫企业代表座谈，会议还座谈了塑料行业挥发性有机污染物（VOC）排放控制问题。来自生态环境部大气司、生态环境部对外合作与交流中心、江苏省生态环境厅、科研单位和PU、XPS泡沫企业、复合膜专委会和人造革合成革专委会代表共约90人参加了座谈会。

三十、中国人造革合成革2020年行业年会

2020年11月4日，中国人造革合成革2020年行业年会在南京召开，中国塑协马占峰副理事长到会讲话。会议选举产生了第七届理事会单位，王美瑞当选专委会主任，冯庶君当选秘书长。会议期间，英德匠心、湖北武穴、皮皮哥、中卫安、浙江丰塑、众革联等专家，介绍了全球首台套全自动数字化生产线、全球首台套再生浆料分离装置与再生浆料标准，武穴水性革产业基地、合成革卫生安全认证、皮皮哥与众革联大型供给网络平台。

三十一、中国塑协复合膜制品专业委员会八届一次全体会员大会

中国塑协复合膜制品专业委员会于2020年11月4日在南京国际博览中心成功举办了"中国塑协复合膜制品专业委员会八届一次全体会员大会暨复合膜软包装产业可持续发展高峰论坛"。论坛以"坚持创新引领、强化替代循环"为主题，全面围绕2025环保策略，单材化可回收性设计、软包装薄膜落地计划、包装闭环计划和实施效果等助推塑料污染问题解决的新思路。通过全产业链携手，以可循环、能回收、易降解为导向，培育有利于规范回收和循环利用的新业态、新模式，为软包装创新和可持续发展提供全产业链解决方案。来自国内外权威专家、学者及相关企业代表作了15个主题的精彩演讲，共同分享和探讨复合膜软包装可持续发展现状和趋势。出席论坛的各界代表约二百多名。通过聆听专家演讲，与会代表拓宽了思路，对软包装行业发展及市场有了系统的了解，明确了"十四五"复合膜软包装以减量、减废、可回收循环利用为发展方向。

三十二、2020BOPP、BOPA、BOPI、BOPE 等薄膜产业链市场与技术发展研讨会

2020 年 11 月 4 日,由中国塑料加工工业协会主办,中国塑协双向拉伸聚丙烯薄膜专委会承办的“2020 BOPP、BOPA、BOPI、BOPE 等薄膜产业链市场与技术发展研讨会”在江苏南京胜利召开。来自薄膜产业链的近 220 名代表出席了本次会议。本次会议是双向拉伸薄膜行业发展进入新阶段的一次重要会议,围绕“凝心聚力 · 和谐共进 · 持续发展”为主题,行业专家、企业家代表、行业同仁齐聚一堂,共同探讨后疫情时代行业企业发展的“危”与“机”,探讨行业的未来市场与技术发展趋势,交流原辅材料行业信息、备品备件供应,共同分析我国双向拉伸薄膜行业发展形势,研究探讨促进薄膜行业高质量发展的措施,深入交流行业技术特点,找出解决行业共性问题的技术手段和有效办法,对促进 BOPP、BOPA、BOPI、BOPE 等薄膜行业与上下游产业链保持可持续发展具有一定的指导意义。

三十三、2020 中国塑协多功能母料专委会年会

2020 年 11 月 3~5 日,在江苏南京成功举办了“2020 中国塑协多功能母料专委会年会暨技术与市场交流会”。中国塑料加工工业协会理事长朱文玮、中国轻工业联合会原副会长、中国塑料加工工业协会原理事长钱桂敬先生以及专委会主任、副主任、理事等领导、会员代表共计 100 余人出席会议。年会全面总结了专委会四年来在推动行业技术进步和创新发展所做工作,提出了下一届工作思路。本次年会进行了专委会换届选举,选举季德虎等理事会成员 30 名。选举季德虎同志为主任,孙侠等 11 名同志为副主任。年会后,召开了技术与市场交流会,华南理工大学何和智教授做《聚合物绿色加工成型技术创新研究进展》,湖北彩德新材料科技有限公司副总经理罗子木做《高耐温,高透明着色剂在塑料加工中的应用》,专委会副秘书长陈建平做《后疫情时代世界经济变革与行业发展建议》等报告。

三十四、绿色拖鞋走向世界主题交流会

2020 年 11 月 3~5 日,中国塑协塑料鞋专业委专委会 2020 年年会暨绿色拖鞋走向世界主题交流会在南京国际会议大酒店隆重召开,中国塑料加工工业协会副理事长曹俭、揭阳市工业和信息化局局长洪创基、吴川市人民政府市长陈恩才等领导、塑料鞋会员代表、行业相关企业代表共计 120 多人参加了会议。会议审议通过了塑料鞋专委会 2019 年、2020 年工作报告和 2019 年财务报告,对 2021 年的工作进行了安排。年会结束后,召开了绿色拖鞋走向世界主题交流会,会议分别邀请了中国轻工业环境保护所吕竹明博士为大会作环保品质推动塑料鞋行业绿色发展的报告、广东巨轮智能股份有限公司郑灿杰先生作塑料鞋智能化发展的新趋势的主题演讲! 同时,会议上还颁发了,“中国塑料鞋之都 · 吴川”“2019 年度中国轻工业塑料鞋行业十强”“中国塑料行业科技创新型优秀会员单位、优秀科技成果、先进工作者”等牌匾证书。

三十五、2020 塑料助剂、多功能母料及阻燃材料市场与技术创新发展论坛

11 月 5 日,2020 塑料助剂、多功能母料及阻燃材料市场与技术创新发展论坛在南京国际博览会议中心召开,会议由中国塑协主办,助剂专委会、多功能母料专委会、阻燃材料及应用专委会三个分支机构联合承办,超过 100 位代表参加了会议。中国塑协副理事长王占杰出席会议并讲话。会议邀请了北京加成助剂研究所、宿迁联盛科技股份有限公司、四川大学、苏州普力姆塑料材料有限公司、北京化工大学到会作了精彩的技术报告,重点介绍了抗氧剂、光稳定剂、阻燃剂的研究现状,还从三者的协同效应和对抗作用进行了探讨。会议还进行了塑料助剂、多功能母料及阻燃材料主题沙龙。会场报告精彩纷呈,沙龙交流热烈深入。

三十六、围护结构保温材料技术研讨会

2020 年 11 月 5 日,中国塑料加工工业协会聚氨酯制品专委会在南京召开“围护结构保温材料技术研讨会”。会议邀请了华商国际工程有限公司,中国建筑科学研究院建筑材料研究所、墙体材料技术研究中心、中国聚氨酯工业协会、中国管理科学研究院民营企业研究与发展指导中心、国家食用菌装备产业创新战略联盟等有关单位的专家和领导参加了会议。聚氨酯板材生产企业、硬泡喷涂企业、聚氨酯原料及设备供应商约 100 多人参加了会议。

三十七、中国塑协 XPS 专委会 2020 年年会

2020 年 12 月 14~16 日,“中国塑协 XPS 专委会 2020 年年会暨技术发展研讨会”在厦门召开。中国塑协朱文玮理事长出席并讲话。住建部门、大学院所等单位专家以及来自全国 XPS 行业上下游企业等单位 212 位代表参加了本次会议。会上,27 家单位向全行业发起了质量诚信自律倡议,呼吁挤塑板企业及社会各界关注行业质量诚信建设和品质提升。会议为新加入理事会员颁发了铜牌,为中国轻工业行业(聚苯乙烯挤出发泡板材)十强企业和“十三

五”期间XPS行业科技创新型优秀会员企业、创优型优秀会员企业、优秀企业家颁发了荣誉证书。北京工商大学王向东教授、生态环境部对外合作与交流中心POPS公约处王昊杨项目主管等15名专家作行业报告。

（中国塑料加工工业协会）

2020中国国际塑料展暨第四届塑料新材料、新技术、新装备、新产品展览会

2020年11月3～5日，2020年中国国际塑料展暨第四届塑料新材料、新技术、新装备、新产品展览会在南京国际博览中心举办。展会历时三天，精彩纷呈，得到了社会各界的一致好评。

“2020中国国际塑料展”是在中国轻工业联合会指导下，中国塑料加工工业协会独立主办、40个分支机构承办的专业性塑料行业展览会，并得到了中国塑料机械工业协会、南京市人民政府会展经济领导小组办公室、江苏省塑料加工工业协会等全国各省市塑料协会及相关单位的大力支持和协助。

一、展会总体概况

为期三天的2020中国国际塑料展得到了相关部门领导、全国各地塑料加工业及上下游企业、各地方行业商协会、行业专家、学者等的大力支持。本届展会在硬件设施优良的南京国际博览中心举办，总面积为5万米^2，比上届展会面积增加67%，共有来自全国各地区的939家企业参展，展商数量创历史新高。展会分为智能装备、新材料与新技术、模具零部件与塑料制品、塑料包装与薄膜四个展馆。参展范围包含塑料机械、塑料模具、检测仪器、塑料树脂及原辅材料，以及塑料管道、塑料异型材及门窗、各类薄膜、板片材、人造革、聚氨酯、节水器材、氟塑料、医用、日用塑料等各类塑料制品等。其中大型骨干企业、上市公司、百强企业参展的比重超越往年。参展既有塑料原料企业、设备加工企业，也有特色区域组团、省市地方组团等不同的参展模式。展会突出塑料全产业链“四新”产品和绿色可持续发展理念，呈现荟萃塑料行业的功能化、轻量化、生态化、微成型+智能化最新发展技术，是一个精品多、品牌全、科技型的新型专业展会。

展会共吸引专业观众及买家67582人次。展会现场人气旺、热情高，客户关注，成交活跃，据不完全统计，现场成交额和合作意向额约为35亿元。展会同期，中国塑协还在南京举办2020中国塑料行业科技大会及40场专业会议，300多位专家发布专题报告，万余名企业家、工程技术人员参会。另有19场大型知名企业的“塑料新材料、新技术、新装备、新产品”发布会和14场高校研究院所团队的科研成果发布会。近万名代表参会，专家、学者分享科技创新成果，交流国内外最新科技信息，参会代表反映良好，收获颇丰。

二、展会主要特色

（一）全产业链联动，龙头企业汇聚，共同演绎塑料行业国际年度盛会

本届展会中，国内外塑料行业知名企业汇聚一堂，代表了塑料加工行业发展的最新成果与前沿科技。上海金纬机械制造有限公司、广东拓斯达科技股份有限公司、道恩集团、金发科技股份有限公司、青岛三益塑料机械有限公司、宁波双马机械工业有限公司、精诚时代集团等上游行业知名企业以及全国各制品子行业重点生产企业在此展示了注塑机、吹塑机、挤出机、辅助设备、包装设备、模具零部件、智能自动化设备、塑料制品、化工及原辅料、整体解决方案等，多家设备类企业现场进行开机演示，创新的技术惊艳全场。

（二）高校科研院所助力，展示塑料行业最新研究成果与转化

2020中国国际塑料展中，北京化工大学、四川大学、中国石油化工股份有限公司北京化工研究院、北京交通大学、上海交通大学、北京加成助剂研究所、北京低碳清洁能源研究院、北京石油化工学院材料科学与工程学院、北京市塑料研究所、北清科技（安阳）创新研究院、常州塑料研究所、大连塑料研究所有限公司、福州市福塑科学技术研究所有限公司、贵州大学产学研合作基地、国家化学建筑材料测试中心/国家高分子材料与制品监督检验中心、国家节水器具产品质量监督检验中心、国家塑料制品质量监督检验中心、国家阻燃材料工程技术研究中心/国家阻燃材料与制品质量监督检验中心、湖北大学、湖北工业大学、湖南省塑料研究所有限公司、华东理工大

学、华南理工大学、吉林大学、南方科技大学、南京工业大学、南京工业职业技术学院、衢州学院、山西省化工研究所、浙江工业大学高分子材料与工程研究所、中山大学等58个高校与科研所团队组成的科研院所展区荣耀亮相，展出面积达1000米^2，在本届展会中展示了最新的科研成果并与多家企业达成合作意向，加速促进了产学研合作，加强了塑料加工业科技创新，为促进塑料加工业高质量发展奠定了坚实的基础。

（三）多方共举，鼎力支持，共谋塑料行业发展新征程

本次展会得到中国塑料机械工业协会、江苏省塑料加工工业协会等协会支持与协办。展会中，揭阳市人民政府、揭阳市揭东区人民政府、揭阳空港经济区管委会、揭阳市榕城区人民政府、揭阳市鞋业商会、吴川市人民政府、佛山市顺德区龙江镇人民政府、云南省塑料行业协会、丽水经济技术开发区管委会、杜生镇人民政府、沧县塑料加工工业协会、吴川塑料鞋行业协会、佛山市乐从镇塑料协会、宁波市塑料行业协会、揭阳产业转移工业园管委会、天津市塑料行业协会、江苏省塑料加工工业协会、安徽省塑料协会、河南省塑料协会、广东省塑料工业协会、重庆市塑料行业协会、陕西省塑料工业协会、新疆塑料协会、广东省塑胶行业协会、海南省塑料行业协会、温州市合成革商会、深圳市高分子行业协会、温州市塑料行业协会、佛山顺德区乐从塑料协会、汕头市塑胶行业商会、揭阳市塑胶行业协会、佛山市高明区高分子材料产业协会、常州市塑化行业商会、山西省塑料行业协会、广西塑料行业协会、宁波市热塑性弹性体商会、浙江省塑料行业协会、山东省塑料协会、台州市塑料行业协会、上海塑料行业协会、江西省塑料工业协会、湖南省塑料行业协会、张家港市塑料饮料机械协会等相关单位共同努力，一起组织展商和买家团，推动展会取得圆满成功。

（四）立足行业高水准，赋科技创新动能，推动塑料行业高质量发展

2020年11月3日下午，由中国塑料加工工业协会组织的2020中国塑料行业科技大会在南京国际博览中心会议中心隆重召开。会议以“赋科技创新动能，促塑料产业绿色循环可持续发展”为主题，研讨推动行业科技创新和技术进步，实现塑料加工业稳定、可持续和高质量发展。中国轻工业联合会党委副书记王世成、中国轻工联合会原副会长/中国塑料加工工业协会原理事长钱桂敬、国家工业和信息化部规划司副司长何映昆、国家发改委宏观经济研究院司局级高级经济师康春昕、中国工程院院士/华中科技大学教授李德群、中国工程院院士/四川大学教授王玉忠、中国塑料加工工业协会理事长朱文玮、中国文教体育用品协会理事长易晓俐、中国塑料加工工业协会副理事长曹俭、副理事长马占峰、副理事长王占杰、北京化工大学机电学院院长/中国塑协专家委员会主任杨卫民及相关地方政府部门领导、相关地方塑料商协会代表、行业专家、展会相关活动代表、展会参展商代表、新闻媒体记者等700余人出席大会。

中国轻工业联合会王世成副书记为大会发表题为《提振信心 强化科技创新 推动塑料工业可持续发展》的致辞，工信部规划司副司长何映昆作题为《构建新发展格局 推动制造业“十四五”高质量发展》的报告，北京化工大学机电学院院长、中国塑协专家委员会主任杨卫民教授作《中国塑协三十年，亮眼十三五》报告，中国工程院院士/四川大学教授王玉忠作题为《我国塑料行业的可持续发展》的报告。会中表彰了在“十三五”期间塑料加工行业科技创新和技术进步中做出突出贡献的会员单位、企业和个人，并对支持展会工作并做出贡献的地方协会、兄弟单位、合作单位颁发“优秀组织奖”和“最佳合作伙伴奖”。科技大会的召开助推了行业企业绿色循环可持续发展，为行业创新指引方向，为向强国跃升凝智聚力。

此外，展会期间，中国塑料加工工业协会各分支机构同期召开了40场科技大会系列会议，近万名代表参会，书写出“2020中国国际塑料展”蒸蒸日上，欣欣向荣的华丽篇章。

（五）配套活动应接不暇，提升展会附加值

展会期间，多个配套展区及活动的同步进行，丰富了展会的内容，提升了参展观展附加价值。

中国塑料加工工业协会科技成果展示区吸引了众多买家及展商驻足观看。展示区展示了塑料加工业发展历程、塑料加工业成就、行业“十三五”期间主要工作与成绩、塑料加工业“十三五”荣誉、塑料加工业“十四五”未来展望等内容，详尽概述了中国塑料工业起步、发展、高速发展、创新发展的辉煌历程，强调了现在塑料工业瞩目的行业经济效益、完整的工业体系、加速完善的标准化进程、强大的科技创新能力和对经济社会发展的重要贡献，展示了中国塑料加工工业协会在抗疫过程中的先进事例、积极助力消耗臭氧层物质淘汰工作、引领创新所召开的行业会议和《塑料加工业“十三五”发展规划指导意见》

的制定和发布等内容，并对塑料工业前景与未来进行展望，到2025年，塑料加工业主要产品及配件能够满足国民经济和社会发展尤其是高端领域的需求，部分产品和技术达到世界领先水平，塑料加工业结构调整和产业升级取得显著成效，基本实现我国由塑料加工大国向强国的历史性战略转变。

张崇和会长等领导参观中国塑料工业科技成果展示区，感受塑料加工业百年发展历程及为经济社会和民生发展做出的巨大贡献，特别是“十三五”以来取得的辉煌成就和“十四五”展望；生态环境部大气司一级巡视员李培参观科技成果展示区，认真了解了中国泡沫塑料行业开展消耗臭氧层物质淘汰活动历史及为保护臭氧层、减少温室气体排放做出的贡献，感触颇深。

另外，“新材料、新技术、新装备、新产品”成果发布会场合计举办的19场大型知名企业四新成果发布，介绍新材料、新技术、新装备、新产品的科研信息和技术成果，吸引了众多行业人士参与，促进行业商贸合作，推动行业提质增效、科技创新和技术进步，促进行业竞争能力提升，获得一致好评。

同时，高校科研院所创新成果发布会场有华南理工大学瞿金平院士团队、吉林大学王贵宾教授团队、北京化工大学杨卫民教授团队等14个高校、研究院所团队在展馆6号馆隆众发布，重点推介创新成果，加快实现商贸合作，给观众以全新全视角的具有前瞻性的两化融合、园区建设、标准化、专利技术、自主知识产权、品牌商标、诚信品牌等方面塑料行业技术趋势发布。此外，北京化工大学英蓝实验室、四川大学王玉忠院士团队、四川大学王琪院士团队、中国石油化工股份有限公司北京化工研究院等在展区配合展示大量新科技创新成果及产品、技术和市场信息，现场座无虚席。

此外，塑料加工业招聘交流区同步亮相，53家塑料加工及上下游企业求贤若渴，公布248个岗位、逾1500名中高端技术人才需求，展会现场有招聘需求企业亦纷纷响应，制作招贤纳士简报，现场人头攒动，高级技术人才纷纷致电交流。

（六）展会现场成交量活跃，助力企业搭建商贸服务平台

开展期间，展商商务洽谈取得明显效果，金纬机械制造有限公司等展商开幕即有成交，青岛三益售出大型宽幅厚板135米^{2}双PVC结皮发泡板生产线等，宁波双马现场设备全部售罄，青岛邦尼现场两车塑料助剂直接收款送货，南京橡塑、湖北诃力机械、华亿机械以及一批装备、原料、助剂等展商在现场均有成交。

青岛三益塑料机械有限公司现场成交一套大型宽幅厚板135米^{2}双PVC结皮发泡板生产线，该生产线使用德国原装进口齿轮箱，大大提升了机器的使用稳定性。此外，青岛三益还在现场达成了多项合作意向，收获满满。

宁波双马机械工业有限公司现场设备全部售罄，并达成多项合作意向。

南京橡塑机械厂有限公司在展会现场成功售出大豆蛋白组织化挤出生产线（HT75双螺杆挤出机），用于大豆蛋白的组织化膨化挤出。

湖北诃力机械设备有限公司现场成交一套冷热一体全自动套袋机，用于编织袋的后道切缝套工序。

浙江舟山华亿机械制造有限公司现场成功售出排气式（免烘料）注塑机等多台注塑机械。

众多展商均表示，本次展会上观众与买家比较专业，是产品对接和公司形象展示的好机会，许多展商表示下次还要参展，并已经预订展位做特装和展示设备，整个展会在热烈的气氛中降下帷幕。

（七）绿色、智慧、智能制造植入展会

“2020中国国际塑料展”强调参展企业要以生态、绿色、环保塑料制品与助剂材料、智能装备为参展主体，设立若干智能制造、绿色塑料、生态塑料、降解塑料等板块，重点支持塑料新装备、塑料智能制造、先进的检测仪器、塑料模具等参展企业集中参展；优先支持塑料建材、塑料包装、日用塑料、农用塑料、车用塑料、环保助剂、改性塑料等重点子产业布局展会。对“绿色塑料”“智能制造”留有充足的展示空间和景观，积极实践“绿色展会”“智慧展会”的功能，提升本展会文化水平。

本届展会中，形成了以降解塑料、再生塑料等为核心的特色专区，共同打造以践行绿色发展为目的、带动塑料行业可循环发展为使命的特色展区。展会期间举办的“第九届生物基和生物分解材料技术与应用国际研讨会”“第三届高分子材料循环利用学术研讨会暨第20场再生塑料可持续发展高峰论坛”“2020第五届中国国际工程塑料产业创新大会暨2020中国塑协注塑制品专委会年会”等行业高规格会议为“绿色展会”背书，积极推动绿色产品和生态服务的广泛化，让绿色经济、生态理念成为生产力，使生态优势转化成为经济优势，让人民生活更加美好。

（八）加强对参展企业的服务

“2020中国国际塑料展”更加注重做好对展商、

专家、专业观众、媒体等相关人员的服务工作，做好成果发布、扩大宣传、参观组织、信息传递、牵线搭桥等多方面的服务。重点支持和大力宣传、推广参展企业的绿色制造、环境友好型和资源节约型“四新”技术。在展前，大力宣传和推广参展企业的科技创新成果，大力宣传和推广参展企业的“三品”战略成就。在展中，集中帮助参展企业做好现场服务对接工作，包括市场对接、技术对接等。在展后，继续为参展企业做好全方位的服务工作。宣传期间与塑料制品的下游行业协会积极交流，邀请了更多的应用领域专业观众参观展会，扩大行业交流与合作。

（九）夯实“六稳六保”工作，防疫防控落实严谨到位

“中国国际塑料展”在深入推进塑料行业供给侧结构性改革过程中，为“六稳六保”工作做出贡献。新年伊始，突如其来的疫情严重冲击塑料产业经济，造成前所未有的影响，作为今年疫后塑料加工行业开门之展和最值得期盼的行业盛会，2020 中国国际塑料展成为业界同人共商发展新方略的难得机遇，同时组委会也做了大量防疫相关工作，全力实现了网上登记系统、观众防疫系统、场馆消杀系统、现场应急预案等多方面详尽部署，加大投入不计成本，坚决把“六稳六保”和防疫安全作为实现展会和产业稳中求进的基本要求，力保行业平稳健康发展。“中国国际塑料展”的如期举办，就是为确保塑料加工行业人才安家乐业，促进行业企业转型发展，保障产业链换代升级，坚决落实好“六稳”“六保”工作，确保中央决策部署落地生根，推动我国经济乘风破浪、行稳致远。

在塑料加工业迈入转型升级新时代背景下诞生的“中国国际塑料展”，旨在展示我国塑料行业新材料、新技术、新装备、新产品的发展成果，为行业搭建科技、贸易、交流、服务平台。特别是通过展会商务活动，深入推进塑料行业供给侧结构性改革，促进实体经济发展，进一步促进政、产、学、研、金、用全产业链精准对接、协同发展的市场活力，实现塑料行业高质量发展，为人民创造美好生活提供良好保障。

（中国塑料加工工业协会）

塑料标准化

2020 年发布的塑料相关国家标准

序号	原序号	国家标准编号	国家标准名称	代替标准号	实施日期	公告号
1	47	GB/T 23761—2020	光催化材料及制品空气净化性能测试方法　乙醛(或甲醛)的降解	GB/T 23761—2009	2021/2/1	2020 年第 1 号国家标准公告
2	52	GB/T 26752—2020	聚丙烯腈基碳纤维	GB/T 26752—2011	2021/2/1	2020 年第 1 号国家标准公告
3	66	GB/T 28610—2020	甲基乙烯基硅橡胶	GB/T 28610—2012	2021/2/1	2020 年第 1 号国家标准公告
4	67	GB/T 29734.3—2020	建筑节能门窗　第 3 部分:钢塑复合门窗		2021/2/1	2020 年第 1 号国家标准公告
5	85	GB/T 38461—2020	食品包装用 PET 瓶吹瓶成型模具		2020/10/1	2020 年第 1 号国家标准公告
6	88	GB/T 38464—2020	人造革合成革试验方法　耐揉搓性的测定		2020/10/1	2020 年第 1 号国家标准公告
7	89	GB/T 38465—2020	人造革合成革试验方法　耐寒性的测定		2020/10/1	2020 年第 1 号国家标准公告
8	109	GB/T 38511—2020	中空纤维膜使用寿命评价方法		2021/2/1	2020 年第 1 号国家标准公告
9	113	GB/T 38515—2020	石英纤维织物增强树脂基复合材料高温力学性能试验方法		2021/2/1	2020 年第 1 号国家标准公告
10	116	GB/T 38518—2020	柔性薄膜基体上涂层厚度的测量方法		2021/2/1	2020 年第 1 号国家标准公告
11	131	GB/T 38533—2020	橡胶塑料注射成型机　模具固定和链接尺寸		2021/2/1	2020 年第 1 号国家标准公告
12	132	GB/T 38534—2020	定向纤维增强聚合物基复合材料超低温拉伸性能试验方法		2021/2/1	2020 年第 1 号国家标准公告
13	133	GB/T 38535—2020	纤维增强树脂基复合材料工业计算机层析成像(CT)检测方法		2021/2/1	2020 年第 1 号国家标准公告
14	135	GB/T 38537—2020	纤维增强树脂基复合材料超声检测方法 C 扫描法		2021/2/1	2020 年第 1 号国家标准公告

续表

序号	原序号	国家标准编号	国家标准名称	代替标准号	实施日期	公告号
15	1	GB/T 3362—2017	碳纤维复丝拉伸性能试验方法《第 1 号修改单》	GB/T 3362—2005	2021/2/1	2020 年第 1 号国家标准公告-国家标准修改单
16	5	GB 33372—2020	胶粘剂挥发性有机化合物限量	GB/T 33372—2006	2020/12/1	2020 年第 2 号国家标准公告
17	6	GB 38507—2020	油墨中可挥发有机化合物(VOCs)含量的限值		2021/4/1	2020 年第 2 号国家标准公告
18	2	GB/T 38727—2020	全生物降解物流快递运输与投递用包装塑料膜、袋		2020/10/1	2020 年第 3 号国家标准公告
19	28	GB/T 9330—2020	塑料绝缘控制电缆	GB/T 9330.1—2008，GB/T 9330.2—2008，GB/T 9330.3—2008	2020/10/1	2020 年第 4 号国家标准公告
20	40	GB/T 14833—2020	合成材料运动场地面层	GB/T 14833—2011	2021/2/1	2020 年第 4 号国家标准公告
21	70	GB/T 25156—2020	橡胶塑料注射成型机通用技术要求及检测方法	GB/T 25156—2010，GB/T 25157—2010	2021/2/1	2020 年第 4 号国家标准公告
22	99	GB/T 38585—2020	城镇供热直埋管道接头保温技术条件		2021/2/1	2020 年第 4 号国家标准公告
23	121	GB/T 38608—2020	油墨中可挥发性有机化合物(VOCs)含量的测定方法		2020/10/1	2020 年第 4 号国家标准公告
24	125	GB/T 38612—2020	人造革合成革试验方法　拉伸负荷及断裂伸长率的测定		2020/10/1	2020 年第 4 号国家标准公告
25	16	GB/T 8484—2020	建筑外门窗保温性能检测方法	GB/T 8484—2008	44256	2020 年第 8 号国家标准公告
26	128	GB/T 38725.2—2020	可盘绕式增强塑料管　第 2 部分:纤维增强热塑性塑料连续管		2020/11/1	2020 年第 8 号国家标准公告
27	138	GB/T 38737—2020	塑料　受控污泥消化系统中材料最终厌氧生物分解率测定　采用测量释放生物气体的方法		2020/11/1	2020 年第 8 号国家标准公告

续表

序号	原序号	国家标准编号	国家标准名称	代替标准号	实施日期	公告号
28	185	GB/T 38787—2020	塑料　材料生物分解试验用样品制备方法		44136	2020 年第 8 号国家标准公告
29	46	GB/T 17858.3—2020	包装袋　术语和类型　第 3 部分：编织袋		2020/6/2	2020 年第 14 号国家标准公告
30	85	GB/T 25997—2020	绝热用聚异氰脲酸酯制品	GB/T 25997—2010	2021/4/1	2020 年第 14 号国家标准公告
31	115	GB/T 38785—2020	建筑用薄膜太阳能电池组件回收再利用通用技术要求		44287	2020 年第 14 号国家标准公告
32	211	GB/T 38925—2020	废复合包装分选质量要求		2020/12/1	2020 年第 14 号国家标准公告
33	1	GB/T 39084—2020	绿色产品评价 快递封装用品		2020/10/1	2020 年第 15 号国家标准公告
34	15	GB/T 8813—2020	硬质泡沫塑料　压缩性能的测定	GB/T 8813—2008	2021/2/1	2020 年第 17 号国家标准公告
35	41	GB/T 24451—2020	慢回弹软质聚氨酯泡沫塑料	GB/T 24451—2009	44228	2020 年第 17 号国家标准公告
36	161	GB/T 39026—2020	循环再利用聚酯（PET）纤维鉴别方法		2021/2/1	2020 年第 17 号国家标准公告
37	188	GB/T 39064—2020	品牌培育指南　产业集群		44228	2020 年第 17 号国家标准公告
38	199	GB/T 39217—2020	化工园区综合评价导则		44228	2020 年第 17 号国家标准公告
39	5	GB/T 14232.1—2020	人体血液及血液成分袋式塑料容器　第 1 部分：传统型血袋	GB/T 14232.1—2004	2021/2/1	2020 年第 18 号国家标准公告
40	78	GB/T 39059—2020	运动场地合成材料面层有害物质释放量的测定　环境测试舱法		2021/1/1	2020 年第 20 号国家标准公告
41	22	GB/T 39126—2020	室内绿色装饰装修选材评价体系		44440	2020 年第 21 号国家标准公告
42	41	GB/T 39142.1—2020	塑料-钢背二层粘接复合自润滑板材技术条件　第 1 部分：带改性聚四氟乙烯（PTFE）减摩层的板材		44317	2020 年第 21 号国家标准公告

续表

序号	原序号	国家标准编号	国家标准名称	代替标准号	实施日期	公告号
43	64	GB/T 39171—2020	废塑料回收技术规范		2021/5/1	2020 年第 21 号国家标准公告
44	86	GB/T 39199—2020	聚乙烯(PE)塑料再生料的表征特性及检测方法		2021/5/1	2020 年第 21 号国家标准公告
45	1	GB 38995—2020	婴幼儿用奶瓶和奶嘴		2021/11/1	2020 年第 22 号国家标准公告
46	16	GB/T 39110—2020	消费品 塑胶材料邻苯二甲酸酯类增塑剂快速筛选		2020/10/21	2020 年第 22 号国家标准公告
47	17	GB/T 39112—2020	消费品生命周期安全风险控制通则		2020/10/21	2020 年第 22 号国家标准公告
48	18	GB/T 39113—2020	鞋类 鞋类和鞋类部件中存在的限量物质 苯酚的测定		2021/5/1	2020 年第 22 号国家标准公告
49	1	GB/T 18006. 3—2020	一次性可降解餐饮具通用技术要求	部分代替 GB/T 18006. 1—2009	2020/12/31	2020 年第 23 号国家标准公告
50	2	GB/T 21661—2020	塑料购物袋	GB/T 21661—2008	2020/12/31	2020 年第 23 号国家标准公告
51	64	GB/T 14905—2020	橡胶和塑料软管 各层间粘合强度的测定	GB/T 14905—2009	2021/10/1	2020 年第 26 号国家标准公告
52	71	GB/T 15593—2020	输血(液)器具用聚氯乙烯塑料	GB/T 15593—1995	2021/10/1	2020 年第 26 号国家标准公告
53	81	GB/T 18252—2020	塑料管道系统 用外推法确定热塑性塑料材料以管材形式的长期静液压强度	GB/T 18252—2008	2021/6/1	2020 年第 26 号国家标准公告
54	88	GB/T 18993. 1—2020	冷热水用氯化聚氯乙烯(PVC-C)管道系统　第 1 部分:总则	GB/T 18993. 1—2003	2021/6/1	2020 年第 26 号国家标准公告
55	89	GB/T 18993. 2—2020	冷热水用氯化聚氯乙烯(PVC-C)管道系统　第 2 部分:管材	GB/T 18993. 2—2003	2021/6/1	2020 年第 26 号国家标准公告
56	90	GB/T 18993. 3—2020	冷热水用氯化聚氯乙烯(PVC-C)管道系统　第 3 部分:管件	GB/T 18993. 3—2003	2021/6/1	2020 年第 26 号国家标准公告

续表

序号	原序号	国家标准编号	国家标准名称	代替标准号	实施日期	公告号
57	91	GB/T 18993. 5—2020	冷热水用氯化聚氯乙烯(PVC-C)管道系统　第5部分:系统适用性		2021/6/1	2020年第26号国家标准公告
58	92	GB/T 18997. 1—2020	铝塑复合压力管　第1部分:铝管搭接焊式铝塑管	GB/T 18997. 1—2003	2021/6/1	2020年第26号国家标准公告
59	93	GB/T 18997. 2—2020	铝塑复合压力管　第2部分:铝管对接焊式铝塑管	GB/T 18997. 2—2003	2021/6/1	2020年第26号国家标准公告
60	99	GB/T 19473. 1—2020	冷热水用聚丁烯(PB)管道系统　第1部分:总则	GB/T 19473. 1—2004	2021/6/1	2020年第26号国家标准公告
61	100	GB/T 19473. 2—2020	冷热水用聚丁烯(PB)管道系统　第2部分:管材	GB/T 19473. 2—2004	2021/6/1	2020年第26号国家标准公告
62	101	GB/T 19473. 3—2020	冷热水用聚丁烯(PB)管道系统　第3部分:管件	GB/T 19473. 3—2004	2021/6/1	2020年第26号国家标准公告
63	102	GB/T 19473. 5—2020	冷热水用聚丁烯(PB)管道系统　第4部分:系统适用性		2021/6/1	2020年第26号国家标准公告
64	108	GB/T 20674. 1—2020	塑料管材和管件 聚乙烯系统熔接设备　第1部分:热熔对接	GB/T 20674. 1—2006	2021/6/1	2020年第26号国家标准公告
65	109	GB/T 20674. 2—2020	塑料管材和管件 聚乙烯系统熔接设备　第2部分:电熔对接	GB/T 20674. 2—2006	2021/6/1	2020年第26号国家标准公告
66	110	GB/T 20574. 3—2020	塑料管材和管件 聚乙烯系统熔接设备　第3部分:操作者代码	GB/T 20674. 3—2006	2021/6/1	2020年第26号国家标准公告
67	111	GB/T 20674. 4—2020	塑料管材和管件 聚乙烯系统熔接设备　第4部分:可追溯编码	GB/T 20674. 4—2006	2021/6/1	2020年第26号国家标准公告
68	139	GB/T 22053—2020	戊烷发泡剂	GB/T 22053—2008	2021/10/1	2020年第26号国家标准公告
69	146	GB/T 23331—2020	能源管理体系 要求及使用指南	GB/T 23331—2012	2021/6/1	2020年第26号国家标准公告
70	158	GB/T 24508—2020	木塑地板	GB/T 24508—2009	2021/6/1	2020年第26号国家标准公告

续表

序号	原序号	国家标准编号	国家标准名称	代替标准号	实施日期	公告号
71	183	GB/T 27424—2020	合格评定 非可溯源生物质控品质量控制规范		2021/6/1	2020 年第 26 号国家标准公告
72	186	GB/T 27610—2011	废弃资源分类与代码	GB/T 27610—2011	2021/6/1	2020 年第 26 号国家标准公告
73	189	GB/T 28799.1—2020	冷热水用耐热聚乙烯(PE-RT)管道系统　第 1 部分:总则	GB/T 28799.1—2012	2021/6/1	2020 年第 26 号国家标准公告
74	190	GB/T 28799.2—2020	冷热水用耐热聚乙烯(PE-RT)管道系统　第 2 部分:管材	GB/T 28799.2—2012	2021/6/1	2020 年第 26 号国家标准公告
75	191	GB/T 28799.3—2020	冷热水用耐热聚乙烯(PE-RT)管道系统　第 3 部分:管件	GB/T 28799.3—2012	2021/6/1	2020 年第 26 号国家标准公告
76	192	GB/T 28799.5—2020	冷热水用耐热聚乙烯(PE-RT)管道系统　第 5 部分:系统适用性		2021/6/1	2020 年第 26 号国家标准公告
77	226	GB/T 35465.4—2020	聚合物基复合材料疲劳性能测试方法　第 4 部分:拉-压和压-压疲劳		2021/10/1	2020 年第 26 号国家标准公告
78	227	GB/T 35465.5—2020	聚合物基复合材料疲劳性能测试方法　第 5 部分:弯曲疲劳		2021/10/1	2020 年第 26 号国家标准公告
79	228	GB/T 35465.6—2020	聚合物基复合材料疲劳性能测试方法　第 6 部分:胶粘剂拉伸剪切疲劳		2021/10/1	2020 年第 26 号国家标准公告
80	229	GB/T 36805.2—2020	塑料　高应变速率下的拉伸性能测定　第 2 部分:直接测试法		2021/10/1	2020 年第 26 号国家标准公告
81	248	GB/T 39172—2020	电梯用非钢丝绳悬挂装置		2021/6/1	2020 年第 26 号国家标准公告
82	278	GB/T 39246—2020	高密度聚乙烯无缝外护管预制直埋保温管件		2021/10/1	2020 年第 26 号国家标准公告

续表

序号	原序号	国家标准编号	国家标准名称	代替标准号	实施日期	公告号
83	280	GB/T 39248—2020	输送液化石油气和液化天然气用热塑性塑料多层（非硫化）软管及软管组合件 规范		2021/10/1	2020年第26号国家标准公告
84	281	GB/T 39249—2020	橡胶和塑料软管 织物增强型 低温压扁实验		2021/10/1	2020年第26号国家标准公告
85	288	GB/T 39256—2020	绿色制造 制造企业绿色供应链管理 信息化管理平台规范		2021/3/1	2020年第26号国家标准公告
86	289	GB/T 39257—2020	绿色制造 制造企业绿色供应链管理 评价规范		2021/3/1	2020年第26号国家标准公告
87	290	GB/T 39258—2020	绿色制造 制造企业绿色供应链管理 采购控制		2021/3/1	2020年第26号国家标准公告
88	291	GB/T 39259—2020	绿色制造 制造企业绿色供应链管理 物料清单要求		2021/3/1	2020年第26号国家标准公告
89	322	GB/T 39289—2020	胶粘剂粘接强度的测定 金属与塑料		2021/10/1	2020年第26号国家标准公告
90	344	GB/T 39311—2020	热塑性软管和软管组合件 液压用钢丝和合成纱线增强单一压力型 规范		2021/10/1	2020年第26号国家标准公告
91	368	GB/T 39327—2020	船用发动机湿式排气系统用橡胶和塑料软管 规范		2021/10/1	2020年第26号国家标准公告
92	369	GB/T 39328—2020	增材制造 塑料材料挤出成形工艺规范		2021/6/1	2020年第26号国家标准公告
93	424	GB/T 39739—2020	无压热塑性塑料管道系统 水密性试验方法		2021/6/1	2020年第26号国家标准公告
94	426	GB/T 39382—2020	建筑内排水排污用热塑性塑料管道系统 接头气密性试验方法		2021/6/1	2020年第26号国家标准公告
95	427	GB/T 39383—2020	埋地用无压热塑性塑料管道系统 弹性密封圈接头的密封性能试验方法		2021/6/1	2020年第26号国家标准公告
96	429	GB/T 39385—2020	塑料管道系统 热塑性塑料管材 环柔性的测试		2021/6/1	2020年第26号国家标准公告

续表

序号	原序号	国家标准编号	国家标准名称	代替标准号	实施日期	公告号
97	438	GB/T 39395—2020	热塑性塑料检查井井座抗压失稳试验方法		2021/6/1	2020 年第 26 号国家标准公告
98	464	GB/T 39415.2—2020	包装袋 特征性能规范方法　第 2 部分：热塑性软质薄膜袋		2021/1/1	2020 年第 26 号国家标准公告
99	534	GB/T 39483.1—2020	橡胶塑料注射成型机 接口　第 1 部分：机械和电气接口		2021/10/1	2020 年第 26 号国家标准公告
100	535	GB/T 39484—2020	纤维增强塑料复合材料 用校准端载荷分裂试验（C-ELS）和有效裂纹长度法测定单项增强材料的 II 型断裂韧性		2021/10/1	2020 年第 26 号国家标准公告
101	538	GB/T 39487—2020	发泡结构胶粘剂管剪强度试验方法		2021/10/1	2020 年第 26 号国家标准公告
102	541	GB/T 39490—2020	纤维增强塑料液体冲击抗侵蚀性试验方法　旋转装置法		2021/10/1	2020 年第 26 号国家标准公告
103	542	GB/T 39491—2020	汽车用碳纤维复合材料覆盖部件通用技术要求		2021/10/1	2020 年第 26 号国家标准公告
104	1	GB/T 1632.4—2020	塑料　使用毛细管黏度计测定聚合物稀溶液黏度　第 4 部分：聚碳酸酯（PC）模塑和挤出材料		2021/7/1	2020 年第 28 号国家标准公告
105	10	GB/T 6036—2020	硫化橡胶或热塑性橡胶　低温刚性的测定（吉门试验）	GB/T 6036—2001	2021/7/1	2020 年第 28 号国家标准公告
106	16	GB/T 7543—2020	一次性使用灭菌橡胶外科手套	GB 7543—2006	2021/7/1	2020 年第 28 号国家标准公告
107	19	GB/T 7758—2020	硫化橡胶　低温性能的测定　温度回缩程序（TR 试验）	GB/T 7758—2002	2021/7/1	2020 年第 28 号国家标准公告
108	43	GB/T 17037.2—2020	塑料　热塑性塑料材料注塑试样的制备　第 2 部分：小拉伸试样		2021/7/1	2020 年第 28 号国家标准公告

续表

序号	原序号	国家标准编号	国家标准名称	代替标准号	实施日期	公告号
109	44	GB/T 17037.5—2020	塑料　热塑性塑料材料注塑试样的制备　第5部分：各向异性评估用标准试样的制备		2021/7/1	2020年第28号国家标准公告
110	114	GB/T 39483.2—2020	橡胶塑料注射成型机　接口　第2部分：数据交换接口		2021/11/1	2020年第28号国家标准公告
111	118	GB/T 39524—2020	建筑门窗耐候性能试验方法		2021/11/1	2020年第28号国家标准公告
112	133	GB/T 39549—2020	纤维增强热固性复合材料化粪池		2021/4/1	2020年第28号国家标准公告
113	283	GB/T 39690.1—2020	塑料　源自柔性和刚性消费品包装的聚丙烯(PP)和聚乙烯(PE)回收混合物　第1部分：命名系统和分类基础		2021/7/1	2020年第28号国家标准公告
114	284	GB/T 39590.2—2020	塑料　源自柔性和刚性消费品包装的聚丙烯(PP)和聚乙烯(PE)回收混合物　第2部分：试样制备和性能测定		2021/7/1	2020年第28号国家标准公告
115	285	GB/T 39691—2020	塑料　折光率的测定		2021/11/1	2020年第28号国家标准公告
116	286	GB/T 39692—2020	硫化橡胶或热塑性橡胶　低温试验　概述与指南		2021/11/1	2020年第28号国家标准公告
117	287	GB/T 39693.6—2020	硫化橡胶或热塑性橡胶　硬度的测定　第6部分：IRHD法测定胶辊的表观硬度		2021/11/1	2020年第28号国家标准公告
118	288	GB/T 39694—2020	氢化丙烯腈-丁二烯橡胶(HNBR)　通用规范和评价方法		2021/11/1	2020年第28号国家标准公告
119	289	GB/T 39695—2020	橡胶烟气中挥发性成分的鉴定　热脱附-气相色谱-质谱法		2021/11/1	2020年第28号国家标准公告
120	291	GB/T 39697.1—2020	橡胶或塑料包覆辊　规范　第1部分：硬度要求		2021/11/1	2020年第28号国家标准公告

续表

序号	原序号	国家标准编号	国家标准名称	代替标准号	实施日期	公告号
121	292	GB/T 39697.2—2020	橡胶或塑料包覆辊　规范　第2部分：表面特性		2021/11/1	2020年第28号国家标准公告
122	294	GB/T 39699—2020	橡胶　聚合物的鉴定　裂解气相色谱-质谱法		2021/11/1	2020年第28号国家标准公告
123	304	GB/T 39710—2020	电动汽车充电桩壳体用聚碳酸酯/丙烯腈-丁二烯-苯乙烯(PC/ABS)专用料		2021/11/1	2020年第28号国家标准公告
124	308	GB/T 39714.1—2020	塑料　聚四氟乙烯(PTFE)半成品　第1部分：要求和命名		2021/7/1	2020年第28号国家标准公告
125	309	GB/T 39714.2—2020	塑料　聚四氟乙烯(PTFE)半成品　第2部分：试样制备和性能测定		2021/7/1	2020年第28号国家标准公告
126	4	GB/T 38079—2019	淀粉基塑料购物袋《第1号修改单》		2020/12/31	2020年第28号国家标准公告标准修改单

（王春芳　于坤　田辉　田岩）

2020年公布的塑料相关国家标准样品

序号	原序号	国家标准样品编号	国家标准样品名称	研/复制	研制单位	有效期	公布号
1	23	GSB 10—3773—2020	纤维级聚对苯二甲酸丁二醇酯(PBT)切片标准样品	研制	中国石化仪征化纤有限责任公司	5年	2020年第27号国家标准公告
2	66	GSB 16—3816—2020	XRF分析用玩具聚乙烯塑料中8种元素(7~70mg/kg)标准样品	研制	广州海关技术中心	6年	2020年第27号国家标准公告
3	67	GSB 16—3817—2020	XRF分析用玩具聚乙烯塑料中8种元素(20~300mg/kg)标准样品	研制	广州海关技术中心	6年	2020年第27号国家标准公告

续表

序号	原序号	国家标准样品编号	国家标准样品名称	研/复制	研制单位	有效期	公布号
4	68	GSB 16—3818—2020	XRF 分析用玩具聚乙烯塑料中 8 种元素(60～600mg/kg)标准样品	研制	广州海关技术中心	6 年	2020 年第 27 号国家标准公告
5	69	GSB 16—3819—2020	XRF 分析用玩具聚乙烯塑料中 8 种元素(120～1200mg/kg)标准样品	研制	广州海关技术中心	6 年	2020 年第 27 号国家标准公告
6	70	GSB 10—1074—2020	瓶用聚对苯二甲酸乙二酯(PET)树脂标准样品	复制	中国石化仪征化纤有限责任公司	8 年	2020 年第 27 号国家标准公告

(王春芳　于坤　田辉　田岩)

2020 年发布的塑料相关国家标准外文版

序号	原序号	国家标准编号	国家标准名称	国家标准外文名称	公告号
1	1	GB 19083—2010	医用防护口罩技术要求	Technical requirements for protective face mask for medical use	2020 年第 5 号国家标准公告(外文)
2	2	GB 19082—2009	医用一次性防护服技术要求	Technical Requirements for Single-use Protective Clothing for Medical Use	2020 年第 5 号国家标准公告(外文)
3	5	GB/T 32610—2016	日常防护型口罩技术规范	Technical specification of daily protective mask	2020 年第 5 号国家标准公告(外文)
4	1	GB/T 15102—2017	浸渍胶膜纸饰面纤维板和刨花板	Surface decorated firbreborad and particleboard with paper impregnated thermosetting resins	2020 年第 29 号国家标准公告(外文)
5	2	GB/T 34722—2017	浸渍胶膜纸饰面胶合板和细木工板	Surface decorated plywood and blockboard with paper impregnated thermosetting resins	2020 年第 29 号国家标准公告(外文)

续表

序号	原序号	国家标准编号	国家标准名称	国家标准外文名称	公告号
6	3	GB/T 18002—2011	中密度纤维板生产线验收通则	Acceptance rules generality of the medium density fiber-board production line	2020 年第 29 号国家标准公告(外文)
7	78	GB/T 35795—2017	全生物降解农用地面覆盖薄膜	Biodegradable mulching flim for agricultural uses	2020 年第 29 号国家标准公告(外文)
8	171	GB/T 25898—2010	仪器化纳米压入试验方法 薄膜的压入硬度和弹性模量	Istrumented nanoindentation test－Indentation hardness and modulds of this film	2020 年第 29 号国家标准公告(外文)
9	172	GB/T 22458—2008	仪器化纳米压入试验方法通则	General rules of instrumented nanoindentation test	2020 年第 29 号国家标准公告(外文)

（王春芳　于坤　田辉　田岩）

2020 年发布的塑料相关行业标准

序号	原序号	行业标准编号	行业标准名称	代替标准号	实施日期	公布号
1	1	QB/T 5370—2019	家用和类似用途制冷器具用热塑性弹性体门密封条		2020/1/1	2020 年第 1 号行业标准公告
2	39	QB/T 5386—2019	制鞋机械　片底料机		2020/1/1	2020 年第 1 号行业标准公告
3	40	QB/T 5387—2019	制鞋机械　立式注料鞋底成型机		2020/1/1	2020 年第 1 号行业标准公告
4	41	QB/T 5388—2019	制鞋机械　全自动皮革印线切割机		2020/1/1	2020 年第 1 号行业标准公告
5	42	QB/T 5389—2019	制鞋机械　热熔主跟蒸软机		2020/1/1	2020 年第 1 号行业标准公告
6	43	QB/T 5390—2019	制鞋机械　外底铲平机		2020/1/1	2020 年第 1 号行业标准公告
7	44	QB/T 5391—2019	制鞋机械　鞋面烫平机		2020/1/1	2020 年第 1 号行业标准公告

续表

序号	原序号	行业标准编号	行业标准名称	代替标准号	实施日期	公布号
8	45	QB/T 5392—2019	制鞋机械　热熔胶复合机		2020/1/1	2020 年第 1 号行业标准公告
9	16	JG/T 574—2019	纤维增强覆面木基复合板		2019/12/1	2020 年第 3 号行业标准公告
10	20	JG/T 572—2019	建筑木结构用阻燃涂料		2019/12/1	2020 年第 3 号行业标准公告
11	21	JG/T 571—2019	玻纤增强聚氨酯节能门窗		2019/12/1	2020 年第 3 号行业标准公告
12	34	HG/T 5521—2019	阻燃化学品　聚磷酸三聚氰胺		2020/7/1	2020 年第 3 号行业标准公告
13	43	HG/T 5571—2019	涂料用天然树脂乳液		2020/7/1	2020 年第 3 号行业标准公告
14	44	HG/T 5572—2019	石化设备内壁用耐酸性防腐蚀涂料		2020/7/1	2020 年第 3 号行业标准公告
15	45	HG/T 5573—2019	石墨烯锌粉涂料		2020/7/1	2020 年第 3 号行业标准公告
16	46	HG/T 3793—2019	热熔型氟树脂(PVDF)涂料	HG/T 3793—2005	2020/7/1	2020 年第 3 号行业标准公告
17	47	HG/T 4104—2019	水性氟树脂涂料	HG/T 4104—2009	2020/7/1	2020 年第 3 号行业标准公告
18	52	HG/T 5605—2019	二聚酸型聚酰胺胶粘剂		2020/7/1	2020 年第 3 号行业标准公告
19	59	HG/T 5670—2019	偏二氯乙烯共聚树脂		2020/7/1	2020 年第 3 号行业标准公告
20	60	HG/T 5671—2019	塑料　LED 支架用半芳香族聚酰胺专用料		2020/7/1	2020 年第 3 号行业标准公告
21	65	HG/T 5656—2019	光学级聚酯薄膜　增亮膜用预涂底层聚对苯二甲酸乙二醇酯(PET)薄膜		2020/7/1	2020 年第 3 号行业标准公告
22	66	HG/T 5657—2019	光学功能薄膜　覆保护膜棱镜增亮膜		2020/7/1	2020 年第 3 号行业标准公告
23	67	HG/T 5658—2019	量子点膜用高阻隔封装膜		2020/7/1	2020 年第 3 号行业标准公告

续表

序号	原序号	行业标准编号	行业标准名称	代替标准号	实施日期	公布号
24	68	HG/T 5659—2019	光学功能薄膜　黄变的测量方法		2020/7/1	2020 年第 3 号行业标准公告
25	69	HG/T 4150—2019	偏光片用三醋酸纤维素酯(TAC)薄膜	HG/T 4150—2010	2020/7/1	2020 年第 3 号行业标准公告
26	70	HG/T 5660—2019	光学级聚酯薄膜　涂布型防静电聚对苯二甲酸乙二醇酯(PET)薄膜		2020/7/1	2020 年第 3 号行业标准公告
27	97	HG/T 3037—2019	计量分配燃油用橡胶和塑料软管及软管组合件	HG/T 3037—2008	2020/7/1	2020 年第 3 号行业标准公告
28	131	HG/T 5599—2019	覆膜机胶辊		2020/7/1	2020 年第 3 号行业标准公告
29	151	HG/T 3974—2019	抗氧剂双(2,4-二叔丁基苯基)季戊四醇二亚磷酸酯(626)	HG/T 3974—2007	2020/7/1	2020 年第 3 号行业标准公告
30	152	HG/T 3713—2019	抗氧剂四[β-(3,5-二叔丁基-4-羟基苯基)丙酸]季戊四醇酯(1010)	HG/T 3713—2010	2020/7/1	2020 年第 3 号行业标准公告
31	153	HG/T 5647—2019	增塑剂　苯甲酸-2-乙基己酯		2020/7/1	2020 年第 3 号行业标准公告
32	154	HG/T 5648—2019	增塑剂　己二酸二(2-丙基庚)酯		2020/7/1	2020 年第 3 号行业标准公告
33	158	HG/T 4394—2019	橡胶软管用浸胶聚酯线	HG/T 4394—2012	2020/7/1	2020 年第 3 号行业标准公告
34	159	HG/T 5629—2019	化工用超高分子量聚乙烯衬里板		2020/7/1	2020 年第 3 号行业标准公告
35	219	JC/T 550—2019	聚氯乙烯塑料地板胶粘剂		2020/1/1	2020 年第 3 号行业标准公告
36	250	HJ 1058—2019	硬质聚氨酯泡沫和组合聚醚中 CFC-12、HCFC-22、CFC-11 和 HCFC-141b 等消耗臭氧层物质的测定便携式顶空气相色谱-质谱法	生态环境部	2019/10/31	2020 年第 3 号行业标准公告
37	2	HJ 2. 2—2018	环境影响评价技术导则　大气环境	HJ 2. 2—2008	2018/12/1	2020 年第 4 号行业标准公告

续表

序号	原序号	行业标准编号	行业标准名称	代替标准号	实施日期	公布号
38	71	HJ 942—2018	排污许可证申请与核发技术规范　总则		2018/2/8	2020 年第 4 号行业标准公告
39	72	HJ 944—2018	排污单位环境管理台账及排污许可证执行报告技术规范　总则(试行)		2018/3/27	2020 年第 4 号行业标准公告
40	73	HJ 945. 1—2018	国家大气污染物排放标准制订技术导则		2019/1/1	2020 年第 4 号行业标准公告
41	111	HJ 1013—2018	固定污染源废气非甲烷总烃连续监测系统技术要求及检测方法		2019/7/1	2020 年第 4 号行业标准公告
42	115	HJ 2300—2018	污染防治可行技术指南编制导则		2018/3/1	2020 年第 4 号行业标准公告
43	120	HJ 836—2017	固定污染源废气　低浓度颗粒物的测定　重量法		2018/3/1	2020 年第 4 号行业标准公告
44	121	HJ 905—2017	恶臭污染环境监测技术规范		2018/3/1	2020 年第 4 号行业标准公告
45	125	HJ 209—2017	环境标志产品技术要求　塑料包装制品	HJ/T 209—2005	2018/3/1	2020 年第 4 号行业标准公告
46	137	HJ 819—2017	排污单位自行监测技术指南　总则		2017/6/1	2020 年第 4 号行业标准公告
47	213	HJ2542—2016	环境标志产品技术要求　胶印油墨	HJ 370—2007	2017/1/1	2020 年第 4 号行业标准公告
48	253	LY/T 1279—2020	聚氯乙烯薄膜饰面人造板	LY/T 1279—2008	2020/10/1	2020 年第 4 号行业标准公告
49	254	LY/T 1738—2020	实木复合地板用胶合板	LY/T 1738—2008	2020/10/1	2020 年第 4 号行业标准公告
50	429	HJ2540—2015	环境标志产品技术要求　木塑制品		2015/5/1	2020 年第 4 号行业标准公告
51	608	HJ 617—2011	企业环境报告书编制导则		2011/10/1	2020 年第 4 号行业标准公告
52	619	CY/T 199—2019	包装印刷通用设计规范		2020/1/1	2020 年第 4 号行业标准公告

续表

序号	原序号	行业标准编号	行业标准名称	代替标准号	实施日期	公布号
53	623	CY/T 203—2019	无溶剂复合过程控制要求及检验方法		2020/1/1	2020 年第 4 号行业标准公告
54	624	CY/T 204—2019	印刷产品分类及编码方法		2020/1/1	2020 年第 4 号行业标准公告
55	626	CY/Z 28—2019	包装印刷标准体系表		2020/1/1	2020 年第 4 号行业标准公告
56	850	HJ 469—2009	清洁生产审核指南　制订技术导则		2009/7/1	2020 年第 4 号行业标准公告
57	704	QB/T 5402—2019	冷热水用纤维复合聚丙烯管材		2020/4/1	2020 年第 4 号行业标准公告
58	886	HJ 507—2009	环境标志产品技术要求　皮革和合成革		2010/1/1	2020 年第 4 号行业标准公告
59	905	FZ/T 50047—2019	聚酰亚胺纤维耐热、耐紫外光辐射及耐酸性能试验方法		2020/4/1	2020 年第 4 号行业标准公告
60	912	FZ/T 54121—2019	低熔点聚酯(LMPET)/聚酯(PET)复合单丝		2020/4/1	2020 年第 4 号行业标准公告
61	916	FZ/T 63048—2019	聚酯网线		2020/4/1	2020 年第 4 号行业标准公告
62	923	FZ/T 64075—2019	遮阳用聚氯乙烯包覆丝织物		2020/4/1	2020 年第 4 号行业标准公告
63	931	HJ 524—2009	大气污染物名称代码		2020/4/1	2020 年第 4 号行业标准公告
64	932	HJ 525—2009	水污染物名称代码		2020/4/1	2020 年第 4 号行业标准公告
65	981	FZ/T 43053—2019	聚酯纤维形态记忆织物		2020/7/1	2020 年第 4 号行业标准公告
66	999	FZ/T 64078—2019	熔喷法非织造布		2020/4/1	2020 年第 4 号行业标准公告
67	1056	JB/T 13739—2019	堆肥用功能性覆盖膜		2020/4/1	2020 年第 4 号行业标准公告
68	4	GA 667—2020	防爆炸透明材料	GA 667—2006	2020/8/1	2020 年第 6 号行业标准公告

续表

序号	原序号	行业标准编号	行业标准名称	代替标准号	实施日期	公布号
69	157	YD/T 3716—2020	通信电缆　聚四氟乙烯绝缘射频同轴电缆　藕芯绝缘编织浸锡外导体型		2020/7/1	2020 年第 6 号行业标准公告
70	158	YD/T 2283—2020	海底光缆	YD/T 2283—2011	2020/7/1	2020 年第 6 号行业标准公告
71	159	YD/T 3717—2020	通信电源用铝合金导体阻燃软电缆		2020/7/1	2020 年第 6 号行业标准公告
72	160	YD/T 3132. 3—2020	光纤入户放装器材　第 3 部分:线槽及线槽配件		2020/7/1	2020 年第 6 号行业标准公告
73	161	YD/T 3718—2020	通信电缆光缆用低烟低卤阻燃软聚氯乙烯塑料		2020/7/1	2020 年第 6 号行业标准公告
74	185	HG/T 5673—2020	聚酯薄膜预涂底层用聚酯型水胶乳		2020/10/1	2020 年第 6 号行业标准公告
75	186	HG/T 5674—2020	光学功能薄膜　三醋酸纤维素酯(TAC)膜 紫外吸收剂含量测定方法		2020/10/1	2020 年第 6 号行业标准公告
76	187	HG/T 5675—2020	光学功能薄膜　自修复硬化膜		2020/10/1	2020 年第 6 号行业标准公告
77	188	HG/T 5676—2020	高反射率银反射膜		2020/10/1	2020 年第 6 号行业标准公告
78	277	NY/T 1227—2019	残地膜回收机　作业质量	NY/T 1227—2006	2019/11/1	2020 年第 6 号行业标准公告
79	309	SC/T 4046—2019	渔用超高分子量聚乙烯网线通用技术条件		2019/11/1	2020 年第 6 号行业标准公告
80	327	SC/T 4049—2019	超高分子量聚乙烯网片　绞捻型		2019/11/1	2020 年第 6 号行业标准公告
81	429	HJ 421—2008	医疗废物专用包装袋、容器和警示标志标准		2008/4/1	2020 年第 6 号行业标准公告
82	430	HJ T425—2008	清洁生产标准　制订技术导则		2008/8/1	2020 年第 6 号行业标准公告
83	447	QB/T 5413—2019	聚乳酸热成型杯		2020/7/1	2020 年第 6 号行业标准公告
84	448	QB/T 5414—2019	聚乳酸热成型杯盖		2020/7/1	2020 年第 6 号行业标准公告

续表

序号	原序号	行业标准编号	行业标准名称	代替标准号	实施日期	公布号
85	449	QB/T 5415—2019	聚乳酸注塑餐具		2020/7/1	2020 年第 6 号行业标准公告
86	475	QB/T 5445—2019	乙烯-醋酸乙烯酯共聚物发泡片材		2020/7/1	2020 年第 6 号行业标准公告
87	476	QB/T 5446—2019	儿童雨衣用聚氯乙烯人造革		2020/7/1	2020 年第 6 号行业标准公告
88	477	QB/T 5447—2019	人造革合成革试验方法　气味的测定		2020/7/1	2020 年第 6 号行业标准公告
89	521	HJ 449—2008	清洁生产标准　合成革工业		2009/2/1	2020 年第 6 号行业标准公告
90	525	HJ 2. 2—2008	环境影响评价技术导则　大气环境	HJ T2. 2—93	2009/4/1	2020 年第 6 号行业标准公告
91	589	HJ/T 364—2007	废塑料回收与再生利用污染控制技术规范(试行)		2007/12/1	2020 年第 6 号行业标准公告
92	591	HJ/T 370—2007	环境标志产品技术要求　胶印油墨		2008/2/1	2020 年第 6 号行业标准公告
93	592	HJ/T 371—2007	环境标志产品技术要求　凹印油墨和柔印油墨		2008/2/1	2020 年第 6 号行业标准公告
94	1	HJ/T 231—2006	环境标志产品技术要求　再生塑料制品	HJBZ 44—2000	2006/3/1	2020 年第 7 号行业标准公告
95	3	HJ/T 233—2006	环境标志产品技术要求　泡沫塑料	HJBZ 42—2000	2006/3/1	2020 年第 7 号行业标准公告
96	6	HJ/T 237—2006	环境标志产品技术要求　塑料门窗	HBC 14—2002	2006/3/1	2020 年第 7 号行业标准公告
97	28	HJ/T 274—2006	综合类生态工业园区标准(试行)		2006/9/1	2020 年第 7 号行业标准公告
98	115	HJ/T 315—2006	清洁生产标准　人造板行业(中密度纤维板)		2007/2/1	2020 年第 7 号行业标准公告
99	126	HJ/T 325—2006	环境保护产品技术要求　袋式除尘器　滤袋框架	HCRJ 016—1998	2007/2/1	2020 年第 7 号行业标准公告
100	127	HJ/T 326—2006	环境保护产品技术要求　袋式除尘器用覆膜滤料	HBC 030—2004	2007/2/1	2020 年第 7 号行业标准公告
101	128	HJ/T 327—2006	环境保护产品技术要求　袋式除尘器　滤袋	HCRJ 015—1998	2007/2/1	2020 年第 7 号行业标准公告

续表

序号	原序号	行业标准编号	行业标准名称	代替标准号	实施日期	公布号
102	212	SC/T 4039—2018	合成纤维渔网线试验方法		2018/9/1	2020 年第 7 号行业标准公告
103	213	SC/T 4043—2018	渔用聚酯经编网通用技术要求		2018/9/1	2020 年第 7 号行业标准公告
104	215	SC/T 8144—2018	渔船鱼舱玻璃纤维增强塑料内胆制作技术要求		2018/9/1	2020 年第 7 号行业标准公告
105	216	SC/T 8154—2018	玻璃纤维增强塑料渔船真空导入成型工艺技术要求		2018/9/1	2020 年第 7 号行业标准公告
106	217	SC/T 8155—2018	玻璃纤维增强塑料渔船船体脱模技术要求		2018/9/1	2020 年第 7 号行业标准公告
107	306	SC/T 4041—2018	高密度聚乙烯框架深水网箱通用技术要求		2019/6/1	2020 年第 7 号行业标准公告
108	307	SC/T 4042—2018	渔用聚丙烯纤维通用技术要求		2019/6/1	2020 年第 7 号行业标准公告
109	495	NB/T 10328—2019	电动汽车高压铜排用聚烯烃热收缩管		2020/7/1	2020 年第 7 号行业标准公告
110	587	SY/T 0603—2019	玻璃纤维增强塑料储罐技术规范	SY/T 0603—2005	2020/5/1	2020 年第 7 号行业标准公告
111	592	SY/T 4110—2019	钢质管道聚乙烯内衬技术规范	SY/T 4110—2006	2020/5/1	2020 年第 7 号行业标准公告
112	593	SY/T 4113. 3—2019	管道防腐层性能试验方法　第 3 部分：阴极剥离测试	SY/T 0037—2012、SY/T 0072—2012、SY/T 0094—1999	2020/5/1	2020 年第 7 号行业标准公告
113	594	SY/T 4113. 4—2019	管道防腐层性能试验方法　第 4 部分：拉伸剪切强度测试	SY/T 0041—2012	2020/5/1	2020 年第 7 号行业标准公告
114	595	SY/T 4113. 5—2019	管道防腐层性能试验方法　第 5 部分：抗弯曲测试	SY/T 0038—2013、SY/T 0084—2012	2020/5/1	2020 年第 7 号行业标准公告
115	596	SY/T 4113. 6—2019	管道防腐层性能试验方法　第 6 部分：压痕硬度测试	SY/T 0062—2000	2020/5/1	2020 年第 7 号行业标准公告
116	759	JB/T 13632—2019	无油往复活塞压缩机用填充聚四氟乙烯活塞环		2020/4/1	2020 年第 7 号行业标准公告

续表

序号	原序号	行业标准编号	行业标准名称	代替标准号	实施日期	公布号
117	762	JB/T 13739—2019	堆肥用功能性覆盖膜		2020/4/1	2020 年第 7 号行业标准公告
118	792	GA/T 460. 1—2020	居民身份证卡体材料及打印薄膜技术规范　第 1 部分:制卡用垫平层白色 PETG 薄膜	GA 460. 1—2004	2020/6/1	2020 年第 7 号行业标准公告
119	793	GA/T 460. 2—2020	居民身份证卡体材料及打印薄膜技术规范　第 2 部分:制卡用印刷层白色 PETG 薄膜	GA 460. 2—2004	2020/6/1	2020 年第 7 号行业标准公告
120	794	GA/T 460. 3—2020	居民身份证卡体材料及打印薄膜技术规范　第 3 部分:制卡用保护层 PETG 薄膜	GA 460. 3—2004	2020/6/1	2020 年第 7 号行业标准公告
121	795	GA/T 460. 4—2020	居民身份证卡体材料及打印薄膜技术规范　第 4 部分:制卡用模块、线圈承载层白色 PETG 薄膜	代替 GA 460. 4—2004	2020/6/1	2020 年第 7 号行业标准公告
122	796	GA/T 460. 5—2020	居民身份证卡体材料及打印薄膜技术规范　第 5 部分:打印薄膜	GA 460. 5—2004	2020/6/1	2020 年第 7 号行业标准公告
123	8	DL/T 742—2019	湿式冷却塔塔芯塑料部件质量标准	DL/T 742—2001	2019/10/1	2020 年第 8 号行业标准公告
124	598	JBT13726. 1—2019	内燃机　复合材料型机油滤清器　第 1 部分:总成技术条件			2020 年第 8 号行业标准公告
125	599	JBT13726. 2—2019	内燃机　复合材料型机油滤清器　第 2 部分:滤芯技术条件			2020 年第 8 号行业标准公告
126	426	CJ/T 280—2020	塑料垃圾桶通用技术条件	CJ/T 280—2008	2020/8/1	2020 年第 8 号行业标准公告
127	611	JBT13739—2019	堆肥用功能性覆盖膜		2020/4/1	2020 年第 8 号行业标准公告
128	105	NY/T 2910—2016	硬质塑料户用沼气池		2016/10/1	2020 年第 9 号行业标准公告
129	290	SC/T 4030—2016	高密度聚乙烯框架铜合金网衣网箱通用技术条件		2017/4/1	2020 年第 9 号行业标准公告

续表

序号	原序号	行业标准编号	行业标准名称	代替标准号	实施日期	公布号
130	291	SC/T 5017—2016	聚丙系裂膜夹钢丝绳	SC/T 5017—1997	2017/4/1	2020 年第 9 号行业标准公告
131	406	NY/T 1496. 1—2015	户用沼气输气系统　第 1 部分:塑料管材	NY/T1496. 1—2007	2015/12/1	2020 年第 9 号行业标准公告
132	407	NY/T 1496. 2—2015	户用沼气输气系统　第 2 部分:塑料管件	NY/T1496. 2—2007	2015/12/1	2020 年第 9 号行业标准公告
133	408	NY/T 1496. 3—2015	户用沼气输气系统　第 3 部分:塑料开关	NY/T1496. 3—2007	2015/12/1	2020 年第 9 号行业标准公告
134	617	NY/T 658—2015	绿色食品　包装通用准则	NY/T658—2002	2015/8/1	2020 年第 9 号行业标准公告
135	662	NY/T 2704—2015	机械化起垄全铺膜作业技术规范		2015/5/1	2020 年第 9 号行业标准公告
136	913	SC/T 5001—2014	渔具材料基本术语	SC/T 5001—1995	2014/6/1	2020 年第 9 号行业标准公告
137	914	SC/T 5005—2014	渔用聚乙烯单丝	SC/T 5005—1988	2014/6/1	2020 年第 9 号行业标准公告
138	915	SC/T 5006—2014	聚酰胺网线	SC/T 5006—1983	2014/6/1	2020 年第 9 号行业标准公告
139	916	SC/T 5011—2014	聚酰胺绳	SC/T 5011—1988	2014/6/1	2020 年第 9 号行业标准公告
140	917	SC/T 5031—2014	聚乙烯网片　绞捻型	SC/T 5031—2006	2014/6/1	2020 年第 9 号行业标准公告
141	1723	SC/T 5007—2011	聚乙烯网线	SC/T 5007—1985	2011/12/1	2020 年第 9 号行业标准公告
142	1767	NY/T 1966—2010	温室覆盖材料安装与验收规范　塑料薄膜		2011/2/1	2020 年第 9 号行业标准公告
143	1797	QB/T 5474—2020	柔版塑料薄膜复合油墨		2020/10/1	2020 年第 9 号行业标准公告
144	1817	QB/T 5490—2020	聚丙烯微孔发泡片板材		2020/10/1	2020 年第 9 号行业标准公告
145	1818	QB/T 5491—2020	聚甲基丙烯酰亚胺泡沫板材		2020/10/1	2020 年第 9 号行业标准公告
146	1825	QB/T 5497—2020	皮革　牛剖层蓝湿革　规范		2020/10/1	2020 年第 9 号行业标准公告

续表

序号	原序号	行业标准编号	行业标准名称	代替标准号	实施日期	公布号
147	1826	QB/T 5498—2020	皮艺装饰品通用技术要求		2020/10/1	2020 年第 9 号行业标准公告
148	1827	QB/T 5417—2020	电动自行车用塑料零部件通用技术要求		2020/10/1	2020 年第 9 号行业标准公告
149	1861	JC/T 171. 2—2019	涂覆玻璃纤维布　第 2 部分：聚四氟乙烯乳液涂覆玻璃纤维布	JC/T 171. 2—2008	2020/7/1	2020 年第 9 号行业标准公告
150	1862	JC/T 618—2019	绝热材料中可溶出氯化物、氟化物、硅酸盐和钠离子的化学分析方法	JC/T 618—2005	2020/7/1	2020 年第 9 号行业标准公告
151	1882	JC/T 2555—2019	用于 3D 打印的木塑复合材料		2020/7/1	2020 年第 9 号行业标准公告
152	2047	SC/T 8117—2010	玻璃纤维增强塑料渔船木质阴模制作	SC/T 8117—2001	2010/9/1	2020 年第 9 号行业标准公告
153	2105	NY/T 1831—2009	温室覆盖材料保温性能测定方法		2010/2/1	2020 年第 9 号行业标准公告
154	623	NY/T 1496. 1—2007	农村户用沼气输气系统　第 1 部分：塑料管材		2008/3/1	2020 年第 10 号行业标准公告
155	624	NY/T 1496. 2—2007	农村户用沼气输气系统　第 2 部分：塑料管件		2008/3/1	2020 年第 10 号行业标准公告
156	625	NY/T 1496. 3—2007	农村户用沼气输气系统　第 3 部分：塑料开关		2008/3/1	2020 年第 10 号行业标准公告
157	729	SC/T 4021—2007	渔用高强度三股聚乙烯单丝绳索		2008/3/1	2020 年第 10 号行业标准公告
158	730	SC/T 4022—2007	渔网　网线断裂强力和结节断裂强力的测定		2008/3/1	2020 年第 10 号行业标准公告
159	731	SC/T 4023—2007	渔网　网线伸长率的测定		2008/3/1	2020 年第 10 号行业标准公告
160	781	NY/T 1452—2007	温室透光覆盖材料防露滴性测试方法		2007/12/1	2020 年第 10 号行业标准公告
161	45	SN/T 5232—2019	食品接触材料　鲜切制品气调包装的检测		2020/7/1	2020 年第 11 号行业标准公告

续表

序号	原序号	行业标准编号	行业标准名称	代替标准号	实施日期	公布号
162	46	SN/T 5257—2019	塑料及其制品中硫代甘醇酸异辛酯二正辛基锡的测定　气相色谱-质谱法		2020/7/1	2020 年第 11 号行业标准公告
163	86	NY/T 1224—2006	农用塑料薄膜安全使用控制技术规范		2007/2/1	2020 年第 11 号行业标准公告
164	89	NY/T 1227—2006	残地膜回收机　作业质量			2020 年第 11 号行业标准公告
165	141	SC/T 4019—2006	聚乙烯——聚乙烯醇网线　混捻型		2007/2/1	2020 年第 11 号行业标准公告
166	142	SC/T 5029—2006	高强度聚乙烯渔网线		2007/2/1	2020 年第 11 号行业标准公告
167	143	SC/T 5031—2006	聚乙烯网片　绞捻型		2007/2/1	2020 年第 11 号行业标准公告
168	170	QC/T 1121—2019	汽车用塑料燃油箱		2020/4/1	2020 年第 11 号行业标准公告
169	180	QC/T 236—2019	汽车内饰材料性能的试验方法	QC/T 236—1997	2020/4/1	2020 年第 11 号行业标准公告
170	191	QC/T 664—2019	汽车空调制冷软管	QC/T 664—2000	2020/7/1	2020 年第 11 号行业标准公告
171	192	QC/T 669—2019	汽车空调用管接头和管件	QC/T 669—2000	2020/7/1	2020 年第 11 号行业标准公告
172	270	JY/T 0589. 1—2020	热分析方法通则　第 1 部分:总则	JY/T 014—1996	2020/12/1	2020 年第 11 号行业标准公告
173	271	JY/T 0589. 2—2020	热分析方法通则　第 2 部分:差热分析	JY/T 014—1996	2020/12/1	2020 年第 11 号行业标准公告
174	272	JY/T 0589. 3—2020	热分析方法通则　第 3 部分:差示扫描量热法	JY/T 014—1996	2020/12/1	2020 年第 11 号行业标准公告
175	273	JY/T 0589. 4—2020	热分析方法通则　第 4 部分:热重法	JY/T 014—1996	2020/12/1	2020 年第 11 号行业标准公告
176	274	JY/T 0589. 5—2020	热分析方法通则　第 5 部分:热重-差热分析和热重-差示扫描量热法	JY/T 014—1996	2020/12/1	2020 年第 11 号行业标准公告
177	275	JY/T 0590—2020	旋转流变仪测量方法通则		2020/12/1	2020 年第 11 号行业标准公告

续表

序号	原序号	行业标准编号	行业标准名称	代替标准号	实施日期	公布号
178	238	SC/T 4066—2017	渔用聚酰胺经编网片通用技术要求		2017/10/1	2020 年第 12 号行业标准公告
179	240	SC/T 5021—2017	聚乙烯网片　经编型	SC/T 5021—2002	2017/10/1	2020 年第 12 号行业标准公告
180	241	SC/T 5022—2017	超高分子量聚乙烯网片　经编型		2017/10/1	2020 年第 12 号行业标准公告
181	260	NY/T 3121—2017	青贮饲料包膜机　质量评价技术规范		2018/6/1	2020 年第 12 号行业标准公告
182	791	NY/T 1059—2006	聚乙烯丙纶复合防水卷材		2006/5/1	2020 年第 12 号行业标准公告
183	796	SC/T 5028—2006	聚酰胺复丝机织网片　单线单死结型		2006/5/1	2020 年第 12 号行业标准公告
184	116	YD/T 3716—2020	通信电缆　聚四氟乙烯绝缘射频同轴电缆 藕芯绝缘编织浸锡外导体型		2020/7/1	2020 年第 15 号行业标准公告
185	118	YD/T 3717—2020	通信电源用铝合金导体阻燃软电缆		2020/7/1	2020 年第 15 号行业标准公告
186	119	YD/T 3132. 3—2020	光纤入户放装器材　第 3 部分:线槽及线槽配件		2020/7/1	2020 年第 15 号行业标准公告
187	120	YD/T 3718—2020	通信电缆光缆用低烟低卤阻燃软聚氯乙烯塑料		2020/7/1	2020 年第 15 号行业标准公告
188	150	HG/T 5673—2020	聚酯薄膜预涂底层用聚酯型水胶乳		2020/10/1	2020 年第 15 号行业标准公告
189	151	HG/T 5674—2020	光学功能薄膜　三醋酸纤维素酯(TAC)膜 紫外吸收剂含量测定方法		2020/10/1	2020 年第 15 号行业标准公告
190	152	HG/T 5675—2020	光学功能薄膜　自修复硬化膜		2020/10/1	2020 年第 15 号行业标准公告
191	598	QB/T 5487—2020	胶印油墨乳化的测定方法		2020/10/1	2020 年第 15 号行业标准公告
192	599	QB/T 5488—2020	液体油墨复合强度的测定方法		2020/10/1	2020 年第 15 号行业标准公告
193	600	QB/T 5489—2020	喷墨墨水储存稳定性的检验方法		2020/10/1	2020 年第 15 号行业标准公告

续表

序号	原序号	行业标准编号	行业标准名称	代替标准号	实施日期	公布号
194	601	QB/T 5490—2020	聚丙烯微孔发泡片板材		2020/10/1	2020 年第 15 号行业标准公告
195	602	QB/T 5491—2020	聚甲基丙烯酰亚胺泡沫板材		2020/10/1	2020 年第 15 号行业标准公告
196	603	QB/T 2703—2020	汽车装饰用皮革	QB/T 2703—2005	2020/10/1	2020 年第 15 号行业标准公告
197	609	QB/T 5497—2020	皮革　牛剖层蓝湿革 规范		2020/10/1	2020 年第 15 号行业标准公告
198	610	QB/T 5498—2020	皮艺装饰品通用技术要求		2020/10/1	2020 年第 15 号行业标准公告
199	611	QB/T 5417—2020	电动自行车用塑料零部件通用技术要求		2020/10/1	2020 年第 15 号行业标准公告
200	225	QB/T 5516—2020	塑料仿生鱼饵		2021/1/1	2020 年第 37 号行业标准公告
201	77	HG/T 5754—2020	可直接印刷聚丙烯膜(BOPP)压敏胶粘带		2021/4/1	2020 年第 48 号行业标准公告
202	78	HG/T 5755—2020	无底纸冷裱膜压敏胶粘带		2021/4/1	2020 年第 48 号行业标准公告
203	108	HG/T 3050. 1—2020	橡胶或塑料涂覆织物　整卷特性的测定　第 1 部分：测定长度、宽度和净质量的方法	HG/T 3050. 1—2001	2021/4/1	2020 年第 48 号行业标准公告
204	109	HG/T 3050. 2—2020	橡胶或塑料涂覆织物　整卷特性的测定　第 2 部分：测定单位面积的总质量、单位面积的涂覆质量和单位面积的底布质量的方法	HG/T 3050. 2—2001	2021/4/1	2020 年第 48 号行业标准公告
205	110	HG/T 3050. 3—2020	橡胶或塑料涂覆织物　整卷特性的测定　第 3 部分：测定厚度的方法	HG/T 3050. 3—2001	2021/4/1	2020 年第 48 号行业标准公告
206	206	SH/T 1828—2020	塑料　纺粘法非织造布用聚丙烯树脂		2021/4/1	2020 年第 48 号行业标准公告
207	207	SH/T 1829—2020	塑料　聚乙烯和聚丙烯树脂中微量元素含量的测定　电感耦合等离子体发射光谱法		2021/4/1	2020 年第 48 号行业标准公告

续表

序号	原序号	行业标准编号	行业标准名称	代替标准号	实施日期	公布号
208	448	JC/T 2041—2020	聚氨酯灌浆材料	JC/T 2041—2010	2021/4/1	2020 年第 48 号行业标准公告
209	515	QB/T 5538—2020	钢丝焊接骨架增强聚乙烯复合管材及管件		2021/4/1	2020 年第 48 号行业标准公告
210	516	QB/T 5539—2020	儿童雨衣雨披		2021/4/1	2020 年第 48 号行业标准公告
211	562	FZ/T 54129—2020	有色超高分子量聚乙烯长丝		2021/4/1	2020 年第 48 号行业标准公告
212	54	JJF(轻工) 140—2020	皮革动态防水性能测试仪校准规范		2020/12/31	2020 年第 48 号行业标准公告 94 项行业计量技术规范一览表
213	56	JJF(轻工) 142—2020	皮革耐折牢度测试仪校准规范		2020/12/31	2020 年第 48 号行业标准公告 95 项行业计量技术规范一览表
214	57	JJF(轻工) 143—2020	皮革耐磨性能测试仪校准规范		2020/12/31	2020 年第 48 号行业标准公告 96 项行业计量技术规范一览表
215	58	JJF(轻工) 144—2020	皮革崩裂强度测试仪校准规范		2020/12/31	2020 年第 48 号行业标准公告 97 项行业计量技术规范一览表
216	20	QB/T 4152—2010	塑料伞		修订	2020 年第 51 号行业标准公告 5 项继续有效、66 项修订的行业标准

（王春芳　于坤　田辉　田岩）

2020 年发布的塑料相关行业标准外文版

序号	原序号	行业标准编号	行业标准名称	标准名称(外文)	语种	实施日期	公布号
1	13	QB/T 2506—2017	眼镜镜片 光学树脂镜片	Uncut finished spectacle lenses - Optical hard resin lenses	英语	2021/1/1	2020 年第 48 号 23 项行业标准外文版一览表

续表

序号	原序号	行业标准编号	行业标准名称	标准名称(外文)	语种	实施日期	公布号
2	15	YD/T 841.1—2016	地下通信管道用塑料管　第1部分：总则	Plastic duct for telecommunication underground conduit Part 1: General	英语	2021/1/1	2020年第48号23项行业标准外文版一览表
3	16	YD/T 841.2—2016	地下通信管道用塑料管　第2部分：实壁管	Plastic duct for telecommunication underground conduit Part 2: Solid-wall duct	英语	2021/1/1	2020年第48号23项行业标准外文版一览表
4	17	YD/T 841.3—2016	地下通信管道用塑料管　第3部分：双壁波纹管	Plastic duct for telecommunication underground conduit Part 3: Double-wall corrugated duct	英语	2021/1/1	2020年第48号23项行业标准外文版一览表

（王春芳　于坤　田辉　田岩）

2020年发布的塑料相关国家标准制修订计划

序号	原序号	计划编号	项目名称	标准性质	制修订	代替标准号	采用国际标准	项目周期（月）	主管部门	归口单位	起草单位	公布号
1	15	20201760—T—606	化工用设备渗透性检测方法　第2部分：塑料纤维复合材料设备	推荐	制定			24	中国石油和化学工业联合会	全国非金属化工设备标准化技术委员会	广州特种承压设备检测研究院、国家化学建材质量监督检验中心、承德精密试验机有限公司、浙江亚德复合材料有限公司、江苏省特种设备安全监督检验研究院、温州赵氟隆有限公司	2020年第一批推荐性国家标准计划

续表

序号	原序号	计划编号	项目名称	标准性质	制修订	代替标准号	采用国际标准	项目周期（月）	主管部门	归口单位	起草单位	公布号
2	16	20201394—T—491	纳米技术　吸入毒性研究中呼吸暴露舱内纳米颗粒的表征	推荐	制定		ISO 10808:2010	24	中国科学院	全国纳米技术标准化技术委员会	国家纳米科学中心	2020年第一批推荐性国家标准计划
3	175	20201716—T—469	中空纤维帘式膜组件	推荐	修订	GB/T 25279—2010		18	国家标准化管理委员会	全国分离膜标准化技术委员会	天津膜天膜科技股份有限公司、天津膜天膜工程技术有限公司	2020年第一批推荐性国家标准计划
4	229	20201469—T—604	热收缩中压接头用聚烯烃软管	推荐	制定		IEC 60684—3—285:2014	18	中国电器工业协会	全国绝缘材料标准化技术委员会	深圳市沃尔核材股份有限公司等	2020年第一批推荐性国家标准计划
5	254	20201512—T—609	纤维增强热固性复合材料化粪池	推荐	制定			12	中国建筑材料联合会	全国纤维增强塑料标准化技术委员会	武汉理工大学、四川宝岳复合材料有限公司等	2020年第一批推荐性国家标准计划
6	296	20201746—T—606	塑料　聚酮(PK)模塑和挤出材料　第2部分:试样制备和性能测定	推荐	制定		ISO 21970—2:2018	24	中国石油和化学工业联合会	全国塑料标准化技术委员会	中蓝晨光成都检测技术有限公司、金发科技股份有限公司等	2020年第一批推荐性国家标准计划

续表

序号	原序号	计划编号	项目名称	标准性质	制修订	代替标准号	采用国际标准	项目周期（月）	主管部门	归口单位	起草单位	公布号
7	306	20201745—T—606	塑料　模塑和挤出用热塑性聚氨酯　第1部分：命名系统和分类挤出	推荐	制定		ISO 16365.1：2014	24	中国石油和化学工业联合会	全国塑料标准化技术委员会	黎明化工研究设计院有限责任公司	2020年第一批推荐性国家标准计划
8	332	20201409—T—604	密封元件为弹性体材料的旋转轴唇形密封圈第6部分：弹性体材料规范	推荐	制定			24	中国机械工业联合会	全国液压气动标准化技术委员会	西北橡胶塑料研究设计院有限公司等	2020年第一批推荐性国家标准计划
9	340	20201747—T—606	塑料　环氧树脂　1,2-乙二醇含量的测定	推荐	制定		ISO 21048:2014	24	中国石油和化学工业联合会	全国塑料标准化技术委员会	山东圣泉新材料股份有限公司、中国石化集团资产经营管理有限公司巴陵石化分公司、南通星辰合成材料有限公司	2020年第一批推荐性国家标准计划
10	353	20201770—T—303	温室气体排放核算与报告要求　第10部分：化工生产企业	推荐	修订	GB/T 32151.10—2015		12	国家发展和改革委员会	全国碳排放管理标准化技术委员会	中国标准化研究院、国家应对气候变化战略研究和国际合作中心等	2020年第一批推荐性国家标准计划
11	11	20202471—T—606	塑料　热固性模塑料　升温时短暂性能的评价	推荐	制定		ISO 11248:1993	18	中国石油和化学工业联合会	全国塑料标准化技术委员会	上海富晨化工有限公司、浙江晨诺高分子材料有限公司	2020年第二批推荐性国家标准计划

续表

序号	原序号	计划编号	项目名称	标准性质	制修订	代替标准号	采用国际标准	项目周期（月）	主管部门	归口单位	起草单位	公布号
12	12	20202472—T—607	给水用连续玻纤带缠绕增强聚乙烯复合管	推荐	制定			18	中国轻工业联合会	全国塑料标准化技术委员会	广东联塑科技实业有限公司、上海邦临机械设备有限公司	2020 年第二批推荐性国家标准计划
13	13	20202473—T—606	塑料　含氟聚合物分散体模塑和挤出材料　第 1 部分：命名系统和分类基础	推荐	制定		ISO 20568—1:2017	18	中国石油和化学工业联合会	全国塑料标准化技术委员会	上海三爱富新材料科技有限公司、山东华夏神舟新材料有限公司、中蓝晨光成都检测技术有限公司	2020 年第二批推荐性国家标准计划
14	14	20202474—T—606	塑料　环氧树脂　利用差示扫描量热法进行交联环氧树脂的交联度测定	推荐	制定		ISO 14322:2018	18	中国石油和化学工业联合会	全国塑料标准化技术委员会	中国石化集团资产经营管理有限公司巴陵石化分公司、山东圣泉新材料股份有限公司、上海富晨化工有限公司、浙江晨诺高分子材料有限公司	2020 年第二批推荐性国家标准计划
15	15	20202475—T—606	塑料　环氧树脂　第 2 部分：试样制备和交联环氧树脂的性能测定	推荐	制定		ISO 3673—2:2012	18	中国石油和化学工业联合会	全国塑料标准化技术委员会	中国石化集团资产经营管理有限公司巴陵石化分公司、上海富晨化工有限公司、浙江晨诺高分子材料有限公司	2020 年第二批推荐性国家标准计划
16	16	20202476—T—606	塑料　聚合物分散体　游离甲醛的测定	推荐	制定		ISO 15373:2001	18	中国石油和化学工业联合会	全国塑料标准化技术委员会	中蓝晨光成都检测技术有限公司、广州质量监督检测研究院	2020 年第二批推荐性国家标准计划

续表

序号	原序号	计划编号	项目名称	标准性质	制修订	代替标准号	采用国际标准	项目周期（月）	主管部门	归口单位	起草单位	公布号
17	17	20202477—T—606	塑料　含氟聚合物分散体模塑和挤出材料　第2部分:试样制备和性能测定	推荐	制定		ISO 205682:2017	18	中国石油和化学工业联合会	全国塑料标准化技术委员会	山东华夏神舟新材料有限公司、上海三爱富新材料科技有限公司、中蓝晨光成都检测技术有限公司	2020年第二批推荐性国家标准计划
18	19	20202479—T—606	塑料/橡胶　聚合物分散体和合成橡胶胶乳 冻融循环稳定性试验	推荐	制定		ISO 1147:1995	18	中国石油和化学工业联合会	全国塑料标准化技术委员会	广州质量监督检测研究院、中蓝晨光化工研究设计院有限公司	2020年第二批推荐性国家标准计划
19	20	20202480—T—606	塑料　环氧树脂试验方法	推荐	制定		ISO 18280:2010	18	中国石油和化学工业联合会	全国塑料标准化技术委员会	南通星辰合成材料有限公司、上海富晨化工有限公司、浙江晨诺高分子材料有限公司	2020年第二批推荐性国家标准计划
20	21	20202481—T—606	塑料　聚合物分散体筛余物的测定（粗粒和凝固物含量）	推荐	制定		ISO 4576:1996	18	中国石油和化学工业联合会	全国塑料标准化技术委员会	中蓝晨光化工研究设计院有限公司	2020年第二批推荐性国家标准计划
21	22	20202482—T—606	塑料　乙烯/乙烯醇（EVOH）共聚物模塑和挤塑材料第1部分:命名系统和分类基础	推荐	制定		ISO 213091:2019	18	中国石油和化学工业联合会	全国塑料标准化技术委员会	北京燕山石化高科技术有限责任公司、中蓝晨光化工研究设计院有限公司、中国石化集团重庆川维化工有限公司	2020年第二批推荐性国家标准计划

续表

序号	原序号	计划编号	项目名称	标准性质	制修订	代替标准号	采用国际标准	项目周期（月）	主管部门	归口单位	起草单位	公布号
22	23	20202483—T—606	塑料　拉伸-拉伸疲劳裂纹扩展的测定 线性弹性断裂力学（LEFM）法	推荐	制定		ISO 15850:2014	18	中国石油和化学工业联合会	全国塑料标准化技术委员会	中国石油化工股份有限公司北京化工研究院、中蓝晨光化工研究设计院有限公司	2020 年第二批推荐性国家标准计划
23	24	20202484—T—606	塑料　乙烯/乙烯醇（EVOH）共聚物模塑和挤出材料　第 2 部分：试样制备和性能测定	推荐	制定		ISO 213092:2019	18	中国石油和化学工业联合会	全国塑料标准化技术委员会	北京燕山石化高科技术有限责任公司、中蓝晨光化工研究设计院有限公司、中国石化集团重庆川维化工有限公司	2020 年第二批推荐性国家标准计划
24	25	20202485—T—606	塑料　用 FTIR 和 UV/可见光谱评估聚合物光老化的方法	推荐	制定		ISO 10640:2011	18	中国石油和化学工业联合会	全国塑料标准化技术委员会	江南大学、中蓝晨光成都检测技术有限公司	2020 年第二批推荐性国家标准计划
25	26	20202486—T—606	塑料　含酸性沉积物的人工风化	推荐	制定		ISO 29664:2010	18	中国石油和化学工业联合会	全国塑料标准化技术委员会	广州质量监督检测研究院、中蓝晨光化工研究设计院有限公司	2020 年第二批推荐性国家标准计划
26	27	20202487—T—606	塑料　划痕性能的测定	推荐	制定		ISO 19252:2008	18	中国石油和化学工业联合会	全国塑料标准化技术委员会	中蓝晨光成都检测技术有限公司、成都产品质量检验研究院有限责任公司	2020 年第二批推荐性国家标准计划

续表

序号	原序号	计划编号	项目名称	标准性质	制修订	代替标准号	采用国际标准	项目周期（月）	主管部门	归口单位	起草单位	公布号
27	28	20202488—T—606	塑料　断裂韧性的测定（G1c 和 K1c）线弹性断裂力学（LEFM）法	推荐	制定		ISO 135862018	18	中国石油和化学工业联合会	全国塑料标准化技术委员会	中国石油化工股份有限公司北京化工研究院、中蓝晨光化工研究设计院有限公司	2020 年第二批推荐性国家标准计划
28	29	20202489—T—606	塑料　燃烧性能　纤维增强聚合物复合材料的中等规模耐火性测试	推荐	制定		ISO 30021:2013	18	中国石油和化学工业联合会	全国塑料标准化技术委员会	中国石油化工股份有限公司北京化工研究院、中蓝晨光成都检测技术有限公司	2020 年第二批推荐性国家标准计划
29	30	20202490—T—606	塑料　柔性材料扭曲刚度的测定　第 1 部分：通用方法	推荐	制定		ISO 458—1:1985	18	中国石油和化学工业联合会	全国塑料标准化技术委员会	中蓝晨光成都检测技术有限公司、广州质量监督检测研究院	2020 年第二批推荐性国家标准计划
30	31	20202491—T—606	塑料　通过氧指数测定其燃烧性　第 3 部分：高温试验	推荐	制定		ISO 4589—3:2017	18	中国石油和化学工业联合会	全国塑料标准化技术委员会	南京江宁分析仪器有限公司、中蓝晨光成都检测技术有限公司	2020 年第二批推荐性国家标准计划
31	32	20202492—T—606	塑料　蠕变性能的测定　第 2 部分：用三点载荷测定弯曲蠕变	推荐	制定		ISO 899—2:2003	18	中国石油和化学工业联合会	全国塑料标准化技术委员会	北京燕山石化高科技术有限责任公司、中蓝晨光化工研究设计院有限公司	2020 年第二批推荐性国家标准计划

续表

序号	原序号	计划编号	项目名称	标准性质	制修订	代替标准号	采用国际标准	项目周期（月）	主管部门	归口单位	起草单位	公布号
32	33	20202493—T—606	塑料　预浸料　术语定义和命名符号	推荐	制定		ISO 8604:1988	18	中国石油和化学工业联合会	全国塑料标准化技术委员会	中蓝晨光成都检测技术有限公司、中国石油天然气股份有限公司炼油与化工分公司	2020 年第二批推荐性国家标准计划
33	34	20202494—T—606	塑料　差示扫描量热法（DSC）　第 5 部分:特征反应曲线温度和时间、反应焓和转化度的测定	推荐	制定		ISO 113575:2013	18	中国石油和化学工业联合会	全国塑料标准化技术委员会	中蓝晨光成都检测技术有限公司、广州质量监督检测研究院	2020 年第二批推荐性国家标准计划
34	35	20202495—T—606	塑料　柔性材料扭曲刚度的测定　第 2 部分:适宜于氯乙烯的均聚物和共聚物的增塑物	推荐	制定		ISO 458—2:1985	18	中国石油和化学工业联合会	全国塑料标准化技术委员会	广州质量监督检测研究院、中蓝晨光成都检测技术有限公司	2020 年第二批推荐性国家标准计划
35	36	20202496—T—606	塑料　环氧树脂　测定水树脂萃取物电导率	推荐	制定		ISO 21318:2007	18	中国石油和化学工业联合会	全国塑料标准化技术委员会	山东圣泉新材料股份有限公司、南通星辰合成材料有限公司、中蓝晨光成都检测技术有限公司等	2020 年第二批推荐性国家标准计划

续表

序号	原序号	计划编号	项目名称	标准性质	制修订	代替标准号	采用国际标准	项目周期（月）	主管部门	归口单位	起草单位	公布号
36	37	20202497—T—606	塑料　薄膜和薄片垂直燃烧蔓延的测定	推荐	制定		ISO 12992:2017	18	中国石油和化学工业联合会	全国塑料标准化技术委员会	中蓝晨光成都检测技术有限公司、广州质量监督检测研究院	2020 年第二批推荐性国家标准计划
37	38	20202498—T—609	纤维增强塑料复合材料层合板厚度方向性能的测定　第2部分：碳纤维单向层合板的弯曲试验测定弹性模量、强度和威布尔尺寸效应	推荐	制定		ISO 20975—2:2018	18	中国建筑材料联合会	全国纤维增强塑料标准化技术委员会	北京玻璃钢研究设计院有限公司	2020 年第二批推荐性国家标准计划
38	40	20202500—T—609	纤维增强塑料复合材料用剪切框测定平面内剪切应力/剪切应变响应和剪切模量的试验方法	推荐	制定		ISO 20337:2018	12	中国建筑材料联合会	全国纤维增强塑料标准化技术委员会	北京玻璃钢研究设计院有限公司	2020 年第二批推荐性国家标准计划
39	42	20202502—T—606	密封元件为弹性体材料的旋转轴唇形密封圈　第1部分：尺寸和公差	推荐	修订	GB/T 13871.1—2007	ISO 6194—1:2007	18	中国石油和化学工业联合会	全国橡胶与橡胶制品标准化技术委员会	青岛北海密封技术有限公司、西北橡胶塑料研究设计院有限公司	2020 年第二批推荐性国家标准计划

续表

序号	原序号	计划编号	项目名称	标准性质	制修订	代替标准号	采用国际标准	项目周期（月）	主管部门	归口单位	起草单位	公布号
40	56	20202516—T—609	纤维增强塑料　双梁法测定层间剪切强度和模量	推荐	制定		ISO 19927:2018	12	中国建筑材料联合会	全国纤维增强塑料标准化技术委员会	北京玻璃钢研究设计院有限公司	2020 年第二批推荐性国家标准计划
41	101	20202561—T—469	塑料　在实验室模拟堆肥条件下塑料材料崩解性能的测定	推荐	制定		ISO 20200:2015	18	国家标准化管理委员会	全国生物基材料及降解制品标准化技术委员会	国家塑料制品质量监督检验中心(北京)	2020 年第二批推荐性国家标准计划
42	110	20202570—T—607	人造革合成革试验方法潜在酚黄变的测定	推荐	制定			18	中国轻工业联合会	全国塑料制品标准化技术委员会	浙江深蓝新材料科技有限公司、浙江禾欣新材料有限公司、安徽安利材料科技股份有限公司、上海华峰超纤材料股份有限公司、昆山协孚新材料股份有限公司、昆山阿基里斯人造皮有限公司、无锡双象超纤材料股份有限公司、清远市齐力合成革有限公司、江苏华峰超纤材料有限公司	2020 年第二批推荐性国家标准计划
43	111	20202571—T—607	硬质聚氯乙烯板材　分类、尺寸和性能　第 1 部分:厚度 1mm 以上板材	推荐	修订	GB/T 22789.1—2008	ISO 11833—1:2019	18	中国轻工业联合会	全国塑料制品标准化技术委员会	北京工商大学等	2020 年第二批推荐性国家标准计划

续表

序号	原序号	计划编号	项目名称	标准性质	制修订	代替标准号	采用国际标准	项目周期（月）	主管部门	归口单位	起草单位	公布号
44	182	20202642—T—607	油墨干燥检验方法	推荐	制定			24	中国轻工业联合会	全国油墨标准化技术委员会	苏州科斯伍德油墨有限公司	2020年第二批推荐性国家标准计划
45	183	20202643—T—469	塑料　暴露于海洋沉积物中非漂浮材料最终需氧生物分解能力的测定　通过分析释放的二氧化碳的方法	推荐	制定		ISO 22404:2019	18	国家标准化管理委员会	全国生物基材料及降解制品标准化技术委员会	北京工商大学、浙江钧科新材料有限公司、重庆市联发塑料科技股份有限公司、彤程化学（中国）有限公司、宁波家联科技股份有限公司、国家塑料制品质量监督检验中心（北京）等	2020年第二批推荐性国家标准计划
46	185	20202645—T—607	聚烯烃冷拉伸套筒膜	推荐	制定			24	中国轻工业联合会	全国塑料制品标准化技术委员会	中轻联（大连）包装研究院有限公司、深圳天望科技有限公司、大连华诺塑胶科技有限公司技术中心、深圳市高分子行业协会等	2020年第二批推荐性国家标准计划
47	194	20202654—T—607	给水用硬聚氯乙烯（PVC-U）管件	推荐	修订	GB/T 10002.1—2006	ISO 1452—3:2009	18	中国轻工业联合会	全国塑料制品标准化技术委员会	成都川路塑胶集团有限公司	2021年第二批推荐性国家标准计划
48	197	20202657—T—469	塑料　海水沉沙界面非漂浮塑料材料最终需氧生物分解能力的测定　通过测定密闭呼吸计内耗氧量的方法	推荐	制定		ISO 18830:2016	18	国家标准化管理委员会	全国生物基材料及降解制品标准化技术委员会	全国生物基材料及降解制品标准化技术委员会、国家塑料制品质量监督检验中心（北京）	2020年第二批推荐性国家标准计划

续表

序号	原序号	计划编号	项目名称	标准性质	制修订	代替标准号	采用国际标准	项目周期（月）	主管部门	归口单位	起草单位	公布号
49	198	20202658—T—469	塑料　海水沉沙界面非漂浮塑料材料最终需氧生物分解能力的测定　通过测定释放二氧化碳的方法	推荐	制定		ISO 19679:2016	18	国家标准化管理委员会	全国生物基材料及降解制品标准化技术委员会	全国生物基材料及降解制品标准化技术委员会、国家塑料制品质量监督检验中心(北京)	2020 年第二批推荐性国家标准计划
50	268	20202728—T—607	给水用硬聚氯乙烯(PVC-U)管材	推荐	修订	GB/T 10002. 1—2006	ISO 1452—2:2009	18	中国轻工业联合会	全国塑料制品标准化技术委员会	成都川路塑胶集团有限公司	2020 年第二批推荐性国家标准计划
51	278	20202738—T—469	分离膜孔径测试方法　气体渗透法	推荐	制定			24	国家标准化管理委员会	全国分离膜标准化技术委员会	中国科学院大连化学和物理研究所、天津大学、天津膜天膜工程技术有限公司	2020 年第二批推荐性国家标准计划
52	280	20202740—T—469	多孔疏水膜的疏水性能测试方法	推荐	制定			24	国家标准化管理委员会	全国分离膜标准化技术委员会	天津工业大学、天津海之凰科技公司、北京中环膜公司、杭州安诺过滤器材有限公司、天津洁海瑞泉公司、上海凯鑫分离技术股份有限公司、天津膜天膜工程技术有限公司	2020 年第二批推荐性国家标准计划

续表

序号	原序号	计划编号	项目名称	标准性质	制修订	代替标准号	采用国际标准	项目周期（月）	主管部门	归口单位	起草单位	公布号
53	282	20202742—T—469	再制造节能减排评价指标及计算方法	推荐	制定			24	国家标准化管理委员会	全国绿色制造技术标准化技术委员会	装备再制造技术国防科技重点实验室、合肥工业大学、河北京津冀再制造产业技术研究有限公司、机械产品再制造国家工程研究中心、中机生产力促进中心、中国重汽集团济南复强动力有限公司等	
54	297	20202757—T—604	电气绝缘用树脂基活性复合物 第9部分：电缆附件用树脂	推荐	制定		IEC 60455—38：2013	18	中国电器工业协会	全国绝缘材料标准化技术委员会	苏州太湖电工新材料股份有限公司、桂林电器科学研究院有限公司、浙江荣泰科技企业有限公司、苏州巨峰电气绝缘系统股份有限公司、四川东材科技集团股份有限公司、西安西电电工材料有限责任公司、上海同立电工材料有限公司等	2020年第二批推荐性国家标准计划
55	348	20202808—T—607	硬质聚氯乙烯板材分类、尺寸和性能 第2部分：厚度1mm以下板材	推荐	制定		ISO 11833—2：1998	18	中国轻工业联合会	全国塑料制品标准化技术委员会	北京工商大学等	2020年第二批推荐性国家标准计划

续表

序号	原序号	计划编号	项目名称	标准性质	制修订	代替标准号	采用国际标准	项目周期（月）	主管部门	归口单位	起草单位	公布号
56	364	20202824—T—608	海洋离岸平台用纤维绳聚酯纤维绳索	推荐	制定		ISO 18692:2007	18	中国纺织工业联合会	全国纺织品标准化技术委员会	农业部绳索网具产品质量监督检验测试中心、鲁普耐特集团有限公司、南通神龙化纤绳业有限公司、浙江海轮绳网有限公司、浙江海轮绳网有限公司、九力绳缆有限公司、浙江四兄绳业有限公司、浙江尤夫高新纤维股份有限公司、浙江古纤道新材料股份有限公司、徐州恒辉编织机械有限公司、中国产业用纺织品行业协会、上海市纺织工业技术监督所、上海交通大学、中国船舶重工708所、中国船舶重工702所、中海油田服务股份有限公司、中国国际海运集装箱（集团）股份有限公司、上海振华重工集团股份有限公司	2020年第二批推荐性国家标准计划
57	381	20202841—T—606	化工用塑料焊接制承压设备检验方法　第5部分：衍射时差法超声检测	推荐	制定			24	中国石油和化学工业联合会	全国非金属化工设备标准化技术委员会	宁波市特种设备检验研究院、河南省锅炉压力容器安全检测研究院、天津市特种设备监督检验技术研究院、上海市特种设备监督检验技术研究院、江苏省特种设备安全监督检验研究院、温州赵氟隆有限公司	

续表

序号	原序号	计划编号	项目名称	标准性质	制修订	代替标准号	采用国际标准	项目周期（月）	主管部门	归口单位	起草单位	公布号
58	383	20202843—T—606	化工用设备渗透性检测方法　第3部分：塑料及其衬里设备	推荐	制定			24	中国石油和化学工业联合会	全国非金属化工设备标准化技术委员会	国家塑料制品质量监督检验中心（福州）、四川省特种设备检验研究院、温州赵氟隆有限公司、上海市特种设备监督检验技术研究院、上海沃泰科流体设备有限公司	2020年第二批推荐性国家标准计划
59	390	20202850—T—604	电气用热固性树脂工业硬质层压板　第12部分：典型值	推荐	制定		ASTMD 539707（2012）	12	中国电器工业协会	全国绝缘材料标准化技术委员会	桂林电器科学研究院有限公司、西安西电电工材料有限责任公司、四川东材科技集团股份有限公司、北京新福润达绝缘材料有限公司等	2020年第二批推荐性国家标准计划
60	391	20202851—T—607	聚烯烃土工膜耐应力开裂性能的评价　切口恒定拉伸负荷法	推荐	制定			24	中国轻工业联合会	全国塑料标准化技术委员会	国家化学建筑材料测试中心（材料　测试部）、北京工商大学、国家塑料制品质量监督检验中心（北京）	2020年第二批推荐性国家标准计划
61	393	20202853—T—604	光学和光子学　光学薄膜第×部分：激光光学薄膜基本要求	推荐	制定		ISO 9211—8:2018	18	中国机械工业联合会	全国光学和光子学标准化技术委员会	中国科学院大连化学物理研究所	2020年第二批推荐性国家标准计划

续表

序号	原序号	计划编号	项目名称	标准性质	制修订	代替标准号	采用国际标准	项目周期（月）	主管部门	归口单位	起草单位	公布号
62	396	20202856—T—604	光学和光子学 光学薄膜第×部分：反射膜基本要求	推荐	制定		ISO 9211—6:2018	18	中国机械工业联合会	全国光学和光子学标准化技术委员会	沈阳仪表科学研究院有限公司、大连化学物理研究所、同济大学、浙江大学等	2020 年第二批推荐性国家标准计划
63	398	20202858—T—604	光学和光子学 光学薄膜第×部分：中性分束膜基本要求	推荐	制定		ISO 9211—7:2018	18	中国机械工业联合会	全国光学和光子学标准化技术委员会	沈阳仪表科学研究院有限公司、大连化学物理研究所、同济大学、浙江大学等	2020 年第二批推荐性国家标准计划
64	400	20202860—T—604	光学和光子学 光学薄膜第×部分：减反射膜基本要求	推荐	制定		ISO 9211—5:2018	18	中国机械工业联合会	全国光学和光子学标准化技术委员会	沈阳仪表科学研究院有限公司、大连化学物理研究所、同济大学、浙江大学等	2020 年第二批推荐性国家标准计划
65	454	20202914—T—609	碳纤维增强复合材料耐湿热性能评价方法	推荐	制定			24	中国建筑材料联合会	全国纤维增强塑料标准化技术委员会	哈尔滨工业大学、中冶建筑研究总院有限公司	2020 年第二批推荐性国家标准计划
66	485	20202945—T—339	电子和电气设备用连接器产品要求第 8-100 部分：电源连接器 2 芯、3 芯 20 A 功率加 2 芯信号塑料外壳屏蔽密封连接器详细规范	推荐	制定		IEC 61076—8—100	18	工业和信息化部（电子）	全国电子设备用机电元件标准化技术委员会	中航光电科技股份有限公司、全国电子设备用机电元件标准化技术委员会、奇瑞新能源汽车技术有限公司、安徽江淮汽车集团股份有限公司	2020 年第二批推荐性国家标准计划

续表

序号	原序号	计划编号	项目名称	标准性质	制修订	代替标准号	采用国际标准	项目周期（月）	主管部门	归口单位	起草单位	公布号
67	497	20202957—T—469	塑料　生物基塑料的碳足迹和环境足迹　第1部分：通则	推荐	制定		ISO/FDIS 225261：2019(E)	18	国家标准化管理委员会	全国生物基材料及降解制品标准化技术委员会	北京工商大学、重庆市联发塑料科技股份有限公司、浙江钧科新材料有限公司、彤程化学（中国）有限公司、宁波家联科技股份有限公司、国家塑料制品质量监督检验中心（北京）等	2020年第二批推荐性国家标准计划
68	20	20203607—T—606	橡胶或塑料涂覆织物　加速老化试验	推荐	制定	GB/T 24135—2009	ISO 1419：2019	18	中国石油和化学工业联合会	全国橡胶与橡胶制品标准化技术委员会	沈阳第四橡胶（厂）有限公司、沈阳橡胶研究设计院有限公司	2020年第三批推荐性国家标准计划
69	24	20203611—T—606	橡胶或塑料涂覆织物　物理和机械试验　挠度仪法测定耐曲挠性	推荐	制定		ISO 32100：2018	18	中国石油和化学工业联合会	全国橡胶与橡胶制品标准化技术委员会	沈阳橡胶研究设计院有限公司、烟台桑尼橡胶有限公司	2020年第三批推荐性国家标准计划
70	25	20203612—T—606	塑料与其他无孔表面抗菌性能的测定	推荐	修订	GB/T 31402—2015	ISO 22196：2011	18	中国石油和化学工业联合会	全国塑料标准化技术委员会	广东省微生物研究所（广东省微生物分析检测中心）、广东迪美生物技术有限公司、广州合成材料研究院有限公司	2020年第三批推荐性国家标准计划

续表

序号	原序号	计划编号	项目名称	标准性质	制修订	代替标准号	采用国际标准	项目周期（月）	主管部门	归口单位	起草单位	公布号
71	26	20203613—T—606	柔性多孔聚合物材料在潮湿条件下压缩永久变形的测定	推荐	制定		ISO 13362:2000	18	中国石油和化学工业联合会	全国橡胶与橡胶制品标准化技术委员会	山东一诺威聚氨酯股份有限公司、陕西长美科技有限责任公司、泰州前进科技有限公司	2020 年第三批推荐性国家标准计划
72	27	20203614—T—606	塑料　导热系数和热扩散系数的测定　第 3 部分：温度波分析方法	推荐	制定		ISO 220073:2008	18	中国石油和化学工业联合会	全国塑料标准化技术委员会	中蓝晨光化工研究设计院有限公司等	2020 年第三批推荐性国家标准计划
73	28	20203615—T—606	塑料　导热系数和热扩散系数的测定　第 6 部分：采用温度调制技术比较低热导率的方法	推荐	制定		ISO 22007—6:2014	18	中国石油和化学工业联合会	全国塑料标准化技术委员会	中蓝晨光成都检测技术有限公司等	2020 年第三批推荐性国家标准计划
74	29	20203616—T—606	塑料　耐环境应力开裂（ESC）的测定　第 2 部分：恒定拉伸负荷法	推荐	制定		ISO 22088—2:2006	18	中国石油和化学工业联合会	全国塑料标准化技术委员会	中蓝晨光成都检测技术有限公司等	2020 年第三批推荐性国家标准计划
75	30	20203617—T—606	塑料　耐环境应力开裂（ESC）的测定　第 3 部分：弯曲条法	推荐	制定		ISO 22088—3:2006	18	中国石油和化学工业联合会	全国塑料标准化技术委员会	中蓝晨光化工研究设计院有限公司等	2020 年第三批推荐性国家标准计划

续表

序号	原序号	计划编号	项目名称	标准性质	制修订	代替标准号	采用国际标准	项目周期（月）	主管部门	归口单位	起草单位	公布号
76	31	20203618—T—606	塑料 耐环境应力开裂(ESC)的测定 第5部分:恒定拉伸变形法	推荐	制定		ISO 22088—5:2006	18	中国石油和化学工业联合会	全国塑料标准化技术委员会	中蓝晨光化工有限公司等	2020年第三批推荐性国家标准计划
77	32	20203619—T—606	塑料 耐环境应力开裂(ESC)的测定 第6部分:慢应变速率法	推荐	制定		ISO 22088—6:2006	18	中国石油和化学工业联合会	全国塑料标准化技术委员会	中蓝晨光化工有限公司等	2020年第三批推荐性国家标准计划
78	33	20203620—T—606	塑料 耐环境应力开裂(ESC)的测定 第1部分:通用指南	推荐	制定		ISO 22088—1:2006	18	中国石油和化学工业联合会	全国塑料标准化技术委员会	中蓝晨光成都检测技术有限公司等	2020年第三批推荐性国家标准计划
79	34	20203621—T—606	塑料 耐环境应力开裂(ESC)的测定 第4部分:圆球或顶针插入法	推荐	制定		ISO 22088—4:2006	18	中国石油和化学工业联合会	全国塑料标准化技术委员会	中蓝晨光化工研究设计院有限公司等	2020年第三批推荐性国家标准计划
80	35	20203622—T—606	塑料 烟雾产生 火焰效应腐蚀性的测定 第4部分:使用热辐射式加热器的动态分解法	推荐	制定		ISO 11907—4:1998	18	中国石油和化学工业联合会	全国塑料标准化技术委员会	广州质量监督检测研究院、中蓝晨光成都检测技术有限公司	2020年第三批推荐性国家标准计划

续表

序号	原序号	计划编号	项目名称	标准性质	制修订	代替标准号	采用国际标准	项目周期（月）	主管部门	归口单位	起草单位	公布号
81	36	20203623—T—606	塑料　动态力学性能的测定　第4部分：拉伸振动非共振法	推荐	制定		ISO 6721—4:2019	18	中国石油和化学工业联合会	全国塑料标准化技术委员会	广州质量监督检测研究院、中蓝晨光成都检测技术有限公司	2020年第三批推荐性国家标准计划
82	37	20203624—T—606	塑料　动态力学性能的测定　第11部分：玻璃化转变温度	推荐	制定		ISO 6721—11:2019	18	中国石油和化学工业联合会	全国塑料标准化技术委员会	中蓝晨光成都检测技术有限公司、广州质量监督检测研究院	2020年第三批推荐性国家标准计划
83	38	20203625—T—606	硫化橡胶或热塑性橡胶硬度的测定　第7部分：邵尔硬度法测定胶辊的表观硬度	推荐	制定		ISO 48—7:2018	18	中国石油和化学工业联合会	全国橡胶与橡胶制品标准化技术委员会	浙江峥嵘辊业有限公司、苏州市宝苏矿冶设备有限公司、衡水市橡胶总厂有限公司、衡橡科技股份有限公司、南京东润特种橡塑有限公司、浙江富铭工业机械有限公司、河北铁科翼辰新材科技有限公司	2020年第三批推荐性国家标准计划
84	39	20203626—T—606	塑料　动态力学性能的测定　第5部分：弯曲振动非共振法	推荐	制定		ISO 6721—5:2019	18	中国石油和化学工业联合会	全国塑料标准化技术委员会	中蓝晨光成都检测技术有限公司、广州质量监督检测研究院	2020年第三批推荐性国家标准计划
85	40	20203627—T—606	塑料　动态力学性能的测定　第7部分：扭摆振动非共振法	推荐	制定		ISO 6721—7:2019	18	中国石油和化学工业联合会	全国塑料标准化技术委员会	广州质量监督检测研究院、中蓝晨光成都检测技术有限公司	2020年第三批推荐性国家标准计划

续表

序号	原序号	计划编号	项目名称	标准性质	制修订	代替标准号	采用国际标准	项目周期（月）	主管部门	归口单位	起草单位	公布号
86	41	20203628—T—606	硫化橡胶或热塑性橡胶硬度的测定　第8部分：赵氏硬度（P&J）法测定胶辊的表观硬度	推荐	制定		ISO 48—8:2018	18	中国石油和化学工业联合会	全国塑料标准化技术委员会	广州德润橡胶制品有限公司、浙江峥嵘辊业有限公司、衡水市橡胶总厂有限公司、浙江富铭工业机械有限公司、河北铁科翼辰新材科技有限公司	2020年第三批推荐性国家标准计划
87	42	20203629—T—606	塑料　烟雾产生　火焰效应腐蚀性的测定　第1部分：指南	推荐	制定		ISO 11907—1:2019	18	中国石油和化学工业联合会	全国塑料标准化技术委员会	中蓝晨光成都检测技术有限公司、广州质量监督检测研究院	2020年第三批推荐性国家标准计划
88	43	20203630—T—606	塑料和无孔表面抗病毒活性的测定	推荐	制定		ISO 21702:2019	18	中国石油和化学工业联合会	全国塑料标准化技术委员会	广东省微生物研究所（广东省微生物分析检测中心）、广东迪美生物技术有限公司、广州合成材料研究院有限公司	2020年第三批推荐性国家标准计划
89	44	20203631—T—606	建筑用橡胶结构密封垫	推荐	制定	GB/T 23661—2009	ISO 5892:2013	12	中国石油和化学工业联合会	全国塑料标准化技术委员会	江阴海达橡塑股份有限公司、西北橡胶塑料研究设计院有限公司等	2020年第三批推荐性国家标准计划
90	45	20203632—T—606	塑料　动态力学性能的测定　第6部分：剪切振动　非共振法	推荐	制定		ISO 6721—6:2019	18	中国石油和化学工业联合会	全国塑料标准化技术委员会	中蓝晨光成都检测技术有限公司、山东非金属材料研究所	2020年第三批推荐性国家标准计划

续表

序号	原序号	计划编号	项目名称	标准性质	制修订	代替标准号	采用国际标准	项目周期（月）	主管部门	归口单位	起草单位	公布号
91	72	20203659—T—469	微滤膜除菌过滤系统技术规范	推荐	制定			24	国家标准化管理委员会	全国分离膜标准化技术委员会	上海一鸣过滤技术有限公司、杭州安诺过滤器材有限公司、辰欣药业股份有限公司、哈药集团制药总厂、核工业第四研究设计工程有限公司、伊犁川宁生物技术有限公司、天津膜天膜工程技术有限公司	2020年第三批推荐性国家标准计划
92	76	20203663—T—606	橡胶塑料注射成型机安全要求	推荐	修订	GB 22530—2008	ISO 20430:2020	18	中国石油和化学工业联合会	全国橡胶塑料机械标准化技术委员会	海天塑机集团有限公司、余姚华泰橡塑机械有限公司、广东伊之密精密注压科技有限公司、泰瑞机器股份有限公司、博创智能装备股份有限公司、皮尔磁工业自动化（上海）有限公司、莱茵技术（上海）有限公司、山东通佳重工有限公司、阿博格机械（上海）有限公司、广东佳明机器有限公司、深圳领威科技有限公司、欧姆龙自动化（中国）有限公司、广州市西克传感器有限公司、浙江申达机器制造股份有限公司、东华机械有限公	2020年第三批推荐性国家标准计划

续表

序号	原序号	计划编号	项目名称	标准性质	制修订	代替标准号	采用国际标准	项目周期（月）	主管部门	归口单位	起草单位	公布号
92	76	20203663—T—606	橡胶塑料注射成型机安全要求	推荐	修订	GB 22530—2008	ISO 20430:2020	18	中国石油和化学工业联合会	全国橡胶塑料机械标准化技术委员会	司、佛山市顺德区震德塑料机械有限公司、北京橡胶工业研究设计院、宁波博纳机械有限公司、国家塑料机械产品质量监督检验中心、中国塑料机械工业协会	2020 年第三批推荐性国家标准计划
93	121	20203708—T—609	聚合物基复合材料多向层合板无缺口压缩试验方法	推荐	制定			12	中国建筑材料联合会	全国纤维增强塑料标准化技术委员会	中国航发北京航空材料研究院	2020 年第三批推荐性国家标准计划
94	127	20203714—T—606	橡胶或塑料软管及软管组合件无曲挠液压脉冲试验	推荐	修订	GB/T 5568—2013	ISO 6803:2017	18	中国石油和化学工业联合会	全国橡胶塑料机械标准化技术委员会	沈阳橡胶研究设计院有限公司	2020 年第三批推荐性国家标准计划
95	128	20203715—T—606	塑料　符号和缩略语　第 1 部分：基础聚合物及其特征性能	推荐	修订	GB/T 1844.1—2008	ISO 1043—1:2011	18	中国石油和化学工业联合会	全国塑料标准化技术委员会	中蓝晨光成都检测技术有限公司等	2020 年第三批推荐性国家标准计划
96	135	20203722—T—469	膜曝气生物膜反应器（MABR）中空纤维膜组件	推荐	制定			24	国家标准化管理委员会	全国分离膜标准化技术委员会	天津海之凰科技有限公司、天津膜天膜科技股份有限公司、天津海之凰环境科技有限公司、天津大学	2020 年第三批推荐性国家标准计划

续表

序号	原序号	计划编号	项目名称	标准性质	制修订	代替标准号	采用国际标准	项目周期（月）	主管部门	归口单位	起草单位	公布号
97	139	20203726—T—609	水处理装置用复合材料罐	推荐	修订	GB/T 26747—2011		18	中国建筑材料联合会	全国纤维增强塑料标准化技术委员会	河北省多基复合材料产业技术研究院有限公司、北京玻璃钢研究设计院有限公司、江苏开能华宇环保设备有限公司、朝阳容鑫泰环保设备有限公司	2020年第三批推荐性国家标准计划
98	144	20203731—T—609	建筑用绝热制品　六溴环十二烷的限值	推荐	制定			24	中国建筑材料联合会	全国绝热材料标准化技术委员会	南京玻璃纤维研究设计院有限公司	2020年第三批推荐性国家标准计划
99	164	20203751—T—604	增材制造　设计　高分子材料激光粉末床熔融	推荐	制定		ISO/ASTM 52911—2:2019	18	中国机械工业联合会	全国增材制造标准化技术委员会	中机生产力促进中心、山东创瑞增材制造产业技术研究院有限公司、北京机科国创轻量化科学研究院有限公司等	2020年第三批推荐性国家标准计划
100	231	20203818—T—469	城市垃圾收集装置设置通用要求	推荐	制定			24	国家标准化管理委员会	全国城市公共设施服务标准化技术委员会	北京市标准化研究院、北京节能环保促进会、北京科技大学、河北省标准化研究院、天津市标准化研究院、北京正河山标准化咨询事务所	2020年第三批推荐性国家标准计划

续表

序号	原序号	计划编号	项目名称	标准性质	制修订	代替标准号	采用国际标准	项目周期（月）	主管部门	归口单位	起草单位	公布号
101	235	20203822—T—450	铺地材料的燃烧性能测定——辐射热源法	推荐	修订	GB/T 11785—2005	ISO 9239—1:2010	18	应急管理部	全国消防标准化技术委员会	应急管理部四川消防研究所	2020 年第三批推荐性国家标准计划
102	325	20203912—T—469	供应链安全管理体系规范	推荐	制定		ISO 28000:2007	18	国家标准化管理委员会	全国公共安全基础标准化技术委员会	江苏省质量和标准化研究院、南京医药股份有限公司、中国标准化研究院	2020 年第三批推荐性国家标准计划
103	328	20203915—T—450	建筑材料不燃性试验	推荐	修订	GB/T 5464—2010	ISO 1182:2010	12	应急管理部	全国消防标准化技术委员会	应急管理部四川消防研究所	2020 年第三批推荐性国家标准计划
104	329	20203916—T—450	建筑材料可燃性试验方法	推荐	修订	GB/T 8626—2007	ISO 11925—2:2010	12	应急管理部	全国消防标准化技术委员会	应急管理部四川消防研究所	2020 年第三批推荐性国家标准计划
105	330	20203917—T—469	供应链安全管理体系　供应链恢复能力的开发要求及使用指南	推荐	制定		ISO 28002:2011	12	国家标准化管理委员会	全国公共安全基础标准化技术委员会	中国标准化研究院	2020 年第三批推荐性国家标准计划

续表

序号	原序号	计划编号	项目名称	标准性质	制修订	代替标准号	采用国际标准	项目周期（月）	主管部门	归口单位	起草单位	公布号
106	394	20203981—T—607	燃气用塑料管道系统　聚乙烯（PE）　第1部分:总则	推荐	修订	GB/T 15558.1—2015	ISO 4437—1:2014	18	中国轻工业联合会	全国塑料制品标准化技术委员会	亚达塑料制品有限公司	2020年第三批推荐性国家标准计划
107	397	20203983—T—607	燃气用塑料管道系统　聚乙烯（PE）　第4部分:阀门	推荐	修订	GB/T 15558.3—2008	ISO 4437—4:2014	18	中国轻工业联合会	全国塑料标准化技术委员会	亚大塑料制品有限公司	2020年第三批推荐性国家标准计划
108	399	20203986—T—607	燃气用塑料管道系统　聚乙烯（PE）　第3部分:管件	推荐	修订	GB/T 15558.2—2005	ISO 4437—3:2014	18	中国轻工业联合会	全国塑料标准化技术委员会	亚大塑料制品有限公司	2020年第三批推荐性国家标准计划
109	403	20203990—T—607	燃气用塑料管道系统　聚乙烯（PE）第5部分:系统适用性	推荐	制定		ISO 4437—5:2014	18	中国轻工业联合会	全国塑料标准化技术委员会	亚大塑料制品有限公司	2020年第三批推荐性国家标准计划
110	407	20203994—T—607	燃气用塑料管道系统　聚乙烯（PE）第2部分:管材	推荐	修订	GB/T 15558.1—2015	ISO 4437—2:2014	18	中国轻工业联合会	全国塑料标准化技术委员会	亚大塑料制品有限公司	2020年第三批推荐性国家标准计划

续表

序号	原序号	计划编号	项目名称	标准性质	制修订	代替标准号	采用国际标准	项目周期（月）	主管部门	归口单位	起草单位	公布号
111	408	20203995—T—608	土工布及其有关产品　负荷作用下垂直渗透特性的测定	推荐	制定		ISO 10776:2012	18	中国纺织工业联合会	全国纺织品标准化技术委员会	浙江省水利河口研究院、国家纺织制品质量监督检验中心、纺织工业标准化研究所等	2020年第三批推荐性国家标准计划
112	409	20203996—T—608	纺织品　定量化学分析　第16部分：聚丙烯纤维与某些其他纤维的混合物（二甲苯法）	推荐	修订	GB/T 2910.16—2009	ISO 1833—16:2019	18	中国纺织工业联合会	全国纺织品标准化技术委员会	国家纺织制品质量监督检验中心、上海纺织集团检测标准有限公司等	2020年第三批推荐性国家标准计划
113	410	20203997—T—608	纺织品　定量化学分析　第12部分：聚丙烯腈纤维、某些改性聚丙烯腈纤维、某些含氯纤维或某些弹性纤维与某些其他纤维的混合物（二甲基甲酰胺法）	推荐	修订	GB/T2910.12—2009	ISO 1833—12:2019	18	中国纺织工业联合会	全国纺织品标准化技术委员会	国家纺织制品质量监督检验中心、上海纺织集团检测标准有限公司等	2020年第三批推荐性国家标准计划
114	529	20204116—T—339	半导体器件　微机电器件　第2部分：薄膜材料的拉伸试验方法	推荐	制定		IEC 62047—2:2006	18	工业和信息化部（电子）	工业和信息化部（电子）	河北美泰电子科技有限公司	2020年第三批推荐性国家标准计划

续表

序号	原序号	计划编号	项目名称	标准性质	制修订	代替标准号	采用国际标准	项目周期（月）	主管部门	归口单位	起草单位	公布号
115	13	20204644—T—442	再生资源回收利用体系　回收站点建设规范	推荐	制定			24	中华全国供销合作总社	中华全国供销合作总社	中国再生资源回收利用协会、安徽双赢再生资源集团有限公司	2020年第四批推荐性国家标准计划
116	14	20204645—T—442	农村可回收废弃物分类指南	推荐	制定			24	中华全国供销合作总社	中华全国供销合作总社	中国再生资源回收利用协会、安徽双赢再生资源集团有限公司	2020年第四批推荐性国家标准计划
117	77	20204708—T—604	增材制造　材料挤出成形用丙烯腈-丁二烯-苯乙烯(ABS)丝材	推荐	制定			24	中国机械工业联合会	全国增材制造标准化技术委员会	华中科技大学、中机生产力促进中心、武汉工程大学、广东银禧科技股份有限公司等	2020年第四批推荐性国家标准计划
118	121	20204752—T—604	热收缩隔油管	推荐	制定		IEC 60684—3—284:2014	12	中国电器工业协会	全国绝缘材料标准化技术委员会	长园电子(东莞)有限公司、深圳市沃尔核材股份有限公司、深圳市宏商材料科技股份有限公司	2020年第四批推荐性国家标准计划
119	168	20204799—T—609	纤维增强塑料层合板冲击后压缩性能试验方法	推荐	修订	GB/T 21239—2007		12	中国建筑材料联合会	全国纤维增强塑料标准化技术委员会	中国航发北京航空材料研究院	2020年第四批推荐性国家标准计划

续表

序号	原序号	计划编号	项目名称	标准性质	制修订	代替标准号	采用国际标准	项目周期（月）	主管部门	归口单位	起草单位	公布号
120	169	20204800—T—609	聚合物基复合材料吸湿性能及平衡状态调节试验方法	推荐	制定			12	中国建筑材料联合会	全国纤维增强塑料标准化技术委员会	中国航发北京航空材料研究院	2020年第四批推荐性国家标准计划
121	172	20204803—T—609	墙体保温系统用钢丝网架复合保温板	推荐	修订	GB/T 26540—2011		12	中国建筑材料联合会	全国绝热材料标准化技术委员会	中国绝热节能材料协会	2020年第四批推荐性国家标准计划
122	173		建筑用绝热材料有机物含量的测定	推荐	制定		ISO 29771:2008		中国建筑材料联合会	全国绝热材料标准化技术委员会	南京玻璃纤维研究设计院有限公司	2020年第四批推荐性国家标准计划
123	184	20204815—T—609	连续玻璃纤维增强热塑性塑料单向预浸带	推荐	制定			24	中国建筑材料联合会	全国玻璃纤维标准化技术委员会	南京玻璃纤维研究设计院有限公司	2020年第四批推荐性国家标准计划
124	189	20204820—T—609	建筑玻璃用功能膜	推荐	修订	GB/T 29061—2012		18	中国建筑材料联合会	全国建筑用玻璃标准化技术委员会	中国建材检验认证集团秦皇岛有限公司、国家玻璃质量监督检验中心	2020年第四批推荐性国家标准计划

续表

序号	原序号	计划编号	项目名称	标准性质	制修订	代替标准号	采用国际标准	项目周期（月）	主管部门	归口单位	起草单位	公布号
125	245	20204876—T—469	高压氢气瓶塑料内胆和氢气相容性实验方法	推荐	制定			24	国家标准化管理委员会	全国气瓶标准化技术委员会	浙江大学等	2020 年第四批推荐性国家标准计划
126	247	20204878—T—469	包装回收标志	推荐	修订	GB/T 18455—2010		12	国家标准化管理委员会	全国包装标准化技术委员会	中国出口商品包装研究所	2020 年第四批推荐性国家标准计划
127	255	20204886—T—469	碳纤维增强塑料　磨碎料尺寸与长径比的测定	推荐	制定		ISO 30012:2016	12	国家标准化管理委员会	全国碳纤维标准化技术委员会	南京玻璃纤维研究设计院有限公司	2020 年第四批推荐性国家标准计划
128	257	20204888—T—469	碳纤维　单丝拉伸性能的测定	推荐	修订	GB/T 31290—2014	ISO 11566:1996	12	国家标准化管理委员会	全国碳纤维标准化技术委员会	南京玻璃纤维研究设计院有限公司	2020 年第四批推荐性国家标准计划
129	272	20204903—T—469	石油天然气工业　玻璃纤维增强塑料管　第 2 部分:评定与制造	推荐	修订	GB/T 29165.2—2012	ISO 14692—2:2017	18	国家标准化管理委员会	全国石油天然气标准化技术委员会	中国石油集团石油管工程技术研究院、山东胜利新大事业集团有限责任公司、中国石油塔里木油田公司、中国石油化工股份有限公司西北油田分公司、西安长庆科技工程有限责任公司	2020 年第四批推荐性国家标准计划

续表

序号	原序号	计划编号	项目名称	标准性质	制修订	代替标准号	采用国际标准	项目周期（月）	主管部门	归口单位	起草单位	公布号
130	275	20204906—T—469	石油天然气工业　玻璃纤维增强塑料管　第1部分：词汇、符号、应用及材料	推荐	修订	GB/T 29165.1—2012	ISO 14692—1:2017	18	国家标准化管理委员会	全国石油天然气标准化技术委员会	中国石油集团石油管工程技术研究院、中国石油塔里木油田公司、山东胜利新大事业集团有限责任公司	2020年第四批推荐性国家标准计划
131	376	20205007—T—607	聚乙烯管材和管件炭黑含量的测定（热失重法）	推荐	制定	GB/T 13021—1991	ISO 6964:2019	18	中国轻工业联合会	全国塑料制品标准化技术委员会	北京工商大学、国家化学建筑材料测试中心（建工测试部）	2020年第四批推荐性国家标准计划
132	377	20205008—T—607	塑料节水灌溉器材　微灌用塑料球阀	推荐	制定			18	中国轻工业联合会	全国塑料制品标准化技术委员会	大禹节水集团股份有限公司	2020年第四批推荐性国家标准计划
133	378	20205009—T—607	地下雨污水非压力管网更新用塑料管道　第4部分：原位固化内衬法	推荐	制定		ISO 11296—4:2018	18	中国轻工业联合会	全国塑料制品标准化技术委员会	厦门安越非开挖工程技术股份有限公司、中国地质大学（武汉）	2020年第四批推荐性国家标准计划
134	381	20205012—T—607	塑料制品的标志	推荐	修订	GB/T 16288—2008	ISO 11469:2016	18	中国轻工业联合会	全国塑料制品标准化技术委员会	北京工商大学（轻工业塑料加工应用研究所）	2020年第四批推荐性国家标准计划

续表

序号	原序号	计划编号	项目名称	标准性质	制修订	代替标准号	采用国际标准	项目周期（月）	主管部门	归口单位	起草单位	公布号
135	416	20205047—T—606	丙烯酸共聚聚氯乙烯树脂	推荐	制定			24	中国石油和化学工业联合会	全国塑料标准化技术委员会	新疆中泰（集团）有限责任公司、宜宾天原集团股份有限公司、锦西化工研究院有限公司等	2020 年第四批推荐性国家标准计划
136	417	20205048—T—606	塑料　色母料　第 1 部分：命名系统和分类基础	推荐	制定			24	中国石油和化学工业联合会	全国塑料标准化技术委员会	金发科技股份有限公司、青岛大港海关、青岛中新华美塑料有限公司等	2020 年第四批推荐性国家标准计划
137	425	20205056—T—606	柔性多孔聚合物材料　用恒定应变程序测定疲劳度	推荐	制定		ISO 24999：2008	18	中国石油和化学工业联合会	全国橡胶与橡胶制品标准化技术委员会	山东一诺威聚氨酯股份有限公司、陕西长美科技有限责任公司、衡橡科技股份有限公司	2020 年第四批推荐性国家标准计划
138	430	20205061—T—606	橡胶塑料压延机安全要求	推荐	修订	GB 25434—2010		18	中国石油和化学工业联合会	全国橡胶与橡胶制品标准化技术委员会	大连橡胶塑料机械有限公司、软控股份有限公司、北京橡胶工业研究设计院有限公司等	2020 年第四批推荐性国家标准计划
139	431	20205062—T—606	开放式炼胶机炼塑机安全要求	推荐	修订	GB 20055—2006		18	中国石油和化学工业联合会	全国橡胶与橡胶制品标准化技术委员会	大连橡胶塑料机械有限公司、益阳新华美机电科技有限公司、绍兴精诚橡塑机械有限公司、青岛双星橡塑机械有限公司、北京橡胶工业研究设计院有限公司	2020 年第四批推荐性国家标准计划

续表

序号	原序号	计划编号	项目名称	标准性质	制修订	代替标准号	采用国际标准	项目周期（月）	主管部门	归口单位	起草单位	公布号
140	261	20200911—T—606	塑料　聚丙烯（PP）熔喷专用料	推荐	修订	GB/T 30923—2014		18	中国石油和化学工业联合会	全国塑料标准化技术委员会	北京燕山石化高科技术有限责任公司	2020年推荐性国家标准计划项目（修订）汇总表
141	269	20200909—T—606	塑料　聚丙烯（PP）模塑和挤出材料　第2部分：试样制备和性能测定	推荐	修订	GB/T 2546.2—2003	ISO 19069—2:2016	18	中国石油和化学工业联合会	全国塑料标准化技术委员会	北京燕山石化高科技术有限责任公司	2020年推荐性国家标准计划项目（修订）汇总表
142	278	20200910—T—606	塑料　聚丙烯（PP）模塑和挤出材料　第1部分：命名系统和分类基础	推荐	修订	GB/T 2546.1—2006	ISO 19069—1:2015	18	中国石油和化学工业联合会	全国塑料标准化技术委员会	北京燕山石化高科技术有限责任公司	2020年推荐性国家标准计划项目（修订）汇总表
143	395	20200914—T—606	塑料　拉伸性能的测定第2部分：模塑和挤塑塑料的试验条件	推荐	修订	GB/T 1040.2—2006	ISO 527—2:2012	18	中国石油和化学工业联合会	全国塑料标准化技术委员会	中蓝晨光成都检测技术有限公司等	2020年推荐性国家标准计划项目（修订）汇总表

续表

序号	原序号	计划编号	项目名称	标准性质	制修订	代替标准号	采用国际标准	项目周期（月）	主管部门	归口单位	起草单位	公布号
144	399	20200916—T—606	塑料　实验室光源暴露试验方法　第3部分：荧光紫外灯	推荐	修订	GB/T 16422.3—2014	ISO 4892—3:2016	18	中国石油和化学工业联合会	全国塑料标准化技术委员会	广州合成材料研究院有限公司	2020年推荐性国家标准计划项目（修订）汇总表
145	400	20200917—T—606	塑料　实验室光源暴露试验方法　第2部分：氙弧灯	推荐	修订	GB/T 16422.2—2014	ISO 4892—2:2013	18	中国石油和化学工业联合会	全国塑料标准化技术委员会	广州合成材料研究院有限公司	2020年推荐性国家标准计划项目（修订）汇总表
146	402	20200915—T—606	塑料　实验室光源暴露试验方法　第4部分：开放式碳弧灯	推荐	修订	GB/T 16422.4—2014	ISO 4892—4:2013	18	中国石油和化学工业联合会	全国塑料标准化技术委员会	广州合成材料研究院有限公司	2020年推荐性国家标准计划项目（修订）汇总表
147	403	20200922—T—606	橡胶或塑料涂覆织物耐磨性的测定　泰伯法	推荐	修订	GB/T 30314—2013	ISO 5470—1:2016	18	中国石油和化学工业联合会	全国橡胶与橡胶制品标准化技术委员会	福州大学、沈阳橡胶研究设计院有限公司	2020年推荐性国家标准计划项目（修订）汇总表

续表

序号	原序号	计划编号	项目名称	标准性质	制修订	代替标准号	采用国际标准	项目周期（月）	主管部门	归口单位	起草单位	公布号
148	6	20201867—Q—450	消防吸水胶管	强制	修订	GB 6969—2005		12	应急管理部	全国个体防护标准化技术委员会	应急管理部上海消防研究所	《室外健身器材的安全　通用要求》等22项强制性国家标准制修订计划项目汇总表
149	13	20201874—Q—450	呼吸防护　长管呼吸器	强制	修订	GB 6220—2009		18	应急管理部	全国个体防护标准化技术委员会	军事科学院防化研究院、北京市劳动保护科学研究所、中国安全生产	《室外健身器材的安全　通用要求》等22项强制性国家标准制修订计划项目汇总表
150	1	20203542—T—469	降解塑料的定义、分类、标识和降解性能要求	推荐	修订	GB/T 20197—2006	无	12	国家标准化管理委员会	全国生物基材料及降解制品标准化技术委员会	北京工商大学轻工业塑料研究所、彤程化学(中国)有限公司、重庆市联发塑料科技股份有限公司、浙江钧科新材料有限公司、江西省萍乡市轩品塑胶制品有限公司、四川大学、清华大学、南通龙达生物新材料科技有限公司等	《降解塑料的定义、分类标识和降解性能要求》等3项推荐性国家标准制修订计划

续表

序号	原序号	计划编号	项目名称	标准性质	制修订	代替标准号	采用国际标准	项目周期（月）	主管部门	归口单位	起草单位	公布号
151	2	20203543—T—469	塑料　适合家庭堆肥塑料技术规范	推荐	制定	无	无	12	国家标准化管理委员会	全国生物基材料及降解制品标准化技术委员会	北京工商大学轻工业塑料研究所、浙江钧科新材料有限公司、彤程化学（中国）有限公司、重庆市联发塑料科技股份有限公司、宁波家联科技股份有限公司、江西省萍乡市轩品塑胶制品有限公司、南通龙达生物新材料科技有限公司、深圳万达杰环保新材料股份有限公司、国家塑料制品质量监督检验中心（北京）、南京工业大学等	《降解塑料的定义、分类标识和降解性能要求》等3项推荐性国家标准制修订计划
152	3	20203544—T—469	可降解材料与产品的标识及检验方法选择通则	推荐	制定	无	无	12	国家标准化管理委员会	全国生物基材料及降解制品标准化技术委员会	北京工商大学轻工业塑料研究所、南通龙达生物新材料科技有限公司、重庆市联发塑料科技股份有限公司、四川大学、清华大学、江西省萍乡市轩品塑胶制品有限公司、南京工业大学、浙江钧科新材料有限公司、宁波家联科技股份有限公司、彤程化学（中国）有限公司等	《降解塑料的定义、分类标识和降解性能要求》等3项推荐性国家标准制修订计划

续表

序号	原序号	计划编号	项目名称	标准性质	制修订	代替标准号	采用国际标准	项目周期（月）	主管部门	归口单位	起草单位	公布号
153	14	20203583—Q—339	橡胶塑料机械通用安全要求	强制	修订	GB 20055—2006，GB 22530—2008，GB 25431.1—2010，GB 25431.2—2010，GB 25431.3—2010，GB 25432—2010，GB 25433—2010，GB 25434—2010，GB 25936.1—2012，GB 25936.2—2012，GB 25936.3—2012，GB 25936.4—2012，GB 30747—2014		24	工业和信息化部	全国橡胶塑料机械标准化技术委员会	北京橡胶工业研究设计院有限公司、大连塑料机械研究所、海天塑机集团有限公司、大连橡胶塑料机械有限公司、中国化学工业桂林工程有限公司、益阳橡胶塑料机械集团有限公司、桂林橡胶机械有限公司、软控股份有限公司、余姚华泰橡塑机械有限公司、山东通佳机械有限公司、无锡市江南橡塑机械有限公司、福建建阳龙翔科技开发有限公司、国家塑料机械产品质量监督检验中心、苏州塑之源机械制造有限公司	《光辐射安全技术规范》等22项强制性国家标准制修订计划及相关标准外文版计划的通知
154	15	20205247—Q—312	安全防范透明防护材料通用技术要求	强制	制定	CA 165—2016，CA 844—2018，CA 667—2019		24	公安部	全国安全防范报警系统标准化技术委员会	国家安全防范报警系统产品质量监督检验中心（北京、上海）	《民用无人机产品安全要求》等55项强制性国家标准制修订计划及相关标准外文版计划的通知

（王春芳　于坤　田辉　田岩）

2020年发布的塑料相关国家标准外文版编制计划

序号	原序号	外文版项目计划编号	国家标准/计划编号	拟翻译国家标准中文名称	语种	主管部门	归口单位	翻译单位	完成周期	公告号
1	1	W20201241	GB 19083—2010	医用防护口罩技术要求	英文	国家药品监督局	国家药品监督局	北京市医疗器械检验所	加快进程，随报随批，计划下达10天内	《医用防护口罩技术要求》等17项国家标准外文版计划汇总表
2	2	W20201242	GB 19082—2009	医用一次性防护服技术要求	英文	国家药品监督局	国家药品监督局	北京市医疗器械检验所	加快进程，随报随批，计划下达11天内	《医用防护口罩技术要求》等17项国家标准外文版计划汇总表
3	65	W20201485	20183060—T—607	滚塑成型粉末流动性的试验方法	德文	中国轻工业联合会	全国塑料标准化技术委员会	浙江瑞堂塑料科技股份有限公司	中文标准发布后90天	《便携式木折梯安全要求》等360项国家标准外文版计划的通知
4	66	W20201486	20172301—T—607	滚塑成型低温冲击试验	德文	中国轻工业联合会	全国塑料标准化技术委员会	浙江瑞堂塑料科技股份有限公司	中文标准发布后90天	《便携式木折梯安全要求》等360项国家标准外文版计划的通知
5	67	W20201487	20183060—T—607	滚塑成型粉末流动性的试验方法	英文	中国轻工业联合会	全国塑料标准化技术委员会	浙江瑞堂塑料科技股份有限公司	中文标准发布后90天	《便携式木折梯安全要求》等360项国家标准外文版计划的通知
6	68	W20201488	20172301—T—607	滚塑成型低温冲击试验	英文	中国轻工业联合会	全国塑料标准化技术委员会	浙江瑞堂塑料科技股份有限公司	中文标准发布后90天	《便携式木折梯安全要求》等360项国家标准外文版计划的通知

续表

序号	原序号	外文版项目计划编号	国家标准/计划编号	拟翻译国家标准中文名称	语种	主管部门	归口单位	翻译单位	完成周期	公告号
7	162	W20201582	GB/T 33094—2016	塑料　抗冲击聚苯乙烯防静电材料	英文	中国石油和化工联合会	全国塑料标准化技术委员会	上海金发科技发展有限公司、金发科技股份有限公司	一年	《便携式木折梯安全要求》等360项国家标准外文版计划的通知
8	275	W20201695	GB/T 5836.1—2018	建筑排水用硬聚氯乙烯(PVC-U)管材	英文	中国轻工业联合会	全国塑料标准化技术委员会	成都川路塑胶集团有限公司	一年	《便携式木折梯安全要求》等360项国家标准外文版计划的通知
9	276	W20201696	GB/T 35451.2—2018	埋地排水排污用聚丙烯(PP)结构壁管道系统　第2部分:聚丙烯缠绕结构壁管材	英文	中国轻工业联合会	全国塑料标准化技术委员会	亚大塑料制品有限公司	一年	《便携式木折梯安全要求》等360项国家标准外文版计划的通知
10	277	W20201697	GB/T 35451.1—2017	埋地排水排污用聚丙烯(PP)结构壁管道系统　第1部分:聚丙烯双壁波纹管材	英文	中国轻工业联合会	全国塑料标准化技术委员会	永高股份有限公司	一年	《便携式木折梯安全要求》等360项国家标准外文版计划的通知

续表

序号	原序号	外文版项目计划编号	国家标准/计划编号	拟翻译国家标准中文名称	语种	主管部门	归口单位	翻译单位	完成周期	公告号
11	278	W20201698	20182153—T—607	聚苯乙烯户外仿木板材通用技术要求	英文	中国轻工业联合会	全国塑料标准化技术委员会	广东瑞森联信科技有限公司、北京工商大学	中文标准发布后90天	《便携式木折梯安全要求》等360项国家标准外文版计划的通知
12	279	W20201699	GB/T 8948—2008	聚氯乙烯人造革	英文	中国轻工业联合会	全国塑料标准化技术委员会	昆山阿基里斯人造皮有限公司、中国塑料加工工业协会、昆山阿喀斯检测科技服务有限公司、昆山协孚新材料有限公司	一年	《便携式木折梯安全要求》等360项国家标准外文版计划的通知
13	280	W20201700	GB/T 3830—2008	软聚氯乙烯压延薄膜和片材	英文	中国轻工业联合会	全国塑料标准化技术委员会	佛山市威仕达新材料有限公司、昆山阿基里斯人造皮有限公司、广东天进新材料有限公司	一年	《便携式木折梯安全要求》等360项国家标准外文版计划的通知
14	314	W20201734	20173954—T—333	高密度聚乙烯外护管硬质聚氨酯泡沫塑料预制直埋保温管及管件	英文	住房和城乡建设部	全国城镇供热标准化技术委员会	北京豪特耐管道设备有限公司、北京热力集团有限责任公司、北京市热力工程设计公司	中文标准发布后90天	《便携式木折梯安全要求》等360项国家标准外文版计划的通知

续表

序号	原序号	外文版项目计划编号	国家标准/计划编号	拟翻译国家标准中文名称	语种	主管部门	归口单位	翻译单位	完成周期	公告号
15	315	W20201735	20170517—T—333	高密度聚乙烯外护管硬质聚氨酯泡沫塑料预制直埋保温复合塑料管	英文	住房和城乡建设部	全国城镇供热标准化技术委员会	中国建筑科学研究院	中文标准发布后90天	《便携式木折梯安全要求》等360项国家标准外文版计划的通知

（王春芳　于坤　田辉　田岩）

2020年发布的塑料相关行业标准制修订计划

序号	原序号	计划编号	项目名称	标准性质	制修订	代替标准	采标情况	完成年限	主管部门	技术委员会或技术归口单位	主要起草单位	备注	公告号
1	119	2020—0119T—QB	水性/无溶剂聚氨酯复合人造革	推荐	制定			2022	消费品工业司	全国塑料制品标准化技术委员会	福建宝利特科技股份有限公司、昆山协孚新材料股份有限公司、浙江禾欣新材料有限公司		2020年第一批行业标准制修订项目计划
2	120	2020—0120T—QB	眼镜架醋酸纤维素板材	推荐	制定			2022	消费品工业司	全国光学和光子学标准化技术委员会眼镜光学分技术委员会	深圳市集美新材料股份有限公司、东华大学		2020年第一批行业标准制修订项目计划

续表

序号	原序号	计划编号	项目名称	标准性质	制修订	代替标准	采标情况	完成年限	主管部门	技术委员会或技术归口单位	主要起草单位	备注	公告号
3	185	2020—0185T—HG	聚乙烯醇光学薄膜	推荐	修订	HG/T 4185—2011		2021	原材料工业司	全国光学功能薄膜材料标准化技术委员会	安徽皖维高新材料股份有限公司、合肥乐凯科技产业有限公司、中国乐凯集团有限公司	化工行业	2020年第一批行业标准制修订项目计划
4	194	2020—0194T—HG	热塑性聚酰亚胺树脂	推荐	制定			2021	原材料工业司	全国塑料标准化技术委员会工程塑料分技术委员会	长春高琦聚酰亚胺材料有限公司、中蓝晨光成都检测技术有限公司		2020年第一批行业标准制修订项目计划
5	195	2020—0195T—HG	模塑用细颗粒聚四氟乙烯树脂	推荐	修订	HG/T 2903—1997		2021	原材料工业司	全国塑料标准化技术委员会工程塑料分技术委员会	山东东岳高分子材料有限公司、中蓝晨光成都检测技术有限公司		2020年第一批行业标准制修订项目计划
6	196	2020—0196T—HG	糊状挤出用聚四氟乙烯树脂	推荐	修订	HG/T 3028—1999		2021	原材料工业司	全国塑料标准化技术委员会工程塑料分技术委员会	山东东岳高分子材料有限公司、中蓝晨光成都检测技术有限公司		2020年第一批行业标准制修订项目计划
7	197	2020—0197T—HG	模塑用聚四氟乙烯树脂	推荐	修订	HG/T 2902—1997		2021	原材料工业司	全国塑料标准化技术委员会工程塑料分技术委员会	上海三爱富新材料科技有限公司、中蓝晨光成都检测技术有限公司		2020年第一批行业标准制修订项目计划

续表

序号	原序号	计划编号	项目名称	标准性质	制修订	代替标准	采标情况	完成年限	主管部门	技术委员会或技术归口单位	主要起草单位	备注	公告号
8	297	2020—0297T—JB	电工用热收缩端帽	推荐	制定			2021	原材料工业司	全国绝缘材料标准化技术委员会	深圳市沃尔核材股份有限公司	机械行业—基础公益类项目	2020年第一批行业标准制修订项目计划
9	298	2020—0298T—JB	热收缩光纤接续管	推荐	制定			2021	原材料工业司	全国绝缘材料标准化技术委员会	深圳市沃尔核材股份有限公司		2020年第一批行业标准制修订项目计划
10	319	2020—0319T—QC	一端固定式塑料管线夹	推荐	修订	QC/T 929—2013		2021	装备工业一司	全国汽车标准化技术委员会	广州汽车集团股份有限公司汽车工程研究院	汽车行业—一般项目	2020年第一批行业标准制修订项目计划
11	320	2020—0320T—QC	中间固定式塑料管线夹	推荐	修订	QC/T 928—2013		2021	装备工业一司	全国汽车标准化技术委员会	广州汽车集团股份有限公司汽车工程研究院		2020年第一批行业标准制修订项目计划
12	321	2020—0321T—QC	嵌装塑料螺母技术条件	推荐	修订	QC/T 618—2013		2021	装备工业一司	全国汽车标准化技术委员会	广州汽车集团股份有限公司汽车工程研究院		2020年第一批行业标准制修订项目计划
13	326	2020—0326T—QC	塑料开尾销钉	推荐	修订	QC/T 350—1999		2021	装备工业一司	全国汽车标准化技术委员会	中国第一汽车集团有限公司		2020年第一批行业标准制修订项目计划
14	327	2020—0327T—QC	塑料堵塞	推荐	修订	QC/T 346—1999		2021	装备工业一司	全国汽车标准化技术委员会	中国第一汽车集团有限公司		2020年第一批行业标准制修订项目计划

续表

序号	原序号	计划编号	项目名称	标准性质	制修订	代替标准	采标情况	完成年限	主管部门	技术委员会或技术归口单位	主要起草单位	备注	公告号
15	31	2020—0446T—JC	纤维增强复合材料行业绿色工厂评价要求	推荐	制定			2022	节能与综合利用司	建材工业综合标准化技术委员会	北京玻璃钢研究设计院有限公司、北京国建联信认证中心有限公司	建材行业	2020 年第二批行业标准制修订项目计划
16	34	2020—0449T—JC	绿色设计产品评价技术规范防水卷材	推荐	制定			2022	节能与综合利用司	建材工业综合标准化技术委员会	中国建筑防水协会、北京国建联信认证中心有限公司		2020 年第二批行业标准制修订项目计划
17	40	2020—0455T—JC	纤维复合材料固体废物分类管理指南	推荐	制定			2022	节能与综合利用司	建材工业综合标准化技术委员会	中纤复材再生资源咨询服务（北京）有限公司、中国物资再生协会		2020 年第二批行业标准制修订项目计划
18	75	2020—0490T—FZ	再生聚酯长丝纺粘针刺土工布	推荐	制定			2022	消费品工业司	全国纺织品标准化技术委员会产业用纺织品分技术委员会	浙江绿宇环保股份有限公司、湖北绿宇环保有限公司、山西绿宇再生资源有限公司、中纺标检验认证股份有限公司	纺织行业	2020 年第二批行业标准制修订项目计划
19	223	2020—0638T—HG	热固性树脂粘度的测定旋转流变仪法	推荐	制定			2022	原材料工业司	全国塑料标准化技术委员会热固性塑料分技术委员会	中航复合材料有限责任公司、中蓝晨光成都检测技术有限公司	化工行业—基础公益类项目	2020 年第二批行业标准制修订项目计划
20	226	2020—0641T—HG	橡胶或塑料涂覆织物　拉伸强度和拉断伸长率的测定	推荐	修订	HG/T 2580—2008	ISO 1421:2016，IDT	2022	原材料工业司	全国橡胶与橡胶制品标准化技术委员会涂覆制品分技术委员会	西双版纳州质量技术监督综合检测中心、沈阳橡胶研究设计院有限公司		2020 年第二批行业标准制修订项目计划

续表

序号	原序号	计划编号	项目名称	标准性质	制修订	代替标准	采标情况	完成年限	主管部门	技术委员会或技术归口单位	主要起草单位	备注	公告号
21	227	2020—0642T—HG	橡胶或塑料涂覆织物　耐水渗透性能的测定	推荐	修订	HG/T 2582—2008	ISO 1420:2016,IDT	2022	原材料工业司	全国橡胶与橡胶制品标准化技术委员会涂覆制品分技术委员会	西双版纳州质量技术监督综合检测中心、沈阳橡胶研究设计院有限公司	化工行业—基础公益类项目	2020年第二批行业标准制修订项目计划
22	594	2020—1008T—FZ	非织造布及其制品接缝强力的测定　第1部分:条样法	推荐	制定			2022	消费品工业司	全国纺织品标准化技术委员会基础标准分技术委员会	中国产业用纺织品行业协会、广州检验检测认证集团有限公司	纺织行业—基础公益类	2020年第二批行业标准制修订项目计划
23	595	2020—1009T—FZ	非织造布及其制品接缝强力的测定　第2部分:抓样法	推荐	制定			2022	消费品工业司	全国纺织品标准化技术委员会基础标准分技术委员会	中国产业用纺织品行业协会、广州检验检测认证集团有限公司		2020年第二批行业标准制修订项目计划
24	598	2020—1012T—FZ	非织造布覆膜牢度的测试方法	推荐	制定			2022	消费品工业司	全国纺织品标准化技术委员会产业用纺织品分技术委员会	中国产业用纺织品行业协会、东华大学、广州检验检测认证集团有限公司、江苏蓝天环保集团有限公司、浙江华基环保科技有限公司		2020年第二批行业标准制修订项目计划

续表

序号	原序号	计划编号	项目名称	标准性质	制修订	代替标准	采标情况	完成年限	主管部门	技术委员会或技术归口单位	主要起草单位	备注	公告号
25	612	2020—1026T—FZ	超高分子量聚乙烯长丝	推荐	修订	FZ/T 54027—2010		2022	消费品工业司	中国纺织工业联合会	北京同益中新材料科技股份有限公司、中国石化仪征化纤有限责任公司、宁波大成新材料股份有限公司、湖南中泰特种装备有限责任公司、上海市纺织工业技术监督所	纺织行业——一般项目	2020 年第二批行业标准制修订项目计划
26	680	2020—1100T—BB	电化铝烫印箔	推荐	修订	BB/T 0031—2006		2022	消费品工业司	全国包装标准化技术委员会	广东鑫瑞科技新材料有限公司	纺织行业——一般项目	2020 年第二批行业标准制修订项目计划
27	718	2020—1132T—YD	通信光缆护套用聚乙烯材料	推荐	修订	YD/T 1485—2006		2022	信息通信发展司	中国通信标准化协会	四川汇源光通信有限公司、成都泰瑞通信设备检测有限公司、长飞光纤光缆股份有限公司、成都大唐线缆有限公司	通信行业—基础公益类项目	2020 年第二批行业标准制修订项目计划
28	770	2020—1184T—YD	通信电缆用聚烯烃绝缘料	推荐	修订	YD/T 760—1995		2022	信息通信发展司	中国通信标准化协会	成都泰瑞通信设备检测有限公司、江苏俊知技术有限公司、成都普天电缆股份有限公司、江苏亨通光电股份有限公司	通信行业——一般项目	2020 年第二批行业标准制修订项目计划

续表

序号	原序号	计划编号	项目名称	标准性质	制修订	代替标准	采标情况	完成年限	主管部门	技术委员会或技术归口单位	主要起草单位	备注	公告号
29	33	2020—1227T—HG	聚乳酸基复合材料用挤出机	推荐	制定			2022	原材料工业司	全国化工机械与设备标准化技术委员会	安徽蕴德工程技术咨询有限公司、安徽恒天环保装备科技有限公司、天华化工机械及自动化研究设计院有限公司、江苏瑞亚搅拌科技有限公司等	化工行业	2020年第二批行业标准制修订项目计划
30	44	2020—1238T—HG	通用型双向拉伸聚丙烯膜压敏胶粘带	推荐	制定			2021	原材料工业司	全国胶粘剂标准化技术委员会	永大(中山)有限公司、上海橡胶制品研究所有限公司		2020年第三批行业标准制修订项目计划
31	63	2020—1257T—HG	非金属化工设备玄武岩纤维增强塑料管道及管件	推荐	制定			2022	原材料工业司	全国非金属化工设备标准化技术委员会	石家庄开发区技源科技有限公司、贵州石鑫玄武岩科技有限公司、四川航天五源复合材料有限公司、贵州玄武岩新材料工程技术开发有限公司、达州市质量技术监督检验测试中心、四川航天拓鑫玄武岩实业有限公司、冀州中意复合材料股份有限公司、武汉理工大学、上海富晨化工有限公司、四川航天拓达玄武岩纤维开发有限公司、华东理工大学、天华化工机械及自动化研究设计院有限公司、四川全丰新材料科技有限公司等		2020年第三批行业标准制修订项目计划

续表

序号	原序号	计划编号	项目名称	标准性质	制修订	代替标准	采标情况	完成年限	主管部门	技术委员会或技术归口单位	主要起草单位	备注	公告号
32	64	2020—1258T—HG	非金属化工设备玄武岩纤维增强塑料贮罐	推荐	制定			2022	原材料工业司	全国非金属化工设备标准化技术委员会	石家庄开发区技源科技有限公司、贵州玄武岩新材料工程技术开发有限公司、四川航天五源复合材料有限公司、贵州石鑫玄武岩科技有限公司、达州市质量技术监督检验测试中心、四川航天拓鑫玄武岩实业有限公司、冀州中意复合材料股份有限公司、武汉理工大学、上海富晨化工有限公司、华东理工大学、天华化工机械及自动化研究设计院有限公司、四川全丰新材料科技有限公司等	化工行业	2020 年第三批行业标准制修订项目计划
33	86	2020—1280T—JC	PVC 防水卷材成型机组技术要求	推荐	制定			2022	原材料工业司	国家建筑材料工业机械标准化技术委员会	新乡市鼎鑫机械有限公司、中国建材机械工业协会	建材行业	2020 年第三批行业标准制修订项目计划
34	108	2020—1302T—QB	设施农业栽培用硬聚氯乙烯（PVC-U）管道及配件	推荐	制定			2021	消费品工业司	全国塑料制品标准化技术委员会	广东联塑科技实业有限公司、广东联塑生态环境保护工程有限公司、华南农业大学	轻工行业	2020 年第三批行业标准制修订项目计划

续表

序号	原序号	计划编号	项目名称	标准性质	制修订	代替标准	采标情况	完成年限	主管部门	技术委员会或技术归口单位	主要起草单位	备注	公告号
35	109	2020—1303T—QB	农村排污用一体式塑料化粪池	推荐	制定			2022	消费品工业司	全国塑料制品标准化技术委员会	河南瑞腾塑胶集团有限公司、河南省瑞腾管业有限公司、河南省昊畅实业有限公司	轻工行业	2020 年第三批行业标准制修订项目计划
36	110	2020—1304T—QB	防护服用人造革合成革	推荐	制定			2021	消费品工业司	全国塑料制品标准化技术委员会	昆山协孚新材料股份有限公司、昆山阿基里斯新材料科技有限公司、江苏协孚新材料科技有限公司		2020 年第三批行业标准制修订项目计划
37	111	2020—1305T—QB	水性聚氨酯隔离防护医用手套	推荐	制定			2021	消费品工业司	全国塑料制品标准化技术委员会	兰州科天投资控股股份有限公司、甘肃省医疗器械检验检测所、甘肃联合检测标准技术服务有限公司		2020 年第三批行业标准制修订项目计划
38	112	2020—1306T—QB	喷雾器用热塑性塑料(PVC)软管	推荐	制定			2021	消费品工业司	全国塑料制品标准化技术委员会	潍坊现代塑胶有限公司、浙江富华新材料科技有限公司、潍坊市产品质量检验所		2020 年第三批行业标准制修订项目计划
39	113	2020—1307T—QB	锂离子电池封装用尼龙薄膜	推荐	制定			2022	消费品工业司	全国塑料制品标准化技术委员会	厦门长塑实业有限公司、浙江金瑞薄膜材料有限公司、溧阳卓越新材料有限公司		2020 年第三批行业标准制修订项目计划

续表

序号	原序号	计划编号	项目名称	标准性质	制修订	代替标准	采标情况	完成年限	主管部门	技术委员会或技术归口单位	主要起草单位	备注	公告号
40	120	2020—1314T—FZ	婴幼儿纸尿裤用非织造布	推荐	制定			2022	消费品工业司	全国纺织品标准化技术委员会产业用纺织品分技术委员会	南海南新无纺布有限公司、纺织工业标准化研究所、国家纺织制品质量监督检验中心	纺织行业	2020年第三批行业标准制修订项目计划
41	238	2020—1424T—HG	非金属化工设备　玻璃纤维增强聚丙烯、丙烯腈-丁二烯-苯乙烯共聚物和聚氯乙烯球阀	推荐	修订	HG/T 2737—2004		2022	原材料工业司	全国非金属化工设备标准化技术委员会	嘉善三方复合材料有限责任公司、浙江申南塑胶有限公司、嘉善宏兴塑胶有限公司、天华化工机械及自动化研究设计院有限公司	化工行业	2020年第三批行业标准制修订项目计划
42	239	2020—1425T—HG	非金属化工设备　玻璃纤维增强聚氯乙烯复合管和管件	推荐	修订	HG/T 3731—2004		2022	原材料工业司	全国非金属化工设备标准化技术委员会	嘉善三方复合材料有限责任公司、浙江申南塑胶有限公司、嘉善宏兴塑胶有限公司、天华化工机械及自动化研究设计院有限公司		2020年第三批行业标准制修订项目计划
43	240	2020—1427T—HG	非金属化工设备　玻璃纤维增强聚丙烯、丙烯腈—丁二烯—苯乙烯共聚物和聚氯乙烯隔膜阀	推荐	修订	HG/T 2643—1994		2022	原材料工业司	全国非金属化工设备标准化技术委员会	浙江申南塑胶有限公司、天华化工机械及自动化研究设计院有限公司、嘉善宏兴塑胶有限公司、嘉善三方复合材料有限责任公司		2020年第三批行业标准制修订项目计划

续表

序号	原序号	计划编号	项目名称	标准性质	制修订	代替标准	采标情况	完成年限	主管部门	技术委员会或技术归口单位	主要起草单位	备注	公告号
44	241	2020—1431T—HG	橡胶鞋底	推荐	修订	HG/T 3082—2010		2021	原材料工业司	全国橡胶与橡胶制品标准化技术委员会胶鞋分技术委员会	福建华峰运动用品科技有限公司、上海回力鞋业有限公司等	化工行业	2020 年第三批行业标准制修订项目计划
45	242	2020—1433T—HG	黑色雨靴(鞋)	推荐	修订	HG/T 2019—2011		2021	原材料工业司	全国橡胶与橡胶制品标准化技术委员会胶鞋分技术委员会	莆田市恒顺体育用品有限公司、际华三五三九制鞋有限责任公司等		2020 年第三批行业标准制修订项目计划
46	250	2020—1446T—SH	塑料　聚丙烯和丙烯共聚物在空气中热氧化稳定性的测定　老化箱法	推荐	修订	SH/T 1542—1993	ISO 4577:2019	2021	原材料工业司	全国塑料标准化技术委员会石化塑料树脂产品分技术委员会	广州合成材料研究院有限公司、北京燕山石化高科技术有限责任公司、中国石油化工股份有限公司洛阳分公司、中国石油天然气股份有限公司石油化工研究院	石化行业—基础公益类项目	2020 年第三批行业标准制修订项目计划
47	251	2020—1447T—SH	塑料　聚丙烯三氯苯可溶物含量的测定　红外光谱法	推荐	制定			2021	原材料工业司	全国塑料标准化技术委员会石化塑料树脂产品分技术委员会	中国石油天然气股份有限公司石油化工研究院、北京燕山石化高科技术有限责任公司		2020 年第三批行业标准制修订项目计划

续表

序号	原序号	计划编号	项目名称	标准性质	制修订	代替标准	采标情况	完成年限	主管部门	技术委员会或技术归口单位	主要起草单位	备注	公告号
48	252	2020—1448T—SH	塑料 乙烯-α-烯烃共聚物支化度分布的测定 差示扫描量热法	推荐	制定			2021	原材料工业司	全国塑料标准化技术委员会石化塑料树脂产品分技术委员会	中国石油天然气股份有限公司石油化工研究院、吉林石化分公司、北京化工研究院、中国建筑科学研究院、湖北金牛管业有限公司等	石化行业—基础公益类项目	2020年第三批行业标准制修订项目计划
49	447	2020—1626T—JB	汽车翼子板塑料注射模 技术条件	推荐	制定			2022	装备工业一司	全国模具标准化技术委员会	深圳市银宝山新科技股份有限公司、桂林电器科学研究院有限公司	机械行业——一般项目	2020年第三批行业标准制修订项目计划
50	449	2020—1628T—JB	垃圾分类桶塑料注射模 技术条件	推荐	制定			2022	装备工业一司	全国模具标准化技术委员会	浙江凯华模具有限公司、台州市凯华汽车模具有限公司		2020年第三批行业标准制修订项目计划
51	450	2020—1629T—JB	汽车仪表板塑料注射模 技术条件	推荐	制定			2022	装备工业一司	全国模具标准化技术委员会	浙江凯华模具有限公司、台州市凯华汽车模具有限公司		2020年第三批行业标准制修订项目计划

续表

序号	原序号	计划编号	项目名称	标准性质	制修订	代替标准	采标情况	完成年限	主管部门	技术委员会或技术归口单位	主要起草单位	备注	公告号
52	572	2020—1755T—QB	印刷电路板非金属粉回收再生塑料复合板材	推荐	制定			2022	节能与综合利用司	全国塑料制品标准化技术委员会	广东欧铭新材料科技有限公司、华南理工大学、大连塑料研究所有限公司	轻工行业——一般项目	2020年第三批行业标准制修订项目计划
53	580	2020—1767T—QB	聚丙烯压延薄膜和片材	推荐	制定			2021	消费品工业司	全国塑料制品标准化技术委员会	广东天安新材料股份有限公司、山东同大海岛新材料股份有限公司、国家塑料制品质量监督检验中心(北京)		2020年第三批行业标准制修订项目计划
54	581	2020—1768T—QB	有机硅人造革	推荐	制定			2021	消费品工业司	全国塑料制品标准化技术委员会	广东天跃新材料股份有限公司、四川大学国家皮革重点实验室、广东慕思寝具有限公司		2020年第三批行业标准制修订项目计划
55	582	2020—1769T—QB	金属复合用辐射制冷膜	推荐	制定			2022	消费品工业司	全国塑料制品标准化技术委员会	宁波瑞凌新能源科技有限公司、宁波瑞凌新能源材料研究院有限公司、华中科技大学、安徽墙煌彩铝科技有限公司		2020年第三批行业标准制修订项目计划
56	590	2020—1781T—QB	带衬里PVC庭院鞋	推荐	修订	QB/T 4330—2012		2022	消费品工业司	全国制鞋标准化技术委员会	中国皮革制鞋研究院有限公司		2020年第三批行业标准制修订项目计划
57	591	2020—1783T—QB	鞋类产品标识	推荐	修订	QB/T 2673—2013		2022	消费品工业司	全国制鞋标准化技术委员会	中国皮革制鞋研究院有限公司		2020年第三批行业标准制修订项目计划

（王春芳　于坤　田辉　田岩）